第三条
金融之路

朱钧钧◎著

中信出版集团｜北京

图书在版编目（CIP）数据

第三条金融之路 / 朱钧钧著 . -- 北京：中信出版社，2025.1. -- ISBN 978-7-5217-6807-7

Ⅰ . F835.161

中国国家版本馆 CIP 数据核字第 2024Z5V052 号

第三条金融之路
著者：　　朱钧钧
出版发行：中信出版集团股份有限公司
　　　　　（北京市朝阳区东三环北路 27 号嘉铭中心　邮编　100020）
承印者：　北京通州皇家印刷厂

开本：787mm×1092mm 1/16　　印张：41　　字数：574 千字
版次：2025 年 1 月第 1 版　　　　印次：2025 年 1 月第 1 次印刷
书号：ISBN 978-7-5217-6807-7
定价：128.00 元

版权所有·侵权必究
如有印刷、装订问题，本公司负责调换。
服务热线：400-600-8099
投稿邮箱：author@citicpub.com

目　录

引　言　德意志版本的金融博弈故事　VII

第一部分　从集市到交易所
（16 世纪末至 18 世纪中叶）

第一章　法兰克福交易所的诞生　003
集市的起源和发展　005
集市孕育早期的金融交易　012
法兰克福集市持续发展的原因　023
法兰克福交易所的诞生　029
德意志地区其他交易所的诞生　039

第二章　汇票、交易所和商人银行　050
第一部交易所规则　051
官方汇票价格表　057
交易所管理机构的演变　065

　　　　商人银行的诞生　　　071

第三章　从布鲁日、安特卫普、阿姆斯特丹到伦敦　080
　　　　交易所的起源——布鲁日　　　081
　　　　世界性的交易所——安特卫普交易所　　　084
　　　　阿姆斯特丹股票交易所　　　093
　　　　英国交易所的起源　　　105

第二部分　从法兰克福到柏林
（18世纪下半叶至1914年）

第四章　债券和私人银行的兴起　115
　　　　债券被引入法兰克福　　　116
　　　　真正的证券交易所　　　125
　　　　私人银行的兴起　　　133
　　　　领先的德意志金融中心　　　150

第五章　公法特性的法兰克福交易所　160
　　　　新的交易所运营商　　　161

　　　　交易所的新规则、新制度　165
　　　　经纪人的博弈　173
　　　　交易所官方价格表　184
　　　　不同的演进之路　193

第六章　从库克票、特许股份公司到铁路股票　201
　　　　德意志地区的早期股票　202
　　　　铁路股票的兴起　214
　　　　柏林的铁路股票投机狂潮　221
　　　　德意志的后发优势　229

第七章　从私人银行到股份制银行　236
　　　　私人银行的多样性　237
　　　　股份制银行的产生　242
　　　　法兰克福银行的诞生　253
　　　　股份制银行成立潮　266
　　　　德意志银行体系的独特之处　280

第八章　国家统一后的牛市和熊市　287
　　　　大牛市来临　287

德意志版本的投机狂潮　296
影响深远的股灾　305
资本大讨论　310

第九章　衍生品和《交易所法》　316
柏林的金融衍生品市场　317
编制《交易所法》的背景　328
《交易所法》的主要内容　335
对德国金融的影响　341

第三部分　从欧洲到全球
（1914年至今）

第十章　战争与交易所　351
战争前后的交易所　352
超级通货膨胀下的牛熊市　358
国家管制政策下的交易所　365
战后重建资本市场　371

第十一章　交易所国际接轨　382
大众股票引起的改革　383
德国特色的交易所改革　391
落后的股票市场　401
金融期权市场的试验　411

第十二章　百年不遇的挑战　421
交易所竞争时代来临　422
欧洲衍生品创新拉开序幕　430
德国应对挑战的策略　436

第十三章　德国版本的金融大爆炸　443
衍生品交易所的设想　445
跃进金融新时代　453
德国特色的交易所公司制改革　463
全球第一个交易所集团　473

第十四章　欧洲金融定价权之争　488
金融期货版的《三国演义》　489

国债期货流动性之争　　495
　　　电子化交易的胜利　　505
　　　金融定价权之争　　517

第十五章　全球并购和竞争时代　532
　　　开启交易所跨境并购　　533
　　　进军美国金融期货市场　　539
　　　欧美形成五大交易所集团　　549

第十六章　金融演进的逻辑　563
　　　交易所演进的 4 个阶段　　565
　　　金融机构的演进　　585
　　　金融监管的演进　　596
　　　第三条金融之路　　607

参考文献　617

后　记　629

引 言

德意志版本的金融博弈故事

交易所如何起源、发展和演进？

德国交易所与英美交易所的演进模式存在哪些区别？

为什么德国与英国演化出了不同的金融模式？

为什么19世纪下半叶德国突然从一个农业国一跃成为欧洲最强工业国？

为什么20世纪末期，德意志衍生品交易所比阿姆斯特丹、伦敦和巴黎的交易所起步更晚，却从当时欧洲23家衍生品交易所的激烈竞争之中脱颖而出，改变了欧洲乃至全球金融期货市场的格局？

这就是本书所讲述的德意志版本的金融博弈故事。为了区别于英美的自由金融模式和计划经济之下的管制金融模式，本书所描述的金融博弈又称为"第三条金融之路"。这个名词来源于德国经济学家弗兰茨·奥本海默所提出的第三条经济发展之路。奥本海默反对自由资本主义，因为这种制度导致不平等；他也反对计划经济，因为这种强制性的制度导致不自由。奥本海默认为存在第三条经济发展之路——一条综合幸福、平等和自由的道路①。

奥本海默的理论被他的学生路德维希·艾哈德继承。师生两人一起改变了德国的经济制度，推动德国按照他们的理念而实行"社会市场经济"。20世纪20年代德国超级通货膨胀期间，艾哈德在法兰克福攻读经济学博士，师从奥本海默。第二次世界大战之后，艾哈德指导联邦德国完成货币改革，为德国经济腾飞奠定基础。他继承了奥本海默的思想，并致力于在德国实现"第三条道路"。任职联邦德国第一任经济部长时，艾哈德形成了"社会市场经济"的发展理念，试图推动德国社会实现共同富裕。他曾任联邦德国总理，被誉为"德国经济崛起之父"。

德国金融市场与经济发展一样，走出了一条不同于英美模式的道路。这就是本书将要讲述的故事。德意志版本的金融故事可以为中国特色金融发展之路提供参考和借鉴。

一条区别于英美模式的德意志金融之路

这条金融之路开始于400多年前。当时，法兰克福交易所②在大商人的倡导之下成立。德意志金融之路具有3个显著特点：市场监管紧密互动，公私利益相互协调，竞争合作有机结合。400多年来，这3个特点一直贯穿德意志金融之路，也是其区别于英美自由金融模式

---

① 参考 Oppenheimer（1938）。这本书的序言提到，作者试图找到一条可行的经济发展之路，既区别于资本帝国主义，又区别于强制性的计划经济。第三经济发展之路的论述也参见 Erhard（1964），这是艾哈德纪念恩师奥本海默诞辰100周年的讲话内容。
② 交易所诞生之初只是一个地理代称，即商人们聚会的地方。16世纪和17世纪，法兰克福交易所并不是一个专有名词，而指"法兰克福的交易所"。法兰克福证券交易所直到19世纪才正式产生，并逐渐演化成一个法律层面上的专门机构。

的显著特点。

法兰克福证券交易所或者德意志交易所①400多年的演进历史，是一部金融监管不断演进完善的历史，是一部金融机构不断竞争合作和适应环境的历史，也是一个区别于英美自由金融模式的德意志版本的金融博弈故事。

德意志金融之路显示了另一种形式的"伟大的博弈"：当自由金融市场之中存在一个公共利益导向的监管机构时，博弈将如何演进？历史上，德意志地区的交易所起源于集市，后逐渐演变成公共利益导向的开放式公法性质交易所；英国的伦敦证券交易所却脱胎于场外证券交易市场，后逐步演变成私人利益导向的封闭式会员制交易所。两条金融之路在各自的方向上不断强化，而演变出不同性质的交易所。经历了全球化和市场竞争后，两种模式也不断融合，但历史演进的痕迹依然清晰可见。

德意志金融之路屡屡逆袭。18世纪下半叶至19世纪初，德意志地区的交易所孕育了一批实力强大的私人银行，发展了以债券承销和债券交易为主的投资银行业务。伦敦证券交易所封闭式的会员结构，使债券承销和债券交易分别由不同类型的机构负责，从而影响了投资银行的发展。1835年，德意志地区南部建成第一条铁路之后，德意志地区私人银行积极推动股票市场发展，同时组建实力更强的股份制银行，进而演变成全能型银行。股票市场和债券市场为德意志地区工业革命提供源源不断的资本，这也是1871年德意志统一之后工

---

① 本书采用不同的法兰克福交易所名称。比如，1800年之前的交易所通常称为法兰克福交易所，1800年之后的交易所称为法兰克福证券交易所。至于原因，18世纪下半叶，法兰克福才产生股票，即标准化的证券。19世纪，法兰克福才使用证券交易所的称呼。德意志衍生品交易所成立于1989年，德意志交易所成立于1992年。本书第十三章将详述这些交易所之间的关系。

业产值快速超过英国的原因之一。19世纪下半叶，得益于公法性质的交易所，柏林成立了全球首家衍生品清算机构，创新集中清算技术，建成了当时全球流动性最好的金融期货市场，比芝加哥1972年之后建立的金融期货市场大约早了100年。

基于独特的交易所模式，尽管德国金融产品创新经常落后于英国或荷兰，但德国屡屡在金融制度和基础设施创新领域取得领先。

或许是两次世界大战扰乱了德国金融市场的发展，德国对现代金融市场的贡献往往被忽视。德意志地区至今有着长达400多年的金融监管历史，而美国直到1934年才引入类似的金融监管模式；德意志地区早在19世纪初就孕育了一批实力雄冠欧洲的私人银行，但当时德意志地区以农业为主，并且还没有统一；19世纪末，柏林发展了全球第一个富有流动性的金融期货市场，采用衍生品集中清算技术，此后法国、英国和美国相继采用这种清算技术，后来在美国，这种技术演变成中央对手方清算模式；20世纪90年代，德国率先完成证券交易所的公司制改革，整合全国的交易所资源，形成全球第一家集交易、结算、托管以及衍生品业务于一体的交易所集团。

本书将讲述一个德意志版本的金融博弈故事，希望为中国金融市场发展提供另一个角度的参考，一个有别于自由金融模式的参考。

《伟大的博弈》讲述了华尔街金融帝国的崛起：自由市场的博弈过程不管多么肮脏和丑陋，博弈结果却伟大而高尚。这也是经济学鼻祖亚当·斯密的理论，即个人追逐私人利益的同时，"看不见的手"将使社会效益得以实现。那么，这是唯一的金融博弈模式吗？金融市场发展注定如《伟大的博弈》所说的那么曲折吗？

德意志走出了一条区别于英美自由金融模式和管制金融模式的第三条金融之路。这是一条市场与监管紧密互动的金融创新之路，这是一条兼顾公共利益和私人利益的协调发展之路,这是一条既有竞争也存在合作的金融机构演变之路。德意志金融之路的特点贯穿德意志各地区交易所、金融机构和金融制度的整个发展演变过程。在每个历史时期,我们都能看到似曾相识的画面。1585年,法兰克福商人联合建议市政府推出官方价格表;1870年,德意志地区私人银行联合设立德意志银行,力求打破英国各银行在国际贸易融资领域的垄断局面;1989年,德国各个银行又联合起来设立德意志衍生品交易所,以抵抗来自伦敦的竞争压力。

17世纪,集市孕育了金融交易,其逐渐演变成交易所。交易所是德意志地区金融之路的起点。我们以德意志交易所或者法兰克福证券交易所的起源、发展和演变阐述这条独特的金融发展之路。德国金融的独特性能够解释历史上的诸多谜团。例如,为什么19世纪上半叶,落后的德意志地区突然冒出一批实力强大的私人银行;为什么19世纪下半叶,一个保守的经济社会却孕育了全球流动性最好的金融衍生品市场;为什么20世纪末期,德意志衍生品交易所比阿姆斯特丹、伦敦和巴黎的交易所起步更晚,却从当时欧洲23家衍生品交易所的激烈竞争之中脱颖而出,改变了欧洲乃至全球金融期货市场的格局?这些谜团都与德国特殊的金融之路有关,而德国独特的交易所模式是其中的关键因素。

法兰克福的特殊性

曾经,美因河畔的法兰克福是德国中部的一个美丽小镇。如今,法兰克福是德国第五大城市,人口约有70万,按照中国标准可称为"镇"。可是,这个"小镇"是全球排名第九的国际金融中心[①],也

[①] 此排名根据英国智库Z/Yen集团发布的第29期全球金融中心指数得出。

是知名国际金融中心之中唯一一个人口少于100万的城市。历史上，国际金融中心都是大国首都或者港口城市，但法兰克福是独特的存在。它既不是德国首都，也不是德国主要港口城市，而是一个内陆"小镇"，最后逆袭成为德国乃至全球金融中心。

实际上，法兰克福的特殊性远不止于此。

法兰克福证券交易所是全球主要交易所中唯一一个从中世纪集市发展而来并且现在仍然独立运营的交易所。就像史前生物一样，法兰克福证券交易所经历400多年的演变进化，扛过不同阶段的磨难挑战，不断适应环境而存活至今。这个交易所带有各个历史阶段的印记。就像古生物研究一样，了解法兰克福证券交易所各个历史阶段演进的特点，有助于我们了解现代交易所的前世今生，追寻各类规章制度的来龙去脉，理解与交易所相关的各类金融机构的发展演变，甚至可以为未来交易所的改革提供参考。

法兰克福是在起源之初就非常国际化的金融市场。一般而言，一个金融中心自然服务于本国企业和经济的发展。19世纪中叶之前，法兰克福是一个自由城市，不属于任何德意志王国。法兰克福金融中心依靠满足德意志王国的融资需求而崛起。按照现代术语，我们可以称之为"离岸金融中心"。或许这就是世界历史上最早的离岸金融中心案例。法兰克福金融中心的发行人和投资者"两头在外"。18世纪和19世纪，德意志地区特殊的政治经济环境造就了法兰克福的独特性。这种独特性也给法兰克福带来了独一无二的机遇和挑战。19世纪20年代，法兰克福成为德意志地区乃至欧洲知名的金融中心，这使德意志地区在1871年政治统一之前，就已经锻造了一个统一的金融市场。如果说俾斯麦的"铁血政策"促成了德意志的统一，那么以法兰克福为中心的德意志地区私人银行家网络则为德意志的统一创造了金融基础。

法兰克福也是一个经历发展、繁荣、相对衰退，然后重新崛起的金融中心。历史上，一个国家的金融中心因衰落而被其他城市取代后，很难再重新成为该国的金融中心，法兰克福却是例外。1871年，德意志统一之时，柏林代替法兰克福成为德国的金融中心；第二次世界大战之后，法兰克福在竞争中胜出，于20世纪90年代重新成为德国无可争议的金融中心。这个过程自然与德国在20世纪上半叶跌宕起伏的历史有关，也赋予了法兰克福金融中心的独特性。

贯穿本书的三个问题

第一个问题涉及德意志地区的特殊性，即金融落后的德国为什么在某些领域经常超越英国？

17世纪以来，德国的金融发展显著落后于英国，那么还有必要分析德意志地区的交易所乃至金融演进历史吗？历史上，德意志地区确实不是金融创新的发源地。当代的多数金融创新起源于阿姆斯特丹，成熟于伦敦。德意志地区结合自身特点引入金融创新后，发生了一系列改变，就像一个生物进入陌生环境后为适应当地环境而发生变异的过程。引入金融创新后，德意志地区甚至经常在金融基础设施领域超过原先的领头羊伦敦。债券、股票和衍生品都遵循类似的演进模式。金融落后的国家可以参考这个过程。

德意志地区尽管金融发展落后，但在1871年德意志统一之后，其工业产值迅速超过英国。其间，金融扮演什么角色？19世纪中叶，德意志地区仍然是一个落后的农业地区，甚至还不是一个统一的国家，人们生活水平估计与晚清不相上下。席勒曾感叹："德意志？它在哪里？我找不到那块地方。"然而，德意志统一之后，这个落后的农业国的经济增长速度显著超过英国和法国，快速成为工业产值全球第二的国家。这个落后的农业国是如何调动金融资源，支撑快速的工业化的？或者为什么欧洲其他的落后农业国没有相似的命运？

1999年欧元诞生之时，欧洲迎来三场金融定价权之争，德国又一次输在起跑线上。20世纪80年代初，伦敦、阿姆斯特丹、巴黎等地的金融期货市场快速发展，而德国直到1989年才成立德意志衍生品交易所。当时，没有人看好这个交易所，更不可能认为它能改变欧洲乃至全球的衍生品市场格局。可事实是，德意志衍生品交易所或者说后期的欧洲期货交易所从欧洲23家衍生品交易所的竞争之中脱颖而出，赢得欧洲国债期货和股指期货的定价权，10年之间成为全球最大的金融期货期权交易所。为什么德意志衍生品交易所能实现逆袭？仅仅是因为德国人勤劳努力吗？还是因为这个交易所的组织结构或制度框架使其更具竞争优势？

一个普遍被认为金融落后的国家，却在该领域频繁逆袭，打败传统上金融发达的伦敦。如果历史仅仅发生一次，可能是偶然；但如果发生多次，就不能用"偶然"来解释了。那么，德意志地区特殊在哪里？德国的交易所乃至金融体系强在何处？

第二个问题涉及德国与英美交易所模式的比较研究，即德意志地区的交易所与英美模式的演进路径存在哪些区别？为什么两者走上了不同的演进之路？

中国对英美交易所研究较多，但对德国的交易所关注较少。甚至多数人认为德国的交易所与英国的一样，也是会员制交易所。实际上，德意志地区的交易所自起源之初就具备公法性质，服务于公共利益，而不是私人设立的商业性质交易所。虽然英国的会员制交易所不追求利润，但设立会员制交易所的经纪人追求利润，交易所只是这些会员获利的工具。德意志地区的交易所服务于当地的商贸发展，类似于中国提倡的"金融服务实体经济"理念。德意志金融之路提供了另一种交易所模式，一种显著区别于自由市场博弈的模式。

为什么德意志地区会演化出一种不同于会员制的交易所模式？法兰克福和伦敦在什么时候、哪种环境之中演化出不同的交易所模式？与交易所相关的各类金融机构又如何演化，存在哪些区别？在现代，各国交易所以及金融机构的组织方式都非常相似，或许是因为金融全球化创造了相似的环境，经历漫长的演化之后金融机构之间存在趋同性。但回顾历史，我们会发现它们的出发点各不相同，演化过程也存在显著差异。

第三个问题由法兰克福的特殊性引申而来，即一个内陆"小镇"如何逆袭成为德国乃至全球金融中心？

越了解法兰克福，就越会被这个城市的魅力吸引。从法兰克福证券交易所出发，我们或许能了解这座金融中心的变迁历史，知晓各种金融要素的集聚过程，甚至剖析现代金融制度的起源。法兰克福成为金融中心的过程贯穿全书。交易所是一个国家重要的金融基础设施，是金融中心的重要组成部分，交易所的演进也意味着金融机构和金融市场的演进，是一个国家经济和金融发展的重要推动力。回顾法兰克福证券交易所的演进历史，我们可以更好地了解法兰克福一步一步成为金融中心的曲折历程。

然而，法兰克福成为金融中心的原因是什么并不是一个可以简单回答的问题。即使询问德国金融专家，我们也只会得到五花八门的答案。[①] 我们发现法兰克福成为金融中心的过程并不是一帆风顺的，而

---

① 2016—2020 年，笔者参与中欧国际交易所工作时，曾询问诸多德国私人银行、交易所的专家和其他金融从业人士，发现他们对此问题的回答都不尽相同。

是一波三折的。在不同的历史阶段,在不同的政治经济环境中,法兰克福面临不同的命运。为此,本书按照历史阶段划分成三个部分,每个部分都涉及法兰克福成为金融中心的发展历程。只有了解历史长河之中的各个画面,我们才可以对法兰克福成为金融中心的原因做出更全面的解释。

这三个问题看似相互独立,实则紧密相连。法兰克福成为金融中心的发展历史是法兰克福证券交易所的演进历史,也显著影响了金融机构的演进之路。在这个过程中,我们特别关注法兰克福的交易所、金融机构与伦敦的区别。通过比较研究,我们可以更清晰地认识到法兰克福乃至德意志的特殊性。

生物进化与金融机构的演进

一是采用历史研究的方法。熊彼特认为,历史研究是最重要的研究方法。[①] 经济活动由一系列历史事件组成,其重要性只有结合当时的政治、经济和社会环境才能理解。经济研究需要结合个人、机构和组织在历史事件之中的决策和博弈过程。本书试图描述在各个重要历史时期,德意志地区的各类机构和组织面对各项选择和决策时的博弈过程。如果能够了解它们决策的过程和考虑因素,或许我们将不再惊讶于这些决策的不同结果。

历史是最好的老师。交易所演进和金融机构发展具有明显的路径依赖。现在的交易所规则、金融制度或许可以从 400 多年前交易所诞生之初找到痕迹。本书以交易所在各个时期的发展变化为线索,回顾德意志这片土地上曾经发生过的重要金融事件,分析事件发展过

---

① 参考 Schumpeter(1954),也可参考 Baskin and Miranti(1997)。

程，总结其中的规律。本书基于各个时期德文文献所记载的金融史料和数据，尽可能地还原了当时历史场景中的人和事。有时，历史研究和历史数据就能直观地给出一个问题的答案，而不必展开冗长的逻辑分析。何况，丧失历史温度的逻辑分析往往是失真的。

二是从生物进化的角度看待交易所的演进。达尔文提出"物竞天择，适者生存"的观点，并用大量资料证明，形形色色的生物在遗传、变异、生存斗争和自然选择中，由简单到复杂，由低等到高等，不断发展进化。这种进化是生物相互竞争和适应环境的结果。借鉴生物进化的分析框架，金融机构乃至交易所也是市场竞争和适应环境的产物。本书尤其关注环境因素对金融机构演化的影响，而相对弱化金融机构相互之间的竞争。交易所是一类特殊的金融机构。直到20世纪80年代，交易所之间才开始直接竞争。在此之前，交易所演进更多是其与环境相互作用的过程。

借鉴物种起源的理论，我们也特别关注德国这个小环境中所发生的特殊演化。达尔文在环球航行的过程中发现，每个地区都存在着既相似又不一样的物种，比如南美洲的小岛和大洋洲的小岛虽环境相似，但岛上的物种不相同。金融机构也类似。各个地区的银行看似相似，然而起源甚至演化过程存在较大差异。这种差异自然是环境造成的。德意志地区在很长时期内保持政治松散的格局，而不似英国和法国很早就形成中央集权。在德意志的土地上，居民拥有共同的文化、语言，但没有共同的国家。金融创新一旦进入德意志地区，又将产生哪些变异？此地的特殊环境将孕育哪些特殊的金融机构？

从进化论的角度，我们可以更加客观地看待经济金融发展。在历史长河之中，一个地区是发达还是落后更多取决于那些中长期的环境因素。某类创新在某个地区率先出现，不一定意味着该地区先进，只是该地区存在这类创新的需求罢了。领先和落后往往是相对的。创新的种子进入落后地区,经常能冒出下一轮创新的嫩芽。

三是采用比较研究的方法,特别是比较德国交易所和英国交易所的演进之路。伦敦证券交易所和纽约证券交易所为多数人所了解,而法兰克福和德意志交易所不为大众所知晓。本书比较法兰克福与伦敦在交易所演进上的不同路径,并且比较这两个城市的金融机构存在的差别,以及分析形成这种差别的原因,试图给读者展现一个更加立体的法兰克福证券交易所形象。

对中国的参考意义

回顾法兰克福证券交易所各个阶段的演进历程,我们发现诸多场景与中国相似。"服务于商贸活动和居民福祉"、"交易所必须与国家最高利益保持一致"、"共同富裕"等标签出现在法兰克福证券交易所的发展历史上,这是显著区别于英美模式的第三条金融之路。德国人对经济发展、金融市场有自己的理解,并不追随英美模式,而金融服务实体经济也是德国在各个时期一直坚持的准则。

《伟大的博弈》生动地讲述了在华尔街发生的大量的尔虞我诈的惊险故事。这本书表明,一部金融史也是一部金融投机史和金融危机史,投机和博弈的结果却是华尔街金融帝国的诞生。缔造这个金融帝国的成本如此之高,过程如此艰辛,是否还存在其他路径?这个金融帝国是伟大博弈的结果吗?还是说,不管美国采取哪种金融制度,只要美国成为超级大国,华尔街就自动升级为金融帝国?或者除了英美的自由金融模式,是否还有其他摩擦更小、成本更低、危机更少的路径?

德国在发展金融市场过程中,一直以怀疑的眼光看待英国金融模式。作为金融落后的国家，它难免会产生学习金融强国的冲动。德国内部也一直存在两派的博弈：一派主张借鉴英国的先进经验，另一派主张从德国实际出发。为数不多的自由主义占上风的时期，都以一场大型危机收场，然后是根本性的制度调整。最典型的案例是德意志统一之后的超级大牛市和紧接而来的大熊市。这次危机引发了一轮资本市场大讨论，深刻改变了德国金融制度的走向。当前，中国坚定地推行中国特色现代资本市场建设，德国在这个领域的历史经验或许可供借鉴。

与英美模式相比，德国模式更值得中国参考借鉴。英美模式崇尚自由博弈，多数时间推行金融自由化。伦敦证券交易所的起源更像是一种创业过程，经纪人或者交易所尽量避免被监管。经纪人设立交易所、控制交易所的主要目的是赚钱。18世纪和19世纪，英美的自由金融市场投机盛行，各类金融危机频发。德国模式却与之相反。德意志地区的交易所从起源之初就存在监管机构，目的是促进当地贸易繁荣和提高居民福祉，这种公共利益导向的思维一直贯穿各个历史时期，并且不因政治经济环境的变化而变化。德意志地区的商人甚至主动依靠监管机构维持交易秩序，为市场提供公共产品。"以公共利益为导向"是德意志地区的交易所发展演化的共同特点。为了限制竞争，德意志地区甚至规定每个城市只能存在一个交易所。

本书结构和组织方式

本书以交易所发展为主线，将其划分成三个历史时期，分别是：16世纪末至18世纪中叶，集市演变为交易所；18世纪下半叶至1914年，债券、股票和衍生品被引入德意志地区，以及法兰克福和柏林先后成为金融中心；1914年至今，交易所经历战争、重建以及全球化扩张。

第一部分涉及 16 世纪末至 18 世纪中叶,讲述法兰克福集市演变为交易所的过程。法兰克福向金融中心演变与集市发展息息相关,而法兰克福成为德意志地区领先的集市在很大程度上为其成为金融中心奠定了坚实基础。这一部分分析法兰克福集市演变成交易所的重要推动力,描述法兰克福交易所的诞生过程,以及剖析交易所诞生之初携带的重要基因,这些基因将贯穿交易所发展的各个阶段。除了法兰克福,德意志其他城市,如纽伦堡、汉堡和科隆也诞生了交易所。早期交易所的日常管理和运营也值得关注。在欧洲层面,从布鲁日、安特卫普、阿姆斯特丹到伦敦,交易所开始纷纷演变。此外,德意志地区最早的私人银行(商人银行)的产生和发展也值得探讨。

第二部分涵盖 18 世纪下半叶至 1914 年,回顾债券、股票和衍生品被引入法兰克福以及柏林超过法兰克福成为金融中心的历史。这个时期,德意志地区交易所的演进模式与伦敦的交易所走向不同方向。法兰克福产生了明确的交易所运营商以及公法特性的交易所,伦敦的经纪人则设立、拥有和控制交易所,交易所向着封闭式会员制交易所演进。19 世纪上半叶,法兰克福商会成为交易所运营商,法兰克福证券交易所作为独立的法律实体也于 1851 年登上历史舞台,不过直到德国颁布《交易所法》才明确区分交易所、交易所运营商和监管机构。债券给法兰克福带来质的变化,促使法兰克福成为与伦敦齐名的欧洲债券市场。法兰克福却没有抓住股票市场发展机会,将机会拱手让给柏林,因此,19 世纪下半叶,柏林超过法兰克福成为新的金融中心。铁路公司、股份制银行以及资本市场的发展或许可以回答为何德国能够快速工业化以及拥有调动金融资源的能力。1873 年,德国经历了一次金融危机。德国多次被全球金融危机波及,但自身爆发的危机屈指可数。始于1873年的熊市或许是德国历史上唯一一次与政治和战争无关的纯粹金融危机。随之而来的资本市场大讨论深刻地影响了德国金融制度的未来走向。历史在这里拐了一个弯。德国强化了公法特性的交易所，也通过《交易所法》为资本市场监管制度打下基础，这部法律甚至被后来美国颁布的《证券交易法》（1934年）参考。这部法律限制衍生品交易，导致全球领先的德国金融衍生品市场从此开始走下坡路。

第三部分研究1914年之后德国各个传统的交易所走向现代的过程，其中包括两次世界大战期间的交易所，战后资本市场重建的过程，20世纪80年代末的金融全球化，以及德意志交易所改革。战争和重建是德国各交易所的特殊经历。20世纪80年代末，全球化和电子化引发了交易所之间的直接竞争。深深的危机感笼罩着德国金融界。面对金融全球化和欧盟统一金融市场，所有人都预感到一场激烈的竞争即将到来，而德国公法特性的交易所根本不适应这种强度的市场竞争。在这个特殊时期，德国监管机构和各大银行快速行动起来，以令人惊讶的速度完成了一系列难度极大的改革，铸造出德意志交易所，一个足以抗衡伦敦和纽约的强大交易所。德意志交易所的子公司横扫欧洲各国的衍生品交易所，接连赢得两次重要的金融定价权之争，然后兵锋直指芝加哥，最后在芝加哥双雄的阻击之下德国人败下阵来。20世纪末，德国率先完成了国内的交易所整合，然后掀起了全球交易所并购的腥风血雨。

本书试图讲述各个时期法兰克福证券交易所或德意志交易所的发展历史，尽量还原当时的场景，以呈现交易所以及与此相关的金融机构的演进过程，比如私人银行、股份制银行的演化，并解答前文提到的问题。

第一部分
从集市到交易所
(16世纪末至18世纪中叶)

第一章

法兰克福交易所的诞生

中世纪，德意志地区仍然处于神圣罗马帝国时期。神圣罗马帝国，名为帝国，实为一个松散的政治联盟。伏尔泰评价它"既非罗马，又非帝国，还不神圣"。这片德意志土地上曾存在着300多个王国和领地。但是，美因河畔的法兰克福虽然名义上受神圣罗马帝国皇帝直接管辖，却不属于任何一个德意志王国，而是自由城市。随着欧洲逐步走出中世纪，商贸和经济逐步发展，德意志地区出现了集市。16世纪，汉堡、法兰克福、奥格斯堡、科隆等地逐渐成为德意志地区的商贸中心。法兰克福集市被马丁·路德誉为德意志地区"流淌着黄金和白银的巢穴"。

欧洲早期的金融活动集中于交易所，交易所自然是德意志金融之路的起点。欧洲的早期交易所，如布鲁日、安特卫普的交易所都脱胎于集市，法兰克福的也一样。随着大西洋贸易和欧洲范围内的跨境商贸活动的规模不断扩大，16世纪下半叶法兰克福的金融交易出现萌芽并越来越活跃。集市相关的金融产品，如汇票、集市贷款和钱币兑换等，主要服务于从事跨境贸易的大商人。金融活动越来越频繁，必然需要组织更严密的金融机构。在这种背景下，法兰克福交易所的雏形日益显现。早期交易所的金融产品、交易、结算和经纪业务都与集市息息相关。集市特征深深烙印在法兰克福交易所发展演变的整个历史过程中，成为交易所的内在基因，甚至直到现代我们还能从法兰克福交易所的规则中找到集市的影子。

从集市向交易所的演化是一个长期而持续的过程。①16世纪下半叶，除了安特卫普、阿姆斯特丹等欧洲金融中心，法兰克福、汉堡、科隆、纽伦堡和奥格斯堡的商人都开始进行定期聚会，主要交易汇票和钱币。随着跨境贸易和大宗交易逐渐在法兰克福集中，当地与贸易相关的钱币兑换和汇票交易也逐渐活跃。更频繁的交易、更低的交易成本、更多的信息形成良性循环，逐步推动高度组织的市场即交易所产生。于是，一群商人在固定地点、固定日期交易固定的产品，这就是交易所的最初定义。

法兰克福是德意志地区中部一个很普通的城镇。这个城镇似乎没有特殊性：地理位置不如莱茵河旁的美因茨，历史文化不如罗马人建立的殖民城市，如科隆、奥格斯堡，且16世纪的法兰克福仅有2万人，也不引人注目。这样一个普通城镇如何发展出德意志地区领先的集市，进而产生早期的金融交易？特别是，一个交换手工艺品的小集市如何发展成交易大宗商品的国际贸易中心？法兰克福集市持续发展的主要原因是什么，政治、地理、城市管理还是其他原因？法兰克福集市又如何催生交易所？

自起源之初，德意志地区的交易所就与英国的交易所走上了不同的金融演进之路。一般而言，欧洲大陆地区的大部分交易所受到国王、政府或者议会等政治力量的影响，而英美两国交易所更多是市场

---

① 姜建清也认为大型集市与交易所的边界很难区分，具体参考姜建清（2020），第165页。

自由发展和自由博弈的结果。[①] 最初的法兰克福交易所虽然由商人提议设立，但处于市政府的监管之下，甚至主动寻求市政府的支持。法兰克福交易所诞生之时存在哪些特点？其起源与伦敦证券交易所的起源有何区别？

集市的起源和发展

法兰克福是德意志地区中部的一个普通小镇。这个小镇自然拥有特殊的魅力，才能吸引商人们聚集，形成集市乃至成为金融中心。我们从一个传说开始讲述法兰克福的故事。

法兰克福的传说

在中世纪时，法兰克福被称为"Franconofurd"或"Francorum vadus"。"Frank"指法兰克人，是古日耳曼人的一支。"Furt"在德语中是浅滩的意思。美因河畔的法兰克福意为"法兰克人在美因河畔涉水而过的地方"。

法兰克福这个城市相传由查理大帝命名。中世纪时期，查理大帝与野蛮的萨克森部落作战，一度被包围而打了败仗。查理大帝带领残兵往南撤退，穿过昏暗的塔努斯森林，筋疲力尽地到达当今的法兰克福附近。远方响起落单部队被萨克森人屠杀的惨叫声，而前方突然出现大雾弥漫的美因河，阻止了查理大帝前进的步伐。

一筹莫展之际，查理大帝跪在河边，祈求神灵的帮助。突然，前方出现奇迹，阳光穿透下来，浓雾散开，筋疲力尽的战士看到一片区域。只见一只白鹿带着一群小鹿蹚过美因河，到达河对岸。查理大帝毫不迟疑地带领部下跟着白鹿到达对岸。然后，浓雾再次弥漫开来，

---

① 参考 Weigt（2005），第 13 页。

覆盖了美因河的渡口，使萨克森部落难以找到渡口而放弃追杀。

为了纪念这次死里逃生的经历，查理大帝将这个地方命名为法兰克人的渡口，此即法兰克福名称的由来。[①]

从此，法兰克福在法兰克帝国获得了特殊的政治地位。公元 8 世纪末，查理大帝多次与萨克森部落作战，每次都将美因河畔的法兰克福作为集结军队的地点。查理大帝相信法兰克福是他的幸运之地。聚集的军队吸引了一些贸易商和各路诸侯，他们把目光投向美因河畔的法兰克福。周边的塔努斯森林为国王提供了惬意的狩猎场所。公元 794 年，查理大帝在法兰克福建立行宫[②]，法兰克福首次被载入史册。同一年，查理大帝在法兰克福行宫召唤了各地主教，召开法兰克福议事会议。此后，查理大帝和他的继承者每年都会在法兰克福度过冬天，与各路诸侯计划第二年的重要事项。公元 843 年，查理大帝的继承者瓜分了法兰克帝国，形成东法兰克王国、西法兰克王国和中法兰克王国，即现代德国、法国和意大利的前身。东法兰克王国的国王路德维希二世将法兰克福作为首都，也喜欢在法兰克福周边的森林狩猎。

集市的起源

11 世纪起，法兰克福逐渐产生了固定的秋季集市。农民和手工业者在秋收之后通过集市交换物品。秋季集市一般在圣母升天节（8 月 15 日）和圣母圣诞节（9 月 8 日）之间举行。1074 年，海因里希四世为了感谢沃尔姆斯居民的忠诚，免除了美因河沿岸城市居民在法兰克福集市的关税。当时，莱茵河沿岸存在 30 多个关税点，使德意

[①] 参考 Bothe（1911），第 3 至 4 页。
[②] 该行宫名叫 Saalhof，现在也是法兰克福历史博物馆的所在地，位于美因河铁桥的斜对面。

志各王国之间的跨境商品贸易难以开展,而法兰克福获得了此项关税豁免,自然在贸易上拥有优势。由于特殊的政治地位,法兰克福获得了一系列的关税和贸易特许,逐步发展出整个德意志地区有影响力的集市,进而成为横跨欧洲的大宗商品交易中心。欧洲各地的商人又带来汇票、钱币等早期的金融产品。

中世纪,欧洲一系列政治、军事和宗教事件进一步促使法兰克福发展出欧洲有影响力的集市。1147年,天主教知名修士圣伯尔纳多在法兰克福发起第二次十字军东征,呼吁德意志国王康拉德三世参加。国王在向耶路撒冷出发之前,在法兰克福选择他10岁的儿子作为王国继承者。这个可怜的孩子却在父亲去世之前早逝。5年之后,法兰克福重新举行国王选举,老国王的侄子巴巴罗萨,即后来的神圣罗马帝国皇帝腓特烈一世当选为国王。在这次选举中,腓特烈一世获得了法兰克福周边选帝侯的支持。成功当选国王之后,腓特烈一世也投桃报李,免除了班贝格到美因茨之间的关税,而法兰克福正位于两个城市之间。[①]

十字军东征增强了东西方交流,德意志各王国在了解东方的货物后产生了贸易需求。1189年,腓特烈一世、英国国王"狮心王"理查一世和法国国王腓力二世一起领导了第三次十字军东征。法兰克福往往是德意志地区十字军的物资和人员的集中地,这间接促进了法兰克福集市的发展。

除了豁免关税等特权,法兰克福还获得神圣罗马帝国给予的其他特权和保护。1240年,法兰克福获得神圣罗马帝国皇帝腓特烈二世的特许,举办第一届法兰克福商业博览会,也就是法兰克福的秋季集市。

[①] 1157年,贵族会议讨论商人们提出的关税提议,并促使腓特烈一世废除班贝格到美因茨之间的关税,而法兰克福位于两个城市之间。

腓特烈二世授予商人们"集市通行证",所有参加法兰克福集市的商人都将得到神圣罗马帝国以及皇帝的保护。并且,1329 年,法兰克福市民还被免除在帝国境内各地进行贸易的关税。法兰克福自此逐渐发展成重要的商业城市。1330 年,巴伐利亚国王路德维希在法兰克福设立了第二个集市,俗称春季集市,从此法兰克福集市成为德意志地区乃至欧洲知名的大型集市。来自瑞士地区、荷兰地区、波希米亚、波罗的海地区以及意大利北部的商人纷纷参加法兰克福集市。

1337 年,法兰克福通过游说促使皇帝许诺不再授予法兰克福周边城市贸易特权,因此其重要的竞争对手美因茨就不再能对法兰克福构成威胁。美因茨毗邻法兰克福,但其地理位置更加优越,因为美因茨位于莱茵河和美因河的交汇口。从此以后,法兰克福集市在德意志地区中部成为一枝独秀。[①] 13 世纪,德意志商人在意大利建立贸易据点,学习意大利的先进商业知识。这些贸易技术和金融知识通过德意志地区南部的奥格斯堡和纽伦堡被引入法兰克福。

从地区集市到跨境批发集市

中世纪早期,法兰克福集市仅仅是附近的居民交换农产品、手工艺品等产品的场所。13 世纪之后,得益于皇帝的青睐和地理优势,法兰克福集市逐渐获得地区影响力。14 世纪,法兰克福获得许可,开始举办春季集市,并通过皇帝限制莱茵河边上的竞争者美因茨的发展。此外,法兰克福进入城市自治阶段,一群开明的贵族阶层人士统治着法兰克福。这些贵族从法兰克福集市发展之中获利,经济发展和城市治理形成良性循环。

这个时期,法兰克福集市快速发展,被称为"德意志人民的购物

---

① 参考 Holtfrerich(1999),第 54 页。

场"。集市上的产品主要是法兰克福周边地区的手工业者生产的纺织物、酒和农产品等。这些手工业者在销售产品的同时，也购买原材料，如纺织工在法兰克福销售布匹或衣物，同时购买羊毛、燃料等原材料。而后者逐渐吸引大商人通过批发形式将各种原材料运到法兰克福销售，促使法兰克福迈出了成为跨境批发交易场所的第一步。

除了德意志地区的产品，大商人们还从意大利购买丝绸、棉布、玻璃、香料，在法兰克福出售，同时在法兰克福购买当地产品，然后运到维也纳和意大利各城市出售。法兰克福集市开始与科隆、吕贝克、布鲁日和意大利各城市建立贸易联系。通过这些贸易城市，法兰克福与更多境外地区交换商品，开展贸易。这个时期，德意志地区的商人和意大利商人是法兰克福集市贸易的主体，而其他地区的商人很少到访法兰克福。

14世纪中叶，法兰克福开始记录集市中收取的各项税，包括关税、吊机税[1]、销售税等。1358年，这些税收总额为877古尔登[2]，而1383年税收总额达到3 442古尔登，增长了约3倍。不过，之后很长一段时间税收总额都没有超过这个规模。

15世纪，法兰克福集市经历了从手工艺品集市到大宗商品集市的痛苦转型。商业持续发展和竞争，促使部分商人脱颖而出，逐渐积累了大量资金。他们脱离了此前单兵作战的状态，建立贸易组织，从事批发业务。这些大资本从各地购买质量好而价格低的商品，逐渐对本地的手工艺品形成很强的竞争压力，导致法兰克福周边城市的手工业者的收入持续下滑。例如，1440年之前，专门从事羊毛纺织业

---

[1] 吊机税，顾名思义，就是法兰克福市政府提供吊机，帮助商人把货物从船上转移到岸上所收取的税费。
[2] 古尔登，曾经是欧洲特别是中欧和西欧地区的货币单位。

的城市布茨巴赫的财富税和财产税收入持续增长，之后却持续下跌。1434年，布茨巴赫的财产税收入达到421古尔登，而1463年仅为220古尔登，1497年下降到150古尔登。布茨巴赫的衰落是一面镜子，德意志地区的其他小城镇也经历了同样的衰落过程。

与手工业衰落相对应的是大资本和跨境贸易的发展。交易对象逐渐从手工艺品扩展到包括香料、金属等大宗商品在内的多类商品，批发业务代替零售业务成为集市的主角，大商人的跨境贸易开始挤压小商人的区域贸易，法兰克福迈出了交易所乃至金融中心形成过程中的重要一步。

16世纪，法兰克福集市的发展得益于周边的一系列政治事件。皇帝马克西米利安一世去世之后，富格尔家族帮助查理五世打败法国国王，查理五世获得了神圣罗马帝国的皇帝头衔；德意志地区的商人在哈布斯堡王朝领土内的贸易变得相对自由和安全。1535年，丹麦和瑞典打败吕贝克，汉萨同盟力量被削弱。1558年，英国取消汉萨同盟的贸易优先权。这些具有竞争关系的贸易城市受到打击，反而有利于德意志地区中部的法兰克福的发展。

这个时期，法兰克福集市逐渐吸引了意大利地区、荷兰地区、德意志地区北部和东部、波兰地区、波希米亚、匈牙利地区的大商人，成为具有国际影响力的贸易集市。尽管科隆和纽伦堡的商人仍作为中间商继续存在，但意大利和荷兰地区的商人开始逐渐越过中间商，越来越多地直接参与法兰克福集市。以意大利为例，米兰商人于1490年参与法兰克福集市，佛罗伦萨和罗马商人于1520年，热那亚商人于1521年，威尼斯和比萨的商人于1528年来到法兰克福，并建立永久贸易据点。

此外，大西洋贸易带来更多的大宗商品，法兰克福成为德意志地区的重要批发集市，其交易的产品不仅包括纺织品、农产品、奢侈品等成品，还包括羊毛、铜、锡等原材料以及多种多样的半成品。法兰克福发展出商品的跨境批发交易，这为法兰克福交易所的诞生以及金融中心的形成奠定了坚实的基础。

为什么跨境批发交易对于交易所的形成至关重要呢？大商人是跨境批发交易的主角。与大商人[①]相对应的是本地商人，后者将商品分类、包装、初步加工之后再卖给本地的消费者、手工业者或其他商人。大商人资本雄厚，但数量不多，交易对手相对固定，并且他们需要定期聚会、定期交易，否则生意无法继续。每个大商人都需要购买和出售相关产品，资金进出频繁。跨境批发交易也需要大额资金。中世纪时期，钱币携带不方便，再加上路上的匪患，汇票交易由此快速发展。在由集市发展而来的交易所中，汇票是早期的主要金融产品。此外，各国商人使用不同的钱币，他们需要兑换钱币，以完成商品交易，而钱币兑换也是早期交易所的主要业务之一。

这样，法兰克福集市逐渐从以手工艺品为主的小商品交易集市演变成资本推动的跨境批发交易集市，其交易的目的不再是满足消费需求，而是满足生产需求。一群商人定期在一个区域集中开展交易，采用各种钱币或汇票进行支付，交易所的雏形逐渐形成，并且以钱币兑换和汇票交易作为起点，逐渐发展出其他金融产品的交易。正是汇票交易和钱币兑换促使法兰克福集市逐渐演变成交易所。

欧洲范围内，香槟集市是较早获得全欧洲影响力的大型集市。中世纪的香槟地区是香槟伯爵的领地，地处意大利与低地国家、佛兰德之间，位于德意志与西班牙之间两条交通要道的交会点上。香槟伯爵尽力保证商人的安全，这使香槟集市逐渐发展为欧洲商业中心。香槟

---

① 德语中大商人称 Kaufmann，而一般商人称 Händler。

集市在 13 世纪下半叶达到全盛，在 13 世纪末开始衰落，到 14 世纪中期沦落为地方性的集市。至于衰落原因，则是法国国王腓力四世控制了香槟伯爵领地并征收重税，同时由于受到英法百年战争的影响，香槟集市进一步衰落。香槟集市衰落之后，欧洲商人转移到附近的布鲁日开展贸易，使得布鲁日成为重要的欧洲贸易中心。15 世纪中后期，安特卫普成为欧洲首屈一指的金融和贸易中心。16 世纪末安特卫普衰落之后，阿姆斯特丹和法兰克福同时受益。

集市孕育早期的金融交易

金融交易都起源于集市，服务于商贸活动。16 世纪下半叶，法兰克福集市逐渐获得地区影响力，金融活动逐渐在法兰克福聚集和发展，包括钱币兑换、汇票交易和集市贷款等。这些金融产品还不是严格意义上的交易所交易产品，不具备标准化特征，但是这个早期金融市场是法兰克福交易所演变过程中的重要环节，特别它是孕育了商人银行，并推动了早期私人银行的产生和发展。

钱币兑换

在钱币收藏界，德国各时期的银币种类繁多，一直是收藏者的天堂，而且其种类之多只有中国清朝末期和民国时期的各式银币可以与其媲美。1871 年德意志统一之前，德意志各王国铸造了形式多样的银币，也给中世纪时期德意志地区的商业贸易带来了麻烦。特别是法兰克福集市成为德意志地区的主要集市之后，各国商人纷纷来法兰克福开展贸易，带来各国钱币，更增加了钱币兑换的复杂度。

1346 年，法兰克福获得铸造小型钱币的权力。1428 年，法兰克福获得银币的铸造权。当时德意志地区一度存在约 500 家钱币铸造厂。

德意志地区的各式钱币、外来钱币再加上金币和银币同时流通，给商业贸易带来挑战。钱币之间不存在固定的兑换价格，市场价格往往由钱币的含银量或含金量以及市场供求决定。此外，各领主或国王很早就认识到，铸造含银量较少的钱币，可以获得可观的铸币税。特别是战争期间，国王和领主往往将铸币税作为重要的财政收入来源，而含银量较少的银币又带来通货膨胀和钱币市场的混乱。

法兰克福市政府为了维护商业的繁荣，一直铸造含银量充足的银币，在市场上拥有较好的声誉。为了防止法兰克福银币流出，并被其他领主熔化进而铸造成含银量较少的银币，法兰克福市政府一度禁止法兰克福铸造的银币流出，并禁止部分劣质银币在法兰克福流通。然而，这种禁令往往没有实质性效果。直到1515年之后，市政府才取消这种禁令而遵循市场规律。劣质银币和优质银币的博弈直到1871年德意志统一、推出统一的德国马克银币才结束。

14世纪中叶，为了给市场提供银币的基准价格，法兰克福与莱茵河流域的贸易城市，如科隆、美因茨和特里尔等签订钱币协议，共同规定钱币的铸造标准，确定兑换价格。各城市派出负责钱币铸造的官员，每年定期在法兰克福聚会并讨论钱币事宜，他们确定的莱茵古尔登在一段时期之内成为法兰克福地区贸易的基准货币。

1566年，神圣罗马帝国公布法令，将帝国塔勒[①]确定为基准货币，1帝国塔勒值74十字币[②]。当时法兰克福1古尔登银币的市场价格大约为64十字币。1585年，法兰克福商人引入虚拟的计价货币，用于集市期间的商品贸易，确定其与各主要钱币的兑换关系。现在，法兰

[①] 塔勒是一种曾在几乎整个欧洲使用了400多年的银币名称及货币单位。
[②] 十字币是中世纪时期德意志地区的一种辅币。这种辅币与塔勒或古尔登的兑换关系不断发生变化、不固定，其与现代钱币不一样。

克福将这一年作为法兰克福交易所成立的官方时间。实际上,当时各商人这样做仅仅是为了解决银币之间相互兑换产生的问题。

钱币兑换与商品贸易紧密相连,形成了法兰克福早期的主要金融交易活动。钱币兑换商特别是犹太商人也随着时间的推移慢慢演化成私人银行家。商人们即使采取汇票支付商品款项,也面临钱币兑换问题,因为汇票往往涉及两种钱币,确定了两种钱币的收付关系,自然也就确定了钱币的兑换关系。由汇票引申而来的钱币兑换关系还与利率、期限等有关。当时,商人们的集会地点是法兰克福市中心的罗马贝格广场开阔地,其在市政厅前面。现在,罗马贝格广场周边的建筑还保持着400多年之前的样貌。罗马贝格广场是当时商人聚会和进行钱币兑换的主要场所。

汇票交易

除了钱币兑换,汇票交易也出现在法兰克福。16世纪时,欧洲各地的商人纷纷参加法兰克福集市,不仅包括德意志各王国的商人,还包括低地国家、意大利北部地区、波兰、波希米亚和匈牙利等地的商人。安特卫普这一贸易中心的衰落进一步促进了法兰克福的发展,法兰克福集市逐渐从交换手工艺品的小型集市发展成重要商品的国际贸易和批发集市。随着欧洲各地大商人的聚集,15—16世纪中后期法兰克福逐步发展出配套的金融交易,其中最重要的产品包括汇票和集市贷款。

中世纪的汇票最先由意大利商人使用,并且刚开始主要作为长距离运输的钱币的替代品,后期发展成融资工具。1266年,法国一位贵族圣路易斯逗留于巴勒斯坦,遇到了财务困难。但他获得了法国国王的许可,向当地商人和其他十字军成员借款,并开具"信函",出借人拿着信函回到法国就可以从法国国王处获得款项。这样，法国贵族可以快速在当地获得资金，而其他需要将资金运回欧洲的商人或贵族，也可以通过这种方式降低遥远路途中运输钱币的风险。

中世纪晚期，汇票成为欧洲商人进行国际贸易或者远距离运输钱币的重要工具。汇票给商人们带来的好处显而易见。首先，商人不再需要携带大量金银钱币到其他城市做生意。中世纪欧洲国家众多，特别是德意志地区遍布着300多个王国和领地。在远距离的国际贸易中携带金银穿越多个国家的风险很高，而汇票只是一张纸，携带方便并且安全。从中世纪晚期到近代，汇票的形式并没有发生显著变化。其次，钱币存在磨损问题。对于大额交易，商人需要查看钱币的成色和磨损程度，以便确定所需支付的钱币数量，汇票却不存在磨损问题。

汇票更大的优势与基督教关于放贷收取利息的禁令有关。利息禁令导致很多金融交易没法开展，但汇票不涉及利息，只涉及金钱在地理位置上和货币种类之间的转移。当然，汇票也可以间接实现贷款的功能，只需要开具汇票的金额小于兑现汇票的金额即可。实际上，后期的很多汇票交易服务于贷款目的，而不仅仅是支付款项的方式。

通过意大利商人的传播，14世纪，德意志地区也开始使用汇票这种新型的金融工具。1346年，法兰克福市政府获得德意志地区的国王允许，公布法令，授权部分商人提供钱币和汇票兑换的服务，并监督这些兑换过程。这些商人都在市政府宣誓将公正地承担这项经纪业务，他们也被称作宣誓经纪人，这也是法兰克福早期受监管的经纪人。有意思的是，市政府居然授予这些经纪人监督市场的职能，相当于让他们集运动员和裁判的身份于一身。[1]

---

[1] 参考Koch（1991），第128页。

尽管 15 世纪时，汇票交易已经在法兰克福有所发展，但是其规模相对其他商品仍然非常有限。法兰克福市政府记录了当时各个主要行业的经纪人情况，其中在 1406—1419 年法兰克福集市的经纪人一栏中，布类交易存在 140~169 位经纪人，毛皮、香料交易各有 5~12 位经纪人，而汇票交易和其他金融交易的经纪人根本没有被提及。当时，经纪人这个角色被各个行业采用，也一直被政府记录在册。[①]

汇票这一工具从意大利被引入德意志各王国，意大利商人也自然是当时欧洲大陆市场的主要参与者，以至于早期法兰克福的钱币兑换价格表采用意大利语书写，并且法兰克福市政府公布的汇票相关法令同时使用意大利语和德语。直到 16 世纪中期，随着地理大发现开启了从欧洲到印度的海路，以及东方商品通过这些海路源源不断地输入欧洲北部安特卫普和后来的阿姆斯特丹，欧洲北部的低地国家逐渐成为重要的贸易中转站，来自这些国家的商人也逐渐掌握了汇票交易的主导权。

历史记录表明，16 世纪之后，汇票交易和经纪业务以及其他金融交易逐渐在法兰克福登上舞台。当时，法兰克福已经存在大额的汇票交易记录。如 1519 年查理五世通过雅各布·富格尔将 3 笔 55 000 古尔登以及 1 笔 110 000 古尔登汇到法兰克福，给附近的德意志领主；1554 年纽伦堡商人为了支付纽伦堡市政府的账单，在法兰克福借了一笔贷款，利率为 10%，金额为 50 000 古尔登，并通过汇票形式汇到纽伦堡；1584 年，富格尔从威尼斯、奥格斯堡和纽伦堡汇了多笔价值 250 000 杜卡特[②]的汇票到法兰克福；当年的秋季集市上，

---

① 参考 Handelskammer zur Frankfurt am Main（1908），第 4 页。
② 杜卡特是欧洲从中世纪后期到 20 世纪期间流通的金币或银币。

富格尔使用汇票从法兰克福提取了 77 000 古尔登的款项。①

此外，神圣罗马帝国众多的王国国王、公国公爵、领主和主教都通过法兰克福向其他地方汇款，也通过法兰克福集市把资金贷给商人。神圣罗马帝国的皇帝也通过法兰克福集市收集各地的大额汇款以及向各地汇出款项。法兰克福处于德意志各王国中心的地理位置也发挥了一定的优势，实际上，德意志各王国的国王即使把钱汇往帝国之外，也经常到法兰克福中转，因为当地往往没有直接汇到阿姆斯特丹或者威尼斯的汇票服务。汇票还在集市和集市之间流转，商人把货物卖掉，收取汇票，之后可以拿该汇票到另一个集市使用并购买当地的商品。法兰克福附近的手工业者也使用汇票管理自己的账单。

集市贷款

除了汇票交易和钱币兑换，法兰克福金融市场最初的产品还包括集市贷款。

当时的基督徒不能从事"钱生钱"的生意。早期的集市贷款，德语叫 Deposito，而与之相关的词 Depot 的原义是仓库。仓库存放各类物品，比如展览馆中没有展出而放在一起的物品，军队中各种堆在一起的物资，等等。为了规避贷款属性，当时的商人用 Deposito 这个词，指堆在一起的有价值的纸张（证券），而买卖这个有价值的纸张避免了"钱生钱"的嫌疑。② 我们把这类业务翻译成集市贷款，还原其本义。早在法兰克福集市活跃之前，集市贷款就存在于荷兰地区的集市。集市贷款随着欧洲早期集市的产生而自然产生，安特卫普交易

---

① 参考 Handelskammer zur Frankfurt am Main（1908），第 4 页。
② 有意思的是股票的英文 Stock 也具有类似的起源。Stock 原义指排在一起的木头，也指仓库里的库存。

第一部分 从集市到交易所　　017

所就曾活跃着这类贷款凭证的交易。[①]

16世纪初期，犹太商人主导着法兰克福的集市贷款，或许是因为天主教徒对这类业务或多或少还有些顾虑。大量安特卫普商人来到法兰克福之后，他们参照安特卫普交易所的经验，在很大程度上使集市贷款标准化。贷款的金额通常是100古尔登和2 000古尔登之间的整百数。诸多集市贷款的期限是半年，相当于法兰克福春季集市和秋季集市之间的这段时间。贷款涉及的钱币兑换价格和贷款利息可以参考交易所公布的价格表。

集市贷款不仅给商人提供了资金，也给富裕的普通人和领主等提供了投资渠道。放贷人可以在半年之后收回款项，也可以收取利息，并继续订立新的贷款合约从而将本金贷出去。利息可以参考交易所公布的价格表，它透明且可靠。风险取决于大商人的信用，也基本可控。很多集市贷款在一个集市和另一个集市之间流转，不断被展期。实际上，只要借贷双方的信用良好，双方都愿意继续延长贷款，这样既符合借贷双方的利益，经纪人也愿意延长贷款。

集市贷款是现代债券的早期形式。一方面，集市贷款在一定程度上是标准化的金融产品，其金额经常是100古尔登的整倍数；另一方面，集市贷款像汇票一样可以转让，即可以买卖。不同的集市贷款之间存在区别，这一点不同于债券。同一个发行人所发行的债券完全没有区别，具有可替代性。集市贷款通常采用贷款凭证的形式流转，也采用汇票形式。在当时条件下，该凭证就是一张手写的纸质凭证[②]，规定重要的条款如利率、期限和兑付等。早期，该凭证甚至不需要签字，双方完全凭借信用而开展交易。随着更多的与商品贸易无关的富

[①] 参考 Dietz（1910a），第207页。
[②] 参考 Holtfrerich（1999），第71页。

裕个人参与市场交易，集市贷款逐渐演变成现代证券，类似于债券的先行者。部分商人更多地依赖集市贷款获得资金，这形成了早期的金融业务。19世纪下半叶，法兰克福的私人银行梅茨勒和贝特曼通过这类金融业务募集大额资金，并以更高的利息放贷出去以获得利润。贝特曼兄弟银行将债券发行技术从荷兰引入法兰克福，最终使集市贷款演变成债券。

集市贷款像债券一样，也可以自由交易，具有一定的流动性和较低的风险。因此，德意志地区的富人或贵族将集市贷款作为储蓄的形式，并在遗产继承方面要求将资金以集市贷款或者汇票形式放到安全可靠的商人处。1625—1630年的集市贷款利率大约为6%，1639年下降到4%，1687年为5%。与汇票类似，各个集市之间的贷款也是一种投机工具。大商人除了使用汇票，也将各个集市的贷款作为套利或者投机策略的组合之一。

德意志地区的国王和领主是集市贷款的主要使用者。富格尔家族借助哈布斯堡王朝的崛起而快速发展，同样，哈布斯堡王朝的没落也将富格尔家族拖入深渊，连带着奥格斯堡的大批商人。1556—1584年，70多个奥格斯堡商人破产，主要原因是西班牙国王和法国国王违约。他们资助国王招募军队，发动战争，一度以为这是一门非常诱人的生意。可国王战败之后面临重重困难，一旦宣布违约，所有的贷款将化为乌有。富格尔家族一度损失了800万古尔登的贷款本金。

法兰克福商人没有遭受类似的劫难，因为他们的业务范围更广、更分散。16世纪和17世纪初，法兰克福资金参与周边国王和领主的贷款，包括黑森领主、符腾堡大公爵、萨克森国王等。贷款利率通常为6%~8%，贷款金额一般不超过25万古尔登。三十年战争之后，这些德意志国王和领主都陷入财务困难，参与贷款的法兰克福商人自然也损失惨重。16世纪末期，哈布斯堡王朝违约和奥格斯堡商人大批破产之后，法兰克福的贷款规模超过奥格斯堡，法兰克福成为德意志地区最大的金融中心。[①] 与贷款给国王和领主不一样，直接贷款给城市的稳定性更高。法兰克福早期知名银行家约翰·波德克为一些城市提供了贷款，这类贷款是未来公共债券的前身（见表1-1）。

表1-1　17世纪初约翰·波德克提供的城市贷款[②]

城市	年份（年）	金额（古尔登）	利率	期限（年）
布雷斯劳[③]	1602	40 000	6%	10
埃姆登	1607	5 000	8%	10
埃姆登	1608	5 000	8%	10
斯特拉斯堡	1621	40 000	5%	/
汉堡	1621	21 000	5%	10
奥本海姆	1624	2 000	/	5
莱比锡	1625	200 000	/	/
乌尔姆	1626	30 000	5%	2
爱尔福特	1628	12 000	7%	0.5
法兰克福	1629	7 000	5%	3

这些贷款之中，波德克向莱比锡市政府提供的贷款金额最大，达到20万古尔登。当时，20位法兰克福商人向莱比锡市政府提供的贷款总额达到4 089 736古尔登，贷款目的是参与当地的曼斯菲尔德铜矿开采。这是当时法兰克福最引人关注的一个铜矿投资案例。

最早的公共银行

法兰克福集市逐渐发展出钱币兑换业务，而钱币兑换是早期法兰克福金融中心重要的金融交易活动。不过，当时的商人并没有把钱币

---

① 参考 Holtfrerich（1999），第42页。
② 参考 Klein（1982），第79页。
③ 布雷斯劳，现在位于波兰境内，是弗罗茨瓦夫的旧称。布雷斯劳是当时普鲁士的大城市之一。

兑换当成独立的金融交易，而是将其当作与商品交易连接在一起的支付手段。法兰克福只允许部分德意志地区的银币进入法兰克福集市流通，而外来商人必须兑换当地货币才可以开展商业贸易。早在1346年，法兰克福就公布法令，授权部分商人开展钱币兑换业务，成为钱币经纪人或者钱币兑换商。1368年，法兰克福有16个所谓的钱币兑换商，后来只剩下三四个。钱币兑换商使用市政府提供的公平秤，需要缴纳一定的费用。

钱币兑换商自然把市政府的税费转嫁给客户。他们从钱币的买卖价差之中获利。此外，钱币兑换商不仅发放贷款，也从市政府和私人手中吸收存款。当然，外来商人兑换德意志地区的法定钱币时往往需要支付溢价，这给钱币兑换商和法兰克福市政府带来了一定的收入。随着法兰克福集市不断发展，钱币兑换商获得了比较稳定的利润。

然后，法兰克福市政府拟把钱币兑换业务收归自己经营。1402年8月29日秋季集市之前，法兰克福市政府在尼古拉教堂旁边建了一个小木屋，以作为专门经营钱币兑换业务的银行。[①] 这或许是全球第一个建立并运营的公共银行。[②] 市政府投资900古尔登建立该银行，也允许其他商人共同投资[③]，然后其从当时有名望的法兰克福家族中选择了14个商人经营银行。兑换银行仅在集市期间开业，即经营3~4周。银行成立之后，市政府禁止其他钱币兑换商从事钱币兑换业

[①] 参考 Klein（1982），第85至88页。
[②] 查尔斯·金德尔伯格（2010）第54至55页提出，第一个国家存款银行是成立于1407年的热那亚的圣乔治银行。15世纪，西班牙也成立了存款银行。威尼斯于1587年才成立里亚尔托市场银行。阿姆斯特丹银行成立于1609年，汉堡银行作为模仿者成立于1619年。
[③] 法兰克福的一位桥梁工人提供了300古尔登，财政局也将1 000古尔登放在兑换银行。

务。这家银行可以从事几乎所有的金融交易，不仅包括汇票兑换、钱币兑换，也包括贷款。

当时这个小木屋旁边挤满了急着兑换汇票和钱币的各路商人。集市结束之后，兑换银行的多数职员离开了，只留下一位员工继续运营，直到1402年11月27日市政府解散兑换银行。短短三个月，兑换银行获得收入279古尔登，其中63古尔登来自钱币兑换，其余来自公平秤的使用费。除去运营成本189古尔登，兑换银行共盈利90古尔登。

第二年，市政府把该兑换银行分解成4家银行，或许是因为集市期间一家银行满足不了商人的钱币兑换需求。市政府运营其中一家银行，投入3 000古尔登的资本金。市政府还参股一家两合公司①形式的银行，无限责任股东由一位商人（约翰·帕尔姆施托夫）和其妻子担任，他们投入2 000古尔登，市政府也投入2 000古尔登。双方各自按照50%的比例分享两合公司的利润，但是对于亏损没有更明确的约定，只是约定那位商人需要承担两合公司与第三方纠纷所产生的负债。双方签订两合公司股东协议，以3年作为期限，并约定提前6个月通知对方终止协议。

另外两家银行是私人银行性质，其中一家由此前兑换银行的经理运营，另一家银行获得了市政府的投资。这两家银行自然也获得了市政府的批准，用现代术语来说即获得银行经营牌照。②与此前的兑换银行一样，这4家银行也都从事汇票交易、存贷款等其他金融业务。1403年，这4家银行为法兰克福市政府贡献了738古尔登的收

---

① 1403年，法兰克福曾成立两合公司形式的钱币兑换银行，可见两合公司是德意志地区古老的企业组织形式。这类形式直到现代仍存在于德语区，甚至还被一些知名上市公司采用。

② 参考Handelskammer zur Frankfurt am Main（1908），第4页。

入。最初的9年中，4家银行为法兰克福市政府贡献的收入介于100古尔登和991古尔登之间。但是，根据现代文献资料，我们不清楚这些银行总共经营或存在多长时间。16世纪，法兰克福的犹太商人几乎垄断了钱币兑换业务。后来，大名鼎鼎的罗斯柴尔德家族很早就开始从事钱币兑换。

1402年成立的法兰克福兑换银行是最早的公共银行，甚至早于威尼斯和热那亚的公共银行。1403年，法兰克福出现一家两合公司形式的银行，这无疑是其参照当时德意志地区存在的企业组织形式而做出的创新。那一年，也诞生了法兰克福最早的两家私人银行。如果这些银行逐渐发展壮大，或许法兰克福金融市场发展的历史将重新书写。可惜我们不清楚为什么这些银行不能长久经营，是因为犹太人的竞争还是因为战争的破坏？这类问题或许永远消失在历史之中而无法得到解答了。

这段历史告诉我们，15世纪德意志地区就存在有限责任公司，甚至存在有限责任和无限责任混合的两合公司。荷兰和英国创新股份有限公司，是受到海外贸易大额融资需求的推动，并不是全新的制度创新。需求是创新之母，德意志地区不存在大额融资需求，因此产生股份有限公司的时间较晚。

法兰克福集市持续发展的原因

法兰克福既不是政治中心，也不靠近大江大河，而是处于莱茵河的支流美因河畔。美因河固然可以让船只通行，但法兰克福相对于莱茵河上的各个港口无疑不具备优势。那么地处德意志地区内陆的法兰克福是怎么发展出该地区领先的集市，进而逆袭成为该地区乃至全球金融中心的呢？

特殊的政治地位

法兰克福发展出欧洲知名的集市乃至后期的金融中心，既有政治层面的因素，也有地理条件的优势。现代的法兰克福不是政治中心，但在中世纪神圣罗马帝国时期，法兰克福是帝国皇帝的选举地，拥有超然的政治地位。皇帝实际由帝国境内七大选帝侯选举产生，他们是最古老同时也是最具权势的三大教会诸侯：美因茨大主教、科隆大主教、特里尔大主教；四大世俗诸侯：波希米亚国王、莱茵-普法尔茨伯爵、萨克森-维滕堡公爵和勃兰登堡藩侯。1140—1250年，六任神圣罗马帝国皇帝在法兰克福选举产生，其间其他8次选举分别在8个不同的城市举行。1356年，卢森堡家族的查理四世颁布《金玺诏书》，正式规定法兰克福为推选神圣罗马帝国皇帝的法定城市。

法兰克福位于帝国中心地区。七大选帝侯难以同意将任何一个选帝侯的领土作为神圣罗马帝国皇帝的固定加冕地点，而法兰克福位于德意志地区的地理中心，因此，各个选帝侯更容易同意在法兰克福进行选举和加冕。如此，法兰克福逐渐成为神圣罗马帝国皇帝的加冕地点，也是帝国名义上的政治中心。由于这个特殊地位，法兰克福持续获得帝国各项政治经济特权，比如法兰克福长期以来都是自由城市，不属于任何一个德意志王国或领地。超然的政治地位和地理优势孕育了法兰克福集市，其进而逐步发展成欧洲的金融中心。1562年起，法兰克福取代亚琛，成为神圣罗马帝国皇帝的加冕地，直到19世纪初神圣罗马帝国覆灭。前后共有10位皇帝在法兰克福大教堂加冕称帝，因此法兰克福大教堂的德语直译为"皇帝大教堂"。

法兰克福的地理优势

在地理位置上，法兰克福有一些特殊性，它是一个不靠海的全球知名金融中心,甚至不靠近主要的河流。流经法兰克福的美因河只是德国母亲河莱茵河的支流。在大航海时代,这或许不是优势,但是法兰克福位于德意志地区的地理中心,自然而然成了德意志各王国领主、贵族和商人参与集市的首选之地。特别是德意志直到1871年才统一,在此之前并没有一个帝国首都。因此,得益于地理优势并具备一定的政治影响力,法兰克福经过长期发展逐渐成为德意志地区的贸易中心。

中世纪时,美因河畔的法兰克福位于多条古老商路的交会点。河道上,美因河上游的纽伦堡、班贝格、施韦因富特和维尔茨堡可通过美因河到达法兰克福,再到达美因河下游的美因茨,在这里美因河汇入莱茵河。顺着莱茵河继续向南或向北可以到达德意志诸王国的城市,包括科隆和阿姆斯特丹等贸易城市。中世纪时,罗马人修建的军用道路仍然是远距离运输的重要商道,它从意大利经过圣哥达山口进入巴塞尔,然后经过德意志中部的黑森,通过海德堡、本斯海姆和达姆施塔特到达法兰克福,然后从法兰克福分三路再向北蜿蜒而行;德意志诸王国还有一条东西向的交通要道,经法兰克福,通过哈瑙、盖尔恩豪森、金齐希河谷、施吕希特尔恩,通往莱比锡,进而到达柏林。

如此,法兰克福连接着地中海贸易和大西洋贸易,其与周边的贸易中心的距离都差不多。西北方向可以到达科隆、安特卫普,北边是汉堡、不来梅、吕贝克,南边是德意志主要的贸易城市奥格斯堡、纽伦堡,翻过瑞士又与威尼斯、热那亚和米兰连接,东边连接莱比锡、柏林、维也纳等城市。不管是地中海贸易带来的东方货物,还是后期大西洋贸易带来的货物,都需要通过法兰克福向整个德意志地区辐射。威尼斯、布鲁日和安特卫普等其他贸易中心起起落落,但法兰克福依靠地理优势保持着长期而持续的发展。

中世纪时，人们的长途出行方式主要是骑马，距离长短直接影响着路上所耗费的时间。地处欧洲中部的法兰克福有独特的地理优势，从这里出发到达周边的贸易城市只需要两三天。中世纪时期，德意志这片土地名义上属于神圣罗马帝国，但实际上存在数百个各自为政的王国。位于德意志地区中心的法兰克福显然是各个王国的商人更喜欢的商贸地点。十字军东征带动了东西方贸易和交流，唤起了德意志地区对东方商品的兴趣。德意志地区的贵族、骑士跟随国王东征，他们坐上意大利商人的船只，到达巴勒斯坦。在那里，这些骑士享受着来自东方的香料和丝绸等商品，并把这些商品带回德意志地区，以促进该地区对东方商品的需求。同时，意大利商人认识了德意志地区的贵族和骑士，通过这些联系，意大利商人也逐渐把商品销往该地区。靠着独特的地理优势，美因河畔的法兰克福逐步发展为德意志诸王国的重要集市。

商业友好的城市自治

法兰克福还有一个重要优势，即商业友好的城市自治模式。法兰克福的城市治理与德意志地区其他城市不同，其逐渐演化出一种城市自治、贵族和市民按照城市宪法共同管理的治理模式。政治基因给予法兰克福强大的动力，使其得以发展贸易和金融相关业务，促进城市繁荣，这也是法兰克福集市持续发展的主要原因之一。

中世纪早期，神圣罗马帝国皇帝指派一位总督[①]负责管理法兰克福的行政、执法、财政以及其他事务，同时保护参加法兰克福集市的各地商人。皇帝也指派其他皇室成员或者贵族参与法兰克福的城市管

---

① 此中文说法是根据职位功能翻译来的，以便于读者理解。

理。这群人逐渐形成法兰克福的贵族阶层①，他们是普通市民和皇帝的连接层，也是皇帝控制或影响法兰克福机构的基础。13世纪之后，法兰克福贵族阶层开始谋求更大的城市自治权。尽管他们由皇帝任命或者来自皇室，但是他们经过漫长的岁月，扎根于法兰克福之后，其利益与法兰克福这个城市的发展息息相关。获得更大的自主权，而不是沦为政治斗争的牺牲品，显然更符合他们的利益。

贵族阶层与皇帝讨价还价的重要工具是城市议会。历史记载表明，1266年法兰克福就已经存在城市议会。议会成员来自3个阶层：首先是贵族阶层，他们占据议会多数席位，是主要的统治阶层，也把持着城市行政管理的职能；其次是法官或律师阶层，神圣罗马帝国的最高法院当时就位于法兰克福；最后是手工业者。17世纪之前，这3个阶层统治着法兰克福。商人作为独立的政治力量登上历史舞台还要等到18世纪证券交易逐渐发展之后。贵族阶层与法兰克福其他商人、手工业者一起实际统治着法兰克福。英国的历史是国王签署《大宪章》以及贵族联合起来限制皇权的历史，而法兰克福天然如此，"山高皇帝远"，其从成为自由城市的那一刻就由贵族阶层联合其他阶层一起统治。

14世纪初，皇帝拟把法兰克福总督职位抵押给附近的领主或公爵，以换取财务支持。得到该消息之后，法兰克福贵族统一行动起来，以阻止皇帝的行为，因为附近的领主或公爵把持法兰克福总督职位，将给法兰克福的发展带来极大的不确定性。1311年，法兰克福城市议会选出两位市长，他们逐渐取代了总督。总督变成了名义上的城市首脑，以及皇家最高法院的主席，失去了管理城市的实权。在这

---

① 法兰克福的贵族阶层并不完全按照血统划分，某些成功商人也会晋升至贵族阶层，并成为市政府的成员。

个过程之中，法兰克福的贵族阶层应该与皇帝达成了某种协议，以换取总督的行政职能，但历史文献没有记载具体的谈判过程。1372年，法兰克福以8 800古尔登从神圣罗马帝国皇帝查理五世手中购买了总督职位以及相应的权力，从此总督逐渐从法兰克福历史中消失，而市长取代了总督，市政府成为城市管理的行政机构。

法兰克福获得城市自治权对于集市乃至后期金融中心的发展至关重要。香槟集市、布鲁日集市、安特卫普集市等的没落都与政治和战争有关，这些集市所在的城市在政治角斗之中没有谈判能力，只能沦为周边政治势力的棋子。法兰克福将自己的命运掌握在自己手中，从此避免成为周边领主和公爵政治斗争的牺牲品。法兰克福基于自身强大的金融实力，有时也会参与政治博弈。法兰克福金融中心的形成在某种程度上也依赖法兰克福统治阶层的运筹帷幄能力和外交能力，特别是在新教运动和三十年战争之中，法兰克福统治阶层很好地推动了城市的发展。

法兰克福贵族阶层也从事商业贸易。商人的利益诉求很容易预测，而不像领主或公爵，其行为很大程度上受个人兴趣和偏好的影响。对外，法兰克福尽可能地远离周边的政治纷争，保持一种和平姿态；对内，法兰克福贵族阶层维护法治环境，明确法官判决程序，给予商人公平的竞争环境。

法兰克福贵族定期聚会，通过婚姻结成联盟，非正式讨论各项事务，维护他们的统治。14世纪中期，部分贵族开始在"林堡大院"聚会，组成"林堡会"。当然，这类聚会仅限贵族参加，贵族子女成年之后也可以获得参会资格。中世纪医疗条件差，部分家族面临后继无人的情况，因此，"林堡会"也吸收新的家族加入。1495—1806年法兰克福失去自由城市资格时期，95个家族从"林堡会"中消失，而 71 个新的家族加入。"林堡会"的政治影响力直到拿破仑战争之后才消失。法兰克福还存在另一个影响力较小的贵族组织——"法恩斯坦会"。1694 年，"法恩斯坦会"买下布兰费斯庭院，将部分房间租给法兰克福交易所作为办公场所，这也是交易所第一次拥有正式的办公场所。

当然，法兰克福各阶层之间的政治博弈也一直在进行，推动着城市自治模式不断演化。12 世纪后期，手工业者获得政治权力之后，他们一直谋求更大的权力，并与贵族阶层长期博弈。经济困难或者城市管理出现危机时期，两个阶层甚至爆发流血冲突。手工业者组成行业协会，主张限制外来手工业者，包括犹太人，确保他们的粮食安全。但贵族阶层欢迎外来人口，以促进集市繁荣。1355 年和 1612 年，两个阶层之间爆发大规模冲突，贵族阶层都取得了胜利。尽管手工业者还是获得了更大的权力，但法兰克福开明的政治环境仍然没有变化，其一直欢迎外来移民，特别是犹太人和来自安特卫普的金融人才，这直接促进了法兰克福交易所的诞生和后期金融市场的发展。

法兰克福的商人阶层最初来源于贵族。13 世纪，贵族借助他们的关系网参与跨境贸易，并积累财富。15 世纪之后，贵族参与贸易的规模逐渐变小，而随着集市的发展，法兰克福周边的手工业者及其他人群迁入法兰克福，开始参与区域贸易，进而参与跨境贸易，形成新的商人群体。

法兰克福交易所的诞生

交易所作为最高形态的市场组织，最明显的特点是一群特定的交易者定期聚会。这类聚会具有四个特点：第一，固定的交易场所；第二，定期的交易时间；第三，特定的参与人群；第四，标准化的或者可替换的金融产品。[①]16世纪末,德意志地区的汉堡、科隆、纽伦堡、法兰克福等城市的集市已经基本满足交易所的前三个特点,即特定商人定期在固定地点聚会。法兰克福如何完成从集市到交易所的跳跃?诞生之初的交易所在多大程度上与现代交易所类似?

交易所诞生的标志

在现代,我们需要从历史中寻找一个时间点或事件,以作为某个交易所诞生的标志。布鲁日交易所以15世纪初交易所大楼的建设时间作为成立时间。法国图卢兹交易所将得到国王批准的时间作为诞生的日期。1549年7月,图卢兹交易所由法国国王批准设立。1553年2月,科隆市政府允许商人在市政厅前聚会并开展商品和金融交易,因此这一年也被确定为科隆交易所成立的年份。汉堡与布鲁日一样,也以最早的交易所大楼建设日期作为交易所成立日期,这一年是1558年。英国第一家交易所——皇家交易所——于1565年获得英国女王支持而建成,因此1565年可以作为交易所成立时间。但皇家交易所并不是现代伦敦证券交易所的起源,后者可以追溯到17世纪晚期的乔纳森咖啡馆。

那么,法兰克福交易所诞生的标志是什么呢?在现代文献中,法兰克福交易所存在多个诞生时间点,毕竟从集市到交易所的演变是一个连续的过程。在现代,人们可以依据不同的理由选择不同的事件作为交易所诞生的标志。德意志交易所集团官方认可的时间是1585年。这一年,法兰克福形成了最初的交易所组织形式,即大商人自发组成的"大商人团体",并且这个团体受到了市政府的认可。这一年,法

---

① 16世纪下半叶,法兰克福集市不满足交易所的第四个特点,即标准化的金融产品。

兰克福大商人向市政府提议，编制并公布官方的钱币兑换价格表。他们并不是为了谋利，而是为了"推动法兰克福商贸活动和提高居民福祉"。大商人团体公布的钱币兑换价格表也受到市政府的认可，成为官方价格表。商人自发组织、市政府认可和钱币兑换价格表公布成为法兰克福交易所诞生的标志。

商人和政府的合作

早在1567年，法兰克福就存在关于商人在集市期间定期聚会的记录。但是，将法兰克福证券交易所的建立年份定在1585年，是因为那一年84位大商人向法兰克福市政府提交了确定各主要钱币之间兑换价格的申请。随后，法兰克福市政府颁布法令，批准大商人的申请。

84位大商人联名上书的请求内容如下。

如大家所知，多年以来法兰克福集市一直存在钱币价格混乱从而影响支付的问题。随着时间的推移，这个问题越来越严重。尽管市政府采取了诸多措施，但市场还是随处可见欺诈现象，部分商人强迫买家接受一个比通常情况下更高的钱币兑换价格。相对而言，那些诚实的商人却在贸易过程中蒙受损失。这种类似钱币高利贷的行为严重损害了诚实经商的商业美德，各行业都难以容忍。为了重塑正常的交易行为，商人们需要团结一致对抗钱币高利贷，特别要对抗那些不开展贸易而纯粹投机钱币的商业行为。像不久之前纽伦堡和奥格斯堡的商人那样，我们全面比较了各类主要钱币的价值。我们请求市政府确认商人们经过比较和协商之后编制的钱币兑换价格表。对于那些没有纳入价格表的其他钱币，希望市政府谨慎确认钱币价格的升贴水。参照目前市场信息，我们协商确定的钱币兑换价格如下：

匈牙利和西班牙1杜卡特兑换28.5巴岑[①]

萨尔茨堡和普法尔茨1杜卡特兑换28巴岑

葡萄牙1十字杜卡特兑换26.5巴岑

1瑞士地区的1太阳克朗兑换25.5巴岑

1皮斯特克朗兑换24.5巴岑

莱茵地区的1皮斯特兑换24巴岑

1莱茵古尔登金币、1金里亚尔和1菲律宾塔勒分别可以兑换20.5巴岑

1帝国塔勒兑换18.5巴岑

1荷兰盾金币兑换16巴岑

任何商人都应该在进行汇票交易、商品交易以及其他支付时采取上述钱币的固定兑换价格。

故此，我们请求市政府确认上述钱币的兑换价格，并支持我们的行动，阻止其他商人要求比此表更高的价格，惩罚那些拒绝履行或延迟履行合约的商人，让商贸支付都参考此钱币兑换价格。这样，市政府将解决商人们的主要焦虑和难题，也将推动法兰克福商贸活动和提高居民福祉。

1585年9月9日，法兰克福市政府颁布法令，"支持商人们比较钱币兑换价格的行为，并惩罚那些试图扰乱钱币兑换关系的商人"。市政府将大商人团体协商确定的钱币兑换价格作为集市的官方兑换价格，并授权大商人团体监督兑换价格的执行。对于不执行该兑换价格

---

① 巴岑，德国南部和瑞士古银币名。

的集市参与者，市政府将强制执行。这个法令是有据可查的关于法兰克福证券交易所的较早记录[①]，因此，法令颁布的年份也就成为法兰克福证券交易所成立[②]的年份。

为什么1585年9月法兰克福市政府颁布的法令成为法兰克福交易所成立的证明[③]？因为该法令不仅是有据可查的第一个涉及法兰克福交易所的法令，还规定了交易所结算价格、交易所管理机构以及监管机构。市政府授权大商人团体监督钱币兑换价格的执行，即赋予大商人团体市场组织者的身份及交易所的管理权限。大商人团体成为法兰克福交易所最初的管理组织。另外，集市或者说早期的交易所存在明确的监管机构，即法兰克福市政府。1585年，法兰克福最初的交易所管理机构和最初的监管机构之间的一次互动成为现代法兰克福证券交易所运作的起源。这次互动的特点是市场发起提议，监管机构确认并颁布法令，然后形成交易所的第一个公共产品，即官方钱币兑换价格表。

市政府认可商人们协商确定的钱币兑换关系，使得钱币兑换价格表由官方背书，并强制市场参与者使用。从此之后，每次法兰克福商人聚会时，商人们都会比较、协商和讨论钱币兑换关系，然后制定、公布钱币兑换价格表。通过确定钱币兑换关系，法兰克福成为世界上很早就公布钱币兑换关系（外汇汇率）的城市之一。每年，在春季和秋季集市期间，法兰克福都会制定和公布官方价格表。因此，官方价

---

① 1406年，法兰克福产生经纪业务规则，但当时法兰克福还没有形成商人的定期聚会，也就不被认为与交易所有关。

② 关于"交易所成立"的表述，严格意义上并不准确。这个时期，法兰克福交易所还不是一个独立组织。直到1851年，法兰克福交易所才作为一个法律意义上的机构登上历史舞台。为了便于读者理解，我们把1585年之后的法兰克福集市或者金融市场也称为交易所。

③ 参考 Deutsche Börse（2010）。

格表的公布成为法兰克福交易所诞生的标志。不过，当时法兰克福还没有建立正式的交易所机构，甚至没有交易所这个名称。但是，官方价格表属于法兰克福为市场提供的一个公共产品，为市场提供透明的价格信息也是现代交易所的重要职能。也是基于这个原因，现代的德意志交易所将1585年作为法兰克福证券交易所成立的年份。

那么，哪些大商人参加交易所聚会呢？早期的交易所聚会，估计只有二十几位大商人经常参加，他们大部分来自安特卫普。[①]16世纪末，大约150位大商人参加交易所聚会，[②]只有十几位商人来自法兰克福。1620年，参加交易所聚会的大商人数量减少到60多位。一般而言，小商人没有机会参加交易所聚会，因此他们要一直努力争取参加。另一个群体是犹太商人，他们不仅做些小额贸易活动，还经常作为经纪人参与汇票交易。随着犹太商人的汇票业务规模越来越大，他们越来越关注交易所聚会，但他们没法参加。大商人的聚会地点位于法兰克福市中心罗马贝格广场狮子石院子前。[③]天气不好时，商人们就聚集在狮子石院子的屋檐下。犹太商人不能参加这个聚会，而只能聚集在罗马贝格广场对面的商姆斯塔格广场。

钱币兑换价格表

既然法兰克福证券交易所诞生的标志是钱币兑换价格表的公布，我们自然也要了解一下德意志各王国当时的钱币情况。法兰克福当时属于神圣罗马帝国，该帝国在大部分时间里是一个"徒有国家之名"，实际由数百个更小的王国、公国、郡县、帝国自由城市、主教国、教

---

① 参考 Baehring（1985），第44页。
② 参考 Dietz（1910b）。
③ 参考 Koch（1991），第130页。

会领地组成的多国集团，相当于一个成员松散的政治联盟。钱币的铸造与主权相连。尽管帝国皇帝拥有更大的权力，但帝国的钱币铸造权分散在各个王国内。[①]1566年，马克西米利安二世颁布钱币法令，规定按照萨克森的钱币标准铸造塔勒并在德意志地区中部使用。为了区别此后形形色色的塔勒，这个时期的塔勒也被称为帝国塔勒。[②]

钱币兑换价格需要一个计量标准，商人们选择巴岑作为记账货币。巴岑原本是瑞士伯尔尼地区使用的货币。据称，伯尔尼人使用钱币背面的熊命名他们的货币。1巴岑的价值相当于4十字币，也相当于16芬尼。后期德国的1马克等于240芬尼，而1塔勒等于360芬尼，相当于1马克等于60巴岑，而1塔勒等于90巴岑。商人之所以选择巴岑作为各地钱币的度量基础，据称是因为巴岑是钱币磨损贬值之后常用的称呼，而商人们协商确定钱币兑换价格就是为了解决钱币磨损带来的交易困难问题。

巴岑作为一种真实货币已经不在市场中流通，而成为一种虚拟的记账货币。法兰克福使用巴岑作为基准货币，对其他真实货币进行定价，这样能够避免真实货币两两兑换所带来的繁多的兑换价格。当时，记账货币被多个金融中心采用，用于解决真实货币磨损所带来的问题。阿姆斯特丹和汉堡不仅将记账货币用于计量，还将其用于存贷款计价。其作为银行的记账货币，优点是各类真实货币都可以与其方便地兑换，并且相对于真实货币两两兑换，与记账货币兑换可以降低兑换成本。法国金融历史文献也记录了诸多实际流通货币与虚拟的记

---

① 德国历史上钱币的多样性也给钱币收藏者带来极大的乐趣，这一点与中国相似。自19世纪末中国广东地区率先铸造硬币之后，清政府、各个地方政府铸造了各式各样的钱币。

② 参考 Deutsche Bundesbank Frankfurt am Main（1967），第11页。

账货币截然分开的例子。①

官方发布钱币兑换价格表成为法兰克福证券交易所诞生的标志。大商人们之所以自发组织起来，并制定统一的钱币兑换价格，主要是为了解决各类货币兑换产生的问题。为了获得市政府认可，大商人团体不仅自发公布统一的兑换价格，还进一步寻求法兰克福市政府的确认，使这个兑换价格带有公法性质，从而强制法兰克福集市的其他商人执行。这样，大商人团体自发组织和市政府确认成为法兰克福证券交易所诞生的标志，也是德意志金融之路的特点。

外来金融人才的作用

纵观 16 世纪法兰克福的人口结构，大约一半的法兰克福居民并不拥有完整的市民权。这些没有政治权利的居民大部分是来自低地国家的政治难民和犹太人。正是这些人推动法兰克福集市从买卖手工艺品的小型贸易集市向交易大宗商品的国际贸易和批发集市转变，进而吸引欧洲各路资本，最后形成交易所。法兰克福证券交易所的建立也与从安特卫普移民过来的商人有关，这些商人把他们在安特卫普的业务带到法兰克福，最终促使法兰克福从贸易中心向金融中心转变。②

16 世纪末，法兰克福有 1.8 万名左右的居民，其中约 3 000 人为来自安特卫普的政治难民和犹太人。安特卫普陷落之前有 24 万名居民，而 17 世纪初的阿姆斯特丹居住着约 10 万人。③ 法兰克福仍然是一个较小的城市。16 世纪末，低地国家爆发独立战争，并建立了历史上第一个资产阶级共和国。这场战争间接促成了法兰克福证券交易

---

① 参考 Kindleberger（1984），第 22 页。
② 参考 Holtfrerich（1999），第 53 页。
③ 参考 Baehring（1985），第 40 页。

所的诞生。

1555—1598年,哈布斯堡家族菲利普二世统治着西班牙、西西里、米兰、弗兰德和卢森堡等地。1555年,德意志各领主在奥格斯堡签订条约,规定领主可以决定封地内人民的信仰,从而使基督教分裂成天主教和新教。低地国家人民选择新教的加尔文宗,因反抗信仰天主教的国王菲利普二世而遭到国王的打压。1568年,低地国家贵族奥兰治的威廉多次到访法兰克福,得到法兰克福商人和市民的支持,包括精神层面和金钱的支持。他们支持荷兰的政治领袖为了自由而反抗西班牙的统治。

1581年,荷兰地区宣布独立,成立尼德兰联省共和国。荷兰独立战争给当时欧洲主要贸易中心和金融中心安特卫普带来沉重打击。经过多次封锁和洗劫之后,安特卫普丧失了欧洲贸易中心和金融中心的地位,商人们纷纷逃离这个城市。大多数商人前往阿姆斯特丹,促使阿姆斯特丹继承了安特卫普的地位,成为欧洲贸易中心和金融中心。也有一部分安特卫普商人前往德意志地区的商业城市,包括科隆和法兰克福。科隆不像法兰克福一样欢迎外来商人。法兰克福给予这类商人政治难民身份,并且允许他们在法兰克福居住和经商。这些商人不仅带来了资本,也带来了商业经验和遍布欧洲的贸易网络。这些来自安特卫普的商人直接促使法兰克福发展出交易所和金融市场。

法兰克福市政府的宽容态度本身也是贸易和经济发展的产物。14世纪之后,那些从集市中获得财富的商人逐渐在法兰克福市政府获得主导权。这些商人了解贸易对法兰克福发展的重要性,不断推动种种旨在促进贸易的举措,包括为法兰克福的外来商人提供保护以及减免税收,从而促进市政府、商人和集市之间的良性循环。[①]

[①] 参考 Holtfrerich(1999),第55页。正文中接下来的3段内容也一样参考该书。

早期金融交易，包括汇票交易、钱币兑换和贷款必须符合当地的商业习惯，而不存在国家层面的金融监管。争议通过集市法庭处理，法庭也经常请商人出具报告或说明来支持判决。

开放和包容的法兰克福市政府带给这个城市的最大的财富是各类外来人才，其中犹太人和来自安特卫普的政治难民最为引人注目，这两类人对法兰克福证券市场的发展至关重要。12世纪，犹太人开始在法兰克福定居。1241年，法兰克福有200多个犹太人。17世纪初期，法兰克福的犹太人约有2 700人，并形成犹太人社区，与基督徒社区相对。中世纪的犹太人是皇帝的仆人，1348年之前一直受到皇帝的保护，只是犹太人必须向皇帝交一种特殊的税。此后，皇帝把这种保护权转移给法兰克福市政府。1363年之后，犹太人和基督徒的共同生活受城市一项特别法律规定的约束。犹太人不能参与基督徒的各类手工业协会。由于宗教的原因，基督徒没法从事贷款等收取利息的商业活动，客观上给犹太人创造了商业机会。当然犹太人当时也没有太多其他选择。罗斯柴尔德家族早期就是钱币兑换商。犹太人逐渐熟练掌握了钱币兑换和贷款等金融业务，这对于法兰克福成为金融中心起到了至关重要的作用，犹太人的聚集区也逐渐成为各种商业贸易活动的聚集地。

当然，这些发展也并非一帆风顺。法兰克福的商业氛围和包容心态多次调和了不同阶层市民的矛盾。1612—1616年，法兰克福爆发了针对犹太人的社会动乱和迫害，甚至不少犹太人被谋杀，因为犹太人独特的宗教信仰，更火上浇油的是犹太人的财富。法兰克福市政府镇压了这些攻击犹太人的激进行业协会和个人。法兰克福市政府经过激烈讨论后达成共识，决定给予犹太人居住权和经营权，但是规定犹太人不能拥有普通市民的政治权利。直到19世纪中叶罗斯柴尔德兄弟等犹太银行家成为欧洲银行业领导者，犹太人才通过艰难的博弈获得这项权利。

德意志地区其他交易所的诞生

德意志地区之中,最早的交易所性质的聚会发生在 1540 年的奥格斯堡和纽伦堡。[①] 德意志其他城市中,科隆于 1553 年、汉堡于 1558 年分别建立了交易所。波罗的海旁边的吕贝克,也是汉萨同盟的中心城市,于 1605 年建立了交易所。柯尼斯堡于 1613 年、不来梅于 1614 年、莱比锡于 1635 年也分别建立了交易所。柏林和维也纳直到 18 世纪才建立交易所。德意志地区的各交易所具备相同的特性。

纽伦堡交易所的起源

纽伦堡和奥格斯堡都位于德意志地区南部,最早从意大利城市如威尼斯和热那亚获得贸易和金融知识,并且两者都位于东方商品从意大利越过阿尔卑斯山到达德意志地区的主要商路之上。纽伦堡和奥格斯堡都是意大利城市和德意志其他地区开展贸易的中转站,并从中获得商业利益。1540 年,两个城市各自形成定期举办的交易市场或者交易所,开展商品、汇票和钱币的交易,如中世纪晚期纽伦堡的赫恒市场和交易所。富格尔家族在奥格斯堡像明星一样,其光芒甚至使交易所相形见绌。这里主要介绍纽伦堡交易所的产生、发展和衰落情况。

得益于优越的地理位置,纽伦堡于 14 世纪与意大利城市建立商贸联系,学习将汇票作为支付手段的技术。15 世纪末,纽伦堡市政府在赫恒市场[②]为商人提供公共基础设施和服务,一是公平秤,二是钱币兑换服务。市政府为了防止商人之间相互欺诈,提供公平秤。商人确定货物价格后,可以使用公平秤确定重量,而不必担心这杆秤被其他商人做了手脚。1520 年之后,市政府除了提供钱币兑换服务,

---

① 参考 Ehrenberg(1896),第 10 至 12 页。
② 在现代,纽伦堡这一市场叫 Hauptmarkt。

还提供钱币真假辨别服务。

至于纽伦堡交易所产生的时间,现代学术界一般认为是1540年。这一年开始,纽伦堡商人定期聚会并开展交易。1560年,市政府批准将摇铃作为纽伦堡交易所乃至市场开始和结束的标志。4月16日,开市铃声第一次在纽伦堡响起,此后成为纽伦堡交易所的传统。[①] 同一年,61位商人向市政府请愿,建议纽伦堡颁布市场交易规则,改善市场交易秩序。随后,市政府制定纽伦堡交易所的第一份市场交易规则,并在赫恒市场公布,让每个商人都知道交易规则。1562年,纽伦堡市政府从贵族之中选择并任命两位市场管理人员——马丁·风兹和汉斯·韦尔泽,他们也是交易所的负责人。

市场交易规则规定,每天11点至17点,商人可以在赫恒市场开展各类商品和汇票等的交易,以市场管理人员摇铃为交易开始标志。[②] 商人如果在这个时段之外交易,则需要支付额外的费用。市场交易规则颁布之后,商人们租下赫恒市场附近房子[③]的几个房间。交易所主席在这里为商人们提供咨询服务。

1583年之后,应纽伦堡商人的要求,市政府记录和公布了纽伦堡与其他重要贸易城市之间的汇票价格,商人可以据此价格与市政府钱币兑换处开展交易。不过,奥格斯堡商人认为这种官方价格限制了竞争,并向神圣罗马帝国皇帝鲁道夫二世抱怨,建议取消纽伦堡的官方价格。奥格斯堡商人的诉求没有实现。纽伦堡商人把他们的经验带

[①] 参考 Kaufhold(1992),第120页。
[②] 阿姆斯特丹的市场交易也以摇铃开始,但是纽伦堡开市摇铃产生的时间比阿姆斯特丹早近30年。不过,现在也没有证据表明阿姆斯特丹学习和模仿了纽伦堡的摇铃开市习惯。直到现代,法兰克福证券交易所的IPO(首次公开募股)还是以摇铃作为标志。
[③] 这个房子目前是纽伦堡工业贸易协会的所在地。

到了法兰克福,并在两年之后促成法兰克福官方价格表的出现,现在这一事件成为法兰克福交易所诞生的标志。不过,法兰克福也存在基于官方价格表的博弈,并且持续了上百年。纽伦堡市场中交易的产品除了商品、汇票之外,还包括贷款、中世纪库克票[①]等。

1618年开始的三十年战争期间,德意志地区的银币普遍贬值。商人无法确定各银币的含银量和价值,这增加了商业贸易的难度。在纽伦堡交易所主席巴塞洛缪·维阿梯斯的推动之下,纽伦堡市政府参考阿姆斯特丹、汉堡和威尼斯的经验,于1621年建立纽伦堡公共银行,为商人提供无现金的支付方式。所有金额超过200古尔登的交易都必须通过纽伦堡公共银行完成支付。这是一家早期中央银行,成立时间甚至比瑞典中央银行(1668年)和英格兰银行(1694年)还要早。

1632年,瑞典国王阿道夫率领军队占领纽伦堡,强行要求纽伦堡提供特别战争贷款。3年之后,当瑞典军队离开时,纽伦堡和纽伦堡公共银行几乎破产了。但是,纽伦堡市政府还是承诺每个月向公共银行支付款项,以偿还贷款。为了防止类似的事件发生,市政府从商人团体之中选择12位商人组成银行监督委员会,以维护公共银行和全体商人的利益。

1654年,纽伦堡参考意大利的经验,颁布汇票交易规则。法兰克福于1666年颁布了汇票交易规则,不过法兰克福参考的是安特卫普的经验,汇票交易规则与纽伦堡存在区别,特别是关于是否允许多次背书的汇票在市场中流通的部分。

19世纪,纽伦堡逐渐失去德意志地区商业贸易中心的地位,而法兰克福与此相反,崛起为德意志地区的贸易和金融中心之一。其

---

① 一种类似于股票的股权凭证,一般德意志地区的矿区会募集资金并发行库克票。本书第六章介绍法兰克福第一只股票产品的历史时会介绍库克票。

原因是多方面的。三十年战争确实给纽伦堡带来严重的影响，而大西洋贸易取代地中海贸易之后，德意志地区中部的法兰克福的影响力进一步增强。纽伦堡在与附近的奥格斯堡以及维也纳的竞争之中也落于下风，逐渐失去德意志地区南部重要金融中心的地位。1806年，纽伦堡失去帝国自由城市地位，归属巴伐利亚王国。1827年，巴伐利亚王国政府解散了纽伦堡公共银行。1858年之后，纽伦堡不再编制和公布汇票价格表，而是参考法兰克福的价格表，从此彻底失去了影响力。在现代，纽伦堡留下的或许仅剩法兰克福证券交易所举办IPO仪式时的摇铃传统。

汉堡交易所的起源

汉堡是德意志地区北部的重要港口城市，中世纪时期与法兰克福一样是神圣罗马帝国的自由城市。1365年，皇帝查理四世允许汉堡在圣灵降临节前后的3个星期里开展集市，但是当地的商人并没有很大兴趣，以至于1383年帝国又收回这个决定。对比法兰克福，可见在中世纪也不是每个德意志城市都有能力持续发展集市贸易。

作为港口城市，汉堡与安特卫普、阿姆斯特丹、伦敦等当时的世界贸易和金融中心都有紧密的商业往来。1423年，汉堡出现了宣誓的汇票经纪人，表明当时汉堡已经有一定规模的汇票交易。

16世纪，贸易重心开始从地中海转移到大西洋，汉堡与葡萄牙和西班牙开展香料贸易，逐渐超过德意志地区的其他北方港口城市，包括吕贝克、罗斯托克和但泽等，成为德意志地区最大的港口城市。与法兰克福一样，汉堡也从安特卫普的衰落之中获益颇多，引入了很多来自荷兰地区的金融人才和资本，直接促进了汇票交易的发展，其中包括仍然独立运营德意志地区知名私人银行贝伦贝格的贝伦贝格家族。

早在 1558 年，汉堡就模仿安特卫普建立了第一座交易所大楼，这也是德意志地区最早建造的交易所建筑。汉堡商人获得汉堡议会许可，选举产生汉堡商人团体管理组织，负责交易所的运营，也代表汉堡全体商人的利益。这个管理组织的成员由 3 部分组成，分别是荷兰商人、英格兰商人和汉萨同盟商人。汉堡议会允许商人团体在市政府对面，即特宏斯特桥附近的 400 平方米的区域建造交易所大楼，也就是汉堡商人平常聚会并完成交易的地点。1577—1583 年，汉堡商人又进一步扩建了交易所大楼。

早期的汉堡交易所主要交易商品，包括英国的布匹、东方的香料等大宗商品。当然汇票、钱币和海事保险也是当时交易的对象。1603 年，汉堡制定了汇票法律。1654 年，汉堡推出经纪人规则。

1619 年，汉堡还模仿阿姆斯特丹建立了德意志地区第一家中央银行，为商人们提供无现金的支付方式。这个建议由从荷兰地区移民过来的商人提出。背景是当时市场上钱币种类繁多，并且难以估计钱币含银量，进而造成支付困难。汉堡成立中央银行后，商人们都可以在中央银行开设账户，以便于支付或转账，从而解决支付难题。为此，汉堡建立汉堡银行，创造了虚拟货币——银行马克，将其作为银行账簿的计价货币。只有含银量足够的塔勒银币才能存放在银行，换取银行马克。商人们使用银行马克支付，避免了真实货币带来的磨损、清点、兑换以及估价困难等问题。

汉堡银行刚开始的定位是向商人提供公共金融服务，而不从事汇票或钱币兑换等私人银行业务。荷兰、英国和葡萄牙等地的商人将大量资金带到汉堡，他们一直想办法解决钱币兑换带来的损失问题，而采用统一的计价货币进行大额贸易支付可以解决这个问题。当时，汉堡银行的办公地点在汉堡市政府大楼内，即汉堡交易所对面。并且，汉堡规定超过 400 银行马克的商品或金融交易都需要通过汉堡银行完成支付结算。

汉堡银行持续了 400 多年。19 世纪，汉堡银行在拿破仑战争期间遭到抢劫，损失巨大。1871 年德意志帝国成立，统一了德意志各王国的货币，汉堡银行失去了存在的基础。1876 年，汉堡银行解散，转变成新成立的中央银行——德意志帝国银行的汉堡分行。

柏林交易所的起源

柏林交易所的诞生相较纽伦堡、汉堡和法兰克福更晚。直到三十年战争结束，柏林的弗里德里希·威廉运河开通，柏林经济逐步发展之后，才奠定了交易所诞生的基础。弗里德里希·威廉运河建成于 1669 年左右，将柏林与奥得河[1]连接在一起。此后，北海的船只可以通过奥得河、运河进入柏林的施普雷河。柏林逐渐成为汉堡和德意志地区东部之间的重要货物转运地。当时的勃兰登堡选侯弗里德里希·威廉想尽办法发展商业和贸易，措施之一就是成立交易所。1685 年，他借鉴欧洲其他贸易和金融中心的经验，选择施普雷河旁边的一处房屋，将其作为商人集会的场所，宣布成立交易所，以促进柏林的商贸发展。这一年就是柏林交易所诞生的年份。只是，当时的柏林没有太多商贸往来，以至于这个交易所徒有其名，并没有太多业务，大楼甚至被租借给法国的丝绸商人作为仓库。[2]

1696 年，弗里德里希三世将官方磨坊院子[3]的一个大厅交给商人

---

[1] 奥得河是德国的大河之一。另外，法兰克福就位于奥得河畔，也就是奥得河畔的法兰克福。

[2] 参考 Skrodzki 等（1955），1690 年即交易所成立 5 年之后，由于柏林商人不需要定期聚会的地点，因此其将交易所大楼出租给法国商人使用。

[3] 参考 Berliner Wertpapierbörse（1985），第 5 页提到交易所在一个官方磨坊的院子中。

们，用于举办金融活动相关的聚会。这也是柏林历史文献中第一次提及交易所。[1] 当然，与法兰克福一样，这个时期的交易所只是一个地理代称，即商人聚会的地点。当时柏林商人只是偶尔聚会，定期聚会还没有形成。这个大厅在1739年之前一直用于商人聚会。

1738年，普鲁士国王弗里德里希·威廉一世将柏林市中心施普雷河旁边的欢乐花园[2]交给商人们，以作为交易所聚会的地点。此后，商人们将聚会地点改到欢乐花园，进行汇票等交易。1739年2月25日，柏林颁布第一部《交易所规则》。交易所的管理运营属于私法性质，柏林贸易行会选举产生两位有威望的商人[3]，负责市场运营。据记载，商人聚会直到1761年才开始定期举行，每周二和周六上午11点至12点交易。这一年也被认为是柏林交易所正式开始运营的年份。

19世纪初，柏林交易所组成运营团体，同时建设了交易所大楼，交易所进入一个新时代。1800—1803年，柏林在欢乐花园建造了新的交易所大楼。为了建造这幢两层的交易所大楼，柏林交易所的参与者每年需支付3塔勒。此后，随着普鲁士成为欧洲强权，柏林交易所也稳步发展成欧洲最重要的交易所之一。不过，19世纪，法兰克福证券交易所一直是德意志地区重要的债券交易所。柏林的股票市场起步比法兰克福早，股票发行数量也一直比法兰克福多。1803年，柏林贸易行会组成交易所运营团体即交易所委员会，包括4位交易所主席。这样，柏林交易所的管理机构正式成立，交易所的运营机构也建立了。与法兰克福一样，柏林交易所也是一种公共设施，任何人都

---

[1] 参考 Kaufhold（1992），第99页。
[2] 欢乐花园现在位于柏林老博物馆、新博物馆和柏林天主教堂附近，也在市中心施普雷河和施普雷运河围成的小岛上，成为当地的一个旅游景点。
[3] 参考 Richter（2020），第70至81页。

有权利进入交易所，并开展商业活动和金融业务。1805年7月15日，柏林出台新的交易所规则，规定经纪人的固定佣金，以及每周二和周五需要公布官方价格表。1820年3月2日，普鲁士国王弗里德里希·威廉三世颁布关于柏林商人团体的规定，赋予交易所管理层政府官员的性质，明确交易所管理层的形成方式和信息公告方式。普鲁士商务部还给予交易所管理层一个官方印章，用于交易所官方价格表的官方认证。交易时间也得到进一步修订，每周一到周六13点至14点进行，周日和节假日除外。

值得一提的是，柏林交易所这个时期也接纳犹太人作为交易所管理者，交易所委员会的23位委员之中，有10位犹太人，其中两位还是交易所主席。与法兰克福对待犹太人的宽容态度有所区别，柏林对待犹太人更宽容，这一点对于柏林交易所日后的发展非常重要，因为犹太人是钱币兑换、贷款和汇票交易的重要参与者。与柏林相比较，法兰克福很长时间以来都不允许犹太人进入交易所，犹太人的市民权也是经过长期斗争才获得的。

各交易所的共同基因

17世纪和18世纪，德意志地区存在13家交易所，而法兰克福交易所仅仅是其中之一。由于19世纪之前的资料较少，我们难以比较德意志地区的这些早期交易所。早期的交易所既不公布证券产品名单，也不公布交易规模。甚至很多城市的交易所还没有发展为一个机构，只是市场的代名词。值得欣慰的是，各个交易所的经纪人经常公布价格表，这些价格表是重要的数据来源。

表1-2显示德意志地区13个交易所于18世纪和19世纪挂牌的汇票产品数量。这些交易所所在的城市也是汇票频繁交易的地点。该

表显示，18世纪，法兰克福并不是德意志地区重要的金融中心或交易中心。至少在汇票种类上，法兰克福明显少于汉堡、纽伦堡和奥格斯堡。汉堡作为汉萨同盟的中心城市，维持着与荷兰、葡萄牙、西班牙和英国等地区的跨境贸易；而奥格斯堡和纽伦堡位于德意志地区南部，是意大利商人进入德意志的必经之地，因此与意大利各商业城市之间的贸易繁忙。19世纪，纽伦堡作为商贸城市逐步衰落，法兰克福的重要性上升，与奥格斯堡持平，但仍然弱于汉堡和维也纳①。

表1-2　18世纪和19世纪德意志地区各交易所的汇票产品数量②

交易所	18世纪（个）	19世纪（个）
奥格斯堡	18（7）	26（14）
柏林	/	17（3）
不来梅	/	8（2）
布雷斯劳	14（1）	8（1）
但泽	10（2）	/
法兰克福	11（3）	28（17）
汉堡	28（15）	52（39）
科隆	1（1）	/
柯尼斯堡	1（1）	1（/）
莱比锡	12（4）	13（1）
吕贝克	/	2（2）
纽伦堡	21（8）	1（/）
维也纳	10（1）	37（25）

德意志地区各交易所存在相似的基因。部分基因伴随着交易所演变的整个过程。

---

① 1871年德意志统一之前，维也纳被普遍被视为德意志城市。
② 数据来源：Kaufhold（1992），第87页。括号里的数字代表汇往境外城市的汇票产品数量。

这些交易所都由集市演化而来，汇票是早期各交易所主要的产品。不过，依据价格表之中的汇票产品①数量推测交易所的重要性也不太准确。汇票产品数量仅仅显示该城市与多少其他城市存在经常性的汇兑往来以及大宗商品贸易，与该城市的汇票交易规模或频率并不一定相关。各地汇票种类与金融中心的地位之间似乎也不是等号关系。一方面，各市场之中汇票的交易量难以估计，汇票的种类只能作为评价指标。汇票种类与汇票交易额并不等同。另一方面，汇票种类与对应的大宗商品贸易情况也不能画等号。汇票种类多并不一定意味着跨境商品贸易规模大，只是说明该城市与更多的其他城市之间存在贸易。不管怎么样，我们只能利用现有的数据推测18世纪德意志地区各交易所的地位。

　　公共利益导向是德意志地区的交易所的共同特点。1585年，法兰克福商人制定钱币兑换价格表时，提出"市政府将解决商人们的主要焦虑和难题，也将推动法兰克福商贸活动和提高居民福祉"。法兰克福市政府支持商人的提议，也愿意为钱币兑换价格表背书，以促进法兰克福的商贸繁荣。在纽伦堡交易所诞生之前，纽伦堡市政府为商人提供公平秤和钱币兑换等金融设施和服务，而交易所诞生是这类公共服务的自然延伸。1558年，汉堡市模仿安特卫普建造交易所大楼，也是为了促进汉堡的商贸繁荣。

　　德意志地区的交易所的诞生是商人和议会合作的结果。这个特点与交易所的公共利益导向一致。市场与政府的良好互动一直贯穿德意志地

---

① 早期汇票一般指一个城市汇往另一个城市的汇票，而不同城市往往使用不同货币，因此汇票也往往显示两个城市两种货币之间的汇兑价格。这里所指的汇票产品也就是两个城市两种货币之间的汇兑。汇票产品数量越多也就意味着该城市与越多的其他城市存在汇兑和贸易往来。

区的交易所的整个演变过程。自诞生之初，德意志地区的交易所就不是市场自由博弈的结果，而是市场与监管互动的结果。与之相反，伦敦证券交易所的诞生却是由经纪人自发组织和推动的，缺少与英国政府的互动和交流，甚至经纪人尽量避免政府的早期介入。这是交易所的英美模式与德意志模式的显著区别，也让德意志地区走上另一条金融发展之路。

借助交易所的诞生，法兰克福市政府回答了长期以来的一个问题，即如何处理政府和贸易的关系。一方面，市政府不想直接干预贸易的正常运转；另一方面，市政府又想利用市场自发力量促进商贸发展。法兰克福交易所的诞生回答了这个对于公共利益非常重要的问题，即商人可以从交易实践中提出建议，再由市政府评估确认。这种市场与政府之间协调、反馈和监管的模式将在法兰克福成为欧洲金融中心的过程中持续发挥作用。

早期的法兰克福交易所与伦敦证券交易所存在一定的相似性，但区别也很明显。相似之处在于这两个早期交易所都是私人组织，商人和经纪人是早期交易所的主要参与者，交易所也维护经纪人的利益。伦敦证券交易所由经纪人设立，并由经纪人控制，代表经纪人的利益。但是，法兰克福交易所代表全体商人的利益，尽管经纪人也拥有较大的话语权，有时甚至影响交易所的规则。在经纪人的推动之下，早期的法兰克福交易所也限制其他成员进入交易所，这与伦敦证券交易所类似。不过，法兰克福交易所在与市政府的博弈之中一直处于下风，使得法兰克福交易所逐步朝着公法特性的交易所组织发展演变，其维护公共利益的职能不断加强。伦敦证券交易所却相反，不断强化私人利益导向，强化经纪人或会员对交易所的控制，强调自律监管，避免被政府等监管机构影响。法兰克福和伦敦的交易所模式都朝着各自的方向不断演变，直至环境发生改变。

第二章

汇票、交易所和商人银行

德意志地区早期交易所的经营活动与集市无异。这是德意志金融之路的独特起点。法兰克福交易所甚至没有固定的交易地点。视天气情况，大商人们在露天广场交易或转到屋檐下交易。早期金融产品也都脱胎于集市，在历史长河之中逐步演化成现代的证券产品。钱币、汇票的官方价格身上有现代金融市场结算价的影子。汇票采取的环形清算方式，更是交易所衍生品市场最早采用的清算模式。市场参与者组成大商人团体，负责交易所的运营，与监管机构保持沟通和协调。经历漫长岁月之后，大商人团体逐渐成为股份制组织机构，即交易所委员会。

17世纪，汇票交易越来越频繁。1652年，法兰克福市政府响应商人的建议，开始起草汇票交易规则。法兰克福组建了专门的委员会，调研其他金融中心，经过十几年的讨论和协调才颁布法兰克福第一部交易所规则。这是德意志版本的交易所制度起源，目前已经被各国广泛采用。同时，法兰克福商人再次围绕官方汇票价格表博弈。商人代表宣称，如果法兰克福不能制定一个公允的汇票价格表，法兰克福"长期而言将失去汇票交易中心地位"。那么，诞生之初的法兰克福交易所是如何制定交易所规则的？早期的交易所又是如何经营管理的？其与监管机构的关系如何？最早的金融中介机构是如何产生的，又有何特点？

第一部交易所规则

汇票首先是商贸活动的支付手段，大商人是主要使用群体。汇票主要作为支付工具，是因为大商人没有太多的汇票交易需求。17世纪，汇票在法兰克福逐渐演变出信用功能和投资功能，更多的投资者群体参与汇票交易。金融活动越来越频繁也带来新的问题，即交易所是否允许汇票交易以及如何交易？这是法兰克福制定第一部汇票交易规则的背景。1666年法兰克福颁布的汇票交易规则也被称为法兰克福交易所的第一部交易所规则。

汇票交易中心

法兰克福集市逐渐发展出频繁且定期进行的金融交易。除了传统的手工业者、商人、经纪人、包括国王在内的富有个人、寻求贷款的各色人等也逐渐向法兰克福集中。富有个人可以通过汇票将金钱给经纪人，再通过经纪人贷款给其他需要金钱的商人。汇票本身也在各个集市之间流转，直到被最终兑回。此外，集市上逐渐出现投机商。这些人的目的不是交易商品，也不是存贷款，而是赚取汇票在各地的价格差，既包括同一种钱币在不同城市的价格差，也包括不同钱币在不同城市的价格差。

16世纪之后，法兰克福成为德意志地区主要的汇票交易场所。不仅德意志各王国的国王、贵族等经常参加法兰克福集市，荷兰、意大利、北欧等地的商人也定期参加。多数汇票交易者将法兰克福作为汇票支付的地点，将法兰克福春秋集市作为汇票支付的期限。经过几百年的发展，汇票已经成为集市上大商人之间的主要支付手段，甚至集市贷款也一般采取汇票的形式收付款项，以至于马丁·路德称法兰克福集市为"流淌着黄金和白银的巢穴"。各类人群经常参加法兰克福集市的另一个目的是搜集信息。集市上有人们从全球各个地方带来的新信息，包括政治和经济信息，以及某个机构或商人的具体信息。商人们需要依靠这些信息进行决策，发现新的商机，了解商业合作伙伴的信誉。

汇票最初的功能是支付，后来演变成信用手段，最后汇票成了投资标的。[1] 汇票最初用于解决金银等钱币远距离运输带来的麻烦。汇票也可以规避基督教关于禁止资本收取利息的规定，因为汇票经常用于两个城市之间两种货币的收付，汇票涉及的佣金被认为是提供服务的补偿而不是资本收息。在汇票诞生之初，商人们就知道它也是一种信用工具。不同城市的集市之间存在交易时间差，从一个城市开出汇票然后到另一个城市支付意味着执票人为开票人提供了一笔贷款。正是因为汇票成为信用工具，所以其受到商人们的普遍欢迎，甚至同一个城市的大商人也愿意开具汇票而不是立即支付钱币等现金。

在汇票被引入德意志地区之后的很长一段时间内，都不存在汇票相关的法律。商人根据良好的商业习惯经营汇票业务，而这种商业习惯很大程度上具有类似法律的效力。[2] 现代人难以想象当时欧洲大商人的口头承诺就可以替代法律而使汇票业务顺利进行。当然，一方面当时的大商人还属于小众群体，资本雄厚，多数大商人互相认识；另一方面大商人只与信任的合作伙伴开展业务。

1604年，法兰克福集市的6位大商人发表声明，汇票的出具和

---

[1] 参考 Holtfrerich（1999），第72页。
[2] 参考 Schiebe and Brentano（1877），第20页。

接受不需要签字确认，口头接受或承诺即可。如果开票人不接受汇票或者接受但不愿意支付款项，执票人可以到汇票公证处，邀请见证者并申请裁决。如果这类申请没有出现，则说明汇票被接受并且顺利支付。在法兰克福集市期间，汇票公证人每天上午 11 点到 12 点以及下午 2 点到 4 点在巴福斯教堂附近的庭院调解纠纷。[①]

中世纪时期的汇票有时并不规定一个具体的支付日期。法兰克福市政府多次通过法令或公告（如 1592 年 9 月 7 日和 1604 年 7 月 24 日的公告）规定汇票的支付日期。执票人无权要求在第一个集市周之前支付，但可以要求在第二个集市周的周二至周五，最晚到周六支付。如此，第二个集市周通常也被称为支付周。此外，其他城市开具的汇票需要提前 14 天通知执票人支付日期。

16 世纪中后期，法兰克福逐渐成为德意志地区最著名的集市。汇票、钱币等金融产品的交易也逐渐集中到这里。金融交易吸引了越来越多与商业贸易无关的参与者，他们交易汇票或钱币并不是因为出售货物，而仅仅出于投资、融资或者投机的目的。随着参与者群体的扩大，人们逐渐开始在集市之外交易汇票。汇票从大商人的支付工具和信用手段，逐渐扩展成富裕个人的投资甚至投机工具。

是否允许汇票交易？

随着汇票使用者群体的扩大，汇票是否可以通过背书转让，或者说，是否允许汇票在集市上自由交易？这个问题在法兰克福引起长久的争论。16 世纪，意大利、西班牙和荷兰地区已经允许汇票交易，但法兰克福直到 17 世纪中叶才最终确立汇票交易规则。[②]

---

① 参考 Dietz（1910a），第 222 至 223 页。
② 参考 Holtfrerich（1999），第 74 页。

第一部分　从集市到交易所　053

至于是否允许汇票自由交易，反对交易的声音主要来自法兰克福商人。他们认为，汇票交易将导致开票人和执票人相互不认识，进而导致汇票结算时出现各种纠纷。而汇票作为服务于商业活动的金融工具，应该建立在开票人和执票人相互信任的基础之上，故而不应该允许汇票交易。支持交易的商人认为，每次结算时，执票人必须亲自或由代理人去另一个城市兑换现金，非常麻烦，这既增加了交易成本，也增加了汇票没有被赎回或兑付的风险。允许汇票交易可以解决这个问题。

法兰克福市政府收集了欧洲各个城市对汇票背书交易的态度，发现德意志地区其他城市都禁止汇票交易，荷兰地区却支持。最终，法兰克福市政府于1620年、1635年和1639年多次做出禁止汇票交易的决定。这个决定一定程度上不利于法兰克福成为金融交易中心。1648年三十年战争结束，随着战后贸易和金融等相关经济活动逐渐活跃，法兰克福市政府和商人逐渐改变了此前的看法，但还是花了十几年时间讨论，最终于1666年公布汇票交易规则。基于这次制度创新，法兰克福金融市场发展掀开了新的一页。[①]

1652年法兰克福秋季集市期间，16位大商人向市政府提出12个建议，要求其参照其他贸易城市颁布汇票交易相关的法令，内容包括汇票交易和汇票经纪业务。漫长的14年之后，法兰克福市政府才决定颁布法兰克福历史上第一部汇票交易规则。尽管汇票还不是现代意义上的标准化的证券，但汇票交易规则使得法兰克福在三十年战争之后快速恢复了金融交易，巩固了德意志地区领先金融市场的地位。[②]

为什么法兰克福市政府需要14年的时间来决定是否颁布汇票交易规则？其中原因与1585年市政府决定是否批准并公布统一的钱币兑

---

① 参考 Holtfrerich（1999），第76至77页。
② 参考 Dietz（1910a），第222至223页。

换价格表时的考虑相似，即市政府认为商业贸易应该遵循自由竞争原则，议会或政府不应该过多干预，只有商人们普遍需要政府颁布法令或制定制度时，市政府才会干预。法兰克福市政府就 1652 年商人的提议而建立专门的委员会，研究欧洲其他城市的法律，包括奥格斯堡、乌尔姆、纽伦堡、斯特拉斯堡、科隆、汉堡和不来梅。经过多年的研究和讨论，法兰克福最终通过了汇票交易规则，成为德意志地区较早允许汇票交易的城市。此后布雷斯劳于 1672 年，莱比锡于 1682 年，不伦瑞克于 1686 年，但泽于 1701 年，奥格斯堡于 1707 年/1716 年允许汇票交易。[1]

汇票交易规则

1666 年的法兰克福汇票交易规则共 20 条，其中重要的内容包括：汇票接受支付需要书面确认；认可汇票多次背书转让，即允许汇票自由交易；建立商人登记处[2]。汇票申诉时间还是保持不变，即第二个集市周的周二至周六。执票人要求开票人支付款项的声明还是需要在第一个集市周的周一和第二个集市周的周二早上 9 点之间提交。如果汇票支付出现问题，公证处会将这个汇票记录到一个专门的账簿上，在接下来的集市支付和结算期间，相关的开票人只能使用现金支付款项，而不能参与集市环形清算的流程。[3] 自然，这类惩罚对大商人来说相当严厉，因为其他商人不太愿意接受现金支付。这种早期的惩罚措施迫使大商人维护自己的信用，确保开具的汇票可以按照规定顺利兑付。

---

[1] 参考 Holtfrerich（1999），第 102 至 103 页。
[2] 这里是为了呈现当时社会上主要的登记主体是商人。这个机构后来逐渐演变成现代的公司登记处。
[3] 参考 Dietz（1910a），第 222 至 223 页。

这部汇票交易规则具有重要意义。这是法兰克福金融市场发展史上第一部详细规定当时重要金融产品的交易、结算和登记等事项的交易规则。虽然其相对于现代的交易规则还比较初级，但首次从法律上确定了汇票可以自由交易，并且翻译成荷兰语、法语、意大利语、西班牙语，传到其他金融中心，也显示出法兰克福当时与欧洲其他金融中心的密切联系。法兰克福交易所将该规则视为交易所历史上的首部交易所规则。这部交易所规则的制定过程显示出法兰克福市政府的谨慎态度，其经过十几年的调研才正式推出。此后，专家委员会成为德意志地区监管机构制定相关制度时经常采用的方式。

1675—1776 年，法兰克福颁布了多部更新版的汇票交易规则，主要原因是德意志地区统一将帝国塔勒作为强制结算和支付货币。更新版的规则反映了货币上的变化。此外，新版规则还允许商人在集市的支付周之外结算，以及交易所每周五组织结算。这个规定显示金融交易时间延长到集市之外，金融市场逐渐与法兰克福集市脱钩。此后，法兰克福产生一群专门从事金融交易的商人和经纪人，他们组成的团体逐渐演变成法兰克福第一代私人银行，也称商人银行。[1]

按照业务类型，当时的汇票可以分为贸易汇票、贷款汇票和投机汇票。汇票交易者经常使用不同钱币在不同城市之间完成支付，通过不同钱币之间的价格差，以及各地域和各时期之间的价格差获得投机利润。投机汇票最早在安特卫普交易，后来传到阿姆斯特丹和法兰克福。奥斯博士记录了一种投机活动："他开具汇票给某个大商人，获得 1 000 塔勒银币，而按当时的钱币兑换价格可以换 82~83 十字币银币，并在 2~3 个月之内的法兰克福集市支付同样金额的银币；汇票

---

[1] 参考 Holtfrerich（1999），第 103 页。

到期之前，大商人又延长汇票支付期限到3个月之后，支付地点为安特卫普，并且支付价格为86~87十字币银币。"通过这种投机方式，商人往往可以获得比集市贷款更高的收益。

官方汇票价格表

1585年，法兰克福公布钱币兑换价格表。至于确定钱币兑换价格的流程，前40年间一直是非公开操作。17世纪，法兰克福成为汇票交易中心。汇票代替钱币成为主要金融产品。商人们又提出汇票的公允价格问题。这就是法兰克福制定官方汇票价格表的背景。

制定汇票价格表

1625年3月29日，一位具有名望的纽伦堡商人英霍夫向法兰克福市政府提交了一份建议书，"建议市政府组织商人公正地确定汇票价格，具体而言可以选择3位汇票经纪人以及6位商人，其中德意志、意大利和荷兰地区各有2位；让经纪人和商人提供他们认为其他城市所使用的真实汇票价格，然后根据这个信息制定法兰克福集市的汇票价格表。在最近一次秋季集市中，同一类汇票在威尼斯的价格介于132和133之间，而法兰克福是128。显然，这不是一个合理的价格。那些没法亲自到法兰克福集市却又使用法兰克福价格结算的商人，将被不公平地对待，甚至被欺骗。长久而言，法兰克福将失去德意志地区汇票交易中心的地位"[1]。

这份建议书很快得到了法兰克福市政府的重视。1625年4月5日，法兰克福市政府回应这位纽伦堡商人提出的建议，公布了一份有

---

[1] 参考Dietz（1910a），第230页。

关汇票价格确定流程的法令。

这个时期，汇票价格表代替钱币兑换价格表，成为市场关注焦点。法兰克福不再以钱币种类制定不同钱币之间的兑换价格，而代之以不同城市之间的汇票价格。汇票价格自然也包含钱币兑换价格，因为不同城市一般使用不同的货币。如果说钱币兑换价格类似于现代的汇率，那么汇票价格类似于一种特殊的外汇汇率，而这种汇率代表两种货币的支出和兑付分别在不同的城市进行，比如阿姆斯特丹汇票价格 87 意味着在法兰克福收取 100 古尔登，6 个月之后在阿姆斯特丹支付 87 荷兰盾。

按照这份法令，汇票价格将在法兰克福市政府的监督之下由宣誓经纪人签字后公开发布。价格的确定过程如下：集市支付周（最后一周）的周一早上 8 点，所有宣誓经纪人都必须到法兰克福市政府，各尽所能提供各自认为适用的汇票价格，将信息告诉法兰克福两位执政的市长。[1] 早上 10 点，各地商人在法兰克福市中心的罗马贝格广场聚集。在市政府监督之下，商人们按照各自的报价计算平均价格，形成法兰克福集市的官方汇票价格，并由 7 位有名望的经纪人签字。签字后的汇票价格表由市政府和经纪人公布。[2] 任何人都可以向法兰克福市政府申请查阅这份价格表。这或许是早期的一份关于交易所金融产品官方价格形成过程的详细规定。[3]

1625 年 4 月 11 日，周一，法兰克福市政府公布其历史上第一份官方汇票价格表。该价格表包含法兰克福与 12 个城市之间的汇票价

---

[1] 参考 Dietz（1910a），第 230 页提到商人必须出现在法兰克福两位市长面前，并提供信息。
[2] 参考 Handelskammer zur Frankfurt am Main（1908），第 36 至 37 页。
[3] 根据现有文献很难确定这是不是第一份相关法令。

格，再加上法兰克福集市贷款的利率，总共包含13种金融产品的价格。1625年汇票价格表包含如下内容（见表2-1）。

表2-1　1625年法兰克福第一份官方汇票价格表

城市	价格
威尼斯	133
阿姆斯特丹	87
安特卫普	83
里尔	$82^{3/4}$
里昂	$94^{1/2}$
科隆	$85^{1/4}$
汉堡	$1^{1/2}$
奥格斯堡	$1^{3/4}$ 或 $1^{1/2}$
纽伦堡	$1^{3/4}$ 或 $1^{1/2}$
莱比锡	$2^{3/4}$
皮亚琴察	/
米兰	/
法兰克福集市贷款利率	$3^{1/4}$

这份价格表由7位宣誓经纪人签字，其中5位来自科隆、1位来自奥格斯堡、1位来自阿姆斯特丹。具体价格采取类似间接报价、直接报价和百分比报价等不同报价形式。[①] 现代人不一定能明白各个价格的含义。例如，威尼斯和里昂采用100个单位的当地货币兑换多少法兰克福古尔登的报价方式，即威尼斯汇票价格为133意味着以汇票形式支付的100威尼斯杜卡特相当于133法兰克福古尔登。阿姆斯特丹、安特卫普、科隆等采用1法兰克福古尔登相当于多少当地货币的报价方式。汉堡、纽伦堡、奥格斯堡和莱比锡等德意志城市使用同一种货

---

① 这部分内容参考Hock（1927），第26至28页。

币，即帝国塔勒。这些城市之间的汇票采取升贴水的报价方式，即汉堡汇票价格 1.5 意味着下一个集市期间法兰克福到汉堡兑付的汇票需要额外支付 1.5%。最后，集市贷款利率自然以百分比报价，即 3.25%。

此后，法兰克福在每年的春季集市和秋季集市都编制官方汇票价格表。这个法令公布之后，7 位宣誓经纪人开始编制并分发这份官方汇票价格表。春季集市和秋季集市之间，官方价格表还没有编制出来，宣誓经纪人就公布自己的价格，当然其也参考最近集市上的官方价格。不过，这也给宣誓经纪人一定的自由空间，其可以按照市场最近的发展趋势而调整价格。[①] 法兰克福市档案馆仍然保存着 1625—1687 年的官方汇票价格表。只是，由于三十年战争，1631 年春季集市和 1638 年秋季集市之间法兰克福没有公布汇票价格。1642 年，法兰克福首次出现印刷版的汇票价格表。有意思的是，该价格表以意大利语书写，而这种状况直到 18 世纪 20 年代才有所改变。1625 年，价格表显示 13 种金融产品的价格，而到 1687 年增加至 15 种，维也纳、斯特拉斯堡、博尔扎诺、巴黎被列入汇票价格表，皮亚琴察和米兰从价格表之中消失。

18 世纪，交易所不再公布官方汇票价格表，而是由每个宣誓经纪人自己公布他愿意接受的汇票价格。当然，法兰克福市政府仍然负责监管价格的公布，并且要求经纪人将其公布的价格表抄送给法兰克福市政府一个类似价格管理处的部门。在集市期间，周二和周日晚上，宣誓经纪人会将自己的价格表交给法兰克福市财政局。各个经纪人公布的汇票价格难免存在偏差，1739 年交易所主席还抱怨市场上没有一个统一的价格，从而要求资格最老的 4 个汇票经纪人和 2 个商品经纪人提供价格表，

---

① 参考 Handelskammer zur Frankfurt am Main（1908），第 37 页。

并认为其他价格表都应该作废。然而,交易所的呼吁并没有得到实施。

18世纪初,价格表中开始加入各种主要钱币的兑换价格。1709年的一张价格表显示了14种汇票价格、集市贷款利率和4种钱币的兑换价格。1721年的一张价格表显示了18种汇票价格以及12种钱币的兑换价格。[1]

围绕价格表的博弈

18世纪中叶,汇票价格表开始由报纸印刷出版。1748年,出版商瓦伦塔普首次通过报纸公布价格表[2],随后,经纪人向法兰克福市政府请愿,要求禁止该报纸公布价格,但被市政府驳回。1752年奥地利禁止该报纸出版,但那是由于其他政治原因,而与该价格表的公布无关。报纸开始公布金融产品的价格,说明当时金融交易已经引起社会的关注。[3]

瓦伦塔普的行为显然遭到宣誓经纪人和法兰克福交易所的强烈反对。部分宣誓经纪人甚至不再公布自己的汇票价格表,要求交易所处罚瓦伦塔普擅自向公众公布汇票价格表的行为。交易所也认为这种行为威胁到交易所的利益,因此警告瓦伦塔普不要再印刷和公布汇票价格表。瓦伦塔普却反驳道,汇票价格表并不是一个需要隐藏的信息,并且公众有兴趣也有权知道当前的汇票价格,"如果汇票价格太高,商人可以决定采用现金而不是汇票支付,这将导致汇票价格下跌;同样,外地的商人们看到价格,也会进一步做出更好的决策"。当时的私人银行认可这种公开发布价格的行为,因为这样其交易活动可以参

---

[1] 参考 Handelskammer zur Frankfurt am Main(1908),第38页。
[2] 报纸名称为《关于欧洲内外战争与和平的法兰克福报道》。
[3] 参考 Holtfrerich(1999),第105页。

考更公允的价格，而不被经纪人赚取额外的利润。法兰克福市政府也没有对瓦伦塔普的行为采取限制措施。

如何制定公允的汇票价格表以及是否公开这个公允价格表，显示了市政府和交易所的不同利益诉求。市政府作为监管机构，代表公共利益，在纽伦堡商人的协助之下制定了汇票价格表的确定流程，以便为市场提供一个公允价格。这个时期的交易所代表大商人以及经纪人的利益，他们也倾向于制定公允的汇票价格表，但对是否免费向市场公开这个价格表持不同意见。特别是经纪人强烈反对公开汇票价格表，因为这涉及经纪人的核心利益。但是，市政府出于维护公共利益的目的，支持汇票价格表的公开。这是法兰克福交易所与监管机构之间的一次重要的利益博弈。市政府没有被经纪人影响，维护了市场价格信息的公开和透明。作为对比，早期伦敦证券交易所与政府的博弈，经常以交易所获胜告终。伦敦证券交易所有更强的实力，可以维护他们的私人利益，而英国政府经常被交易所游说或影响，以至于难以执行维护公共利益的政策措施。

交易所和市政府的矛盾还体现在钱币的兑换价格上。当时，银币是德意志各王国的主要货币，钱币的兑换价格相当于现代社会的汇率，影响一个地区的进出口以及经济发展。德意志各王国都通过法律规定了钱币的价值。但是各王国都倾向于铸造含银量更低的银币，以次充好，以至于市场不认可各王国所规定的钱币价值。含银量高且稳定的银币将获得升水，含银量低的银币自然贴水。

法兰克福市政府努力维持各王国官方钱币价格和市场价格的平衡。法兰克福交易所委员会一方面努力使钱币兑换价格与官方公布价格一致，至少相差不多；另一方面又向各王国解释，交易所无法控制钱币价格的上涨或下跌，"钱币价格的上涨和下跌存在市场原因。如果商人们更愿意购入某种钱币,而卖出另一种钱币,则必然导致钱币的兑换关系发生变化;另外,如果商人们都不愿意持有含银量大幅降低的钱币,则必然导致含银量充足的钱币价格上涨"[1]。或许这就是早期固定汇率和市场浮动汇率之间的博弈。法兰克福倾向于维护市场汇率。市政府多年来一直向皇帝、领主等说明,钱币价格波动不受市政府、交易所或经纪人组织的影响,而是市场之中不同因素相互作用的结果。

汇票的环形清算

官方汇票价格表的主要作用是便利商人之间的汇票结算,官方汇票价格就是汇票环形清算的结算价格。

最早的金融交易中没有清算概念,只有结算过程,即支付款项获得物品或金融产品。金融交易越来越频繁之后,特别是参与者之间多次交易越来越普遍时,结算和清算才逐渐分离。清算的主要目的是计算各个参与者所需支付的款项,然后参与者之间支付款项完成结算。清算可以降低现金使用的频率和规模,提高结算效率。最初的清算模式是所谓的环形清算。这是一种多边清算模式,即参与者组成一个又一个的交易环,交易环的各参与者轧差清算,计算支付净额,然后支付款项完成结算。整个市场通过一个又一个的交易环逐步完成清算和结算。

环形清算起源于中世纪时期的集市,其也是现代交易所清算方式的起源,是一种不涉及或较少涉及现金交易的清算和结算方式。至于采用环形清算的原因,一方面是降低结算时钱币的使用规模,另一方

---

[1] 参考 Handelskammer zur Frankfurt am Main(1908),第 39 页。

面是当时钱币处于不断贬值之中，降低现金使用可以避免钱币贬值带来的麻烦。另外，法兰克福商人发明了一种计量货币，即集市盾或者集市塔勒，这是一种虚拟货币，专门用于集市清算和结算。[①] 现在，我们不清楚这种计量货币是否也叫巴岑。1585 年法兰克福将巴岑作为虚拟货币，确定各种钱币之间的兑换关系。

1592 年，法兰克福市政府规定，集市的支付按照旧时习惯，从集市第二周的周一开始，到周五结束。为此，集市的第二周也叫结算周或者支付周。每一个经常参加集市的大商人都将获得集市账簿，用于记录他与各个商人的交易，包括欠其他商人的账款和应该向其他商人收取的账款，这类似于现代会计中的借方和贷方。清算过程就是找到其他商人，以便把自己的应收款项和应付款项与他人抵销而使账簿结清。一般情况下，商人们需要找到 4 个以上的商人才能两两结清自己的账簿，确实没法结清的款项可以通过签订新的汇票结清。

这个过程其实不简单。比如商人 A 欠商人 X 一笔款项，同时商人 B 欠商人 A 一笔款项，但是商人 B 和商人 X 之间没有联系，三人难以抵销这笔款项。为此，商人 A 和 B 需要找到一连串的其他商人，以便与商人 X 建立支付关系。在这个过程之中，不仅要求款项金额相差不大，同时还要求所有这一连串的商人都愿意结清商人 A 和商人 X 之间的这笔款项。这种清算方式被称为环形清算，即找到不同的商人，大家形成一个环，以便结清环里所有商人的款项或者部分款项。

集市清算的参与者一般是经常参加集市交易的大商人。大商人数

---

① 参考 Dietz（1910a），第 247 页。

量有限，使这种清算方式可行。可以想象，如果人数太多，采用这样的清算方式可能就难以结清。并且，商人们熟悉各自的业务伙伴，通过这些固定的业务伙伴，他们能组成清算环。据估计，16世纪末120~150位大商人参与法兰克福集市的清算过程。值得一提的是，环形清算也是早期阿姆斯特丹衍生品交易的清算方式。各个衍生品交易参与者组成一个又一个清算环，完成多边清算和结算。这种清算方式的前提条件是各个参与者存在固定的交易对手。否则，随着市场参与者越来越多，清算方式的复杂度将呈几何倍数增加。

一些城市设立了公共银行，以作为商人的对手方，从而更方便地处理集市清算问题。如威尼斯于1587年、阿姆斯特丹于1609年、汉堡于1619年以及纽伦堡于1621年都设立了类似的银行以处理清算结算问题。为什么法兰克福没有借鉴其他城市的经验，设立公共银行处理清算问题？现在我们已经无从考证，或许与1402年法兰克福设立公共银行的失败经历有关，或许是因为法兰克福集市的交易规模还不是特别大，以至于不需要专门的清算银行。

交易所管理机构的演变

尽管法兰克福交易所将1585年作为交易所成立的年份，但当时交易所并没有自己的办公场所，也没有固定的管理团队。市政府授权大商人团体监管金融市场以及制定钱币兑换价格表，但没有明确"大商人团体"的定义以及组成。历经百年的演变，17世纪末法兰克福才形成固定的交易所管理机构。

从各类委员会到商人代表处

最早版本的交易所汇票交易规则由市政府颁布。早期的交易所仅仅是一个地理代称，即商人们聚会的地方。① 集市的大商人和经纪人是交易所的主要参与者，但是这群人没有自己的管理机构。每一次向法兰克福市政府表达观点或者提出建议都是个别商人的行为，或者是商人群体的行为。比如1585年商人要求确定和公布官方认可的钱币兑换价格表，1625年商人要求公开汇票价格确定的流程等。

法兰克福市政府也没有意愿主动干预商人团体的行为，而是让商人自己提出建议，市政府认可后才通过颁布法令或公告的方式形成制度。法兰克福不像其他金融中心，既没有建立公共银行以便利结算过程，也没有组织成立商人团体，更没有建立交易所大楼供商人们定期聚会使用。

交易所管理机构从临时性的各类委员会到固定化的"商人代表处"经历了近百年的演化。1585年，法兰克福确定官方钱币兑换价格表，这一年成为法兰克福交易所的诞生年份。此后，法兰克福商人自发形成的组织多次出现在有关法兰克福金融市场发展的历史文献中。1596年，法兰克福商人组成"法兰克福商人的共同委员会"，就德意志的钱币法令提出建议。1639年，商人们组成委员会，代表"在法兰克福营业的全部境内外商人"，就汇票法律、汇票相关的诉讼流程等向市政府请愿或提出建议。1652年，16位大商人向市政府提出制定并颁布汇票交易规则的建议。法兰克福市政府成立由5位大商人组成的委员会研究此事，包括法兰克福本地商人约翰·菲利普·福莱斯本。7月22日，委员会举行第一次会议。② 1664年9月1日，商人们又组成代表处，"代表法兰克福所有参与汇票业务的商人"向

---

① 德意志地区的其他交易所也类似。比如奥格斯堡，一直以广场指代交易所，直到1806年才正式出现交易所这个名词。
② 参考Dietz（1910a），第274页。

法兰克福市政府提出建议，要求制定和颁布汇票交易规则。法兰克福又组成委员会讨论此事，委员会成员包括两位市政府代表、两位法庭代表以及3位商人代表。1666年8月，法兰克福知名商人和私人银行家内维尔加入委员会。1666年9月15日，法兰克福颁布的汇票交易规则由6位商人代表参与制定。1674年，商人又组成委员会，其代表法兰克福参与汇票业务的商人，与法兰克福市政府讨论并提出完善汇票业务的8条建议，包括1666年的汇票交易规则由更高一级的政治实体确认并颁布，更快地处理汇票相关的诉讼，等等。

1676年，法兰克福商人组成"商人委员会，特别是汇票交易相关的商人"[①]，又提出汇票交易规则的改善建议。这次，委员会在结束相关工作之后，并没有解散。半个世纪之中，商人们通过委员会这一形式与法兰克福市政府以及更高级别的帝国机构沟通和讨论，他们逐渐意识到这种形式需要组织化或形成固定机构，并在法律上取得市政府或帝国的认可。如果没有商人参与汇票相关规则的制定，最终必将损害商人群体的利益，也不利于市场的发展，因为市政府和帝国等权力机关不从事商业活动，不了解市场发展需要哪些配套制度。一个法律认可并且组织良好的商人团体或交易所管理机构将有助于维护法兰克福全体商人的利益。

制定汇票交易规则涉及法兰克福商人的共同利益。在规则制定过程中，法兰克福商人自发组成利益团体，与法兰克福市政府谈判，该团体即法兰克福交易所管理机构的初始形态。这个商人自发组织的团体可叫作法兰克福商人代表处。由于当时商人团体的主要利益集中于交易所，这个团体也可以叫作交易所委员会，首席代表一般为交易所主席。

---

① 每次委员会的名称有所不同，不过一般认为参与委员会的成员相对固定。

交易所办公场所

在很长一段时间内,法兰克福交易所或者法兰克福商人团体并没有固定的办公地点。17世纪末,法兰克福商人们经常组成委员会与法兰克福市政府讨论汇票交易规则。在这个过程之中,商人逐渐萌生成立一个永久性机构的想法,由这个机构代表法兰克福商人与市政府谈判。这个机构代表法兰克福所有商人的利益,同时由于该机构主要处理金融交易相关的事项,因此其也是交易所的管理机构。实际上,这一时期人们不区分商人委员会和交易所委员会。两者是同一个团体,交易所主席也是商人们的首席代表。直到18世纪,交易所主席的称呼才被频繁使用。

17世纪末,"法兰克福商人代表处"得到市政府许可,成为一个固定组织机构,代表襁褓之中的法兰克福交易所所有参与者的利益。1694年,法兰克福商人们租下一幢楼的一部分,以作为固定的会议和办公地点。该幢楼位于利夫博格街,名为布兰费斯庭院。此后,交易所才拥有正式的办公地点。商人们在布兰费斯庭院前面的公开广场聚会,他们偶尔也在罗马贝格广场聚会。天气不好时,商人们才在布兰费斯的大厅或者兔子街的房子里聚会。交易所活动集中到布兰费斯的时间与商人代表处的成立时间相近。[①] 集市第二周周一早上确定汇票价格的商人集会就是后期交易所会员大会的原型。布兰费斯是法兰克福非常有历史意义的建筑。这里住过多位神圣罗马帝国皇帝,并且帝国商业法庭最初在这里成立并开业。法兰克福交易所在这里度过了近150年,直到1843年建立自己的交易所大楼。

交易所租了布兰费斯庭院的一个大厅作为商人聚会场所和一个小

---

① 参考 Handelskammer zur Frankfurt am Main(1908),第16至17页。

房间作为交易所管理层的办公室或者会议室。每个工作日中午12点交易所开始营业,每年的租金为100帝国塔勒,由大商人提供的资金支付,这也是最初的交易所会员费。① 最初会员缴纳费用居然是自愿的。此外,交易所还雇用了一位员工,处理交易所日常运营管理等各类事务,工资为每年12帝国塔勒。令人惊讶的是,法兰克福交易所历史上的第一位员工是门卫,他的主要职责是开门、关门和打扫卫生。

1706年12月,61位路德宗和改革宗②的法兰克福商人向市政府抱怨犹太商人不公平地参与商品运输业务。犹太人在商业活动之中的法律地位引起争议。为了与市政府更好地交涉,12月29日这些商人选举8名代表与市政府谈判。③ 1707年,交易所委员会宣布自己代表法兰克福商人团体的利益,其成为法兰克福商会的前身,以至于法兰克福商会将1707年作为商会成立的时间。这也体现了法兰克福商会和法兰克福交易所的历史高度重合。1713年之后,官方文件中逐渐出现这些名称:"法兰克福商人代表处""商人主席""商人谈判代表""法兰克福交易所和商人代表""谈判首席代表以及交易所主席"。当时法兰克福商人团体和交易所参与人员高度重合,商人首席代表自然也是交易所主席。18世纪,大家逐渐接受"交易所主席"这个新称呼,并且由于交易所主席也是法兰克福商人的首席代表,商人代表处逐渐演变成交易所管理机构。

---

① 参考Baehring(1985),第52页。
② 路德宗和改革宗是马丁·路德宗教改革之后的新教。
③ 另一种说法是,这些商人代表逐渐组成永久性办事处,而不再像以前一样办完这件事就解散。

交易所的职责

早期交易所的主要职责是维护市场交易秩序，确保交易按照几个世纪以来形成的良好传统有序进行。后期，交易所也经常对钱币、关税、交通等相关问题提出评估意见。这个时期的商人代表处或者交易所管理机构实际上类似于自发组织的协会，没有法律或者城市公权力赋予的地位。交易所管理层由8位有名望的商人组成，他们经由选举产生，而且实行终身制，当其中一位商人代表逝世时，由其他商人代表推选出新的商人代表。交易所管理层自然没有特殊的利益，甚至可以当作一个没有工资的公益团体，实行终身制也就不奇怪了。

交易所委员会的任务不仅包括运营交易所，还包括起草报告，为出台新的法律法规提建议，起草交易所相关规则，等等。这个时期，法兰克福集市和交易所，即贸易和金融紧密相连。交易所委员会不仅代表交易所参与者的利益，也代表集市商人群体的利益。

1738年，交易所的第一位员工逝世，交易所主席贴出招聘公告，招聘一位员工负责交易所的日常运营。其实，这个工作内容很简单，类似现在商场大楼的门卫，每天早上开门，晚上关门，招待来访的客户，为交易所参与者端茶送水，等等。

交易所的开支主要包括租金和员工的工资等，每年共118帝国塔勒。但是对于缴纳费用的商人数量以及具体金额，我们目前无从得知。按照其中8位大商人也即交易所委员会的账本，其各自支付4帝国塔勒。假设每位参与者支付1.5帝国塔勒，则参与者总数为65位。早期的交易所费用由交易所参与者支付，即不参加交易所会议的法兰克福商人不需要支付费用。

这个时期的交易所是一个由法兰克福部分商人自发组织的私人团体，非常类似于互助合作组织，只是前者受到市政府的认可。他们租了一个地方，将其作为聚会场所，不属于这个团体的成员无权参与交易所讨论。这与早期的伦敦证券交易所类似。只不过，法兰克福交易所并没有像伦敦证券交易所一样演变成一个封闭式的会员制交易所，而是在之后的百年时间逐渐从一个私人组织转变成公法组织，宣称代表法兰克福所有商人的利益。

商人银行的诞生

法兰克福集市上的商人、经纪人参与汇票交易，从事早期金融业务。随着时间的推移，金融交易规模越来越大，这些人组成的团体逐步演变成最早的私人银行，也称商人银行。商人银行成为法兰克福金融市场上最早的金融中介机构，影响了后续的私人银行发展，甚至直接促使法兰克福成为18世纪德意志地区的金融中心之一。

商人银行波德克

约翰·波德克可被视为法兰克福第一位商人银行家，他也是法兰克福商界第一位百万富翁。

与同时期的其他商人不一样，约翰·波德克较少从事商品贸易，其主要业务为金融交易。他的业务主要包括三类。其一，存贷款。当时德意志地区还没有存款银行，约翰·波德克通过集市贷款获得资金，相当于客户将资金以集市贷款的形式存在约翰·波德克的私人银行，而约翰·波德克将这些资金以更高的利率贷出去。如果把集市贷款和汇票视为金融产品，那么他从事的就是类似于现代金融市场业务的业务。其二，汇票业务。约翰·波德克在主要的金融中心都存放了资金，可以办理两个城市之间的转账业务，而转账自然通过汇票进行，类似于中国晚清时期的钱庄。17世纪，商人使用汇票往往需要支付高达金额的 14% 的费用。约翰·波德克每年的汇票交易额达到 22 万～35 万帝国塔勒。① 其三，跨境套利。约翰·波德克的代理人遍布阿姆斯特丹、安特卫普、汉堡、法兰克福和威尼斯等欧洲金融中心，获取当地的钱币兑换价格、汇票价格和贷款利率，然后在不同城市之间从事套利交易。自然，跨境套利和汇票业务经常难以区分。约翰·波德克为法兰克福交易所的发展做出了重要贡献。

约翰·波德克是 16 世纪法兰克福早期金融发展历史中的重要人物，不仅是当时法兰克福最富有的商人之一，也直接促进了法兰克福交易所的诞生。约翰·波德克出生在现今的荷兰地区。8 岁，他在荷兰小镇莱顿上学，10 岁来到德意志地区南部的纽伦堡，从此小小年纪就往返于欧洲各国。17 岁时，约翰·波德克逗留在巴黎，正好遇到饥荒和由此引发的针对新教徒的大屠杀。1572 年 8 月 23 日和 24 日晚上，数千名新教徒被杀，新教徒约翰·波德克有幸从中逃脱。

28 岁时，约翰·波德克与安特卫普当地商人的女儿结婚，然后与岳父母一起管理贸易和汇票业务。然而好景不长，一年之后，即 1584 年，安特卫普遭到西班牙军队的围困。约翰·波德克带着家人逃难。在斯海尔德河边，他们与其他逃难的人一起乘船离开安特卫普，路上还遭到了西班牙军队的袭击。大难不死的波德克一家最终到达德意志地区北部的港口城市吕贝克。在那里短期居住之后，1585 年波德克一家到达美因河畔的法兰克福并定居下来。

约翰·波德克在早期的商业贸易中或许与法兰克福商人有所来往，从而促使他搬到法兰克福。1585 年也是法兰克福交易所成立的年份。当时的法兰克福商人社区甚至可以称为小安特卫普。交易广场上只能

---

① 参考 Klein（1982），第 68 页。

听到法语、荷兰语和意大利语，说德语的商人很少。法兰克福对待外来移民的开明态度，也是这个城市逐渐成为金融中心的重要原因之一。

约翰·波德克的父亲波拿文图拉·波德克属于德意志骑士阶层。1553年，波拿文图拉结婚之后迁居到安特卫普，从事商品投机活动，积累了财富。1591年，波德克家族到达法兰克福的第六年，约翰·波德克的父亲去世，给5个孩子留下了25万塔勒的巨额财富。约翰·波德克或许继承了父亲的投机天赋，不仅成为法兰克福商界第一个百万富翁，还是第一个通过投机和套利获取巨额财富的商人。约翰·波德克非常冷静，对人友好，处理商业事务时一丝不苟，还是一个虔诚的新教徒，每天都去教堂祷告。在法兰克福的商人群体之中，约翰·波德克广受尊敬。他也经常带头与其他商人一起向法兰克福市政府提出各种建议。

约翰·波德克编织了广布于欧洲各金融城市的业务网络，通过商品、汇票在各地套利和投机，获取超额收益。在德意志北部的汉堡、但泽、吕贝克等地，他都设有贸易代理人。他还与里斯本、安特卫普、阿姆斯特丹的商人建立了紧密的业务关系。现在，我们很难知道他是如何在各地区之间套利的。可以想象的是，他通过业务网络获取各个地区的钱币兑换价格、汇票价格，不断地套取各个地区之间的价格差。在中国，20世纪80年代末期，杨怀定通过国债跨地区套利交易积累了第一桶金，成为"杨百万"。相似的套利交易也使约翰·波德克快速积累财富。

约翰·波德克熟练地从事投机业务，利用不同集市之间的钱币价格差、利息差获利。集市贷款是他吸收资金的主要途径。他以较低利率通过集市贷款吸收资金，然后在莱比锡、汉堡、阿姆斯特丹、安特卫普以更好的价格贷出资金。[①]1601—1606年，约翰·波德克每年都

---

① 参考 Dietz（1910a），第239页。

有 24 万～30 万塔勒的可投资资本，其中部分通过集市贷款筹集。这些资本中的 1/3~1/2 会通过集市贷款形式贷给 40~50 个信誉良好的商人，每次贷款规模一般为 500～4 000 塔勒，利率为 6%～8%。他将剩余的资金用于投机，与 5～10 个位于阿姆斯特丹、安特卫普和威尼斯的大商人开展投机交易。

约翰·波德克也通过集市发放贷款。贷款对象除了德意志地区和其他地区的商人，还包括德意志贵族和领主，他们使用集市贷款不断地延长贷款期限，而不需要抵押。15 世纪末至 16 世纪初，甚至富格尔家族也向约翰·波德克借款。1606 年 4 月，约翰·波德克贷给富格尔家族 6 万古尔登，年利率 7%；1609 年，贷款余额还剩 2 万古尔登，并被多次延长期限，直到 1626 年才全部偿还。[①]1631 年，约翰·波德克去世，他的儿子们成立波德克兄弟公司，继续从事汇票交易、贷款等业务。18 世纪下半叶，贝特曼、罗斯柴尔德等法兰克福的私人银行通过债券发行等金融创新获得巨额财富，波德克家族却没有重现辉煌，逐渐被历史遗忘。

17 世纪，法兰克福有 22 个家族企业可以被视为商人银行。1785 年，商人银行的数量增长到 33 家。这些商人银行基于法兰克福汇票交易市场开展业务。随着 18 世纪下半叶法兰克福债券市场的发展，新增私人银行数量明显增多，1795—1805 年就新增 11 家私人银行。这些依赖法兰克福债券市场而发展起来的私人银行可以被称为第二代私人银行。

商人银行的特点

法兰克福第一代私人银行，即商人银行具有如下特点。

[①] 参考 Dietz（1910a），第 241 页。

第一，这些私人银行都从商人团体演化而来。这些商人从事商品贸易，然后接触汇票业务，之后将汇票作为主要业务，商品贸易反而成为次要业务。商人银行家积累资金之后，向国王、领主等提供贷款，也从其他富裕个人手里吸收一定的存款。在这个过程之中，多数商人银行并没有放弃商品贸易，或许是因为这个时期的金融市场规模并不大，纯粹依靠金融业务无法获得稳定的利润。

第二，汇票交易是主要业务。汇票经纪人和银行家经常被相提并论。两者的区别自然是银行家可以使用自有资金为商人办理汇票业务，而经纪人只能寻找汇票的交易对手方，完成汇票交易。18世纪末，银行家已经成为法兰克福商人的一个种类。当时银行家被定义为"可以获得欧洲各贸易城市汇票的商人，也可以通过他们将钱款以汇票形式汇往那些欧洲贸易城市"[①]。这个定义将汇票业务视为私人银行最重要的业务，也没有区分汇票经纪人和私人银行。另外，这一时期贷款业务增长快速，但还不属于银行家的主要业务，只是偶尔开展。

第三，明显的国际化特点。汇票涉及两个贸易城市之间的汇兑，要开展该业务，自然需要在其他贸易城市设立分支或者代理人。也是基于这个原因，第一代私人银行都是国际化的机构，银行家或设立分支机构，如派出兄弟、儿子经营，或寻找当地的代理人，一起完成汇票交易。例如，富格尔家族5个兄弟分别居于各个贸易城市，相互协调完成汇票交易或跨境套利。奥格斯堡另一个大商人和银行家韦斯勒在纽伦堡、但泽、威尼斯、米兰、罗马、日内瓦、弗莱堡、苏黎世、里昂和萨拉戈萨等地都可办理海外贸易保理或者汇票业务。另外，贷款业务也具有国际化特点。17世纪，约翰·波德克的贷款对象包括斯

---

① 参考 Klein（1982），第148页。

特拉斯堡、汉堡等自由城市或者王国。

第四，巨额财富都是冒险得来。这个时期的商人银行没有稳定而持续的金融业务，几乎所有的商人银行家都存在较强的投机倾向。富格尔家族押注大公爵西格蒙德的银矿是一场豪赌。他们控制铜矿，然后操纵威尼斯铜市场也具有极大的风险。当时铜币是主要货币，铜市场操纵自然给富格尔家族带来巨额利润。约翰·波德克投资曼斯菲尔德铜矿是无奈之举，但他广泛参与汇票套利和其他金融交易在那个时代比较罕见。当时法兰克福拥有超过10万古尔登财产的30位富人之中，只有约翰·波德克是银行家，还有两位珠宝商和一位金匠，其他都是大商人。这个时期的银行家还不属于富裕阶层，除了个别特别成功的银行家。

第五，金融中介机构出现萌芽。早期德意志地区的私人银行发展了金融媒介体系，他们从各地富有者那里吸收资金，然后贷款给一个王国或城市。① 德意志地区松散的政治联盟以及相似的文化和语言，给金融中介的发展提供了广阔的空间。私人银行家需要解决金钱在不同集市之间、不同时期之间的转移支付问题。阿姆斯特丹和伦敦都发展出早期发达的金融市场，当地的商人和银行家对其他金融中心的依赖程度更低。这一点差别促使德意志地区发展出强大的金融中介机构，到债券市场产生以及第二代私人银行发展之时更明显。

与伦敦金匠银行的比较

金匠银行是英格兰地区早期的私人银行。1545年，英格兰允许收取利息，将金融业从宗教的束缚之中解放出来。除了传统的铸币收

---

① 参考 Kindleberger（1984），第53页。

入和保管费用,金匠逐步创造了其他业务,开始兼职从事金融业务。[①]当时,金匠签发的金匠收据可以兑换成金银币,所以它们可以被当成现代纸币使用。这些可兑换的金匠收据逐渐在市场上流通,后期演化成纸质货币。金匠发现,他们签发的金匠收据的价值可以大于自己所持有的黄金,即具有货币创造功能。

17世纪下半叶,英国出现所谓的金匠银行,其主要业务已经演变成金融业务而不是金币铸造。知名的金匠银行有霍尔银行。1672年,金匠理查德·霍尔从师傅处继承了金匠业务,不久之后霍尔银行成为英格兰知名的金匠银行。1712年霍尔还被安娜女皇封为贵族,之后被任命为伦敦市市长。

或许是因为英格兰地区金匠收据发展了几百年,潜移默化之下,当地民众和商人逐渐接受和使用纸质货币。英国不限制金匠从事类似金融业务,以及铸造金银币。这些业务更多受到金匠行会的制约。金匠收据以及后期的银行所发行的纸质有价证券演化成纸质货币,也可以称为银行券。英国政府没有制定相应的监管规则。或者说任何银行都可以发行银行券,只要信用良好。民众和商人可以将银行券当作货币使用。1694年成立的英格兰银行运用自己的特权禁止其他超过6个合伙人的银行发行银行券,导致18世纪之前的英国银行业形成一种非常畸形的银行体系,即英格兰银行一家独大,全国却遍布资本金很少的小型乡村银行和城市银行。

金匠银行和乡村银行通过发行银行券募集资金,然后贷款给企业,故而这些英国私人银行的主营业务都是存贷款。为了应对客户的提款,这些银行的贷款期限普遍较短,贷款对象是那些存在贸易融

[①] 这部分内容参考姜建清(2020),第218至220页。

资需求的商人和企业。英国私人银行基本上不从事长期贷款业务，更别提贷款给国王和领主，毕竟英国只有一个国王。英格兰银行也不允许其他银行家染指其大客户。私人银行不投资企业，因为投资企业的期限太长，而这些银行的存款期限较短，无法匹配。在独特的环境之中，英国私人银行业务单一，盈利能力弱，资本金少，非常容易受到金融危机冲击而倒闭。另外，它们几乎只从事本地业务，没有国际业务，也缺乏国际经验和能力。18世纪也是英国频繁出现银行倒闭潮的时期。

德意志地区的铸币权由国王或领主掌握，金银匠除非获得国王或领主授权，否则不得任意铸造钱币。在德意志地区，金匠银行自然难以发展，更别提金匠收据了。对于纸币，或者说一张可以兑换成真实金银的纸张，德意志人民没有经验，因此它难以被社会接受。直到19世纪，德意志地区才设立拥有纸币发行特权的中央银行，并且纸币发行特权一般不授予私人银行，私人银行无法参与这类业务。故而，英国金匠银行的故事无法在德意志地区上演。

特殊的环境造就特殊的机构。德意志地区的商人依赖遍及各个贸易城市的集市而逐步参与汇票交易，促使早期的金融业务诞生。其业务范围除了汇票交易、汇票经纪，还包括集市贷款、国王或领主贷款、城市贷款、各个城市之间的套利乃至投机，也包括投资矿产。可以说，德意志地区第一代私人银行的业务比英格兰地区的私人银行更广，涵盖存贷款、汇票交易、套利投机、长期投资等。这些业务尽管规模还很小，但是具有鲜明的国际化特点，客户群体多样，使得早期德意志地区私人银行形成较强的国际竞争力。这种竞争力在债券市场发展之后体现得淋漓尽致。在这种复杂、多样而又落后的环境之中，德意志地区的金融中介机构逐渐萌芽。

为什么法兰克福没有发展出早期的公共银行或中央银行？1609年，阿姆斯特丹成立阿姆斯特丹银行；1619年，汉堡成立汉堡银行。这两个早期公共银行都旨在解决钱币种类繁多和兑换复杂的难题。法兰克福也存在类似的难题，但法兰克福除了1402年成立过兑换银行，后期没有再成立旨在解决这类问题的公共银行。原因可能是法兰克福找到了其他解决方法，或许也是更恰当的方法。法兰克福公布官方汇票价格表，采用环形清算模式，大幅减少了真实货币支付的金额。除了大商人的跨境贸易，法兰克福当地贸易采用当地货币支付。当时，法兰克福也不存在债券、股票等金融产品，没有与证券交易相关的大额支付需求。如此，法兰克福对发行银行券以及银行转账并没有迫切需求，也不需要成立一家以此为目的的公共银行。直到19世纪中叶债券市场发展到一定程度之后，这种环境才发生改变，促使法兰克福设立第一家中央银行，这也是一家股份制并拥有纸币发行特权的中央银行。

第三章

从布鲁日、安特卫普、阿姆斯特丹到伦敦

交易所起源于商人的聚会。早在14世纪，意大利北部的威尼斯、热那亚等城市就已经出现这种聚会。这个时期，意大利之外的马赛、巴塞罗那也存在这种聚会。在欧洲北部，14世纪中叶香槟集市衰落，布鲁日集市逐渐成为主要集市，来自意大利各城市、汉萨同盟城市、英格兰城市、德意志其他城市以及低地国家城市的商人都在这里聚会并开展交易。布鲁日首次出现商人们定期在固定的地点聚会。这样的地点是现代交易所的起源。甚至"交易所"这个词本身也源于布鲁日。

14世纪，在布鲁日的商人聚会中，汇票是最早的金融产品。这个时期，交易所已经初具雏形。此后，由于政治环境变化，商人们从布鲁日迁移到附近的安特卫普，使安特卫普崛起，成为新的贸易中心。安特卫普市政府为定期聚会的商人提供了一栋大楼，这标志着安特卫普交易所正式建立。此后发生的一次政治军事危机使阿姆斯特丹接过安特卫普的衣钵，成为贸易中心。同时，部分安特卫普商人选择迁移到德意志地区的贸易城市，其将交易所的理念带到更多地区。伦敦早期的交易所存在两条不太相关的演变之路。英国皇家交易所模仿安特卫普而建立，伦敦证券交易所却是一帮经纪人出于营利目的而自

发成立的。

那么，布鲁日、安特卫普、阿姆斯特丹和伦敦各有哪些重大创新？这4个城市在交易所发展的历史上处于哪种地位？一个城市产生早期的交易所是否有规律可循？英国的交易所与欧洲大陆交易所存在哪些区别？

交易所的起源——布鲁日

14世纪，布鲁日成为欧洲贸易中心。其最早产生商人之间的定期定点聚会，即交易所的雏形。交易所这个词就源于布鲁日。

当时，布鲁日的商人来自欧洲各个贸易城市。据传，外来商人占布鲁日人口的20%左右，布鲁日是第一个真正意义上的欧洲贸易中心。外来商人多数在布鲁日没有固定住所，只能住在布鲁日的小旅馆或客栈之中。其中一个客栈成了这些外来商人（主要是意大利商人）闲暇之余的聚会地点。

这个客栈叫博塞客栈，即 Ter Beurse Inn。博塞客栈建于1285年，属于范德布什尔家族。现代交易所的名称也来源于该家族的名字，准确地说是博塞客栈的名字，其德语称 Börse，法语称 bourse，荷兰语称 beurs。这些表示"交易所"的词语有相似的词根，即范德布什尔家族的名字，而该家族的徽章是三个皮质钱袋（bursa），或者说德语、荷兰语中的"交易所"本来指代皮质钱袋。[①]

该家族的多名成员曾担任布鲁日市的市长，或许这也是商人们选择在博塞客栈聚会的原因之一。商人们一般在博塞客栈门前聚会，下雨时则到客栈里面继续交易。

[①] 拉丁语 bursa 来自希腊语 byrsa，原义是毛革或剥除的皮肤。9世纪之后，该词的意思是皮质钱袋。参考 Tanner（2014）。

14世纪，博塞客栈改成威尼斯会馆，供威尼斯商人居住。在布鲁日，这栋房子保存至今，述说着往日门前人来人往的热闹场景。它的名字随着交易所在各个国家建立、发展和繁荣而被翻译成多种语言。从"交易所"这个词的德语、法语、意大利语等语言中，我们还能看到这个家族的名字，而英语的"交易所"使用了"exchange"这个词。

布鲁日成为贸易中心和金融中心也有运气成分。13世纪末，香槟集市由于战争和政治冲突开始衰退，香槟伯爵失去领地的自主权。再者，商人发现从威尼斯等地中海港口城市通过海路到达欧洲北部，相对于陆路更方便、安全。靠海而又位于香槟集市附近的布鲁日就接过了衣钵。

布鲁日成为贸易中心之后，吸引了欧洲各地的商人。布鲁日的商人聚会尽管定期，也在固定地点举行，但是只有意大利商人定期在范德布什尔家族的客栈门前聚会，其他国家或地区的商人还是在其他地方聚会。意大利商人在该聚会中只讨论钱币兑换和汇票交易业务，不涉及商品交易。最重要的是，这类聚会是商人自发组织的，而不是城市管理者组织的[1]，聚会如果产生决议，也不会得到城市管理者的确认或认同，无法强制其他商人执行。

早期的交易所即 Börse 这个词其实是一个地理代称，即商人们定期聚会的地点。[2] 商人需要一个名词称呼他们具体的聚会地点，不管这个地点是广场、一个大院子前面还是咖啡馆。这个词后期才演变成交易所的专称。而随着伦敦证券交易所的崛起，交易所的英语名称没有了原先指代地点的意思。

法兰克福有据可查的资料中第一次出现"交易所"这个词是在1605年。当年法兰克福市政府文件提到交易所，该文件要求在交易

---

[1] 参考 Ehrenberg（1896），第10页。
[2] 参考 Elster 等（1924），第1036页。

所的黑板上公开展示关于集市中"支付周"推迟的信息。[1] 这份文件所说的交易所也只是聚会地点的代称，与现代人们所理解的"交易所"不同。法兰克福证券交易所这个名称的出现是后来的事情。在布鲁日，商人们聚集在博塞客栈前面，主要的交易对象是钱币，也包括汇票。布鲁日很早就定期公布钱币兑换价格，给商人的汇票交易提供参考。

布鲁日不仅是现代交易所的发源地，也经历了地中海贸易到大西洋贸易的转折时代。在布鲁日之后的贸易中心，同时也是金融中心，包括阿姆斯特丹、法兰克福、伦敦等，其金融活动不再局限于一个地区。

布鲁日还是经纪人的诞生地。历史学家埃伦伯格提出，中世纪晚期的欧洲贸易中心布鲁日产生了最初的汇票经纪人。[2] 当地的经纪人有一个类似行会的组织，与其他行会一样高度组织化。但与其他行会不一样的是，经纪人行会享有特殊的声誉，拥有一定的公信力。1303年，在布鲁日的一份经纪业务规则之中，经纪人被列为旅店老板的助手，而经纪人和旅店老板确实联系紧密。经过进一步研究，埃伦伯格认为经纪人起源于跨境贸易所需的本地向导。外地商人来到布鲁日后，首先询问旅店老板，以了解当地市场情况。这些商人定期来布鲁日参加聚会，与旅店老板日渐熟悉，就请求旅店老板处理一些住宿之外的事项。这样，这些旅店老板开始兼职从事交易撮合的业务，也就成为最初的经纪人。这种假设具有一定的合理性，因为交易所也起源于商人聚会，而布鲁日的商人聚会就在博塞客栈。与交易所这个词一样，经纪人的德语名称 Makler 也起源于布鲁日，当时人们称之为

---

[1] 参考 Baehring（1985），第44页。
[2] 参考 Ehrenberg（1885）。

"meckeler"或"meckler"。

为什么当时的荷兰地区会成为欧洲贸易中心？除了布鲁日，安特卫普和阿姆斯特丹当时都是该地区的城市。原因是这些城市的地理位置优越，欧洲各个地区的商人都可以方便地到达，特别是大西洋贸易兴起之后。意大利商人可以通过海路绕过直布罗陀海峡到达欧洲北部，德意志地区商人可以通过莱茵河到达，英国人也可以通过海路到达，汉萨同盟城市自然也可以方便到达。当时的荷兰地区恰好位于这些贸易线路的交会点。布鲁日也疏通了闭塞已久的河道，可以通到北海，方便船只进出。布鲁日的发展是香槟集市之后的上百年间商人们选择最佳聚会地点的博弈结果。

世界性的交易所——安特卫普交易所

安特卫普交易所是世界历史上第一个从集市发展而来的交易所。早在14世纪，安特卫普就开始出现集市，并缓慢发展。15世纪中期，众多的欧洲商人担心布鲁日的政治风险，逐渐将交易地点转移到布鲁日附近的安特卫普，其中包括德意志大商人富格尔和韦斯勒。1442年，欧洲各国商人第一次大规模地从布鲁日转移到安特卫普；1482年之后，布鲁日出现仇外情绪，不再允许外来商人在布鲁日开展贸易业务，自然推动外来商人转移到附近的安特卫普继续从事贸易和金融活动；直到1533年，布鲁日才完全丧失贸易中心地位[1]。

安特卫普成为贸易中心

15世纪中后期，安特卫普逐渐发展成欧洲第一个真正意义上的

---

[1] 参考 Ehrenberg（1896），第1页。

贸易和金融中心。而后，除了威尼斯、热那亚和佛罗伦萨等地的意大利商人，英国商人也逐渐登上历史舞台；葡萄牙和西班牙商人得益于新大陆的物产，也频繁参与贸易，大西洋贸易的兴起进一步推动安特卫普的发展；德意志地区的商业联盟如汉萨同盟也将贸易地点转移到安特卫普。

安特卫普随着葡萄牙发现新的东方海上商路而快速发展。16世纪之前，阿拉伯商人通过海路或者陆路将东方商品运达地中海地区，然后威尼斯、热那亚等地的意大利商人越过阿尔卑斯山将商品销往欧洲大陆，或者绕过直布罗陀海峡将商品运达荷兰地区。1506年，葡萄牙人将东方商品通过新海路运达欧洲，即绕过非洲南端的好望角。这条海路大幅降低了东方商品的运输成本，以至于香料等商品在伦敦的价格仅仅是在叙利亚的价格的一半。

同布鲁日一样，安特卫普也出现了早期经纪人。中世纪时期，商人或者其家族成员直接参与贸易。十字军东征时，由于路途遥远，商人们派代理人缔结贸易协议。后来，这些代理人开始服务多个商人。15世纪中后期，安特卫普成为全球贸易和金融中心之后，这些代理人的实力逐渐增强，在安特卫普建立固定的贸易据点，帮助本国商人完成交易。他们也就是现代意义上的经纪人。[①]

在商品种类上，东方的香料和英国的纺织品是安特卫普重要的贸易商品。地中海贸易时期，意大利和阿拉伯商人垄断了东方的香料贸易。葡萄牙商人通过非洲好望角到达印度之后，逐渐代替意大利和阿拉伯商人，成为东方香料贸易的主角。葡萄牙人在很长一段时间之内垄断了安特卫普的东方香料贸易，其倾向于将香料大批量地卖给

---

① 经纪人的起源还存在其他不同的假说。

欧洲商人，并将所有香料贸易集中于安特卫普。与此同时，来自匈牙利的铜也逐渐从威尼斯转移到安特卫普交易，再从这里运往欧洲其他地方。

安特卫普自由贸易的政策吸引着欧洲各地的商人到此聚集。菲利普二世统治的早期，本地商人提出针对外来商人的排外措施，但统治者明确指出，"没有人应该对此有异议，即维护商人自由贸易的权利是这座城市繁荣的基石"[①]。由此，安特卫普对待外来商人的态度与布鲁日差别很大。在布鲁日，经纪业务受到严格管制，总体上有利于本地商人，而安特卫普自由放开；布鲁日只允许宣誓经纪人从事汇票交易，而安特卫普在繁荣时期完全放开，不限制任何人从事该项职业。

安特卫普交易所

各类大宗商品贸易的聚集吸引各国商人在此聚集。在布鲁日，各国商人都会定期聚会。在安特卫普，各国商人全部聚在一起，而不是按照国别分别聚会。

安特卫普市政府在交易所乃至金融市场的发展中发挥了重要作用。15世纪下半叶，聚集于安特卫普的商人需要一个机构和固定的地点来开展各类交易活动。早在1460年，安特卫普市政府就在沃尔大街附近，即英国商人的纺织品仓库附近，也是港口附近，建立了商人的交易场所，其主要目的就是促进当地贸易的发展。这个交易所向各国商人开放，其业务不是按照商人的国别分类，而是按照商品种类分类。可以想象，交易所中各国商人使用不同的语言沟通、交易，这是一个真正的世界性交易所。

---

① 参考 Ehrenberg（1896），第8页。

1485年，安特卫普市政府为了满足商人的愿望而购买了一个独立庭院，以作为商人们定期聚会的地点。这也是全球第一个存在固定地点并且被官方认可的交易所。这个庭院现在位于安特卫普的豪夫街。当时商人的记录是这样的："商人们早上和傍晚在固定时间前往英国人的交易所。在经纪人的帮助之下，商人以各种语言开展交易，交易数额巨大，往往是关于买入或卖出各类商品的交易。然后，商人们前往新交易所，在那里交易汇票和获得贷款。"[①]

几十年之后，安特卫普的贸易快速增长，这个庭院容纳不下更多的商人，满足不了当时的市场交易需求。1531年，安特卫普市政府聘请设计师瓦格马克尔设计并建造一座新的交易所大楼，这是世界历史上第一次专门为交易所设计和建造建筑物。[②]

安特卫普也产生了持续的投机活动，其与现代意义上的金融投机没有本质区别。香料是当时市场上的重要大宗商品。葡萄牙王室倾向于将整个船队运送的香料打包卖给商人财团。为了满足葡萄牙王室尽早付款的要求，商人财团往往在船队从东方起锚之后就向葡萄牙王室支付第一笔款项。商人财团因此垄断了香料到达安特卫普之后的贸易活动。与此同时，16世纪的航海存在一定的危险，欧洲的政治局势和战争也经常影响商品价格和商人活动。也就是说，在船队从东方启航到安全到达安特卫普这段时间，多种因素会导致香料价格发生变化。尽管商人财团已经向葡萄牙王室支付了首付款，是这些香料的所有者，但商人财团可能会为了自己的利益而鼓励香料的投机活动，这给小商人们参与香料投机提供了良好的环境。香料是当时规模最大的大宗商品，其价格又在很大程度上决定了其他商品的供给和需求。可

---

① 参考 Ehrenberg（1896），第 12 页。
② 参考 Meseure（1987），第 21 至 23 页。

以说，香料价格就是 16 世纪欧洲金融市场的晴雨表。

商人们试图通过各种方法预测香料未来的价格走势，就像现代金融市场之中，投资者试图提前知道股票走势那样。1543 年，纽伦堡商人克里斯托夫通过观察星象预测香料价格。[①] 他每天早上 4 点起床，观察海面涨落幅度以及星象变化，坚持长达 3 年时间，试图找出星象与香料价格的变化规律。按照这套方法，他的投机活动越来越失败，最终成为一个职业占星家。不过在投机氛围浓厚的安特卫普，他的学说得到部分商人的认可，他也获得了人们的尊敬。直到现代，国际金融市场依然存在这类投资者，他们试图通过太阳黑子或者星象变化预测金融市场走势。

除了香料，安特卫普其他产品也具有极大的投机性，甚至包括汇票。汇票是在两个城市之间以两种货币在一段时间之内进行资金收付的手段。本来商人使用汇票支付或收取货物款项，以便省去跨地区运输金银币的麻烦。但是，安特卫普的汇票交易充满投机气氛。克里斯托夫曾记录，"8 天、10 天、14 天以及 20 天期限汇票的每天价格变动幅度往往能达到 1%、2%、3%、4% 甚至 5%"，他也试图"预测每天汇票价格的变化，甚至包括早上和下午的价格"。当时，两个集市之间的汇票期限往往是 4 个月，折算出来的年利率介于 7% 和 12% 之间。汇票价格变动幅度每天达到 1%，这还是相当显著的。

在这个投机性很强的市场中，甚至诞生了早期的价差合约[②]。1542 年，列支敦士登商人维拉隆记录："最近出现了一种残暴的交易方式，人们相互打赌，猜测未来安特卫普到西班牙的汇票价格的高低，以此计

---

① 参考 Ehrenberg（1896），第 15 至 16 页。
② 价差合约，泛指不涉及实物商品或证券交换，而以结算价与合约价的差额进行现金结算的交易方式。

算盈利或亏损，就像两人打赌即将出生的孩子的性别一样。"举个例子，一位商人认为一个星期之后安特卫普到西班牙的汇票价格在2%，而另一位商人认为是3%，那么一个星期之后，根据汇票的真实价格，两位商人按约定的计算盈亏方式收付相应款项。这种赌博自然对购买葡萄牙大宗香料的商人财团有利，因为他们需要定时将大额资金通过汇票从安特卫普发往伊比利亚半岛。大商人利用信息优势和巨大财力，无情地剥削参与交易的其他商人，以至于被当时的人们称为"巨大的罪恶"。但是，小商人还是愿意参与这类赌博。1591年，德意志地区北部的汉堡也出现了类似的投机交易，人们对赌小麦价格能否在6个星期之内下降到某个数额。[1]

格雷欣的故事

安特卫普是当时的贸易和金融中心，葡萄牙、西班牙、英国等地的君主均派出代理人或者使者常驻于此，处理相关的贸易往来和获取贷款。在这些代理人之中，最著名的莫过于英国国王驻安特卫普的代理人托马斯·格雷欣。现在，劣币驱逐良币的规律"格雷欣法则"[2]便是以他的名字命名，或许这是多数人知道他的名字的原因，但他的贡献显然不止于此。

通过格雷欣的故事，我们可以更直观地了解16世纪的安特卫普金融市场。1543年，格雷欣24岁，就已经成为英国商人冒险者公司的成员。这个公司的名字比较奇怪。它由英国国王颁发皇家许可，将

---

[1] 参考Ehrenberg（1896），第20页。
[2] 格雷欣法则指出，如果有两种形式的货币流通，那么消费者会保留并储存成色高的货币（贵金属含量高），而在市面上使用成色低的货币进行市场交易，这使得在民间流通的大多为劣币，良币则较少见于世。

英国各地商人组织在一起，促进对外贸易，并进口必需品，类似于现代意义上的贸易协会。当时，年纪轻轻的格雷欣就已经在英法战争期间为英国购买战争物资，包括火药。[①]

16世纪初，英国开始在安特卫普设立皇家贸易代表，其执行两个主要任务，一是应英国政府要求寻找和购买所需的物资，特别是战争物资；二是帮英国政府获得贷款，用现代术语来说就是管理英国外债。英国政府多次召见年纪轻轻的格雷欣，听从他关于贸易和金融的建议。1551年，皇家贸易代表威廉·丹瑟尔让英国政府面临财政困难。次年，格雷欣成为英国皇室在安特卫普的贸易和金融代理人。

被任命之后，格雷欣带着妻子和孩子来到安特卫普，住在当地有名望的商人朋友谢兹特家里。谢兹特是哈布斯堡王朝查理五世的主要代理人，与欧洲其他王室维持着不错的业务关系。两人都是精明的商人，相互欣赏，也在商业市场上相互支持。谢兹特也许不知道格雷欣还是英国的间谍。格雷欣通过谢兹特了解各国王室甚至军队的动向，为英国输送了重要的情报。

格雷欣上任伊始，就碰到棘手事情。英国国王爱德华六世从德意志地区南部富格尔家族手中获得的贷款已经过期，而英国没有足够的资金偿还这笔贷款。为了延长还款期限，英国王室需要从富格尔家族手中购买大量的珍珠等奢侈品以及其他商品，利息自然也免不了。实际上，格雷欣上任之前的各个贸易代理人都接受了这种苛刻的贷款延期条件，从而使英国的贷款条件越来越差。格雷欣上任之时，这种状态已经难以为继，每年支付的贷款利息高达4万英镑。

格雷欣写信给诺森伯兰郡公爵，阐述必须采用新的方法管理英国

[①] 参考Jordan（2017）。

国王的贷款，不然早晚要违约，并给英国国王带来耻辱。如果不实行新方法，格雷欣建议英国国王早日免除他的职位。

当然，格雷欣已经想出新方法以处理该问题。他解释道，只要英国政府和英国国王同意实施他的新方法，他可以在两年之内解决英国的外债问题。

格雷欣向英国政府请求每周交给他1 200~1 300英镑，并且严格保密这笔钱的使用情况。他每天带着200英镑，到交易所交易钱币，这样即使汇率变动也不会带来很大影响。他解释道，虽然每天钱币价格——现代的汇率——上下波动，没有明显规律，但只要每天都卖出部分英镑，长期而言，英镑的汇率就会下跌，英国商品就会有更强的竞争力，英国的国债也会贬值，从而只需要少量的本金即可偿还贷款。这些规律，在现代，连经济学专业的学生都了如指掌，在16世纪的金融市场却鲜为人知。或许这就是早期版本的货币战争，为英国节约了巨额的贷款成本。

研究显示，英国赢得针对法国争霸战争的关键因素之一是英国的贷款利息更低，而英国在政治制度上的优势使其获得了更低的贷款利息。格雷欣的故事或许提供了另一个版本的解释，即英国的金融人才帮助英国降低了贷款利息。

那么，格雷欣的交易结果如何呢？在较短时期之内，英镑汇率从1荷兰盾兑换16先令下降到1荷兰盾兑换24先令。在这个有利的汇率下，格雷欣偿还了英国国王的所有贷款，同时英国贸易出口迎来欣欣向荣的局面。

此后，英国政府频繁询问格雷欣在金融以及贸易上的意见，并让他作为贸易代表出使他国。作为雇员，格雷欣并没有从英国政府那里获取固定收入。为了奖励格雷欣的贡献，英国国王爱德华六世多次赐给他土地。

玛丽一世即位之后，格雷欣被迫离职。因为好朋友诺森伯兰郡公爵领导了反对玛丽女王即位的叛乱，格雷欣受到牵连。此外，格雷欣信奉新教，信仰也与虔诚的天主教徒玛丽女王不一样。

玛丽女王政府直接向安特卫普的富格尔家族代理人写信，并任命格雷欣之前的英国贸易代表参与谈判，获取新的贷款。此举后来被证明非常愚蠢，英国王室的外债重新陷入麻烦，很快就被迫向格雷欣求助。不久，格雷欣被重新任命为皇家贸易代表，并在伊丽莎白女王时期继续担任这个职位。

在格雷欣精明的管理下，英国国王的信用优于其他在安特卫普贷款的欧洲君主，甚至格雷欣的融资能力让敌人感到害怕。安特卫普的金融市场同时也是一个间谍遍布的市场、交换战争物资的场所。格雷欣在这两个领域都游刃有余，他与欧洲各个君主的安特卫普代理人交往，向英国政府提供了不少有价值的情报，包括各国特别是西班牙的军队的调动信息。同时，格雷欣用正常的贸易公司掩盖大量战争物资交易，将物资运送到英国。

1567年，荷兰地区局势越来越不稳定，促使格雷欣离开附近的安特卫普。格雷欣感觉到，安特卫普的混乱局面将给英国带来机会，英国不仅可以在贸易领域摆脱对外国的依赖，也可以在融资上更加独立。

格雷欣推动英国建立皇家交易所，并仿造安特卫普交易所的建筑。经历两次重建之后，英国皇家交易所至今仍然屹立在伦敦，成为标志性建筑。格雷欣回到伦敦之后，促成英国废除禁止收取利息的规定。他再次利用在安特卫普练就的金融本事，在伦敦通过汇票操纵英镑的汇率和管理皇室的贷款。

格雷欣一生都在为英国战斗，只不过战场是国际金融市场，那是真正的货币战争。他的金融天赋也给自己积累了巨额财富。他不仅自己出资建立皇家交易所和格雷欣学院，还给妻子留下每年 2 388 英镑的收入，这在当时是天文数字般的财富。

1568 年，当时的荷兰地区爆发了反对哈布斯堡王朝的起义，奥兰治亲王威廉组建了一支荷兰军队，开始了一场持久的独立战争。战争也影响了附近的安特卫普，使当地金融市场陷入混乱。

随着荷兰独立战争爆发，安特卫普交易所逐渐消失在历史长河之中，但金融种子通过各个商人撒向了欧洲各个贸易城市。安特卫普在被围城和洗劫之后，不可避免地衰落了。几乎在同一年，也就是 1585 年，阿姆斯特丹这个欧洲金融中心的继承者和法兰克福都建立了交易所。可以说，安特卫普是第一个世界性的交易所，也是现代交易所的摇篮。

阿姆斯特丹股票交易所

据记载，早在 1493 年，商人就已经每天在阿姆斯特丹瓦莫街北边聚会，交易商品、汇票等。16 世纪中后期，商人转移到新桥①附近交易，而天气恶劣时商人就转移到附近的教堂交易。②安特卫普受到战争和围城影响之后，商人纷纷到其他城市开展贸易，其中多数商人来到附近的阿姆斯特丹，给阿姆斯特丹带来大量人才和资本。1592年，阿姆斯特丹市政府通过一项法律，规定商人每天必须在固定时间进行交易，以及遵守交易的行为规范。同时，这项法律还规定了

---

① 新桥是由荷兰语 Nieuwe Brug 翻译而来，其英语表述为 New Bridge。
② 早期历史资料参考 https://www.amsterdamredlightdistricttour.com/amsterdam-stock-exchange/。

"交易书记"① 每天早上摇铃,以开始一天的交易活动。这个传统一直保留到现代。

第一个股票交易所

阿姆斯特丹成立了世界上第一个股票交易所,而荷兰东印度公司股票是该交易所的"明星产品"。甚至阿姆斯特丹股票交易所的历史地位也与这个公司的成立、发展和繁荣有关。这是一个股份有限公司制度改变荷兰乃至世界历史的故事。

16世纪下半叶荷兰独立战争爆发之后,葡萄牙和西班牙不再允许荷兰商船停靠,同时禁止荷兰商人参与当时繁荣的香料贸易,这相当于现代的贸易制裁。1592年,荷兰商人派豪特曼混入葡萄牙,两年之后他获得了通往东方的海路的资料,然后返回阿姆斯特丹。同时期,荷兰传教士林索登在东印度地区传教5年后也返回阿姆斯特丹,带回当地香料以及地理、风土人情等方面的珍贵资料。

1594年,豪特曼和林索登两人与其他荷兰商人成立第一家东方探险公司——范维尔公司。第二年,两人率领3艘全副武装的战船和一艘舢板船去往东印度地区,船员总共284人。两年之后,历经千难万险,3艘船返回阿姆斯特丹,带回香料等商品,但是只有94人生还。尽管这次探险在商业上不能称为成功,但它证明绕开葡萄牙开展东印度香料贸易是可行的。5年之后,65艘荷兰商船参与东印度香料贸易,逐渐蚕食并挤压葡萄牙的业务。林索登甚至于1595年出版了第一本关于东印度地区的图书②,第一次将东印度香料贸易相关的珍贵知识公开发表,而豪特曼在第二次航行中再也没能回到阿姆斯特

---

① 交易书记即市政府任命的一类政府官员,负责交易相关事务。
② 英文书名为 Discours of Voyages into Ye East & West Indies。

丹。这两人使荷兰的东方贸易成为可能。

这一成功的业务模式吸引众多荷兰商人加入东印度冒险行动,引发恶性竞争。荷兰共和国当时正与西班牙交战,政府极力撮合14家荷兰贸易公司联合成立荷兰东印度公司,并给予该公司与东印度地区开展贸易的垄断权,期限为21年。这就是荷兰东印度公司成立的背景。

1602年,荷兰东印度公司成立,并向公众公开募集资金。1 143位投资者参与全球首个IPO,共集资650万荷兰盾。[1] 刚开始,公司管理层没有考虑股票二级市场交易,因为此前的贸易公司都是三四年后,即船队返航之后就拍卖货物,公司解散清盘,然后股东拿回投资和分红。荷兰东印度公司获得了21年的贸易垄断权,显然投资者不能等待21年后公司解散再拿回应得收益。

为了吸引投资者,特别是中小投资者,荷兰东印度公司管理层允许股东买卖股票,但是新老股东必须到公司登记,并在两位公司管理人员的见证下完成股票转让。如果投资者急用钱,可以卖掉股份,获得资金。投资者交易股票需要过户并经荷兰东印度公司确认,但是股票交易地点并不在荷兰东印度公司,而是在阿姆斯特丹新桥附近。商人们平常聚集在这个地方,除了股票,他们还交易商品、汇票等。

新桥之所以成为商人聚集的地方,是因为这里也是信息的聚集地。每次船队停靠阿姆斯特丹之后,船长会到新桥附近,在桥西边的邮局寄送重要的信件。商人们聚集在此处,可以更快地得到海外商业信息,并快速利用该信息进行交易。1613年,阿姆斯特丹建立了一幢交易所大楼,以作为商人们的聚会地点。这幢大楼中间露天,四周围着长廊,

---

[1] 荷兰东印度公司部分资料参考Petram(2014)。

可以容纳 4 500 多人在此聚会。商人们上午 10 点至中午 12 点在新桥附近交易，中午 12 点到下午 2 点在交易所大楼继续交易。交易所大楼对所有人开放，但迟到者要支付费用。除了新桥和交易所大楼，经纪人和投资者也在附近的咖啡馆交易。[①]

股票做空和衍生品交易

16 世纪，衍生品交易已经偶尔在欧洲各个集市出现，但其具备一定规模还要到 17 世纪的阿姆斯特丹。[②] 现代股票市场的伎俩，如卖空、逼空、杠杆交易和远期交易都由荷兰人于约 400 年前发明。历史上第一个股票做空案是由荷兰东印度公司的创始人之一马热尔发起的。

1605 年 2 月，马热尔与荷兰东印度公司管理层产生矛盾，一怒之下离开公司并宣称再也不参与荷兰东印度公司在荷兰或海外的业务。此后，个性鲜明的马热尔付出余生与荷兰东印度公司相斗。1608 年，马热尔认为荷兰东印度公司管理层的决定不利于业务的发展，而决定尽其所能让股价跌下来，用现代术语来说就是"做空"。

马热尔的做空工具是股票远期交易，他与其他 9 个商人组成财团联合做空。由于每笔股票交易都需要到荷兰东印度公司登记，为了不让公司管理层发现他的做空计划，他借鉴当时商品远期交易的做法，与潜在买家签订股票买卖协议，双方约定未来某个时间交割股票。同时，马热尔等人到新桥大肆散发荷兰东印度公司的负面消息，并在股价下跌之后继续卖空更多的股票。

当然，这些远期交易并不是最终必须交割，其实双方在协议到期之前即可按照盈亏进行结算，也就是现代所说的现金交割。实际上，

---

① 参考 Samuel（1924），第 22 页。
② 参考 Ehrenberg（1883），以及 Samuel（1924）。

马热尔的股票已经被荷兰东印度公司冻结，他无法交割他的股票。

不久，荷兰东印度公司管理层发现了这些做空交易，马上采取行动，请求荷兰政府谴责这些做空者的恶劣行为，包括卖空的股票数量大于他们所持有的股票数量的行为，也就是现代术语中的裸卖空。管理层指出，这些行为不利于投资者，特别是那些依赖该股票红利生存的孤儿、寡妇。实际上，很少有寡妇或孤儿购买股票，但是管理层的这个论据确实打动了政府官员，更重要的原因也许在于荷兰东印度公司的地位。荷兰政府不允许一小撮交易者毁掉这个公司，于1610年出台禁止裸卖空的法令，即禁止投资者卖出他们不持有的股票，同时，不管是远期还是即期裸卖空都被禁止。另外，签订股票远期交易的投资者必须在一个月之内到荷兰东印度公司登记，进行股票过户，以便公司确认该卖方是否持有这些股票。

投机者最不愿被监管。他们有很多办法规避监管，其中常用的方法是在协议之中增加一个条款，即双方放弃1610年法令所赋予的权利。

这是历史上第一个股票卖空案例，对马热尔来说却是一个灾难。在商人发现马热尔做空荷兰东印度公司股票的阴谋之后，股票价格不再下跌。马热尔的其他伙伴由于害怕股票价格上涨而开始购买股票，一步一步推高股价。最后，马热尔被债主和股票经纪人纠缠，索性离开阿姆斯特丹。

1610年的这一法令是有历史记录的第一个涉及股票投机和卖空交易的监管政策。那么禁止股票卖空的法令有没有效果？1621年，荷兰政府又颁布一条针对西印度公司股票的类似的卖空禁令。1623年，这条卖空禁令同时提到荷兰东印度公司股票和西印度公司股票，还特别提到交易双方不能在买卖协议中增加"放弃使用法律手段解决争端"的条款。同时期，市场上出现违反 1610 年卖空禁令的诉讼。这些都显示 1610 年以及此后的卖空禁令并没有取得很好的效果。[①]17 世纪下半叶，荷兰和法国之间的战争（1672—1678 年）使荷兰东印度公司股票承受压力，卖空交易又死灰复燃。荷兰于 1677 年再次颁布相似的禁止卖空条例。这次增加了一条内容，即打击卖空投机者散布谣言的行为。或许这是历史上第一个禁止市场操纵的规定。

投机带来的影响并不完全是负面的，实际上正是投机活动使得阿姆斯特丹拥有了伟大的股票交易所。荷兰东印度公司组建之时被分成 6 个部分，分别位于当时荷兰地区的 6 个城市，相互之间的制衡确保阿姆斯特丹的商人无法绝对控制该公司，尽管阿姆斯特丹提供了半数以上的资本。公司成立之后，这 6 个城市并非都存在活跃的股票交易，只有阿姆斯特丹持续进行股票交易，以至于阿姆斯特丹的荷兰东印度公司股价比其他城市高 30%~150%。尽管各个分部的公司股票拥有相同的分红权和投票权，但其股价差异显著。在现代，我们了解，这是流动性带来的溢价。投机是阿姆斯特丹股票市场拥有充足流动性的原因，或者说投机促使阿姆斯特丹而不是荷兰其他地区发展出拥有世界影响力的股票交易所。

除了做空交易，期货、期权等现代衍生品交易在阿姆斯特丹也达到一定规模，以至于现代的衍生品交易技术几乎都可以在阿姆斯特丹找到源头。17 世纪中叶，荷兰东印度公司股票的远期合约逐渐标准化，都规定在每个月的第一天到期，而月末需要组织交割。[②] 至于一个月期限，估计与荷兰政府关于一个月内必须到荷兰东印度公司登记的规

---

① 参考 Samuel（1924），第 34 页，以及 Bremer（1969），第 9 至 10 页。
② 也有记载说，期货合约的到期月份每年有 4 个，分别是 2 月、5 月、8 月和 11 月，结算日期是到期月份的第 25 日。

定有关。

一个月之中，投资者会多次交易期货合约。到了月末，整个市场的交易情况非常混乱。荷兰人把集市的清算方法应用到期货合约清算之中。集市清算的简单逻辑如下：荷兰人从西班牙人处购买一定金额的香料，但他又把同样金额的木材卖给意大利人，那么荷兰人的收支金额相互抵销，他只需要告诉西班牙人和意大利人，让他俩相互结算。如此，整个集市的钱币转手次数将大幅缩减，甚至不需要钱币支付就可以完成整个市场的清算和结算。

这个时期的期货合约清算技术被称为环形清算。[1] 月末，所有参与荷兰东印度公司股票交易的期货交易者坐在一起，每个经纪人可以负责10~12位投资者或者交易者的清算。他们围着一张大桌子介绍各自的仓位和盈亏。[2] 之后，整个交易场景变得清晰，大家试图找到其他能对冲各自头寸的投资者。有时只需找到一个投资者就可以相互对冲，有时需要找到七八个投资者才能对冲各自的头寸，或者找到愿意交割的卖方和买方。交易者需要集齐一个交易链条，买方卖方可以形成循环，头寸相互抵销，即形成一个交易环。那些无法找到交易对手的头寸将由经纪人接手，或者延期到下个月。这种清算技术直到19世纪末还在各国使用，直到集中清算和中央对手方清算技术产生。

采用环形清算技术，需要各交易者相互信任，具备履约能力。一旦某个交易者无法履约，将影响环形清算之中的所有交易者。

阿姆斯特丹银行的创新

早期的金融创新都是为了解决实际问题。19世纪，纸币被广泛

---

[1] 参考彼得·诺曼（2013），第71页。
[2] 参考Petram（2014），第173至175页。

接受之前，商人们受到钱币种类繁多、钱币易磨损和含银量不稳定等问题的困扰。不同城市采取不同的措施来应对，比如1585年法兰克福首次编制钱币兑换价格表，此后每年在春季集市和秋季集市期间公布该价格表，强制在集市交易的商人使用。同时期的纽伦堡也公布了钱币兑换价格表，商人们可以依据此价格与市政府的兑换处交易。法兰克福的钱币兑换银行这个时期已经关闭，钱币兑换由市场上的钱币经纪人处理。这种方式在一定程度上减少了钱币种类繁多和兑换带来的困扰，但或许仅仅适用于金融交易不太频繁的市场。

阿姆斯特丹借鉴威尼斯和热那亚的公共银行经验，创造出一种独特的方法，以解决钱币种类繁多带来的交易困难问题。这一方法要归功于阿姆斯特丹兑换银行[1]，也叫阿姆斯特丹银行。阿姆斯特丹银行于1609年成立，该银行旨在解决钱币种类繁多给商人带来的兑换和结算难题。至于解决方法，则是阿姆斯特丹为商人开设银行账户，接受特定的钱币，将其转换成银行记账货币，即"银行盾"，然后商人们通过其持有的银行盾相互转账。这是银行账户转账技术的起源，商人们通过银行转账可以省去每次交易都要确定钱币价值、清点钱币和搬运钱币的烦琐过程。

阿姆斯特丹的方法自然也不是凭空创造出来的。荷兰人只是把银行转账和虚拟货币联系在一起，从而创造出更有竞争力的金融服务。早在1401年，巴塞罗那就已经成立兑换银行，为商人提供汇票结算，还规定超过一定规模的汇票都需要通过兑换银行结算。[2] 现在我们不清楚巴塞罗那兑换银行具体如何操作，如是否使用一种银行货

---

[1] 阿姆斯特丹兑换银行由 Amsterdam Wisselbank 翻译而来。Wisselbank 的原义是兑换银行，即主要解决钱币兑换问题的银行。

[2] 参考 Roberds and Velde（2014）。

币，不过通过银行结算自然涉及通过银行账户完成钱款支付，这是历史上较早记录的银行转账，只是使用场景非常受限。1530年，热那亚的圣乔治银行也通过银行账簿提供转账服务，但仅限于税收支付延迟时所产生的利息，这些利息被允许在银行账簿之间结算。中世纪时期，虚拟货币经常应用于集市，以作为各类钱币的价值基准，法兰克福1585年公布钱币兑换价格表就是一个例子。荷兰人创造出的虚拟货币不仅仅用于确定钱币与虚拟货币的兑换关系，还能用于财富衡量和钱款支付。这一切都通过银行盾这种仅仅存在于阿姆斯特丹银行账簿之中的虚拟货币实现。

阿姆斯特丹银行的业务范围很窄，仅仅将钱币转换成银行盾，为商人提供银行转账服务，然后收取0.25%的手续费。[①] 该银行还将收取的钱币重新铸造成质量符合标准、成色统一的荷兰盾，其间自然产生一些铸币税。商人只需要向银行提交纸质转账申请，银行就可以为其办理转账。阿姆斯特丹市政府派3人经营该银行。为了确保该银行运营正常，每年市政府都会派人审计银行资产和负债，为此1月下旬银行会关闭8~10天。

阿姆斯特丹银行必须经常更新银行盾和其他钱币之间的兑换关系，因为一些钱币处于不断贬值之中。这也使阿姆斯特丹像法兰克福一样公布官方的钱币兑换价格表。钱币法定价值和市场价值也经常产生偏差，以至于阿姆斯特丹的钱币兑换价格经常在市政府的诉求和市场选择之间徘徊。1659年，阿姆斯特丹颁布钱币条例，正式授权阿姆斯特丹银行按照市场供求关系调整银行盾和其他主要钱币之间的兑换关系，甚至荷兰盾和银行盾与其他钱币之间的兑换关系也可以存在

---

① 参考Klein（1982），第164页。关于手续费的描述，不同文献存在差异。

差异。如此，荷兰人确定了基于市场供求的钱币兑换关系，这可以说是现代自由浮动汇率制度的雏形。

17世纪和18世纪，荷兰盾的含银量保持稳定，货币也不再持续贬值，阿姆斯特丹银行很好地履行了其职责。荷兰盾也成为历史上最早的储备货币。在波罗的海地区和俄国的贸易中，商人依赖荷兰盾和阿姆斯特丹银行汇票进行定价和结算。18世纪初，商人们在阿姆斯特丹银行开设的账户接近3 000个，荷兰盾在全球贸易中的结算量达到近40%。[①]荷兰到达了权力巅峰，直到在第三次英荷战争中失败。

按照荷兰人的经商能力，他们肯定能开发出更多银行业务，但荷兰人明确了该银行设立的目的，即为市场提供转账支付、钱币兑换等公共服务，而不是营利。但是当荷兰政府、阿姆斯特丹市政府和荷兰东印度公司在战争和市场竞争中面临融资压力时，阿姆斯特丹银行还是向它们提供了贷款。1672年1月31日，阿姆斯特丹银行资产负债表显示钱币存量为660万荷兰盾，账簿存款为720万荷兰盾，其中的差额就是提供给荷兰政府、阿姆斯特丹市政府和荷兰东印度公司的贷款。1685年，阿姆斯特丹市政府的贷款规模达到230万荷兰盾。在很长时间内，阿姆斯特丹银行秉承当初建立的目的，谨慎确保银行资本金的安全和限制贷款规模，但其终究逃不过岁月的考验。1781—1783年，第四次英荷战争期间，阿姆斯特丹银行向荷兰东印度公司提供大量战争贷款，规模达到上千万荷兰盾，破坏了市场对银行的信心。信用丧失和战争失败，导致阿姆斯特丹银行于1795年倒闭。[②]

阿姆斯特丹银行不仅对汇票交易意义重大，也促进了阿姆斯特丹债券市场和股票市场的发展。投资者交易债券和股票时，自然可以使

[①] 这部分数据参考瑞·达利欧（2022），第244页。
[②] 参考Van Dillen（1964）。

用银行盾支付。阿姆斯特丹银行也是第一代中央银行的代表[①]，影响了后期欧洲各国中央银行的演变。汉堡直接参考阿姆斯特丹设立了汉堡银行，创造了银行马克。

第一个全球金融中心

安特卫普的主要交易产品仍然是汇票和商品，还不算真正意义上的全球金融中心，至多可以说是全球贸易中心。而阿姆斯特丹的金融产品囊括股票、债券、期货等，其是这些现代金融产品的诞生地，也是第一个真正的全球金融中心。

阿姆斯特丹是首个利用资本市场调动荷兰盟国的积极性进而赢得战争的城市。[②]1672年，新生的荷兰共和国先后遭到法国和英国在陆地和海上的进攻，12万法军快速占领荷兰半数领土，引起荷兰金融市场普遍恐慌，以至于富有的商人纷纷出逃，汉堡和法兰克福是主要的目的地。

荷兰寻求帮助，与勃兰登堡侯国和其他德意志王国结成盟国。这些盟国军队徘徊在莱茵河边，不愿意快速进入荷兰地区。为此，荷兰许诺盟国，给其提供金钱资助，但并不是给现金，而是给荷兰国债作为补偿。

当时荷兰的国债价格随着战争走势而剧烈波动。当法军攻入荷兰地区时，国债价格一度跌到面值的30%；荷兰与勃兰登堡达成盟约后，国债价格快速上升至面值的75%甚至95%；第二年，法军重新进入荷兰地区时，国债价格又跌至面值的50%。国债价格几乎是战争走势和欧洲政治局势的晴雨表。

不过，德意志地区的国王和领主不知道国债价格还会变动。柏林

[①] 参考 Roberds and Velde（2014），其将中央银行的演变划分成三代，其中第一代称为公共银行，包括15—18世纪巴塞罗那、热那亚、威尼斯和阿姆斯特丹等地的公共银行。

[②] 参考 Ehrenberg and Lucas（1928），第360至362页。

和维也纳都还没有成熟的资本市场,神圣罗马帝国皇帝和勃兰登堡选帝侯还以为债券价格就是债券面值,是不变的。后来,帝国派驻阿姆斯特丹的外交大使告诉皇帝,债券价格随时变动。如果荷兰战败,那么这些荷兰债券将找不到买家,从而变得一文不值;相反,如果荷兰获胜,有足够的能力偿还债务,这些债券才值钱,并能在市场中找到买家,从而随时卖掉以换成现金。

神圣罗马帝国皇帝和勃兰登堡选帝侯认识到债券价格波动的特性,以及战争胜利意味着债券价格大涨之后,他们的积极性显然被调动起来,这对战争的走势也产生了一定的影响。在中世纪的欧洲,国王和领主都认识到了金钱对战争的重要性。17世纪,荷兰将有价证券而不是现金作为战争支付工具,也是一种新颖且聪明的做法。

17世纪末,阿姆斯特丹逐渐发展为欧洲的金融中心。1695年,阿姆斯特丹第一次为神圣罗马帝国皇帝利奥波德一世提供150万荷兰盾的巨额贷款。现在,我们无从知道这笔贷款多大程度上属于标准化的债券,不过我们可以推测出该债券可在市场上自由交易,正如此前的荷兰主权债券和荷兰东印度公司股票一样。

1747年,阿姆斯特丹股票交易所已经有44种证券产品,包括25只荷兰政府以及除北荷兰省外其他省份的债券、3只荷兰地区的股票、3只英国股票、4只英国政府债券、6只德意志地区贷款凭证以及3只现在无法识别的其他证券。18世纪,阿姆斯特丹股票交易所的市场利率降低到2%,甚至1.75%。随着越来越多的外国债券在阿姆斯特丹上市,市场平均利率逐渐上升至3%乃至4%。据估计,1770年,阿姆斯特丹的境外贷款余额达到2.5亿荷兰盾。[1]

---

[1] 参考 Ehrenberg and Lucas(1928),第362页。

现在，人们普遍认为，阿姆斯特丹产生了世界上第一个股票交易所。在早期的交易所之中，阿姆斯特丹股票交易所具有重要的历史地位。这里首先产生了股票和债券。这种现代化的大额资本募集方式，给新生的荷兰共和国带来繁荣。荷兰东印度公司的成功还使荷兰获得"海上马车夫"的称号。

阿姆斯特丹衰落的直接原因与安特卫普一样，也是政治和战争。现代研究表明，拿破仑战争以及荷兰被法军占领是阿姆斯特丹股票交易所衰落的主要原因。[①]1813年，荷兰重新获得独立，但是阿姆斯特丹作为全球金融中心的历史一去不复返了。18世纪，随着荷兰国力的衰弱，英国伦敦接过全球金融中心的旗帜，并利用荷兰人发明的股票和债券，在工业革命之中吸引充足的社会资本参与，开创了一个新时代。

英国交易所的起源

英国皇家交易所脱胎于安特卫普交易所，而伦敦证券交易所却由一群离开皇家交易所的证券经纪人组建，逐步演变成一个会员制交易所。19世纪，伦敦证券交易所崛起，而皇家交易所逐渐衰落。纽约崛起之后，伦敦的会员制交易所模式被多国模仿，以至于现在人们认为这是交易所的一般模式。那么18世纪的伦敦如何上演两种交易所模式之争？伦敦证券交易所又是如何演变成会员制交易所的呢？

英国皇家交易所

1565年，格雷欣学习安特卫普，把交易所引入英国。在英国女

[①] 参考Cassis（2006），第9页。根据研究，阿姆斯特丹于1780年就失去了贸易中心的地位，贸易规模被英国伦敦超越，但其金融中心地位是在此后的拿破仑战争时期失去的。

王的支持下，他建设了皇家交易所，连交易所大楼都复制了安特卫普交易所。1666 年，皇家交易所被一场大火完全摧毁，一年之后又重建。直到 1688 年光荣革命之前，皇家交易所一直是伦敦主要的商品和金融工具交易场所。与欧洲大陆的交易所一样，这个交易所没有会员概念，欢迎所有的商人前来交易。[1]

皇家交易所的建立受到安特卫普的启发，也是一个得到皇家支持而设立的交易所。有意思的是，"交易所"这个词到了英国变成了 Exchange，而不再使用原先的 Beurse 或者其他表述。在欧洲大陆，Beurse 或者德语 Börse 在很长一段时间之内都是地理代称，即商人们定期聚会的地方。Börse 这个词很晚才出现在正式文件之中，作为交易所的正式名字则更晚。19 世纪，Börse 已经从常用语变成专用词，起源于家族名字的那段历史被人们遗忘了。这样，英国和欧洲大陆国家的"交易所"使用了不同的名词。

汇票是皇家交易所的主要金融产品。17 世纪，皇家交易所也开始偶尔交易英国东印度公司的股票。据记载[2]，1617—1634 年，英国东印度公司的业务发展不顺利，股价一度相对于面值跌去 30%~40%。1664 年后，英国东印度公司股票价格持续上涨，1677 年达到面值的 245%，1680 年甚至超过 500%。但是，随着价格不断上涨，英国东印度公司股票也越来越集中到少数人手中，交易非常稀少。1681 年，伦敦商人还为此向国王抱怨无法购买或交易英国东印度公司的股票。当时，英国东印度公司共有 550 位股东，但绝大多数股票集中在其中 40 位股东手中。

---

[1] 参考 Swan（1999），第 168 页。
[2] 参考 Ehrenberg and Lucas（1928），第 364 页。

伦敦证券交易所的起源

1688年英国发生光荣革命，荷兰执政威廉三世进入英国，兵不血刃地获得英国王位。与他一起到达英国的还有数量众多的金融人才和商贸人士。此后英国的交易所和金融市场走上了另一条道路。荷兰商人和英格兰王国的合作被称为光荣革命之后英国崛起背后最大的秘密。[①] 我们不讨论这种观点是否符合历史。从伦敦证券交易所的起源来看，来自荷兰的金融人才并没有与国王合作的意愿，他们只是为了赚钱，而英国提供了更好的赚钱环境而已。1698年，一群经纪人离开皇家交易所，到附近的街道交易巷或者咖啡馆继续交易股票，只有汇票和外国债券的交易仍然留在皇家交易所。至于这群经纪人离开皇家交易所的原因，或许是1697年英国颁布限制经纪人的法令，或许是皇家交易所太拥挤，或许是股票交易规模越来越大。

不过，伦敦证券交易所成立正是缘于这群经纪人。

从此，英国的交易所走上了一条不同于欧洲大陆的演进之路。离开皇家交易所的经纪人一度逗留于乔纳森咖啡馆，[②] 可以说伦敦证券交易所起源于场外交易市场，很少受到英国政府的监管，甚至想方设法逃脱监管。更重要的是，这个时期的伦敦产生了多个交易场所，除了皇家交易所，还存在其他的金融交易场所。而在德意志地区的历史中，每个城市只有一个交易所，所有的商人都去这个交易所交易。这些交易所具有公法性质，所以德意志地区的城市也没有必要再建立一个交易所。但英国经纪人却学习荷兰人，从盈利出发，自发组织成立一个交易所，后来人们称之为会员制交易所。随着交易规模逐步增加，这个交易所开始限制会员数量，规定最低佣金水平，维护会员利

[①] 参考张笑宇（2021），第364页。
[②] 参考Samuel（1924），第70至71页，以及Hennessy（2001）。

益，也不再允许其他商人免费而自由地进出交易所。

这个时期，英国涌现出众多股份有限公司。1691年之前，英国只有3家主要的股份有限公司，即英国东印度公司、非洲公司和哈德逊湾公司，其资本金分别为74万英镑、11.1万英镑和11万英镑。之后，英国出现一批工业类股份有限公司，业务涉及造纸、玻璃、丝绸产品、矿产开采等。1694年，英国股份有限公司数量达到53家。1694年7月英格兰银行成立，8月开始运营，其股票也在市场流通。与此同时，股票交易一直受到歧视，经常成为经济危机或金融危机的替罪羊。1697年，伦敦市政府禁止所有未经宣誓的经纪人参与股票交易，同时禁止所有关于股票的衍生品交易。不过，这些禁令如同1733年的巴纳德爵士法令一样，没有发挥太大效果。[1] 衍生品合约仍然在市场交易，只是交易规模因受到法律不确定性的影响而十分有限。

1773年，这些经纪人想独家使用乔纳森咖啡馆，以进行证券交易，但被拒绝。然后，他们购买了伦敦针线街的一幢房子，正式打出证券交易所的旗号。[2] 1802年，伦敦这些经纪人成立交易所委员会[3]，即未来的伦敦证券交易所的管理机构，正式组建伦敦证券交易所，建立交易所大楼。

随着英国国力提升和股份有限公司的发展，伦敦逐渐成为全球股票交易中心，而伦敦证券交易所也成为全球最大的股票交易所。这个时期伦敦的股票交易分散在各个地方，除了伦敦证券交易所，各股份

---

[1] 参考 Ehrenberg and Lucas（1928），第366至368页。
[2] 参考 Morgan and Thomas（1969），第68页。
[3] 交易所委员会即 The General Purpose Committee。19世纪，伦敦证券交易所还有另一个委员会，即 Committee of Proprietors，可以称为业主委员会。

第三条金融之路

有限公司办公室以及部分街道（如交易巷）也提供股票交易服务。借助发达的伦敦金融市场，1693—1815年英国政府债务增长迅猛，达到9亿英镑，超过3万家股份有限公司以及近40亿英镑的资本支持了英国的经济发展以及一个日不落帝国的形成。

交易所起源的比较

德意志地区的交易所和伦敦证券交易所从起源之初就存在显著差别。这种差别一直伴随着交易所的发展和演变，以至于德意志地区和英美与交易所相关的金融中介机构、监管机构走上了不同的演变道路，形成金融演变的德国模式和英美模式。在现代，尽管两类交易所表面上差别不大，但其底层逻辑和演变路径差异甚大。

首先，起源不同。德意志地区的交易所都起源于集市，定期参与集市的大商人是交易所的主要参与者。这些大商人相互建立业务关系。基于长期的业务关系，大商人相互信任。并且，大商人参与交易所的目的不是营利，金融活动只是其商贸活动的配套。这也是最初的德意志版本的金融服务实体经济理念。德意志地区交易所的目的是建立良好的贸易秩序，促进当地商贸繁荣，这具有较强的公共利益导向。而伦敦证券交易所起源于场外交易市场。1698年，一群离开英国皇家交易所的经纪人推动成立了伦敦证券交易所。经纪人通过交易所提供金融服务，他们一般不从事其他职业，甚至不被允许从事其他职业。经纪人自发成立类似交易所组织的目的是营利，因此他们倾向于维护自身商业利益，而不是维护市场公平公正和促进商贸繁荣。

其次，监管不同。德意志地区的交易所从诞生之时起就与监管机构密切互动。大商人向市政府提出建议，让市政府推出有利于市场整体发展的监管措施，比如法兰克福市政府公布统一且透明的钱币兑换价格表，以解决市场之中钱币种类繁多带来的价格不透明问题。德意志地区交易所从起源之初就主动拥抱监管机构，以维护商人整体的利益。而建立伦敦证券交易所的经纪人却一直避免受到监管，以至于伦敦证券交易所游说英国议会，避免议会推出监管措施以限制交易所活动。在伦敦证券交易所历史上，鲜有与监管机构互动的记录。即使存在互动，也不是以推动市场健康发展为目的的良性互动。经纪人具有很强的自律监管倾向，但他们自律监管的目的不是公益性的，而是私利性质的，即追求更多利润。

最后，产品不同。德意志地区的交易所从集市发展而来，直到18世纪下半叶，德意志地区交易所的金融产品以汇票为主，集市贷款和钱币为辅。这类产品不是真正的标准化交易所产品，交易不频繁，参与者也不多，主要服务于从事贸易的商人，缺乏大众参与。而伦敦证券交易所在起源之时就以债券和股票业务为主。当时，英国皇家交易所仍然与德意志地区交易所一样，从事汇票交易和集市贷款业务，服务于商人和商贸活动。但那群离开皇家交易所的经纪人却仅仅从事债券和股票交易，汇票等传统产品交易仍然在皇家交易所进行。专业从事债券和股票交易的经纪人自然需要从中获利，不然他们没有利润来源。汇票交易却不一样，它与商贸活动是配套的，本身不需要获利。

从这个意义上，德意志地区交易所和伦敦证券交易所起源不同、成立目的不同、监管不同，产品也不同。这些差别环环相扣，体现了德意志金融之路的独特性，也体现了交易所的德国模式和英美模式的初始区别。美国的交易所吸取伦敦证券交易所的经验，与英国交易所在绝大多数领域都非常相似。不同之处在于美国的交易所允许买卖交易所席位，保持了一定程度的开放性。

在早期，德意志地区的交易所和伦敦证券交易所也存在相似点，即两者都类似于私人俱乐部，属于使用者互助合作的组织，都由商人或者经纪人即交易所的使用者发起成立，由商人或者经纪人管理并为其市场参与者服务。在经纪人的推动之下，早期的法兰克福交易所也限制其他成员进入交易所，这一点与伦敦证券交易所类似。不过，法兰克福交易所在与市政府的博弈之中一直处于下风，使得其逐步朝着公法特性的交易所发展演变，其维护公共利益的职能不断加强。19世纪初，法兰克福证券交易所走上了不同的演变之路，成为一家开放式的公法性质的交易所，强化公共利益导向，而伦敦证券交易所在其300多年的历史中强化了私人利益导向，逐渐成为一家封闭式会员制交易所。

第二部分

从法兰克福到柏林

(18世纪下半叶至1914年)

第四章

债券和私人银行的兴起

金融市场的兴起与国家崛起息息相关。1648 年,《威斯特伐利亚和约》签订,这场以德意志地区为主要战场的三十年战争终于结束。此后,主权国家和民族国家逐渐登上历史舞台,欧洲各国展开更加激烈的竞争。同时,枪炮技术快速迭代,普通农民成为士兵,进入战场,使得战争规模大幅扩大,逼迫国家提高融资能力,以便赢得下一场战争。在这种背景之下,一个国家的融资能力是其能否赢得国际竞争的决定性因素。

17 世纪初,荷兰、英国和法国相继沿着葡萄牙和西班牙开辟的航海路线参与东方贸易。由于存在大额融资的需求,荷兰和英国等地率先发展出股份有限公司、股票市场和债券市场。然而,德意志地区多数王国不靠海,没有参与海外贸易。直到 18 世纪上半叶,法兰克福金融市场仍然远远落后于阿姆斯特丹和伦敦,还停留在 200 年之前的汇票交易和钱币兑换时代。

不过,国家之间的竞争压力也逐渐传导到德意志地区,特别是奥地利和普鲁士这两个德意志强国。为了满足德意志各王国的融资需求,德意志地区存在孕育一个金融中心的客观需求。18 世纪下半叶,荷兰的债券发行技术被引入德意志地区，法兰克福发行了第一只债券，债券市场应运而生。位于德意志地区中部的法兰克福占据地理优势，再加上自由城市的特殊地位，其从德意志各个金融中心的竞争之中脱颖而出，在短时期之内发展成一个媲美伦敦和阿姆斯特丹的欧洲债券市场。

债券对于法兰克福意义重大。债券不仅是法兰克福第一种真正的证券产品，还直接促使法兰克福获得德意志地区金融中心地位。更重要的是，债券市场孕育了法兰克福第二代私人银行，这些银行逐步拓展成连接法兰克福、科隆、汉堡、柏林等地的私人银行网络，对于德意志地区经济、金融乃至社会发展意义深远。那么，债券发行技术被引入法兰克福之后发生了哪些变化？为什么债券市场能孕育德意志地区的第二代私人银行？德意志地区的第二代私人银行和英国私人银行有何不同？为什么德意志地区私人银行和英国私人银行走上了不同的金融发展之路？为什么法兰克福能在短期之内崛起为欧洲金融中心？

债券被引入法兰克福

12世纪，威尼斯诞生了现代意义上的债券。17世纪，荷兰和英国相继继承了源于意大利的债券融资技术，发展出最早的债券市场。直到18世纪下半叶，债券发行技术才传入德意志地区。然而，令人惊奇的是，在短短三四十年之间，法兰克福发展成德意志乃至欧洲领先的金融中心。

威尼斯创新了公债

公债的起源可以追溯到中世纪时期。[1]1172年，威尼斯发行了世

---

[1] 参考 Baehring（1985），第57页。欧洲各王国、领地和自由城市将税收等作为抵押进行贷款，意大利北部的银行家早在14世纪就将这些贷款分割成小份卖给富有人群。这些小份的贷款也就是现代意义上的债券。这些债券与汇票一样在市场流转，既作为支付手段也作为投资产品。

界历史上第一只真正意义上的公债。[1] 当时，所有威尼斯公民都必须按照其富有程度购买一定数量的公债，可以说这是一次债务摊派，并非公民自愿购买。威尼斯发行公债而筹集资金，主要是为了应对拜占庭帝国在亚得里亚海地区的威胁。此前几年，拜占庭帝国打败匈牙利王国，从而占有了亚得里亚海地区的几个港口，使得威尼斯与拜占庭帝国开始直接竞争，进而爆发海上冲突。1171年，在拜占庭帝国首都君士坦丁堡，有威尼斯商人放火烧了邻居热那亚商人的住所，促使拜占庭帝国逮捕君士坦丁堡的所有威尼斯商人，将其关进监狱并没收财物。

威尼斯发行这次公债的目的是应对自身所面临的外来威胁。威尼斯总督计划让所有威尼斯公民共同承担财务负担，无意之中促成了一次伟大的金融创新。为了筹集资金，威尼斯把城市分成6个区，统计每个区内公民的财产，以此估计每个公民需要购买的公债数量。威尼斯共和国为公债购买者提供每年6%的利息，这也是这次资金筹集区别于征税的地方。威尼斯利用通过此次公债发行筹集的资金组建了一支舰队。然而，在与拜占庭帝国对抗的过程中，威尼斯舰队碰到瘟疫，失败而归，总督被刺杀身亡。军事行动失败，威尼斯没有能力偿还债务，意外地促使公债长久地留存下来。

1262年，威尼斯把此前所有的债务转换成一只债券[2]，每年分两次支付5%的利息。这只公债具备两个特点：其一，债券可以自由转让，威尼斯商人的聚会场所里亚尔托市场成为主要的债券交易场所；其二，威尼斯共和国不能通过偿还贷款而收回债券，只能从二级市场购买债券然后注销。此后几百年，威尼斯一直通过发行公债来筹集资金，应对各种外来威胁和战争。公债价格反映了人们对共和国未来的信心。

---

[1] 参考 Goetzmann（2016），第229页。
[2] 这只债券被称为 Monte Vecchio。

1262—1376 年，公债一般以面值的 80%~100% 交易。1376—1441 年，公债价格曾降至面值的 40%~60%。共和国还经常拖欠利息。1797 年，在被拿破仑征服前夕，威尼斯共和国发行了最后一次公债。①

威尼斯开创了全新的金融产品，后期阿姆斯特丹和伦敦复制了威尼斯的创新。债券为威尼斯共和国提供了新的融资方式，也为威尼斯公民提供了全新的财富储存方式。但是，威尼斯的债券市场并不存在承销银行，债券发行依赖政府的宣传和动员能力。所有的威尼斯公民都是债券的潜在购买者，所以政府似乎也没有识别、寻找和吸引潜在投资者的必要，这里自然也不需要作为债券发行中介机构的银行。此后的阿姆斯特丹和伦敦继承了威尼斯的债券发行和交易模式，直到法兰克福引入债券，债券发行方式才显著改变。

债券在法兰克福产生的政治经济环境

债券发行和交易是法兰克福金融市场发展历史上的重要一环。债券是继汇票之后法兰克福证券交易所的第二种重要金融产品，并且是现代意义上真正的证券产品，具备可替代性。法兰克福债券市场的发展得益于德意志各王国的巨大融资需求，以及法兰克福各路资本的投资需求。从阿姆斯特丹传来的现代金融工具和技术很好地满足了德意志地区的融资和投资需求，推动法兰克福债券市场快速发展。②

18 世纪，德意志各王国面临越来越严峻的财政困境，传统的金融工具难以满足各王国的公共财务管理需求。比如奥地利 1781 年的支出为 6 500 万弗罗林③，1799 年增加到 1.54 亿弗罗林，其间的收入却仅

---

① 参考 Goetzmann（2016），第 231 至 232 页。
② 参考 Ullmann（2009），第 113 页。
③ 德意志地区南部的钱币，与法兰克福地区的古尔登价值一样。

仅从 6 600 万弗罗林增长到 8 000 万弗罗林。财政上的收支逆差越来越大。18 世纪末，收支逆差达到 7 400 万弗罗林，几乎相当于当时一年的财政收入。德意志地区的其他王国也一样，都在激烈的国际竞争中面临越来越严峻的财务困境。通常，各王国处理收支逆差的手段有出售土地、铸造劣质钱币、发行纸币和境内外贷款。中世纪以来，德意志地区发行了种类繁多的钱币，并且各钱币含银量不同，给商贸流通带来诸多不利。各王国铸造劣质钱币不具备可持续性，而纸币发行又难以得到社会认同。贷款是公共债务问题的主要解决手段。德意志地区的诸多王国逐渐通过法兰克福金融市场解决融资问题。

另外，18 世纪中后期法兰克福金融市场形成了大量的资本供给以及投资需求。三十年战争之后，法兰克福集市和经济逐渐恢复。1763 年，七年战争结束，法兰克福经济更是迎来快速发展期，不仅传统的大宗商品交易、长距离贸易运输和汇票交易快速发展，各个行业也快速发展。按照法兰克福历史档案记载，1700—1750 年，超过 50 万古尔登的财产继承仅发生两次；1750—1799 年，至少有 18 个这样的案例，其中两例继承的财产超过 200 万古尔登。[①] 快速增长的资本需要安全且稳定的投资渠道。但是，投资传统的集市贷款、汇票等金融工具需要承担债务人的信用风险，投资者必须深入了解商业和合作伙伴并与其建立信任关系，而这些早期机构投资者不从事商业贸易，传统的金融工具越来越难以满足他们的投资需求。除了本地资本，法兰克福也吸引了大量外来资本。1793 年，法军向荷兰挺进，促使阿姆斯特丹资本大量逃离。法兰克福和阿姆斯特丹一直存在业务联系，阿姆斯特丹的资本也在法兰克福金融市场寻找投资机会。

---

① 参考 Ullmann（2009），第 113 页。

如此，资本供给和融资需求都已经存在，这为法兰克福债券市场的诞生创造了基础。18 世纪中期，阿姆斯特丹已经发展出一个国际性的股票和债券市场。1747 年，阿姆斯特丹的一张交易所价格表上有 25 只荷兰当地的债券、3 只荷兰股票、3 只英国股票、6 只德意志地区的贷款凭证和 3 只其他证券产品。[①] 这张价格表显示，境外发行人特别是来自德意志地区的王国也在阿姆斯特丹发行债券，募集资金。18 世纪下半叶这些金融技术传到德意志地区，最终促使法兰克福债券市场诞生。

从国王贷款到债券的先行者

14 世纪，德意志地区就存在国王贷款，国债只是国王贷款的证券化产品。德意志地区南部的大商人富格尔、韦斯勒和英霍夫，以及后期法兰克福大商人波德克都经常出借大额款项给德意志地区的国王或领主。1331 年和 1349 年，记录表明神圣罗马帝国皇帝开始接受商人提供的贷款。1597—1607 年，法兰克福大商人波德克将 44 万塔勒出借给德意志地区的国王或领主，而 1620—1627 年发放 1.5 万塔勒的贷款。1630 年，神圣罗马帝国皇帝斐迪南二世迫使波德克发放一笔 4 万塔勒的贷款，最后没有偿还。随着法兰克福逐渐成为金融交易中心，德意志地区的领主、主教和贵族经常光顾法兰克福，以获得小额贷款，通常为 1 000~3 000 塔勒。

然而，国王贷款凭证的二级市场交易并不活跃。当时，这些贷款凭证在法兰克福交易所以集市贷款或汇票的形式流转。但是，这两种金融产品缺乏标准化，按照现代意义并不是真正的证券产品。投资者需要评估放款者或开票人的信用，以及双方是否存在信任关系，才能

---

① 参考 Bremer（1969），第 11 至 12 页。

决定是否投资于集市贷款或汇票。集市贷款和汇票实际上都是汇兑凭证，是投资者和借贷者之间的双边协议。对于集市贷款，投资者往往需要借贷者担保，甚至提供抵押品，并且一般集市贷款金额较小，仅几千塔勒，贷款期限也很短。这种特性影响了集市贷款的二级市场交易，也在很大程度上限制了法兰克福交易所的投资者群体的扩大。

债券起源于意大利，而发展于荷兰。荷兰对债券进行了关键的金融创新，即通过大额发行并分割成很多可以相互替代的证券。这种标准化的证券称为债券。集市贷款是投资者和借贷者之间的双边协议关系。代表集市贷款的纸质凭证非常类似于汇票。债券不再是双边协议。债券的持有者拥有获取本金和利息的权利，并且一张债券不再属于某个具体投资者，或者说这是一种不记名债券。债券是一种类似于大宗商品的标准化金融产品，投资者之间可以非常方便地交易。债券转让意味着债券所代表的权利的转让，债券之间可以相互替代，债券不再与特定的债权人联系在一起，而变成可以交易的金融产品。此外，债券向公众发行，一旦债券发行人违约，社会公众将给债券发行人施加较大的压力。债券投资者一旦对债券发行人的信用持怀疑态度，就可以快速在市场出售债券以获得资金。

14世纪，债券逐渐流入德意志地区，可以说德意志地区的债券二级市场交易早于债券发行。早在1349年神圣罗马帝国皇帝查理四世就赋予法兰克福买卖债券或贷款凭证的特权。[①] 当时，法兰克福与阿姆斯特丹、伦敦之间存在古老的套利交易，债券也自然而然地流转到法兰克福。不过在很长一段时间之内，在法兰克福难以见到关于二级市场交易债券的记录。直到17世纪末期，部分债券才偶尔在法兰

---

① 参考 Dietz（1910a），第208页。

克福交易所流转。

萨克森王国成为德意志地区债券发行的先行者。[1] 1763 年七年战争结束之后，萨克森王国积累了巨额的债务，其把这些王国贷款转变成税务贷款，分成 100 塔勒、200 塔勒、500 塔勒和 1 000 塔勒等面值的债务凭证，并承诺给投资者每年 3% 的利息。这些债务凭证在莱比锡集市上交易，与债券非常类似。1768 年，戈尔兄弟银行发行了一只面值 1 000 古尔登的债券。当时，拿骚-萨尔布吕肯公国的 20 万古尔登贷款被分割成 200 张债券。[2] 不过这只债券却不是在法兰克福首发，而是在阿姆斯特丹首发。

法兰克福发行的第一只债券，以及债券交易成为法兰克福金融市场独立的业务形态，与一家银行的崛起有关，这家银行就是贝特曼兄弟银行。近 300 年来经历过数十次金融危机，贝特曼兄弟银行直到现在仍然活跃在法兰克福金融市场。贝特曼兄弟银行将债券发行引入法兰克福，给法兰克福金融市场带来划时代的影响。

法兰克福第一只零售债券

贝特曼兄弟银行最初从事商品交易和运输业务，逐步发展演变成私人银行。1746 年，贝特曼兄弟约翰·菲利普·贝特曼和西蒙·莫里斯·贝特曼继承了叔叔约翰·雅各布·阿达米[3]的商品贸易和贷款业务，

---

[1] 参考 Kaufhold（1992），第 94 页。
[2] 参考 Holtfrerich（1999），第 109 页。
[3] 参考贝特曼兄弟银行的历史，以及 Klein（1982），第 249 至 251 页。阿达米的妻子是贝特曼兄弟母亲的姐妹，而阿达米的妻子和贝特曼兄弟的父亲相继去世之后，贝特曼兄弟和母亲一起迁往法兰克福，与阿达米住在一起。阿达米以合伙人的身份将贝特曼兄弟纳入他的商品贸易和贷款业务之中。阿达米没有子嗣，于是贝特曼兄弟继承阿达米的事业，并借助债券发行逐渐发展壮大，成为 19 世纪初法兰克福首屈一指的银行家。

两年后将其改成贝特曼兄弟银行。[1]

这个时期的贝特曼兄弟银行开始贷款给德意志的王国或领地。1754—1778 年，贝特曼兄弟银行给德意志的国王或领主提供金额为 677 500 塔勒和 989 000 古尔登的共 30 笔贷款。现在没有证据显示这些贷款采用债券形式发行。但是，贝特曼兄弟银行没有足够的资本金，无法使用自身资金满足所有这些贷款的需求。随着德意志的王国或领地的融资需求越来越大，贝特曼兄弟需要拓宽募资渠道。1768 年戈尔兄弟银行发行债券，这给贝特曼兄弟提供了一个解决思路，最终促成贝特曼兄弟银行发行第一只债券。

1778 年，贝特曼兄弟银行为维也纳的哈布斯堡皇帝发行债券，在德意志地区第一次将现代化的债券带到法兰克福市场。这只债券的发行规模为 20 万古尔登。贝特曼兄弟吸取了阿姆斯特丹的经验，将这笔贷款分成 200 张名义价值为 1 000 古尔登、年利率 4% 的债券，再出售给机构或富有的私人客户。通过将贷款债券化，贝特曼兄弟银行将当时难以消化的大笔贷款分成金额相对较小、发行难度相对较低的债券。同年，贝特曼兄弟银行还成功发行了萨克森公国的债券，发行规模为 20 万塔勒，分成 200 张名义价值为 1 000 塔勒的债券，而年利率为 5%，1784 年到期。[2]

1779 年，贝特曼兄弟银行又为哈布斯堡皇帝发行了 100 万古尔登的债券，并分成两笔发行，每笔 50 万古尔登，然后分成小额债券出售。这些债券显示"帝国皇帝玛丽亚·特利莎充分信任法兰克福

---

[1] 参考 Bethmann Bank Hg.（2012），第 73 页。正文中下面的部分内容也参考这部关于贝特曼兄弟银行的著作。

[2] 参考 Holtfrerich（1999），第 109 页。

的贝特曼兄弟银行,并授权其发行 50 万古尔登的债券"①。1779 年 3 月 16 日,贝特曼兄弟银行刊登广告,以提高其发行的债券的知名度,广告内容如下:"贝特曼兄弟银行对帝国债券的代理销售还在进行之中。债券面值 1 000 古尔登,8 年存续期,并且每年利率 4.5%。这批债券在法兰克福发行,并在此支付每年的利息和到期本金。此次发行的债券由法兰克福市财政局保管和记录②。"

1783 年,贝特曼兄弟银行又为哈布斯堡皇帝发行了 100 万古尔登的债券。同年,贝特曼兄弟银行在法兰克福发行了规模 50 万弗罗林的丹麦公债,使法兰克福资本市场第一次获得国际声誉。③ 这笔贷款被分成面值 1 000 弗罗林的债券,年利率还是 4.5%。

当时的债券发行已经附有息票。法兰克福市历史档案显示,1787 年贝特曼兄弟银行代替哈布斯堡皇帝偿还 1778 年发行的债券之后发布了一个公告,称债券持有者应在 8 月 1 日前将 4 张债券本票以及附带的息票交过来,以作为本金支付的证据。1794 年 5 月 8 日,贝特曼兄弟银行为普法尔茨-拜仁(即"巴伐利亚")领主发行规模 100 万弗罗林、年利率 5% 的债券,这笔贷款被分成名义价值 1 000 弗罗林的债券,并附带半年息票。④

首次发行债券之后,贝特曼兄弟银行将此前的国王贷款都转为

---

① 参考法兰克福市档案第 100 卷第 25 册,也见 Handelskammer zur Frankfurt am Main (1908),第 1092 页。

② 原文为债券安全由法兰克福市财政局保障,这里按照债券业务的性质进行翻译。笔者按照字面意思把机构名称翻译为"财政局",现在当然已经不存在这个机构,参考 Handelskammer zur Frankfurt am Main (1908),第 1092 页。

③ 参考 Bethmann (1873),第 88 页,也见 Handelskammer zur Frankfurt am Main (1908),第 1092 页。

④ 参考 Handelskammer zur Frankfurt am Main (1908),第 1903 页。

债券业务。1814年维也纳会议召开之前，不考虑奥地利的贷款，贝特曼兄弟银行共代理发行了21笔贷款，金额达到13 025 500古尔登、2 150 000塔勒和1 600 000法郎，债券发行人仍然是德意志的王国或领地。截至1814年，单单奥地利就通过贝特曼兄弟银行发行了规模达42 275 000古尔登的债券。

债券发行业务为贝特曼兄弟银行带来滚滚利润。当时发行佣金的行规是5.5%，钱币币值差也可以给银行带来利润。此外，每次发放利息和偿还本金，银行都可以获得佣金。[①]创新这项业务30年之后，贝特曼兄弟银行成为德意志地区私人银行中的翘楚，其利润甚至相当于德意志地区其他银行的利润总和。相比1746年，贝特曼兄弟银行在其创始人这一代就使银行的资本金增长了200倍。罗斯柴尔德兄弟银行崛起之前，贝特曼兄弟银行是法兰克福的无冕之王，欧洲皇室，包括哈布斯堡王朝唯一的女性统治者玛丽亚·特利莎、俄国沙皇亚历山大一世、教皇皮乌斯六世都信任贝特曼兄弟银行，将财务事项交给其管理。西蒙·莫里斯·贝特曼甚至还成为俄国沙皇的顾问和其驻德意志地区总领事。[②]

真正的证券交易所

债券是法兰克福交易所第一只真正意义上的交易产品。19世纪上半叶，法兰克福债券市场快速发展之后，法兰克福交易所才成为真正的证券交易所。法兰克福对债券市场的贡献，在于创新债券发行方式

---

① 在早期债券发行中还有一部分利润是承销价格和发行价格之差，即银行以一定的价格承销债券，再以发行价出售，其间的差价就是银行的利润。参考文献没有提到贝特曼兄弟银行的这部分利润，本书也没有提及。

② 参考 Bethmann Bank Hg.（2012），第74至75页。

并孕育了一批实力强大的私人银行。法兰克福债券市场从起源之初就具备国际化的特点。继 16 世纪末公布钱币兑换价格表和 17 世纪上半叶公布汇票价格表之后，法兰克福又出现了债券公允价格的博弈。

法兰克福债券市场的创新

法兰克福市政府在债券发行中发挥了重要作用。每次债券发行，债券发行人或代理银行都要标明贷款规模，并将贷款凭证交给法兰克福市财政局保管。债券发行人只有完全偿还债务，才能将这张贷款凭证赎回。[1] 并且，银行根据这个贷款凭证生成小额债券，再交给债券购买者。在现代，我们已无从考证法兰克福是如何形成这套债券发行方法的。不过，可以确定的是，债券投资者认为贷款凭证保管在法兰克福市政府可以降低持有债券的风险，相当于法兰克福市政府为债券发行和赎回的安全背书。实际上，不只是法兰克福的银行，其他城市如慕尼黑、纽伦堡、斯图加特等地的银行也愿意将发行的债券交给法兰克福市政府保管[2]，以提高债券对投资者的吸引力。贝特曼兄弟银行在推广债券的过程之中，也把法兰克福市政府托管作为卖点之一。至于息票，我们现在已无法考证它是否属于法兰克福的创新。

法兰克福的创新还在于债券发行模式。18 世纪中叶之前，不论是阿姆斯特丹还是伦敦，都是发行人自己将债券带到市场之中，通过信息公告或者发放招股（债）说明书的方式吸引投资者认购。而在法兰克福，私人银行在债券发行过程之中发挥主导作用，他们服务于发行人和投资者，将债券发行做成持续的业务，即现代的债券发行业

---

[1] 参见 Handelskammer zur Frankfurt am Main（1908），第 1 905 页。
[2] 这个传统一直保留到现在。只是在现代证券市场中，德意志交易所的子公司明讯银行作为中央托管机构，负责保管发行人所发行证券的原始纸质凭证。

务。① 私人银行先与发行人艰难地谈判，获得债券发行业务，签订发行协议；然后私人银行向市场公布招债说明书，通过报纸广告等提高债券的知名度，持续吸引投资者认购，获得募资份额后再转给发行人。债券发行和认购过程可能长达几个月甚至一年。从此，债券发行成为德意志地区私人银行的重要业务，也促成大批私人银行的诞生，为德意志地区的工业革命和经济发展奠定了坚实基础。

为什么债券发行模式在法兰克福得以创新和发展，而不是在阿姆斯特丹或者伦敦？阿姆斯特丹和伦敦早在17世纪初就发展出比较成熟的股票市场，债券市场在股票市场发展过程之中逐步壮大。甚至多数发行债券的公司也是股份有限公司。这些公司的员工都在自己的办公室接待投资者，提供证券认购、股东登记、股利或者利息发放等服务。股票或者债券发行，一般也都是发行人自己解决。伦敦证券交易所是一个封闭式的会员制交易所，会员都从事经纪业务，没有能力为机构投资者提供债券发行服务，他们只是在债券发行过程之中介绍投资者从而获得佣金，这本质上还是证券经纪业务。此外，伦敦的私人银行1825年之前受到英格兰银行的打压，规模很小，无法承担债券发行业务。法兰克福则相反，传统上存在一批从商人团体逐渐演变而来的商人银行。这些商人银行与机构投资者长期维持良好的关系，债券发行业务是传统业务如集市贷款、领主贷款等的自然扩展。另外，德意志地区金融市场发展落后，国王、领主以及各个机构投资者都对债券市场不太熟悉，他们又分布于各个地方，需要私人银行提供专业

---

① 笔者没有查到更早时期阿姆斯特丹和荷兰的具体债券发行模式，不确定法兰克福是否为欧洲第一个将债券发行变成一项银行业务的金融中心。德国知名金融历史学家汉斯-彼得·乌尔曼也倾向于认为法兰克福是第一个开创债券发行模式的城市。参考 Ullmann（2011）。

的服务。在这种背景下，法兰克福创新了债券发行模式。

债券发行模式的创新对德意志地区意义重大。此前，私人银行使用自己的资本金满足国王或领主的贷款需求；此时，私人银行通过发行债券向其他投资者募集资金，贷款给国王或领主。贷款业务从资本金业务变成中介业务。对于私人银行，这意味着自己不用再承担本金风险。更重要的是，债券发行成为一种持续盈利的业务模式。从此，私人银行可以脱离原先的商品贸易，专门从事金融业务，变成一家专业的银行。德意志地区存在众多国王，为满足这些国王的贷款需求，一批商人团体转变成私人银行。与同时期的英国和法国相比较，德意志各主要城市都存在一批私人银行。私人银行不仅数量众多，而且形式多样，各个城市都诞生了富有传奇色彩的私人银行。在19世纪中叶股份制银行大量诞生之前，私人银行一直是德意志地区经济发展和金融市场的主角，为德意志统一之后的经济起飞立下汗马功劳。

初生的法兰克福债券市场缺乏法律法规，却能有序运行，这得益于集市传统几百年来的传承和积累。18世纪下半叶，法兰克福刚刚出现债券发行业务，不存在资本市场相关的法律法规和监管措施。法兰克福交易所主要参与者是商人、领主和其他富裕个人，对应现代的机构投资者和准专业投资者。即使没有法律法规和监管措施，整个市场在延续几百年的传统之下也能平稳而有序地运行，并没有出现太多的风险性事件。特别是，这些早期机构投资者都是私人银行的长期客户，私人银行不会因为某一单业务而欺骗其精心维护的客户。即使法律法规没有明确的惩罚措施，整个市场仍然能稳定运行。这一点或许与美国资本市场早期的野蛮生长有显著区别。

贝特曼兄弟银行的创新还在于通过广告宣传债券，扩大潜在的投资者规模。债券丰富了法兰克福交易所的交易产品。从此，法兰克福交易所的主要金融产品逐渐从汇票转变为债券。18 世纪末，拿破仑军队占领阿姆斯特丹之后，阿姆斯特丹商人纷纷离开荷兰，法兰克福成为欧洲大陆最具有影响力的债券市场。

债券公允价格的博弈

债券发行之后，法兰克福交易所的二级市场交易逐步发展。1773年，贝特曼家族的一位老太太留下的遗物之中，提到拿骚的债券以面值的 83.3% 交易。1797 年 7 月 3 日，经纪人穆勒制作了法兰克福交易所的第一张债券价格单。穆勒先印刷出统一格式的债券价格单，然后每天手动填入债券价格，包括买价和卖价。这张价格单包含奥地利、普鲁士、普法尔茨、丹麦、法兰克福市政府、达姆施塔特市政府等发行的 26 只公债。不过，1797 年 7 月 3 日的价格单只显示了 5 只公债的价格，还都是卖价。经纪人穆勒的债券价格单中不断增加其他债券品种，包括汉诺威、拜仁、巴登等地发行的公债。此后，其他经纪人也开始印刷债券价格单[①]，这反映出这个时期的债券交易已经比较活跃。

债券的二级市场交易多数由经纪人撮合完成，价格也由经纪人公布。在债券市场发展初期，还没有债券公允价格的说法。这一点与钱币、汇票存在较大的区别。钱币兑换价格和汇票价格涉及大商人的核心利益，一直是大商人之间博弈的重点领域。1585 年法兰克福交易所诞生的标志也是大商人协商公布钱币兑换价格，并由市政府背书，这些价格成为每个商人在集市上结算的价格。17 世纪末期，汇

[①] 债券价格单如 David Jordan（1801）、Mayer Wolf Schnapper（1804）、Wilhelm Oppenheimer（1813）。参考 Handelskammer zur Frankfurt am Main（1908），第 1102 页。

票价格表每年在官方报纸公布两次，然后在杂志公布。[①]1814—1817年，法兰克福中断汇票价格的公布，1825年重新开始公布。而债券价格表由经纪人自行制作并向市场推广。债券的主要投资者并不是大商人或者一般商人，而是参与法兰克福金融市场的机构投资者和其他富裕个人，所以债券投资自然也没有引起商人们的反对。新生的债券市场也不存在相关的监管规定。

19世纪初，法兰克福出现关于债券公允价格的争论。经纪人按照自己对市场的判断而公布债券价格，经常在危机时期压低债券价格，难免损害投资者的利益。在1797年的一张债券价格单上，甚至只有卖价，而不报出买价。当时法兰克福商会虽然有职责监管交易所业务，但鉴于市场刚刚起步，商会还没有对经纪人报价行为进行规定，引起部分市场参与者的不满。1807年，市场参与者提出完善债券报价的方案[②]，建议债券价格在经纪人支持之下由交易所主席公布，而不是由经纪人根据自己的判断或喜好公布。此外，市场参与者也提出参考法国的经验，限制在熊市时期的裸卖空，并制定相应交易规则。这是法兰克福第一次出现针对投机的监管建议。

1806年，即拿破仑战争期间，莱茵联盟成立，法兰克福市成为法兰克福大公国的一部分。直到1813年莱比锡战役之后，法兰克福才重新恢复自由城市地位。其间，1812年5月1日，法兰克福大公国的财政部长意识到债券价格随意推高或压低带来的危害，出台规定，"所有从事债券交易的宣誓经纪人必须周一和周二在交易所集合，

[①] 杂志如 *Journal du Grand-Duche de Francfort*，参考 Handelskammer zur Frankfurt am Main（1908），第1900至1902页。

[②] 参考参与者斯波赫尔（J. Spohrer）提出的方案，方案的德文标题为 "Vorschläge zum Besten Behandlung Frankfurts"。

并根据最近撮合的债券交易价格和具有代表性的协议而协商确定债券价格"。此外，另一个规定要求宣誓经纪人将记录债券交易价格的账簿呈给法兰克福市政府。1812 年 6 月 6 日，法兰克福交易所 17 位经纪人之中，只有 5 位从事债券交易业务，包括穆勒等此前公布债券交易价格的经纪人。

国际化的债券市场

法兰克福债券市场从诞生之初就具备鲜明的国际化特点。这也是全球历史上第一个不依赖本国的投融资需求而发展起来的金融市场。最初的债券发行人来自奥地利，后期其他德意志王国和欧洲其他国家也到法兰克福发行债券。19 世纪晚期，甚至晚清政府也在法兰克福发行国债和铁路债券。投资者多数来自欧洲其他地区。这是一个奇特的债券市场，类似于现代的离岸金融市场。与法兰克福相反，17 世纪末伦敦证券市场就已经成形，但它一直是一个本地市场。直到 100 多年后的 1818 年，伦敦才发行第一只国际债券，即罗斯柴尔德兄弟银行承销的规模为 500 万英镑的普鲁士国债。[①]

法兰克福债券市场的发行人以德意志各王国为主。1770—1815 年，法兰克福金融市场的主要发行人包括二十几个国家、领地和城市。1778—1796 年，奥地利发行了 4 300 万古尔登的债券。丹麦的发行规模为 1 600 万古尔登，紧随其后，然后是普鲁士 1 400 万古尔登和巴伐利亚 1 300 万古尔登。发行规模介于 350 万古尔登和 800 万古尔登之间的发行人还包括法兰克福市、邻近的城市达姆施塔特、拿骚、巴登和莱宁根。投资者除了法兰克福当地的商人、银行、其他富

---

① 参考 Chancellor（1999），第 98 页。

有个人，还包括德意志其他地区的富有个人以及荷兰、意大利等地的商人和银行家。①

法兰克福金融市场还有一个明显区别于英国伦敦的特点，即市政府很早就介入市场参与者的博弈之中，充当调停者或者监管者。英国金融市场几百年来以市场自由博弈为主，新生的美国金融市场也延续了英国的历史传统。②英国和美国的共同特点是金融市场发展初期缺少监管，只有发生严重的金融危机之后，英国和美国政府才会做出反应。德意志地区却不一样，金融市场发展初期就存在监管机构，市场发展之中的各类博弈也马上会被监管机构了解，监管机构会快速明确监管态度，不需要等到危机真正发生才出台法规。当然，这两种模式孰优孰劣难以评说。

19世纪初，欧洲大陆仍然被战争笼罩，法兰克福被拿破仑占领，法兰克福金融市场包括债券发行业务却仍然有序运行。当然，发行规模较1795年的历史高点大幅回落。1800—1815年，法兰克福共发行2 000万古尔登的债券，发行人包括威斯特伐利亚王国、瑞典王国和美因茨公国等，共21个。③显然，战争、通货膨胀以及各国不规律的偿付债券行为，使不少国家的债券在法兰克福金融市场失去吸引力。奥地利的债券发行于1797年之后突然停止，此后丹麦、普鲁士

---

① 参考 Holtfrerich（1999），第112至113页。
② 约翰·S.戈登的著作《伟大的博弈》讲述了以华尔街为代表的美国资本市场的发展历史，描述市场参与者在华尔街追逐自身利益的同时，"看不见的手"实现了社会资源的高效率配置。整个过程充满各类阴谋、欺骗、幕后操作、贿赂等刺激场面。但美国最终成为全球最强的金融市场，约翰·S.戈登将这类自由博弈冠以伟大。美国建成强大的金融市场是否与自由市场的博弈紧密相关，其实值得探讨，或许美国国力的增长才是金融市场强大的根本原因，而与自由市场的博弈无关。至少德国的例子表明监管和自由市场的良性互动能促进金融市场的发展。
③ 参考 Plumpe and Rebentisch（2008），第62至63页。

和巴伐利亚的债券在法兰克福金融市场占据主要地位。

拿破仑战争之后的1816年也被称为法兰克福证券交易所重生的时刻[①]。战后各国都需要通过债券市场整合战争期间产生的各类贷款。拿破仑战争期间，阿姆斯特丹曾被法军占领，金融市场元气大伤。法国已经战败，巴黎自然不是理想的融资地。各国政府财政部门纷纷涌入伦敦和法兰克福，寻求债券发行机会。法兰克福交易所也崛起成为具有欧洲影响力的证券交易所。

私人银行的兴起

关于私人银行的产生过程，各国存在差异。银行起源于中世纪意大利的货币兑换商，英国私人银行及信用创造与金匠有关。[②] 德意志地区的商人银行起源于集市汇票交易。法兰克福债券市场发展起来之后，第二代私人银行快速崛起，其将债券发行作为业务重点，成为实力强大的投资银行。第二代私人银行继承了商人银行的特点，业务国际化和多样化。19世纪上半叶，德意志地区的私人银行成为实力雄冠欧洲的投资银行。尽管德意志地区经济相对落后，但在特殊环境之下成长起来的投资银行却傲视欧洲。这种现象与德意志特殊的金融之路有关。

贝特曼兄弟银行的模仿者

1778年，贝特曼兄弟银行的债券创新和发行获得巨大成功，引来一批模仿者，我们称之为第二代私人银行。这些私人银行迅速进入

---

① 参考 Wormser（1919），第11页。
② 参考板谷敏彦（2018），第50页。

这个新的金融行业。[1] 其中，贝特曼、哈克[2]、梅茨勒和罗斯柴尔德[3]等私人银行现在还活跃在法兰克福金融市场。法兰克福金融历史上的大事件都与这些私人银行有关。

法兰克福的私人银行多数起源于集市之中的商品贸易业务，然后逐渐接触汇票交易等。早期私人银行都是基于血缘关系或者亲戚关系形成的无限责任企业组织。私人银行家或者合伙人是该银行的独立决策者，而不存在董事会、监事会等决策机构。[4] 私人银行以自己所积累的资本作为营业基础，没有吸收存款的能力，即使投资者愿意将资金放在私人银行，一般也通过汇票等形式处理。直到18世纪初，这些汇票交易一直服务于商品贸易。债券发行业务为法兰克福的私人银行带来丰厚且稳定的利润，最终促使这些银行在19世纪初脱离商品贸易，转变为专门从事证券发行和金融交易的银行。18世纪下半叶，随着债券市场的发展而产生的法兰克福私人银行逐渐成为德意志地区金融市场的主角，直到19世纪中叶股份制银行大量出现。

德意志地区私人银行和早期股份制银行的业务几乎都属于现代投资银行的范畴，这是其显著区别于英国的地方。德意志地区的存款银行遵循另一个发展脉络。一方面，德意志地区很早就出现公法性质的储蓄银行和信用合作社，另一方面，商业银行从事存款业务直到1870年之

---

[1] 早期进入这个领域的私人银行包括 J. L. Willemer, Contard & Söhne，格哈德 & 哈克（Gerhard & Hauck），Franz Brentano, Rueppell & Harnier，梅茨勒，罗斯柴尔德等。

[2] 哈克即现在的 Hauck&Aufhäuser 私人银行。2016 年，该银行被复星集团收购，成为第一家中资控股的德国私人银行。

[3] 法兰克福的罗斯柴尔德兄弟银行于 1901 年被柏林贴现银行并购。现在法兰克福的罗斯柴尔德银行从事并购、IPO 咨询等投资银行业务，它是由罗斯柴尔德兄弟银行在其他城市的分行重新回到法兰克福建立的。参考 Holtfrerich（1999），第 200 至 201 页。

[4] 参考 Born（1977），第 48 至 49 页。

后才由德意志银行开创。多数私人银行没有分支机构，其与其他国家和地区的业务通过与其他银行合作完成。罗斯柴尔德兄弟银行将五兄弟派往欧洲各个金融中心，组成最初的跨国银行，从而具备很强的竞争实力。这使得罗斯柴尔德兄弟银行成为19世纪中叶银行界的翘楚。

法兰克福成为金融中心得益于18世纪下半叶之后债券市场的发展以及私人银行的兴起。私人银行的批量诞生与法兰克福持续几百年的集市传统有关。这是法兰克福私人银行的独特之处。集市是法兰克福私人银行家的摇篮。其他国家却不是这样，如英国的金匠银行和乡村银行的起源历史与此完全不同。法兰克福第二代私人银行推动法兰克福成为19世纪德国乃至欧洲的金融中心。直到1871年德意志统一之后，法兰克福才将金融中心地位让给柏林。第二次世界大战之后，由于存在强大的银行业基础，即使面临德国其他城市如慕尼黑、科隆和杜塞尔多夫的激烈竞争，法兰克福还是凭借雄厚的金融底蕴重新崛起，成为德国的金融中心。

梅茨勒兄弟银行

除了贝特曼兄弟银行，法兰克福另外一家知名私人银行梅茨勒兄弟银行也拥有相似的历史。梅茨勒兄弟银行的创始人本杰明·梅茨勒是萨克森一位神父的儿子。[①]1663年，13岁的本杰明去纽伦堡一个商人处做学徒。1671年，他来到法兰克福，成为一家布匹贸易商店的出纳。3年之后，本杰明开始自己从事布匹、棉花等贸易。本杰明的兄弟克里斯蒂安于1679年来到法兰克福，从事香料贸易。本杰明去世时，给他的两个儿子和一个女儿留下6 800塔勒的财产。他们属

---

① 关于梅茨勒兄弟银行的介绍参考Ohmeis（2007），以及梅茨勒兄弟银行网站和维基百科等。

于法兰克福富有阶层。

梅茨勒家族从事商品贸易代理和商品运输业务，并逐渐开始接触汇票等金融产品。1716 年，本杰明的儿子约翰开始开展与商品贸易相关的汇票业务。1728 年，他被称为商人银行家，即同时从事商品贸易和汇票交易的人。他把公司名称改成"本杰明·梅茨勒兄弟公司[①]"（即梅茨勒兄弟银行）。1769 年，梅茨勒家族与贝特曼家族结成姻亲，两个法兰克福知名的私人银行家族由此形成一定意义上的合作关系。

梅茨勒家族的银行家一直是法兰克福证券交易所管理委员会的成员。从 1742 年梅茨勒家族成员第一次加入交易所的管理团队起，该家族的成员持续参与交易所的管理直到现代。他们参与了 19 世纪中叶法兰克福银行的成立，在 20 世纪 90 年代交易所改革之中发挥了重要作用。这个家族近 300 年来一直积极参与法兰克福金融市场的发展。该市场每一个历史变革的时刻，都存在梅茨勒家族的身影。

1760 年，梅茨勒兄弟银行开始向德意志地区的领主提供贷款，进入另一个金融领域。不过，在此后一段时间内，商品交易和代理业务仍然是梅茨勒兄弟银行的主要业务。改变这种情况的是家族的第三代领导人弗里德里希·梅茨勒。

贝特曼兄弟银行的债券发行业务获得成功之后，梅茨勒也快速跟进。1779 年，梅茨勒兄弟银行与贝特曼兄弟银行一起为巴伐利亚王国的一位领主发行了 20 万古尔登的债券。1786—1800 年，梅茨勒兄弟银行又陆续为德意志地区的 7 位领主发行 9 只债券，总规模达到 2 770 万古尔登。[②]19 世纪初，拿破仑占领法兰克福之后，债券发行业务风

[①] 即 Benjamin Metzler seel. Söhne，这个名字于 1744 年改成 Benjamin Metzler Seel. Sohn & Co.
[②] 参考 Klein（1982），第 248 页。

险增大，以致难以赚到钱，于是梅茨勒兄弟银行暂停债券发行业务。

通过查阅梅茨勒兄弟银行所发行的债券的相关资料，我们还可以发现当时的债券与现代债券的区别。[①] 当时的一只债券条款如下："第一，（发行人）所有的收入将作为抵押品，（发行人）确保这些收入没有被重复抵押，并且减去费用之后这些抵押品每年可以产生至少9 000古尔登的收入，抵押协议必须公证；第二，年利率5%，每半年支付一次利息；第三，如果8年之后，5万古尔登的本金还没有偿还，则之后发行人每年还款本金至少为1.25万古尔登；第四，银行将债务分成100份，由100张债券代表，并且每张债券从1到100进行编号；第五，贷款协议的原件以及其他法律文件的原件由法兰克福市财政局保管；第六，第一笔利息于1800年12月1日开始支付。"这个时期的债券还存在明显的贷款痕迹。发行人需要提供抵押品，而不是凭信用发行债券。发行人与私人银行之间签订贷款协议，而债券只是依据贷款协议生成的证券产品。这个时期的债券一般都采用承销模式，私人银行可以获得额外利润，即承销价和发行价之间的价格差。早期债券发行的这个特点也是贷款模式留下来的痕迹。

1779年，弗里德里希·梅茨勒被选为法兰克福市政府的成员，这显示商人这个阶段已经取得政治影响力。1790年，他还提议建立法兰克福中央银行，不过这个超越时代的建议并没有得到法兰克福其他私人银行的认同。

从经纪人到私人银行家的拉斐尔·厄兰格

拉斐尔·厄兰格的父亲是法兰克福证券交易所的汇票经纪人。厄

[①] 参考 Klein（1982），第248至249页。

兰格继承父亲的事业，从事汇票业务。随着法兰克福金融市场的发展，厄兰格从经纪人转变成私人银行家。

拉斐尔·厄兰格于1806年出生于法兰克福附近的小镇韦茨拉尔。他母亲来自法兰克福一个从布匹交易商演变而来的私人银行家族。1816年，拉斐尔·厄兰格随父母迁入法兰克福。1832年，他与法兰克福一个商贸家族的女儿结婚。3个孩子出生之后，他的妻子不幸离世，妻子的妹妹前来照顾他年幼的孩子。一年之后妹妹与拉斐尔·厄兰格结婚，又生下两个孩子。5个孩子之中，4个儿子成年之后加入拉斐尔·厄兰格的银行事业，与罗斯柴尔德家族一样到伦敦和巴黎等地开设新的银行分支。他们的银行成为一家跨国私人银行。[1]

拉斐尔·厄兰格年轻时，他父亲送他到罗斯柴尔德兄弟银行做学徒。直到30岁，他才离开罗斯柴尔德兄弟银行，继承父亲的汇票经纪业务。这个时期，他兼具汇票业务和私人银行业务的专业知识和经验，等待合适机会进入新领域。1848年，欧洲爆发革命，波及德意志地区。政治经济动荡导致法兰克福的小型银行[2]陷入困境，业务停止。厄兰格抓住机会，在继续从事汇票经纪业务的同时启动了银行业务。

1852年，法国国民信贷银行作为一家股份制银行成立，科隆两位私人银行家参与组建。拉斐尔·厄兰格与科隆这两位银行家相熟，经介绍，他成为法国国民信贷银行在法兰克福的代表。法国国民信贷银行带来新的业务模式，德意志地区的私人银行也模仿设立股份制银行。拉斐尔·厄兰格与科隆两位私人银行家是德意志地区股份制银行的早期推动者，在私人银行向股份制银行转变的过程中立下汗马

---

[1] 这部分内容主要参考 Klarmann（1978），第27至37页。
[2] 这些小型银行包括 Haber, Floersheim and Contard。

功劳。①

拉斐尔·厄兰格被封为葡萄牙贵族。1860年他的贵族身份也被法兰克福市政府认可，他由此进入了法兰克福政治名流圈。这个时期，俾斯麦作为普鲁士的代表参与法兰克福的德意志议会。拉斐尔·厄兰格认识这些政治人物自然有利于他今后开展金融业务。厄兰格银行也参与债券发行，包括发行规模达6 000万法郎、利率为11%的埃及政府债券。后期厄兰格与4个儿子成立的私人银行成为罗斯柴尔德兄弟银行的竞争者。厄兰格在历史上最大的贡献是推动股份制银行在德意志地区的组建。

拉斐尔·厄兰格于1878年去世，6年之后，法兰克福市为了纪念他的贡献，将他的名字刻在市中心的皇帝喷泉上。直到现在，皇帝喷泉还竖立在皇帝广场，即法兰克福知名的施泰根贝格尔酒店前面。

罗斯柴尔德兄弟银行的起源

罗斯柴尔德家族起源于法兰克福的犹太贫民窟，这是中世纪欧洲最大的犹太人聚集地之一。18世纪，曾有3 000~4 000名犹太人聚居在这个拥挤狭小的名叫"犹太小巷"②的弄堂里。犹太小巷每天晚上、星期日和节假日关闭，犹太人只能在规定的时间内进出。

有历史记载的第一位罗斯柴尔德家族成员——伊萨克·埃尔哈南于1567年在犹太小巷的南半边修建了一幢房子，上面镶了一个"一只手抓住5支箭的红色标志"，寓意着5个儿子同心协力。"红色标

---

① 本书第七章还将介绍私人银行向股份制银行的转变过程。
② 1811年，犹太人获得法兰克福市民身份，而犹太小巷也被拆掉。历史上的犹太小巷所处的位置现在是法兰克福内城东边的一条大街Kurt-Schumacher-Straße。现在，犹太人在旧址附近建立了犹太小巷纪念馆，紧邻犹太人的墓地公园。

志"成为家族名字"罗斯柴尔德"①的由来。家族成员一直居住在这幢房子之中，直到 1796 年。罗斯柴尔德兄弟银行的创始人梅尔于 1744 年出生。他 11 岁时父亲去世，再过一年母亲也去世了。本来，梅尔按照父母的愿望拟成为神父，或许是因为艰难的环境使年纪轻轻的梅尔承担起家庭重任，他决定改变职业，去汉诺威的商人奥本海姆②那里学习商业贸易。

在汉诺威，梅尔遇到了人生中的第一位贵人恩斯特夫将军，进而攀上哈瑙领主，即未来黑森-卡塞尔诸侯国的继承人威廉。这两位权贵都是狂热的钱币收藏爱好者，而梅尔从事钱币兑换业务——一种中世纪犹太人经常从事的业务，对钱币收藏也颇有研究。哈瑙领主经常光顾法兰克福集市，梅尔每次都奉上稀少而难以获得的钱币、古玩等，以满足领主的收藏欲。1769 年，梅尔被授予"黑森-哈瑙领主的银行家"的头衔，对当时的犹太人来说，这是一个非常难得的身份。1785 年，威廉继承其父头衔，成为黑森-卡塞尔领主，梅尔继续服务于他。

钱币收藏让梅尔结识了德意志地区的各领主，并逐渐拓展其他业务。黑森-卡塞尔领主威廉是梅尔的汇票交易和贷款业务的主要客户。梅尔每次去见领主，都会拿出一些罕见的钱币，以引起领主的注意，并建议领主分给他部分汇票业务。1789 年，梅尔第一次参与黑森-卡塞尔领主的小额英国汇票业务。梅尔购买这些汇票，然后以更高的价格在伦敦赎回资本。1798 年，他又得到更大规模的汇票业务，当然他相对于其他法兰克福商人也报出了更好的价格。

---

① 德语之中，Rotes Schild 即 Rothschild，指红色的标志。有意思的是，梅尔·罗斯柴尔德积累大量财富之后，于 1784 年又建了一幢房子，镶上了"绿色标志"，不过家族名字自然没有再改变。

② 奥本海姆是当时有一定地位的德意志商人，后期也转变成私人银行家。

除了钱币兑换业务，梅尔还从事商品贸易（如殖民地商品、羊毛和棉花等的贸易）、汇票交易，还在 18 世纪末期为军队提供军事物资。1792 年，在法国大革命期间，奥地利和普鲁士联军在莱茵河地区与法军作战，梅尔与两位犹太商人为奥地利军队提供补给。战后，由于出色地完成军事物资补给任务，梅尔获得"奥地利皇室银行家"的称号。这个称号无疑提高了犹太银行家在法兰克福金融市场的地位，一些富有的德意志商人开始信任梅尔，将资金交给他管理。

18 世纪末，通过汇票交易、军事物资配送等业务积累了大量资本之后，梅尔和他的儿子们开始开展贷款业务。仍然像汇票业务一样，黑森-卡塞尔领主威廉是罗斯柴尔德家族贷款和债券业务的重要客户。18 世纪和 19 世纪的黑森-卡塞尔领土属于德意志地区的超级大富豪，他们通过"售卖雇佣军"①逐步积累了近 3 000 万古尔登的财产。不同于德意志其他地区的领主，黑森-卡塞尔领主懂得"钱生钱"的道理。他们与法兰克福商人来往密切，又通过贷款等各项业务积累了巨额财富。

梅尔对犹太人的贡献还在于推动法兰克福取消对犹太人的各种限制，使犹太人取得法兰克福公民权。19 世纪初，拿破仑占领莱茵地区之后，于 1806 年任命美因茨大主教卡尔·冯·达尔贝格管理法兰克福，而大主教正好是梅尔的商业伙伴，曾通过梅尔获得多笔贷款。法兰克福犹太人受到法国大革命"自由、平等、博爱"思想的鼓舞，梅尔牵头代表犹太人向大主教申请取消法兰克福对犹太人的各种限制。但在现实面前，政治口号和个人感情都苍白无力。1811 年，犹太人支付了 44 万古尔登的赎金之后，才获得法兰克福公民权。

当然，罗斯柴尔德家族在这笔款项的筹集之中承担主要责任。但

---

① 美国独立战争之时，黑森-卡塞尔领主还将雇佣兵出租给英国人，让其前往美国镇压起义军。

是，达尔贝格大主教没有经过充分讨论就批准犹太人用金钱购买政治权利，这个草率的决策为后来的反复推翻埋下伏笔。法军退却以及达尔贝格的统治结束之后，法兰克福市政府随即推翻了这项给予犹太人公民权的决议。但犹太人已经迈出关键的一步，经过近40年的斗争，犹太人终于在1854年获得法兰克福公民权。那个时期罗斯柴尔德兄弟以及其他犹太银行家实力雄冠德意志地区，甚至成为欧洲金融市场举足轻重的银行家。我们不清楚，法兰克福市政府是不是为了挽留这些犹太金融家而最终给予犹太人公民权。[①]

在19世纪初拿破仑占领期间，法兰克福的其他私人银行家纷纷收缩债券业务，因为他们认为风险太高，梅尔却抓住这个机会快速崛起。此外，梅尔还有一个重要的富可敌国的投资者客户——黑森-卡塞尔领主威廉。1800年，梅尔参与第一只丹麦王国债券的发行，总金额为6.6万塔勒，利率4%[②]，而黑森-卡塞尔领主就是他的投资者。此后，梅尔参与发行多只债券，都卖给黑森-卡塞尔领主，包括1801年规模为16万塔勒的伦巴第债券，1802年规模达20万古尔登的伦巴第债券，同年规模达20万古尔登的丹麦王国债券，1804年规模为20万古尔登的丹麦王国债券等。1801—1806年，梅尔发行了总规模达500万古尔登的债券，而黑森-卡塞尔领主一直是他的主要投资者。

经过20年的发展，罗斯柴尔德家族的财富快速增长，1810年达到80万古尔登。这一年，梅尔建立罗斯柴尔德兄弟银行[③]，这表明其

---

① 罗斯柴尔德家族19世纪20年代就具备了很强的市场影响力，而直到30年之后才得到法兰克福公民权，暂时没有证据表明市政府是因为迫于犹太人强大的金融实力而给予犹太人公民权。这部分的信息参考 Holtfrerich（1999），第120页。
② 参考 Klein（1982），第259页。
③ 罗斯柴尔德兄弟银行由 Mayer Amschel Rothschild & Söhne 翻译而来。参考 Heuberger（1994a）。

完成从商人银行到私人银行的转变，从此金融业务成为罗斯柴尔德兄弟银行的主要业务。但是，这个时期的罗斯柴尔德兄弟银行仍然无法与贝特曼兄弟银行媲美。

1812年梅尔去世之后，他的5个富有商业天赋的儿子进一步将罗斯柴尔德兄弟银行推向巅峰。1804年，纳坦建立了罗斯柴尔德伦敦分行；1812年，梅尔的小儿子詹姆斯建立了巴黎分行；1816年，卡尔在维也纳建立分行；1821年，萨洛蒙建立了那不勒斯分行。而大儿子阿姆谢尔坐镇法兰克福总行。罗斯柴尔德5个兄弟共同管理银行，类似于5个合伙人，组成早期的跨国银行。对于大型金融交易，只有5个兄弟取得一致意见，罗斯柴尔德兄弟银行才能开展这项业务。这个决策机制防范了金融风险。

当梅尔去世时，拿破仑正执行大陆封锁政策，企图封锁英国的海上贸易从而打垮英国。这个时期，罗斯柴尔德兄弟与其他私人银行家一样，从事走私业务，从中获得滚滚利润。[1] 其中，最重要的走私业务就是现金走私。纳坦将金银币从英国运到法国海岸线，詹姆斯接收这些现金，再在法国购买英国兑付的汇票。这个时期，由于封锁政策，英国汇票在欧洲大陆的价格非常低。詹姆斯购买汇票之后，再将汇票寄给纳坦，由纳坦在伦敦按照面值全款兑付。以此循环往复，获得套利利润。有意思的是，这个操作还得到了法国政府的支持，因为法国人认为这样可以减少英国的货币量，打击英国经济。不过，法国政府也不相信罗斯柴尔德兄弟，派出秘密警察跟踪，发现罗斯柴尔德兄弟为黑森-卡塞尔做事，但没有发现两兄弟还为英国的威灵顿将军秘密筹资。威灵顿将军也就是那位日后在滑铁卢打败拿破仑的将军。

---

[1] 这部分内容参考 Heuberger（1994b），第48至49页。

正是这一次正确的押注，才使罗斯柴尔德兄弟脱颖而出，成为当时欧洲银行界的佼佼者。

当时，威灵顿还在西班牙与当地起义军一起对抗法军。威灵顿一直被资金不足困扰，他以英国政府名义开出汇票，由于此类汇票数量太多，以致贴水严重。罗斯柴尔德兄弟看到机会，他们从巴黎开出汇票，目的地是威灵顿能顺利兑付的法国边境城市，或者将英国政府特别铸造的金银币直接走私到法国，并带给威灵顿。只要获得源源不断的资金，威灵顿就可以继续在西班牙反抗法军，使得西班牙成为法兰西帝国流血的脓疮。这笔业务风险和成本极大，罗斯柴尔德兄弟并没有获得太多利润，但是其与英国政府建立的业务联系却非常有价值，并获取了英国政府的信任。之后，英国政府授权罗斯柴尔德兄弟将资金输送到欧洲大陆各个反法同盟国家，支持当地的反抗法军行动。借此机会，罗斯柴尔德兄弟与欧洲大陆各个王国建立联系，并获得对方的信任和支持，为拿破仑战争之后的债券发行业务打下基础。

1815 年，拿破仑兵败滑铁卢，法国被迫第二次签订《巴黎条约》，欧洲再次迎来和平。拿破仑战争之后，各国都需要大量贷款以重建经济。这个时期的国际金融市场已经初具规模，以伦敦、阿姆斯特丹和法兰克福为主。罗斯柴尔德兄弟这时已经建成了分布在欧洲 5 个金融中心的跨国银行，足以应对新的挑战。5 个兄弟互通信息、互相支持，利用分布在各个金融中心的网络，为各国债券发行提供更好的服务，并准备在这个业务领域大展身手。

普鲁士虽然赢得战争，但债务累累，法国的赔款也远远不能解决债务问题。1814 年，战争结束前夕，普鲁士的债务总额达到 7 000 万塔勒。由于无法偿还部分短期贷款，市场上普鲁士的贷款利率高达 24%。战后，普鲁士向银行借入部分短期贷款，但无法解决庞大的债务问题。1817年11月，普鲁士经过多次讨论，最终决定发行大额长期债券，以一次性解决短期债务问题。

除了咨询柏林的银行家，普鲁士还询问了当时全球最大的金融市场伦敦的银行家。纳坦获得信息之后，与其他兄弟协商，并向普鲁士报出初步价格[1]，即债券发行规模为1 000万塔勒，债券发行价格为面值的70%。这个报价是普鲁士获得的最好报价，被普鲁士政府批准。但此后不久，法国、俄罗斯和奥地利都在市场上融资，债券发行条件恶化。1818年1月，纳坦只能修改债券发行条件，债券发行规模提高到1 200万古尔登，但发行价格降到面值的60%。经过多轮磋商以及竞争者的干扰，债券发行协议于1818年3月签订。普鲁士发行3 000万塔勒，发行价格分为3档，分别是面值的70%、72.5%和75%，而债券存续期限达到26年。罗斯柴尔德兄弟银行也获利颇丰，4%的佣金意味着120万塔勒的收入，何况等后续利息和本金支付之时，罗斯柴尔德兄弟银行还能从中获利。

这是罗斯柴尔德兄弟银行发行的规模最大的债券，奠定了该银行在国际金融市场的地位。1816—1820年，5个兄弟或者联合行动，或者单独行动，总共承销了近1.2亿古尔登的债券。[2]当时，这是一个惊人的数字。

罗斯柴尔德家族也终于站上事业的巅峰。坐镇法兰克福总部的阿姆谢尔当时已经50多岁，成为法兰克福的神秘人物。他所拥有的财富令人震撼，但犹太人的出身又被人鄙视，甚至身为犹太人还没有法兰克福公民权。这是一位让人羡慕、令人敬畏，但不受人尊敬的无冕之王。当时，在法兰克福证券交易所的集会地点——布兰费斯庭院

---

[1] 这个案例参考Heuberger（1994b），第56至58页。
[2] 参考Wormser（1919），第12页。

中，阿姆谢尔一直穿着黑色的燕尾服，戴着白色领带，站在交易所为他特制的草席上决定着当天的利率和汇票价格。一旦他生病或者身体不舒服，法兰克福的利率便上升。[1] 罗斯柴尔德兄弟银行充当着中央银行。不久之后，随着更强大的股份制银行纷纷诞生，罗斯柴尔德兄弟银行等知名私人银行的实力相对下降。

英国和德国私人银行的比较

金匠银行是英格兰地区最早产生的私人银行。除此之外，英国还存在特别的城市银行和乡村银行。城市银行一般指伦敦城的银行。18世纪，由于英格兰银行的竞争和特权，城市银行无法发行纸币，伦敦证券交易所也没有它们的业务空间，于是它们为乡村银行提供金融服务，包括汇票贴现和纸币业务等。一般一家城市银行服务多家乡村银行，帮助它们链接到英格兰的货币市场。乡村银行自然为各个乡村或小城市办理贷款、汇票交易等业务，规模普遍非常小。工业革命催生了融资需求，但当时英国的金融体系难以满足这一需求。这种融资需求逐渐被英国特殊的乡村银行填补。18世纪中叶，英格兰地区存在30家这类私人银行，威尔士和苏格兰还有近10家。1776年，这类银行的数量增长很快，达到150家，其中1/3是城市银行。1797年，这类银行的数量增长到300家。1803年，银行数量达到540家，其中70家为城市银行。[2] 而拿破仑战争时期银行数量更是超过800家。

英国乡村银行为工业革命做出了卓越贡献，但这种金融体系的弊端也显而易见。1825年，所有乡村银行的资本金总额仅为600万英镑，不到英格兰银行资本金的一半。平均每家乡村银行所能动用的资

---

[1] 参考 Wormser（1919），第16页。
[2] 参考 Born（1977），第50页。

金不过1万英镑。乡村银行往往缺乏长期的银行经营经验,其服务的客户也较少。规模小和客户少两者结合在一起,导致乡村银行抵抗风险的能力很差。1790—1826年,英国记录的银行破产案例达到334例。单单1826年,就有60家银行破产。

英格兰银行运用特权防止英格兰地区产生类似的股份制银行,以至于英格兰地区形成非常奇怪的银行体系,即英格兰银行一家独大,而其他银行规模都非常小,围绕英格兰银行寻找业务空间。直到1825年英国发生严重的金融危机之后,英国政府才被迫放开股份制银行设立的条件,改革英格兰银行一家独大的金融体系。此后7年,英国共成立28家股份制银行。1833年,英国进一步放松法律限制,到1844年英国有140家股份制银行,总共拥有600家分行或者支行。[①] 苏格兰地区不受英格兰银行的特权影响,其金融业务主要被当地的股份制银行垄断。

英国也存在类似于德意志地区私人银行的银行,但缺乏多样性。巴林银行就是从商人团体转变而来的私人银行。与德意志地区的私人银行一样,巴林银行也通过投资银行业务而迅速壮大。家族事业创始人约翰·巴林是德意志地区北部不来梅一位神父的儿子,他来到英国从事布匹贸易。他的儿子约翰和弗朗西斯于1763年在伦敦成立巴林公司,从事商品进出口业务,很快就进入信贷领域。1803年,美国政府拟从法国手中购买路易斯安那,巴林兄弟与阿姆斯特丹的厚普银行一起承担了1 100万美元的债券业务。这笔业务标志着巴林银行成为当时欧洲债券市场的领头羊。有意思的是,巴林银行借助美国政府的债券发行业务而快速崛起,而英国政府信用太好,那个时期不需要银

---

① 参考 Cameron(1963)。

行中介，自身就可以完成债券发行，以至于英格兰存在发达的金融市场，却难以孕育一批强大的投资银行。

德意志地区不存在类似英格兰银行的巨无霸和拥有垄断特权的银行，也没有区分乡村银行和城市银行，更没有很多金匠出身的私人银行。德意志地区的私人银行多数由商人团体转变而来，只有犹太人开的私人银行从钱币兑换等领域起步。德意志地区缺乏中央集权，诸多王国组成松散的联盟，以至于存在多个商贸中心，如法兰克福、汉堡、维也纳、科隆、斯图加特、柏林、莱比锡、慕尼黑、汉诺威等。另外，德意志地区的金融发展相对落后，但德意志地区的交易所是公法机构，不限制各类商人和投资者参与。这种状况给私人银行的产生和发展创造了良好的环境。特别是当奥地利、普鲁士等德意志实力较强的王国也开始通过债券融资参与越来越激烈的国家竞争时，德意志地区的私人银行如雨后春笋般冒出来。19世纪，德意志地区一度存在约2 000家私人银行，远远超过英格兰。

除了私人银行的类型、数量和规模，德意志和英格兰地区私人银行的区别还在于主营业务不同。德意志地区的私人银行主营业务包括汇票交易、贴现、企业融资和债券发行业务，铁路股票市场发展之后还包括股票发行。英格兰私人银行却没有太多从事债券发行的投资银行业务。当时世界主要强国之中，法国主要依靠罗斯柴尔德兄弟银行发行债券融资；奥地利通过贝特曼兄弟银行发行债券，后期与维也纳的罗斯柴尔德兄弟银行合作更多；普鲁士主要与法兰克福的3家私人银行合作，包括贝特曼、梅茨勒和罗斯柴尔德；俄国的债券发行先被巴林银行和厚普银行垄断，后来柏林的私人银行参与进来；巴林银行在19世纪中叶之前一直为美国政府提供债券发行服务。服务于这些欧美强国的银行家多数来自德意志地区，而不是金融市场更加发达的英国和荷兰，这不得不让人惊讶。

那么，为什么德意志地区的私人银行和英国的私人银行会演变出如此不同的模式呢？首先，英国的银行可以发行银行券，它们很早就发展了存款业务。英国的乡村银行业务种类受限，多数吸收存款，然后贷款给附近的企业。其汇票交易等金融业务需要借助伦敦的城市银行进行。而德意志地区的私人银行难以发行银行券，自然也难以吸收存款，它们依赖当地的集市或者交易所从事汇票交易、债券发行、股票发行和工业企业投资。其次，伦敦证券交易所是一个封闭式的会员制交易所。会员都是经纪人或交易商，并且交易所规定经纪人或者会员不能从事其他职业。伦敦的私人银行不是交易所会员，难以从事交易所相关业务。而德意志地区的交易所都是开放式的，私人银行家是交易所的重要参与者，甚至长期担任交易所主席。依托交易所，德意志地区的私人银行可以从事广泛的业务。这两个特点导致德意志地区的私人银行业务范围更广，也没有银行挤兑的风险，因此倒闭的概率较英国私人银行更小，至少德国没有发生类似英国的周期性银行倒闭潮。德意志地区的股份制银行也继承了私人银行的基因。

为什么短短三四十年之间法兰克福能快速崛起成为欧洲知名的金融中心？固然，德意志地区的融资需求和潜力是重要因素。自由竞争的市场是私人银行良好发展的土壤。公法性质的德意志地区交易所为私人银行发展创造了条件。政治环境变化也在一定程度上有利于法兰克福。18世纪末到19世纪初的拿破仑战争主要在德意志地区的土地上进行。该地区战后重建的任务特别迫切，而巴黎金融市场被排除在外。拿破仑摧毁荷兰之后，阿姆斯特丹在一段时间内难以提供国际性金融服务。如此，需求特别强烈，而供给方面却突然少了两个强劲竞争对手。时代的幸运之锤砸中法兰克福，法兰克福金融市场就在这种环境之中迅速崛起。起源于法兰克福的罗斯柴尔德兄弟银行成为欧洲银行业领导者也并不令人意外。

领先的德意志金融中心

19世纪20年代,法兰克福成为欧洲中部地区最知名以及富有影响力的金融中心,债券是法兰克福的主要证券产品。1829年,法兰克福债券市场的日均交易量已经达到150万古尔登。[1] 德意志其他地区交易所并没有相应的交易数据。不过,按照当时学者[2]的估计,法兰克福的交易规模可以傲视德意志的其他交易所。这个时期,债券取代汇票和钱币,成为交易所主要的证券产品,而法兰克福与伦敦、巴黎和维也纳一起成为世界性金融中心。这个时期,罗斯柴尔德兄弟分别居住于5个金融中心,统治着欧洲金融市场,影响力达到巅峰,直到股份制银行登上历史舞台。

债券市场发展的不同阶段

早期法兰克福债券市场发展可以划分成4个阶段。[3]

第一阶段:18世纪60年代至1806年。在这个阶段,法兰克福债券发行规模快速增长。18世纪60年代和70年代,德意志各王国在法兰克福发行了大约700万古尔登的债券;而80年代和90年代,发行规模几乎是此前的10倍,达到6 700万古尔登。1795年,债券发行规模达到最高峰,即2 000万古尔登,此后市场开始走下坡路。1801—1806年,市场又短暂经历一段发展良好的时光。

---

[1] 参考Wormser(1919),第16至17页。
[2] 参考Wormser(1919)和Gömmel(1992)。
[3] 参考Ullmann(2009),第122至124页。

18世纪末，法兰克福受到法国大革命和拿破仑战争的负面影响，但阿姆斯特丹却遭到毁灭性打击。1795年，第一次反法同盟战争期间，法军占领荷兰，促使阿姆斯特丹大部分商品交易和金融交易迁往汉堡、伦敦，之后伦敦取代阿姆斯特丹，成为欧洲领先的金融中心。

第二阶段：1806—1815年，债券市场几乎陷入停滞状态。这个时期，拿破仑横扫欧洲各国，战败的奥地利元气大伤，偿付债券变得困难。同时，快速变动的政治军事环境也引发债券价格的剧烈变动[1]，以至于债券几乎无法销售出去。1796年，奥地利在法兰克福发行的55只债券的名义价值为4 300万古尔登，而奥地利被拿破仑打败之后，这些债券丧失了40%的价值。[2] 尽管贝特曼兄弟银行等银行仍努力销售债券，但是投资者在这种环境之中并没有心情投资。动荡的政治环境促使富有的投资者，如黑森-卡塞尔领主将资产转往国外，而不是继续投资债券。

这个时期，欧洲大陆由于持续的战争而丧失大部分融资能力。伦敦持续为欧洲大陆反法同盟国家提供贷款和债券发行服务。在很多情况下，伦敦的私人银行不愿意介入这些业务，因为风险和收益不匹配。英国政府只能出台补贴政策，支持私人银行销售欧洲大陆国家的债券。其间伦敦进一步扩大了其金融市场的领先优势。

第三阶段：1815—1850年，债券市场回暖，债券投资重新获得投资者信任。拿破仑战争之后，欧洲政治版图重归平静，债券市场也再次快速发展，市场上甚至出现一轮债券投机交易。同时，各国在战

---

[1] 参考 Handelskammer zur Frankfurt am Main（1908），第1104页，以奥地利利率为4%、4.5%、5%的债券和法兰克福利率为4%的债券的价格为例显示价格的剧烈变动（1797—1814年）。

[2] 参考 Plumpe and Rebentisch（2008），第62页。

争之中元气大伤，需要发行债券来融资，以弥补日益严峻的财政赤字。这个时期发行的债券与此前有所不同，不再由单个银行在单个地区负责承销，而是银行之间组成银行团，在多个金融中心承销，债券发行具备国际发行的特点。罗斯柴尔德家族的5个兄弟分别位于5个金融中心，负责债券在这些金融中心的承销，极大地增强了罗斯柴尔德兄弟银行的竞争实力，使其成为当时欧洲金融市场的无冕之王。1820年之前，罗斯柴尔德兄弟银行承销了11亿古尔登的债券，而1826—1855年至少承销了6.8亿古尔登的债券。

第四阶段：1850年之后，美国成为主要发行人。1850年之前，奥地利政府一直是法兰克福债券市场主要的发行人。此后，美国赶上并很快超过奥地利，成为法兰克福债券市场的常客（见表4-1）。这个时期，美国正如火如荼地进行铁路建设，铁路里程两倍于德国和英国。债券市场是美国铁路公司获得资金的主要渠道。一直以来，美国铁路公司试图在欧洲销售债券。但是，新大陆的债券被认为风险较大。美国铁路公司提供6%~7%的利率，债券发行价降低到面值的70%~80%，英国和法国投资者仍然觉得风险过大，不愿意购买。这些债券在德国市场找到了投资者，多数通过法兰克福销售到德意志地区南部和瑞士。美国，这个充满希望的国家，也是德裔移民的主要目的地。1852年，美国圣路易斯政府以7%的利率在法兰克福销售债券。同一年，一只纽约铁路债券也以同样的利率销售。1854年，总共29只美国铁路债券在法兰克福上市，利率为5%~7%。[1]法兰克福私人银行拉扎德等在纽约设立办公室，以更好地处理法兰克福和纽约之间的金融业务。

---

[1] 参考 Holtfrerich（1999），第147页。

表 4-1 法兰克福发行的境外债券数量

时期	奥地利	匈牙利	丹麦	法国	荷兰	意大利	俄国	西班牙	美国	其他
1797—1800 年	10	/	2	/	/	/	/	/	/	1
1801—1820 年	4	/	/	/	2	1	1	/	/	1
1821—1830 年	5	/	2	/	/	2	/	4	/	1
1831—1840 年	5	/	/	9	2	/	1	2	/	3
1841—1850 年	7	3	/	3	3	3	4	1	1	1
1851—1860 年	17	3	/	5	/	13	/	2	35	4

数据来源：查尔斯·金德尔伯格（2010），第 244 页。

法兰克福债券市场的投资者结构逐渐多元化和国际化。根据相关专家的研究结果[1]，早期法兰克福债券市场的投资者包括法兰克福的私人银行、商人，德意志其他地区的贵族，以及来自阿姆斯特丹、法国、奥地利等地的投资者。[2] 其中，私人银行投资债券市场的目的主要是短期投资或投机，他们不会长期持有法兰克福发行的各类债券。与私人银行相反，德意志地区的领主、家族等早期的机构投资者往往长期投资于债券市场。这些投资者是早期法兰克福债券市场的重要资金提供方。18 世纪末期，法兰克福附近的富有个人也成为债券投资者。比如，贝特曼-梅茨勒家族的一位成员于 1813 年逝世，其留下的遗产中一半是债券。

当然，大多数的债券投资者来自法兰克福之外的地方。19 世纪初，贝特曼兄弟银行拥有 1 611 个客户[3]，其中 53% 为德意志地区的个人和公司，16% 来自荷兰地区，10% 来自法国，8% 来自奥地利。当然，法兰克福与英国、意大利、俄罗斯、瑞士也有广泛的商业联系

---

[1] 参考 Ullmann（2009）。
[2] 参考 Holtfrerich（1999），第 113 至 114 页。
[3] 参考 Ullmann（2011）。

和业务往来。当时，法兰克福吸引着西欧、中欧、东欧、南欧等地区的资金。至于原因，当时的法兰克福为帝国自由城市，不属于任何一个王国或领地，类似于现代的离岸金融中心。正是这种独特的政治地位，使法兰克福能够游离于国际政治和经济斗争之外，而广泛吸引各地的资金来法兰克福寻求融资和投资机会。[①]

钱币债券、彩票债券和债券远期

法兰克福债券市场一直创新产品，以满足投资者和发行人的需求。战后的奥地利财政状况不佳，产生通货膨胀，其国债难以吸引投资者。1818年，贝特曼兄弟银行领导伦敦的巴林银行以及阿姆斯特丹、维也纳和汉堡的银行一起组成当时世界上最豪华的银行团，为奥地利发行规模达5 000万古尔登、利率为5%的债券。银行团提出一个创新想法，即奥地利政府用金银币支付债券利息，而不是奥地利纸币。这类债券就是所谓的钱币债券[②]。尽管成功发行，但是钱币债券也需要贴水发行，发行价格仅仅为面值的70%~80%。

战争之后的奥地利需要更多的资本解决财政赤字问题，发行钱币债券难以满足日益增长的融资需求。于是银行家们又创造了一种债券，即彩票债券。该债券利用个人投资者的赌博心态，面值设计得更小，大多数个人投资者都可以购买，从而在市场上受到欢迎。彩票债券本质上是一种不支付利息的债券，它与其他债券一样也定期偿还本金，只是每个投资者并不是得到固定金额的收益，而是根据运气好坏抽到更高或者更低的收益，类似于彩票。当然，与债券一样，

[①] 参考 Holtfrerich（1999），第113至114页。
[②] 钱币债券即 Metalliques-Anleihen，指使用金币或银币支付利息的债券，Metalliques 即金属。

彩票债券也在市场上自由交易,交易价格高低反映了投机氛围的浓厚程度。

1820年,奥地利新发行的彩票债券将债券投机推向高潮。罗斯柴尔德兄弟银行和汉堡的帕里什兄弟银行借鉴彩票推出了一种新债券,部分债券持有者可以额外获得20%的收益,而这个收益像彩票一样需要一定的运气才能抽到。1820年,罗斯柴尔德兄弟银行为奥地利发行了两只彩票债券,规模分别为2 080万古尔登和3 750万古尔登。1821年3月1日,该彩票债券开始抽奖之前,其价格经过投机者炒作居然达到200古尔登,是债券面值的两倍。当时,普通债券的发行价格仅仅是面值的77%。可见当时德意志地区的个人投资者也热衷于投机,几乎无视基本面而跟风炒作。

当年7月1日,第一只彩票债券在维也纳的交易价格下跌到134.5古尔登,奥格斯堡和慕尼黑的交易价格稍微高一些。1822年初,投资者终于认识到彩票债券与其他普通债券并无本质差别,其价格继续下跌到100古尔登,接近债券的名义面值。其间,奥格斯堡和慕尼黑的商人们损失惨重,部分商人甚至破产。

当通过普通债券难以融得足够资金时,彩票债券的成功发行缓解了奥地利等国的财政赤字困境。直到1880年,彩票债券一直是法兰克福乃至欧洲证券市场上非常受欢迎的金融产品。[1] 或许是个人投资者花费半个世纪终于认识到彩票债券的欺骗性,不再上当,才使得彩票债券逐步退出历史舞台。

投机尽管给部分投资者带来惨重损失,但吸引了更多的投资者参与债券交易。除了传统的私人银行、大商人,政府工作人员、手

---

[1] 参考 Baehring(1985),第79页。

工业者、小商贩等社会各个阶层的人群都开始参与债券交易。彩票债券更是吸引了很多资本较少的个人投资者进入资本市场。法兰克福成为欧洲知名的金融中心,不仅是重要的债券发行地,也是债券交易场所,与伦敦、维也纳、巴黎、阿姆斯特丹等金融中心联系紧密。

19世纪初,随着国债交易越来越活跃,国债的衍生品交易也在法兰克福产生。1825年开始,债券的衍生品交易获得较大发展,为投资者提供了更多投机工具。尽管阿姆斯特丹和伦敦早在17世纪就产生了衍生品交易,但该业务在法兰克福一直存在争议。1816年之后,债券衍生品交易成为常规业务,被多数商人接受。但是部分商人却建议市政府禁止开展债券的衍生品交易,因为他们认为这类衍生品交易会带来金融危机[1],而社会上也普遍持有该观点。衍生品交易的德语原义是"时间业务"[2],即未来某个时间进行结算的业务。在当时的法兰克福,这类业务通常与"欺骗""虚假业务"等紧密相连,而现货业务被认为是真正的商贸业务。人们认为"时间业务"只能带来混乱和风险。

法兰克福没有出台法律禁止债券的衍生品交易。不过,衍生品交易的价格多数时间也没有被列入法兰克福商会公布的官方价格表。1825年12月29日的证券价格表是例外。那天的价格表除了标明奥地利国债、城市债券和银行股票的现货价格,还标出了期限为3个月的远期价格。[3] 当时德意志各王国之中,普鲁士禁止证券产品的衍生

---

[1] 参考 Gömmel(1992),第135页。法兰克福当时对待衍生品的态度与中国现阶段也类似。

[2] "时间业务"德语为 Zeitgeschäft 或者 Termingeschäft。

[3] 参考 Baehring(1985),第80页。

品交易，但是这类禁令没有发挥太大作用，因为商人可以去德意志其他王国签订衍生品交易合约。①

除了衍生品交易，卖空、价差交易也出现在法兰克福证券市场之中。这些交易方式丰富了市场的投机工具。19世纪20年代之前，法兰克福证券交易所的主要交易产品是汇票和钱币，而之后债券等证券产品登上历史舞台，并逐渐成为交易主角，以至于部分学者认为19世纪20年代法兰克福证券市场及法兰克福证券交易所形成及成立。

法兰克福与柏林的比较

债券数量显示这个时期的法兰克福金融市场领先于柏林。1848年1月29日的价格表显示，法兰克福共有18类债券，44次发行，其中17次是德意志地区以外债券的发行；而1847年12月31日柏林的价格表显示，同时期的柏林存在12类债券，25次发行。德意志其他地区交易所之中，汉堡存在9次债券发行，莱比锡8次债券发行，维也纳5次债券发行。②1852年，除了德意志地区的20只债券，法兰克福还存在72只其他地区发行的债券。在法兰克福，不仅债券发行人来自周边各个德意志地区乃至欧洲国家，投资者也非常国际化。随着市场的发展，法兰克福经纪人数量快速增加。1812年，法兰克福仅仅存在12位汇票经纪人，1822年增长到50位，而1843年经纪人数量增长到159位。③

与债券不一样，法兰克福在股票市场方面落后于柏林。1847年柏林的价格表显示柏林存在30只股票，而法兰克福仅有8只铁路股

---

① 参考 Jaskulla（1995），第82页。
② 参考 Baehring（1985），第94页。
③ 本书第五章专门讲述法兰克福经纪人业务的发展和博弈情况。

票和 2 只银行股票。这个时期，科隆私人银行家沙夫豪森、奥本海姆、赫斯塔特和斯坦积极参与铁路公司组建和铁路股票发行。科隆当时已经属于普鲁士，这些科隆私人银行家发行的股票都在柏林交易。柏林当地的知名私人银行家布莱希罗德和门德尔松也大量参与铁路股票发行。法兰克福领先的私人银行贝特曼和罗斯柴尔德对新出现的股票业务的态度相对保守。19 世纪 40 年代和 50 年代，铁路股票虽经历了大起大落，但还是逐渐成为德国工业革命的标志，在德意志统一之后更是与工业股票一样成为金融市场的主角。法兰克福在德国股票市场发展过程之中逐渐落后于柏林，并且差距越来越大。

在股票市场起源之初，需要一定数量的风险偏好较强的本地投机者。19 世纪 40 年代，法兰克福的居民数量仅为 2.6 万，而柏林和科隆分别为 41 万和近 10 万。[①] 缺乏足够的本地投机者，是法兰克福私人银行难以参与股票业务的原因之一。来自德意志地区南部、意大利以及荷兰地区的投资者都参与法兰克福的债券投资。对这些国际投资者来说，参与法兰克福的股票投机的风险太大。

19 世纪 60 年代，法兰克福吸引了美国政府债券和铁路债券，使其在债券领域保持相对于柏林的领先优势。美国内战期间，法兰克福押注北方政府债券，获得良好的回报。这个时期，6 只美国政府债券、19 只美国各州债券、20 只美国城市债券、13 只美国铁路股票和 82 只美国铁路债券在法兰克福挂牌上市。1871 年德意志统一之前，法兰克福在债券领域一直保持相对于柏林的优势，其也是德意志地区主要的金融中心。法兰克福交易所与伦敦、巴黎和维也纳的交易所一样，属于欧洲大陆上具备世界影响力的交易所。

---

① 参考 Gömmel（1992）。

然而，美国债券是法兰克福作为德意志金融中心最后的支撑。此后，柏林作为新生的德国首都享受了天时地利，特别是抓住了铁路股票和工业股票快速发展的机会，成为德意志统一之后的金融中心，还一度成为与伦敦齐名的金融中心。

第五章

公法特性的法兰克福交易所

19世纪初，拿破仑横扫欧洲，不仅使欧洲政治经济版图大幅调整，也直接影响了法兰克福证券交易所的发展轨迹。在法国的干预之下，法兰克福交易所结束了持续200多年的私人俱乐部运营方式，引入交易所运营商概念，这成为此后德意志各地区交易所的标准设计，也深刻影响了此后德意志各地区交易所的改革。随着债券交易逐渐活跃，股票也陆续上市，法兰克福证券交易所颁布新规则和新制度，建立最基本的制度雏形，这成为此后制度演变的起点。与此同时，柏林的影响力后来居上，逐渐超过法兰克福，成为德意志地区的金融中心。

法兰克福商会成立之后，法兰克福进一步增强交易所的公共机构属性，使法兰克福交易所与伦敦证券交易所分道扬镳：前者逐渐成为公法特性的交易所，而后者逐渐演变成会员制交易所。那么，法兰克福是在哪种背景之下发展出交易所运营商概念的？其与同时期的英国交易所的演变路径有何区别？如何理解这个时期的交易所和交易所运营商？伦敦的经纪人经过数百年博弈而成立伦敦证券交易所，法兰克福的经纪人也一直在博弈，博弈结果却与伦敦大相径庭，原因何在？

新的交易所运营商

1808 年，法兰克福商会的成立改变了法兰克福证券交易所的演变路径。法兰克福商会作为一个半官方机构，成为交易所运营商，是 1585 年之后法兰克福交易所发生的第二个重要变化。这是拿破仑战争期间法兰克福政治环境变化的产物。法兰克福商会成为交易所运营商，永久地改变了法兰克福证券交易所的演变路径。

法兰克福商会的成立

18 世纪末，拿破仑率领法军进入法兰克福，剥夺了法兰克福自由城市的地位，将其转让给美因茨的大主教卡尔·冯·达尔贝格管理，这一时期的法兰克福被称为法兰克福大公国。1808 年 4 月 27 日，卡尔·冯·达尔贝格参照法国的经验建立了法兰克福商会，并任命当时的大公国专员，即两年之后的财政部长博伊斯特为商会主席。原先法兰克福商人代表处的代表，也即交易所主席[①]作为商会管理委员会的成员。商会管理委员会的其他 9 名成员从总共 40 位商人之中选举产生，并经卡尔·冯·达尔贝格确认之后成立法兰克福商会管理层。

法兰克福商会成为交易所的运营主体。1808 年 5 月 18 日，法兰克福商会正式成立。商会成立之初，主要任务是为法兰克福提供商业贸易领域的建议，维持法兰克福金融交易有序进行，即此前法兰克福商人代表处和交易所承担的职责。法兰克福商会建立了 3 个部门，分别负责商务法律、航运和关税、交易所事务。此前的法兰克福交易所管理委员会自然就解散了，其所拥有的财产都划入法兰克福商会。这样，法兰克福商会成为交易所的运营主体，交易所也结束了持续 223

[①] 当时的两位主席是约翰·格哈德·霍夫曼和约瑟夫·克莱恩曼。

年的互助合作协会或者私人俱乐部性质的历史。

但是，这个时期的法兰克福证券交易所还不完全是公法体系下的公共机构，而是半官方性质的机构。这与法兰克福商会的性质有关。法律没有明确规定法兰克福商会的性质，但是该商会由法兰克福大公发起成立，具备类似法兰克福市政府部门的半官方性质。法兰克福大公国时期，法兰克福公共财政、贸易、工厂和艺术管理部①负责监管商会。1813年，法兰克福重新成为自由城市之后，财政局②成为商会的监管机构。财政局也管理宣誓经纪人、监管汇票交易等。法兰克福商会介于市政府和市场机构之间，属于半官方性质的机构。

1813年，短暂存在的法兰克福大公国随着拿破仑征讨俄国的失败而快速解体，法兰克福重新成为自由城市。法兰克福商会却继续存在，只不过全称改成了"自由城市法兰克福商会"。在1866年并入普鲁士之前，法兰克福一直是自由城市。

法兰克福商会的职责

法兰克福重新恢复自由城市地位之后，法兰克福商会的法律性质引起社会的普遍关注和持续争论。法兰克福市政府、财政局和商会之间就此进行了长达两年的争论和交锋。1817年5月20日，法兰克福

---

① 为了方便表述，简称财政部。
② 财政局由Rechneiamt翻译而来，实际上只是法兰克福市财政局下面的一个办公室，负责管理城市收入和支出、负债、市政府所持有的物业等。18世纪和19世纪相继增加其他职责，如宣誓经纪人管理、汇票相关监管事项等。法兰克福市财政局还包括其他科室，如存款管理办公室、资产评估办公室、钱币管理办公室、拍卖管理办公室、预算委员会等。为了叙述简单，这里把负责监管经纪人和交易所业务的机构称为法兰克福市财政局。

市颁布一部法规《关于自由城市法兰克福商会组织的规定》[①]。这是法兰克福第一次将交易所组织写入法规，可以称为德国《交易所法》的雏形，也奠定了此后50年法兰克福证券交易所的法律基础，尽管此时法兰克福证券交易所还没有作为一个独立机构登上历史舞台。

这部规定明确指出法兰克福商会代表当地商人的利益，是商人们的组织机构。在市政府的授权下，商会的主要工作是促进当地商业的发展和繁荣，并避免可能对商业不利的事项。商会[②]由20名成员组成。法兰克福市政府处理所有与商业有关的事务时，应与法兰克福商会联系，并共同组成委员会处理具体事项。商会有权利且有义务就维持和促进当地商业活动提出建议，包括向主管当局、市政府或财政局提交评估报告。法兰克福在制定关于汇票、商品交易、经纪业务、远期贸易，以及造币、运输和货运或一般商业活动的新规则或新法令之前，或在更改有关法令或规则之前，每次都应听取商会的意见。在授权经纪业务资格时，主管当局应事先听取商会的意见。商会有权起草关于争议事项的评估报告，或应法院的要求，准备评估意见。

该规定第9条明确提出商会监管当地的证券交易所。商会负责交易所的开门和关闭，并确保主管当局发布的公告以及证券交易所发布的其他公告都被参与交易的商人了解。在没有得到商会允许的情况下，任何公告都不可在交易所公开发布。

这部规定明确了法兰克福商会的法律性质。很明显，法兰克福商会不是一般的私营性商业机构，而是一个代表当地商人利益的公法性

---

① 《关于自由城市法兰克福商会组织的规定》即 "Verordnung [des Großen Rats] über die Organisation der Handels-Kammer der freien Stadt Frankfurt"，见 https://www.frankfurt-main.ihk.de/ihk/200jahre/freistaedtische_zeit/index.html。

② 这里其实指商会的执行董事会。按照现代理解，商会是包含所有商人的类似协会的组织，而执行董事会类似于公司的管理层，处理商会相关的行政事项。

质的组织，其目的是促进当地商贸发展和繁荣。这部法规明确了法兰克福商会代表的产生程序，其所拥有的权利和承担的职责，也明确了商会与市政府的关系，即商会类似于市政府的行业智囊。对于交易所相关的汇票交易规则、商品交易规则或者经纪人规则，以及宣誓经纪人授权等事项，市政府必须听取商会的意见。这些事项都与金融市场发展相关，商会可直接参与。这个时期，只有信仰基督教的法兰克福市公民才拥有商会选举权和被选举权。直到1853年9月12日，法兰克福颁布《组织法》之后，法兰克福市政府才给予农村居民和犹太人公民权，同时删除了商业活动中关于宗教信仰的限制。

法兰克福商会成为交易所的运营主体，甚至成为交易所的监管机构。实际上，市政府仍然是交易所乃至金融市场的监管机构。按照现代说法，法兰克福商会是交易所的运营商。这是德国交易所发展历史中的特别之处，即第一次出现交易所运营主体的概念。与此同时，法兰克福第一次在一部法规[①]之中使用"交易所"（Börse）这个词。但是，法规中使用"交易所现场"（Börse-Local）一词，表明这个时期的交易所只是一个地理代称，即指商人聚会并进行金融交易的场所，而不是现代意义上的交易所。交易所还没有作为一个独立机构出现在法律之中。法兰克福证券交易所的名称还没有出现，至多被称为法兰克福交易所，即Frankfurter Börse，也即法兰克福的交易所，它仍是一个地理代称。尽管交易所的概念还比较模糊，但是法兰克福出现了"交易所"和"交易所运营商"两个概念。

---

① 第9条的德文原文如下：§9 Die Handelskammer hat die Aufsicht über das Börse-Local.Sie läßt solches öffnen und schließen, und sorgt dafür, daß sowohl die von den öffentlichen Behörden beabsichtigte als andere Bekanntmachungen durch den Börsenanschlag zur Kenntniß des Handelsstandes gebracht, und ohne ihr Vorwissen nichts öffentlich daselbst angeschlagen werde, und bleibe.

法兰克福商会是交易所自律监管的主体。在德国第一部《交易所法》生效之前，法兰克福商会既是交易所的运营主体，也是交易所的监管机构，即集运动员和裁判的身份于一身。当然，商会并不追求盈利，这个独特的规定没有影响商会公正地履行其职责。还有，这部法规特别强调了交易所公告，即信息披露的重要性，明确交易所内的公告由商会负责。这是我们所能查到的最早的关于交易所信息披露的监管要求。此后50年左右，法兰克福证券交易所一直由商会监管。而交易所相关的法规仍然由法兰克福市财政局乃至市政府制定。这个时期，法兰克福还没有出现专门的金融相关法律，各个监管机构之间也没有明确的分工，以至于商会与财政局之间经常出现矛盾，这也是交易所发展历史上的有趣插曲。

19世纪初，法兰克福和伦敦的交易所演变走上不同的道路。法兰克福放弃了协会或私人俱乐部性质的市场组织机构，出现半官方性质的交易所运营商，交易所仍然是地理代称或者指代商人聚会活动。而伦敦的经纪人组成交易所管理委员会，建设了独立的交易所大楼，明确伦敦证券交易所属于会员，并且限制会员数量，从此伦敦证券交易所成为一个服务于会员利益的会员制交易所。直到1986年伦敦金融大爆炸，伦敦证券交易所一直为封闭式会员制交易所。法兰克福证券交易所起源于法兰克福集市，1808年法兰克福商会成为交易所的运营主体。在之后的约200年间，法兰克福商会和交易所关系密切，商会一直是交易所的运营主体，直到20世纪90年代初发生德意志版本的金融大爆炸。

交易所的新规则、新制度

1808年，法兰克福证券交易所迎来一次重要的制度创新。此前，交易所类似于互助合作协会或者私人俱乐部，交易所也仅仅是地理代称，即商人们聚会的地方。此后，商会成为半官方机构，商会运营的交易所也具有公法特性，服务于公共利益。

交易所运营资金的来源

1807年，商人们意识到，交易所组织其实代表法兰克福所有商人的利益，交易所主席也被视为商人代表，那么，所有的商人都应该承担交易所的费用，而不管他是否参加交易所的聚会。当年，交易所通过一项决议，规定所有的商人都必须承担交易所费用，不再区分基督教商人和犹太商人，但是手工业者和小商人可以不用承担。交易所按照商人名字的首字母次序制作商人名单，并将费用分成4个等级，分别是4帝国塔勒、3帝国塔勒、2帝国塔勒和1帝国塔勒。然后，交易所让各个商人自愿选择拟承担费用的等级。[1]

交易所主席向所有商人发出如下通知："近几年，交易所提供越来越多的咨询服务，与此相关的成本也越来越高……为了持续为商人团体服务，交易所需要更多的预算，而当前部分商人承担的小额费用仅够支付租金和一位员工的开销，难以覆盖交易所其他支出。如果商人们需要交易所继续当前的工作，那么我们建议所有商人承担更多的费用。我们建议按照4个等级，请商人们选择合适的等级登记，并支付相应的交易所费用。法兰克福，1807年12月22日。"[2]

当年，法兰克福记录的商人共417人，其中349位支付了交易所费用，这也是法兰克福证券交易所历史上第一次收取参与者费用。32位商人选择第一等级，每人支付4帝国塔勒；45位选择第二等级，每

---

[1] 参考 Handelskammer zur Frankfurt am Main（1908），第27页。
[2] 参考 Handelskammer zur Frankfurt am Main（1908），第27至28页。

人支付 3 帝国塔勒；116 位选择第三等级，每人支付 2 帝国塔勒；其余的 156 位选择第四等级，每人支付 1 帝国塔勒。交易所总共获得会员费 651 帝国塔勒。[①] 这个时期，法兰克福的商人聚集在布兰费斯庭院，相互之间开展交易。

法兰克福证券交易所的费用收取情况与英国区别甚大。法兰克福证券交易所从经济利益上代表法兰克福所有商人，而不仅仅是交易所参与者，这与其当初成立的目的一致。交易所不排斥有兴趣参与交易所市场的商人。商人们缴纳费用时可以自行选择等级，即资金实力更强的商人可以承担更多的费用，而实力较弱的商人可以少缴纳费用。伦敦证券交易所相反，其采取封闭式会员制度，每位会员需要缴纳数额相同的会员费，其他商人不是交易所会员，自然不被允许参加交易所市场，也没法缴纳会费。这是一种以营利为目的的企业组织。

夜盘交易场所

17 世纪末期至 19 世纪中期，除了少数交易间断时期，法兰克福商人一直在利夫博格街的布兰费斯庭院举行聚会和从事金融交易活动。庭院空间狭小，很久之前就已经无法容纳众多的商人。商人们只能在房子前面的空地上交易。冬季天气不好时，商人们会到兔子街的房子里继续交易。[②] 另外，每周两天、每天仅 1 个小时的交易时间也越来越难以满足私人银行和投资者的需求。

1825 年，58 家银行，包括贝特曼兄弟银行和罗斯柴尔德兄弟银行，向法兰克福市政府建议延长交易时间[③]，甚至允许晚间交易，即

---

① Handelskammer zur Frankfurt am Main（1908）中记载的是 651 帝国塔勒 30 格罗申。
② 参考 Handelskammer zur Frankfurt am Main（1908），第 646 至 647 页。
③ 参考 Holtfrerich（1999），第 161 页。

现代意义上的夜盘。市政府和商会都拒绝了这个建议，它们担心更多的投机交易将给失败的投资者及其家庭带来灾难。

如此，这些银行家只能另辟蹊径。他们发起成立了一个读书俱乐部，即大家聚在一起读读报纸、开展社交活动和自由讨论。这个读书俱乐部[①]获得批准并建立起来。1825年9月26日，银行家们举行第一次正式会议，此后这个读书俱乐部快速成为法兰克福重要的证券交易场所。为了满足投资者越来越强烈的交易需求，俱乐部多次更换地点，以便获得更多空间，容纳更多投资者。

1838年，读书俱乐部将名字改为证券协会[②]，以作为法兰克福的另一个交易场所。其被马克斯·韦伯称为"一个完全自由的旨在交易股票的私人俱乐部"，与英国的交易所类似。这个协会快速吸引了大部分证券交易，会员数量也快速增长。1850年，会员数量达到300人左右，并且每天上午9点至12点，下午3点至6点开展交易。[③]后来，法兰克福证券交易所的交易时间越来越长，证券协会仅在星期日的上午和下午，以及工作日的夜间举行聚会。19世纪90年代之后证券协会只在夜间聚会和交易。[④]

证券协会为了满足成员对信息的需求，采用信鸽与巴黎、马德里等地联系，获得当地的证券交易价格，并向会员公布。这类早期的信息传递系统将法兰克福证券交易所与其他交易所连接在一起。这个证券协会的交易场所一直存在，直到20世纪早期。

夜盘交易场所的诞生自然是有原因的。法兰克福和柏林之间不存

---

① 刚开始名字叫 Colleg，即学院。本书将其翻译成俱乐部或许更能体现当初这些银行家建立这个机构的本意。
② 证券协会德语原文为 Effektensocietät，参考 Baehring（1985），第80页。
③ 参考 Baehring（1985），第95页。
④ 参考 Wormser（1919），第77至79页。

在时差，两个市场同时开市、同时收盘，很难有套利机会。但在夜盘开始之前，美国股票市场的价格信息就传到了法兰克福，投资者可以在夜盘期间继续交易，以获得更多的套利机会，特别是德意志地区的其他交易所不存在夜盘，等到第二天开盘才能利用美国市场前一天的价格信息。比较令人意外的是，柏林关于成立夜盘交易场所的申请都被拒绝，法兰克福几乎是德意志地区唯一一个提供夜盘交易的城市[①]，以至于其夜间吸引了来自德意志地区其他城市的订单。

1848年，柏林交易所的铁路股票投机狂潮遭遇打击时，法兰克福证券团体的投资者还庆幸自己没有过多参与。很多债券投资者由此产生一种观点，即铁路股票不值得关注。或许这是后期柏林股票交易规模快速超过法兰克福的原因，促使柏林在德意志统一之后成为德国金融中心。火车从法兰克福旁边隆隆驶过，此后约100年法兰克福的金融中心地位开始走下坡路，直到1945年第二次世界大战结束，联邦德国开始经济重建时，法兰克福才重新获得起跑的机会。

如果按照英美的发展模式，夜盘交易场所将成为另一个与法兰克福证券交易所相竞争的交易所。但是，与纽约和伦敦不同，这个证券协会并没有成为独立的交易所，也没有演变成柜台市场，而是重新融入法兰克福证券交易所。1896年，德国第一部《交易所法》取缔了所有的场外交易市场，交易所成为唯一的证券交易场所。至于交易所场内市场和场外市场的博弈，倒是一直在进行。但是，德意志地区交易所的公法性质，使得在同一个城市成立另一个竞争性的交易所既没有必要，也不被允许。

---

① 当时，汉堡也有夜盘交易，但交易量远远小于法兰克福。

交易所大楼和新的交易规则

随着交易逐渐活跃，法兰克福商会作为交易所管理机构，其财务状况持续改善，而布兰费斯庭院作为交易场所变得拥挤。在这种情况下，商人们开始设想建立交易所大楼，让商会的行政管理和商人们的交易活动在同一幢楼里进行。

1831年6月24日，一位有威望的商人马克提出建立交易所大楼的融资方案。他认为商会通过自有资金、贷款和商人们的自愿筹资可以筹备足够的资金，用于建造第一座交易所大楼。他提出建造交易所大楼的五大优势：其一，可以避免未经许可的经纪人或商人参与交易所活动；其二，商人们处于同一个屋檐下，有利于监管他们的交易活动；其三，可以向进入交易所的商人或其他人收取准入费[1]；其四，有助于通过新成立的经纪人协会公布统一的官方价格表，而降低不准确的价格信息的负面影响；其五，有助于商会审阅并准许合适的证券产品在交易所交易。[2]

1839年，商会成立项目组，拟建设第一幢交易所大楼。刚开始，商会建议市政府无偿为商会提供建造交易所大楼的土地，商会偿还建造交易所大楼的贷款之后，将交易所大楼无偿赠予法兰克福市政府。然后，商会以免租金的形式永久租用该大楼。这个方案被市政府否决。如此，商会只能自力更生。1839年5月31日，商会以5万古尔登购买了一块介于保罗教堂和新商业街[3]之间的地皮，即此前赤脚者修道院[4]所在的地方。

---

[1] 准入费首次出现就是在这种情况之下，它不仅指证券准入，还指进入交易所大楼所需支付的费用。这个传统在法兰克福证券交易所保留了下来。

[2] 参考 Handelskammer zur Frankfurt am Main（1908），第647页。

[3] 新商业街即 Neuen Kraemen。

[4] 赤脚者修道院即 Barfüsserkloster，该修道院以所处的街道名称命名。

第三条金融之路

为了建造交易所大楼，商会组建了一个十人委员会，其中 5 人是商会管理委员会的成员，另外 5 人从其他商人中选出。后来，两位犹太商人加入，参与管理委员会的工作。委员会刚开始预计的建设资金为 20 万古尔登，后来却远超该数目。1839 年 11 月 9 日，委员会向市场招标交易所大楼的设计蓝图。1840 年 1 月，委员会共收到 34 份设计蓝图。最后，柏林设计师施蒂勒的设计蓝图胜出。

至于建造费用的融资，委员会计划通过两种贷款实现：其一，以 2% 的利率贷款；其二，无息贷款。其通过调研得知，商人们愿意认购的无息贷款达 138 650 古尔登，愿意认购的利率为 2% 的低息贷款达 197 280 古尔登。委员会当然先选择无息贷款，然后所缺资金再通过低息贷款满足。

1840 年 9 月 4 日，交易所大楼的建造工作开始，商会撰写了纪念文章，记录了交易所的历史、商会决定建造交易所大楼的原因以及各商人的贡献。其中特别提到，1719 年开始，法兰克福商人在布兰费斯庭院或附近的空旷区域进行金融交易，此后约 100 年之中仅 1764—1789 年的交易业务在其他地方进行。

1843 年 12 月 11 日，交易所大楼建造完毕并向商人们开放。大楼第一层设计了 4 个柜台，各以 1 000~1 100 古尔登 / 年的租金出租给商人。大楼第二层出租给一家保险机构，租金为 1 000 古尔登 / 年。商会也占据一层，包括两个房间和一个会议室，年租金为 300 古尔登。另外，还有 3 个房间各以 500~600 古尔登 / 年的价格出租。当年，商会就将原来在罗斯市场的办公室搬到了交易所大楼。在 1879 年新交易所大楼建成之前，法兰克福商会都在这里办公。为了区别于 1879 年的新交易所大楼，1843 年建成的交易所大楼也叫老交易所。

1843 年 12 月 4 日，交易所大楼开放前，法兰克福市财政局批准并公布了新的《交易所规则》。[1] 其中第 1 条规定交易所的成立和管理。交易所的设立需要获得政府批准，交易所为商人、经纪人和其他参与者提供聚会场所，以更便捷地交易金融产品；交易所由法兰克福的商人团体成立，法律上受法兰克福商会监管；法兰克福只能存在一家交易所；除了进入破产程序或者由于非法交易而被监管机构处罚的商人，每位商人都有权利参加交易所聚会；对于违反交易所规则的商人，商会可以禁止其进入交易所以作为惩罚。第 5 条对价格表进行了规定。交易所公布的关于汇票、债券和钱币的价格表并不具备官方性质。与此同时，对于部分经纪人扰乱价格信息的行为，商会保留干预的权力；此外，对于不适合纳入价格表的汇票、债券或其他证券产品，商会将推动监管机构进行干预。第 7 条规定了交易时间。交易所 12 点至 13 点举行商人聚会并开展交易，14 点关闭大门，而 13:30 之后人们就无法进入交易所。只有每个月月底结算时，交易所运营时间才延长到 15 点。

这部《交易所规则》首次提出了交易所的定义，即交易所用于商人、经纪人和其他交易者的聚会，并且由法兰克福商会监管。而交易所的成立目的是降低商人们的交易难度，每位商人都有权参加交易所聚会。这个定义并没有从法律角度明确界定交易所，不过其清晰地表达了三层意思：首先，交易所不再是一个地理代称，而是公法意义上的机构，不是一个私营机构，也不是一群人的赚钱工具或手段。其次，交易所被定义成"聚会"，即金融市场。既然交易所是金融市场，这个市场自然需要一个管理者或运营商。这是德意志地区的交易所与交易所运营商相分离的最初原因。最后，交易所存在一个监管机构，即法兰克福商会。按照法兰克福商会制定的规则，商会同时也是交易所的

---

[1] 参考 Handelskammer zur Frankfurt am Main（1908），第 652 页。

运营商。这部《交易所规则》清晰地描述了交易所和法兰克福商会的关系。

经纪人的博弈

经纪人是一个非常古老的职业。中世纪晚期,商贸和汇票等业务兴起之后,经纪人就活跃于各个集市。经纪人的诞生时间甚至早于交易所。经纪人作为集市或者交易所的主要参与者,其相互之间的博弈甚至决定着交易所的演化方向。在现代,人们所熟知的会员制交易所就是由经纪人主导设立的。然而,法兰克福的经纪人与伦敦的存在差别,博弈结果和演化方向自然也差别甚大。

法兰克福经纪业务的发展

经纪人的历史几乎与法兰克福集市的历史一样悠久。早在14世纪,法兰克福集市上就活跃着一定数量的经纪人[①]。1352年,法兰克福的法律文献首次明确提到经纪人。1406—1419年的法兰克福集市上,活跃着140~169位布匹交易的经纪人,其他商品的经纪人还有5~12位。

16世纪,法兰克福颁布法令,规定除了商品经纪人,汇票经纪人也需要进行宣誓。法兰克福市档案馆至今保存着1580—1610年的经纪人记录,包括经纪人的姓名、地址和向法兰克福市支付的费用。法令特别要求经纪人必须中立地作为中间人撮合交易,而不代表任何一方的利益,并且经纪人不可以参与交易。如果经纪人发现其他未经宣誓的商人参与经纪业务,则经纪人有义务向法兰克福市政府报告。经纪人必须向法兰克福市政府支付三分之一的盈利,在实际情况中,

---

① 经纪人当时还叫 Unterkäufer,意思相当于二手贩子。Makler(经纪人)这个词是几个世纪之后才出现的。

经纪人经常在集市开始之前就向法兰克福市政府支付固定的费用。[1]

16世纪末，法兰克福集市上的商品交易乃至汇票交易逐渐由经纪人撮合完成。来自各地的大商人一般也会与自己的经纪人一起参加法兰克福集市，故而法兰克福最初的经纪人来自法兰克福以外的城市，如纽伦堡、科隆、斯特拉斯堡、安特卫普和意大利北部城市。经纪人业务规则经常更新，如1580年、17世纪和18世纪都更新了，但每次都重复此前的规则，只是对未经宣誓的经纪人的惩罚越来越严厉。1616年之后，经纪人需要记录每次业务的要点，编制成账簿。[2]

尽管法兰克福集市并不强迫商人们通过经纪人进行汇票交易，但大多数汇票交易确实由经纪人撮合而成。经纪人了解各个城市的钱币买卖信息，其也成为令人信任的价格信息来源之一。经纪人从这个业务中获得丰厚的利润。据法兰克福当时主管铸币的官员提供的信息，法兰克福汇票交易的成本高达14%。[3]

法兰克福一份古老的经纪人档案显示，1580年，法兰克福集市存在9位宣誓经纪人，分别来自热那亚、佛罗伦萨、科隆、奥格斯堡、纽伦堡等欧洲城市。1582年的秋季集市中，登记的经纪人多了3位，他们来自斯特拉斯堡等城市。1589年，法兰克福活跃着48位经纪人，其中6人是法兰克福本地人，他们都是商品经纪人[4]，并且总共支付了377塔勒的费用。1610年，42位宣誓经纪人支付了276塔勒的费用，其中7位是法兰克福市民。这些数字显示，法兰克福市场上主要活跃着各国商人和来自法兰克福以外地区的经纪人，同时法兰克福本

---

[1] 参考 Handelskammer zur Frankfurt am Main（1908），第29至30页。
[2] 参考 Hock（1927），第16页。
[3] 参考 Dietz（1910a），第224页。
[4] 参考 Holtfrerich（1999），第77页。

地的经纪人数目快速增加。而经纪人数目的变化与经纪人相关规则的更改有关，规则的更改又反映了经纪人群体之间的博弈。

随着法兰克福金融业务日益繁荣，法兰克福本地商人的影响力当然也与日俱增。1625年4月的汇票价格表上，德意志地区只有5位来自科隆的商人签字，没有一位商人来自法兰克福；1642年4月，有两位法兰克福本地人在官方汇票价格表上签字，分别是内维尔和阿诺尔德。1660年之后，法兰克福市政府一度不允许其他城市的经纪人参与法兰克福的金融活动[1]，导致一段时间内法兰克福的经纪人数量大幅下降。17世纪末，法兰克福金融市场只活跃着5位宣誓经纪人。1687年的汇票价格表上，来自法兰克福的经纪人达到半数左右。

进入19世纪之后，汇票经纪人和犹太教经纪人数量逐步增加。1800年，法兰克福活跃着26位经纪人，其中12位商品经纪人，14位汇票经纪人。在汇票经纪人之中，犹太教经纪人有9位，数目多于基督教经纪人。第一位获得官方认可的犹太教经纪人出现于1742年。尽管当时基督教经纪人强烈反对，法兰克福市政府仍然驳回了反对意见。1812年，法兰克福活跃着5位天主教和12位犹太教汇票经纪人，11位天主教和5位犹太教商品经纪人。1822年，汇票经纪人和商品经纪人的数量快速上升，分别为50位和20位。1830年，汇票经纪人数量上升到72位。[2]

经纪人之间的博弈

宣誓经纪人和其他没有宣誓却参与经纪业务的商人之间的矛盾一直存在。随着法兰克福金融交易逐渐活跃，更多的商人参与经纪活

---

[1] 参考 Holtfrerich（1999），第105页。

[2] 参考 Handelskammer zur Frankfurt am Main（1908），第630页。

动,却又不愿意向法兰克福市政府支付费用。这些活动经常被法兰克福当地经纪人举报。1616 年 8 月 29 日法兰克福市政府的一份公告显示,外来的经纪人特别是荷兰地区的经纪人,不可以进入罗马贝格广场的法兰克福交易所区域,除非该经纪人证明已经支付了相关费用并得到法兰克福市政府的允许。

1616 年 9 月 5 日,法兰克福市政府公布了更新版的"集市期间经纪人的角色和更新规定[①]"。新的规定明确了对未经宣誓而参与经纪活动的商人的惩罚,要求经纪人告知那些为经纪人工作的人员,他们严格意义上也属于经纪人,也必须遵守经纪人规则。经纪人还被要求记录各个交易,提供交易账簿。外地来的经纪人需要先到法兰克福市政府登记,并获得类似从业资格的证明,在集市结束之后归还。外地经纪人需要将四分之一的经纪收入,扣除路费和住宿费后,交给法兰克福市政府,作为经纪人费用。[②]

1685 年,法兰克福市政府进一步完善经纪人规则[③],增加的条款包括集市之外的经纪活动也必须支付费用并接受监管,"尽力将经纪活动带到法兰克福集市处理",并且规定各类商品经纪人向法兰克福市政府支付的佣金比例介于 0.25% 和 0.4% 之间。经纪人也被要求更加准确地记录经纪业务,包括经纪合约、交易的时间、交易标的等重要信息。至于固定费用,1653 年之后,经纪人每次参与集市必须支付 10 古尔登,即每年支付 20 古尔登。1739 年,法兰克福市政府更新经

---

① 这是早期版本的经纪人规则,原文名称并非如此。德语原文为 Erneuerte Ordnung und Rolle der Unterkäufer order Makler in Messzeiten. 此后颁布的法令的名称都不一样,但内容基本继承此前的法令。
② 参考 Handelskammer zur Frankfurt am Main(1908),第 32 页。
③ 1685 年经纪人规则或法令为"商品经纪人和其他经纪人的规则和角色",德语原文为 Ordnung und Rolle der Waaren Makler und Unterkäuffere。

纪人业务规则，大幅降低交易佣金，经纪人从事钱币交易和汇票交易只需缴纳0.05%的佣金。该建议由交易所主席提出并推动实施。1685年的经纪人规则同时适用于汇票交易和商品交易，当时两者的经纪业务还没有区分开来。这就是最初的经纪人缴费模式，即固定费用和浮动费用模式。

经纪人业务具有天然的竞争性，毕竟其无须资本投入，也不需要特殊的技能。经纪人之间的矛盾和博弈存在于宣誓经纪人和未经宣誓的经纪人之间，也存在于天主教经纪人和犹太教经纪人之间，还存在于本地经纪人和外地经纪人之间。

早期的博弈主要在宣誓经纪人与未经宣誓的经纪人之间。1616—1685年经纪人规则多次更新，该领域的矛盾至少在法令上有所依据，尽管彻底解决未经宣誓的经纪人参与金融交易的问题几乎不可能。宣誓经纪人自然反对更多商人加入经纪人队伍，一方面他们使用法律武器保护自己的利益，另一方面他们希望通过交易所主席推动法兰克福市政府限制经纪人数量。1739年法兰克福更新经纪人业务规则时，交易所主席向法兰克福市政府建议，每年仅允许4位老资格的汇票经纪人和2位商品经纪人公布各汇票的价格。这个建议明显偏袒有影响力的经纪人，以帮助他们在市场竞争之中获得优势。市政府考虑到公众利益，并没有采纳此类明显偏袒的建议。[①] 官方认可的宣誓经纪人和其他未经宣誓的经纪人之间的矛盾也一直存在于早期的法兰克福金融市场。据估计，后者的数目远远多于前者。尽管未经宣誓的经纪人不被允许撮合金融交易，但是实践中很难杜绝这些交易活动。

随着本地商人更多地参与经纪业务，本地经纪人和外地经纪人之

---

① 参考 Handelskammer zur Frankfurt am Main（1908），第34页。

间的矛盾也越来越大。1580年和1616年的经纪人规则特别提到外地经纪人，允许他们在法兰克福集市期间参与经纪活动，同时也明确了对未经宣誓的经纪人的惩罚。1660年，法兰克福市长开始照顾本地经纪人的利益，而不再欢迎外地商人成为宣誓经纪人。1685年和1739年的经纪人规则不再涉及外地经纪人的许可流程，或者说外地经纪人的业务无法获得法兰克福的官方认可。这也解释了为何17世纪末期法兰克福市场上经纪人数目显著减少。

宣誓经纪人一直试图限制未经宣誓的经纪人或者说自由经纪人的数量，以保护他们的现有业务。1728年，在经纪人和商人的游说下，法兰克福决定将宣誓经纪人数目限定为6位汇票经纪人和4位商品经纪人，不过，这个规定却没法实行。1736年，这个游说团体又建议，仅允许8位汇票经纪人和4位商品经纪人参与经纪业务，并且不再接纳新的经纪人，除非这个经纪人能向交易所管理层展示其经纪经验和能力。1738年，市政府采纳建议，将经纪人数量固定在12位。总体而言，限制经纪人数目的规则并没有起太大作用。未经宣誓的经纪人照样从事相关业务，尽管其可能受到惩罚，但可以与客户约定罚金，从客户处获得部分赔偿。[①]

天主教经纪人和犹太教经纪人之间也存在矛盾和竞争。17世纪末期，法兰克福活跃着12位天主教经纪人和4位犹太教商品经纪人。1677年，天主教经纪人向市政府抱怨，犹太教经纪人只需支付较少的经纪费用；犹太教经纪人倾向于组成小圈子，并在小圈子里达成交易；此外，犹太教经纪人不使用德语记录账簿，而使用希伯来语。市政府接受天主教经纪人的建议，要求4位犹太教经纪人按照经纪人规

---

① 参考 Handelskammer zur Frankfurt am Main（1908），第34至35页。

则开展业务活动，也支付与天主教经纪人一样的佣金。另外，犹太教经纪人一直在争取自己的权益，17 世纪他们只能从事商品经纪活动，1742 年犹太人首次担任汇票经纪人。1744 年，天主教经纪人向当时的神圣罗马帝国皇帝提出异议，而皇帝回复此事不归帝国监管，这事实上驳回了关于禁止犹太人参与汇票经纪业务的提议。1800 年，法兰克福 26 位经纪人之中，犹太教经纪人有 14 人，超过天主教经纪人，其中 9 位从事汇票经纪业务，5 位从事商品经纪业务。法兰克福市政府的开明政策再一次推动了金融市场的发展。此后，犹太人逐渐在法兰克福金融市场中崭露头角，甚至成为主角。

在很长一段时间内，犹太商人不被允许进入交易所，只能在交易所外的角落聚会。犹太商人就此提出异议，请求进入交易所。1762 年 2 月 17 日，交易所主席向市政府提议，应该继续禁止犹太商人进入交易所，让他们像往常一样只能在交易所外聚会，理由是交易所的聚会大厅由基督教商人租下并且支付固定费用，基督教商人有充分的理由不允许犹太商人进入。犹太商人请出布兰费斯庭院的建筑商，并坚持他们也有权利进入交易所。市政府没有直接回复这场争论，或者算是默许犹太商人可以进入交易所。但是，犹太商人不承担交易所相关费用，也不算交易所的正式参与者。犹太商人真正获得进入交易所的权利还要等到 1813 年。随着犹太银行家实力逐渐强大，1813 年法兰克福取消了所有针对犹太商人的歧视政策，犹太商人以及银行家也开始承担交易所费用，成为交易所的正式参与者。[1]

汇票经纪人和商品经纪人之间也存在矛盾。在很长一段时间内，法兰克福不区分商品经纪人和汇票经纪人，1685 年的市政府规

---

[1] 参考 Handelskammer zur Frankfurt am Main（1908），第 24 页。

定也是如此。18世纪中叶，商品经纪人的价格单中除了各类商品价格，还有部分重要的汇票、钱币和利息的价格。1739年的汇票交易规则首次区分汇票经纪人和商品经纪人，这进一步显示法兰克福金融交易逐渐活跃。新规则没有再被翻译成其他文字。[①]1747年，汇票经纪人抱怨，商品经纪人跨界从事汇票相关的经纪业务。商品经纪人却回复，仅仅从事商品交易并不能获得足够利润以维持业务长期进行，并且商品交易本身就与汇票交易紧密相关，几百年来汇票一直是常用的支付手段。经过争论，商人意识到完全分割汇票经纪和商品经纪业务几乎不可能，也不符合商人团体的整体利益。此后，不管汇票经纪人还是商品经纪人都可以从事其他品类的经纪业务，即所有宣誓经纪人都可以从事汇票和商品的经纪业务。直到1779年5月26日市政府颁布法令才再次把商品经纪人和汇票经纪人区分开。1799年11月26日颁布的《经纪业务规则》彻底把两者区分开来。[②]

经纪业务规则的博弈

19世纪初期，法兰克福的经纪人数量快速增加，然而宣誓经纪人与未经宣誓的经纪人之间的矛盾也日益加深。1810年11月19日，法兰克福更新了1799年的《经纪业务规则》，特别强调了禁止不合法的经纪业务。1811年，法兰克福的15位宣誓经纪人向法兰克福大公国财政部提交了一份包含19位未经宣誓的经纪人的名单，并建议当局惩罚他们。被控告的未经宣誓的经纪人承认他们从事经纪业务，但是他们认为没有必要为经纪业务支付额外的费用。财政部调研了经纪人之间的矛盾，认为宣誓经纪人的要求没有充分依据，甚至倾向于取

---

① 参考 Holtfrerich（1999），第105页。
② 参考 Dietz（1910a），第236页。

消宣誓经纪人的相关规定。①

未经宣誓的经纪人了解到财政部的想法之后，经纪人古德荣德代表这些此前经常被打压的经纪人于1811年10月6日向法兰克福商会系统性地提出意见。他认为，此前数百年从不间断的宣誓经纪人与未经宣誓的经纪人之间的矛盾显示1799年《经纪业务规则》的失败，其原因在于交易双方都倾向于让自己信任的商业伙伴提供交易撮合服务，而根据贸易自由的原则，也应该让买卖双方自由选择自己的经纪人。作为反方，一些人又倾向于认为，为了维护公共利益，部分贸易自由或者说选择经纪人的自由，应该受到限制。经纪人具有类似于政府等公共机构官员的性质，他们承担了公众所期待的公允性，能增强公众的信任度，以便更顺利地推动贸易和金融市场发展。

1811年11月12日，法兰克福商会提出新的观点，这一观点与此前的观点相差很大。他们认为应该取消法兰克福经纪人在金融交易之中的法定垄断地位。尽管在实际交易中，宣誓经纪人从来没能垄断交易。未经宣誓的经纪人实际上是未来的正规经纪人，诸多宣誓经纪人都经历过一段不合法的经纪业务时期。如果没有经验和知识，他们也没有信心支付固定费用并从经纪业务中获得利润。未经宣誓的经纪人与法定的宣誓经纪人一样勤奋、积极，获得宣誓经纪人的称号并不能让后者更加努力地开展业务，也不能增加他们的知识和经验。此外，经纪业务是因为交易活动的存在而产生，而不是相反。法兰克福商会认为"所有的垄断都没有长期存在的必要，自由竞争才是最好的解决方案，贸易和交易在自由博弈之中将更快发展"。但是，法兰克福商会却不赞同删除有关宣誓经纪人的规定，而认为商会应该选择一

---

① 参考 Handelskammer zur Frankfurt am Main（1908），第629页。

些可以信任的经纪人，并委托他们制定金融产品价格表，并且只有法定的宣誓经纪人才有权利制定价格表并向市场公布。

双方唇枪舌剑，法兰克福大公国财政部驳回了商会的意见，但也没有修改经纪人规则，这次争论不了了之。大公国存在的时间很短，这段历史也很快过去，但这场争论却为今后的改革指明了方向。①

1813 年，拿破仑战败之后，法兰克福重新成为自由城市，市财政局接管了监管交易所业务和经纪人业务的职能。经纪业务规则基本继承 1799 年的规定，并没有太多变化。法兰克福商会作为半官方机构以及交易所的运营主体，与市财政局的观点经常不一致，以至于争吵不断。

争论之一在于经纪人的数量。商会有权力批准更多的宣誓经纪人，但商会认为经纪人的数量不应该太多，以免产生太多经纪人追逐太少交易的情况。并且，商会多次表示 19 世纪初期的经纪人数量太多了，以致不愿为新的经纪人出具证明。财政局却认为应该给所有愿意并且也有能力从事经纪业务的个人提供资格证明，并支持他们成为宣誓经纪人。如果不这么做，这些拟从事经纪业务的个人还是会非法地提供经纪服务，宣誓经纪人的业务不会因为禁止新的经纪人加入而有所增加，法兰克福市政府反而会损失部分本来可以收取的经纪费用。

19 世纪初期，随着债券交易日益活跃，经纪人业务也蓬勃发展。1822 年 11 月 14 日，29 位宣誓经纪人又联合向市政府提交了一份针对未经宣誓经纪人的抱怨声明，甚至要求市政府裁定这些未经宣誓经纪人所撮合的交易无效，其所针对的未经宣誓经纪人数量居然达

---

① 参考 Handelskammer zur Frankfurt am Main（1908），第 630 页。

到 42 位，大幅超过宣誓经纪人的数量。财政局认为，宣誓经纪人自己应该为这种后果负责，因为正是他们聘用不具备资格的朋友替他们跑腿，而这些人获得经验和知识之后开始自己撮合交易，成为未经宣誓的经纪人。当时债券交易活跃，经纪业务存在较大的发展空间，宣誓经纪人不得已才聘请朋友跑腿。不过，针对这些问题，财政局还是采取了一定措施，要求商会调研并阻止未经宣誓经纪人的活动。与此前几百年的经历一样，这些惩罚行为都没有起到实际效果。一方面，100 个案例之中没有几个案例被调查，并且被调查的案例之中也没有几个人被惩罚，以至于未经宣誓的经纪人有恃无恐；另一方面，交易双方也倾向于保护他们自己的经纪人，替他们掩护，毕竟交易者还需要依赖经纪人撮合后续交易。

不过，经纪人数量的扩大虽然带来麻烦，但也给法兰克福带来了额外的收入，因为经纪人需要缴纳一定的费用。1799 年的《经纪业务规则》规定经纪人每年需要缴纳 5 古尔登的费用。1821 年，商品经纪人缴纳的费用调整到 25 古尔登，汇票经纪人要求降低每年所需缴纳的经纪费用，但被市政府驳回。不久，汇票经纪人需要缴纳的费用提高到 54 古尔登 33 克劳兹，商品经纪人缴纳的费用也提高到 27 古尔登 17 十字币。1835 年，新的汇票经纪人需要缴纳的职业保证金为 2 000 古尔登，商品经纪人为 1 000 古尔登。市政府一方面希望扩大经纪人数量而增加收入，另一方面又要满足商会的诉求而限制经纪人的数量。

随着金融市场的发展，汇票经纪人的业务机会越来越多，而商品经纪人的重要性逐步下降。1800 年，法兰克福还存在 12 位商品经纪人；1812 年上升到 16 位；1821 年甚至达到 24 位。此后，商品经纪业务开始走下坡路，因为欧洲与殖民地的商品贸易开始减少。1837

年，商品经纪人数量下降到 12 位，1843 年进一步下降到 7 位。商品经纪人所需缴纳的年度费用也一再下调至 20 古尔登。1848 年之后，商品经纪业务不再重要。1850 年，只剩下 8 位商品经纪人，到 1866 年进一步下降至 6 位。[①]

交易所官方价格表

官方价格表一直是法兰克福交易所博弈的焦点，也是一系列制度演变的源头。16 世纪末，钱币兑换价格表由大商人团体编制并公布，并得到市政府确认。17 世纪上半叶，市政府公布汇票价格表的编制流程。根据这个流程编制而成的汇票价格表由宣誓经纪人签字之后公布。17 世纪末期，汇票价格表每年在官方报纸公布两次，然后在杂志公布。1814—1817 年法兰克福中断汇票价格的公布，1825 年重新开始公布。[②] 19 世纪中叶，债券交易日益活跃，债券公允价格成为争论话题，由此引出交易所官方价格表。关于官方价格表的博弈最终确定了法兰克福证券交易所的公法性质，使其与伦敦证券交易所的演进之路大相径庭。

交易所官方价格表的公布

18 世纪末，债券价格表出现在法兰克福证券市场。现存最早的法兰克福债券价格单由经纪人穆勒于 1797 年制作。此后 100 多年，法兰克福证券交易所不存在官方价格表，而是由各个经纪人自己制作价格表。这些价格表只反映某个经纪人的买卖价格，没有市场代表性，甚至可能与市场公允价格相差较大。混乱的价格信息给所有参与

---

① 参考 Handelskammer zur Frankfurt am Main（1908），第 633 至 634 页。
② 参考 Handelskammer zur Frankfurt am Main（1908），第 1900 至 1901 页。

交易的投资者和商人带来困扰。

　　法兰克福商会和财政局多次试图规范市场的价格信息，但没有成功。1739 年法兰克福更新经纪人业务规则时，商会提出由 4 位有威望和经验的经纪人制定汇票价格表，以便给市场提供可信的价格信息。不过，当时财政局没有采纳这个建议。1825 年，财政局与商会讨论之后，决定请 3 位天主教经纪人和 3 位犹太教经纪人组成委员会，发布统一的官方价格信息。但是，这个想法遭到部分经纪人的反对，也没有得到实行。1841 年，商会筹建新的交易所大楼时，再次计划组建经纪人协会或委员会，并公布官方的价格信息。与此前一样，此举也遭到市场反对。这些反对力量甚至推动法兰克福证券交易所规定，经纪人制定并公布的价格表不能作为交易所的官方价格表。[①]

　　1848—1849 年，欧洲各地爆发革命，证券价格剧烈变化，以至于市场难以找到公允价格。法兰克福商会认为，交易所作为一个维护公共利益和提供公共产品的主体，应该为市场提供公允而透明的价格信息。此外，19 世纪中期债券交易越来越活跃，市场急需公允而透明的价格信息。当时部分经纪人可以随意调低或调高债券价格，而使中小投资者遭受损失。在这种情况之下，投资者即使上诉至法院，也很难获胜，因为市场不存在可以参考的官方价格信息。法兰克福商会面对这种情况，决定联合经纪人，利用市场的力量提供公允的价格信息。[②]

　　法兰克福商会推动组建了经纪人协会，然后于 1850 年 12 月 9 日颁布协会规则。经纪人协会的执行董事会由 7 位经纪人组成，称为经纪人委员会，负责编制和公布交易所官方价格表。至于经纪人委员会

[①] 具体见 1843 年的法兰克福《交易所规则》第 5 条。参考 Handelskammer zur Frankfurt am Main（1908），第 634 页。

[②] 当时，法兰克福参考了巴黎的经验，通过组建经纪人协会或相关组织来解决问题。

成员的产生，先由经纪人全体大会选举产生 14 位代表，然后法兰克福商会从中选择 7 位作为经纪人委员会的委员。商会还颁布了《经纪人委员会规则》，其中与官方价格表相关的内容如下：第 10 条规定"交易日下午 1:30，经纪人委员会在固定会议地点讨论并确定交易所价格表。应经纪人委员会要求，所有宣誓经纪人都有义务提供其与客户真实成交的金融产品价格，包括汇票、政府债券、股票和其他证券。如果对价格信息存在疑问，则经纪人委员会以多数票决定是否采纳。私人之间达成的交易或者由未经宣誓经纪人撮合的交易不纳入交易所官方价格表。此外，委员会还可以决定不予采纳的特殊交易情形"。第 11 条指出"官方的交易所价格表将由经纪人委员会的委员签字，并在交易所大厅公布"。第 14 条规定"除了经纪人委员会编制并公布的交易所官方价格表，其他经纪人或商人不能将'交易所官方价格表'作为其价格表的名称"。

历经磨难之后，经纪人委员会于 1851 年 1 月 2 日首次以法兰克福证券交易所的名义制定价格表，并且第一次以"自称是官方"的形式公布。[1] 第一张交易所官方价格表显示，法兰克福挂牌了 66 只证券，包括 9 只奥地利债券、21 只德意志地区其他王国的债券、13 只外国债券、3 只银行股票、5 只铁路股票、3 只其他股票，以及其他证券品种。[2] 其中，3 只银行股票为奥地利国家银行股票、拜仁抵押汇票银行股票和普鲁士银行股票。官方价格表一直是经纪人之间博弈的焦点，涉及经纪人的核心利益。[3]

官方价格表是交易所为市场提供的一个重要的公共产品。此前，

---

[1] 参考 Handelskammer zur Frankfurt am Main（1908），第 1124 至 1126 页。
[2] 参考 Baehring（1985），第 94 至 95 页。
[3] 后文介绍经纪人就此进行的博弈。

交易所仅仅是商人或参与者聚会和交易的地点。现在，除了服务于交易所参与者，交易所还为社会和其他潜在投资者提供透明、公正的价格信息。官方价格表不是由法兰克福商会提供的，而是宣誓经纪人委员会以法兰克福证券交易所的名义编制和发布的。交易所不再仅仅是商人聚会的场所或者金融交易发生的市场，而是一个能够提供公共产品的机构，即某种公法性质的机构组织。交易所的性质再次悄悄地完成转变。

官方价格表也成为诸多制度创新的起点。首先，由交易所产生了市场板块。由被纳入官方价格表的证券所组成的市场板块叫官方市场，即中文意义上的主板。其他没有被纳入官方价格表的证券都属于非官方市场或者场外市场。其次，官方价格表也引申出证券准入的概念，即被纳入官方价格表的证券需要满足一定的条件。其与英美模式的区别在于，德国的场外市场由那些没有被纳入官方价格表的证券组成，也可以在交易所交易，而英美模式的场外市场游离于交易所之外，比如街边的咖啡馆。直到现代，这种差异仍然存在于德国和英美交易所之间。

证券板块和证券挂牌的起源

法兰克福产生证券准入概念[①]便起源于官方价格表。1851年1月，法兰克福证券交易所经纪人委员会首次公布官方价格表之后，人们提出一个问题，即谁来决定将哪些证券纳入这个官方价格表。法兰克福商会认为，经纪人委员会可以决定将哪些证券纳入官方价格表，并且

---

① 在现代，法兰克福证券交易所区分证券准入、证券挂牌和证券交易，其中准入和挂牌都需要发行人向交易所提交相应的申请。

要求纳入官方价格表的证券需要具备一定的交易量。①

这就是最初的证券准入和挂牌概念。证券挂牌指证券进入官方价格表，显示该证券信息。这样，投资者可以了解该证券的价格信息，以便参与交易。官方价格表不仅仅提供价格信息，还起到宣传和推广某个证券的作用。在初始阶段，证券挂牌申请通常由经纪人向经纪人委员会提出，该经纪人当然从事某证券的经纪业务；后期，证券挂牌申请通常由银行提出，特别是发行某债券或股票的承销银行。直到现在，法兰克福证券交易所的场外市场挂牌仍由经纪人或者专家做市商向交易所提出申请。

1851—1861年，法兰克福商会并没有就证券挂牌出台明确的书面规则，以至于闹出一些纠纷，甚至法兰克福市政府也参与进来。1862年6月，法兰克福商会首次公布了证券挂牌的3个条件，即申请人经常维护该证券的合理报价，该证券在市场上存在真实的交易量，以及不存在对申请人以及其拟挂牌证券的关于欺诈的诉讼。

最初的证券挂牌类似于现代的介绍上市，并没有提交招股说明书等信息披露要求。但是19世纪50年代初，承销银行经常会提供一张单页，介绍所发行的证券的信息。之后，这些内容成为交易所信息公告的常规内容。由于没有明确的法律法规，承销银行有时故意省略甚至隐瞒重要的发行信息，这引发了投资者的抗议。1856年，法兰克福私人银行家松内曼在一只铁路债券的投资中损失较大，他将原因归结为缺乏招股说明书。他认识到信息披露对债券和股票投资的重要性，为此创立了德意志地区一家重要的金融信息报社。②

1868年4月，法兰克福商会又增加了4个证券挂牌的条件：第

---

① 参考 Handelskammer zur Frankfurt am Main（1908），第1126至1128页。
② 参考 Baehring（1985），第104至105页。

一，所有涉及挂牌证券的公开信息必须在当时的交易所官方信息报中披露；第二，申请人必须为拟申请挂牌的证券提供买卖报价，并且将其纳入官方价格表，而不能提供空白的价格信息；第三，必须在法兰克福提供一个支付机构或者支付点，以便为投资者进行利息以及其他收益的结算；第四，必须向法兰克福商会提交一份经公证或者签字的招股说明书。直到现代，这些条件仍然是在法兰克福主板上市的条件，我们从现代德国资本市场的法律中还能找到这些规定的痕迹。

这是法兰克福首次提出维护报价和流动性的要求、信息披露的要求以及编制招股说明书的要求。当然，最初的招股说明书内容非常少，仅仅包含证券名称、名义价值、利息等，以及承销银行、利息支付机构等信息。不过，证券市场的这些核心要求在上百年的演变之中逐步发展和完善。现在，人们可能难以想象，这些制度演变的起点居然是交易所的官方价格表。

围绕官方价格表的博弈

商会组建经纪人协会和经纪人委员会时没有告知财政局，引起了财政局的不满。1851年1月4日，财政局向市政府提出，财政局是监管机构，商会在组建新机构或组织之前应该向财政局提出申请并获得批准。商会却认为，根据商会的组织规定，商会负责监管经纪人业务，没有必要获得财政局批准。经过市政府的协调，财政局认可新成立的经纪人协会和经纪人委员会，但指出未来的变动必须知会财政局并获得财政局的批准。

除了监管机构的博弈，新生的经纪人委员会还面临其他挑战，因为并不是所有的经纪人都愿意参加这个协会。经纪人祖尔茨巴赫和贝林自己编制并公布价格表，他们不愿意参加经纪人协会，还怀疑经纪人委员会编制的价格表是否具有"官方"性质,并就此展开艰难的博弈。由于经纪人协会和相关的规则没有得到财政局的充分支持,祖尔茨巴赫说服财政局于1851年2月22日发布一份公告,指出"经纪人委员会公布的所谓官方价格表并不具备官方特性"。此外,这两位经纪人把他们公布的价格表称为"官方价格表",给市场带来更大的混乱和误导。

法兰克福商会自然开始反击。商会的观点获得法兰克福多数商人、私人银行和经纪人的支持,他们认为应该禁止祖尔茨巴赫等人使用"官方价格表"名称。但是财政局于1851年4月5日做出决定,认为经纪人委员会是一个私人性质的组织,由经纪人自愿参加,因此,经纪人委员会将其公布的价格表称为"官方价格表"没有充足的法理依据。此外,当时的交易所规则也规定,经纪人所公布的价格表不能称为"官方价格表",故而经纪人委员会和祖尔茨巴赫等人编制的价格表都不能冠以"官方"字样。①

得不到财政局的支持,法兰克福商会再次向市政府寻求帮助,重申当前混乱的价格信息给市场带来困扰,不利于法兰克福金融市场的长期发展。1851年4月24日,市政府正式回复,其总体意见与财政局保持一致,但也认识到目前的市场状况确实需要改善。市政府建议商会为经纪人委员会和《经纪人委员会规则》取得法律基础,然后再申请编制并公布官方价格表,为市场提供清晰而公允的价格信息。基于市政府的表态,财政局也表示其认可商会为促进法兰克福金融市场发展做的努力,并且不会阻拦商会基于促进市场发展而做出的合法合规安排。如此,商会于5月21日正式申请将《经纪人委员会规则》

---

① 参考 Handelskammer zur Frankfurt am Main (1908),第636至637页。

确定为法律，并得到财政局的批准。

经纪人委员会编制和公布官方价格表后还获得一个副产品，即一定的收入。经纪人委员会决定以这些收入为基础成立经纪人养老基金，为经纪人的养老、疾病等提供保险性质的金融服务。经纪人养老基金使法兰克福的经纪人更加紧密地团结在一起。这个养老基金直到现在还存在，是德意志地区早期的职业养老基金。价格表通过电报等渠道公布和传播，所带来的收入是交易所早期形式的数据业务收入。

经纪人委员会成为公法机构

经纪人委员会最初是一个私人性质的组织。1851年5月法兰克福商会申请将《经纪人委员会规则》确定为法律。1864年，基于《通用德意志民法》，法兰克福市政府更新《交易经纪业务法》，正式确认经纪人委员会为一个公法性质的组织机构。经纪人委员会代表各个经纪人行使公法性质的职能[1]，它可以要求所有的经纪人支付会员费，同时所有的经纪人都拥有被选举权，可以成为经纪人委员会的成员。按照规则，经纪人委员会也是一个具备独立法人资格的机构，甚至可以获得收入和支出费用。

经纪人委员会可以就经纪业务提供评估意见，协调经纪人之间的争议。委员会最重要的职责在于编制和公布交易所的官方价格表。官方价格表贯穿法兰克福证券交易所的整个发展过程。1585年，大商人自发组成大商人团体，编制官方钱币兑换价格表。1625年，大商人又建议编制汇票价格表，市政府采纳了该建议。债券和股票交易兴起之后，经纪人认为有必要编制官方的交易所价格表，并组成委员会负责此事。

---

[1] 参考 Hock（1927），第52至55页。

委员会每天中午和傍晚编制价格表。价格信息自然由各经纪人提供。委员会可以检查经纪人的账簿，从而判断价格的准确性。按照现代术语，价格表涉及真实的交易价格，不仅仅是报价。每天下午 1:25，委员会公布各只债券和股票的价格。如果某个证券存在多个价格，还可以添加标注。对于下午 1:25 之后的交易，委员会以注释的方式将其纳入后续的价格表。在夜盘交易中，下午 5:45 委员会将再公布一次价格表。1854 年，交易所大厅专门设立一个房间，仅允许宣誓经纪人进入，用于确定各类证券产品的开盘和收盘价格。这个设计参考了巴黎的经验，使经纪人可以在安静的环境之中协商确定价格，避免相关信息被公众了解。至于经纪人的账簿，新版法律规定，经纪人必须按照法定格式，于每个交易日开市之前、开市之时和收盘之后 3 个时段记录每笔交易。

法兰克福规定了经纪人费用以及佣金比例，经纪人是否缴纳交易所年费成为后期博弈的焦点。经纪人每年需要支付 55 古尔登的费用。至于经纪人向客户收取的佣金，汇票经纪的佣金比例为 1‰，钱币交易为 0.5‰。对于债券和股票等证券产品，交易所交易期间的佣金比例为 0.5‰，其议定的价格用于计算交易所官方价格表，而收盘之后的经纪业务需要收取 1‰ 的佣金。很明显，法兰克福商会希望通过这种方式让更多的交易在交易所开市期间进行。另外，经纪人也不可以收取高于此标准的经纪佣金。宣誓经纪人起初支付至少 5 古尔登的交易所年费，后期提高到 10 古尔登。1858 年，商会决定将经纪人的年费提高到 25 古尔登。但是，此举遭到经纪人团体的反对，故年费定为 20 古尔登。不过，部分经纪人反对缴纳年费，认为经纪人没有义务缴纳交易所年费，因为经纪人业务的法律基础是 1799 年《经纪业务规则》，其中规定的经纪人责任与交易所年费无关，商会也无权将不缴纳年费的经纪人挡在交易所之外。结果，经纪人委员会为所有的宣誓经纪人缴纳了一笔总费用，作为经纪人团体的年费。

至于经纪人与证券的关系，一般而言每个经纪人维护两只证券的交易，提供买卖报价。而每只证券存在两个左右的经纪人维护价格。经纪人之间自然存在竞争，名声、信用以及资本实力是投资者选择经纪人时的主要考虑因素。《通用德意志民法》已经取消了经纪人的垄断权，他们不仅要面对自由经纪人的竞争，还要面对银行的竞争，因为银行可以帮自己的客户撮合买卖订单。当然，经纪人是专业维护某几个证券的专家，专业的知识和参与官方价格表的编制使他们在市场中仍然拥有较强的竞争力。相较而言，伦敦证券交易所的经纪人一直享有垄断权，投资者必须通过经纪人参与交易所的证券买卖。

不同的演进之路

18世纪，伦敦和法兰克福的交易所组织向不同方向演变。德意志地区不断强化交易所的公共利益导向，伦敦却在自由金融市场中完善了交易所组织，以便更好地获得私人利益。19世纪初，伦敦证券交易所演变成私法性质的会员制交易所，法兰克福交易所却演变成由法兰克福商会运营的公法性质交易所。经纪人的演进也相似，伦敦的经纪人控制、管理和主导着伦敦证券交易所；法兰克福的经纪人却持续受到市政府和交易所的影响，不断在博弈之中让步，逐渐形成公法性质的经纪人委员会，为市场提供公允的价格信息。德意志地区走出了一条另类的金融发展之路。

演进之路的区别

1698年离开英国皇家交易所的一群经纪人是伦敦证券交易所的

创始人。在此后近 100 年的时间之中，这些经纪人逗留于各个咖啡馆，吸引投资者，组织证券交易。18 世纪下半叶，这些经纪人自发组成交易所委员会，决定建设新的交易所大楼。[①]1802 年 2 月，伦敦证券交易所大楼建成。经纪人通过认购交易所股份的形式为交易所大楼筹集资金，同时也成为新交易所的会员。会员每年选举产生交易所委员会，其由 30 位会员组成，负责管理交易所各项事务。交易所委员会聘请一位秘书，处理交易所日常性事务。新大楼建成之时，伦敦证券交易所共有 551 位会员。这样，伦敦证券交易所成为一个会员拥有、会员管理和服务于会员的交易所，而会员自发建立交易所的目的自然是营利。这是历史上第一个会员制交易所。

1812 年，伦敦证券交易所委员会首次公布《交易所规则》，将此前不成文的规定加以明确，主要内容包括会员的权利义务、争议的解决办法、股票结算方法和股票价格相关的规定。几年之后，随着会员之间的竞争越来越激烈，交易所委员会还明确规定交易佣金比例为 0.125%，并且会员不能竞争性地吸引其他会员的客户。这些规定都体现了伦敦证券交易所服务于会员的特点。

法兰克福却继承了交易所诞生之初的公共利益导向的特点。19 世纪初，法兰克福成立半官方机构法兰克福商会，代替此前私人性质的法兰克福商人代表处。法兰克福商会运营和监管交易所，交易所运营商的概念在法兰克福产生。商会自身并没有营利的诉求，而是服务于商会全体会员，进而促进法兰克福的商贸繁荣，即这是一家服务于公共利益的机构。法兰克福的经纪人追求商业利益，不同的经纪人之间存在持续的博弈和竞争，但他们无法像伦敦的经纪人一样主导交易

---

① 这部分内容参考 Hennessy（2001），第 20 至 33 页。

所的运营和管理。经纪人持续受到市政府和商会的监管，当私人利益与公共利益产生冲突时，经纪人往往屈服于市政府。

19世纪上半叶，法兰克福私人银行随着债券市场的快速发展而崛起。这些私人银行逐渐成为市场的主角。它们拥有雄厚的资金实力和丰富的经验，有能力成立一家分庭抗礼的交易所。1825年，贝特曼兄弟银行和罗斯柴尔德兄弟银行牵头成立夜盘交易场所。这个交易场所按照自由市场的理念成立和运营，与伦敦证券交易所类似。如果不加干涉，夜盘交易场所可能成为一家独立的交易所。但是，1843年，法兰克福交易所颁布新的《交易所规则》，规定法兰克福只能存在一家交易所，并且规定交易所由法兰克福全体商人成立，受到法兰克福商会的监管。这个规定彻底否决了夜盘交易场所演变成独立交易所的可能性。

实际上，法兰克福曾经存在一家农产品交易所，它成立于1862年。尽管农产品交易所有独立的管理层，但其运营主体也是法兰克福商会，并且1864年之后也将老交易所大楼作为交易场所。1864年，农产品交易所收取的年费共1 000古尔登，其中半数用于支付交易所管理层的工资。该交易所直到19世纪80年代还存在，但是80年代末期由于交易量太小而失去存在的意义。[①]农产品交易的参与者与证券交易参与者一样支付交易所年费。与其说农产品交易所是另一个交易所，不如说农产品交易所和证券交易所是同一个交易所的不同交易柜台。这就是德国特色的交易所。在英国和美国，由于自由竞争和营利诉求，不同类别的交易所演变成不同的实体，即使同一个城市如伦敦也存在多个从事不同产品交易的交易所，德国却不一样。

---

① 参考 Handelskammer zur Frankfurt am Main（1908），第653页。

法兰克福建造交易所大楼的时间却显著晚于伦敦。1773 年，伦敦的证券经纪人建造了第一栋交易所大楼。1802 年，伦敦证券交易所成立之时建造了第二栋大楼。法兰克福直到 1843 年才建立老交易所大楼，1879 年建立新交易所大楼。伦敦的经纪人出于营利目的，建设交易所大楼，以便向每位参与交易的会员收费。而法兰克福的交易所属于公法性质，不限制商人参与交易，因而建设交易所大楼的需求相对于伦敦并不急迫。

　　19 世纪，伦敦证券交易所和法兰克福证券交易所最大的区别在于法律性质和监管机构不同。伦敦证券交易所是私法性质的组织机构，而法兰克福证券交易所是公法性质。伦敦证券交易所没有明确的监管机构，会员也尽量避免受到监管，交易所规则、交易所委员会等都不需要监管机构批准，甚至交易所的建立也不需要批准。而法兰克福证券交易所自 1585 年成立之时就存在一个监管机构，即法兰克福市政府或市议会，后期由法兰克福市财政局负责具体监管事务，商会协助监管。法兰克福证券交易所的各类规则，如交易所规则、经纪业务规则等都需要监管机构批准。法兰克福商会作为交易所的直接监管机构，也受到商会规则的制约。同时，商会是交易所的运营主体。

法兰克福的制度创新

　　在市场发展层面，法兰克福自然落后于伦敦。但在交易所相关的制度创新方面却相反，资本市场相关的制度往往由法兰克福率先推出。

　　伦敦证券价格表的制作和公布早于法兰克福[①]，但是官方价格表的编制和公布却是法兰克福领先。伦敦最早的价格表出现于 1697 年，

---

① 参考 Samuel（1924），第 98 至 99 页。

包含 6 只股票的价格。另一份交易所价格表出现在 1714 年 3 月 26 日，显示东印度公司股票价格 118.5%，英格兰银行 79.5%，非洲公司 40.5%，南海公司债券 100.5%。这些股票的名义价值都是 100 英镑，价格同样可用百分比表示。此外，该价格表还包括 13 只汇票价格，每周二和周四公布。另外，1700 年，福那斯成立新闻社，人们可以预定荷兰、法国、德国等地的证券价格信息。除了伦敦证券交易所公布的价格信息，新闻社的价格表还包括其他交易所公布的价格信息。

法兰克福一直存在编制和公布官方价格表的传统。法兰克福证券交易所的诞生以 1585 年产生钱币兑换价格表并经市政府确认为标志。1625 年，法兰克福又进一步细化了官方汇票价格的确定过程，以维护官方价格表的公平公正。1851 年，法兰克福证券交易额达到一定规模时，交易所又组成经纪人委员会，明确证券官方价格的形成过程，并公布官方价格表。

伦敦证券交易所却不一样。尽管 19 世纪初，伦敦的证券数量和交易规模都远远超过法兰克福，但交易所没有公布官方价格表，甚至会员也不讨论这个话题。交易所只是收集各个经纪人的报价，统一在交易所公布，供市场参与者参考。究其原因，官方价格表属于交易所为市场提供的公共产品，有助于提高价格透明度，而推出官方价格表不符合伦敦经纪人和会员的利益，他们没有太大动力去做。法兰克福在推出官方价格表的过程中，也受到经纪人的干扰。但法兰克福商会基于促进市场公平发展的目的而做出抉择，不顾个别经纪人的利益，坚持为市场提供所需的公允价格。

在交易所规则的编制上，法兰克福更是遥遥领先于伦敦。1812 年，伦敦证券交易所公布的第一部《交易所规则》显示，交易时间为上午 10 点至下午 4 点。交易所委员会指定一位工作人员收集价格并公布。而法兰克福早在 1666 年就制定了第一部交易所规则。当时汇票是主要金融产品，法兰克福第一部交易所规则允许汇票在法兰克福自由交易，为法兰克福发展成金融中心奠定了基础。此后，法兰克福根据金融市场的发展而不断更新交易所规则。1843 年，法兰克福在建成第一座交易所大楼时公布了新版的《交易所规则》，确定了交易所的公法特性，即交易所不是一个商业性的营利机构，而是维护公共利益的公法组织。这部《交易所规则》也标志着法兰克福证券交易所与伦敦证券交易所的演变彻底走向不同方向，前者成为公法特性的交易所，而后者成为会员制交易所。

经纪人演进的区别

证券交易规模越来越大之后，伦敦证券交易所的会员逐渐分为交易商和场内经纪人，其中场内经纪人接受客户订单，然后交给交易商撮合执行。交易商专门负责证券撮合，不与客户接触；场内经纪人专门负责将订单转入场内的交易商，不参与撮合。另外，经纪人和交易商都是伦敦证券交易所的会员，也是股东，他们排斥其他人员参与证券经纪和撮合交易，几乎拥有垄断权。这种状况直到 1986 年伦敦金融大爆炸时才改变。

法兰克福的证券经纪业务一直没有被经纪人垄断。1864 年，法兰克福更是制定法律，不允许经纪人垄断证券经纪业务，规定经纪人职业必须向其他人员开放。这个博弈的过程长达几百年。经纪人团体自然倾向于惩罚自由经纪人，排斥行业的新进入者，以便维护自身的利益。但是，市政府在经纪人博弈过程之中充当仲裁者。16 世纪，市政府倾向于支持宣誓经纪人，19 世纪市政府却推崇自由竞争，不再刻意打压自由经纪人。最终，1864年法兰克福正式确认经纪人委员会为公法性质的组织，为市场编制公允的交易所价格表，禁止经纪人垄断证券经纪业务。

如此，伦敦和法兰克福的经纪人演变走向完全不同的方向。在伦敦，经纪人逐渐加强对交易所的控制，排斥外来者，以便获取垄断利润；法兰克福逐渐走向开放，市政府从促进商贸繁荣角度出发，鼓励经纪人之间自由竞争，最终设立公法性质的经纪人委员会，将经纪人行业纳入监管。

法兰克福与伦敦的主要区别在于竞争形式和监管互动不同。伦敦与法兰克福一样，早在汇票和证券交易产生初期就出现了经纪人。但是，伦敦的经纪人似乎更加团结，业务一直快速发展，以至于上百年之后他们有足够的实力建立交易所大楼，垄断证券经纪和交易业务，排斥其他人群加入经纪人团体。最初组建伦敦证券交易所的经纪人非常团结的原因，或许是他们都来自荷兰地区，或许是18世纪股票、债券经纪和投机被歧视，以至于经纪人需要抱团合作。而法兰克福的经纪人群体一直存在内部竞争，包括宣誓和未经宣誓的经纪人之间、本地和外地经纪人之间、基督教和犹太教经纪人之间以及汇票和商品经纪人之间。这些内部竞争使得经纪人无法形成一个团结的组织，另外经纪业务无法带来足够的收入，以至于他们无法拥有交易所管理权。商业是否成功和经济实力将决定各类参与者在交易所的地位，譬如私人银行家大获成功之后经常被选举为交易所主席，甚至垄断这个职位。

此外，法兰克福和伦敦的早期金融监管差异明显。法兰克福市政府、财政局一直持续监管法兰克福证券交易所和金融市场。法兰克福商会也是交易所的监管机构，同时是交易所的运营主体。每一次市场博弈和经纪人纠纷都会涉及各类监管机构,而监管机构往往主导博弈的演进方向。监管机构从宏观层面考虑问题,关注各项政策对法兰福商贸发展的影响。这种公共利益导向的金融监管有助于协调经纪人之间的博弈,甚至逐步推动经纪人委员会从一个私法性质的组织转变成公法性质的组织。而伦敦的经纪人尽量避免被监管,一直保持私法性质。最终,经纪人推动设立的伦敦证券交易所也是一个私法性质的组织机构。

第六章

从库克票、特许股份公司到铁路股票

19世纪初,拿破仑横扫欧洲,神圣罗马帝国轰然解体,300多个德意志王国、领地中仅剩下40个具备实力的德意志王国。拿破仑战争之后,剩余的国家又开始了一轮更激烈的竞争。在这个环境之中,各国债券成倍增长。法兰克福作为德意志地区的金融中心,成为各个德意志王国债券发行的主要场所,这促使法兰克福债券市场发展繁荣。同时,各国信用状况不佳,难以继续发行债券。于是,奥地利将英国的股份制中央银行模式引入德意志地区,设立股份制中央银行,继续整合混乱不堪的货币和信贷市场。在这种环境下,法兰克福产生了第一只股票。

然而,德意志地区股权凭证的历史更为悠久。在中世纪晚期,德意志地区就存在库克票——一种类似股票的可交易股权凭证。荷兰和英国东印度公司的成功,让普鲁士感到震撼,普鲁士国王也试图建立东印度公司,但两次尝试接连失败。18世纪,汉堡引入股票,但监管机构担心泡沫和投机,将新生的股票市场扼杀在摇篮之中。19世纪初,法兰克福曾上市两家股份制中央银行的股票,不过这个新生产品没有得到复制和推广。直到铁路时代和铁路股票来临,德意志地区发展股票市场的热情才被引燃。

为什么 19 世纪之前，德意志多地如普鲁士、汉堡和法兰克福发展股票市场的尝试都失败了，而 19 世纪铁路股票获得了成功？有经济学家总结道，落后国家要想快速赶超先进国家，需要率先发展银行业而不是资本市场。德国铁路股票的发展历史与这个观点相符吗？回到 19 世纪初的欧洲大地，人们很难想象一个落后的德意志地区会快速发展出一个铁路股票市场。19 世纪下半叶，德意志地区的铁路里程甚至超过了英国。这又是如何实现的呢？

德意志地区的早期股票

众所周知，英国和荷兰的东印度公司是全球最早的股份有限公司，也发行了最早的股票。其实，股份公司以及可以交易的股权凭证在中世纪的欧洲并不是新鲜事。德意志地区的库克票就是证明。库克票产生于 14 世纪，直到 20 世纪初仍然在德国部分交易所挂牌交易。

德意志地区的库克票

在英国东印度公司成立之前，中世纪的德意志地区就存在类似的股份凭证，叫库克票。库克票的名字来源于古拉丁语 cuccus。1327 年的相关文献中就提到了库克票。[①] 库克票一般用于矿产开采所需的融资活动。在中世纪时期，矿产开采需要大额资本，单个商人或城市往往难以承担。此外，当时的勘探、开采、运输和冶炼技术都还处于非常原始的状态，矿产开采往往伴随着巨大的风险。为了分担风险，同时也募集足够的资本，人们组建矿产开采企业，并给投资者发放一

---

① 参考维基百科德语版对库克票的解释。

定数量的库克票。

库克票如同股票一样，给予投资者分享企业收益或利润的权利。然而两者的法律基础存在区别。股票的投资者不需要承担公司的损失，即投资者最大的损失就是所投入的资本。库克票的投资者却必须按照企业的要求继续投入资本，以满足矿产开采的需要。当然，当矿产开采中出现损失时，库克票的投资者也需要一起承担。

此外，库克票与股票一样，也可以在二级市场交易。15 世纪，法兰克福和莱比锡都存在一些库克票交易，库克票也是当时商人的投机标的。库克票通常被分成 32 份，或 32 份的倍数，如 128 份、320 份等。一张库克票的价格通常介于 5 古尔登和 20 古尔登之间，以便让更多的投资者能承受。通常而言，商人、贵族和教会是库克票的主要投资者。库克票的价格波动幅度与现代的股票市场相似。有记录显示，德意志地区的大商人韦斯勒持有一种"普法路格-斯通勒恩"库克票。1601 年其市场价格为 260 古尔登，1614 年时下降到 200 古尔登，而 1626 年仅为 100 古尔登。[1] 17 世纪上半叶，法兰克福最早的私人银行家约翰·波德克参与投资曼斯菲尔德铜矿时，除了贷款也采用库克票。

一张 1784 年的伊曼瑙矿产开采企业的库克票上有德国著名诗人歌德的签名[2]，因此被当地的歌德博物馆收藏。1444 年当地人就开始开采这个银矿和铜矿区。歌德 7 岁时曾在该地区公爵处逗留，他成年之后也一度管理过这家矿产开采企业。

在法律意义上，库克票的发展可以分成 3 个阶段。[3] 第一个阶段

---

[1] 参考 Walter（1992），第 38 至 40 页。
[2] 伊曼瑙矿产即 Der Ilmenauer Bergbau。票面中 3 个签名分别是 J.W.v. Goethe, Christian Gottlieb Voigt 和 Johann Carl Wilhelm Voigt。
[3] 参考 Kuhlen（1938），这是科隆大学一篇关于库克票法律地位转变的博士论文。

截至15世纪，这个时期库克票的投资者是矿产开采企业组织的共同所有者，而没有规定该企业组织的法律形式。第二个阶段是15世纪至19世纪中叶德意志地区颁布矿产开采企业相关的法律之前，这个时期矿产开采企业组织类似于协会，并没有法人资格。第三个阶段是19世纪中叶相关法律颁布之后，矿产开采企业具有了法律形式，成为独立的法人。

库克票一直在德意志各个交易所零星交易。但矿产开采企业规模较小，没有市场影响力，库克票由于其特点也不适合大众参与投资，不太被德语区之外的世界关注。19世纪下半叶，德意志地区的矿产开采企业也开始改制，成为股份有限公司，并发行股票。此后，库克票的重要性显著降低。不过1920年法兰克福证券交易所和埃森证券交易所的官方价格表显示，仍有少量库克票在这两个交易所挂牌交易。[1]

库克票的例子再次说明，金融创新是需求的产物。不管是中世纪后期佛罗伦萨的企业组织"societas"和"compagnia"，还是威尼斯的"colleganza"，以及热那亚的"commenda"[2]，乃至17世纪初阿姆斯特丹和伦敦的股份有限公司，都满足当时企业组织的融资需求。地中海贸易不需要大规模融资，因此意大利城邦国家的风险分担和企业组织方式可以满足其需求。大航海时代开启之后，伦敦和阿姆斯特丹需要更多的资金参与东方贸易，于是创新出股份有限公司和股票。德意志地区由于地理位置限制，并没有参与东方贸易[3]，库克票可以满足当地矿产开采企业的融资需求，并且矿产开采企业的融资需求存在

---

[1] 参考 Caleb and Koch（1923）的附件，即各个交易所的金融产品价格表。
[2] 参考 Baskin and Miranti（1997），第37至50页。
[3] 普鲁士曾组建海外贸易公司参与东方贸易，但不太成功。

不确定性，以至于股份有限公司还不适合当时德意志地区的矿产开采企业。

普鲁士版本的东印度公司

1600年成立的英国东印度公司和1602年成立的荷兰东印度公司是欧洲列强为进行海外贸易设立的最知名的两个公司。两者都是股份有限公司，也是股票市场发展的先驱。东印度公司的成功自然也引起普鲁士的关注。普鲁士模仿东印度公司建立的海外贸易公司是德意志版本的股份制公司的先例。

三十年战争结束之时，勃兰登堡选帝侯、普鲁士大公弗里德里希·威廉[①]拟效仿荷兰和英国建立东印度公司，与亚洲地区开展贸易。他的岳父——荷兰的奥兰治亲王向他介绍了曾在荷兰东印度公司任职的里尔将军。里尔将军在荷兰东印度公司没有受到足够的重视，故而向奥兰治亲王建议建立第二家荷兰东印度公司。亲王考虑到荷兰东印度公司拥有贸易垄断权，建议里尔将军与勃兰登堡选帝侯谈这个创业建议。[②]

1647年，勃兰登堡选帝侯与里尔将军一拍即合，筹建勃兰登堡东印度公司。其拟发行股票，募集100万塔勒的启动资金，并在普鲁士北部选择了一个港口作为基地。这家公司自然可以获得勃兰登堡选帝侯的特许，但是也面临3个问题：其一，该公司的筹建需要秘密进行，以免被荷兰东印度公司知晓而遭到打击；其二，海外贸易中的货物必须经过丹麦的地盘，故而需要与丹麦谈一个关税协议；其三，由

---

① 弗里德里希·威廉（1620—1688）是勃兰登堡选帝侯和普鲁士大公，因此是勃兰登堡-普鲁士的统治者。他也是普鲁士历史上知名的"士兵国王"弗里德里希·威廉一世的祖父。

② 这部分内容主要参考 Miehe（2000）。

于秘密进行，里尔将军无法广泛联系投资者，需要勃兰登堡选帝侯先出一部分资金，然后再去募资。

但是，资金正是勃兰登堡选帝侯面临的难题。当时，选帝侯占有的地盘还很有限，普鲁士还处于襁褓之中。里尔将军只能代表选帝侯贷款 2.6 万塔勒，以作为公司成立的基石投资。可是这笔款项却很难到位，因为各个城市考虑到勃兰登堡的财政状况以及对东印度公司持怀疑态度，都对贷款非常犹豫。祸不单行，1653 年丹麦取消了关税协议。勃兰登堡东印度公司就这样胎死腹中。

17 世纪和 18 世纪，普鲁士逐渐成为欧洲大陆强国。当时的普鲁士国王信奉重商主义，再次试图成立海外贸易公司，拓展海外殖民地。1682 年，普鲁士成立勃兰登堡非洲公司，将总部设在濒临北海的埃姆登港。[①] 当时这个港口并不属于普鲁士。崛起之中的普鲁士是一个内陆国家，经常争论是否有必要重视海权，拓展海外贸易。1713 年，继任的普鲁士国王弗里德里希·威廉一世不再对贸易公司的业务感兴趣，于是解散并关闭了非洲公司。

随着普鲁士成长为欧洲的陆地强权，国王再次想起祖辈效仿英国和荷兰开展海外贸易的故事，于是决定建立海外殖民地。但是，普鲁士一直缺乏良好的海港。正好，1744 年，东弗里西亚领主逝世，没有合适的继承人。其领地被邻近的普鲁士接管。东弗里西亚的埃姆登港濒临北海，位于目前德国和荷兰的边境线附近，是一个良好的海港，也是约 100 年之前勃兰登堡非洲公司的基地。

埃姆登港的商人多数在安特卫普、阿姆斯特丹之间开展贸易，他们了解海外贸易公司的盈利能力。当地商人斯图尔特一直试图说服当

---

① 参考 Evers（2017）。非洲公司正式名称为 Handels-Compagnie auf denen Küsten von Guinea，公司名称之中提到具体贸易领域是西非几内亚的海岸。

地政府模仿东印度公司成立海外贸易公司。1750年8月4日,普鲁士国王弗里德里希二世让商人们评估该项建议。商人们自然积极响应,于1751年5月24日召开普鲁士亚洲贸易公司①的成立大会。斯图尔特介绍了该公司以及股份价值,向阿姆斯特丹、法兰克福、普鲁士等地的投资者募资。亚洲贸易公司共发行1 722股股票,总共募资86.1万帝国塔勒,其中安特卫普商人认购705股、柏林商人认购369股、鹿特丹商人认购125股、法兰克福商人认购120股。

弗里德里希二世于1751年6月13日到达埃姆登港,亲自授予普鲁士亚洲贸易公司在亚洲开展贸易的特权,期限为20年。国王还赋予亚洲贸易公司与亚洲其他地区的领地或国家签订协议的权利。公司的船只悬挂带有鹰、剑和权杖图案的普鲁士国旗,受到普鲁士的保护。此外,国王还宣布埃姆登港为自由港,所有商品免征关税。

当时中国还处于清朝时期,欧洲船舶只获准在中国南方城市广州停泊。普鲁士与中国的海外贸易前景良好,普鲁士亚洲贸易公司可以从中国带回来在欧洲非常受欢迎的商品,如茶叶、瓷器和丝绸等。亚洲贸易公司拥有4条远洋船。尽管各方存在争议,但该公司的业务进展顺利,在接下来的6年中取得了显著成就。1757年6月,七年战争之中法军进攻东弗里西亚,该公司的业务被迫中断。七年战争之后,普鲁士国王解散了亚洲贸易公司。公司股东除了拿回股本,还获得了500塔勒和每年2%的分红收益。②

尽管存在时间较短,但该公司股票是最早在柏林交易所交易的股

---

① 该公司正式名称为Königlich Preußischen Asiatischen Compagnie in Emden nach Canton und China,公司名称之中提到海外贸易目的地"广东"和"中国"。
② 参考Sonja König, Von China nachOstfriesland, Das de Pottere-Porzellan in der OstfriesischenLandschaft und die KöniglichPreußisch-AsiatischeHandlungs-Compagnie von Embden auf China,网络论文,出版信息不详,2021年7月下载。

票之一。柏林私人银行家施普利特格贝尔其间发挥了重要作用。作为普鲁士王国和政府重要的经济顾问，施普利特格贝尔提出了建立亚洲贸易公司的关键意见。施普利特格贝尔是三十年战争之后在柏林发展起来的历史最悠久的私人银行之一。银行创始人通过为普鲁士军队采购军需品逐渐积累财富，也得到了国王的信任。施普利特格贝尔还获得了从事白糖业务的特权，柏林早期的白糖股份有限公司或许也与这家私人银行有关。[①]

普鲁士海外贸易公司

柏林的私人银行家施普利特格贝尔还参与了另一家海外贸易公司的建立，即 1754 年成立的普鲁士孟加拉贸易公司。或许是因为亚洲贸易公司成功起步，银行家们开启了另一次贸易冒险之旅。普鲁士孟加拉贸易公司的最大股东是英国人哈里斯，他占有 100 万塔勒总资本中的一半，其他股份被荷兰商人认购。公司总共发行 2 000 股股票，每股价值 500 塔勒。

哈里斯申请了普鲁士与亚洲除广东之外的其他地区的贸易特权，期限 20 年。[②] 不过，就像 1765 年解散的普鲁士亚洲贸易公司一样，普鲁士孟加拉贸易公司的寿命也很短。它的存在时间甚至不到 10 年。该公司被清算时发现四分之三的资本丢失了。1782 年埃姆登商人尝试成立普鲁士东印度公司，但 1787 年宣告失败。至此，普鲁士尝试参与利润丰厚的海外贸易的举措均以失败告终。

尽管失败了，但柏林仍然是德意志地区最早交易股票的市场。1756

[①] 参考 Skrodzki 等（1955），1680 年和 1681 年，柏林成立了最早的两家股份有限公司，分别从事白糖和烟草业务。

[②] 参考 Miehe（2000）。

年，普鲁士亚洲贸易公司和孟加拉贸易公司这两个殖民地公司的股票都在柏林交易。[①] 汉堡 1720 年曾出现过股票投机，但股票还没有正式发行就被汉堡市政府禁止。而法兰克福上市股票要等到 1820 年。

普鲁士亚洲贸易公司和孟加拉贸易公司相继失败之后，1772 年，普鲁士国王弗里德里希二世，也就是腓特烈大帝再次组建普鲁士海外贸易公司。[②] 国王自己认购 2 100 股股票，其他 300 股股票向商人出售[③]，每股 500 塔勒，故而普鲁士海外贸易公司可以看作普鲁士第一家国有企业。这家公司的股票也在柏林交易。

这家海外贸易公司与荷兰和英国东印度公司展开竞争，其业务经常被战争或政治事件打断，也没有像荷兰和英国的同行那么成功。故而，这家公司的股票并没有引发投资者的广泛关注。1821 年，普鲁士海外贸易公司的盈利不再全部上缴财政部，而是可以保留，用于扩大业务。此后，该公司开始参与铁路建设、蒸汽轮船航行等实业投资。1845 年，按照财政部的构想，这家海外贸易公司逐步收缩贸易业务，转而集中于银行等金融业务，成为公共银行。德意志统一之后，众多股份制银行建立，这家普鲁士公共银行没有引起市场太多的关注。

尽管普鲁士海外贸易公司的经营并不是非常成功，但柏林的股票市场发展却领先于德意志地区其他交易所。这与弗里德里希二世羡慕和效仿荷兰和英国东印度公司分不开，而德意志其他地区缺少这类雄才君主，也没有实力与荷兰、英国竞争，自然不会尝试建立海外贸易公司。

1785 年，另一家股份有限公司的股票出现在柏林经纪人的价格表

---

① 参考 Holtfrerich（1999），第 114 至 115 页，以及 Kaufhold（1992），第 93 至 94 页。
② 该普鲁士海外贸易公司德文名称为 Preußische Seehandlungsgesellschaft。
③ 参考维基百科"Seehandlungsgesellschaft"。

之中。这就是埃姆登鲱鱼渔业公司①的股票。1805—1830 年，柏林交易所挂牌的股票数量从 5 只下降到 1 只。② 早期股票都是得到普鲁士国王特许而成立的股份公司发行的，包括烟草公司、糖业公司、普鲁士海外贸易公司、渔业公司③ 等。1810 年柏林经纪人孔恩编制的交易所价格表显示，当时柏林交易 10 只债券、2 只股票以及纸币等金融产品。

法兰克福的第一只股票——奥地利中央银行

在早期的股票市场发展方面，德意志地区明显落后于阿姆斯特丹、伦敦和巴黎。1651 年，普鲁士模仿荷兰，成立东印度公司，但是失败了；1682 年，普鲁士又成立非洲公司，这家公司也没有发展起来。1750 年之后，弗里德里希二世继续通过股份有限公司形式开拓殖民地，先后成立亚洲贸易公司和孟加拉贸易公司。④1756 年，这两个公司的股票还在柏林交易所上市交易。1720 年左右，汉堡短暂出现过股票交易。⑤

为什么法兰克福这么晚才出现股票和股份有限公司？这似乎与法兰克福作为德意志地区金融中心的地位不相符。其实，这个现象背后是有原因的。18 世纪，德意志地区还没有实现统一，缺乏中央集权，甚至德意志地区还没有产生民族国家的概念。法兰克福作为自由城市，没有参与工业革命前夕的大国竞争，也没有发展经济并发动战争的急迫需求。早期，阿姆斯特丹、伦敦和巴黎等地建立股份有限

---

① 埃姆登鲱鱼渔业公司即 EmdenerHeringsfang-Company，这家公司成立于 1739 年。
② 参考 Meyer（2001），第 55 页，以及 Kiehling（1991）罗列的柏林交易所价格表。
③ 参考 Kiehling（1991），第 44 页为 1805 年柏林交易所的价格表，第 45 页、第 47 页分别是柏林交易所 1813 年和 1830 年的价格表。
④ 以上信息参考 Schnorr（2000），第 8 页。
⑤ 参考 Holtfrerich（1999），第 114 至 115 页，以及 Kaufhold（1992），第 93 至 94 页。

公司，主要目的是募集大额资本，从事海外贸易等风险比较大的业务，并快速增强国家实力。法兰克福乃至周边德意志地区的小王国缺乏这类需求，自然没有组建股份有限公司的动力。再者，德意志地区的库克票已经能满足矿产开采等当时需要募集资金的业务的需求。此外，法国"密西西比泡沫"和英国"南海泡沫"给德意志地区的商人带来极其负面的影响，以至于短暂出现在汉堡的股票交易也快速萎缩并消失。

19世纪，奥地利国家银行，即现代的奥地利中央银行是法兰克福证券交易所的第一家上市公司。

19世纪奥地利国家银行的一个主要任务是发行银行券，即纸质货币。奥地利早在1762年就授权维也纳城市银行发行银行券。[①] 法国大革命之后，奥地利加入反法同盟，与拿破仑多次交战。发行银行券自然是一种低成本的融资方式，但奥地利过度发行银行券引发通货膨胀。1799年，奥地利的银行券相对于银币已经贬值8%，到1810年贬值幅度达到85%。拿破仑战争结束之后，奥地利开始着手解决银行券过度发行以及通货膨胀问题。

1816年7月1日，奥地利皇帝弗朗茨一世颁布法令，建立奥地利国家银行，其采用股份有限公司形式，通过股票发行而融资。融资之后，该银行需要收回维也纳城市银行所发行的银行券，再发行新的银行券，或者说实行货币改革。奥地利国家银行获得独家发行银行券的特权，并且国家财政与该银行分离，以确保银行券的面值稳定。这是早期中央银行保持独立性的尝试。

奥地利国家银行成立之初，通过发行1 000股股票获得初始资

---

① 维也纳城市银行即Wiener Stadtbank。当时奥地利的银行券叫Bancozetteln。

金，然后开展业务。奥地利政府空手套白狼，不花一分钱就把旧的银行券收回，建立了一家强大的中央银行。然后，奥地利国家银行将股票数量扩充到 10 万股。不过，1820 年只有 50 621 股股票在市场公开流通。股票的票面价值为 500 古尔登，投资者必须支付面值 1 000 古尔登的旧银行券和 100 古尔登的银币才能获得一张奥地利国家银行的股票。当时，银币与旧银行券的价值关系大约为 1 古尔登的银币等于 2.49 古尔登面值的旧银行券。

1819 年，奥地利国家银行的股票在维也纳交易所挂牌上市。一年之后，法兰克福的汇票经纪人即后来知名的私人银行家厄兰格将奥地利国家银行的股票引入法兰克福，供当地投资者交易。[①] 当时的法兰克福对股票充满疑虑，而厄兰格坚定支持股票这种新生的金融创新产品，他首次将股票这种新生产品引入法兰克福。厄兰格私人银行还于 1853—1900 年在德意志各个地区牵头或参与组建了 20 多家股份制银行[②]，是法兰克福金融市场之中最热衷于股票业务的私人银行。可惜，其热情并没有被法兰克福其他私人银行接受。19 世纪下半叶，厄兰格银行成为罗斯柴尔德兄弟银行的最强竞争者。

奥地利国家银行 IPO 的地点是维也纳，而不是法兰克福。按照现代术语，这次股票挂牌属于介绍上市，法兰克福仅仅是其股票交易地点之一。当时，法兰克福没有关于股票公开发行、挂牌交易以及托管等的明确的法律法规，只要经纪人或者银行将股票或债券纳入自己的经纪服务范围，该股票或者债券就能在法兰克福市场交易。这样，

---

① 参考 Baehring（1985），第 80 页。笔者没有找到更多关于这家银行将第一只股票引入法兰克福的第一手信息，这部分内容仅供参考。

② 参考维基百科"Erlanger & Söhne"：https://de.wikipedia.org/wiki/Erlanger_%26_S%C3%B6hne。

法兰克福第一只股票没有正式向交易所提出挂牌申请，而是通过介绍方式实现挂牌交易。这种引入别国证券产品的交易方式也是现在法兰克福证券交易所报价板的最初起源。

法兰克福第一只股票的另一个特点是国际化。不管是早期的债券还是股票，发行人都来自德意志王国，特别是当时德语世界的最强王国奥地利。这说明法兰克福证券市场从诞生之初就是国际性的市场。当时交易所没有完善的市场准入和监管规则，也不区分本国企业和外国企业。当然，法兰克福是自由城市，城市自身没有太强的资本需求，并不是这个新生资本市场的主要发行人。这是世界历史上独一无二的例子。一个金融中心的发展居然依赖其他国家的发行人，并且是为了满足其他国家的发展和融资需求。德意志地区的主要王国，如奥地利、普鲁士和巴伐利亚等都是法兰克福资本市场的重要参与者。

直到 16 年之后，法兰克福才引入第二只股票，即由罗斯柴尔德兄弟银行引入的拜仁抵押汇票银行[①]的股票。1835 年 6 月 18 日，拜仁抵押汇票银行获得最终批准而建立。巴伐利亚国王路德维希一世和王后参加了成立庆典并致辞："该银行是我国重要的机构，可以促进我国农业和手工业的发展，以及对抗高利贷和中间商对手工业者的盘剥。"[②] 1836 年，拜仁抵押汇票银行的股票在法兰克福流通。这家银行是巴伐利亚王国的一家股份制中央银行，也是在法兰克福上市的第二家中央银行。

拜仁抵押汇票银行对巴伐利亚王国经济发展的促进作用显而易见。该银行提供资金，建设了该王国第一条也是德意志地区的第一条铁路——纽伦堡到菲尔特铁路，后期还建设了慕尼黑到奥格斯堡的

[①] 拜仁抵押汇票银行即 Bayerische Hypotheken-und Wechselbank。1998 年该银行与他行合并为裕宝银行，现在已被意大利裕信银行并购。
[②] 参考 Bayerische Hypotheken-Wechsel Bank（1960），第 15 至 17 页。

铁路。随着交通更加便捷，农民和手工业者可以将产品销往更远的地方，从而纷纷扩大再生产。此外，铁路还促进了火车头制造等工业的产生，推动现在的巴伐利亚州成为德国重要的工业制造区域。

铁路股票的兴起

铁路是 19 世纪欧洲工业革命中的重要发明。1825 年，"英国铁路之父"乔治·斯蒂芬森建成第一条客运铁路之后，这个信息快速传到德意志地区。柏林、慕尼黑、科隆和法兰克福等地的德意志商人和政府都展开讨论。这次，最先行动的是德意志地区南部的巴伐利亚。

德意志地区第一条铁路

巴伐利亚王国科学院院士约瑟夫·冯·巴德尔早在 1813 年就开始关注基于铁路的运输系统，并发表论文《关于在巴伐利亚王国建设铁路的构想》。[①] 巴德尔是德意志地区第一个认识到铁路巨大的运输效率和优势的学者。他认为铁路特别适合运输重量较大的大宗商品，以作为轮船运输的替代，为此他提出铁路规划建议。巴德尔关于铁路的设想引起了巴伐利亚国王和皇家科学院的兴趣，国王授权巴德尔在慕尼黑的皇家花园宁芬堡[②]建造示范性铁路。1826 年，巴德尔在宁芬堡建造了德意志地区第一条有轨马车线路，仅仅 250 米长，车厢使用铁轮子，但没有蒸汽机火车头，而是使用马匹拉动。国王路德维希一世看了之后，不以为意，后续该项目没有再获得资金支持。

---

① 这篇论文德文名字为"Zur Einführung der eisernen Kunststraßen im Königreich Bayern"。信息来源：https://www.br.de/wissen/eisenbahn-geschichte-bayern-adler-100.html。
② 宁芬堡现在是慕尼黑的一个观光景点，其是一座巴洛克式宫殿，英文名字叫 Nymphenburg Palace Park。

虽然这个示范性项目失败了，但巴德尔提出的铁路概念逐渐被更多的人接受。之后，巴伐利亚政府建议在纽伦堡和菲尔特之间建设铁路，因为这个地区地势平坦，货物贸易往来频繁。纽伦堡商人普拉特纳深受启发，并且快速付诸行动。普拉特纳经营染色剂生意，经常在英国逗留。因此，他知道1830年英国开通了曼彻斯特和利物浦之间的铁路，并成功运营。获悉巴伐利亚政府有意建设纽伦堡和菲尔特之间的铁路，但又不愿出资之后，他迅速建议成立私人经营的铁路公司[1]，通过发行股票募资，然后建设这段铁路。不过，当时德意志地区还不存在股份有限公司法律，所以第一家铁路股份公司需要获得国王的特许。因此，这家公司全称叫"国王特许的路德维希铁路公司"（简称路德维希铁路公司）。

为了吸引投资者认购德意志地区第一只铁路股票，精明的商人普拉特纳讲述了一个资本故事。他测算了纽伦堡和菲尔特之间每天的客流量和货流量，得出1 184人徒步行走，494人乘坐马车，108次马匹拉动的货车。铁路建成之后，乘客只需要花费10~12分钟就可以来往于两个城市，而乘坐马车需要花费1小时；并且，乘坐火车费用仅为6十字币，而乘坐马车的费用两倍于此。这样，人们选择铁路运输工具不仅节约时间、节省费用，还乘坐舒服。这个简单的资本故事受到投资者的追捧。

1833年5月14日，路德维希铁路公司公布招股说明书，成功募资17.7万古尔登[2]，开始建设德意志地区的第一条铁路。其招股说明书中写道："与蒸汽机相关的铁路是我们这个时代最重要和最有影响力的发明之一。它是运送人员和货物的最快、最便宜和最安全的交通

---

[1] 这家私人经营的铁路公司即Ludwigs-Eisenbahn-Gesellschaft-Nürnberg。
[2] 参考Gömmel（1992），第139页。

工具。"该公司最初的股东包括商人，自由职业者如医生、出版商等，以及政府官员。

第一家铁路公司获得极大成功。1835 年 12 月 7 日，该铁路公司的铁路正式开始运营，公司向股东承诺每年 12% 的回报，而运营第一年回报率就超过 20%。精明的普拉特纳设计了差别车价，即将车厢分成一等车厢、二等车厢和三等车厢，分别收费 12、9 和 6 十字币。在资本市场上，路德维希铁路公司的股票受到追捧，1835 年底该股票价格还是 20 古尔登，略低于发行价，而一年之内股票价格飙升到 360 古尔登，1837 年甚至达到 500 古尔登。1847 年之后，受到第一次股灾影响，其价格在 300 古尔登以下徘徊。

尽管第一段铁路仅仅长 6 千米，速度仅为 30 千米/小时，还时不时需要马拉，但这并不妨碍第一只铁路股票成为商业传奇。路德维希铁路公司获得巨大成功之后，德意志各地区纷纷设立铁路公司，发行铁路股票。铁路股票的商业故事最终让保守的德意志人民认可了股票，一改 200 年来对股票若即若离的态度，一场铁路盛宴在德意志大地上徐徐展现。同时，铁路公司需要巨额资本，其只能依赖股票市场融资。这个时期德意志各王国普遍没有雄厚资本，银行业以私人银行为主，也难以独自承担铁路建设所需的巨额投入。铁路股票的高额股息引起投资者的普遍兴趣，此前他们通过购买债券只能获得 3% 左右的利息，而现在铁路股票的股息可以超过 10%，况且投资者乘坐火车也能免受此前车马劳顿之苦。

普鲁士第一条铁路

1838 年，德意志地区第一条铁路运营 3 年之后，普鲁士第一条铁路，即柏林至波茨坦的铁路也开通运营。普鲁士是德意志各王国之中的强者。其铁路网建设以及相关法律直接影响了1871年德意志统一之后的政策。并且，19世纪40和50年代，柏林借助铁路股票的投机狂潮，快速超过法兰克福，成为德意志地区的股票交易中心。

然而，刚开始时普鲁士国王弗里德里希·威廉三世并没有意识到铁路带来的影响，甚至1838年柏林至波茨坦铁路开通之后，他还是认为"早一点儿到达波茨坦又能怎样"[①]。直到多年之后，国王和众多普鲁士高官才认识到铁路在经济和军事上的巨大价值。不过，年轻的王位继承者即未来的弗里德里希·威廉四世却高度赞扬铁路，认为这条铁路的建设是柏林历史上的闪光时刻，宣称铁路将是一个非常有意义的未来的起点。但是，他并没有权力，除了摇旗助威，无法为普鲁士早期的铁路建设提供实质性的帮助。

1835年，即德意志地区第一条铁路开始运营之时，普鲁士商务部长收到3份关于在普鲁士建设铁路的设想，但他直接拒绝了这些提议。商务部长看不到铁路的优势，不管是对于客运还是货运，他都觉得铁路没有意义，更别提铁路在军事层面的意义了。但其中一位申请者罗伯特律师另辟蹊径，于1835年5月4日直接将一份备忘录交给普鲁士国王弗里德里希·威廉三世。这份备忘录建议，先建设铁路，连接柏林和波茨坦，总体预算约为44万塔勒。尽管国王对铁路建设没有太大热情，但他还是将这份建议发给各个相关部门研究，要求拿出评估报告。

各部门也没有看到铁路的巨大前景，认为经济上没有建设铁路的必要，但是连接柏林东西方的线路有一定的价值，而柏林至波茨坦可以作为起点。经评估，普鲁士政府的相关部门认为应该给这位申请者

---

① 参考2018年10月29日 Der Tagespiegel 的文章 "EisenbahnVor 180 Jahren eröffnete dieerste Bahnstrecke zwischen Berlin und Potsdam"。

一个机会。其间，普鲁士邮政大臣纳格勒发挥了重要作用，他看到铁路有助于邮件在德意志各地区快速传递，嘲笑其他部门看不到这种新的交通方式所带来的便利。纳格勒支持建立铁路公司，并为了普鲁士邮政部门的利益与创建之中的铁路公司谈判，获得多项与铁路相关的权利，这奠定了未来普鲁士邮政和铁路的合作关系。

1836年1月16日，普鲁士第一家铁路公司的建设方案获得普鲁士政府首肯，但是政府外加一个条件，即政府有权征用该铁路公司。虽然面临极大的不确定性，但企业家不畏艰难，建立了普鲁士第一家铁路公司"柏林-波茨坦铁路公司"，拟募资70万塔勒。1837年9月23日，普鲁士政府批准该公司成立之后，这条铁路立即开工建设。14个月的热火朝天赶工之后，普鲁士第一条铁路建成。

柏林-波茨坦铁路公司发行了3 500股股票，股票面值200塔勒。[①]为了吸引投资者认购普鲁士历史上第一只私人公司发行的股票，铁路公司还承诺每年5%的利息，外加分红。此外，首批投资者只需支付40%的资金；首付之后，投资者还可以转让该股票，即允许股票在资本市场交易。

当时普鲁士还没有出台股份公司法，柏林-波茨坦铁路公司自己制定和公布公司治理规则。比如，持有5股股票以上的投资者才能在股东大会上享有投票权，并且5股对应于一票，10股对应于两票，但每位投资者最多只能拥有10票；妇女和没有完全行动能力的个人必须委托其他有权投票的股东参与投票。股东大会选举产生8位公司管理层成员，然后从管理层成员中选举产生主席和副主席，即现代意义上的总经理和副总经理，负责公司日常运营和管理。股东大会同时选举产

[①] 参考1837年和1838年柏林-波茨坦铁路公司所披露的信息"Gesellschaftsstatut der Berlin-Potsdamer Eisenbahn-Gesellschaft"。

生股东代表和 5 个副代表，负责监督管理层，审查管理层提交的账簿。

这个制度特别是管理层和监事会相分离的公司治理结构是德国股份有限公司治理的雏形。管理层和监事会两者相互制衡，监事会成员由股东代表组成或许也是德国特色。同时，规定每位投资者的投票权上限显示德国人对资本控制公司运营管理的担心。虽然限制投票权的制度后期没有延续下来，但是该思想通过其他途径得以完善。

1838 年 10 月 29 日，柏林至波茨坦的铁路正式开通并首次运行。整个铁路线全长 26 千米，中间设有两站，火车头以及多数原材料从斯蒂芬森那里购买，后期普鲁士也获得授权，可以制造车厢。这就是德国火车机车制造业的开端。这条铁路是当时德意志地区建成的最长的铁路。普鲁士王子即未来的弗里德里希·威廉四世参加了首次运行，之后与众人一起去咖啡馆庆祝，他认为"没有人可以阻止这辆穿越时代的新车"。

铁路运输的优势非常明显。柏林和波茨坦之间的火车的一等车厢、二等车厢和三等车厢的票价分别为 17.5、12.5 和 7.5 格罗申[①]，全程只需约 40 分钟，每位乘客可以携带重 30 磅的物品；而当时柏林和波茨坦之间的马车客运价格是 20 格罗申，每位乘客只能携带重 10 磅的物品，耗时 3.5 个小时。

普鲁士《铁路公司法》

经过两年的观摩和讨论，普鲁士政府充分认识到铁路的巨大优势。1838 年 11 月，柏林至波茨坦铁路开通一个月后，普鲁士《铁路公司法》获得弗里德里希·威廉三世批准而颁布，这是继巴伐利亚王

---

① 格罗申，即 Silbergroschen，是当时普鲁士的钱币单位，通常 1 塔勒等于 24~30 格罗申，而 1 格罗申等于 10 芬尼。

国之后德意志地区第二部铁路公司法，为德意志统一之后的铁路国有化奠定了基础。

首先，这部法律明确支持私人成立铁路股份有限公司，通过股票发行的方式募集资金，并建设铁路。普鲁士商务部负责批准和监管铁路公司的成立、股票的发行、铁路线路的规划以及建设。

其次，鉴于铁路的外部效应，法律也给予铁路公司一定的征用田地的权利，当然不是无偿征用。此外，法律规定铁路公司必须互相配合，建设的铁路与其他铁路相互连接，而不得各自为政。为了维护铁路公司的权利，法律还规定30年之内不批准与已有线路相竞争的其他铁路线路。这些条款都针对铁路的特殊性而设计。铁路网络建设具有很强的外部效应，一方面普鲁士政府拟利用私人资本的力量快速建设铁路网络，另一方面也减少了各个铁路公司之间的无谓竞争。

最后，这部《铁路公司法》规定，30年之后，政府有权利购买铁路公司以及其管理运营的铁路线路。这一点在当时饱受争议，但为普鲁士乃至统一之后的德意志建立国家铁路公司铺平了道路。后期的商务部长奥古斯特·冯·海特利用这个条款，迫使私人铁路公司接受国家要求，将公司逐步移交给商务部官员管理，组成后期的德国国有铁路公司。

普鲁士颁布《铁路公司法》，显示普鲁士政府已经完全认识到铁路所带来的巨大的经济和军事效益，并且经过充分研究，根据铁路的特点制定了这部特别的法律。当时政府没有足够的资金建设国有铁路网络，于是充分调动企业家精神，利用私人资本的力量，快速推动铁路网络的建设。尽管比英国起步晚10年左右，但1871年德意志统一之后，德国的铁路总里程超过英国。与德国相反，英国和美国的铁路建设遵循自由竞争的原则，政府基本不干预市场运行，比如1832年美国伊利铁路的许可证居然规定不允许这条铁路与任何外州的铁路相连。相比较而言，德国模式显然具备一定的优势。

在德意志铁路建设过程中，股票市场发挥了重要的募资作用。几乎所有的铁路公司都通过股票市场募集大额资金。[①] 在铁路兴起的19世纪30和40年代，德意志地区还没有成立股份制银行，私人银行的资金实力有限，其资本难以支持铁路建设，私人银行只能通过股票市场募集资金以推动铁路建设。

柏林的铁路股票投机狂潮

铁路股票兴起以后，德意志地区迎来股票投机热潮和股市危机。与荷兰和英国不同，普鲁士政府对未来可能发生的投机非常警觉，较早进行干预。第一次铁路股票危机没有酿成社会动荡，或许是因为这个时期的资本市场参与者群体仍然不够广泛，金融还没有深入每个德意志家庭。

铁路时代的来临

1835年建成的纽伦堡和菲尔特之间的铁路展示了铁路的巨大优势。但是，铁路股票第一天挂牌交易时，谨慎的德意志人还是用脚投票，以80%的价格交易。随着越来越多的乘客通过铁路出行，铁路的优势诸如快捷、舒服和低廉被更多人了解、接受，投资者逐渐消除此前的担忧，这推动股票价格不断上涨。特别是铁路股票2年之内近20倍的涨幅向德意志地区的企业家和投资者宣告了铁路时代的到来。快速上涨的股票价格吸引公众的关注，各类投资者纷纷进入资本

[①] 中国部分学者认为德国是以银行主导型间接融资方式为主，但是19世纪德意志地区的工业革命却受益于资本市场。可以说，没有资本市场，就没有德国19世纪的工业革命乃至经济起飞。

市场。资本市场的强大募资能力使各个铁路公司得以筹集足够的资金，顺利推进铁路建设，而铁路公司强大的盈利能力又进一步吸引更多的投资者进入市场。

第一只铁路股票的榜样力量是无穷的。第二年，纽伦堡至奥格斯堡铁路公司的股票发行上市，同一年莱比锡至德累斯顿铁路公司的股票也开始发行。两只铁路股票都获得投资者追捧。其他铁路公司的股票也很快被超额认购，短期之内股价大幅上涨。法兰克福的第一只铁路股票，即塔努斯铁路公司的股票甚至在首次上市时就获得了40倍的超额认购，首次挂牌就获得相对于发行价70%的溢价。

1838—1846年，1亿塔勒的资本涌入铁路建设狂潮之中[1]，这些资本都通过股票的形式从市场上募集而来。1838年，柏林至波茨坦、不伦瑞克至沃尔芬比特尔、杜塞尔多夫至埃克拉特3条线路开通。此后几年，更多的铁路公司成立，除了1840年建成的塔努斯铁路，莱比锡至德累斯顿（1839年）、马格德堡至莱比锡（1840年）、科隆至比利时边境（1841年）、柏林至安哈尔特（1841年）、柏林至奥得河边的法兰克福（1842年）、布雷斯劳至奥珀伦（1843年）等铁路线路先后开通运营。

1805—1830年，柏林交易所挂牌的股票从5只减少到1只。铁路股票诞生后，柏林交易所的股票数量持续上升。1841年柏林只有4家上市公司，到1842年增加到7家。11个月后，17家公司挂牌交易。[2]这些铁路公司所发行的股票都得到超额认购，并且几个月之内股票价格就大幅上涨。尤其是普鲁士的利息保障，更是助长了铁路股票投资热潮。例如，成立于1836年的杜塞尔多夫至埃伯菲尔德铁路公司[3]的

---

[1] 参考 Gömmel（1992），第139页。
[2] 参考 Kiehling（1991），第49页。
[3] 杜塞尔多夫至埃伯菲尔德铁路公司即 Düsseldorf-Elberfelder Eisenbahn Gesellschaft AG。

股票价格在 1842 年 11 月 22 日至 1843 年 4 月 1 日就上涨了 40%，从 50 塔勒涨到 70 塔勒。1844 年 4 月 3 日，科隆-克雷菲尔德铁路股票发行时，每股收到了 21 份认购订单。当时的股票初次认购不需要支付全款，因此进一步受到投机者的青睐。

随着铁路股票的盈利能力被更多投资者知道，德意志地区的铁路股票投机活动越来越活跃。两起事件进一步推升了这类投机狂潮。首先，1840 年普鲁士政府禁止所有非普鲁士证券的期货和期权交易。这意味着普鲁士投资者无法参与外国证券的投机活动。尽管这类禁止措施无法彻底限制衍生品交易，因为投资者可以去法兰克福或者莱比锡继续从事衍生品交易，但还是促使一些普鲁士投资者将资产转移到铁路股票，而铁路股票也向其承诺了高回报。其次，普鲁士政府于 1842 年决定将政府债券的利率从 4% 降至 3.5%，利率降低进一步加剧了投机趋势。同时，已获批准的铁路公司向股东保证其持有股票可以获得年利率 3.5% 的固定回报。这使得铁路股票即使对非投机者也是一个不错的选择。

铁路投机狂潮使柏林交易所发生蜕变。普鲁士政府积极推进铁路网建设，柏林成为德意志地区的铁路股票交易中心，一举超过法兰克福。法兰克福受限于政治地位和此前对债券市场的依赖，逐渐在这场铁路股票盛宴之中落于下风。在很长一段时间内，柏林的商人和其他个人投资者仅仅投资债券、抵押票据等固定收益产品。1843 年之后，越来越多的个人投资者被铁路股票的高收益吸引。更多的人涌入交易所，买卖铁路股票。[①] 柏林交易所与法兰克福证券交易所一样，也是公法性质的机构，由当地的商人协会运营管理，任何人都可以进入证

---

① 参考 Lesser（1844），第 7 页。

券交易所。从 1840 年开始，个人投资者通过银行或经纪人交易的趋势有所增强。类似的投机狂潮曾于一两个世纪之前在阿姆斯特丹、伦敦和巴黎上演，这时这一幕也在以理性著称的柏林发生。

同时，德意志地区的交易所提供了多种投机或者投资工具，不仅包括股票，还包括远期交易和期权交易。这些衍生品交易进一步加剧了投机氛围。每到月中和月末衍生品的结算日，柏林交易所的人数就会骤然增加。个人投资者成为投机交易的主角，这个时期的德意志地区还缺乏成熟的机构投资者。

政府干预和第一次股灾

普鲁士政府认为各路资本纷纷涌入铁路投机狂潮不利于经济发展，资本应该首先支持正常的工业和贸易，即金融需要服务实体经济。于是，政府开始出手干预。为了限制投机，普鲁士财政部长于 1844 年 4 月 11 日宣布，只有提供利息保证的铁路公司才能获得铁路建造特许权，并且警告投资者不要购买那些未经许可的铁路公司所发行的临时票据。

但是，普鲁士政府的警告对证券交易没有任何影响。铁路股票的投机活动加剧，大多数股票价格在 1844 年 5 月中旬创下新高。

对投机活动深表忧虑的普鲁士政府推出更加严格的政策。1844 年 5 月 24 日，普鲁士政府下令，未经财政部长明确许可，不得成立铁路公司，也不得发行股票。此外，铁路公司所发行的临时息票、临时收据等[1]用于募资的手段无效，铁路公司获得正式批准之前所发行的类似于债权或股权的凭证单据也无效，参与这类票据或凭证交易的经纪

---

[1] 临时息票、临时收据等票据是铁路公司在正式获得股票发行批准之前所发行的票据，由于铁路公司往往会将这些票据与此后发行的股票联系在一起，故而这些票据在市场中也非常受欢迎。

人将受到政府惩罚。同时，普鲁士政府还宣布所有衍生品交易无效。[1]

这些措施推出之后，市场出现短暂的恐慌，几乎所有的铁路股票价格一夜之间下跌10%~20%。这一年，股票价格持续下跌，直到年底，局势才平稳下来，铁路股票价格企稳。1845年初，股票市场甚至再次上涨。到1845年4月底，它几乎达到了历史高点。然后，铁路股票市场迎来第一轮熊市。

动荡的政治局势很大程度上影响了股票市场。1846年法国、瑞士、意大利等国的动乱给证券交易所带来了压力。1846年下半年普鲁士政府提高贴现率后股价进一步承压。德意志地区民众的不安情绪也逐渐加剧。1848年，德意志社会呼吁建立民主共和国以结束现有政治制度，还自发设计了以黑、红、黄为主色调的联邦旗帜，寓意是德意志民族团结起来。1848年2月法国爆发二月革命之后，德意志地区也公开反对贵族统治。1848年3月，德意志也爆发革命。德意志地区的中小王国受到的影响尤为严重，工匠、农民和手工业者组织了反对封建统治者的示威、集会和起义。1848年3月18日，柏林爆发了一场起义，威胁军方解散议会，随后双方取得妥协。不确定的政治局势对股票市场价格产生了影响。1848年3月31日至5月23日，股价跌至很久未见的低点。

在这场铁路投机狂潮之中，柏林交易所各铁路股票价格的跌幅普遍达到50%左右（见表6-1）。不过相比较而言，英国和法国的铁路股票价格相对于最高点下跌幅度更大，达到70%左右。[2]

---

[1] 参考Gömmel（1992），第141页。
[2] Gömmel（1992）提到英国和法国的铁路股票价格跌幅分别为28%和29%。不过参考Ehrenberg（1883）提供的数据之后，本书认为埃伦伯格（Ehrenberg）提供的数据更为可信，即普鲁士铁路股票价格的跌幅比英国和法国的小。

表 6-1 1844—1849 年普鲁士铁路股票的价格波动[1]

铁路公司	最高价（%）	最低价（%）	年分红率（%）
柏林-安哈尔特	169	75	6.17
柏林-斯德丁	139	76	5.10
柏林-汉堡	128	46	3.17
科隆-明登	120	62	4
马格德堡-哈尔伯施塔特	129	83	5.62
上西里西亚铁路	129	65	5.06
莱茵铁路	102	40	2.08

这一时期普鲁士政府发布的衍生品交易禁令却没有发挥太大作用。一方面投资者可以去法兰克福等地签订合约，另一方面个人与个人之间签订协议并进行交易的做法快速增加，个人不像经纪人那样会受到政府禁令影响，并且个人享有自由投资的权利，政府也难以干涉。[2]

普鲁士"铁路大王"斯塔贝格

特殊的时期总是涌现特殊的人物。在铁路建设热潮下，普鲁士出现了一位"铁路大王"——斯塔贝格。1839 年，16 岁的斯塔贝格远赴英国，成为一家煤矿贸易公司的学徒。他聪明好学，对银行和交易所金融业务非常感兴趣，年轻时就被认为是金融专家。19 世纪 50 年代，他成为经济媒体记者，熟练掌握 5 种语言，辗转于伦敦、新奥尔良等地，获得铁路方面的专业知识。

1856 年，斯塔贝格以英国滑铁卢保险公司代理人的身份回到柏林，成为英国政府驻普鲁士代表团的顾问。其间，他结识了英格兰银行行长的儿子——约翰·亨利·佩利爵士。佩利爵士一直致力于推动

---

[1] 参考 Ehrenberg（1883），第 81 页。
[2] 参考 Meyer（2001），第 63 至 64 页。

英国资本参与普鲁士的铁路建设，但没有成功。[1]19世纪60年代初，普鲁士重新调整了铁路政策，从重点支持国有铁路公司到欢迎私营企业参与铁路建设。斯塔贝格敏锐地察觉到政策调整所带来的商机。

经他从中斡旋，普鲁士商务部长伊岑普利茨支持英国资本参与建设蒂尔西特到因斯特堡的铁路。

斯塔贝格高估每股价值，这样即使折价发行股票也能募集到足够的资本以建设铁路；向中小投资者发行优先股，募集资金；召集铁路建设公司参与铁路建设，并将股票作为费用支付的手段，最大限度降低现金支出。斯塔贝格的这套金融玩法被称为"斯塔贝格系统"。尽管普鲁士的私人银行家如布莱希罗德对此嗤之以鼻，认为"一旦出现不利情况，整座大厦将瞬间崩塌，埋葬成千上万的中小投资者"，但是，普鲁士商务部长却批准了斯塔贝格的方案，而投资者也踊跃参与认购股票，一切看起来都非常美好。

斯塔贝格建设的第一条铁路于1865年开始运营。此后6年，他共参与1 000千米长的铁路路线建设。

这位"铁路大王"也被称为"神奇博士"。斯塔贝格拥有当时3门新兴学科的专业知识，即金融媒体、铁路公司和股票市场，这成为他在铁路领域长袖善舞的资本，他也因此短短几年之内积累巨额财富，成为名人，被誉为"铁路大王"。斯塔贝格和他背后的资本方只需要出少量资本就可以撬动铁路公司这个大项目。当然，风险也同样存在。

暴富之后，斯塔贝格在柏林建设了一栋豪华别墅，里面堆满他从四处收集来的各类艺术品，过上了奢靡的生活。后期，他破产之后，这栋别墅以100万塔勒的价格被卖给了英国政府，以作为英国驻普鲁

---

[1] 参考 Richter（2020），第121页。

士的大使馆。

革命导师恩格斯注意到了这位"铁路大王"。恩格斯在于 1869 年 9 月 5 日写给马克思的信件中提道:"德意志的知名人物非斯塔贝格莫属了,这个家伙的知名度仅次于德意志皇帝了,几乎人人都在谈论他。但是这个家伙也没有那么笨,至少他自己知道,他可能会在非常贫穷之中结束这一生。"① 我们不知道恩格斯如何做出这个判断,也不知道他是否与斯塔贝格认识,但他的预言 5 年之后就实现了。

1865 年,斯塔贝格从罗马尼亚政府那里获得建设铁路的批准,期限长达 95 年。罗马尼亚政府在柏林发行债券以支付铁路建设费用。1868 年,斯塔贝格开始聘请德累斯顿的工程师建设罗马尼亚铁路,但是 3 年半之后仅仅完成一半。而且建设完成的一半铁路是个垃圾工程,不久就发生桥梁倒塌、铁路被洪水淹没等事件。罗马尼亚政府显然不愿意接受这样的结果,其间双方谈判无果。1871 年,罗马尼亚政府收回期限 95 年的铁路建设许可,并控告斯塔贝格,要求他赔偿 3 200 万塔勒。在长时间的交涉之后,1873 年德国股票市场崩盘,这就是德意志统一之后第一次影响深远的股灾。在这次股灾之中,"铁路大王"斯塔贝格轰然倒下,1875 年宣布破产。②

祸不单行,1876 年斯塔贝格在莫斯科被抓,因涉嫌俄国一项法律诉讼,一度被判流放。在俄国监狱中经历了痛苦的生活之后,斯塔贝格回到柏林,但再也无法东山再起。1888 年,他一贫如洗,在柏林家中逝世,结束了快速暴富而又快速衰败的跌宕人生。

当时的评论家瓦尔特斯豪森如此评述铁路投机:"首先,内部人士获得铁路建设的许可,并以高价出售给企业家;然后企业家建立铁

---

① 参考 Richter(2020),第 122 页。
② 参考 Kriesewetter(1989),第 80 至 82 页。

路股份有限公司，募集资金并在交易所挂牌；他们通过媒体吹嘘铁路股票的盈利前景，吸引各类投资入场，抬高股票价格；最后企业家卖出股票获得高额利润，将这个公司留给毫不知情的公众。"

德意志的后发优势

1845 年，德意志地区的铁路总里程达到 2 315 千米，而英国虽早发展 10 年，却只建设了 3 277 千米铁路，法国和奥地利更是被远远甩在身后，铁路总里程分别仅为 883 千米和 728 千米。[1] 为什么一个以农业为主而且还没有统一的地区能取得如此成就？

私人银行和股票市场的作用

19 世纪上半叶，德意志各地区开始工业化，股票市场而不是银行成为信用创造、资本积累和经济发展的动力源。铁路投资规模巨大，投资回收期限较长，因此政府不愿投资或者没有资本投入，而单个私人企业或个人没有这个规模的资本，也不愿独立承担风险。

这个时期，资本市场已经具备一定的规模，半个世纪之前刚刚从商人演变而来的德意志地区的私人银行家掌握了通过债券和股票公开发行从而募集大笔资金的金融技术。企业家通过实践论证了铁路运输相对其他运输方式的压倒性优势。个人投资者面对如此丰厚的红利回报也难以抵挡股票的诱惑。这样一来，通过股票公开发行，隐藏在社会中的各类分散资本逐渐聚拢起来，共同推进德意志地区的工业革命。

私人银行为铁路融资发挥了重要作用。德意志地区的股份制银行直到 19 世纪 50 年代才陆续成立。私人银行是 19 世纪 30 和 40 年代

---

[1] 参考 Kiehling（1991），第 45 至 46 页。

铁路公司股票融资中的主角。首先，私人银行负责股票的发行。铁路公司所需的巨额资金无法由单个机构提供，股票市场是重要的融资渠道。当时德意志地区的私人银行往往作为铁路公司的发起者，然后为铁路公司公开发行股票而募集资金。拥有债券发行经验的私人银行也拥有相关知识、技术以及客户，可以为铁路公司发行股票。铁路公司发放高额股息，让私人银行家可以较容易地说服其客户投资铁路股票。

其次，私人银行自己参与投资。1837年，第一条大规模的铁路线路莱茵铁路的建设者莱茵铁路公司成立。科隆4位私人银行家——斯坦、沙夫豪森、赫斯塔特和奥本海姆，以及罗斯柴尔德兄弟银行法兰克福分行和巴黎分行都参与了投资。该铁路公司的初始资本为32.5万塔勒，罗斯柴尔德兄弟银行巴黎分行认购5万塔勒。多数私人银行资本规模有限，其持有股份之后，后续也可以通过股票市场将股份售出。

德意志各个王国政府起初持怀疑态度，不过在铁路的巨大优势被证明之后，它们开始积极支持铁路的发展。普鲁士为此专门出台法律，这为未来成立国有铁路公司埋下伏笔。与英国金融市场以私人资本为主不同，普鲁士政府乃至后期的德国政府经历初期的怀疑之后，很快认识到铁路的军事价值，参与早期铁路的投资，如1843年建设的科隆-明登铁路的初始资本为1300万塔勒，其中普鲁士政府出资七分之一。①

尽管1844—1848年铁路投机遭遇了一定的挫折，但是危机过后，铁路建设依然如火如荼地进行，投资铁路公司和铁路股票依然是能带来丰厚利润的业务。铁路引爆了普鲁士的资本市场，以至于普鲁士短

---

① 参考Born（1977），第88页。

短30年就走完英国近100年的资本市场发展之路。马克思也评论道:"开采新矿、创办新厂、修筑新铁路的强烈欲望,尤其是投资股份公司、从事股票投机的强烈欲望,深深吸引着从自耕农到拥有贵族头衔的王子等各个阶层。"[①]

1849年,德意志地区各主要城市都建设了铁路,并且相互之间连接起来。1871年,德意志统一时铁路总里程约为2.8万千米,而在30余年后的1905年,总里程约为5.7万千米(见图6-1)。这是德国铁路总里程的最高纪录。[②] 现在,德国铁路总里程仅为约3.8万千米。

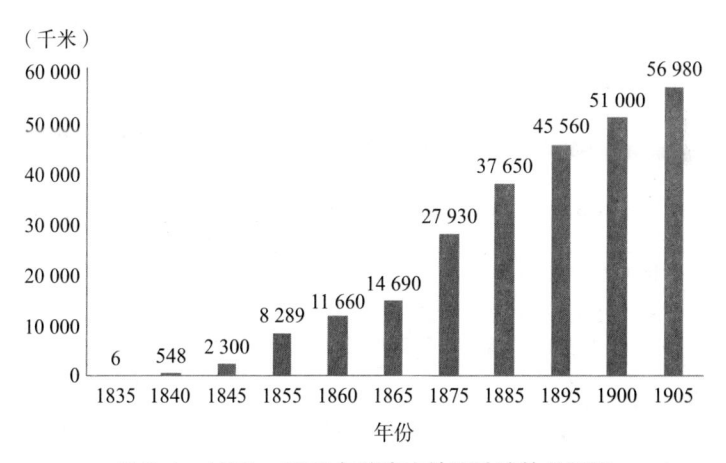

图6-1 1835—1905年德意志地区铁路的总里程

铁路股票引领工业革命

恩格斯将蒸汽机视作英国工业革命的标志;库琴斯基看待工业革命时强调生产方式的变化,即从作坊生产到机器大生产的转变;巴尔却认为只有大额资本投资所建立的工厂、机器等设施达到一定规模,

---

[①] 参考 Kindleberger(1984),第210页。

[②] 1912年,德国铁路总里程约为5.8万千米,相较于1905年稍高。这里忽略这个差别。数据来源:维基百科 "Geschichte der Eisenbahn in Deutschland"。

影响国民经济的发展，并形成资本的周期性波动，才能称为工业革命。

德意志地区的工业革命起步和发展都比英国和法国稍晚。1835年德意志地区第一条铁路运营之后，该地区的工业革命突然加速，使德意志在此后的半个世纪之内超过英国和法国，成为世界第二大经济体。这个时期，德意志地区不仅形成工业化生产，并且通过股票公开发行的方式募集大额资本。股份有限公司的数量和募资规模都快速增长，其成为国民经济的重点，主导经济周期。

1800年之前，普鲁士仅仅成立了5家股份有限公司；1801—1825年新成立16家股份有限公司；而此后25年新成立的股份有限公司达到102家（见表6-2）。虽然铁路股份有限公司数量仅仅占三分之一，但其募资规模占68%，成为国民经济的重点行业。

表6-2　1870年6月之前普鲁士新成立股份有限公司的数量和募资金额[1]

行业	1800年之前 数量（家）	1800年之前 募资额（千塔勒）	1801—1825年 数量（家）	1801—1825年 募资额（千塔勒）	1826—1850年 数量（家）	1826—1850年 募资额（千塔勒）	1851—1870年6月 数量（家）	1851—1870年6月 募资额（千塔勒）
银行	0	0	1	2 000	3	6 191	20	31 552
采矿	1	120	2	502	18	27 592	79	91 803
铁路	0	0	0	0	33	145 437	34	577 182
工业	4	347	8	1 002	30	7 803	125	95 766
保险	0	0	5	7 950	18	25 642	37	52 820
总计	5	467	16	11 454	102	212 665	295	849 123

德意志地区的铁路股份有限公司不仅仅使股票市场快速发展，还推动了铁路建设、火车车厢制造、火车头制造等一系列行业的发展，也带动了上游和下游相关行业快速发展。铁路建设直接带动了钢铁产

---

[1] 数据来源：Baltzer（2007），第29页。

业、木材行业、建筑行业和机车制造产业的发展。钢铁产业需要煤矿、冶炼产业的配合，而火车头和车厢制造进一步带动机器制造业的发展。在铁路建设大潮之下，德意志地区诸多行业都被带动起来，工业革命加速推进。

德意志金融之路的后发优势

德意志地区是如何实现后发优势的？对比德意志地区与英国的股份有限公司设立程序、股票承销能力和交易所市场，可以解答这个问题。

首先，股份有限公司的设立程序存在差别。1825年之前，英国的股份公司都属于公法性质，如英国东印度公司、英格兰银行等。1825年之后，私人也可以申请成立合股公司，但需要获得皇家许可。合股公司的股东需要承担无限责任。这是英国《泡沫法案》的后遗症。1855年之后，英国才放开股份有限公司的设立条件。1838年之前，在普鲁士，股份有限公司的成立需要获得普鲁士国王批准，这也是此前普鲁士仅存在少量股份有限公司的原因。1838年，随着普鲁士第一条铁路的建成，普鲁士颁布《铁路公司法》，确定了私人成立铁路股份有限公司的程序，使普鲁士乃至德意志其他地区更容易成立股份有限公司。如此，尽管股份有限公司在英国的历史更长，规模也更大，但德意志地区在铁路兴起并获得社会认可之后，以更快的速度颁布相关法律，鼓励私人建立铁路公司，快速推进铁路建设。

其次，股票承销能力存在差别。与德意志地区一样，英国铁路公司也依赖股票发行募集资金。1825年，英国私人银行米勒参与英国第一只铁路股票的发行，吸收社会上的小额资金，多数投资介于100英镑和2 000英镑之间。但是，英国私人银行与德意志地区私人银行的股票发行能力却相差较大。德意志地区的交易所为公法性质，私人银行早在 18 世纪下半叶就参与法兰克福的债券发行和承销。这些德意志私人银行积累了近 60 年的承销经验，拥有横跨整个欧洲的机构投资者和富裕个人客户，为股票承销打下坚实基础。而伦敦证券交易所是封闭式的会员制交易所，多数英国私人银行无法直接参与交易所业务，股票承销和发行领域的经验自然较少，甚至很多英国铁路公司自己通过发行股票融资，而不借助金融中介机构。由此，相对于英国，德意志地区的私人银行可以通过发行股票在更大范围调动社会资本。

再次，证券经纪业务的演变不一样。伦敦证券交易所内有场内经纪人和场外经纪人。场外经纪人获得投资者的订单，转给场内经纪人，然后由场内经纪人将订单转给交易所，并由交易商完成撮合交易。这种模式聚焦于二级市场股票交易，而非一级市场发行。至于原因，早期英国股份有限公司，如英国东印度公司、英格兰银行等的股票都是公司自己发行，交易所只能聚焦于二级市场交易。德意志地区的私人银行可以直接参与交易所交易，也可以通过交易所吸引投资者，发行股票。这些私人银行兼具伦敦场外经纪人和场内经纪人的职能，其不仅吸引投资者，帮助他们买卖股票，还直接与其他交易所参与者达成交易。德意志地区交易所中没有类似伦敦场内经纪人的角色，一级市场和二级市场业务都基于交易所开展。德意志地区有自由经纪人和官方经纪人两种经纪人，官方经纪人还承担编制官方价格表的任务。私人银行可以通过这两类经纪人完成证券交易。

股票发行业务兴起之后，德意志地区私人银行增加了证券经纪和交易业务，从中获得额外的利润。其承销铁路公司股票之后，并不急着卖出，因为多数铁路股票挂牌上市之后，往往可以获得溢价。私人银行也可以持有部分股票，随着股票价格不断上涨而不断卖出，以获得更多利润。当然，这类业务本质上属于投机交易，伴随着较大的风险。

最后，德意志地区能够后来居上也得益于系统化的考虑。德国经济学家李斯特提出国民经济学说，与亚当·斯密的自由经济学说针锋相对。他认为工业化初期的德意志地区不能采取自由主义，而应该采取贸易保护主义，动用国家力量推进工业化。为此他不遗余力地推进德意志地区成立关税同盟和进行铁路建设，甚至还于1833年提出德意志地区铁路网设计蓝图。普鲁士经过短期的犹豫之后，系统化地设计了铁路建设方案，不仅快速推出《铁路股份有限公司法》，还前瞻性地为未来铁路国有化埋下伏笔。德意志统一之后的第4年，即1875年，德国政府拥有12 641千米的国有铁路，运营管理3 253千米的私营铁路，私人拥有和私人运营的铁路仅12 062千米。[①]俾斯麦上台不久后提出将所有的私营铁路国有化。20世纪初，在德国财政部收入中，德国国有铁路贡献的利润一度超过其他税收收入。

另外，德意志地区的联邦制也发挥了重要作用。铁路刚刚被引入德意志地区时，各个王国和城市态度不一样。柏林和法兰克福态度相对保守。特别是柏林多次拒绝商人和私人银行家关于铁路建设的提议。法兰克福商会最初的态度也非常保守。但是联邦制的特点使得各个地区拥有分散决策的权力。尽管柏林和法兰克福态度保守，但拜仁地区愿意拥抱新技术，其积极态度发挥了重要作用，使得铁路建设提议没有被普鲁士政府彻底否决。拜仁地区建成铁路，并且获得极大成功之后，这些经验快速被德意志其他地区复制，使得德意志地区相对于法国和奥地利更快地推进铁路建设。联邦制分散决策的优势也在德意志地区金融市场发展历史上多次体现。

---

① 这部分数据参考Kriesewetter（1989），第258页。

第七章

从私人银行到股份制银行

19世纪30年代，铁路逐渐在德意志地区兴起，工业革命的春风吹到德意志各个城市。同时期，德意志地区成立关税同盟，形成一个大市场。私人银行首先参与铁路公司融资和铁路股票发行，但私人银行难以满足快速扩大的融资需求。风险较大的业务又无法通过债券融资。德意志地区需要寻找新的融资方法，将分散在各地的小额资金集中起来，为工业革命提供资金支持。

发行纸币是其中一个解决思路。1694年成立的英格兰银行和1800年成立的法兰西银行都是股份制发钞银行。德意志地区于1848—1856年成立了29家发钞银行，而美国在相似的时期成立了近800家发钞银行。但是，这个时期德意志地区的货币与几百年前几乎没有区别，金币、银币和汇票仍然是主要的支付手段，纸币还没有在德意志地区流行起来。德意志地区发行的货币规模小，勤劳朴实而又保守的德意志人民还没有接受银行券或者纸币。纸币不能满足新兴工业的长期融资需求，更别提多数发钞银行的货币只能在非常有限的地方流通，而民众一拿到纸币就会换成金币和银币。

股份制银行是另一种思路。在特殊的机会下，1848年普鲁士成立第一家私营性质的股份制银行沙夫豪森银行。此后，德意志地区私人银行相继在达姆施塔特、法兰克福和柏林等地建立股份制银行。第一批股份制银行的成功促使更多私人银行家参与这场游戏。股份制银行的竞争优势终于被多数人看到，它也为德意志地区工业革命的融资问题提供了解决方案。可以说，这个时期的德意志地区已经在铁路和金融层面实现了统一。19世纪下半叶，俾斯麦顺应潮流发动3场战争，完成了德意志的统一。

那么，德意志地区的股份制银行是如何产生和发展的？私人银行家在其中起了什么作用？德国金融体系被认为是以银行间接融资为主，一直以来都是这样吗？最初的股份制银行有哪些主营业务？德国与英国的股份制银行存在哪些区别？

私人银行的多样性

英国的银行集中于伦敦，法国的银行集中于巴黎，而德国的银行分散于各个城市，包括法兰克福、慕尼黑、科隆、汉堡和柏林等地。直到现在，这些城市仍然是德国的区域金融中心。为什么德国的经济金融版图如此分散？究其原因，德意志地区长期保持政治分散，直到1871年才完成统一。统一之后，德国实行联邦制，各州具有相对的独立性，私人银行也保持了一定的多样性。各地区的私人银行依托当地的交易所开展金融业务。

德意志各地区的私人银行

19世纪中叶之前，德意志金融市场的主角是私人银行。私人银行是18世纪下半叶债券市场发展的直接产物。债券市场发展之前，德意志各个金融中心存在各类从事金融活动的商人，但他们除了从事贷款、证券交易和承销等金融业务，还保留着商品贸易、商品运输等传统业务。主要原因是他们还无法依靠金融交易持续盈利。债券发行和交易业务快速发展之后这种情况改变了。

这种演变的第一个例子是贝特曼兄弟银行。1778 年，贝特曼兄弟银行首次成功发行债券，获得的利润远远超过商品贸易，其逐渐演变成专业从事证券承销、贷款等金融业务的私人银行。此后，德意志地区的其他金融中心也出现了一批由从事大宗商品贸易、商品运输、钱币兑换、珠宝交易以及贵族或领主财务管理等业务的商人演变而来的私人银行家。这些商人从此前的经营活动之中积累了资本，他们能捕捉到市场的变化，更重要的是此前的职业为他们成为全职私人银行家提供了最初的一批客户。英国和德国私人银行家在起源上的主要区别在于，英国私人银行家从金银匠演变而来，而德国私人银行家主要从各个集市的商人演变而来。

18 世纪末和 19 世纪初，德意志地区其他城市也先后出现私人银行家。科隆出现 4 个知名私人银行家。赫斯塔特[①]起步于丝绸加工和丝绸贸易，1792 年赫斯塔特正式以私人银行家身份从事金融交易；同一时期，沙夫豪森也从酒类、羊毛贸易等领域逐渐进入金融领域，19 世纪中叶他在阴差阳错之下开立德意志地区第一家私人的股份制银行；斯坦原来从事大宗商品运输，以及皮革、酒类和铁器的贸易，19 世纪初逐渐开始从事贷款业务。[②]另外，科隆私人银行家奥本海姆来自法兰克福，1740 年他成为科隆领主的财务代理人，并搬到科隆。1789 年，奥本海姆的侄子萨洛蒙·奥本海姆正式成立私人银行，两个世纪之后该银行并入德意志银行。

---

① 1974 年赫斯塔特银行破产，由此而引发的外汇结算风险被称为"赫斯塔特风险"。
② 参考 Born（1977），第 55 至 58 页。

柏林最古老的私人银行当属施普利特格贝尔银行。18世纪初，施普利特格贝尔凭借与普鲁士国王的关系，为普鲁士军队提供军需品，并参与普鲁士早期的海外贸易。18世纪20年代之后，施普利特格贝尔以私人银行名义与客户开展业务，他的侄子将银行改名为席克勒尔兄弟银行，这家银行成为当时柏林金融市场知名的私人银行之一。柏林金融市场起步较晚，没有太多由传统商人转变而来的私人银行家，不过从事钱币兑换和贷款业务的犹太商人却逐步转变成私人银行家，成为柏林金融市场的一股重要力量。

德意志地区北部的汉堡的私人银行[①]专注于海外贸易的融资，包括知名的贝伦贝格和瓦尔堡，它们至今仍然活跃在欧洲金融市场。汉堡得益于地理优势，成为大西洋地区和德意志内陆地区沟通交流的通道。汉堡的金融业以服务海外贸易为主，汉堡的私人银行也多数从事这类金融业务。

相对于英国和法国，德国的私人银行丰富多样。德意志统一之前，法兰克福是德意志地区主要的金融中心。法兰克福的私人银行从事债券发行、交易以及钱币兑换等业务。铁路发展起来之后，法兰克福的私人银行，包括贝特曼兄弟银行、罗斯柴尔德兄弟银行开始参与铁路投资。但最积极地参与当时新兴工业的私人银行来自科隆，包括沙夫豪森和奥本海姆银行。法兰克福的私人银行普遍关注更加稳健的债券业务，错过了新兴工业以及股票市场带来的历史性机会。拜仁、符腾堡等地也活跃着区域性的私人银行，这些私人银行几乎都于19世纪上半叶诞生。柏林私人银行的发展历程与普鲁士的强权之路息息相关。

---

① 汉堡的私人银行包括 Berenberg Gossler & Co., Salomon Heine, L. Behrens & Söhne, C.H. Donner and M.M. Warburg & Co 等。

历史悠久的德国私人银行——贝伦贝格银行

18 世纪下半叶，得益于债券市场的发展，法兰克福的贝特曼兄弟银行演变为私人银行。但并不是德意志地区的所有私人银行的产生都遵循这样的模式。贝伦贝格银行就不同，它经历了缓慢的演变。1590 年，贝伦贝格家族的生意在汉堡起步，距今已有 430 多年。起源于 16 世纪的贝伦贝格银行或许是当前世界上仍然保持运营的最古老的私人银行之一。

贝伦贝格家族起源于今天的荷兰地区。其家族名字"贝伦贝格"的意思是熊山。最早有历史记录的家族成员蒂尔曼·贝伦贝格出生于 1465 年，从事布匹生意。他的儿子迁居到科隆，之后搬到当时欧洲的金融中心安特卫普附近。

16 世纪下半叶，随着荷兰地区爆发独立革命，新教徒有的被迫皈依天主教，有的离开这里，特别是许多人离开了安特卫普。同一时期，贝伦贝格兄弟汉斯和保罗跟随着新教徒难民离开安特卫普，到达汉堡，并于 1590 年将家族生意转移到汉堡。这一年被当成贝伦贝格银行创立的年份。

当时汉堡居民共 4 万人，其中来自荷兰地区的难民达到 1 000 人。这些难民大部分是精通国际贸易的商人，他们带来当时先进的国际贸易和金融知识，使汉堡快速成为德意志地区的金融中心之一。同一时期，部分荷兰商人选择迁移到法兰克福，也直接促成法兰克福证券交易所的诞生。17 世纪初，年营业额超过 10 万马克的汉堡商人共 42 位，其中 32 位为来自荷兰地区的政治难民。贝伦贝格兄弟的年营业额分别排第 15 位和第 16 位。①

---

① 参考贝伦贝格银行网站关于家族历史的介绍，以及 Pohl（1986）第 33 至 35 页。

这个时期，贝伦贝格兄弟的生意遍及整个欧洲。他们从英国购买羊毛，从德意志地区北部购买染料，从马赛购买木头，从里斯本购买食盐，然后卖往威尼斯、塞维利亚和但泽等地。贝伦贝格兄弟汉斯和保罗与另一个商人家族即斯内林家族的一对姐妹结婚，借助斯内林家族，贝伦贝格兄弟将商业网络扩展到纽约、阿姆斯特丹、威尼斯和塞维利亚等地。

17世纪下半叶，第3代家族继承人科尔内留斯持续经营着贝伦贝格遍布德意志地区、荷兰地区、法国、西班牙、葡萄牙、北欧和意大利的贸易网络。同时，科尔内留斯开始进入金融领域。他向客户提供资金支持，以获取利息，参与大宗商品的远期交易，也提供钱币兑换相关的服务。这个时期的贝伦贝格家族还是以商品贸易为主业，金融交易主要服务于贸易业务，与贸易无关的金融交易比较少。

1711年，科尔内留斯去世之后，约翰和鲁道夫兄弟接过家族生意。1727年，汉堡宣布取消针对普鲁士的商品过境关税。之后，七年战争进一步促使汉堡商贸繁荣发展。半个欧洲都参与了这场战争，但是参战各方都需要汉堡这个自由港，将其作为商品中转和贸易站，也作为获取信贷的重要途径。1749年，贝伦贝格家族仅有23万马克的资产，1762年，即七年战争末期，家族的资产增长到46.6万马克。但是，战争结束也意味着繁荣的贸易和信贷业务接近尾声。突然下降的贸易量和收紧的信贷，使贝伦贝格家族陷入流动性困境。得益于汉堡议会的救助基金，贝伦贝格家族才渡过难关。

1768年，家族第5代继承人之一保罗去世，而他的兄弟约翰的儿子又在这一年意外去世。约翰仅有一个女儿，即伊丽莎白，这使延续175年共五代的贝伦贝格家族突然面临没有男性继承人的局面。1769年，约翰找到一位新的合伙人——约翰·欣里希·格斯勒。格斯勒出身于汉堡一个古老的家族，于 1754 年进入贝伦贝格家族，从学徒做起，然后成长为经验丰富的商人，与伊丽莎白可以说是青梅竹马。约翰除了将格斯勒提拔为合伙人，还将唯一的女儿许配给他。

格斯勒给家族生意带来新鲜的血液和想法。他大幅扩大金融业务，使其规模超过传统商品贸易。1785 年，贝伦贝格家族的资产不仅恢复到七年战争末期的水平，还大幅超过，达到近 68 万马克。这个增长速度得益于金融业务所带来的丰厚利润。1788 年，格斯勒接纳了新的合伙人路德维希·埃德温·赛勒。赛勒也长年在贝伦贝格家族做学徒，成为合伙人之时也娶了格斯勒的女儿。赛勒进一步使家族业务快速增长，1797 年贝伦贝格家族的资产达到 282 万马克。这时，尽管贝伦贝格家族还没有放弃商品贸易业务，但是金融业务已经成为其主要利润来源，可以说贝伦贝格已成为一家私人银行。

17 世纪下半叶，贝伦贝格家族开始进入金融领域，直到 18 世纪末金融业务才成为家族的主要业务。贝伦贝格从商户演变成私人银行的时间跨度长达一个半世纪。这中间不存在某一个时间点或者事件，可以作为私人银行成立的标志。这是一个缓慢变化、逐步演变的过程。

股份制银行的产生

德意志地区最早的股份制银行是奥地利国家银行。1835 年成立的拜仁抵押汇票银行也是一家股份制中央银行。两家银行的股票都在法兰克福挂牌交易。1846 年，普鲁士皇家银行[①]也改制成股份制中央银行。如同英格兰银行和法兰西银行一样，这些德意志地区的中央银

---

① 普鲁士皇家银行即 Königliche Bank。

行享受一定的特权，其成为股份制银行的经验无法被复制到私营银行领域。德意志地区成立私营性质的股份制银行的过程很曲折。这里我们主要探讨私营性质的股份制银行的诞生过程。

普鲁士第一家股份制银行的偶然产生

与法兰克福类似，柏林也存在一批私人银行家，如参与建立早期海外贸易公司的私人银行家施普利特格贝尔，德意志统一功臣俾斯麦的资产代理人私人银行家布莱希罗德，以及沙皇俄国的御用银行家门德尔松。随着工业革命的序幕徐徐拉开，这些私人银行家也需要扩大资本，参与建立更多的铁路公司和工业公司，而成立股份制银行是扩大资本的一种便捷方式。

但是，普鲁士政府并不太支持股份制的私人银行。1843年普鲁士颁布《股份公司法》之后，铁路股份公司和工业股份公司纷纷成立，却不包括股份制银行。这个时期，私人设立股份制银行需要说明银行的公共利益导向。显然，当时的私人银行家还不具备现代金融知识，无法说服普鲁士政府。普鲁士政府一直对资本运作性质的银行持有警戒态度，其于19世纪30年代积极支持各个县乡成立储蓄银行，吸引社会资本进入银行体系，参与工业革命，但不愿支持拥有充足资本的大型股份制银行成立。

19世纪初，普鲁士乃至德意志其他地区存在私人银行、股份制银行与县乡公共银行等不同类型银行，逐渐形成德意志特色的银行体系。这3类银行之中，普鲁士政府一直坚定地站在县乡公共银行这一边。这类银行根植于远离城市的县乡，服务于当地中小企业，规模普遍不大，但有助于缩小城市与农村的贫富差距，促进县乡经济的发展。① 在这种环境之下,让普鲁士政府支持大型股份制银行成立自然不容易。沙夫豪森银行成为普鲁士第一家股份制银行也具备偶然性和运气成分。

沙夫豪森银行是一家由科隆商户演变而来的早期私人银行。沙夫豪森祖上从事啤酒、布匹和陶瓷贸易。19世纪初,沙夫豪森已经是科隆知名的私人银行家。拿破仑战败并且巴黎和平协议签订之后,沙夫豪森投资房地产业务,总共花费200万塔勒购买了46处房产,而银行净资产仅为150万塔勒。② 除了房产,沙夫豪森还投资莱茵地区的铁路、造船工业、采矿等领域③,投资规模达到600万塔勒。

不过,这些资产都属于长期投资,难以短期变现。1848年,法国爆发二月革命,人们要求集会自由、民主改革。革命烽火很快从法国燃遍欧洲大陆。这一年铁路投机狂潮退去。沙夫豪森银行资产贬值,股票价值大幅下跌,其突然遇到流动性危机。尽管从荷兰业务伙伴、普鲁士银行科隆和明斯特支行以及普鲁士海外贸易公司④那里获得了支持,但沙夫豪森银行仍然面临破产危机。

俗话说"天无绝人之路"。革命思潮让普鲁士组建了短暂的自由派内阁。1848年5月,法兰克福国民议会成立,设法团结德意志诸王国、领地等,制定宪法。普鲁士国王弗里德里希·威廉四世为形势所迫,邀请自由派领导人之一,即科隆的私人银行家坎普豪森出任首

---

① 参考 Seikel(2013),第85页。或许这是德国城市和农村发展比较均衡,人口在地理上的分布也比较均衡,没有像英国和法国那样人口集中在几个大城市的原因。
② 参考 Aliber and Kindleberger(2015),第192页。
③ 参考 Ziegler(2009),以及 Born(1977),第101页。对于部分数据,不同文献描述不太一样。
④ 1807年,普鲁士财政部监管该公司;1820年,普鲁士财政部允许海外贸易公司从事金融业务,从此它逐渐变成一家普鲁士国有金融机构,直到1947年才清算并关闭。

相。经济自由主义者汉泽曼成为这届短暂存在的政府的财政部长。

汉泽曼也是一位工业家和银行家。1837年,汉泽曼、坎普豪森以及科隆其他私人银行家一起创建了莱茵铁路公司。汉泽曼与科隆的私人银行家一样,热衷于铁路建设。正好在他任上,科隆的私人银行沙夫豪森银行面临流动性危机,科隆的另外两位知名私人银行家梅菲森和奥本海姆建议沙夫豪森银行向普鲁士政府申请,将沙夫豪森银行转变成股份制银行,渡过这一次难关。[1]

沙夫豪森银行采纳了这个建议,并得到汉泽曼的支持,获得批准,成为一家股份制银行。原来私人银行的债务转变成新银行的股份,这样沙夫豪森银行渡过了难关,总资本达到520万塔勒[2],其中债权人获得430万塔勒的股本。普鲁士政府还承诺给予债权人持有的一半股份最低4.5%的股息率,给予另一半股份最高4%的股息率。这家银行成为普鲁士第一家私营的股份制银行。值得一提的是,普鲁士银行作为中央银行其实也是一家股份制银行,并且发行股票的时间早于沙夫豪森银行。但是,在私人银行领域,沙夫豪森银行可以算是普鲁士第一家股份制商业银行。[3]一群来自科隆的私人银行家创造了这个成就。基于这次成功经验,科隆的这群私人银行家继续推动成立德意志地区的股份制银行,成为这个时期耀眼的商业明星。

"不能受制于罗斯柴尔德兄弟银行"

1694年成立的英格兰银行被广泛认为是世界上第一家股份制银行。

---

[1] 参考 Kleeberg(1988),第141页。
[2] 520万塔勒相当于1 560万马克。
[3] 早期成立的股份制银行都是发钞银行或者说中央银行。拜仁抵押汇票银行成立于1835年,莱比锡银行成立于1838年,普鲁士皇家银行于1846年改制为股份制银行,安哈尔特-德绍州立银行成立于1846年。

但是，英格兰银行初期只是英国政府的钱袋子，并不履行现代中央银行的职能。成立之初的英格兰银行也是一家私人银行，营利是其主要目的。为了维护自己的垄断地位和保持持续赚钱的能力，英格兰银行甚至利用英国政府给予的特权，阻止其他股份制银行在英国成立。德国并不是首先推动金融创新的国家，但金融创新一旦被引入德国，总能处处开花结果，使德国甚至超过当初诞生金融创新的国家，进而影响其他国家。股份制银行作为一种金融创新也不例外。沙夫豪森银行尽管成为一家股份制银行，但由于其在特殊情况之下成立，并没有让科隆私人银行家认识到股份制银行的竞争优势，直到法国模式被引入德国。

故事还要从19世纪30年代法国铁路建设热潮说起。铁路建设需要巨额资金。德意志地区走上了成立股份制铁路公司的道路，当时的法国却催生了股份制银行。1837年，埃米尔和伊萨克·佩雷尔兄弟主导建设了法国第一条铁路——巴黎至圣日耳曼的铁路。佩雷尔兄弟了解到英国建设的铁路，快速认识到铁路对运输的巨大价值，野心勃勃地想在全法国建设铁路网，而巴黎至圣日耳曼的线路就是兄弟俩规划的第一条铁路。

当时的铁路建设存在诸多不确定性，如不清楚所需的资金，也不清楚未来的盈利情况，因而兄弟俩想说服拥有巨额资金的罗斯柴尔德兄弟银行参加。詹姆斯·罗斯柴尔德——该家族巴黎分行的负责人——尽管对此感兴趣，但基于收益和成本的不确定性，迟迟不能下决心参与。直到佩雷尔兄弟说服法国政府和另一家银行参与之后，詹姆斯·罗斯柴尔德才答应出资。

此后，新兴的铁路建设很快给投资者带来丰厚的经济回报。詹姆斯·罗斯柴尔德也开始投资更多的铁路公司，不可避免地与佩雷尔兄弟产生竞争。再加上巴黎的报纸添油加醋地将佩雷尔兄弟描述成詹姆斯·罗斯柴尔德的影子甚至跟屁虫[①]，引起野心十足的佩雷尔兄弟的反感。这样，昔日的合作伙伴反目成仇。

佩雷尔兄弟决定在银行领域反击詹姆斯·罗斯柴尔德。他们吸收了哲学家圣西蒙的学说：股份制银行可以在更大范围吸收存款，巨额的资本使其可以投资包括铁路建设在内的大型项目。投资者或者存款人也可以通过股份制银行参与工业革命，获得超额收益。此外，相对于家族银行的繁荣或衰弱经常受制于继承人的天赋和能力，股份制银行没有实际控制人，而是采用经理人制度，可以更好地解决合伙人团队无能的问题。

1852年，欧洲革命浪潮结束之后，在佩雷尔兄弟倡议之下，法国国民信贷银行成立了。兄弟俩给予詹姆斯·罗斯柴尔德非常少的股份，以至于詹姆斯·罗斯柴尔德认为那是侮辱而不得不拒绝。兄弟俩的主要目的是削弱罗斯柴尔德的影响力，他们甚至争取到了法国财政部长的支持，后者对拿破仑三世说："罗斯柴尔德控制着陛下的皇冠，陛下应该引以为戒，不能受制于一个银行家。"[②] 佩雷尔兄弟成立法国国民信贷银行的目的之一就是与罗斯柴尔德兄弟银行竞争，向新兴工业以及铁路建设提供巨额资金。在此之前罗斯柴尔德兄弟银行是法国唯一有能力独立提供如此巨额资金的银行。

1852年成立之时，法国国民信贷银行的股票价格约为500法郎，4年之后股价达到2 000法郎。1854年，法国国民信贷银行的股票分红率达到40%。如此高的分红率自然催生了高涨的股价。

法国国民信贷银行成立之后，佩雷尔兄弟和罗斯柴尔德在德意志地区竞相成立新的股份制银行，开始头碰头的竞争。这或许是纯粹的

---

① 参考 Bowie（1994），这是一本关于罗斯柴尔德家族的传记。
② 参考 Bowie（1994），第95页。

竞争，或许是对利润的渴望。不过，这无意之中促使德意志地区股份制银行纷纷成立。1853年，部分德意志私人银行家在法国国民信贷银行的支持下成立达姆施塔特贸易工业银行。第二年，罗斯柴尔德牵头推动成立了法兰克福银行。在奥地利，法国国民信贷银行支持建设奥地利南部铁路，而罗斯柴尔德获得批准，牵头成立奥地利信用银行。在柏林，佩雷尔兄弟和罗斯柴尔德前后脚向普鲁士政府申请成立股份制银行，但是都被普鲁士政府拒绝。

19世纪中叶，欧洲各地都上演着佩雷尔兄弟和罗斯柴尔德短兵相接式的竞争。但是，罗斯柴尔德兄弟银行还是笑到了最后。佩雷尔兄弟的业务模式存在较大风险。他们通过法国国民信贷银行投资众多风险偏高的新兴工业项目。为了维持股价，银行又持续大额分红，以至于法国国民信贷银行在经济萧条期缺乏足够的资金，难以持续经营。最终，1867年，法国国民信贷银行遭遇危机[1]，股价滑落到145法郎。佩雷尔兄弟也被迫离开他们所创办的银行。

但是，他们所提出的投资银行模式却显示出顽强的生命力和强大的竞争力。不久之后，奥地利信用银行就超过罗斯柴尔德兄弟银行奥地利分行，成为奥地利最大的银行。法兰克福银行也一度成为德意志地区南部最具影响力的银行。

普鲁士围绕股份制银行的博弈

科隆私人银行家梅菲森和奥本海姆是德意志地区股份制银行的布道者。1848年，这两位私人银行家建议沙夫豪森银行改制成股份有限公司，1852年他们参与成立法国国民信贷银行，1853年他们发起

---

[1] 参考 Born（1977），第107至108页。

成立达姆施塔特贸易工业银行。德意志地区早期的股份制银行都有这两位私人银行家的身影。相对于法兰克福对工业革命和股票的保守态度，科隆私人银行家积极拥抱金融创新，不仅自己投资工业企业，还组建股份制银行，以便大力推动新兴工业发展。沙夫豪森银行和达姆施塔特贸易工业银行这两家银行总部都不在柏林，但柏林是其重点业务所在之地。这两家股份制银行的成立直接促使柏林私人银行家想方设法地建立柏林自己的股份制银行。

俾斯麦担任普鲁士驻德意志议会代表时，通过法兰克福私人银行家了解到新兴的股份制银行，进而向普鲁士政府建议支持股份制银行的发展，以"降低普鲁士对罗斯柴尔德家族的依赖性"。[①] 俾斯麦在法兰克福时，与罗斯柴尔德家族保持着良好的业务关系和私人关系，但是私人关系并没有影响他作为国家公务人员做出的判断。只是普鲁士国王弗里德里希·威廉四世并不认可这种观点，反而认为股份制银行对普鲁士经济发展和政治稳定不利。国王亲自下令防范股份制银行在普鲁士的扩散和发展，以至于1870年之前普鲁士仅在特殊情况下批准成立了股份制银行。

1849年之后，科隆私人银行家冯·德·海特接替汉泽曼出任普鲁士财政部长。冯·德·海特是冯·德·海特-克斯滕兄弟银行[②]的合伙人。他成为财政部长之后，延续普鲁士的一贯政策，即支持县乡银行，但同时他维护私人银行的利益，不允许成立大型股份制银行，以免给私人银行增加强有力的竞争者。在他任上批准成立的3家股份制银行之中，两家由私人银行家联合成立，一家由工业企业成立，并且都带有一定的特殊性。

---

① 参考 Born（1977），第153页。同一个理由也被私人银行家用来说服普鲁士政府。
② 冯·德·海特-克斯滕兄弟银行即 Bankhaus von der Heydt-Kersten & Söhne。

19世纪初期，柏林知名私人银行家门德尔松提议成立柏林结算协会，各个私人银行可以彼此抵押和贴现汇票。之后，该协会扩大业务范围，成员银行之间的转账不需要用真实货币，采用账户记录即可，也就是说，该协会具有类似于清算银行的功能。1850年，门德尔松向普鲁士政府申请将该协会转变成股份制公司，其成功获得批准。当年10月，该协会成为股份制银行，改名为柏林结算协会银行①（简称柏林结算银行），注册资本为100万塔勒，而门德尔松是最大股东，拥有5%的股份。这家新成立的银行还一度获得发行纸币的特权，不过1875年这个特权被收回。

柏林结算银行并不是一家传统意义上私营性质的股份制银行。虽然公司形式是股份制，但实质上这是一家服务于各个私人银行成员的组织，主要提供结算相关的金融服务。银行本身并没有很强的动力来扩张业务，没有发行大量新股以增强资本实力，故而与冯·德·海特的理念相符，从而获得其支持。

汉泽曼卸任财政部长之后，积极组织并于1851年10月成立柏林贴现公司②，为柏林地区的手工业者、工业企业提供更好的汇票贴现服务。这个企业实质上是一个中小企业的互助组织，各个成员拿出资金，通过汇票贴现等形式为其他成员提供资金。1852年初，该企业允许富有的投资者加入，募集2万塔勒资金，以增强所服务的成员企业的资金实力。

由于普鲁士财政部长冯·德·海特一直阻挠股份制银行的成立，汉泽曼必须想办法解决这个问题。当时普鲁士存在一种特殊的公司形

---

① 柏林结算协会银行即 Bank des Berliner Kassen-Vereins。
② 最初该企业还没有法人资格，其正式名字是 Direction der Disconto-Gesellschaft，主要机构包括执行委员会和顾问委员会，主要任务是为成员企业提供融资服务。

式，即两合公司。这类公司存在两种不同类别的股东，其中一类股东负责公司运营并承担无限责任，另一类股东仅仅出资并以出资额承担有限责任。1856年1月，柏林贴现公司举行股东大会，将公司改组成两合公司，其拥有法人资格并吸引有限合伙股东，募资1 000万塔勒（合3 000万马克），每股200塔勒。

股份制的两合公司是一种创新。当时普鲁士法律中并没有相关详细规定，冯·德·海特虽然想阻止，但他也无奈地表示无法阻止前任财政部长的计划。同一年，在纽伦堡的会议上，德意志地区的法律专家在制定《通用德意志民法》的过程之中，认可了汉泽曼创新的股份制两合公司。[①] 柏林贴现公司在法律上是一家两合公司，但实际上是一家股份制银行，它可以为成员企业提供汇票贴现、贷款甚至投资等金融服务。它还可以吸收新股东作为有限责任的投资者，向这些投资者发行股票而募集资金。我们将该公司称为柏林贴现银行。

1856年批准成立的柏林贸易银行与柏林贴现银行一样，是不折不扣的股份制商业银行。为了进一步打消普鲁士政府的担忧，银行家们把这类两合公司银行包装成贸易公司，以便顺利获得政府的批准。1856年6月28日，柏林贸易银行采取两合公司形式成立[②]，并成功发行股票，总共募集1 500万塔勒（合4 500万马克）。不过只有20%的资金真正到账，其余资金投资者可以后期付清。柏林贸易银行也受到科隆私人银行家的推动，除了科隆两位私人银行家，柏林的知名银行家布莱希罗德、门德尔松也参与了这家银行的组建。

[①] 这实际上也算不上创新。1402年法兰克福关闭兑换银行之后，就成立过两合银行，具体内容可以参考本书相关章节。

[②] 这家两合公司形式的贸易公司尽管是一家银行，但其德语名字直译过来是柏林贸易公司。本书将其译为柏林贸易银行。

柏林贸易银行是一家股份制银行，其主要业务是证券承销、股权投资等投资银行业务。成立当年，柏林贸易银行就投资了卡特纳铁路公司；第二年，该银行发行了4只债券和2只股票。[1] 当时，普鲁士乃至整个德意志地区并没有明确规定债券发行或股票发行所需要的银行牌照。只要具备实力，普通公司也可以为客户发行债券或股票。

柏林贴现银行和柏林贸易银行都可以发行股票融资，这使得它们的资本金大幅超过其他私人银行。连同此前几年成立的沙夫豪森银行和达姆施塔特贸易工业银行，这4家股份制银行是德意志金融市场之中的4条鲇鱼。1871年德意志统一之前，这4条鲇鱼很大程度上促进了德意志地区工业革命和资本市场的发展。

私人银行与股份制银行既竞争又合作。早期的股份制银行往往由私人银行家推动成立，甚至由私人银行家控制。私人银行也承揽了股票的发行业务。随着股份制银行逐渐壮大，参与股票承销等业务，私人银行的竞争优势不再明显，后期经常被股份制银行吞并。

1851—1857年，普鲁士共批准成立119家股份有限公司，其中有8家股份制银行。[2] 除了柏林贸易银行和柏林贴现银行发行股票，达姆施塔特贸易工业银行、图林根银行、格哈银行、奥地利信贷银行[3]等也在柏林交易所挂牌交易。此外，普鲁士中央银行——普鲁士银行所发行的股票应该也在柏林交易所交易。[4] 1857年，美国和英国

---

[1] 参考 Riesser（1912），第65至66页。
[2] 参考 Guinnane（2001）。
[3] 参考 Gömmel（1992），第146页。图林根银行，即 Thüringer Bank；格哈银行，即 Geraer Bank；奥地利信贷银行，即 Österreichischen Credit-Anstalt。这些银行现在都已经被兼并或者不存在了。
[4] 参考 Baehring（1985），同时期，普鲁士银行的股票在法兰克福交易。其作为普鲁士的中央银行，股票应该也在柏林交易。

发生了金融危机，并波及德意志地区。此后直到 1871 年德意志统一之前，普鲁士很少成立新的股份制银行。

法兰克福银行的诞生

1854 年建立的法兰克福银行是继奥地利国家银行和拜仁抵押汇票银行之后，德意志地区一家重要的股份制中央银行。它不仅夯实了 19 世纪法兰克福的金融中心地位，也极大地影响了后来的德意志帝国银行，即 1871 年德意志统一之后的中央银行。此外，法兰克福银行的诞生过程非常具有代表性，充分显示了法兰克福对金融创新的谨慎态度，也显示了法兰克福商会和市政府对金融服务实体经济理念的实践。

法兰克福成立中央银行的尝试

建立中央银行的出发点在于当时钱币十分混乱和优质货币短缺。1871 年德意志统一之前，德意志各个王国都铸造自己的钱币，再加上外来商人带来的外国钱币，市场充斥着各类钱币。并且，这些钱币还经常处于贬值之中，因为各王国都有动机降低含银量，获得铸币税。这种钱币乱象给集市交易以及后来的债券交易带来麻烦。1609 年成立的阿姆斯特丹银行和 1615 年成立的汉堡银行都是为了解决钱币乱象而建立的中央银行。

法兰克福遇到的问题与阿姆斯特丹和汉堡一样。不过，在不同阶段法兰克福采取不同的策略以应对钱币种类繁多和贬值的问题。1585 年，法兰克福建立交易所之时，商人们设想出一个计价货币，即巴岑。商人通过确定巴岑与各钱币的汇率，从而确定其他钱币之间的兑换关系。在法兰克福集市时期，汇票交易采用环形清算技术，大幅降低了真实货币的使用。18 世纪下半叶，债券在法兰克福发行并大获成功，二级市场交易开始兴起。债券交易仍然采用"一手交钱，一手交券"的形式，自然涉及大量钱币。作为交易媒介的钱币的问题越来越突出。

当时人们提出两种组建中央银行的方案，以解决钱币种类繁多、频繁贬值和交易成本高企等问题。第一种方案是，中央银行发行纸币，各商人将各类符合要求的钱币存放在中央银行并获得纸币，然后债券和汇票交易采用纸币进行。当然，现代人都非常熟悉这一套方案，因为大家都生活在纸币的时代，但这对当时的德意志地区来说却比较超前。第二种方案是，各商人都在中央银行开设账户，然后存入符合规定的钱币以获得账户资金，商人之间的结算通过各自在中央银行的账户进行。阿姆斯特丹银行和汉堡银行都采用第二种方案，19世纪初在法兰克福证券交易所上市的奥地利国家银行采取第一种方案。

这里有必要解释一下中央银行和发钞银行的区别。当时还没有严格意义上的中央银行的概念。德语的中央银行字面意思其实是发钞银行。[①] 当时德意志地区的银行所发行的银行券还没有成为法定货币，德意志地区的纸质货币接受度也远远低于英国和法国，发钞银行自然没有制定货币政策的职能，不算现代意义上的中央银行。但鉴于发钞银行的独特地位，这类银行也执行类似于现代中央银行的公共职能，同时还经营汇票交易、贴现等营利性金融业务。发钞银行需要获得大额资本金，因此早期的发钞银行通常发行股票募集资金，都是股份制银行，比如奥地利国家银行和拜仁抵押汇票银行。它们都是英格兰银行和法兰西银行的模仿者。不过，不像英格兰地区存在多家发钞银行，德意志地区的发钞银行往往就是其所在王国的中央银行，反之亦然。

最早提出中央银行设想的法兰克福私人银行家是弗里德里希·梅

---

① 中央银行即Notenbank，而Noten指银行券或者纸币，Notenbank即拥有纸币发行权的银行。

茨勒。1790年，富有远见的弗里德里希·梅茨勒向其他银行家[1]提出建立法兰克福中央银行并发行纸币的想法。他列举了中央银行发行纸币对法兰克福集市、汇票交易的促进作用。不过在他的设想之中，该中央银行除了发行纸币为市场提供更便捷的交易货币以及降低交易成本，还可以从事私人银行的所有业务，包括吸收存款、发放贷款、撮合汇票交易以及从事抵押。为了消除法兰克福市政府的担心，他还建议以4年为期限，如果中央银行不被市场认可，则可以解散它。法兰克福市政府成立委员会讨论该项提议。委员会认为法兰克福和阿姆斯特丹发行纸币会带来通货膨胀，故而这个时期不适合建立中央银行。另外，中央银行的业务设想与私人银行的业务重叠，那些私人银行家组成的委员会必然反对该提议。[2]两年之后，拿破仑占领法兰克福，这个提议也就没有了后文。

1824年，拿破仑已经成为历史，欧洲重新进入一个繁荣发展时期。10月19日，由贝特曼兄弟银行和罗斯柴尔德兄弟银行牵头的银行家团体又向法兰克福市政府提交了一份关于组建法兰克福中央银行的提议。该提议列举了建立中央银行的必要性，包括借鉴伦敦和巴黎的经验，集中资本以促进市场发展，扩大市场流通的货币量，以及方便商人的交易。至于具体方案，银行家们建议中央银行发行纸币，为商人提供无现金结算的账户转账服务，汇票贴现服务，以及黄金、白银和有价证券的融资服务。他们还特别提到该中央银行可以作为股份有限公司成立，并向社会募集资金。关于监管，市政府可以派出3人

---

[1] 这些银行家包括 Johann Gottfried Schmidt u. Comp., Harnier und Rueppell, Willemer und Heyder u. Co. 等，参考 Winterweb（1929），第20至21页。

[2] 另一种解释是当时复杂的政治环境使法兰克福市政府反对该提议，参考 Klein（1982），第248页。

到银行参与监管。至于市政府的支持，银行家们不要求特权，也不要求资金支持，只需要市政府批准设立中央银行。该提议书还附上了一份中央银行的章程。

这份提议居然遭到市场普遍的反对。前法兰克福市长、时任市政府议员克莱曼牵头反对。他用戏谑的口吻回复："法兰克福缺少能发行纸质货币的银行吗？对的，上帝保佑幸好没有这类银行。为什么我们需要感谢上帝？因为这类银行只能带来毁灭！"确实，早期欧洲各国发行纸质货币之后，无一例外地遭遇通货膨胀和社会动乱。现实的例子就是奥地利。1816年，奥地利成立股份制中央银行，主要目的也是处理各类纸币发行所带来的问题，统一发行新的货币，治理通货膨胀和货币乱象。法兰克福没有经历过这类恶性通货膨胀，普通市民对纸质货币天生反感，无法理解"一张纸就可以换取金币或银币"的做法。

法兰克福商会也激烈反对成立中央银行的建议。其向财政局提交了一份评估报告，认为成立法兰克福银行将带来极大的系统性风险[1]，特别是反对赋予该银行发行货币的特权。"一旦该银行无法兑换金银或真实货币，将引发整个市场的支付困难，以及各类资产贬值。想想这种状况，就令人不寒而栗。历史上，几乎所有这类发钞银行都经历过这种惊悚时刻。"商会管理层让所有在场的代表签字，认同这份报告的结论，包括梅茨勒家族的成员。

至于反对的原因，私人银行之间的竞争和博弈也是其中之一。弗里德里希·梅茨勒首次提出建立法兰克福中央银行的前沿设想，20年之后其子孙却反对这个建议。梅茨勒家族成员担心贝特曼和罗斯柴尔

---

[1] 系统性风险是现代的说法。当时的法兰克福只是认为这类银行将带来极大的风险。

德兄弟银行主导的中央银行进一步增强这两家私人银行的实力，不利于梅茨勒兄弟银行的发展。其他私人银行家也存在类似的担心。一旦贝特曼和罗斯柴尔德的中央银行提议通过，他们必然占据重要位置，甚至控制中央银行。贝特曼和罗斯柴尔德兄弟银行将通过中央银行了解法兰克福其他私人银行的资产规模等非公开信息，这显然不利于其他私人银行。这种解释并不是没有根据。罗斯柴尔德兄弟银行是这次中央银行方案的提议者，但却否决了1852年类似的中央银行方案，原因在于1852年的方案没有罗斯柴尔德兄弟银行的直接参与。[①]

1825年2月8日，法兰克福市政府做出决断："对于成立法兰克福中央银行的提议不予批准。"法兰克福商会从竞争角度看待中央银行这个新生事物，因为在其设想之中该银行不仅发行纸币、支持无现金支付，还从事汇票交易等传统银行业务，这自然引起商会管理层的反对。法兰克福市政府、财政局等监管机构则从风险角度看待这个新生事物，既然其潜在的风险很大，并且多个国家都发生过这类风险，市政府自然倾向于拒绝该提议。此外，证券交易的投机已经达到一定的规模，市政府也担心债券和股票投机将进一步给社会带来不稳定因素。

在没有中央银行的法兰克福，商人还是像以前一样从事汇票和证券交易。每天早上，街上车水马龙，商人们拉着一袋一袋的钱币进行交易。每次完成交易后都需要额外花时间确认钱币的含银量或确定钱币之间的兑换比例。这类测量和称重浪费大量的时间和精力。在紧急情况下，商人也会向市财政局申请"财政券[②]"，以作为纸币替代品。

[①] 参考 Plumpe and Rebentisch（2008），第76至77页。
[②] 财政券即 Rechnei-Scheinen，这种券的产生是为了应对流通钱币数量太少的难题。此后，德国多次利用类似的纸币，以作为紧急时期的货币。

法兰克福成立第一家股份制银行作为过渡

随着法兰克福证券市场不断发展，种类繁多的钱币越来越成为交易的障碍。面对现实的困难和各界的担心，银行家也不得不在妥协之中寻找解决方案。1852 年 11 月 6 日，贝特曼兄弟银行牵头组织了一个银行团，向市政府提议建立一个仅仅从事无现金支付结算的股份制银行，不赋予它发行纸币的权利。在这个提议之中，贝特曼兄弟银行退了一步，指出设立这个银行仅仅是为了解决支付问题。只要各个商人都在银行开设账户，那么账户之间的无现金支付即银行转账就可以实施。这样，商人们便没有必要拿着一袋一袋的钱币进行交易。

该银行以股份有限公司形式成立，贝特曼兄弟银行提议该银行的注册资本为 50 万古尔登。如果取得四分之三的股东支持，注册资本可以进一步提高。同时为了避免股票频繁交易，公司决定只发行 100 股，每股相当于 5 000 古尔登，并且采取记名股票形式，每股股票必须登记股东名字。

这次法兰克福商会形成两派，持不同的意见。[①] 多数派认为，尽管这个银行可以解决支付难题，但它本质上仍然是一家股份制银行，而市政府已经于 1824 年拒绝批准成立股份制银行。该银行少得可怜的资本金难以解决法兰克福的钱币短缺或者货币短缺问题。股票发行又将助长市场的投机氛围。该银行还吸收金币、银币和其他钱币，将进一步加剧钱币短缺问题。基于如此种种原因，多数派认为还是不应该批准建立该银行。

少数派则认为应该批准设立该银行。从历史经验上看，阿姆斯特

---

① 参考 Handelskammer zur Frankfurt am Main（1908），第 659 至 661 页。

丹和伦敦都建立了股份制银行，这对当地金融市场和贸易的发展发挥了巨大的作用。该银行不仅方便商人之间的支付和交易，还将解决货币短缺问题。

面对两派的不同意见，商会元老吉勒发挥了重要作用。他建议将两派的评估报告都提交给市政府，让市政府做出最终决定。而商会建议设立该银行，资本金提高到100万古尔登。

尽管仍然有反对的声音，法兰克福市政府还是于1853年3月1日批准了这个提议。这家银行却被命名为"法兰克福结算协会[①]"。名字之中甚至没有"银行"字眼，显示这是一个以公共利益为导向的公司组织。我们按照该机构的功能将其翻译成"法兰克福结算银行"。市政府不允许该银行吸收存款，也不允许该银行通过汇票、证券等形式的金融交易获得更多资本，仅允许其以募集的股份作为资本金开展商业运营。

这是法兰克福建立中央银行过程中的重要一步。虽然真正的中央银行还没有建立，但法兰克福已经允许股份制银行这种新机构设立。尽管法兰克福极大地限制了该银行的经营范围，但还是赋予了银行开展无现金支付业务的权利，以解决法兰克福金融市场所面临的现实困境。后期，法兰克福现金协会逐渐发展了银行账户转账的结算方式。

另外，法兰克福结算银行的股票采用高面额以及实名登记，也与阿姆斯特丹股票市场产生的历史不一样。与阿姆斯特丹鼓励投机相反，法兰克福对证券投机的戒备心很强，其态度与1720年汉堡市政府对待第一次股票发行的态度类似。尽管相隔100多年，但法兰克福和汉堡在股票投机上的看法出奇得一致。

---

① 法兰克福结算协会即 Frankfurter Vereins-Kasse。

外部竞争压力推动中央银行的产生

1853年，科隆私人银行家梅菲森和奥本海姆建议法兰克福附近的黑森大公国设立股份制银行，得到认可。1853年4月13日，黑森大公国设立达姆施塔特贸易工业银行。法兰克福银行家在推动这个股份制银行成立的过程之中发挥了重要力量，贝特曼兄弟银行、戈尔德施密特银行等都在刚刚成立的银行监事会之中任职。4月25日，达姆施塔特贸易工业银行通过股票发行获得1.06亿古尔登，近4倍超额认购。当天，该银行的股票就在法兰克福证券交易所官方价格表之中出现，当天的交易价格从发行价250古尔登升到310古尔登。①

近在咫尺的达姆施塔特出现了一个巨无霸股份制银行，终于让法兰克福感到紧张。法兰克福商会快速行动起来，推动建立法兰克福银行，其作为股份制银行，也是法兰克福的中央银行。达姆施塔特贸易工业银行动摇了德意志地区对待股份制银行的保守态度，特别是该银行的成功经营促使各地纷纷建立股份制银行。外来刺激促使保守的法兰克福乃至后期的德国政府改变态度，这一幕多次在德国金融市场发展历史上出现。

达姆施塔特贸易工业银行成立的消息很快传到法兰克福，引起法兰克福市政府和商会的高度重视。4月13日，法兰克福市财政局请商会评估，"这个银行将在多大程度上威胁法兰克福的贸易和金融中心地位，并且法兰克福应该采取何种措施，以便扭转不利的竞争局势"。

6天之后，法兰克福商会邀请31位知名的私人银行家参加会议。银行家们一致认为达姆施塔特的银行将给法兰克福的贸易和金融中心地位带来极大的威胁。为了应对竞争压力，法兰克福也应该建立自己

---

① 参考 Handelskammer zur Frankfurt am Main（1908），第1132页。

的股份制中央银行。法兰克福商会将这个评估意见提交给财政局，快速获得批准，于是法兰克福马上组建银行委员会，筹建法兰克福的中央银行。这个银行委员会由罗斯柴尔德兄弟银行等知名银行组成。

1853年5月24日，银行委员会和法兰克福结算银行一起提交了关于建立法兰克福银行的申请。"日益增长的贸易和金融活动显示，法兰克福建立一个中央银行的时刻已经到来。这个银行将支持、促进和活跃当地的贸易。法兰克福银行也将作为德意志地区南部的中央银行而存在，它的银行券将被这个地区的商人接受。达姆施塔特已经建立了类似银行，法兰克福应该抓住时机，快速推出自己的中央银行。"

至于中央银行的组建，银行委员会建议将法兰克福结算银行的资产和负债转入即将成立的股份制法兰克福银行，注册资本提高到2 000万古尔登，也采取记名股票形式登记股东名字，股票转让采取类似于汇票转让的登记方式。

按照提议，法兰克福银行将从事汇票贴现、无现金支付、贷款和证券保管等业务，汇票贴现仅仅适用于3个月以内并且至少有3个签名背书的汇票。贷款期限原则上不应该长于3个月，贷款金额不少于1 000古尔登。银行可以为金币、银币、汇票、符合条件的主权债务等提供贴现，银行还可以购买汇票和债券，只是后者的最大购买规模不应该超过注册资本的三分之一。银行不能从事其他金融业务，包括买卖法兰克福银行自身的股票和为法兰克福银行的股票提供贴现。此外，该银行还不能从事债券发行业务以及参股其他工业企业，以免与私人银行形成业务竞争。

当然，银行委员会建议法兰克福银行获得独家发行银行券的特权，即纸质货币的发行权，但是发行规模不超过该银行资本金规模的两倍；纸币必须对应实物资产，其中三分之一实物资产可以是钱币或银锭，而其他由黄金、汇票和债券组成。这些规定说明法兰克福仍然把防范风险作为重要目标。

至于法兰克福银行的治理模式，委员会提议设立董事会，由股东大会选举产生的 20 位股东组成；董事会负责选举产生管理委员会，由 7 位股东组成；董事会还负责确定 6 位监事和银行的管理团队，负责每年审计银行的业务。管理委员会负责明确法兰克福银行的战略定位以及其所从事的重要业务。并且，管理委员会和监事都不领取工资，实际上相当于外部的监督团队，其中管理委员会监督业务范围，以免该银行与商人和其他私人银行产生业务竞争。法兰克福市政府派遣特别代表，负责监督银行是否有序开展所规定的业务。

此外，银行委员会还建议每年 3 月或者 4 月举行一般股东大会。每 4 股股票代表一票，相当于只有拥有 4 股股票以上的股东才有投票权。同时，法兰克福银行还成立银行储备基金，每年银行将四分之一利润划入该储备基金，通过股票发行筹集的超过面值的资金也划入储备基金。储备基金用于防范可能的系统性风险。

1853 年 6 月，法兰克福商会依照财政局的要求提交评估报告。这一次，除了进行少量改动，商会支持法兰克福建立中央银行的提议。商会也坦承，其此前反对中央银行的提议是因为带着偏见。随着时间的推移，越来越多的私人银行家和商人认识到成立中央银行的必要性。该银行将推动新的金融业务，提高贴现率，提高人们对法兰克福自己发行的纸币的接受度，将其他外来纸币挤出市场。法兰克福银行将准备充足的实物资产以发行纸币，商人不需要担心这些纸币无法兑换回银币等实物资产。

1853 年 8 月，法兰克福市政府开始讨论关于建立中央银行的提议。这时，俄国和土耳其之间爆发克里米亚战争，欧洲其他地区也弥漫着战争的硝烟。不过，这次市政府没有终止该提议的审核，倾向于批准法兰克福银行成立。之后，市政府与法兰克福银行的创始人，包括罗斯柴尔德和贝特曼兄弟银行等私人银行谈判，1853年12月双方就重要条款达成一致，包括法兰克福银行向法兰克福市政府提供100万古尔登的无息贷款；法兰克福银行获得纸币发行权，但并不是独家，法兰克福仍然可以批准成立其他发钞银行；纸币发行额不超过法兰克福银行资本金的两倍，并且不高于2 000万古尔登；法兰克福银行获得25年的经营期限；法兰克福银行确定汇票的贴现率，并在交易所官方价格表之中公布；最后，法兰克福银行必须在6个月之内成立并开始经营。这个期限后来被延长了一次。

其间，俄国和土耳其之间的克里米亚战争越演越烈。1854年3月底，英国、法国与奥斯曼土耳其结盟，共同向俄国宣战。法兰克福证券交易所受到战争影响波动加剧。1854年4月11日，法兰克福顶住各种压力，批准成立一家中央银行，采用股份制银行的法人形式，并且名字叫法兰克福银行。这样，法兰克福银行作为德意志地区一家重要的中央银行终于登上历史舞台。

法兰克福银行的首次公开发行

历史总有相似之处，法兰克福第一次发行股票时出现万人空巷的场景。本来，市政府和商会因担心欧洲战争可能影响股票发行，所以考虑推迟发行时间，可没想到市场的热情达到一种狂热的地步。

所有的法兰克福市居民都可以认购法兰克福银行的股票，只需支付5%的首付款[①]，余款两年之内付清。一时之间，市民蜂拥至法兰克福

---

① 市政府刚开始设定的首付款为25%，但市民普遍反对，因此将首付款降至5%。参考 Winterweb（1929），第43至45页。

银行所在的沐泽小街,以至于人头攒动,出现踩踏。法兰克福市政府派出军队维持治安,并关闭通往该街的部分入口。最终,9 351位投资者贡献了16倍的超额认购,法兰克福银行的股票成功发行,以至于市场上出现钱币短缺。法兰克福银行发行的纸币直到年底才能投放到市场。

1854年5月,法兰克福银行的股票挂牌交易之后,二级市场交易价格马上涨到103%,7月进一步上涨到106.5%。股票市场最初与债券类似,采取百分比的报价方式,即相对于面值的百分比。1854年8月30日,法兰克福银行召开第一次股东大会,共500位自然人或法人参加。

法兰克福银行得到市政府的支持,甚至将法兰克福市的标志"张开翅膀的鹰"作为银行的品牌形象,并将其印在银行股票的中间位置。该股票与奥地利国家银行股票类似,也采用记名形式,每张股票注明股东的名字以及股票的名义价值500古尔登。这个名义价值也是投资者于股票首次发行时所需支付的价格,这些资金转变成银行的注册资本。法兰克福银行股票上有3位管理层成员的签字,分别是董事会主席、一位董事会成员和经营总经理。

作为中央银行,法兰克福银行吸引各个商人、私人银行开户,承担清算银行职责。各商人之间通过法兰克福银行各个账户之间的资金划转完成支付活动。新的支付方式不再需要各商人清点钱币以及测量钱币的成色,极大地降低了交易成本,方便了商人之间的交易,进而促进贸易、汇票交易以及证券交易等各类活动的展开。法兰克福银行还提供金银、汇票、证券等金融产品的贴现服务,各商人可以将符合条件的金融产品存放在法兰克福银行以获得资金。贴现率就是早期的中央银行控制货币流通量的关键措施。通过调整贴现率,法兰克福银行实际上执行当代中央银行的宽松或紧缩货币政策。1857年,法兰克福银行9次调整贴现率,而1866年德意志统一战争期间曾11次调整贴现率。

法兰克福银行所发行的纸币大幅促进了资本市场的金融交易。这些在当代社会司空见惯的金融活动,在当时的法兰克福却是极大的创新。纸币的发行促使商人和其他富裕个人把家里储藏的金银币都放入法兰克福银行,将其转变成可以方便交易的纸币或账户存款,从而极大地增加了市场流通的货币量。1855年,法兰克福银行的纸币发行量仅为275万古尔登,而1858年首次超过1 000万古尔登,1862年接近2 000万古尔登。

有意思的是,法兰克福银行还从事债券买卖或者债券交易的做市业务,为市场提供债券的买价和卖价。这项当代重要的银行做市业务居然由一家中央银行首先开展。当时法兰克福证券市场存在经纪人,即撮合买家和卖家完成交易的人,但经纪人自己一般不投入资金。当时的私人银行还没有开展证券经纪业务,也没有开展做市业务,故而私人银行也没有反对将做市业务交给法兰克福银行,甚至还鼓励法兰克福银行从事该项业务。后期,私人银行发现这项业务可以获得稳定的利润之后,才纷纷开展经纪和做市业务。这些业务成为银行证券发行之外的稳定利润来源。

对于商业行为,法兰克福银行严格控制风险,不从事证券投机,以免给中央银行的有序运行带来额外风险。在贴现率较低的时期,法兰克福银行还可以从外汇业务和银币铸造之中获利。外汇业务类似于债券的做市,法兰克福银行为以外币计价的汇票提供买卖价格,并从中获利。而为了减少外来银币的流通,法兰克福银行收回市场中的其他钱币,并将其回炉重新铸造成法兰克福银币。银行从中获得的铸币税也是盈利的来源之一。

1854年和1855年，法兰克福银行没有支付股息，而是给予股东3%的固定利息。1856年，法兰克福银行的业务快速发展，达到此前人们无法想象的规模，当年的利润达到43万古尔登，几乎是前两年的利润总和的两倍以上。当年，法兰克福银行的股息率为3.23%，而这个股息率是第一次世界大战爆发之前最低的股息率。1873年，法兰克福银行的股息率甚至达到10%。

1856年，法兰克福银行按照约定为法兰克福市提供100万古尔登的无息贷款。这笔贷款直到1902年才归还。当时德意志帝国银行作为德意志统一之后的中央银行开始运营，法兰克福银行放弃发钞特权，普鲁士政府归还本金。放弃发钞特权之后，法兰克福银行逐渐演变成一家商业银行。[①]

法兰克福银行快速成为德意志地区第二大发钞银行，规模仅次于普鲁士的中央银行，即普鲁士银行。普鲁士银行于1846年通过发行股票募资而成为股份制的中央银行，由普鲁士财政部官员管理运营。德意志统一之前，德意志各个王国往往都有自己的发钞银行，即中央银行。其中，1852年共存在9家发钞银行；1856年，发钞银行数量增加至19家；1857年继续增加至29家。[②] 这些发钞银行之中的普鲁士银行的塔勒纸币和法兰克福银行的古尔登纸币分别是德意志地区北部和南部重要的货币。

股份制银行成立潮

在德意志地区建立股份制银行的大潮之中，科隆知名私人银行家

[①] 现在，法兰克福银行已经不复存在，1970年其与柏林贸易银行合并，成立柏林法兰克福贸易银行，简称BHF银行。BHF银行现在仍然活跃在法兰克福金融市场。
[②] 参考Holtfrerich（1999），第157至158页。

梅菲森和奥本海姆发挥了主要作用。梅菲森曾于1842年创立《莱茵报》[①]，博士毕业的卡尔·马克思的第一份工作就是《莱茵报》的编辑。[②] 1848年，梅菲森和奥本海姆首先促成沙夫豪森银行的诞生，不过该银行没有发行新的股票进行融资。1852年，他俩又参与法国佩雷尔兄弟倡导成立的法国国民信贷银行的股票发行。这是梅菲森和奥本海姆第一次参与股份制银行的股票发行，股价的疯狂上涨显示了股份制银行的竞争优势，同时也坚定了他俩推动和创办更多股份制银行的决心。

私人银行家的推动作用

梅菲森和奥本海姆尝试在法兰克福建立股份制银行无果之后，一次偶然的机会促使他俩于1853年在法兰克福附近建立达姆施塔特贸易工业银行。该银行发行的股票规模达到1 000万古尔登，震撼了法兰克福的私人银行家，也促使他们快速建立法兰克福银行以应对竞争。达姆施塔特贸易工业银行成立之初，法国国民信贷银行持有50%的股份。1856年，梅菲森和奥本海姆对达姆施塔特贸易工业银行进行增资扩股，资本金达到2 500万古尔登，并降低了法国人的持股比例，掌握了该银行的管理权。1856年，梅菲森和奥本海姆又推动柏林成立柏林贸易银行。

除了专注于投资的股份制银行，梅菲森和奥本海姆还计划成立发钞银行，也采用股份制形式。德意志统一之前，德意志地区存在诸多独立王国，它们都可以在自己的地盘批准成立发钞银行。1856年，梅菲森和奥本海姆的这个愿望也达成了。他们在达姆施塔特获得批

---

① 《莱茵报》即 *Rheinische Zeitung*。
② 据说马克思这个职位的前任是德国著名经济学家李斯特。

准，成立南德意志银行，该银行可以发行纸质钞票。[1] 但该银行一直笼罩在法兰克福银行的阴影之下。法兰克福银行发行的纸质钞票在德意志南部被广泛使用。钞票流通具有较强的网络性。面对强大的法兰克福银行，南德意志银行没有太多的发展空间。

与此同时，股份制银行的竞争优势被银行界认可。德意志地区的私人银行家们纷纷在各地区建立股份制银行。1856年，汉堡地区的私人银行家建立了北德意志银行和联合银行。[2] 1870年德意志商业折扣银行[3]、汉堡抵押贷款银行[4]等成立。德意志中部信贷银行由法兰克福几位不太知名的私人银行家发起成立，包括祖尔茨巴赫、维勒兄弟和斯瓦兹柴尔德。1870年，德意志银行由柏林知名的私人银行家德尔布吕克倡导成立，德意志各地区的私人银行家几乎都参与了德意志银行的组建，德意志银行堪称德意志私人银行家的集大成作品。

在现代，人们经常认为私人银行和股份制银行是对立的，以为两者存在市场竞争，也将私人银行的没落归结为股份制银行的强大竞争力。历史演变轨迹表明，股份制银行本身就在私人银行家推动之下建立。除了私人银行家，当时的社会上没有其他群体了解银行的运作，更别提建立一家股份制银行。初期的股份制银行更像一家规模更大的私人银行，往往被创始人即私人银行家控制。银行的公司治理结构和监管合规制度随着金融市场的发展而逐步完善。在这个意义上，私人银行家创建股份制银行时并不认为他们是在创造强大的竞争者，他们想通过股份制银行更大的融资规模创造更多的财富。尽管在此后的市场竞争之中，

---

[1] 参考 Born（1977），第155页。南德意志银行即 Bank für Süddeutschland。
[2] 北德意志银行和联合银行即 Norddeutschen Bank and Vereinsbank。
[3] 德意志商业折扣银行刚开始的名字是 Comerz-und Disconto-Bank，它也是当前德国第二大银行德意志商业银行的前身。
[4] 汉堡抵押贷款银行即 Hypothekenbank Hamburg。

很多私人银行被股份制银行收购,但这不一定意味着私人银行家的财富缩水。

德意志地区 1857 年之前成立的股份制银行见表 7-1。

表 7-1　德意志地区 1857 年之前成立的股份制银行[①]

银行名称	成立时间（年）	成立地点	资本金（百万马克，1857 年底）
Oldenburgische Spar-u. Leih-Bank	1845	奥尔登堡	1.20
A.Schaaffhausen'scher Bankverein	1848	科隆	15.56
Disconto-Gesellschaft	1851	柏林	39.13
Strassburger Bank	1852	斯特拉斯堡	2.40
Bank fuer Handel u. Industrie	1853	达姆施塔特	42.93
Comptoir d'Escompte de Mulhouse	1854	米尔豪森	0.80
Berliner Handels-Gesellschaft	1856	柏林	11.22
Coburg-Gothaer Credit-Gesellschaft	1856	科堡	1.70
Schlesischer Bankverein	1856	布雷斯劳	7.50
Creditanstalt fuer Industrie u. Handel	1856	德绍	1.80
Eislebener Disconto-Gesellschaft	1856	艾斯莱本	0.60
Norddeutsche Bank	1856	汉堡	30.00
Vereinsbank	1856	汉堡	6.00
Allgemeine Deutsche Credit-Anstalt	1856	莱比锡	22.29

在法兰克福私人银行家之中,拉斐尔·厄兰格[②]十分积极地推广和筹建股份制银行。拉斐尔·厄兰格与科隆的私人银行家梅菲森、奥本海姆相熟,也与他们一起参与达姆施塔特贸易工业银行的组建,成为第一批对股份制银行充满热情的德意志地区私人银行家。19 世纪中叶,股份制银行传入德意志地区之后,法兰克福的多数私人银行持

---

① 数据来源:Riesser（1912）,第 647 页。
② 1859 年,他在葡萄牙王国获得爵士头衔,从此也称拉斐尔·冯·厄兰格。

怀疑态度，而厄兰格家族坚定地认为这是银行业的未来。为此，厄兰格银行在德意志各地区奔波，陆续筹备组建了20多家股份制银行。[①]厄兰格银行或许是德意志地区参与组建的股份制银行数量最多的私人银行。1904年，厄兰格家族后继无人，厄兰格银行只能并入德累斯顿银行，成为后者在法兰克福的一个分行。这也是诸多私人银行最后的归宿。

私人银行家的集大成作品——德意志银行的诞生

德国工业革命之初，铁路股票和银行股票是德意志地区股票市场的主角。柏林交易所是德意志地区铁路股票交易中心，银行股票相对较少。科隆和汉堡在早期银行股票发展过程之中发挥了较大作用，其中科隆私人银行家梅菲森和奥本海姆推动和参与了多家德意志地区早期股份制银行的设立；而汉堡于1856年成立两家股份制银行——北德意志银行和联合银行，它们各自募集了2 000万马克的资本。柏林试图成立抵押银行，但由于普鲁士政府的保守态度，没有成功。

1870年6月，德意志地区取消股份制银行成立的政府审批程序之后，柏林快速成为德国的银行业中心，为德国工业革命提供了充足

[①] 这些银行包括1853年的Weimarische Bank，1855年的Landgräflich-Hessische Landesbanken，1856年的Internationale Bank in Luxemburg，1862年的Frankfurter Hypothekenbank，1869年的Oldenburgische Landesbank，1871年的Louis Fraenckel & Co.（Svenska Handelsbanken），1871年的Allgemeine Ungarische Municipal-Creditanstalt，1871年的Anglo-Deutsche Bank，1871年的Centralbank für Industrie und Handel，1871年的Leipziger Vereinsbank，1871年的Österreichisch-Deutsche Bank，1871年的Stuttgarter Bank，1872年的Baierische Wechslerbank，1872年的General-Bank，1872年的Süddeutsche Provinzialbank，1878年的Schwarzburgische Landesbank，1880年的Mecklenburgische Bank，1887年的Eisenbahn-Rentenbank，1895年的Schwarzburgische Hypothekenbank，1898年的Eisenbahnbank。

的资本。德意志银行是1848—1870年少数几家获得普鲁士政府批准而成立的大型私人股份制银行之一。德意志银行成立之后不久，新的《股份公司法》颁布，审批程序被取消。尽管德意志银行成立之初并没有充足的资本，主要业务范围也不在德意志境内，但阴差阳错以及运气眷顾之下，德意志银行躲过了德意志统一之后的第一次股灾，逐渐成为德国最大的商业性全能型银行。

柏林私人银行家德尔布吕克最早倡议建立德意志银行，为德意志企业的扩张提供金融支持。他经常与普鲁士政治家、经济学家班贝格尔博士共同讨论德意志银行的蓝图。两人被认为是德意志银行的创始人。尽管当时德意志还没有统一，但两位创始人将"德意志银行"作为新成立银行的名字，希望该银行代表德意志与英国、法国等地的银行竞争。

1869年7月，德尔布吕克联系柏林、法兰克福、科隆以及汉堡等地的私人银行家，得到大家的响应，这些人共认购了500万塔勒的德意志银行股份，占计划发行规模的25%。这也是整个德意志地区的银行家第一次共同参与一个项目。1870年1月22日，德尔布吕克召集各个银行家，成立德意志银行的创始委员会，以便与普鲁士政府协商股份制银行的审批事宜。

1870年1月底，汉堡成立一家国际银行，其与德意志银行的战略目标一致，也是支持德国企业的海外业务。汉堡诸多私人银行家，包括现在仍然活跃在德国资本市场的贝伦贝格家族的先辈，参与了这家资本金为1 500万塔勒的国际银行的组建。这家银行成立之后快速在伦敦设立分支机构。[①] 在此后几年之中，汉堡国际银行遭遇一系列

---

① 参考 Seidenzahl（1970），第3页。

危机，最终于 1879 年关闭。不过，1870 年，柏林弥漫着对德意志银行前景的悲观情绪，毕竟来自汉堡的竞争者已经捷足先登。

与汉堡不同，普鲁士还保留着股份制银行的批准程序。鉴于普鲁士政府的保守态度以及对股票投机的担心，自从 1843 年普鲁士《股份公司法》颁布之后，只有少数几家股份制银行获得批准。面对艰难的环境，德意志银行的创始人并没有退缩。他们于 1870 年 2 月 8 日向首相俾斯麦提交报告①，从德意志经济发展的宏观角度阐述成立德意志银行的必要性，特别指出"德意志地区企业的业务需要借助伦敦、巴黎等地的银行家提供的国际金融支持，而来自其他地区的金融服务不仅费用昂贵，还经常带有歧视性条款。德意志需要一家自己的银行，以支持德意志企业的业务扩张。""德意志地区的企业需要一家德意志银行，代表它们的利益，这一点整个德意志地区的企业都支持。""如果普鲁士政府支持这个理念并为这些德意志地区企业提供金融支持，德意志的对外贸易必将获得更快的发展。"这些理由与中国金融服务实体经济的理念相符，而与美国市场自由博弈的理念差异甚大。

最后，报告还罗列了众多参与创建德意志银行的德意志地区私人银行家。这些私人银行家不仅是德意志银行的股东，也是德意志银行的第一批客户。这份报告强调了德意志银行的爱国精神，将银行组建上升到国家宏观层面的金融战略。俾斯麦是一个非常务实的政治家，而德意志银行的创始理念也确实打动了他。俾斯麦很快让商务部评估并做出回应。两周之后，商务部提出 34 条修改意见，要求德意志银行创始委员会修改。

---

① 参考 Seidenzahl（1970），第 4 至 7 页。

在德意志银行创始委员会修改银行成立方案期间，汉堡又成立了一家股份制银行，也就是现在德国第二大银行德意志商业银行的前身。创始委员会部分成员认为应该放弃成立德意志银行的计划，因为汉堡银行家的速度更快，而柏林成立另外一家类似的银行似乎难有胜算。当时，德意志各个城市的竞争比较激烈，此前也发生过其他城市成立同类型银行之后，柏林无法再成立类似的银行的事件，如柏林抵押银行被法兰克福抢先而胎死腹中。

不管怎样，德意志银行的创始团队顶住压力，于1870年3月10日获得最终批准。德意志银行的原始股东共76位，主要由私人银行家和股份公司代表组成，其中创始人之一班贝格尔在原始股东名单上名列第一。不久之后，德意志银行召开了第一次股东大会，24人出席了会议，他们所持股份占总股本500万塔勒的大部分。3月24日和25日，德意志银行股票面向市场公开发行，发行规模仅为200万塔勒。应普鲁士政府要求，德意志银行的IPO按照股票面值发行，即不允许溢价。这或许是德国版的首次公开发行价格控制。

德意志银行股票于1870年5月12日首次在柏林交易所交易。由于认购资金分3期支付，因此德意志银行向第一批股东发行了临时证书。直到1871年9月，股东才拿到第一批面值200塔勒的普通股票。值得注意的是，这是一张不记名股票。与此前德国所发行的记名股票相比，不记名股票的交易更加方便，也更加活跃。

德意志银行的IPO创造了3个纪录。第一，德意志银行是第一家真正在整个德意志地区公开发行股票的公司。此前的股票发行都集中于某个金融中心以及周边地区，而德意志银行的公开发行范围囊括整个德意志地区。由于创始股东多数是私人银行家，因此他们在各自城市承担股票销售任务。德意志银行在柏林、科隆、法兰克福、莱比锡、布雷斯劳、斯图加特、不来梅、汉堡等地都设立了股份登记机构。

第二，创始股东数量和认购金额也创造了历史纪录。创始股东相当于现代意义上的基石投资者。这些基石投资者的数量和投资金额都创造了德国资本市场的历史纪录。并且基石投资者几乎包括整个德意志地区的银行家，美因河南边和北边、易北河东边和西边的资本都蜂拥而来。或许德意志银行的创始理念正是当时处于统一前夕的德意志所渴望的。受到爱国情怀的驱动，德意志银行获得银行界和企业界的普遍支持。

第三，150倍的超额认购也创造了纪录。这是早期德国资本市场有据可查的最高超募纪录。德意志银行宣布公开发行两天之后，即1870年3月26日，获得2 943万塔勒的认购金额。为了公平起见，德意志银行采取按比例分配股票的方法，即认购105~175股的投资者获得一股股票；认购176~274股股票的投资者获得两股股票，以此类推。

德意志银行成立之后，业务发展迅速，第一次世界大战之前每年分红率达到5%左右，使该银行股票成为非常好的投资标的。德意志银行IPO史无前例的超募倍数也宣告一轮超级大牛市的到来，此后5年德国资本市场经历大起大落。其对德国资本市场长期发展也产生了深远影响。

从投资银行到全能型银行

最早的股份制商业银行于1826年在英国诞生。早期的股份制商业银行与私人银行或者商人银行的主要区别在于规模不同，而不是所从事的金融业务不同。1852年成立的法国国民信贷银行开创了新的银行业务，即长期投资于工业企业。此后，德意志地区新成立的股份制银行也采取法国国民信贷银行的模式，即投资银行模式。同时，德意志的私人银行家把传统的私人银行业务,即证券承销和发行带到股份制银行,使这类新的银行有了一个比较稳定的收入来源。但法国国民信贷银行没有这类承销业务,或许这就是法国国民信贷银行失败的原因。新成立的德意志地区股份制银行却不断壮大。1882年,法国发生银行业危机,法国一般信贷银行倒闭,促使法国的股份制银行放弃长期的股权投资业务,而转向英国模式,即存贷款业务。德意志地区的早期股份制银行却从投资银行业务扩展到商业银行业务,最终成为全能型银行。

19世纪初,欧洲金融市场已经出现投资银行和商业银行业务的区分。投资银行业务包括股票发行、债券发行、证券交易以及股权投资等风险较大并且没有持续性的业务,但是每一单业务带来的利润较为可观。商业银行业务包括汇票贴现、存贷款等持续性较强并且风险较小的金融业务。德意志地区的早期股份制银行从私人银行演变而来,自然而然地从事私人银行的业务,包括债券发行、汇票买卖和贴现等。或者说,德意志地区的股份制银行从诞生之日起就是全能型银行,这一点区别于英国和法国。

1853年,达姆施塔特贸易工业银行成立之后,第二年就参与奥地利国家铁路和匈牙利铁路建设。此后十几年,该银行陆续参与德意志地区中部和南部的铁路投资,也帮助德意志、奥地利、匈牙利和俄国的铁路公司发行股票和债券。除了铁路公司,达姆施塔特贸易工业银行还参与工业企业的组建、工业股票的发行和承销。1854年,该银行参与巴登、拜仁等王国的国债发行。1868年之后还参与黑森、普鲁士以及汉堡等地的国债发行。

很明显,这个时期的达姆施塔特贸易工业银行是一家现代意义上的投资银行。有意思的是,存贷款作为传统的商业银行业务并不受德意志地区早期股份制银行的重视。对于这些大型银行，存贷款甚至仅仅是附带业务。投资银行的客户越来越多，他们逐渐把资金存放在达姆施塔特贸易工业银行，然后逐渐被动接受存贷款业务。早期的存款客户都是银行长期的投资银行业务伙伴，并且银行只提供 3 个月、6 个月和 12 个月期限的较低利息。1870 年，达姆施塔特贸易工业银行的客户存款达到 1 100 万古尔登，但存款账户仅有 700 个左右。这一点与英国银行区别较大，存贷款是英国早期股份制银行的重要业务。

得益于投资银行业务带来的稳定收入，达姆施塔特贸易工业银行 1853—1862 年分红率达到 6.75%，1863—1872 年达到 8.7%。德意志统一之前的 10 年，柏林贴现银行的分红率甚至达到 13.15%。[1]

第一家将存贷款作为重点业务推进的银行是德意志银行。1870 年，德意志银行成立之时，德国已经存在 4 家大型股份制银行，分别是达姆施塔特贸易工业银行、柏林贸易银行、柏林贴现银行和沙夫豪森银行。这 4 家银行在股票、债券发行领域拥有很强的竞争优势。新成立的德意志银行尽管得到德意志地区众多知名私人银行家的支持，但业务还是受到 4 家大型股份制银行的挤压。德意志银行另辟蹊径，为德国企业的对外贸易提供融资服务。而这些对外贸易企业并不一定是大型企业，德意志银行深入德意志腹地积累企业客户的同时，推动存款业务的发展。

1870 年成立之后，除了总部柏林，德意志银行还在威斯巴登、汉堡、莱比锡和德累斯顿建立分行，获取当地的企业客户和富有的投资者。德意志银行甚至接受存款金额仅为 10 塔勒的小客户。通过更大的客户网络，而不仅仅局限于几个大型的投资银行客户，德意志银

---

[1] 参考 Riesser（1912），第 60 页。

行获得了更广的客户群体，同时也积累了更广的投资者群体，有利于其发展证券发行业务。

此后，其他各家大型银行也纷纷跟进，发展存款业务。如果我们把 1870 年作为德国股份制银行存款业务的起点，则 20 年之后德国 92 家大型股份制银行的所有客户存款达到 4 亿马克。1900 年，118 家大型股份制银行的存款规模达到近 10 亿马克。1910 年，进一步增长到 32.5 亿马克。[1]

从诞生之日起，德意志地区经济学家就怀疑全能型银行对德意志地区经济的促进作用，直到 20 世纪初他们的观点才发生大幅转变。1858 年，维尔特将达姆施塔特贸易工业银行、奥地利信用银行与法国国民信贷银行视为不稳健的银行。十几年之后，法国国民信贷银行的破产更是印证了这种观点。柏林政治经济学家瓦格纳是德国全能型银行的最猛烈的批评者，他认为这种银行将广大股民以及存款人的小额资金汇集起来从事风险很大的工业股票投资业务，使广大人民群众的财富被置于风险之中。1902 年，韦伯发表博士论文，比较了英国银行模式和德国的投资银行模式，认为德国的投资银行模式（或者说全能型银行模式）使得德国经济快速超过英国。德国的全能型银行并没有太关注股权投资而忽视支持外贸融资，相反，德国全能型银行与企业紧密结合，不仅是企业的股东，占据董事会席位，也是企业的贷款提供者，还是企业汇票的购买者和贴现者。英国的商业银行模式则缺乏这种银行和企业的紧密合作关系。

关于德国全能型银行与国民经济的关系的研究持续到现在，一直存在争论。但没有引起太多争论的是，19 世纪中叶德意志发生工业

---

[1] 参考 Riesser（1912），第 171 至 172 页。

革命之后，德意志地区的银企关系就非常密切，这种密切的银企关系一直传承到现代。

在东方经营的德华银行

德国银行开拓中国业务的历史不仅有趣，也可以让现代人了解当时德国银行盈利的主要途径，更好地理解投资银行向全能型银行转变的过程。1872 年，德意志银行成立的第 3 年，其在上海设立了第一家海外分行，以服务于德国企业海外扩张为开业宗旨。但是，其在上海面对汇丰银行的激烈竞争，业务进展缓慢，再加上显著的汇兑损失[1]，3 年之后结束了第一次在中国开拓业务的冒险之旅。

但是，德国人一直没有忘记来自东方的诱惑，特别是当他们知道汇丰银行从中国获得丰厚利润后。让德国企业通过德国的银行开展汇兑和外贸融资业务，从而取代汇丰银行，提供海外金融服务，一直是德意志银行的目标。1885 年，德国派遣一个代表团去中国考察东方的商业和金融业务机会，包括债券发行和铁路建设等。代表团回国之后提交了一份报告，指出"如果不在中国建立一家德资银行，那么不管债券发行还是铁路建设都难以参与"。当时的德国驻中国大使巴兰德[2]也支持这种想法。于是，在中国建立德资银行一事提上议程。

1889 年，德意志银行和柏林贴现银行牵头，与柏林贸易银行、罗斯柴尔德兄弟银行等私人银行一起组建德华银行（DAB[3]）。为了平衡各商业银行的利益，普鲁士公共银行——普鲁士贸易公司也象征

---

[1] 清朝晚期实行银本位制，而英镑和马克都已经实行金本位制。银价下跌导致德意志银行上海分行面临巨额汇兑损失。
[2] 巴兰德加入了 1860 年普鲁士远东考察团，对中国、日本和泰国进行了考察。此后，他被任命为德国驻中国大使。
[3] DAB 即 Deutsche Asiatische Bank，中文翻译成德华银行。

性地参与其中。德华银行依据《股份公司法》设立,但是注册资本以"上海两"为单位。银行发行股票5 000股,每股面值1 000"上海两"。银行股票在柏林、法兰克福等德意志金融中心挂牌交易。这是一家业务在中国,但以境外法律设立、在境外上市的股份有限公司,或者说是最早的红筹股。

上海是德华银行的主要业务地点。同20年前的德意志银行上海分行一样,德华银行的业务进展缓慢。尽管其赢得部分德国在华企业的支持,但多数德资企业还是怀疑德华银行的业务持续能力,而愿意将资金留在汇丰银行等早已在华经营的银行。换掉两任总经理之后,1896年德华银行终于迎来一项大业务。

甲午战争之后,晚清政府被迫与日本签订《马关条约》,赔偿两亿两库平银。晚清政府只能通过发行海外债券来筹措资金。第一次债券发行规模达1 600万英镑,由俄国和法国的银行承销,意外促成汇丰银行与德华银行的紧密合作。[①]1896年,德华银行与汇丰银行如愿获得第二笔债券承销业务,规模也是1 600万英镑,其中德华银行承销50%。这批债券在柏林和法兰克福等地发行,德华银行获得近50倍的超额认购。债券承销给德华银行带来丰厚的利润,收益包括承销费、承销价格和发行价格之差以及利息发放的手续费收入。1896年,德华银行的利润飙升至上一年的6倍。此后,德华银行的债券承销业务快速发展,在华业务步入正轨。

除了获得晚清政府的债券发行业务,德华银行还参与在华铁路公司建设以及铁路债券发行,如湖广铁路债券,同样从中获得丰厚的利润。德华银行作为德国银行的一个缩影,其前期的主要利润来自投资

---

① 参考Deutsche Bank(2008),第14至21页;也参考Mueller-Jabusch(1940)。

银行业务，包括晚清铁路债券发行等。在这个过程之中，德华银行的企业客户也缓慢增多，尽管规模不大。企业汇票业务和贸易融资业务为它带来持续的利润。

德意志银行体系的独特之处

19世纪，德国逐渐发展出包含众多银行类型的金融体系，包括私人银行、股份制银行、协会性质的合作银行和公法性质的储蓄银行等。这种多样性并没有随着金融市场的发展而弱化，各类银行都获得不同程度的发展。各类银行不像英国的银行一样从事不同类型的金融业务，而是不同类型的银行都从事各类金融业务，只是各有侧重。德国银行体系的另一个特点是地域的多样性，银行与实体经济紧密结合。法兰克福、柏林、科隆、汉堡、慕尼黑、莱比锡等地的银行各有特色，都存在历史悠久的集市和在集市基础之上发展而来的私人银行，以及私人银行家创设的股份制银行。19世纪末，德国的银行业开始整合，柏林的大型股份制银行竞争力越来越强，不断并购其他地区的中小银行，成为德国金融体系的主导。

不断整合的银行体系

19世纪中叶，股份制银行诞生之后持续扩展，并购中小私人银行。第一次世界大战之前，股份制银行的资产已经占整个银行业的24.2%，几乎成为德国最主要的银行类型。私人银行的重要性持续下降，19世纪中叶其资产占35.3%，1913年下降到4.4%（见表7-2）。储蓄银行和信用合作社服务于德意志农村地区的贫穷人口和当地中小企业。股份制银行和私人银行主要服务于大型企业，特别是支持资本密集型企业发行股票和债券。

表 7-2 德国各类型银行的资产所占比例[①]

银行类型	1860 年	1880 年	1900 年	1913 年
储蓄银行	12%	20.6%	23.3%	24.8%
信用合作社	0.2%	4.4%	4.1%	6.8%
中央银行	22.4%	11.6%	6.3%	4.4%
股份制银行	9.2%	10%	17.2%	24.2%
私人银行	35.3%	18.5%	8.6%	4.4%
土地抵押银行	16.9%	26.7%	28.5%	22.8%
其他	4%	8.2%	12%	12.6%
各银行总资产占 GDP（国内生产总值）比例	40%	77%	125%	169%

20 世纪初，德国各大银行的整合给交易所带来影响，导致柏林交易所的交易量和影响力越来越大。股份制银行也逐渐主导了德国各交易所业务。1914 年之后，德意志银行陆续并购柯尼斯堡、布雷斯劳、斯图加特、埃森、汉堡、科隆以及曼海姆等地的银行。1929 年，德意志银行与当时德国的大型银行柏林贴现银行合并，组成德国最大的银行集团，拥有 300 个分支机构。德意志商业银行也在同时期并购了近 10 家德国本地银行，形成德国第二大银行集团。银行集团的形成，导致各地分行将交易订单转给银行总部，并通过总部所在地的交易所参与交易。原本参与德国小型交易所的银行不再是当地的交易商，不能给当地带来交易量，导致本地交易所的交易量进一步萎缩。

德国东部地区也受到银行整合的影响，因为几乎没有银行将总部设在除柏林之外的德国东部地区。以布雷斯劳交易所为例，1872 年布雷斯劳存在 972 家上市公司和 34 位经纪人；1900 年，仅剩 248 家上市公司以及 12 位经纪人；1914 年第一次世界大战爆发前夕，布雷

[①] 参考 Lehmann-Hansemeyer and Wahl（2021）。

斯劳还存在 118 家上市公司和 7 位经纪人；1924 年超级通货膨胀时期，进一步下降到 57 家上市公司和 9 位经纪人；而 1931 年只有 26 家上市公司和 6 位经纪人。[1] 布雷斯劳交易所业务大多转移到柏林交易所，其业务逐渐萎缩消失。

这个时期德国各交易所仍然为非营利性，交易所之间不存在直接的竞争。德国小型交易所的消失是德国银行业整合的间接结果。德国地理环境的多样性，使得德国北部的汉堡、西北部的科隆、中部的法兰克福、南部的慕尼黑和东部的柏林等地的交易所一直维持经营，直到现代。但缺乏当地银行和企业支持的德国小型交易所都陆续关闭了。

私人银行的衰落

20 世纪初，根据历史学家的说法，德国存在 2 000 多家私人银行。经过银行兼并潮以及两次世界大战，只有 212 家私人银行存续到联邦德国成立。[2] 现在，根据德国银行协会的统计，银行数量在第二次世界大战之后保持稳定。1977 年，经历布雷顿森林体系崩溃（1971 年）和第一次石油危机（1950—1973 年）后，私人银行仅剩 97 家。到 1997 年，联邦德国仅剩下 58 家私人银行，并且大部分已经丧失了独立性。其中知名的私人银行包括科隆的奥本海姆，汉堡的瓦尔堡和贝伦贝格，法兰克福的哈克、贝特曼和梅茨勒。

如德意志其他地区一样，法兰克福作为德意志私人银行的重要发

---

[1] 参考 Henning（1992），第 258 页。
[2] 参考 Holtfrerich（1999），第 249 页。茵创国际在 2021 年 12 月 17 日的微信公众号文章《德国最古老的十大家族企业，最长寿的已经超过 500 岁》中提到 225 家私人银行存续到第二次世界大战之后。

源地，也在 20 世纪见证了私人银行的逐步没落。1895 年，法兰克福存在 148 家私人银行。1899 年，法兰克福的私人银行数量减少到 122 家，1902 年为 115 家，1914 年仅剩 100 家。[1] 法兰克福优质的私人银行经常是大型股份制银行进入法兰克福的踏脚石。

比较知名的案例包括罗斯柴尔德法兰克福分行。19 世纪末期，法兰克福分行已经是罗斯柴尔德家族之中最弱的分支。1901 年，法兰克福分行的合伙人威廉·卡尔·罗斯柴尔德去世，没有留下男性继承人。维也纳分行的合伙人拟暂时代管法兰克福分行，直到在家族之中找到继承人。但是 1901 年，罗斯柴尔德家族还是决定将法兰克福分行的资产打包出售给柏林贴现银行，成为后者的法兰克福分行。[2] 很久以来，柏林贴现银行和罗斯柴尔德法兰克福分行紧密合作，这是这次并购的基础，而缺乏继承人是罗斯柴尔德法兰克福分行消失的主要原因。罗斯柴尔德法兰克福分行的消失标志着私人银行业的衰落。

德累斯顿银行也计划在法兰克福开设分行，将业务拓展到德意志地区南部。该银行已经在汉堡、不来梅、伦敦等地设立分行。1904 年，德累斯顿银行收购了法兰克福一家知名私人银行厄兰格，将其作为法兰克福分行。一起打包收购的还包括厄兰格在德意志地区北部和中部的 6 家分行。[3] 厄兰格银行成立于 1859 年。当时股份制银行刚刚兴起，厄兰格家族就认识到该类型银行的竞争力和前景，并积极组建 20 多家股份制银行。历史记住了厄兰格家族为新时代来临做的努力。

整个 19 世纪，私人银行资产占德意志银行业总资产的比例持续

---

[1] 参考 Holtfrerich（1999），第 201 页。
[2] 参考 Heuberger（1994b），第 148 页。
[3] 参考 Baehring（1985），第 152 页。

降低。1860 年，这个比例是 35.3%，1880 年降低到 18.5%，1900 年降低到 8.6%，1913 年仅剩 4.4%，私人银行成为金融体系之中微不足道的一类银行机构。

至于私人银行没落的原因，除了它们的资本金较小、抗风险能力较弱，还与 1896 年颁布的《交易所法》息息相关。然而，我们能基于私人银行的没落而否定它们的历史贡献吗？德国私人银行是存续时间最久的一类金融机构，见证了德意志地区金融市场从起源、发展到成熟的整个过程，并为法兰克福和柏林金融中心的形成做出了不可磨灭的贡献。德国私人银行的历史作用不可忽视。除了直接参与证券发行、铁路建设以及为工业革命提供融资，私人银行的最大历史功绩在于创造了一个比自己更强的竞争者——股份制全能型银行。只是在现代金融市场发展过程之中，私人银行面对股份制银行逐渐失去竞争优势，数量不断减少。更准确地说，私人银行没有没落，而是逐渐融入它们所创造出来的股份制银行。

英国与德意志地区股份制银行的区别

英格兰银行早在 1694 年就以股份制银行的形式成立。但是，英格兰银行后期发展成中央银行，与一般商业银行存在区别。英国的私营性股份制银行直到 19 世纪上半叶才陆续成立，德意志地区建立股份制银行的时间仅仅比英国晚 30 年左右。英国和德意志地区股份制银行存在如下区别。

第一，创始人不同。德意志地区都是私人银行创办股份制银行，特别是科隆和柏林的私人银行在早期股份制银行的创设过程之中发挥了重要作用。英国的股份制银行却主要由商人创设，也有诸多私人银行直接改制成股份制银行。德意志地区却很少有私人银行改制成股份制银行的案例，除了沙夫豪森银行在特殊情况之下改制成股份制银行。

第二，银行性质不同。1825年，英国首先允许成立的是合股银行，即股东与私人银行承担无限风险。合股银行不是股份有限银行。直到1844年英国颁布新的银行相关法律，才允许成立股份有限银行。而德意志地区的股份制银行都发行股票，募集资金，从一开始就是股份有限银行。

第三，银行主营业务不同。与私人银行一样，英国的股份制银行也都是存贷款银行，除了发行货币、吸收存款，它们主要经营汇票等短期借贷业务，以应对客户随时提款的需求。德意志地区的股份制银行继承了德意志地区私人银行的主营业务，即证券承销发行和铁路公司、工业企业的长期投资。在德意志地区，存贷款业务刚开始是银行副业，银行仅接受企业客户的存款。直到德意志统一之后，德意志银行才扩张分支机构，广泛吸收德意志地区的存款。

第四，私人银行之间的合作竞争关系不同。有意思的是，德意志地区的私人银行存在较强的合作倾向。它们不仅进行债券和股票承销，投资工业企业，还成立股份制银行。它们往往集体行动。这种行为或许是出于分散风险的考虑，或许是此前历史上的合作传统的延续。德意志银行的成立是德意志地区私人银行之间相互合作的最明显例子。英国的私人银行和股份制银行之间的合作较少。

另外，英国中央银行和商业银行的关系与德意志地区相比也存在较大区别。英格兰银行与英国政府关系密切，以此获得诸多特权。工业革命时期，英国的银行体系以伦敦为中心，私人银行受到英格兰银行强大政治影响力的影响和制约。1826年之前，英国禁止除英格兰银行之外的其他超过6个合伙人的银行发行纸币。这个条款被广泛认为是英国关于设立股份制银行的禁令。直到 1826 年英国发生一次严重的银行业危机之后，英国才取消这条禁令，放松股份制银行成立的限制，英格兰银行的垄断权被限制在伦敦周围 65 英里[①]之内。英格兰银行依靠其获得的垄断权力经营政府关系，通过政府借贷和债券获得高额利润，并不热衷于支持工商业的发展。剩余的私人银行也接受了英格兰银行的垄断特权，尽力避免与其竞争，直到 1844 年英国逐步将英格兰银行改制为中央银行。德意志地区的中央银行与私人银行之间关系更加和谐，我们没有查到中央银行打压私人银行和股份制银行发展的案例。中央银行更多服务于德意志各个王国的公共利益，监管机构与市场之间良好的沟通机制也避免了中央银行垄断市场的行为。在如此条件之下，私人银行和股份制银行在一个公平竞争的环境之中发展。除了中央银行，德意志地区还设立了诸如公法性质的储蓄银行和结算银行，这些都不是以追求利润为主要目的的金融机构。

---

① 1 英里 ≈1.609 千米。——编者注

第八章

国家统一后的牛市和熊市

伴随着1871年德意志的统一,德意志地区的金融市场迎来一轮史诗级的大牛市。股份有限公司以史无前例的速度设立,层出不穷的金融炼金术被创造出来,股票发行规模的纪录至今没有被打破。德国金融市场终于展示了理性的反面,即疯狂。这个时期,德国资本市场缺乏统一的监管,也没有相对应的法律法规,其间涌现诸多股票投机银行,其利用监管漏洞收割个人投资者的财富,为接下来的股灾埋下隐患。经过上百年的发展,德国金融市场不再是游离于实体经济之外的金融外衣,而是与工业经济紧密联系。牛市之后的金融危机让德国社会第一次体会到资本主义的破坏力,给新生的德国带来深远影响。

那么,哪些因素促成德国爆发这一轮牛市?这场牛市有哪些特点?随之而来的股灾是如何产生的?这场股灾又对德国有哪些深远影响?

大牛市来临

在世界金融历史上,荷兰"郁金香泡沫"、法国"密西西比泡沫"和英国"南海泡沫"都是知名的股市投机故事。德国有知名的股市投机泡沫吗?德意志统一之前,德意志地区处于全球金融市场的边缘地位，经常被金融危机波及，但不是金融危机发源地。德意志地区3个主要金融中心之中，柏林参与国际金融市场的深度甚至不如法兰克福和汉堡。1873年的股市危机宣告一个新时代的到来。这场危机是少数几场起源于德意志地区的全球金融危机之一。这次金融危机也宣告柏林在全球金融市场具有举足轻重的地位，成为与伦敦和纽约并肩的国际金融中心。但介绍这次改变德国金融历史的股市危机之前，我们有必要了解一下1871年德意志统一引发的超级大牛市。

"资本不认祖国"

1870年，普鲁士和法国就西班牙王位继承问题产生争议。普鲁士首相俾斯麦一直认为只有"铁和血才能促成德意志的统一"。他利用西班牙王位继承问题蓄意挑起战争，使得法国皇帝拿破仑三世于1870年7月19日向普鲁士宣战，于是普法战争爆发。消息传到柏林和法兰克福证券交易所，普鲁士债券价格应声下跌，从105%快速跌到80%。[①]普鲁士银行的纸币不再受欢迎，而金币、银币突然成为市场上的抢手货。

"大炮一响，黄金万两"。为了应对突然增加的财政开支，北德意志邦联[②]议会批准发行规模达1.2亿塔勒的债券。俾斯麦将该债券发行价格定在非常低的水平，仅为名义价值的88%。但是，市场给出非常残酷的答案，投资者仅仅愿意认购不到300万塔勒的债券。部分投资者向普鲁士首相和财政部长喊话，这个发行价格还不够低，甚至开始做空这批债券。

---

① 参考 Glagau（1882），第16页。
② 北德意志邦联于1866年普奥战争之后成立，由普鲁士与德意志北方17个邦国组成，是德意志统一过程之中的过渡组织。普法战争之后，德意志地区南部王国也加入北德意志邦联，德意志帝国正式成立。

1870年8月4日，债券认购窗口关闭，而同一天，普鲁士王储弗里德里希·威廉的第三军团在维桑堡会战中击败法军。突然，投资者变得非常爱国，踊跃追逐仍然在市场交易的普鲁士债券。如果普鲁士债券这个时候仍然可以认购，那么可能获得10倍的超募。普鲁士财政部长正好以更高的价格将剩余的债券放在市场出售，这些债券价格也很快升至100%面值的水平。

"资本不认祖国"，这也是交易所公开的座右铭。普鲁士军队获得一个接一个的胜利，交易所也热情高涨。1870年9月2日，普鲁士在色当取得决定性的胜利，法国皇帝拿破仑三世投降。柏林交易所内一片欢腾，"没有人比投资者更爱国了"。当成群结队的被俘法军被押送到德国时，交易所的热情更加高涨。

炒完了普鲁士债券，投资者将目光转向外国债券。美国铁路债券这时捡了个大便宜，这些债券由于停止支付利息，在美国难以销售出去，但在柏林交易所获得踊跃认购，认购价格甚至达到面值的70%~90%，而实际价格或许只有面值的10%~20%。美国人利用这个机会拼命发行债券，短时期之内26只类似的垃圾债券涌入柏林交易所市场。[1] 被爱国热情麻痹头脑的德意志地区投资者似乎患上了投机饥渴症，对这些垃圾债券照单全收。

于是，一场波澜壮阔的超级大牛市在新生的德意志拉开序幕。

"史无前例的金融交易"

统一后的德意志快速成为全球强权，给德意志地区人民带来极大的信心，牛市条件已经具备。1871年1月18日，普鲁士战胜法国之

---

[1] 参考 Glagau（1882），第17至18页。

后，德意志帝国在法国凡尔赛宫镜厅宣告成立，普鲁士国王威廉一世加冕为德意志帝国皇帝。当年 5 月，德国与法国签订《法兰克福和约》，法国割让阿尔萨斯全省和洛林东部，在 5 年内赔偿 50 亿法郎（约 15 亿塔勒）。这笔巨额赔款相当于当时德意志地区所有流通货币量的 1.5 倍，也相当于当时整个德国 GDP 的 32%。[①] 法国通过发行两只债券的方式募集资金，于 1873 年 9 月支付了所有赔款，这被德国人称为"史无前例的金融交易"。法国发行的战争赔款债券获得超额认购，其中很大一部分资金是从德意志地区募集的。

柏林收到这笔巨款之后，将 4.7 亿塔勒用于整个德国境内的基础设施建设，主要是铁路网建设；2.9 亿塔勒给德意志各个联邦州，用于偿还债务，以至于 1873 年德国政府公共负债下降到零。[②] 债券投资者拿到这些款项之后，由于市场上没有安全的国债可以投资，于是转向风险系数更高的股票，客观上为即将来临的超级大牛市储备了巨额资金。

统一后的德国造就了一个巨大的单一市场。由于没有法国的阻挠，德意志地区南部的 25 个王国和领地也加入了德国。新成立的德国颁布了统一的法律法规，实行统一的货币，确定统一的重量等标准。德国各个联邦之间，人们可以自由流动、自由择业和创业。延续近千年的神圣罗马帝国没有铸造一个统一的市场，德国成立之后这个市场突然跃入世界版图。从此，德意志各个地区不再是分割的狭小市场，而成为一个统一的德国市场。随着工业革命逐步推进，1870 年德国农业就业人口比例首次下降到 50% 以下。从农业生产之中解放

[①] 德国 1872 年的 GDP 约为 140 亿马克，即 46 亿塔勒，数据来源于 Mitchell（1992），第 797 至 890 页。Pinner（1937）引用当时的研究，认为 1872 年普鲁士邦的国民收入约为 69 亿马克，而整个德国为 100 亿~110 亿马克。具体参考 Pinner（1937），第 183 页。

[②] 参考 Baltzer（2007），第 5 至 6 页。

出来的劳动力强力地推进如火如荼的工业革命。

法国巨额的战争赔款为德国转向金本位制和货币统一奠定了基础。德意志统一之前，德意志各个王国往往都发行自己的钱币，而种类繁多的钱币给金融交易带来极大的困扰。19世纪中叶，德意志地区南部的古尔登和北部的塔勒成为主要钱币，但各地铸造的古尔登钱币或者塔勒钱币仍然存在差别，并不是统一的货币。1857年，维也纳货币协定提议引入统一的货币"马克"，但德国缺乏政治核心，货币统一无法提上议程。英国实行金本位制之后，德意志地区经济学家也提议德意志地区实行金本位制，但由于缺乏足够的黄金储备而无法实施。普法战争之后，法国50亿法郎的战争赔款以黄金支付，给新兴的德国提供了充足的黄金储备。1871年12月，德国颁布钱币法案，将"马克"作为德国的法定货币，并铸造10马克和20马克的金币。市场上流动的各类银币逐步被回收，马克银币和金币逐步成为流通货币。

这样，国家统一、资本充足、货币统一、单一市场和新《股份公司法》点燃了德国的股票市场和工业革命，促成了德国历史上史无前例的大牛市。

新的《股份公司法》取消审批程序

19世纪中叶，法兰克福新成立的股份有限公司需要得到市政府批准，普鲁士的股份有限公司需要得到财政部批准，但德意志其他王国采取不同的做法。吕贝克、不来梅、汉堡、巴登-符腾堡和萨克森都取消了成立股份有限公司的政府批准程序。结果就是这些地区的股份有限公司数量相对更多。

银行领域是一个明显的例子。法兰克福和普鲁士都限制股份制银行成立。1850—1870年，法兰克福和普鲁士成立的股份制银行屈指可数，然而德意志其他地区成立的股份制银行数量却达到上百家，远远超过当时德意志地区的金融中心法兰克福和柏林。按照现代说法，这就是监管套利。德意志银行成为政府取消审批之前普鲁士成立的最后一家股份制银行。

1868年，普鲁士商务部长伊岑普利茨收到一个提案，该提案提议取消股份有限公司成立的政府审批程序，建议参考法国于1867年颁布的股票法，将相关条款写入新的德意志民法。伊岑普利茨将该建议发给内务部、法务部和农业部，大家共同协商对策，同时伊岑普利茨让商务部进行深入研究。商务部的评估报告认为，从法律制定的目的而言，政府应该取消股份有限公司的批准程序。其他部门很快给出建议，赞成取消审批程序。[①]商务部起草新的《股份公司法》之后，普鲁士首相俾斯麦将其提交给当时的北德意志邦联理事会和议会讨论，并于1870年6月正式通过。

新的《股份公司法》基本形成了德国股份有限公司的公司治理雏形，其中监事会成为股份有限公司的法定形式，但其与执行董事会的分工还不是很明确。1843年的《股份公司法》提出监事会制度，一方面普鲁士政府保留审批权力以维护公众利益，另一方面也是为了保护股东利益不受公司管理层侵犯。但是，政府的监管权力却无法有效实行，因为政府既不了解公司的具体业务和实际运营，也没有精力监管数量众多的股份有限公司。为了解决这个难题，1870年的《股份公司法》提出监事会至少由3位股东组成，不再由政府派官员监督或监管股份有限公司。

为什么这个时期会产生关于股份有限公司的成立是否需要政府审

[①] 参考Schubert（2017），第3页。

批的讨论？

首先，社会各界对股份有限公司的认识加深了。历史上，海外贸易公司都需要国王特批，并且服务于国家富强和繁荣的目标。这是早期特许经营的股份有限公司获得批准的基础条件。19世纪30年代，德意志地区出现铁路公司。经过一段时间的彷徨和犹豫之后，普鲁士政府认识到铁路对国民经济的促进作用，并快速制定法律，支持私人设立铁路股份有限公司。经过二三十年的发展，社会各界逐渐认识到大型股份有限公司可以促进经济发展和繁荣，特别是那些需要大额资本而私人企业难以进入的领域。

其次，政府认识到许可制度无法避免股份有限公司的欺诈。政府难以监管数量众多的股份有限公司，需要企业家和投资者自己监管，仔细斟酌和判断。投资者保护是股票市场发展中的重要课题。尽管普鲁士政府要求股份有限公司披露公司章程，提交公司财务报告，规定公司治理结构，但这个时期的投资者保护制度还很原始，市场还没有演化出保护投资者利益的机制。股票市场只能在经历一轮一轮危机之后，通过不断地改革而发展完善。

最后，在德意志部分地区，企业家已经可以自行决定是否设立股份有限公司，不再需要政府批准。其他仍然保留政府批准程序的王国或领地因此处于竞争劣势，在整个德意志境内实行统一的法律是必要的。另外，在普鲁士，商人成立股份有限公司时需要向政府提交申请，而成立股份制的两合公司却不需要政府批准，这种矛盾也需要通过制定新的法律解决。

从记名股票到不记名股票

19世纪中叶，记名股票是德意志资本市场中的股票的主要形式。

记名股票，顾名思义，股票票面记录着持有人即股东的名字以及持有股票的面值，并且该股东出售股票时，新股东也需要到公司登记并重新印制股票，而老股东的股票需要修改或者作废。当时记名股票受到股份有限公司以及政府的欢迎，两者都希望看到具体的股东信息，而不能接受股票持有人匿名。

随着资本市场逐步发展，银行家以及股份有限公司认识到股票的交易量和流动性对于股票价值的重要性。如果每一张记名股票都属于一个特定的股东，股东买卖股票需要重新印制股票，那么会带来额外的交易成本和烦琐的过户程序，不利于股票的流动。而不记名股票将大幅降低股票交易成本，因为买卖股票不再需要登记，也不需要制作新的股票。谁持有股票谁就被视为该股票的所有者，即股东。买卖不记名股票就像买卖普通商品一样，只需要"一手交钱，一手交股票"。

然而，不记名股票得到德国社会各界的认可是一个缓慢的过程。[1]1838年，普鲁士颁布《铁路公司法》时，就提出股票也可以采用不记名形式。1843年，普鲁士政府进一步规定，发行不记名股票需要额外审批，但是只有在特殊情况之下才能获批。直到1861年《通用德意志民法》颁布，德意志地区才明确德意志各王国可以自行决定股票发行是否需要政府批准。1870年，普鲁士颁布新的《股份公司法》，除了取消股份有限公司成立的审批，还取消了发行不记名股票的审批。[2]从此，不记名股票相对于记名股票成为市场的主流，也开启了德国资本市场的投机狂潮。老牌资本主义国家英国仍然使用记名股票，这也是19世纪末英国的股票衍生品交易不如德国活跃的原因。

---

[1] 参考Hopt等（1997），第55至56页。

[2] 参考Gömmel（1992），第150至151页。

监管漏洞打开投机大门

1870年新的《股份公司法》取消了政府批准程序。[1] 该法律规定，成立股份有限公司需要至少5位股东或者创始人，并且股东协议需要公证。所有股份被创始人认购之后，这家股份有限公司在法律上被视为已经设立，但是新的《股份公司法》仅仅要求创始人支付至少10%的资本。创始人还可以自行确定公司的财务报表如何编制，然后通过股东协议公开。此外，股份有限公司成立意味着其股票可以公开发行，在交易所上市交易。全体股东大会更像一场"不必认真对待的闹剧"[2]。

这给商业嗅觉灵敏的商人留下太多的操作空间，各式各样的金融炼金术在市场中如雨后春笋般冒出来。创始人只需要支付10%的资本就可以设立股份有限公司，并公开发行股票，因此商人们创造了一种商业模式，即设立股份有限公司，公开发行股票，推高股票价格，然后出售股票，获得高额利润。股份有限公司设立之后，其他各个环节基本没有监管。创始人需要在各类报纸上发布公司成立的信息，吸引公众购买股票。这样一来，当然免不了吹嘘公司业务和前景，反正也没有监管机构检查和监督。

交易所作为一个自律机构，还没有建立完善的股票准入、挂牌以及交易的规则。当时的股票都是纸质凭证，交易所事实上也很难监管各类股票在市场之中的流转。当时的股票挂牌概念仅仅是经纪人将该股票纳入价格表之中，以便更多投资者可以查阅股票价格并进行交易。经纪人可以各自决定是否提供某股票的经纪业务，柏林交易所直

---

[1] 只有铁路公司还保留着政府批准的程序。普鲁士乃至整个德意志地区当时存在其他法律，规定了铁路股份有限公司的成立程序。

[2] 参考 Baltzer（2007），第33页。

到 1885 年才开始细化这个领域的监管。

这样，股份有限公司成立、股票公开发行并在交易所挂牌交易都不存在完善的批准程序。在普法战争中取得胜利和德意志统一之后，德国社会以更大的热情投入经济建设之中，德国经济迎来一轮大爆发。德国境内的股份有限公司如雨后春笋般成立。各路私人银行家、企业家和其他商人纷纷成立股份有限公司，通过资本市场募集资金。股份公司成立狂潮也为下一轮股市危机播下了种子。

德意志版本的投机狂潮

巨额的战争赔款、不记名股票的发行、爱国的热情以及 1870 年新的《股份公司法》都预示着一场超级大牛市的来临。与荷兰和英国的投机泡沫一样，德国版本的大牛市也演变成了一场投机狂潮。其前奏则是德意志境内突然爆发的股份有限公司成立潮。

史无前例的股票上市规模

普鲁士是德意志统一之前股份有限公司数量最多的地区。1826—1850 年，普鲁士地区总共成立 102 家股份有限公司，共募资 6.38 亿马克，其中 70% 的募资由铁路公司完成；1850 年至 1870 年 6 月，普鲁士共成立 295 家股份有限公司，募资 24 亿马克，铁路仍然是募资比例最高的领域。而 1870 年 6 月至 1874 年德国共成立 857 家股份有限公司，短短 4 年之间成立的新公司数量约是此前 40 年的两倍；共募资 33 亿马克[1]，相当于 1872 年德国 GDP 的 23.6%。

在德意志统一之后的 3 年内，各个行业的股份有限公司资本规

---

[1] 参考 Riesser（1912），第 105 页。不过 Baltzer（2007）第 26 页的数据有所不同。

模大幅增长。1870—1874 年德国房地产行业募集的资本规模相对于 1851—1870 年募资规模增长 27 倍，从 1 700 万马克增长到 4.86 亿马克。其他行业也都大幅增长，其中啤酒行业募资规模增长 24 倍，建筑材料业 19 倍，银行业 9 倍，金属冶炼和机器制造行业 7 倍，农业 5 倍，化工业 4 倍。[1]

只有铁路行业的募资规模出现相对下降。1870—1874 年，德国铁路行业的募资规模约为 7.78 亿马克，相对于 1851—1870 年的募资规模 17.22 亿马克反而下降。原因是德意志统一之前设立众多的铁路股份有限公司，募集了大量资金，建立了覆盖整个德国的骨干铁路网。德意志统一之后的投资规模相对下降。

1872 年即统一之后的第二年，德国共成立 479 家股份有限公司，相当于新增 479 家上市公司（见图 8-1）。这是德国股票市场发展史上股票发行的最高纪录，远高于 1889 年的牛市（360 家）和 1899 年的牛市（364 家）。1872 年新上市公司的资本总额为 14.77 亿马克，也创造了历史，直到两次世界大战之后的 20 世纪 60 年代，德国经济腾飞之后才超过该规模。但是，1872 年新上市公司的资本总额相当于德国 GDP 的 10.55%[2]，这是史无前例、后无来者的纪录。

伴随着股份有限公司大量成立，股票市场也处于大牛市之中，股票价格节节攀升。1873 年一般股票价格相对于 1870 年涨幅达到 80%。当时，各个行业的股份有限公司都维持着较高水平的股利支付，比如 1870—1890 年化工行业的平均股息率达到 9.81%，冶炼行业为 8.86%，电子行业为 8.38%，甚至银行业的股息率也达到 6.74%。[3] 各个行业

---

[1] 参考 Riesser（1912），第 106 页。
[2] 德国 1872 年的 GDP 约为 140 亿马克，数据来源于 Mitchell（1992），第 797 至 890 页。
[3] 参考 Riesser（1912），第 108 页。

都欣欣向荣。在这个大牛市环境之中，很少有投资者预料到这次牛市短短 3 年之后就结束了。

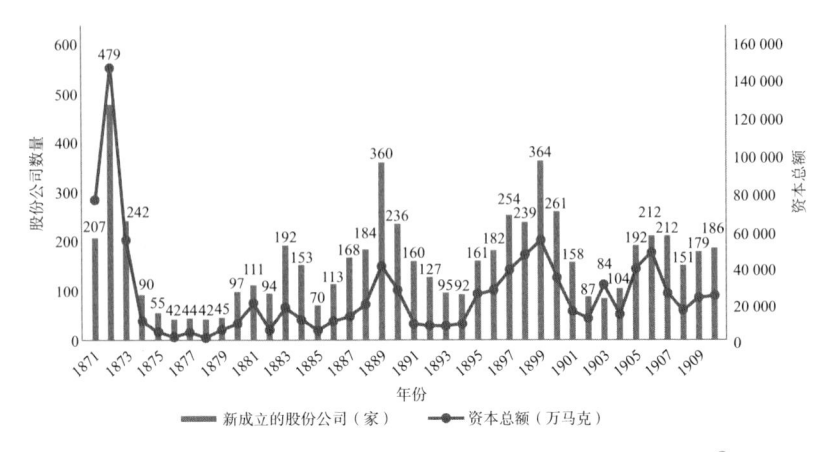

图 8-1　德意志统一之后新成立的股份公司数量和资本总额[①]

1873 年，柏林交易所共记录了 498 家上市公司[②]，其中银行股票 137 只、保险股票 46 只，即金融类股票约占总股票数量的三分之一。1870 年、1871 年和 1872 年，流入新成立股份制银行的资本分别达到 5 000 万马克、1 亿马克和 4.6 亿马克。[③] 其间，仅仅柏林一个城市就成立了 35 家银行，它们几乎把可用的银行名字用尽了，如柏林商业汇票银行、柏林汇票银行、柏林统一银行、柏林银行、柏林经纪银行、柏林存款银行、交易所银行、柏林经纪统一银行、柏林一般经纪

---

① 参考 Riesser（1912），第 109 页。
② 参考 Weigt（2005），第 37 页。这个时期德国的交易所仍然不存在严格的挂牌、上市和交易相关的法律法规。这里所说的上市公司数量根据经纪人报价表给出的股票数量得出。Engel（1875）指出，1875 年柏林交易所挂牌股票包括 58 家铁路股份有限公司、166 家银行和 356 家其他类型的股份有限公司的股票，这显著高于 Weigt（2005）的数据。
③ 参考 Kiehling（1991），第 91 页。

银行、柏林城市银行、柏林产品经纪银行等。[①]

在这轮大牛市之中，成立经纪银行[②]并推动企业上市成为一项利润丰厚的业务。这些业务当然是投机色彩浓厚的业务。商人们先成立银行，发行股票，推动股票价格升高，从而获得收益，然后利用获取的利润成立更多的银行或其他股份有限公司，进一步推高股价而获取利润。商人们成立公司时不再深思熟虑，甚至不研究公司从事的业务本身是否存在盈利基础，而仅仅为了发行股票、推升股价而成立公司。他们成立的银行被称为股票投机银行。[③]这类银行不从事传统的银行业务，仅仅为了短期之内获取股票溢价，以便攫取超额收益。自然，这类银行也没有带来真正的价值创造。牛市潮水退去之后，这类银行纷纷破产。

在这轮超级大牛市之中，垃圾股票都可以卖出好价格，投资者普遍沉浸在德意志统一之后的美好想象之中，丝毫不关注该股票是否存在真实价值。创设公司和发行股票成为一项新兴金融业务。创始人在股份有限公司还可以担任高管职位，获得高额的工资收入。从各方面来看，这都是一笔稳赚不赔的生意。

以柏林贴现银行为首的银行团是这轮牛市的主角，创设了数量众多的股份有限公司。这个银行团成员还包括柏林的布莱希罗德私人银行、法兰克福的罗斯柴尔德、科隆的奥本海姆、奥地利信用银行和汉堡等地的私人银行。当时的股份制银行还没有在德国各地设立分行，需要与当地银行跨地域合作。这个银行团成员囊括了德国各个金融中心的银行家，业务遍及德国、奥地利、瑞士、俄国等地。

---

① 参考 Seidenzahl（1970），第 31 至 33 页。Holtfrerich（1999）第 199 页指出柏林 1870—1873 年成立 40 家银行。
② 经纪银行即 Marlerbank，它其实也是现代意义上的投资银行，主要业务是 IPO。
③ 股票投机银行德语为 Agiotage-Banken，即创设上市公司并获取股票溢价的银行。

德意志版本的金融炼金术

1870—1873 年，股票投机银行创造了一种金融炼金术，专门成立股份有限公司，销售股票进而获得超额收益，这实际上是"股市骗术"。举个例子①说明，某工厂市场价值为 25 万马克。投机银行以 40 万马克把工厂买下，并将工厂改制成股份有限公司。其仅仅给公司注入 20 万马克的真实资本，然而将该股份有限公司估值 120 万马克。股份公司的"创立溢价"就是资本估值减去银行注入的新资本，再减去购买工厂的价格。在这个例子之中"创立溢价"为 60 万马克。投机银行、提供初始资本的投资者以及包装上市的机构共同瓜分"创立溢价"。由于处于超级大牛市中，股票在 IPO 之时往往溢价发行，溢价率甚至达到 20%，这给投机银行带来更大的利润。投机银行还以公司创始人身份自居，以获得更多权利，如按照股票票面价值认购新发行的股票等。

在超额利润的驱使下，投机银行家们掘地三尺，寻找可以改制成股份有限公司的标的。如果说老牌私人银行家还有良心，还会为他们的长期客户和投资者考虑，没有利用法律和监管的漏洞掠取超额收益，那么新进入行业的新兴银行家们就没有那么多顾虑了。快速赚钱是这些新兴银行家唯一的目标，监管真空也让他们可以创造五花八门的金融炼金术，并实实在在地从市场之中攫取巨额财富。这些新兴银行家创办的银行包括舒斯特企业银行、建造中央银行、普鲁士土地信贷银行和奎施托普银行。②

奎施托普银行是其中最臭名昭著的股票投机银行之一。奎施托普

---

① 该例子参考 Pinner（1937），第 195 至 196 页。
② 这些银行的德文名称分别为 Gewerbebank H. Schuster&Co, Centralbank für Bauten, Preussische Boden-Creditactienbank 和 Vereinsbank Quistorp。

出生于柏林东北部的奥得河附近的小镇，这个地方现在属于波兰。在家乡他没有那么幸运，在格拉斯哥历练多年之后，他在普法战争爆发前3年回到柏林，仅凭借少量资本和当地的几个朋友就开始了冒险之旅。1866年，奎施托普相中了柏林郊外的夏洛滕堡附近一片空旷而荒凉的土地，在此建立了一家公司，我们姑且称之为"柏林西部房产公司"。这家公司规划林荫大道，修建各类豪华别墅等。然而，当时柏林地区的富人对这个区域完全没有兴趣，公司业务没有进展。

普法战争之后，夏洛滕堡突然引起了柏林富人的注意。普鲁士皇室住在夏洛滕堡宫殿，正好是奎施托普的邻居。或许是邻里关系的缘故，奎施托普获得了普鲁士皇室成员的支持，借此关系认识了柏林的一批达官贵人，特别是普鲁士中央银行的官员。[1] 同时，他也结识了柏林的富有市民、普鲁士地主和中小企业家，这些人成为他的投资者和合作伙伴。他把别墅销售出去之后，获得第一桶金，然后为自己建造了一座豪华别墅。1872年，他的柏林西部房产公司达到巅峰，利润率达到50%，仅仅分红率就高达17%。

当然，奎施托普不满足于此。新的《股份公司法》颁布之后，他于1870年快速成立奎施托普银行，初始资本为60万马克。由于他拥有成立公司的经验，他主动寻找柏林的中小企业家，帮助他们将公司包装成上市公司，通过股票销售获取超额利润。奎施托普银行包装上市的企业五花八门，既包括烟草、纸业、车厢制造、酒桶、手工具等领域的小型企业，也包括化工、铁路、城市供水等领域的企业。几年时间，奎施托普银行关联的上市公司多达30多家。

在超级大牛市的背景之下，任何股票都能被成功销售，但是交易

---

[1] 参考 Vizetelly（2013），第200页。

所的老资格投资者和经纪人对奎施托普承销的股票嗤之以鼻，甚至在奎施托普如日中天的时候，柏林的老牌银行也不愿意贷给他一马克，还把他承销上市的股票称为"奎施托普股票"，不愿意去碰。

奎施托普实际上并不是那种半傻的投机者。他身材"高大、强壮"。同时代人描述道："'他'有一张健康的红脸和笑眯眯的眼睛，快活而有趣，粗俗而扣人心弦，脾气很好。"与柏林的银行家格格不入也丝毫不影响他的成功，只要中小投资者继续购买他的股票。奎施托普银行也赚得盆满钵满，1871年的分红率达到15%，1872年分红率更是达到19%。[①] 在音乐停止之前，奎施托普与其他新兴银行一样纵情狂欢。然而好景不长，1873年股灾发生之后，奎施托普银行以及其他很多公司都破产了。奎施托普还需要以个人财产承担损失，瞬间一贫如洗。此后，奎施托普还尝试过其他业务，但都没有起色。1885年12月，奎施托普的妻子离开了他，因为实在忍受不了贫穷的生活。

在1871年德国的牛市之中，如奎施托普这样的故事还有很多。金融炼金术确实给这些新贵带来了巨额财富，但经不起时间的考验，多数新兴银行家在马上到来的股灾之中重新一贫如洗。潮水退去之后，给人们留下的只有经验和教训。

交易所之间的竞争和分化

19世纪初期，德意志地区的交易所约有12家[②]，包括奥格斯堡、柏林、不来梅、布雷斯劳、但泽、法兰克福、汉堡、科隆、柯尼斯堡、莱比锡、吕贝克和纽伦堡的交易所。19世纪70年代，德意志地

[①] 参考Glagau（1882），第36至38页。
[②] 这里把奥地利的维也纳排除，尽管19世纪维也纳也属于德意志地区。

区的交易所数量增长一倍，达到24家。但是部分交易所仅仅存在商品交易，或者还有少量的债券或股票交易，而拥有一定规模的证券交易的城市除了12个老牌金融城市，又增加了埃森、杜塞尔多夫、德累斯顿和斯图加特。①

这个时期，在德国24家交易所之中，除了柏林、法兰克福和汉堡的交易所，其他交易所如科隆、埃森、杜塞尔多夫、斯图加特、慕尼黑、莱比锡等地的交易所仅仅服务于当地企业和投资者。②

这个时期德国的交易所数量增加，市场竞争也逐渐开始。德意志统一之前，柏林、法兰克福和汉堡交易所之外的交易所都服务于本地市场，难以感受到交易所之间的竞争。德意志统一之后，整个德意志地区的金融市场逐渐成为一个整体，债券和股票发行人更多选择领先的交易所作为首发市场。但是，投资者和经纪人还是表现出较强的本地特色，各个地方交易所仍然拥有生存和发展空间。整个演变过程长达上百年，直到20世纪90年代法兰克福证券交易所引入电子化交易，并且各个银行建立全国甚至全球的证券经纪网络，地方交易所才逐渐失去生存空间，除了斯图加特、慕尼黑等地交易所找到独特的生存之道，其他交易所都在法兰克福证券交易所的碾压之下难以持续。

1871年德意志统一之后，柏林交易所毫无疑问成为德国股票交易中心，柏林也在第一次世界大战之前成为与伦敦和纽约齐名的国际金融中心。柏林无疑是这一轮超级大牛市的最大受益者。在德国股票

---

① 参考Kaufhold（1992），第86至87页，以及Gömmel（1992），第178至179页。
② 参考Gömmel（1992），第178至179页。1933年交易所改革之后，德国仅剩下9个交易所，分别位于柏林、法兰克福、汉堡、布雷斯劳、莱比锡、杜塞尔多夫、慕尼黑、斯图加特和汉诺威。

市场快速发展的过程之中，柏林为一枝独秀。1870年柏林交易所的日均交易额高达2 450万塔勒，一年之后达到6 050万塔勒。[①]增加的交易额多数是上市公司数量增加的结果（见表8-1）。1873年股灾之后，德国引入交易所印花税，税收数据显示1882—1893年柏林的印花税占全国66%，法兰克福占12%，汉堡占9%，而其他地方交易所各占1%上下[②]，处于边缘地位。这个时期，法兰克福和汉堡的交易所沦为区域交易所，两者分别在德意志西南和西北地区具备影响力。

表8-1 德意志统一前后柏林交易所的上市公司数量

年份	啤酒	银行	化工	采矿	建筑	冶炼	纺织	机器	保险	交通	其他	总计
1870	4	5	0	20	3	0	2	4	35	33	2	108
1871	13	21	4	25	5	0	5	14	35	34	7	163
1872	18	38	13	20	43	10	11	43	39	40	22	297
1873	25	137	15	74	56	11	19	47	39	46	29	498
1874	26	32	16	31	55	12	18	41	40	47	29	347
1875	21	48	14	26	44	8	17	40	40	45	27	330
1876	21	45	11	25	35	6	15	36	40	46	25	305

19世纪70年代，尽管大量股份有限公司成立并公开发行股票，但是与之相对应的金融监管却严重滞后，既不存在与股票公开发行、股票挂牌上市以及交易所监管相关的法律，也不存在信息披露、内幕信息监管等方面的监管要求。股份有限公司成立之时，股东甚至不需要支付全部款项，50%的支付率是市场惯例。这个时期的股份有限公司多数由私人银行家和股份制银行发起成立，这个群体也持有数量

---

① 参考Kiehling（1991），第89页，1870年的交易额达到24.74亿塔勒，1871年达到42.96亿塔勒。

② 参考Gömmel（1992），第179页，其中布雷斯劳1.7%，德累斯顿1.6%，莱比锡1.6%，科隆1.3%，不来梅0.8%，斯图加特0.8%，慕尼黑更少。

最多的股票。一旦股票价格下跌，股份有限公司控股股东就要以注册资本承担责任，而各股东仅仅支付50%的资本，导致银行作为控股股东承担远超实际资本的风险，这给很多银行带来灾难性的后果。①

影响深远的股灾

1873年春季，这轮超级大牛市逐渐接近尾声。这轮泡沫吹得太大了。举一个例子，当时新成立的柏林房地产股份有限公司计划建造的房子总数足够900万居民居住，而柏林地区当时总共只有100万人口。② 另外，在新成立的137家股份制银行之中，近100家都从事股票投机活动，而不是经营当时人们认为的传统银行业务。在崩溃前不久，奥地利讽刺类杂志 Der Floh 建议成立一个"雪茄烟蒂收集"股份有限公司或"拯救被忽视的腌鲱鱼灵魂"股份有限公司，因为这些公司也会受到公众的追捧。

然而，最先崩溃的却是奥地利，而不是德国。在德国股市的牛市狂欢之中，奥地利股票市场也节节攀升。不过，奥地利股票市场的资金来源于柏林、法兰克福、伦敦等地。与柏林一样，维也纳也产生了一批股票投机银行。这些银行仅仅提供10%~15%的资金，操纵着诸多股份有限公司和股票发行，而当外来资金减少直至为零之时，这场击鼓传花的游戏就玩不下去了。

1873年4月，奥地利信贷银行，即奥地利最大的商业银行，也是维也纳、法兰克福、柏林等地交易所的上市公司，开始大量出售所持有的股票和债券，金额达到2 000万古尔登，给市场造成紧张情绪。5月1日，世界博览会即将在维也纳开幕，市场还是保持一定的乐观

---

① 参考Weigt（2005），第38至39页。
② 参考Fiedler（2021）。

情绪。但开幕式的第一天，维也纳最大的股票投机银行——法匈银行[①]意外破产。恐慌爆发了。一周之内，维也纳近100家上市公司的股票出现崩盘。5月9日，奥地利大型银行放弃护盘，市场崩溃，经纪银行纷纷倒闭，交易大厅一片混乱，资不抵债的金融"混混"们不得不走后门楼梯，逃离愤怒的债权人。从5月开始直到当年年底，维也纳股票市场持续走低，上市公司破产信息此起彼伏。

维也纳的股市崩盘发出一个明显的信号，但对柏林倒没有太大的影响。当时，市场更关注俾斯麦与天主教堂的权力博弈。反而美国铁路公司的破产让柏林更加感到不安，因为这些美国铁路公司在柏林和法兰克福发行了大量债券。9月20日，美国库克银行遭到挤兑而破产，原因是该银行持有大量难以售出的美国北太平洋铁路公司的债券。库克银行是最先采用电报方式与客户确认债券销售的银行，新技术使其可以将债券销售到整个美国甚至欧洲。紧跟着库克银行的破产，14家与此相关联的美国银行和企业也宣布破产，以至于纽约证券交易所停止股票交易。[②]这些负面新闻很快通过电报传到柏林和法兰克福。

虽然受到一定影响，但德国股票市场仍然可以应对。但是，新上市公司数量和股票销售规模却大幅下降。1873年1—6月，普鲁士新成立196家股份有限公司，而接下来的3个月新成立股份有限公司数量下降到12家、7家和4家。

10月初，奎施托普银行陷入困境。该银行组织设立并上市的近

[①] 法匈银行即Franco-Ungarische Bank。
[②] 参考Baehring（1985），第120页。1871年底，法兰克福证券交易所的价格表记录了11只美国铁路公司的债券，而1877年法兰克福证券交易所挂牌的51只美国铁路公司债券之中31只债券停止支付利息。

30 家企业之中，一半都无法继续经营。两周之后，奎施托普不得不为他的银行和其他公司陆续申请破产保护。奎施托普银行发行的股份有限公司股票市值从初始的 1 360 万塔勒快速下跌，到 10 月仅剩下 450 万塔勒。[①] 这是倒下的第一张多米诺骨牌。10 月，股票指数下跌 5.9%，此后开始一路下跌（见图 8-2）。新成立的 900 家股份制公司之中有 700 家陷入困境，陆续宣布破产。此后，柏林股票市场陷入长达 4 年的漫漫熊市。统一后的德国还没有经历过如此具有破坏力的股灾。即使是《柏林法律报》这样一份正经的报纸，在描述股市崩盘的破坏力超过了所有自然灾害的破坏力时也说道："天灾有保险，创始人造成的损失却没有赔偿。"

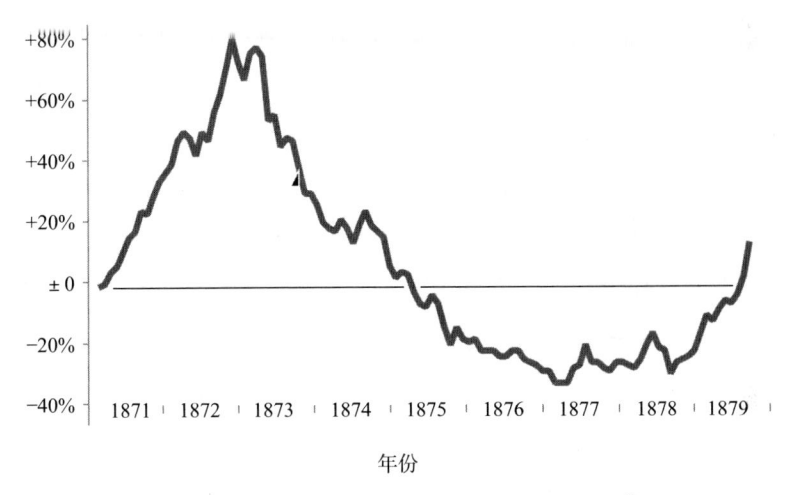

图 8-2　1871—1879 年柏林的股票价格变化[②]

不久之后，《柏林法律报》报道了一名受害者的事迹[③]："施特拉

---

① 参考 Kiehling（1991），第 96 页。
② 图片来源：Plumpe（2009）。
③ 参考 Fiedler（2021）。

尔松德的养老金领取者里德尔，一位受人尊敬的老人，在奎施托普一家房地产公司投资了2万塔勒，并在当地一家信用机构贷款1.2万塔勒。然后，奎施托普创立的房地产公司遭遇烂尾楼工程，股票变得一文不值，而里德尔还被要求偿还1.2万塔勒的贷款。老人已经损失了所有财产，无法偿还贷款。在前一个星期五，这位不幸的老人被发现躺在城市护城河中，他的手臂张开，奄奄一息。"

普鲁士政府或多或少无助地注视着这场危机。普鲁士银行和政府都没有丰富的经验应对如此规模的股灾。股票价格的突然暴涨和快速崩溃超出了普鲁士金融管理机构的想象。普鲁士银行甚至在1873年10月和11月两次提高贴现率。此时，德意志帝国仍然没有中央银行。德意志帝国银行在1876年才成立，作为对这次股灾迟来的反应。即使在第一次世界大战和魏玛共和国期间，新成立的帝国银行也不太情愿干预金融危机，还是秉持自由金融市场的理念。直到1929年大萧条和自由放任经济政策造成灾难性后果之后，德意志帝国银行才充分利用其货币控制能力，减轻类似股灾带来的破坏性后果。

当然，股票经纪人和投机银行应该负有主要责任，但受到诱惑的投资者也同样难辞其咎。投机银行指责共同造成这场灾难的是"观众的赌瘾"，尤其是"平民的赚钱欲望"。然而，德国中小投资者直到1870年才对证券交易形成一个模糊的概念。他们把钱放在袜子里，或者把钱存在储蓄银行，或者投资土地，直到投机银行的欺诈行为将他们卷入了旋涡。"作为被引诱者，他们只值得同情，而所有的愧疚、无条件的谴责都应落在引诱者身上。"当时，投资新发行的股票时，投资者只需要支付20%~40%的资金，相当于现代的股票杠杆交易，一旦股票价格下跌幅度达到或超过首期支付比例，他们的投资将瞬间变得一文不值。一些股票经纪人试图逃脱或躲避他们的债主。维也纳的报纸报道，有证券交易所交易员"通过将旧衣服放在桥上来营造自杀的假象"。

奎施托普没有逃跑。他失去了所有的财产，豪华的别墅中的个人财产被没收。从那时起，他卧床不起。几年后，他的妻子与他离婚了，因为他无力为家人提供适当的赡养费。

1870—1873 年，德国的股份制银行数量从 31 家增长到 139 家，但是其中 73 家新成立的股份制银行都没有挺过这次危机[1]，而大多数破产的银行都属于股票投机银行。75% 的新成立银行都在接下来的股灾之中消失。最夸张的是德累斯顿，其间新成立 14 家银行，其中 13 家银行在接下来的 8 年之中倒闭，剩下的德累斯顿银行倒是成为德国知名的银行，直到 2002 年被安联集团并购。[2] 汉堡和法兰克福也出现银行成立以及倒闭潮，但好于柏林和德累斯顿。其间，汉堡新成立的 15 家银行倒闭了 9 家，而法兰克福新成立 13 家银行，倒闭 8 家。[3]

股灾之后的德国银行开启了第一轮大规模整合，形成股份制银行、私人银行和公共银行为主的德国特色银行体系。这个体系持续演变，各类银行在德国银行体系中的重要性每个时期都有所变化，但这个银行业结构一直维持到现代。

不过，数量如此众多的股份制银行破产却没有引起大规模的经济危机，实际上这一时期德国经济仍然迅速增长。其中主要原因是这些破产的股票投机银行并没有太多的存款业务，与其他银行的银行间借贷规模也较小，破产的银行并没有引发其他银行破产。而其破产的共同原因是股市崩盘，损失最大的是参与德国新兴股票市场的投资者。

---

[1] 参考 Berliner Handelsgesellschaft（1956），第 44 页。
[2] 2009 年，德累斯顿银行被德意志商业银行并购，此后不再作为独立银行经营业务。
[3] 参考 Holtfrerich（1999），第 199 页。

除了银行，股份制铁路公司和房地产公司也损失惨重。在这次危机之中，普鲁士"铁路大王"斯塔贝格由于罗马尼亚项目而轰然倒下。

资本大讨论

　　1871年德意志统一之后的超级大牛市和随之而来的1873年股灾引发德国政治、经济和法律层面关于资本市场改革的讨论。一系列的破产和灾难让德国社会对资本市场充满敌意，尤其是将衍生品投机交易称为"赌场"或"屠宰场"。[①] 普鲁士铁路部长冯·迈巴赫甚至将交易所比喻为国民经济体系之中的一株毒树，"整个民族被这株毒树扩散出的致命毒叶子覆盖"[②]。德国作为一个较传统的社会，甚至商业贸易所获得的利润都被认为道德上存在瑕疵，以交易所为代表的金融交易更被认为没有益处，这些都会在社会上引发广泛的敌视情绪。1893年，保守的《十字报纸[③]》将交易所比喻成资本主义退化的产物，"给生机勃勃的资本主义市场经济增添懒惰、不道德并对国民有害的元素"[④]。股市的投机狂潮退去之后，德国迎来持续20多年的资本大讨论。

交易所改革

　　尽管德国社会对股灾之后的交易所充满敌对情绪，但德国主流经济学界还是肯定了交易所对国民经济发展的积极促进作用，并就交易所改革展开一场大讨论。这场讨论涌现出3个不同的观点。

　　加赖斯是首先提出交易所需要改革的德国学者。他认为不能取缔

---

① 参考 Biggeleben（2006），第235页。
② 参考 Biggeleben（2006），第236页。
③ 十字报纸德语为 Kreuzzeitung，其中 Kreuz 的原义为耶稣受难的十字架，德语中的十字军也是该词。
④ 参考 Biggeleben（2006），第236页。

交易所，也不能限制交易所业务。[①] 他从投资者保护的角度出发，认为德国应该创造一种统一的与交易所相关的法律和制度环境，而不是各个城市的交易所各行其是。加赖斯是全球资本市场发展历史上最早提出即时信息披露的学者。他认为交易所改革的重点之一是将与证券价格相关的信息尽早尽快地向市场披露。直到现在这仍然是各个资本市场关于即时信息披露的原则。此外，加赖斯还提出交易所的形式、设立流程、交易所管理层的组成以及交易所法庭的设立等多项建议。这些建议都逐步得到了实施。

与此相反，经济学家欧科豪瑟、科恩和施特鲁克从自由主义的角度提出，政府不应过度干预交易所以及交易所提供的金融交易业务。他们参考伦敦证券交易所的做法，认为德国的交易所也应该是私营的营利机构，拥有独立的法人资格；应严格限制交易所会员数量；交易所应该注重自律监管。交易所不应该成为政府持续干预市场的工具，并且政府应该鼓励交易所的自律监管。因此，这些自由派经济学家也反对政府主导的交易所改革，认为市场的自由竞争会解决当前的问题，而交易所仅仅是自由竞争市场之中的一员。

显然，自由派的思想与德国的历史传统不符，埃伦贝格基于德国交易所产生的历史，从商人互助合作的角度提出交易所应该配合政府共同推进交易所改革的观点。法兰克福、汉堡、科隆等地的交易所在起源上的共同点是当地商人团体集体倡议和行动，使最初的定期商人聚会逐渐演变成交易所形式，为所有商人组织稳定而有序的金融交易活动。这类商人团体欢迎更多商人参与金融交易，具有代表全体商人利益的性质，而不为个别商人谋取利益。埃伦贝格同时认为政府也应

[①] 参考 Hopt 等（1997），第 64 页。本书后续关于交易所改革的讨论也多数参考 Hopt 等（1997）。

该参与交易所改革的讨论，因为政府代表更广泛的利益群体，特别是可以保护普通投资者免受股市投机的伤害。自由派经济学家认为，向市场提供充分的信息就可以避免股市投机给普通投资者带来伤害。但是，埃伦贝格认为，持续不断的投机活动以及普通投资者持续受损的历史表明，这些投资者需要政府的保护。交易所也应该从自身利益出发，配合政府推进交易所改革。政府在投机活动猖獗的时期，应该拥有限制新的证券产品进入市场的权力，特别是拥有短时期内禁止发行更多外国证券的权力。

除了讨论是否需要进行交易所改革以及如何推进交易所改革，19世纪下半叶日益活跃的衍生品投机交易也得到德国社会各界的关注。1882年，德国法律界讨论禁止价差交易[①]是否具备法律基础，以及这类禁止措施是否有效。这里的价差交易指交易双方在衍生品合约到期时，计算多空双方的盈亏并进行现金结算的交易方式，而不是交割合约标的。但是针对价差交易的法律意见，德国的法律专家们难以得出统一的结论，一方面人们很难区分投机性的价差交易与以套期保值为目的的价差交易，另一方面柏林交易所的历史也说明禁止这类衍生品交易并不能有效阻止商人之间的投机活动。

与此同时，德国社会也开始反思1873年股灾发生的原因。首先，《股份公司法》的放松以及取消股票发行的审批制被认为是股灾发生的直接原因。在这一点上德国社会没有异议。其次，这场讨论还提到投资者保护以及发行人所需要承担的责任，因为发行人相对于投资者拥有更多的信息。最后，德国社会意识到资本市场信息披露的重要性。发行人是否有义务公布招股说明书以及招股说明书的内容要求成

---

① 价差交易可以被视为一种衍生品交易。

为这场讨论的核心。

统一之后的德国政府自然接过了与交易所改革相关的法律和制度设计任务。关于改革措施，1884年德国政府更新《股份公司法》，增加有关招股说明书编制和披露义务的规定。柏林交易所于1885年颁布新的交易所规则时，明确提出招股说明书的披露义务，规定招股说明书必须包含对所有投资者判断股票价值有意义的信息，并且须经证券交易所专员审核。这个核心要求直到现代也没有改变。德国还把股票的最小面值从50马克提高到1 000马克，以提高参与投机交易的门槛，其目的是保护中小投资者。[①] 这或许是德国特殊的投资者适当性制度。此外，德国政府也鼓励投资者主动积极获取拟投资股票的基本信息，评估股票的投资价值。

法兰克福早在1868年就提出招股说明书的编制和披露义务，并且要求经纪人申请证券挂牌时必须提交该证券的招股说明书。现在，我们难以确定德国是否为最早提出招股说明书披露义务的主要资本主义国家。不过基于英美金融自由主义的传统，我们有理由推断德国的相关制度早于英国和美国，甚至英国乃至美国后期资本市场发展也参考了这些早期的法律。

经过这场大讨论，德国社会各界逐渐认识到交易所改革的重要性，以及制定和颁布《交易所法》的必要性。一方面，德意志统一之后，德国各地20多个交易所需要一部统一的交易所法律，而不是各自遵循1871年统一之前各地的制度和规则。另一方面，德国社会和政府也认识到资本市场发展对经济增长的促进作用，意识到交易所改革的重要性，以防止类似的股灾再度降临。

---

① 参考 Richter（2020），第132至133页。

自由主义的终结

这次金融危机在德国社会的集体意识中留下了深刻的印记。19世纪70年代之前，起源于英国的金融危机也波及德意志地区，但只有汉堡、法兰克福等地的银行受到影响。四五十年代，奥地利债券大幅贬值和美国铁路债券违约也只影响了那些持有债券的富裕个人。柏林的铁路股票和银行股票投机影响范围仍然较小。对于德意志地区的企业和个人，70年代之前的这些金融危机就像海上风暴一样，虽然海面波涛汹涌，但大海深处却波澜不惊。

但1873年的这次金融危机却不一样。这个时期，金融资本主义已经进入德国各行各业。德国人还沉浸在祖国统一的喜悦之中，经济蓬勃发展，股份有限公司募集大量资金而纷纷成立。突然，随着一场危机的到来，这一欣欣向荣的局面戛然而止。金融危机对实体经济产生了显著影响。一般工资水平下降了约20%。繁荣时期商品产量增加，之后生产过剩导致商品价格迅速下跌。由于生活成本下降幅度大于工资，工人、雇员和公务员所受影响相对较轻。但大量破产的股份有限公司迅速推高了失业率，更别提在这次股灾之中倾家荡产的中小投资者。

直接的罪魁祸首很明显：股市和初创企业的骗子。然而，许多被骗的人找到了一个久经考验甚至更简单的解释：这场危机的真正罪魁祸首是犹太人。几个世纪以来，欧洲基督徒一直对他们怀有敌意。事实上，在柏林交易所和创始人的世界中，存在比例甚高的德国犹太人。欧洲的犹太人几乎被禁止从事任何基督教职业，从农民到工匠。他们不得不寻找其他的生计，并在交易和放债中找到了机会。当现代资本主义随着工业化蓬勃发展时，犹太商人在金融市场之中抓住了机会，这让他们成为这场危机的替罪羊。

"证券交易所犹太人"成了"股市骗子"的代名词。犹太人是罪魁祸首,"因为他向所有理想宣战,把一切都变成了商品"——记者威廉·马尔写道。他在股市崩溃几年后发明了"反犹太主义"这个词。柏林一份报纸评论道:"遗憾的是,现代犹太教仍然将无情地赚钱作为其存在的唯一目的。"① 奥托·格拉高对此表示赞同。他的结论是,"虚假的宽容、多愁善感、痛苦的软弱和恐惧,不应再阻止我们基督徒对犹太教徒采取行动"。柏林突然转变对犹太人的容忍和开明态度,而逐渐成为德意志地区反犹太主义的先锋。经济反犹太主义埋下了德国人对犹太人的仇恨种子,它是这场危机留给20世纪的不幸遗产。

来自英国的自由主义倡导者遭遇了滑铁卢。德意志统一后的牛市和工业革命的活力使自由主义变得伟大,后来它失去了魅力。自由主义并没有兑现其为所有人带来繁荣的伟大承诺。在1871年的国会选举中,民族自由党拥有125个席位,10年后,只剩下47个。俾斯麦也逐渐远离了长期以来的国会盟友民族自由党。他与自由主义正面交锋。在俾斯麦的领导下,国家再次获得了更多控制权。人们重新捡起几十年前李斯特的理论,修改了宽松的《股份公司法》,引入了保护性关税,并完善了对债权人的保护。与此同时,俾斯麦引入医疗、养老和健康保险,使工人获得了基本保障,奠定了德国社会市场经济的基础。

对于德国资本市场,历史在这里拐了一个弯。

---

① 参考当时的报纸 *Staatsbürgerzeitung*。

第九章

衍生品和《交易所法》

16世纪下半叶,德意志地区陆续出现商人聚集的交易场所,如科隆、汉堡和法兰克福等地。德意志统一前夕,德意志地区存在多达24家交易所。1896年《交易所法》颁布之前,德意志各地区交易所都由当地政府和议会监管,不存在全国统一的关于交易所成立、监管和运营的法律。1871年的德意志统一以及随之而来的股灾引发了德国社会关于交易所和资本市场的广泛讨论。两种主要思潮相互碰撞:其一,认为交易所是社会的毒瘤,资本主义后退的产物,应该摒弃;其二,认为交易所组织的有序金融交易对国民经济具有促进作用,但是让人们损失惨重的股灾表明交易所确实存在改革的必要。

这次关于交易所改革的大讨论深远地影响了德国经济和金融制度的演变,特别是针对衍生品交易的监管直接促成德国第一部《交易所法》的诞生。美国直到约40年之后才推出类似的法律。此外,德国可能是较早提出招股说明书编制义务的主要资本主义国家,并以法律的形式将其明确下来。德国还很早就提出即时信息披露的概念。19世纪末,德国资本市场发展并不比英国和美国慢,在部分制度创新上甚至领先于英国和美国。20世纪初,德国各交易所拥有接近2 000家上市公司,这一数字是现阶段德国上市公司总数的近5倍,德国资本市场的规模可以比肩美国和英国。只是两次世界大战永久地改变了德国资本市场的发展轨迹。

本章剖析德国第一部《交易所法》诞生的原因和过程。什么因素直接推动德国制定第一部《交易所法》?衍生品市场在其中发挥了什么作用?《交易所法》如何影响德国衍生品市场乃至整个金融市场?

柏林的金融衍生品市场

在全球衍生品市场的发展历史上,德国似乎无足轻重,真的是这样吗?众所周知,荷兰是现代衍生品交易的诞生地,英国继承了衍生品市场,美国最终建立了成熟的金融期货市场。似乎德国并没有为现代衍生品市场的发展做出重要贡献。实际上,现代金融期货市场源头与德国的贡献密切相关。19世纪末,德国不仅建成了一个流动性充足的金融衍生品市场,还诞生了全球第一家集中清算机构。集中清算技术传到法国,再传到英国,进而在美国发展成现代的中央对手方清算。但是,19世纪末德国发达的衍生品市场却直接导致《交易所法》的诞生。《交易所法》限制甚至禁止衍生品交易,使德国衍生品市场开始走下坡路,直到1989年德意志衍生品交易所诞生才迎来转机。不过,那又是另一个故事。

衍生品交易

19世纪90年代初,法兰克福的衍生品交易标的数量达到92只,超过柏林的84只。但是,衍生品交易量却远远低于柏林。当时法兰克福商会的数据显示,法兰克福市场的现货交易占69%,衍生品仅占31%,而同时期柏林的衍生品交易量占75%。参考现货市场交易额，1871 年柏林股票衍生品日均交易额达到 1.8 亿塔勒，合 36 000 张合约，约相当于当年德国 GDP 的 4%。柏林交易所是 19 世纪末富有流动性的场内金融衍生品市场。[①]

这个时期，衍生品交易在柏林和法兰克福已经具有较大的规模。[②] 每天上午 11 点，离交易所正式开门还有 1 小时的时候，经纪人和投资者就已经聚集到交易所门口，进行开盘前交易。这时，维也纳、法兰克福、伦敦等市场的消息也通过电报方式传到柏林，投资者激烈讨论当天股市"走牛"还是"走熊"，开始相互交易。而这些提早聚集到交易所的投资者多数交易衍生品。

衍生品包括期货、期权、证券借贷等。在德语之中，期货或远期交易被称为"时间业务"，即未来某个具体日期交割的交易。期权被称为"奖金业务"，指期权买方需要向卖方支付费用，以购买未来一个选择的权利。合约延期被称为"再次业务"，顾名思义，是指再签一个同样的合约。而融资和融券分别被称为"资金信贷业务"和"证券信贷业务"。

衍生品交易的标的包括两类，其中一类属于国际衍生品标的，即除了柏林，还在法兰克福、维也纳、伦敦和巴黎等地交易的股票，包括奥地利南方铁路公司股票、奥地利法国国有铁路公司股票、奥地利

[①] 1873 年柏林交易所的股票市场日均交易额达到 6 050 万塔勒，而股票衍生品交易 3 倍于此规模，即日均 1.8 亿塔勒，合 5.4 亿马克。按照股票衍生品的合约价值 5 000 塔勒，柏林交易所的股票衍生品日均交易量约 36 000 手。19 世纪下半叶，德国应该建成了全球规模最大的金融衍生品市场。1812 年伦敦证券交易所规定不允许超过 14 天的远期交易，场内只有股票期权市场。我们难以估计 19 世纪伦敦股票期权的交易规模，而股票远期交易只能在场外进行。由于缺乏集中清算设施，伦敦的场外金融衍生品交易规模估计较小。

[②] 参考 Glagau（1882），第 204 至 329 页。

信贷银行股票等。这些衍生品合约存在特定的简称，分别是"伦巴第"、"法国人"和"信贷"。除了国际标的，柏林的知名股票也是交易标的，如柏林贴现银行股票以及德国的几只工业股[①]。这些德国衍生品标的也存在简称，如"贴现"。

上午11:50，交易所开门，经纪人、投资者和投机者纷纷涌入交易所。门口有一位保安检查各个参与者的证件。他认识多数市场参与者，对于不认识的人员，他会检查交易所卡片或者询问所属机构。柏林商会会员可以带一位投资者进入。3位政府证券专员穿着制服站在门口。从大门进去左拐是证券和汇票交易柜台，右拐是商品交易柜台。在牛市时期，柏林交易所大厅挤进约5 000人，吵吵闹闹，人声鼎沸。中午12点交易所正式开盘，大厅之中各参与者交头接耳，两两开始交易。中间多张柜台围着的区域属于官方经纪人。官方经纪人从银行和商会会员处获得订单，进行撮合交易。对于成交的订单，官方经纪人会提供结算单。官方经纪人不能吸引公众的买卖订单，而银行和商会会员可以自己在交易所之中寻找交易对手，并不一定需要将订单交给官方经纪人。市场之中还存在众多自由经纪人，他们也可以完成撮合。

官方经纪人的区域分成4块，其中第一个区域交易汇票、钱币、土地抵押信贷和彩票债券等；第二个区域交易铁路股票和债券；第三个区域交易银行类证券；第四个区域交易工业和保险股票。19世纪80年代末，柏林交易所交易的所有证券数量达到2 000只。银行从客户处收取0.125%~0.25%的佣金，官方经纪人收取0.2%的佣金。衍生品交易集中在交易所的西南角。这里的喊叫声明显更频繁也更响，以

---

① 参考Glagau（1882），第295至298页。

至于两三年之后投机者就会由于喉咙沙哑而不得不离开这个区域。

最早的金融期货市场

这个时期的德国金融衍生品市场已经非常类似于金融期货市场，唯一的区别在于德国这个时期采取集中清算，还没有采取中央对手方清算。它的其他特征与现代金融期货交易无异，具体如下。

第一，明确的衍生品合约准入流程。19世纪末，柏林、法兰克福等地的交易所已经存在股票、债券等证券产品的准入审核处，它由经纪人委员会演化而来。准入审核处评估某股票或债券是否可以纳入官方价格表，即纳入交易所的官方交易。衍生品合约的准入审核由交易所管理层负责。管理层查阅股票的发行规模和流动性，决定是否引入该股票的衍生品合约。

第二，衍生品合约已经标准化。德国股票衍生品合约的名义价值都是5 000塔勒，而境外债券衍生品合约的名义价值是2万马克。[1] 衍生品的合约价值和最终交易日由交易所管理层决定。当时的德国衍生品合约一般在月中和月末交割。交易所管理层提前向市场公布下一年所有的交割日期。

第三，交易所制定和公布最终结算价。[2] 每个月的月末，交易所管理层会公布各个衍生品合约的最终结算价，它们适用于各个衍生品合约的买卖双方。这些结算价还适用于延期合约的签订。那些月末没有准备好交割的多头或者空头，可以将合约延期，经纪人或其他投资者可以作为交易对手方。至于结算价如何计算得出，我们没有查到相关文献。

第四，衍生品的集中交易和清算。19世纪末，德国已经存在衍

---

[1] 参考 Göppert（1914），第42页。
[2] 参考 Göppert（1914），第43至46页。

生品合约的中央结算处，作为多头和空头的交易对手方。中央结算处由柏林结算银行负责运营。这样，衍生品交易的多头和空头从两两绑定的状态解放出来。每次交易之后，多头和空头一起到中央结算处登记，获得结算单。在最终交易日，中央结算处使用最终结算价计算各个交易参与者的盈亏。

第五，衍生品采取保证金交易。在19世纪末的德国衍生品市场中，所有交易参与者都在柏林结算银行开设资金账户，后期还开设证券账户。柏林结算银行运营中央结算处，其清楚各个参与者的头寸和盈亏。参与者通过柏林结算银行的账户支付保证金[①]，该保证金被用于管理和控制衍生品交易的风险。这个时期的衍生品交易参与者都属于清算协会会员，柏林结算银行可以较好地控制信用风险。

19世纪末，德国已经存在活跃的股票衍生品交易。股票以及相应的衍生品合约都在同一个交易所交易，只是位于交易所不同的物理空间或交易柜台。交易所已经制定了关于衍生品交易的一系列制度，包括公开喊价交易、集中清算和最终结算价。

这个时期的金融衍生品交易与现代金融期货交易的区别仅仅在于中央对手方。当时，柏林交易所的中央结算处仅支持交易双方结算，至于是否承担买卖双方的信用风险，没有文献进行详细解释。不过，衍生品交易的参与者都在柏林结算银行开设资金账户和证券账户，我们有理由相信柏林结算银行可以较好地控制风险。另外，多数衍生品交易参与者同时也是柏林结算银行的股东，这个设计进一步降低了交易参与者违约的风险。

[①] 参考 Hock（1927），第88页。

全球首家衍生品清算机构

银行资金清算业务起源于英国,但衍生品清算起源于德国。18世纪下半叶的伦敦金融城,客户拿着 A 银行的支票到 B 银行提取资金,B 银行支付客户资金之后,必须派出职员到 A 银行兑现该支票,职员获得资金后再返回 B 银行,即银行之间产生资金清算的需求。早期的资金清算通过职员穿梭于两个银行之间进行处理。这些职员被称为"走动的文员"[①]。随着支票运用越来越广泛,"走动的文员"整日穿梭于伦敦城各个银行之间。他们怀揣大额现金,自然意识到其中的风险,于是他们选择汇聚在伦敦市中心一个旅店,即"五钟旅店"。假如两个文员恰好都有对方银行的支票,并且金额相同,则他们不必跑到对方银行提取资金,两两交换支票就能完成清算。这自然是一个最简单的例子。资金清算的原理也类似,即各个文员聚集在一起,各自抵销对方银行的支票,完成清算,无法清算的剩余金额再通过现金结算,如此大幅降低了"走动的文员"所必须携带的现金额。这也是早期清算所的雏形。19 世纪初,伦敦正式出现银行之间的资金清算机构。1853 年,银行之间的资金清算模式被引入纽约。

德意志地区各个金融中心没有产生这类资金清算需求,因为德意志地区的支票等纸质银行券发展较落后。但这里率先发展出衍生品清算,这与柏林结算协会[②]有关。这个协会成立于 1823 年或 1824 年,其创设目的是学习英格兰银行、阿姆斯特丹银行,为柏林的金融市场提供基础设施服务,包括发行银行券和为会员提供结算服务等。19

---

① "走动的文员"即 The walking clerks。这部分内容参考 *Walking Clerks: The Origin of Clearing Houses*,https://goasb.com/walking-clerks-the-origin-of-clearing-houses-and-the-fresh-prince-of-bel-aire-example/,下载时间 2022 年 6 月。

② 参考 Achterberg(1974)。

世纪，柏林与德意志其他地区一样，主要使用钱币进行汇票和证券交易。随着交易规模越来越大，柏林的私人银行感觉到越来越不方便。在知名私人银行家门德尔松的倡议下，柏林的私人银行家以私人俱乐部的形式组建了柏林结算协会。

柏林结算协会其实不是一个协会组织，而是一家类似于有限公司的企业组织。不过，19世纪上半叶，成立有限责任公司或者股份有限公司还需要获得普鲁士国王特许，它自然不能采用有限公司的名字。当时的人们也并不认为"协会"的机构性质将阻止这家机构开展业务。按照现代的观点，这似乎非常奇怪，因为这家"协会"接受存款并发行银行券或者说钞票，也接受在柏林兑现的汇票。得益于门德尔松的政治影响力，柏林结算协会一度获得发行钞票的特权。19世纪初，普鲁士皇家银行是发钞银行，其发行的纸币叫"国库券[①]"。这种"国库券"也在柏林交易所挂牌交易，说明这种纸币使用范围并不广，远远没有达到一般纸币的使用范围，也说明当时德意志地区金融落后。在拿破仑战争期间，普鲁士皇家银行停止了钞票的发行，战后也没有再恢复。[②]

对于柏林结算协会的发钞特权，普鲁士皇家银行一直反对。有意思的是，当时的讨论并不聚焦于发钞的主权特性，这意味着当时人们认为让一家私人银行发行钞票并无不妥。伦敦等地一直如此，英格兰银行很长时间内也是一家私营的股份有限公司。普鲁士政府和皇家银行更担心纸质钞票流通可能引起的投机和其他风险。[③]另一方面，纸质钞票确实给商业贸易带来方便，普鲁士政府一直没有禁止柏林结算

[①] 国库券即 Tresorschein。
[②] 1846年，普鲁士皇家银行变成普鲁士银行，重新开始发行钞票。
[③] 参考 Achterberg（1974）。

协会的发钞行为。直到德意志统一，德意志帝国银行作为中央银行成立之后，德国才从主权的角度终止了德国境内其他银行的发钞特权。

1850 年，柏林结算协会改制成股份有限公司，并且取名为柏林结算协会银行，简称柏林结算银行。其注册资本为 100 万塔勒，有 100 个股东，很多股东是柏林的私人银行。这是普鲁士成立的第二家股份制银行。[1] 但是，1871 年德意志统一之前，柏林结算银行实际上并没有太多参与证券结算业务，仅仅提供钞票，方便私人银行的证券交易。

19 世纪下半叶，柏林衍生品交易越来越活跃，参与者拿着各类钱币两两清算越来越麻烦，这推动了衍生品集中清算的产生。1869 年，柏林成立了一个清算协会，用于清算柏林交易所达成的衍生品合约，而这个协会由柏林结算银行运营。这也是德国最初的衍生品集中清算模式，反映了这个时期德国的衍生品交易已经非常活跃。柏林结算银行创设了中央结算处，其作用类似于中央对手方，为衍生品买卖双方提供清算服务。这样，买卖双方从两两协议之中解放出来，双方达成交易之后一起到中央结算处登记，后期任意一方拟平仓时不必再找原先的交易对手，任何市场参与者都可以与他平仓。

在很长一段时间内，金融交易都是"一手交钱，一手交券"。买卖双方计算应付或者应收金额（清算）时，也完成了钱券兑付（结算），不需要特别区分清算和结算。直到衍生品交易越来越活跃，清算和结算才逐渐区分开来，走上不同的演变道路。衍生品交易的周期比现货长，交易和交割时间不一致，交易双方的风险敞口更大，这增加了交易双方违约的风险，需要更加有效的风险管理，因此清算的重

---

[1] 普鲁士对股份制银行采取非常保守的态度。1871 年德意志统一之前，普鲁士仅批准成立 4 家股份制银行，都是在特殊情况之下批准的。具体内容参考本书第七章。

要性显现出来，它逐渐成为一个独立的行业。

彼得·诺曼称1882年成立的法国勒阿弗尔商品事务清算所开创了清算业务，成为一种革命性的开端，它也是所有欧洲竞争对手中的领先者。[①] 实际上，柏林清算协会比勒阿弗尔商品事务清算所早成立13年，柏林结算银行成立时间就更早了，自然也说不上勒阿弗尔商品事务清算所开创了清算业务。勒阿弗尔商品事务清算所向买卖双方收取保证金，同时担保该合约的交易执行。为了降低自身风险，勒阿弗尔商品事务清算所可以责令遭受亏损的交易商追加保证金。[②] 这个清算所履行了现代中央对手方的大部分职责。1888年，伦敦农产品清算所将勒阿弗尔的清算模式发扬光大。1884年，芝加哥期货交易所引入清算所清算合约。起初，芝加哥期货交易所从维护会员利益角度出发，并不计划强制会员进入清算所，直到1925年其才在美国农业部的压力之下开始集中清算[③]，即强制所有的合约都通过清算所完成清算和结算，不允许会员之间两两结算。

推动证券结算创新

集中清算大幅降低了衍生品交易参与者的结算量，但是合约到期后还是需要进行实物交割，即钱券兑付。每个月两次交割带来的证券结算困扰着衍生品交易参与者。柏林结算银行提出一种解决方案，即为衍生品交易参与者保管衍生品合约对应的股票，并出具股票持仓单据。这个持仓单据得到清算协会的认可，可以用于交割。但这种方法

---

① 参考彼得·诺曼（2013），第75页。德国人没有兴趣争论谁创新了哪类金融产品或业务。实际上，我们查阅历史文献，发现金融领域很多创新来自德国，如投资银行、《交易所法》等。
② 参考朱小川（2015）。
③ 参考威廉·法龙（2011），第167至171页。

仅能作为一种暂时方案，还是不能解决纸质证券频繁移动的问题。随着交易量持续攀升，人们需要更有效的方法。

柏林商人希望能参考银行转账方式，从而降低证券结算的工作量。1882年1月5日，柏林结算银行提供证券账户服务。[①] 清算协会会员乃至其他投资者可以在柏林结算银行开设证券账户，用于证券结算，这样现金和证券两端都可以通过账簿记录的方式处理，大幅减少了纸质货币和证券的物理移动。其原理非常接近现代证券的结算方式。后期的发展在于参加账簿结算和集中托管的证券数量越来越多，开设证券账户的投资者也越来越多，纸质证券本身从一定数量的单张股票变成一张股权凭证，代表所有同类股票，因为人们发现纸质证券存放在保险柜里面不再移动，与其印制10万张股票，还不如印制一张股权凭证，代表10万张股票，这就是股权集合凭证的产生过程。久而久之，公司和银行逐步取消了单张股票和债券的印制，而以一张集合凭证代表所有数量的证券，投资者通过证券账户完成结算。直到现代，德意志交易所仍采取这种方式，而这张纸质的集合凭证现在叫"全球凭证"。1896年，德国颁布第一部《交易所法》，限制衍生品交易，但是证券结算方式保留了下来。

至于股票交收或者过户，柏林结算银行使用类似于支票转账的方式。红色支票表示将证券过户给其他人；白色支票表示要求其他人将证券过户到本人证券账户。后来又增加了另一种颜色的支票，因为并不是所有的证券过户都伴随着交易。证券借贷或者抵押涉及证券过户，但是不涉及所有权的转让。于是柏林结算银行推出绿色支票，代表这类证券过户。1899年，绿色支票在所有证券类支票之中的占比达到

[①] 法兰克福直到1925年才引入证券账户以及采用支票进行证券转账，参考Winterweb（1929），第179页。

50%，显示这个时期证券回购、借贷已经非常普遍。[①]1883—1899 年，柏林的账簿式证券结算额从 10.96 亿马克快速上升到 206.29 亿马克。

这种结算方式与现代的钱券兑付非常相似。红色支票和白色支票分别代表卖方和买方的证券转移指令，结合买卖双方的款项支付就可以完成证券结算。整个过程不再需要实际交割纸质证券，也不再涉及纸质货币的转手。证券和钱款交易都可以通过买卖双方在柏林结算银行的账户完成。即使买卖双方位于两个城市，也可以通过银行完成证券结算。据相关资料，柏林结算银行是全球最早采用账簿式证券结算方式的交易所。

为什么德国创新出证券结算方法？现在我们难以找到相关文献资料，无法知晓当时德国人做出这类创新的原因。不过，结合当时德国人所面临的金融环境，我们也不难推测，这是德国人面对实际操作困难时探索出的解决方案，是当时德国金融机构不断试图降低交易成本而努力的结果。实际需求一直是创新之母。19 世纪末，德国资本市场快速发展，然而与英国不一样之处在于，纸币和银行账户没有普及。德国投资者在各个城市交割证券时还需要背着一袋一袋银币甚至推着一车一车银币，交割方式也是"一手交钱，一手交券"。衍生品交割集中在每月月末，可以想象当时的场面肯定非常壮观。各个银行、经纪人或者其他机构带着大量银币聚集在一起，两两交割。这种交割方式不仅慢，容易出错，风险也较大。毕竟这么多钱财暴露在外，容易吸引违法犯罪者。于是，衍生品交易者开始想办法提高交割的效率，降低钱币使用规模，从而降低风险。15 世纪以来集市一直使用的结算方式跃入人们眼帘，即各交易者组成协会，通过协会完成

---

① 参考 Achterberg（1974）。

多边结算和交割。交易者都将款项存入协会或者与之相关的柏林结算银行，这进一步减少了款项支付的麻烦。等衍生品市场采用这种结算方式之后，各家银行马上体验到其带来的好处，于是也将此项结算方式应用到证券结算中，因为这些银行不仅交易衍生品，同时也是证券交易的主要参与者。与德国不一样，英国资本市场发展与纸币的普及同步进行。资本市场交易额变得越来越大时，纸币也越来越普及。随着交易越来越频繁，1877年伦敦证券交易所引入证券清算模式[1]，当年共523位会员参与，通过相互轧差降低结算频率和规模。纸币普及以及轧差结算使得英国当时能够有效处理证券市场的结算，而无须如德国一般创新结算方式。另外，柏林的金融衍生品交易规模比伦敦更大，使用的纸币规模却更小，使得柏林所面临的交易、结算问题更严峻，在这种环境之下柏林更容易被迫创新衍生品结算方式和证券结算方式。

编制《交易所法》的背景

长期以来，关于交易所的成立过程和运营管理都没有专门法律规定。当然，早期德意志地区的交易所都由商人定期聚会逐渐演变而来，交易所市场依赖传统商业习惯运行。这个演变过程长达上百年。交易所这个名词在长达几百年的时间里都是一个地理代称，即商人们聚会并进行交易的场所。这个场所可以是露天广场，也可以是某栋大楼前面，或者某个狭窄的街道。并且，在几百年的时间里，商人聚会的地理地点偶尔变化，但不管地点在哪儿，这个场所都可以叫"交易所"。直到19世纪中叶资本市场逐渐发展成熟之后，交易所才作为一

---

[1] 参考 Hennessy（2001），第64至65页。

个法律意义上的机构登上历史舞台。《交易所法》的制定和颁布与德国传统金融发展之路息息相关。

"交易所必须与国家利益保持一致"

与英国和美国自由市场经济体相比较，德国的交易所具有3个特点，分别是公法性质，交易所和交易所运营管理机构相分离，以及交易所监管的地方特性。

第一，德国的交易所都具有公法性质，代表公众利益，并不是私营的营利机构，其主要目的是确保商人之间有序地开展金融相关交易。交易所是一个公法机构，一个城市自然只需要一个交易所，并且它一般需要得到当地政府的批准。交易所由当地商会经营管理，商会本身又代表当地商人的利益，具有半官方机构的性质，因此也没有必要专门为交易所的成立和管理制定法律。19世纪80年代，整个德意志地区存在20多家交易所，各个交易所制度各有特色，差异明显。德意志统一之后，德国政府认为有必要制定统一的交易所相关法律，以便规范德国境内各个交易所。1802年，伦敦经纪人自发组织成立伦敦证券交易所。该交易所是封闭式会员制交易所，经纪人联合设立交易所是为了更好地营利。初期，伦敦证券交易所包括550位会员和100名职员。[①]

第二，交易所与交易所运营管理机构相分离的"二元结构"。1808年，法兰克福商会作为一个半官方机构成立，负责交易所的运营和管理，其职员仅寥寥数人。1843年，法兰克福颁布新的《交易所规则》，明确规定交易所需要获得法兰克福市政府的批准，并且法

---

① 参考 Hopt 等（1997），第 602 页。

兰克福只能存在一个交易所。这也标志着法兰克福证券交易所作为一个独立机构登上历史舞台。此前，交易所仅仅是地理代称。至此，德国的交易所形成"二元结构"，即法兰克福证券交易所是金融市场的代称，后期演变成独立的具备公法性质的机构，而法兰克福商会是交易所的运营管理机构。

第三，当地政府监管交易所和批准《交易所规则》。历史上，当地政府或议会拥有批准成立交易所的权力，同时也监管当地的交易所。直到现在，德国各个交易所仍受当地政府监管，而不是由德国联邦金融监管局监管。德国联邦金融监管局对参与金融市场的市场主体实施行为监管，比如打击内幕交易。这个制度安排与历史演变的路径有关。交易所相关法律以《交易所规则》为主，而《交易所规则》须得到当地政府或议会的批准。17—19世纪，法兰克福的《交易所规则》和《经纪人规则》等交易所相关的重要监管制度经法兰克福市财政局和（或）法兰克福市议会批准后才生效。

与德国不同，英国的交易所是经纪人以营利为目的而成立的机构。17世纪末期，伦敦的经纪人离开英国皇家交易所，在咖啡馆从事证券经纪业务。在此基础之上，这些经纪人于1802年成立交易所，即伦敦证券交易所。该交易所既没有得到政府批准，也没有代表公共利益的属性，完全是私人经营活动的产物。与此相似，1792年，纽约的24位经纪人签订"梧桐树协议"，定期聚会，以交易所的形式为投资者撮合证券交易。经纪人之间的自发合作方式最终演变成纽约证券交易所，而整个过程与纽约市政府并没有关系。直到1929年股灾之后，美国才颁布《证券交易法》《证券交易所法》以及设立证券监管机构。

如果说英美的交易所是私人自由博弈的场所，那么德国的交易所从成立之初就带有监管的烙印，以服务于公共利益为目标。普鲁士知名的铁血宰相俾斯麦于 1868 年说过："交易所必须与国家最高利益保持一致[1]。"

德意志地区没有统一的交易所法，但 19 世纪下半叶德意志个别王国颁布了交易所相关的法律条款，如 1861 年 6 月 24 日普鲁士颁布《通用德意志民法》，[2] 该法律第 3 节第 1 条和第 2 条规定交易所的成立、交易所规则的颁布和修改需要普鲁士商务部批准；第 3 条规定交易所规则必须包含交易所价格的确定程序以及公布方式。符腾堡王国和汉堡也分别于 1865 年和 1880 年制定类似的交易所相关法律。[3] 法兰克福于 1843 年制定《交易所规则》，内容包括交易所设立、批准和管理。

制定《交易所法》的直接动力

19 世纪 90 年代，3 个事件直接推动德国政府制定第一部《交易所法》。这是主要资本主义国家颁布的第一部资本市场法律。美国直到约 40 年之后才制定类似的法律。

第一个事件是银行挪用客户资金导致的银行信任危机。[4] 1891 年，英国巴林银行大量的阿根廷贷款出现违约，巴林银行面临倒闭风险。尽管英格兰银行出手拯救了历史上首个"大而不倒"的银行，但是巴林银行危机引发的股灾却不可避免。在这场股灾之中，德国私人银行沃尔夫挪用客户资金大量参与伦敦金融市场，突然大幅的股票价格下跌使得该私人银行面临巨额损失，无法偿还客户资金。德国民

---

[1] 参考 Richter（2020），第 102 页。
[2] 参考 Hopt 等（1997），第 58 至 59 页，也参考 Bremer（1969），第 26 至 27 页。
[3] 参考 Schulte（1995），第 65 页。
[4] 参考 Hopt 等（1997），第 67 至 68 页，以下部分内容也参考此文献。

众震惊于这一事件所涉及的资金规模以及银行毫无顾忌地侵犯客户利益。与此同时,另一家德国私人银行斯诺科也由于投机活动失败而终止业务。客户担心自己的资金被银行挪用,这引发小规模的银行挤兑浪潮,导致另外两家私人银行倒闭。[①]这些私人银行都是柏林交易所的参与者,而且由于它们从事证券投机交易而给投资者和储户带来损失,德国媒体将怒火发泄到柏林交易所,要求立法者推出改革措施,同时弥补银行挪用客户资金的法律漏洞。

第二个事件是德国法律界统一意见并建议价差交易不受法律保护。价差交易一般指以投机为主要目的的衍生品交易,并且合约到期时不交割合约标的,仅在计算盈亏之后进行现金交割。按照这个定义,现代实施现金交割的金融期货合约也属于价差交易。1873年股灾之后,德国法律界多次讨论针对价差交易的法律意见,但争议较大。1890年伦敦又爆发一次股灾,终于使德国法律专家就此问题达成一致意见,他们倾向于禁止价差交易或者规定价差交易不受法律保护。

至于禁止价差交易是否有效,19世纪40年代的经验表明普鲁士政府的禁令并没有取得显著效果,因为商人团体可以根据古老的商业习惯解决纷争,而不必依赖国家法律和政府仲裁。但是1893年的禁令却发挥了部分作用,或许是因为伦敦股灾引起的破产案例以及损失异常严重,所以部分商人不遵照此前的商业习惯处理纠纷,而直接选择违约。如此,失去法律保护之后,衍生品市场参与者继续从事价差交易将面临更大的风险。

这样,德国就投机性的价差交易采取了不同于英国和法国的措施,即法律上不认可也不提供法律保护。这条新的法律意见必须通过

---

① 参考 Biggeleben(2006),第239至240页。另外两家倒闭的银行分别是 Berliner Wechselbank Hermann Friedlaender & Sommerfeld 和 Bankhaus Eduard Maass。

正式法律向社会公布，这也是德国制定《交易所法》的直接推动力之一。但是，商人、经纪人和银行家却基于自身的利益反对将禁止价差交易的条款写入法律。商人们认为这将侵犯自由交易的市场原则，给交易所发展带来负面影响。他们坚持德意志统一之前所制定的区域性规则，认为没有必要实施全德国统一的法律法规。这种观点自然得到交易所的支持。德国工业界却支持政府采取限制乃至禁止投机性交易的措施。他们厌恶自己的股票被投机者疯狂炒作，对这类泡沫破灭之后所产生的负面影响仍然印象深刻。

第三个事件是针对农产品期货交易的抗议浪潮。尽管统一之后的德国工业发展迅速，但是农业仍然是国民经济最大的产业支柱。俾斯麦之后的新一任德国宰相卡普里维大幅降低农产品的进口关税，进一步损害了农民的利益。德国农民为了维护自己的利益组成行业协会，主要目的是降低农产品价格的波动幅度，为农民创造稳定的收入预期。至于农产品价格波动的原因，特别是咖啡、小麦和棉花的价格波动的原因，农民协会认为农产品期货投机和市场操纵难辞其咎。实际上这些价格波动另有原因。

19世纪八九十年代的一系列农产品价格操纵似乎印证了德国农民的看法。1888年9月，汉堡发生咖啡逼空案，多头推动咖啡价格短期之内上涨3倍，成功地把空头逼到墙角。反对衍生品投机交易的人士将这个案件放到德意志帝国议会上进行讨论，这是德国立法者第一次讨论衍生品交易。与此同时，柏林地区农民起诉柏林交易所，理由是商品投机性交易压低了小麦价格，给农民造成大幅损失。德国农民要求限制柏林交易所的商品衍生品交易。这次诉讼迫使柏林交易所小幅修改交易所规则，但效果并不明显。1891年春天，柏林的农民又发起诉讼。这次却是起诉柏林交易所推高了小麦价格。实际上，小麦价格上涨的真实原因是俄国小麦歉收，导致德国小麦出口增加而国内供应量降低，从而使得小麦价格上涨。柏林小麦经纪公司里特布伦菲尔德预测到这个结果，提前通过柏林商品交易所囤积了大量小麦。[1]可是，农民不了解小麦价格波动的逻辑，不管小麦价格上涨还是下跌，农民都将柏林交易所当作引发小麦价格波动的罪魁祸首。

农民将这些炒作农产品期货的经纪人和投资者比喻成寄生虫，认为投机性的衍生品交易在国民经济层面并没有任何积极作用，并不能改变商品的真实供给和需求，其仅仅通过快速而冒险的交易活动改变短期内多空双方的力量对比，增加价格波动幅度，最终让广大的农民受苦。极端的观点是要求德国政府禁止农产品期货交易，关闭商品交易所；而温和的观点是建议限制商品衍生品交易，同时开启交易所改革，将交易所经营活动更多地置于政府监管之下。[2]

农民协会持续不断地到德意志帝国议会请愿，要求立法者有所作为。在帝国议会之中，多位议员代表提出具体改革措施，无一例外地建议限制商品衍生品交易。政治环境不利于交易所的发展，德国社会也给予交易所改革较高的期望。在这种氛围之下，德国开始编制《交易所法》。作为经验借鉴，1875年奥地利曾颁布类似法律，1885年法国曾颁布衍生品交易法，但它们都是在有利的环境之中编制法律。德国是主要资本主义国家之中较早制定和颁布《交易所法》的国家。

证券交易委员会的成立

1891年11月19日，德意志帝国议会的保守党和中央党提交议案，要求加强政府对交易所的监管，其依据是近期的衍生品交易丑闻

---

[1] 参考 Biggeleben（2006），第238至239页。
[2] 参考 Hopt 等（1997），第70至72页。

和银行倒闭潮。一直倡导交易所自律监管和金融自由化的民族自由党放弃此前一贯的立场，而向保守党妥协，也附和保守党关于交易所改革的建议。[①]

德意志帝国首相卡普里维收到议会的议案以及德意志帝国皇帝的明确表态，于当年11月底咨询各位部长，决定成立证券交易委员会，调查研究证券交易和交易所相关法律事务，并起草《交易所法》。1892年2月，证券交易委员会成立，其28名委员之中包括德意志帝国银行行长和柏林交易所主席。委员会成员代表德国经济金融社会的广泛利益群体。

《交易所法》的主要内容

证券交易委员会研究了其他国家，特别是奥地利、英国、法国和美国的金融法律，咨询了各行各业的115位专家。委员会将各项工作分成交易所组织结构、证券发行、衍生品交易、证券经纪、证券价格的形成5个领域，并且其政策建议也涵盖了这5个领域。委员会的大多数政策建议都被采纳，而新的《交易所法》基本上按照这个结构编写。

委员会的建议

1893年底，证券交易委员会提交关于交易所法、交易所规则和联邦理事会相关规则的建议，此外委员会还完成了一个详细的调研报告，以作为这些政策建议的讨论材料。委员会的主要政策建议按照5个领域分类，具体如下。

第一，交易所的组织结构和监管框架。证券交易委员会尊重德意

[①] 参考 Biggeleben（2006），第240页。

志各地区交易所起源和发展的历史，认为交易所对德国国民经济发展具有重要作用，应该将其置于政府监管之下，并且政府应该设立相应的机构以实施有效监管。

至于监管主体，委员会认为州政府应该承担相应的监管职责，包括批准各州交易所的设立和颁布交易所规则。至于原因，一方面这符合德意志地区各交易所发展的历史；另一方面州政府更加熟悉各自境内的交易所，并且帝国政府也没有人员和机构监管全德国境内的交易所。委员会还对交易所规则所需包含的内容提出建议，包括交易所的组织框架、所提供的金融产品、证券价格的形成方式、参与交易所交易的资格或者说参与者资格等。参与者资格的具体内容由州政府和交易所制定，但委员会还是建议遵循一个基本原则，即某商人如果从事某项商贸业务，则他应该被允许参与交易所与该业务有关的证券产品交易。此外，委员会还建议每个交易所都设立"纪律委员会"，以惩罚那些违反商人传统行为准则或交易所规则的参与者。委员会还建议交易所设立"交易所法庭"，以尽快解决参与者之间的纠纷。

委员会还定义了德国版本的"交易所"，即交易所是由政府批准，受政府监管，并由商人团体发起的市场组织形式，其目的是促进商品交易，服务于一般意义上的国民经济利益。这个定义体现了德国社会对交易所的理解，突出了交易所服务于公共利益的特性，还突出了交易所与政府的紧密关系，以及交易所运营的目的并非商业性营利。交易所定义中没有与会员相关的信息，实际上德国的早期交易所没有会员概念，只有参与者概念。这些特点使其显著区别于英国和美国的交易所。直到20世纪30年代，美国社会才认识到交易所代表的公共利益属性，从而制定法律，将交易所置于政府监管之下。在这个意义上，德国的交易所改革领先美国约40年，并且诸多改革措施都是德国首次提出并实施的。

第二,证券经纪人和证券价格的确定。委员会建议保留历史上的"宣誓经纪人",只是将该名字改为"价格经纪人",允许经纪人以自己的名义参与交易,以确保交易顺利进行。实际上,这是现代意义上的做市业务,经纪人可以参与做市。证券产品应该尽量以一个价格交易,反映整个市场的供求关系。委员会还建议交易所制定和公布证券价格的形成程序,并与州政府制定相应规则。价格形成的具体流程和细节由各州自行决定。这给各州较大的自由决定空间。

委员会还建议公开披露证券价格,增强交易所的透明度。至于具体如何披露,委员会提出了操作细节,比如交易所应该公布证券交易的价格以及相应的交易量。这样市场可以拥有更多的信息以评估未来走势。交易所应该将交易时间分成若干段,然后公布每一段的价格信息。德国范围内各交易所公布证券价格的内容和格式也必须统一,建议由联邦理事会制定相应规则。最后,委员会还建议惩罚那些试图操纵证券价格、提供错误价格信息并以此牟利的市场参与者。

第三,证券发行和上市许可。委员会建议在整个德国范围内实施统一的证券发行和上市标准。[1]交易所应该根据自律监管原则设立专门的机构,如发行审核机构,负责证券发行和上市的审核。发行审核人员由商人代表、银行代表以及代表普通投资者的学者组成。委员会认为政府不应该参与发行审核工作,以免社会公众认为该证券已经经过政府审核而增强对其的信任。另外,委员会也反对柏林设立一个统

---

[1] 当时,虽然证券发行(Emission)和证券准入或者说上市(Zulassung)说法不同,但是实际上法律并没有严格区分发行和上市这两个环节。另外,委员会建议由交易所统一审核证券的发行和上市,也就没有必要严格区分这两个环节。直到第二次世界大战之后监管模式才演变成德国联邦金融监管局负责证券发行,而交易所负责证券准入和上市。

一的发行审核机构，担心这类监管权力集中于柏林，不利于资本市场的发展。

发行审核机构应该向发行人索取所有关于该证券的重要资料，确保公众投资者可以通过这些资料评估该证券的价值。否则，发行审核机构应该拒绝证券发行申请。另外，如果某证券发行不利于公众利益，则发行审核机构可以拒绝发行申请。由此可见，德国第一次提出的发行审核标准就是现代版的"注册制"，即发行审核注重申请材料的完整性，而不强调申请材料的真实性。证券发行的核心申请资料当然是招股说明书。德国很早就提出招股说明书编制要求，并将其作为证券发行的核心材料而写入法律。并且，委员会还建议除了帝国政府和州政府发行债券可以不准备招股说明书，其他证券发行都需要提交招股说明书。招股说明书的内容参考柏林交易所公布的交易所规则，并且招股说明书连同其他材料必须在交易所公开张贴，同时通过报纸向公众公开。发行审核机构出具的证券发行许可也必须公开披露。

委员会还建议证券发行的承销银行承担招股说明书相关责任。一旦承销银行披露的招股说明书信息不完整或者故意误导，则投资者可以在证券发行之日起5年之内起诉该银行，并获得不超过投资数额的赔偿。委员会认为银行应该作为招股说明书的第一责任人，一方面银行与发行人一样都非常了解证券情况，另一方面银行资本金更大，更有能力承担类似的赔偿。除了赔偿，相关证券的承销银行还将面临交易所纪律委员会的行政处罚。

第四，衍生品交易。衍生品市场一直是争议非常大的领域。证券交易委员会经过多轮调研和讨论，最终得出结论，认为衍生品交易对国民经济的积极作用超过其破坏程度，因此不建议禁止衍生品交易以及关闭商品交易所。即使仅仅禁止某一类衍生品交易，也得不到委会大多数成员的支持。但是委员会也了解社会对衍生品交易的负面情绪，因此建议衍生品交易仅限于那些市场规模达 2 000 万马克的证券产品。同时，交易所管理层可以批准某类产品的衍生品交易。对于银行股票、工业股票和铁路股票的衍生品交易，委员会还建议设置更高的准入门槛。至于商品衍生品，如小麦、咖啡和棉花，委员会认为不具备禁止这类商品衍生品交易的充足理由。

委员会或许了解这个政策建议将引起社会的极大不满，因此又提出两项旨在加强衍生品交易监管的政策建议。其一，取消价差交易的禁令，但如果衍生品交易的参与者由于缺乏经验而被对方利用，签下衍生品合约并导致损失，则该参与者可以起诉对方，并且两年之内都可以获得赔偿。委员会认为这种方式可以更好地保护普通投资者。不过按照历史经验，衍生品交易禁令往往没有效果。其二，尽量将非专业的投资者排除在衍生品交易之外。具体方式是所有参与衍生品交易的商人或投资者都必须到交易所注册，并且注册信息向社会公开，他们还必须缴纳注册费用。或许这就是德国特色的合格投资者制度。

第五，证券经纪业务。1891 年，德国私人银行沃尔夫挪用客户资金的丑闻与经纪业务有关。委员会建议对经纪人挪用客户资金的行为施以刑事处罚，并且交易所纪律委员会可以做出行政处罚决策。委员会还建议经纪人为客户准备完整的订单执行情况表，客户有权要求经纪人按照更好的市场价格执行订单。

围绕《交易所法》的博弈

证券交易委员会的调研报告和政策建议公布之后，立刻在德国社会和专业界引起轩然大波，引发一片反对声。德国农民批评这些针对农产品衍生品交易的政策建议完全没有体现农民的诉求。交易所和商人团体却认为这些监管措施完全是多余的，甚至将极大地阻碍金融市场发展，特别是商人团体激烈反对参与衍生品交易需要到交易所登记的建议。

尽管遭到普遍的反对，德国政府还是按照证券交易委员会的建议快速起草了《交易所法》，并于1895年提交给德意志帝国议会讨论。这份法律草案采纳了委员会的多数建议，所增加或修改的内容主要如下：第一，增加了证券事务政府专员，作为在交易所法庭的公诉人。这位政府专员配合州政府，对交易所实施监管。第二，设立交易所理事会，并向德意志联邦参议院提供专业咨询意见。第三，交易所登记处除了登记参与衍生品交易的投资者，还应该登记参与其他证券产品交易的投资者。

在帝国议会，这份法律草案之中关于衍生品交易的条文遭到保守党强烈反对，很多与农业利益密切相关的议员也反对这一条文。这两股政治势力厌恶投机性的衍生品交易，极力要求政府和监管机构介入，以保护普通投资者和产业相关方的利益。1896年初，保守党的意见在帝国议会中获得多数票，其提出德国应该禁止农产品、工业股票等的衍生品交易。

对此，拜仁州、汉堡等汉萨同盟成员以将在联邦参议院否决保守党的提案相威胁。这些州也反对证券相关法律在全国层面的统一化，要求更多的地方决策空间以及交易所自律监管空间。普鲁士政府强力主张德国应该在全国范围内实施统一的证券法律，但也做出妥协，把交易所的监管权让渡给各州政府。为了使《交易所法》顺利通过，普鲁士不顾个别州政府在联邦参议院发出的反对声音，而禁止商品和工业股票的衍生品交易。最终，德意志皇帝威廉二世于1896年6月签署德国第一部《交易所法》，并向社会公布。新法律于1897年1月1日生效。

对德国金融的影响

《交易所法》是主要资本主义国家之中第一部针对资本市场的系统性法律。这部法律对资本市场监管产生了深远的影响。早在德国编制第一部《交易所法》的过程中，人们就担心法律出台将影响德国金融市场发展，特别是衍生品市场发展。事实也确实如此。

衍生品交易禁令的影响

这部法律打击了德国衍生品市场。不仅因为农产品、工业股票等领域禁止衍生品交易，还因为法律的不确定性引发参与者纠纷和违约。1900年，德国24家交易所中只有212家注册登记的商品交易商和175家证券交易商。人们习惯于匿名交易，不愿意去交易所注册。在1900年春季股票价格低迷期间，许多未注册的投资者，包括商人和银行家，远期买入股票并远期卖出。据称，他们随后放弃了产生损失的头寸，利用衍生品交易合同在法律上不具有约束力的事实[1]逃避损失。古老的商业习惯不再发挥作用，衍生品交易相关纠纷增加，又促使部分投资者或投机者远离衍生品交易。

德国不仅自己限制衍生品交易，还试图推动其他国家一起限制。[2]农业利益代表者认为全球金融市场已经日益连接在一起，德国单独限制和打击投机交易，不足以达到效果，因此推动德意志帝国议会出台法律，宣布所有境外衍生品在德国的交易无效。但是这项立法建议没有在议会获得多数票。农业利益代表者进而推动德国与其他国家签订双边协议，限制衍生品交易。德国政府与法国、比利时政府联系。后两个国家与德国一样面临相似的问题。法国表示同情德国所碰到的问

---

[1] 参考 Weber（2008）。
[2] 参考 Merkt（1997），第86至87页。

题，但也只能在道义上表示支持，而推动法国限制衍生品交易无疑太过困难。比利时则相反，提出了谈判要求。只有德国满足诸如关税减免等条件，比利时才愿意限制衍生品交易。如此，协调其他国家一起限制衍生品交易由于太过困难而被放弃。

美国一直关注德国《交易所法》中关于资本市场和衍生品的条款，将其当作一场社会实验。[1]1896年11月，美国驻马格德堡的领事向美国政府报告了这部《交易所法》的立法背景和主要条款。当时的美国也存在类似的矛盾，农业生产者也猛烈抨击农产品期货交易对价格的影响。美国正好可以评估德国的衍生品相关法律是否能起到预想的作用。

实际上，这个时期美国众议院和参议院也差点儿通过一部关于对农产品期货交易征收惩罚性税收的法案。[2]1884—1953年，美国众议院共讨论了近330个关于限制、阻碍和禁止衍生品交易的议案。关于衍生品立法的争论到达美国最高法院。最高法院裁决各州可以自行出台限制衍生品交易的法律。此后，美国部分州陆续出台法律法规，限制衍生品交易，但国家层面评估认为衍生品交易并没有对实体经济造成伤害，其作用最多是中性。[3]

1922年，美国颁布《谷物期货法》，没有如农业利益代表者所愿限制衍生品交易，而是将谷物期货交易纳入监管。这导致美国证券和

---

[1] 参考 Swan（1999），第242至250页。
[2] 参考 Till（2015）和 Jacks（2007）。
[3] 1958年，美国通过《洋葱期货法案》，禁止交易洋葱期货。这是美国历史上第一次禁止一类期货产品的交易。参议院出台该法案的理由是洋葱期货的投机活动显著增加了洋葱价格的波动。但是实际上，洋葱价格波动较大是由这个产品的特性决定的，而与洋葱期货并没有太大关系。但是参议院中了解洋葱市场特性的议员太少，以至于该法案被通过。参考 Till（2015）。

期货的立法与德国相比走上了不同的道路,即美国分别就期货和现货立法,而德国的立法者全盘考虑证券和期货交易。究其原因,德国的证券和期货都在同一个交易所交易,自然无法就证券和期货单独立法。而当时美国西部的交易所交易某一类期货产品,不涉及证券现货。其证券现货交易都在西海岸,并且当时的现货市场和期货市场之间没有关联。美国自然也没有必要就证券现货和期货统一立法。

衍生品禁令实现政策目标了吗?

19世纪末的德国股票衍生品市场与现代金融期货市场已经非常相似。流动性良好的股票成为衍生品合约标的。除了合约价值和合约月份,合约最终结算价也由交易所统一计算和公布。德国股票的期货合约价值为5 000塔勒,而境外股票的期货合约价值为2万马克。[①]德国已经引入集中清算系统,每次交易的买卖双方都可以到交易所中央结算处确定盈利亏损。合约到期时,交易所管理层公布各个期货合约的最终结算价。

衍生品交易禁令并没有降低农产品的价格波动幅度(见图9-1)。1896年,德国禁止谷物等农产品的衍生品交易,德国各个交易所纷纷摘牌相应的衍生品合约。但是,农产品价格波动幅度并没有因此降低,反而更大。实际上,19世纪90年代初,谷物价格下降主要由当时自由贸易政策引起,其与衍生品交易的相关性不明显。

---

① 参考 Göppert(1914),第42页。笔者不清楚为什么德国股票和境外股票采取不同的货币计量单位。或许是因为德国股票多数还是采用塔勒表示名义价值,而境外股价可以换算成德国的新货币马克。

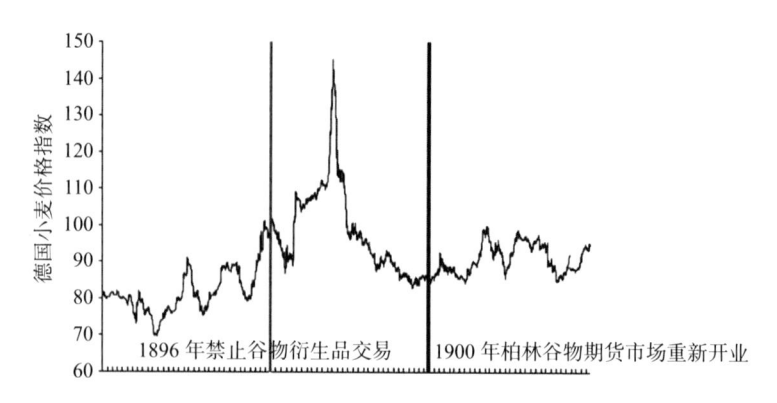

图 9-1　1893—1903 年的小麦价格指数和衍生品交易禁令演变 [1]

那么，德国禁止衍生品交易的立法取得预期效果了吗？1907年，德国政府发布的一份关于监管投机活动的报告认为禁止衍生品交易并没有取得预期的政策效果。[2] 由于缺乏一个有效的衍生品市场，谷物价格更容易出现单边市场波动。利用内幕信息进行交易反而带来更大的危害。衍生品交易的相关规定在 1908 年新版《交易所法》中有所松动。但《交易所法》对德国衍生品市场的负面作用已经形成，短期之内再难改变。20 世纪的两次世界大战多次切断德国衍生品市场的持续发展，直到联邦德国成立之后，衍生品市场才进入另一个发展周期。

对德国银行业的影响

德国各交易所是金融市场的核心。不仅汇票、抵押票据、股票和债券，而且农产品和大宗商品，乃至以这些产品为标的的衍生品都在交易所完成交易。德国农民将怒火发泄在农产品投机上时，自然把交

---

[1] 数据和图片来源：Jacks（2007）。
[2] 参考 Swan（1999），第 225 页。

易所作为主要攻击目标。《交易所法》为资本市场提供了统一的监管制度和法律框架，同时也按照德意志帝国议会的要求，试图限制那些对实体经济发展有害的投机活动。除了禁止部分衍生品交易，《交易所法》还限制一切与投机相关的活动，比如禁止贷款购买工业股票，建立交易所登记处以区分投机者与其他投资者。

但是，这些规定并没有有效地限制投机，反而使金融交易特别是衍生品交易离开德国，削弱了德国金融市场的竞争力。法律出台一年之后，境外证券经纪公司在德国建立了70多个分支机构，将德国投资者的订单引到境外交易所以完成交易。[1] 境内交易所的官方经纪人和自由经纪人业务大幅下滑，特别是后者很难在市场之中继续生存。

《交易所法》的一个意外结果是加速了德国银行业的整合，网络遍布全德国的全能型银行逐渐获得竞争优势。这些银行资本雄厚，客户众多。对于股票现货交易，私人银行缺乏资本，在与大型银行的竞争之中毫无优势。大型银行除了自己代表客户到交易所交易，还可以内部撮合完成客户订单交易。他们不仅是经纪商，还是做市商。除了证券经纪、做市、发行和承销等投资银行业务，全能型银行还从事存贷款、商业票据、汇票交易、中长期投资等所有银行类业务。英国银行却主要从事商业票据等短期借贷，长期投资主要通过资本市场完成。

《交易所法》还要求首次在交易所挂牌上市的公司必须登记，股票一年之后才能公开交易。这个规定要求发行承销的银行需要自己持有股票长达一年，除了承受新上市公司带来的风险，承销银行必须具备充足的资本金。如此，小型银行和私人银行难以再从事证券承销和

---

[1] 参考 Smith（2004），第93至94页。

发行业务。立法者原意是保护投资者，特别是参与首次公开发行的投资者，但却意外使小型银行失去一块重要的业务。[①]

同时期引入的交易所印花税也不利于小型银行。最初，交易所对衍生品交易收取 1 马克，对其他证券交易收取 0.2 马克的固定印花税。1881 年 7 月 1 日，德国引入比例印花税，其中股票交易收取 0.5%，债券交易收取 0.2%。1894 年和 1900 年，德国进一步提高印花税，境内证券交易必须支付 2% 的印花税，而境外证券为 2.5%。如此高的印花税显著打击了证券交易，特别是日内交易和套利交易受到毁灭性打击。私人银行难以继续从事证券交易和套利活动，逐渐离开这个市场。大型股份制银行可以采取内部撮合的方式，避免进入交易所交易，从而规避印花税。印花税被认为是 19 世纪末德国银行业快速整合的主要因素之一。[②]

《交易所法》颁布之后，德国银行业快速行动起来，于 1901 年建立"德国银行业中央协会"。次年，第一次会员大会在法兰克福召开。协会致力于游说立法者放松《交易所法》的部分限制。1908 年，协会的持续努力获得部分回报，《交易所法》的修订版放松了对衍生品交易的限制，虽然谷物衍生品交易仍然被禁止，但矿产和工业股票的衍生品交易获得州政府批准之后可以开展，其他股票的衍生品交易需要得到相关股份有限公司的确认。此外，修订的《交易所法》还取消了衍生品交易参与者必须注册的要求。不过，德国继续限制衍生品市场的参与者，仅允许符合条件的交易者参与衍生品交易。这些交易者包括商人、交易所专业人士、从事金融相关工作的人士以及境外个人或法人。德国又一次完善了衍生品市场的投资者适当性制度。与此前

---

① 参考 Holtfrerich（1999），第 208 至 209 页。
② 参考 Wallich（1905）。

交易所出台规定不同，这次直接把投资者适当性条件写入法律，不再要求投资者自愿登记，但投资者需要符合法律所规定的条件。

对柏林和法兰克福的影响

19世纪60年代特别是1871年德意志统一之后，柏林交易所逐渐成为德意志地区主要的交易所，获得世界性影响力，柏林成为与伦敦、纽约齐名的国际金融中心。而法兰克福证券交易所从德意志地区领先的交易所逐渐退居为地区性交易所。汉堡也经历了相同的命运。其中，法兰克福在德国西南地区、汉堡在德国西北地区还发挥着影响力。德国的其他交易所更是仅仅服务于本地客户或者只提供某一类证券交易。19世纪末，柏林交易所共挂牌413只债券，其中196只外国国债，169只铁路公司债券，48只工业企业债券，此外还有76只铁路股票以及389只银行和工业股票，总共1 095只各类证券。[1]柏林与法兰克福的差距也越来越大。1913年，柏林交易所挂牌的证券数量达到1 648只，而法兰克福证券交易所仅为789只。[2]1900年和1912年，柏林交易所的参与者数量分别为2 945人和3 000人，而法兰克福证券交易所分别是580人和712人。[3]

《交易所法》对法兰克福的负面影响大于柏林。1882—1893年，柏林交易所缴纳的印花税占所有交易所的66%，独占鳌头，其次是法兰克福，占12%，汉堡占9%。柏林交易所、法兰克福证券交易所和汉堡交易所贡献了90%左右的交易量，而其他交易所每家仅贡献1%左右。1901—1913年，法兰克福证券交易所缴纳的印花税占比下

---

[1] 参考Gömmel（1992），第191至192页。
[2] 参考Achterberg（1974），第27页。
[3] 参考Wormser（1919）附录。

降到5.3%，相对于柏林进一步失去市场份额。法兰克福失去了境外主权国家的债券发行业务，如奥地利和美国。其他新兴国家的债券发行业务多数流向柏林，比如俄国和中国。晚清政府自在甲午战争中战败之后，也需要发行境外债券募集资金，以偿还战争赔款。1896年和1898年，晚清政府两次与汇丰银行、德华银行签订债券发行协议，在柏林、伦敦等地发行两笔各1 600万英镑的国债。

德国资本市场法律从《交易所法》开始，而约40年后美国编制第一部资本市场法律《证券交易法》。德国的资本市场法律与英美走上不同道路。德国的证券和期货都在交易所完成交易，其没有场外市场。德国资本市场法律也同时涵盖证券和期货，即现货和衍生品业务。后期的美国却对证券和期货分别立法，立法对象是证券交易，因为美国金融市场存在规模较大的场外交易。在主要资本主义国家之中，德国首先对资本市场立法，很多条款成为现代资本市场的重要基础，然而严格的立法限制使德国金融市场发展势头受到影响，特别是衍生品市场开始走下坡路。德国原本多种多样的私人银行逐渐失去活力，银行业整合加剧，大型银行逐渐成为德国金融体系的主导。

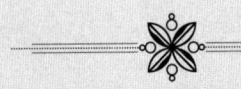

第三部分

从欧洲到全球

（1914 年至今）

第十章

战争与交易所

20世纪上半叶,动荡和风险贯穿全球经济和金融市场。两次世界大战深刻地改变了世界历史进程。德国金融市场和交易所之间的合作遭到严重破坏。这一时期也是经济政策剧烈变化的时期。19世纪末,德国已经放弃了金融自由主义,转而采取更全面和更严格的监管措施。德国成为第一个颁布系统性的资本市场法律的主要资本主义国家。第一次世界大战使德国采取全面控制的战时经济政策。之后,1929年爆发的全球金融危机进一步促使纳粹党(民族社会主义德意志工人党)上台,实行国家管制政策。美国在全球金融危机之后实施罗斯福新政。

这个时期,德国金融市场的发展出现逆转。1870年,柏林官方价格表记录的股票数量为359只,1900年左右上升到1 808只。[①] 第一次世界大战之前,柏林是仅次于伦敦和纽约的全球金融中心,其金融市场规模媲美纽约,而其金融衍生品交易甚至超过伦敦和纽约。柏林和法兰克福已经存在活跃的衍生品场内交易,并创造了全球首个衍

---

① 参考 Imo(1988),第85页。

生品集中清算机制。但是，第二次世界大战之后，德国资本市场几乎重新从零开始，其衍生品市场也被一代德国人遗忘，直到1970年才蹒跚起步。1870年德意志统一前夕，股份制银行业务以投资银行业务为主；第二次世界大战之后，德国银行业经历整合，演变成全能型银行为主导。德国也转而成为一个以间接融资为主的资本主义国家。战争永久地改变了德国金融市场发展的轨迹。

交易所自成立以来面临新的课题：战争与交易所的关系。比如：面临战争风险时交易所是否需要关闭交易？战争期间交易所是否需要继续保持交易？德国超级通货膨胀给金融交易带来哪些新的挑战？在漫长的历史上，1914—1945年的动荡时期仅仅是一个小插曲。但是，这个时期不同政治和经济环境之中的交易所，却提供了众多研究史料，只是我们都不希望类似的历史再来一次。

战争前后的交易所

第一次世界大战爆发前夕，德国各交易所面临一个问题，即关闭交易所还是继续运营。此前，历次战争离法兰克福较远，因此法兰克福没有遇到战争来临时是否需要关闭交易所的问题。第一次世界大战爆发前夕，德国已经建立统一的监管框架。监管机构将决定战争来临之后交易所应该继续运营还是应该关闭。同时，战争让德国监管机构进一步理解了交易所的本质，即这是一个金融市场，为投资者和发行人提供金融服务。仅仅关闭交易所并不能阻止投资者的场外证券交易。

全球化降低战争风险了吗？

19世纪下半叶，新兴经济体进入西方金融市场，将金融全球化推到一个新的高度。英国是拥有殖民地最多的西方国家，巴林银行在这种环境之中快速发展。南北战争之后,伦敦替代法兰克福成为美国铁路股票和债券的主要融资市场。1865—1890年,巴林银行承销3 470万英镑的美国铁路股票,市场份额达到28.7%,而罗斯柴尔德兄弟银行仅仅承销80万英镑。除美国之外,阿根廷也引起了英国资本的注意,其受关注度甚至超过美国。1889年,英国50%的海外资本投入阿根廷。1870—1890年,阿根廷吸引的外资占其国民生产总值的18.7%[1]。这个数据远远高于1990年新兴市场繁荣时期阿根廷吸引的4%的外资比例。

1893—1913年,柏林交易所挂牌的境外证券比例从0快速上升至20%,而伦敦证券交易所的国际化程度更高。1913年,伦敦证券交易所挂牌的证券之中,52%的证券来自境外发行人。1910年,全球公开交易的证券规模达到326亿英镑,被大约2 000万投资者持有,其中英国投资者持有24%的证券资产,美国21%,法国18%,德国16%,俄罗斯5%,奥地利4%,日本和意大利各2%。个人投资者仍然是这个时期的主要参与者,并且机构投资者如银行、保险公司开始出现,但养老金还没有进入股票市场。1720年英国"南海泡沫"时期,保险公司首次尝试进入股票市场。20世纪初,保险公司投资股票市场成为标准操作。1870—1913年,人寿保险持有的股票资产比例从24.4%提升到50.6%,绝对投资规模增长达到10倍以上。

金融全球化与政治军事冲突存在关系吗?1911年,英国作家诺曼·安吉尔出版了一本书,指出国际贸易快速增长和金融市场日益全球化将降低各国之间爆发军事冲突的风险。这个逻辑被社会接受。他的书被翻译成18种语言,在全球广泛传播。但是,仅仅3年之后,

---

[1] 参考 Smith(2004),第87至88页。

第一次世界大战就爆发了。德国快速上升的国力促使其追求"阳光下的地盘",埋下世界大战的种子,也宣告这套理论的破产。19 世纪 20 年代,德意志还是落后的农业地区。之后,德意志民族意识的觉醒、铁路网建设、经济日益融合和工业革命交织在一起,快速提高了德意志地区的经济实力。1816 年,德意志地区的人口仅为 1 600 万,1850 年达到 3 500 万,1871 年德意志统一之时达到 4 100 万,1914 年德国人口达到 6 700 万。1870—1914 年,德国的煤产量从 260 亿吨快速上升到 1 900 亿吨,钢铁产量从 14 亿吨上升到 190 亿吨[1]。随着经济实力不断增强,德国开始争夺"阳光下的地盘"。

"关闭"还是"不关闭"?

第一次世界大战爆发前夕,全球化达到巅峰,甚至直到现在都没有被超越。电话和电报为金融全球化创造了技术条件,全球资本市场日益紧密地连接在一起。1914 年初,资本市场受到欧洲列强紧张的政治气氛的影响而波动加剧。6 月 28 日,萨拉热窝事件爆发,资本市场更是剧烈波动。保险类股票价格大幅下降,因为保险公司可能在战争中遭受巨额损失。

德国股票市场直到 7 月 20 日才真正感受到日益临近的战争风险。当天,德国一家大型银行鉴于可能的战争风险向其大客户建议清盘股票。这些大客户快速执行了这个建议。股票市场因突然增加的卖盘而更加风声鹤唳。7 月 25 日,柏林交易所停止了衍生品交易,7 月 30 日进一步关闭了股市。此后,交易所不再公布官方交易价格。[2]

至于关闭交易所的原因,柏林方面首先担心较长时期的熊市以及

---

[1] 参考 Winterweb(1929),第 160 至 162 页。
[2] 参考 Henning(1992),第 218 至 219 页。

股市危机将给社会带来不安定因素,其次认为战争期间应尽量为战争准备资本,鼓励投资者购买战争债券,而不是通过交易所购买与战争融资无关的证券产品。至于战争筹款,短期融资可以通过银行券解决,长期融资还需要通过在交易所之外发行债券解决。

按照1896年的《交易所法》,各个交易所受州政府的交易所专员监管。其中,柏林交易所受到两个交易所专员的监管,交易所专员可以参加交易所会议,听取投资者和商人的利益诉求。第一次世界大战爆发之时,柏林交易所管理层决定关闭交易所,交易所专员以及州政府没有采取额外措施,或者说他们面对战争没有应对经验,也不知道该采取何种措施。

关闭交易所意味着投资者无法继续买卖证券,而且境内和境外证券都无法交易,也无法获得各类债券、股票的交易价格。紧随着柏林交易所,德国其他的交易所面对第一次世界大战爆发带来的巨大不确定性也纷纷选择关门。甚至第三方中立国家的交易所也选择关门,以至于通过第三方中立国家的交易所出售证券也面临较大困难。德国各银行在敌对国家托管的证券一旦被出售,其出售所得将直接被敌对国家充公,以作为该国被德国没收财产的补偿。交易所之间的跨境合作和跨境交易突然终止。

战争临近时,人们担心交易所的交易活动无法正常进行,所以首先停止敏感的衍生品交易。不仅交易所停止交易衍生品,交易所之外也不能进行衍生品交易。投资者持有的衍生品合约的交割日期可以延长至1915年11月。1915年12月,柏林交易所在1914年7月之后第一次公布衍生品合约的最终结算价,用于交割1914年7月之前仍然未平仓的衍生品合约。1916年12月,交易所又一次公布衍生品合约的最终结算价。

场外交易出现

英国历史上存在场外交易，因为其会员制交易所禁止非会员参与者进入，但德国不一样。德意志地区公法特性的交易所维护了一个开放式的金融市场，允许任何有能力的投资者参与交易，因此德意志地区并没有发展出场外交易。1825年，法兰克福产生的夜盘交易场所是一个场外交易市场，但其最终融入法兰克福证券交易所。第一次世界大战爆发之后，德国各交易所的官方市场关闭，为场外交易的产生提供了机会。

尽管德国各交易所的官方市场关闭，但德国的股票交易需求仍然存在。在经历了最初的恐慌之后，人们意识到战争不可能在一两个月之内结束，而生活还要继续。银行需要尽量减少客户或者自身投资的损失。当时的交易所专员和德国政府官员并没有充分认识到投资者的交易需求以及交易所也是金融服务提供者。在官方市场关闭的环境之下，只要投资者存在买卖的需求，市场就会通过自己的方式寻求交易渠道。仅仅关闭交易所或者停止公布交易价格并不能解决问题。

在这种情况下，交易所之外的证券交易逐渐活跃，其也被称为场外交易市场。两种形式的场外交易逐渐兴起，取代了原先基于交易所的官方市场。其一，经纪人的自由聚会和自由协商。其二，银行组织的证券交易活动，特别是德国的大型银行拥有覆盖全德国的分支机构以及众多的投资者，可以在交易所之外为买卖双方撮合交易。

这是德国场外市场的起源。这个市场在交易所官方市场关闭之后自发产生。这个时期，人们认识到交易所并不是证券交易的唯一市场，只是其中重要的组成部分。围绕交易所市场和场外市场的监管协调是此后德国监管机构的任务之一。与英美不一样，德国基于资本市场的总体发展而限制场外市场，甚至取缔场外交易，以至于德国现代的场外市场也与英美不一样。① 场外市场的兴起使人们重新认识交易所。在历史起源上，交易所使商人买卖金融产品更加方便，而且提高了证券交易的透明度和效率，这是交易所或者证券市场的经济功能。从这个意义上看，交易所并不是由政府批准，或者由官方认定的，而是由市场需求驱动的。也正是由于市场需求的存在，一旦官方认定的交易所关闭，市场就会自发地形成交易场所，以更方便和有效地组织金融交易，这就是场外市场产生的原因。

战争还在持续，场外证券交易的规模越来越大。1915年夏季，股票交易规模甚至达到1914年第一次世界大战之前的水平。其中，与战争相关的概念股获得追捧。由于战争的推进以及人们对战争在短期之内无法结束的预期，这些概念股的盈利前景不错，从而获得投资者青睐。德国政府不断采取措施阻止银行以及经纪人公布证券价格表，并阻止相关的证券信息交流，但股票投机和交易活动仍然盛行。科隆交易所的管理层甚至闭着眼睛说"科隆不存在股票交易"，但是大家都知道场外市场的存在。

场外市场的股票交易价格经历初期下跌之后逐步回升。我们将1913年的股票价格水平设为100，则1914年的股票价格水平总体略有下降，到98，1917年上升到126，即比战争开始前上涨26%。采矿企业以及重工业的股票价格水平甚至高于一般行业，达到144。这得益于1916年夏季德国推出的一系列促进战争物资生产的措施，俗称"兴登堡项目"。鲁尔区的煤矿企业股票价格甚至增长70%。1914—1918年，德国的整体价格水平也不断上涨。1918年，德国的平均工资水平比1914年上涨60%~85%。股票价格的上涨一定程度上

---

① 法兰克福证券交易所的报价板也称OTC（柜台外交易）市场，是受交易所监管的市场板块。

反映了国民经济整体价格的上涨。

直到1917年末,德国政府才认识到场外市场无法禁止。与交易所市场相比较,场外市场不透明,以至于大型银行利用这种不透明性牟利。出于保护投资者利益的考虑,1917年底德国改变了交易所政策,允许交易所重新开业,为投资者提供股票交易服务,也允许交易所重新公布股票交易价格。新政策公布之后,柏林、汉堡和法兰克福等地的交易所马上跟进,公布交易所交易价格,特别是那些与战争物资相关的公司的股票。但是,交易所并没有继续交易外国股票,而是把这些外国股票放在第三国出售,以获取外汇收入。这个时期,德国交易所的交易时间是12:00—14:00。11:00—12:00被称为盘前交易时间,而14:00—15:00被称为盘后交易时间。

超级通货膨胀下的牛熊市

1918年,第一次世界大战结束,德国战败,之后于1919年成立魏玛共和国。1922—1923年,德国经历了超级通货膨胀,以至于直到现在德国人还对通货膨胀心有余悸。在超级通货膨胀的环境之下,德国经历了灾难性的牛市,这是全球金融发展历史上一段独特的故事。

超级通货膨胀

魏玛共和国时期的超级通货膨胀是德国经济历史上的一个特殊事件。这次危机改变了德国资本市场的发展轨迹。不同角度的数据都显示了这次通货膨胀的可怕之处。1913年,德国总体货币量为60亿马克,1923年11月飙涨到92 000万亿马克,其增长幅度达到约1 500万倍,令人惊讶。威廉·格特曼在《大通胀之下的德国》一书中讲述了他喝咖啡时一杯咖啡的价格如何从5 000马克涨至8 000马克。另一个例子是鞋子的价格，1913 年还是 12 马克的鞋子，到 1923 年 11 月其价格达到 3.2 亿马克。[1]

德国中央银行在政府的授意下开足马力印刷马克纸币。顶峰时期，7 500 位中央银行员工专门从事纸币印刷工作，60 家印刷厂直接参与了纸币印刷，84 家印刷厂间接参与。超级通货膨胀期间，共 30 家造纸厂为德国中央银行提供印刷纸币所需要的纸张。[2] 后期，新印刷的马克纸币甚至只印刷了一面，另一面是空白，目的是加快印刷速度并节约印刷成本。纸币和硬币的面值或许也创造了历史纪录。

超级通货膨胀给德国打开了通往地狱的大门。第一次世界大战前，4.2 马克可以兑换 1 美元。刚开始出现通货膨胀时，汇率下跌到 48 马克兑换 1 美元；1922 年初，1 美元兑换 320 马克；到 1922 年下半年，1 美元可兑换 7 400 马克。1923 年 1 月，法国以德国不能按时履行《凡尔赛和约》规定的赔款义务为由占领德国重工业地区鲁尔区，马克汇率继续下跌到 1 美元兑换 10 450 马克。1 月底，马克汇率再次贬值到 49 600。6 个月之后，汇率接近 110 万。1923 年 11 月 9 日，希特勒带领纳粹党在慕尼黑发动啤酒馆暴动时，马克汇率下跌到 6 300 亿马克兑换 1 美元。1923 年，马克汇率贬值幅度最大时，1 美元可兑换 4.2 万亿马克。恶性通货膨胀催生了希特勒和纳粹党，并最终在第二次世界大战之中将德国推向地狱。

灾难性的牛市

面对飙升的价格，股票市场也迎来一轮"灾难性的牛市"。1919 年下半年，股票市场价格与通货膨胀率一样像一头脱缰的野牛快速上

---

[1] 参考许廷格和巴特勒（2013），第 86 页。
[2] 参考 Baehring（1985），第 176 页。

涨。若第一次世界大战之前即1913年的股票指数为100，则1919年股票指数约为105，1920年约翻了一番，到205，1921年上涨到432，1922年甚至涨到2 059。[①] 然而，如此快速上涨的股价并没有给投资者带来喜悦，而是带来深深的忧虑。股票的估值方法也完全改变，人们不再查看利息或者红利，因为在疯狂的通货膨胀面前这些都显得不再重要。人们刚拿到现金便马上将其转变成实物资产，而各类实物资产价格都在疯涨，其中也包括股票。股票代表企业的股权，而企业拥有机器和厂房，所以股票相当于实物资产。企业股票，特别是矿产企业股票，如煤矿、铁矿、铜矿股以及相关冶金加工企业股都受到投资者的青睐，因为这些企业股票代表着地底下的一部分矿产，也代表着实物资产。

在这种环境之下，法兰克福证券交易所的股票规模第一次超过债券。自从18世纪下半叶，贝特曼兄弟银行在法兰克福发行第一只债券以来，法兰克福一直是德意志地区的债券发行和交易中心。甚至在柏林崛起成为德国的金融中心之后，法兰克福的债券市场仍然很大。但是，超级通货膨胀对债券价值造成了毁灭性的打击。1913年，债券占法兰克福证券交易所流通证券价值的比例约为87%，1921年这个比例下降到32%。

快速增长的价格也给股票挂牌价格造成了技术性困扰。1923年9月，股票价格还是以百分比报价，10月26日之后股票价格达到100万，11月5日之后达到10亿，而12月17日之后以万亿报价。当时市场仍然存在291只股票，但是市场需求自从1923年秋季起便没有再被满足过，而股票价格如通货膨胀率一样一直快速上涨。除了交易

[①] 参考 Baehring（1985），第174页。

所挂牌的股票，投资者还关注场外交易的 99 只股票。[1]

在超级通货膨胀环境之下，德国先后停止了场外交易和外汇衍生品交易。人们看到货币持续贬值，越来越倾向于投机，寄希望于通过投机弥补部分损失。而持续活跃的投机交易促使德国于 1923 年 6 月 22 日禁止场外交易，同时，柏林交易所在德意志帝国银行的监管之下公布了统一的交易所价格，以对抗全国范围内的价格飙升。这样，价格信号失去了对德国不同地区不同供求的反应能力，特别是被占领的莱茵地区的银行不再受到德意志帝国银行的监管，可以采用更加市场化的价格。被占领区和德国其他地区之间的证券价格差别明显，这给被占领区银行带来大量的套利交易，特别是外汇交易。1923 年 7 月 3 日，德国又禁止了外汇衍生品交易。[2] 这对德国的对外贸易造成了负面影响。

出人意料的是，超级通货膨胀完善了全德国范围内的股票交割和结算基础设施。当时，科隆交易所的股票交易还是"一手交钱，一手交股票"。随着纸币不断贬值，购买几只股票需要支付上万亿马克的"巨款"，清点纸币自然变得非常麻烦，也更耗时。而且由于价格变化很快，或许清点纸币过程之中，股票价格又上涨了一倍。为此，科隆交易所建立了"股票协会"[3]，各个交易所的参与者成为协会会员，交割股票只需要在股票账簿之间转登记即可。这种方法已经于 19 世纪末在柏林的交易所被使用，而超级通货膨胀意外加快了德国采纳这种更快捷的股票交割和结算的方法的速度，为未来的全德国范围内的股

---

[1] 参考 Henning（1992），第 237 页。
[2] 参考 Hopt 等（1997），第 92 页。
[3] 参考 Henning（1992），第 237 页。原文 Kassenvereine 指现金协会，这里翻译成股票协会，该协会的成立主要是为了交割和结算股票。

第三部分　从欧洲到全球

票中央结算和托管机构奠定了基础。这个时期的法兰克福也允许投资者开设证券账户，以通过银行账户完成证券交割。

牛熊市的快速变换

1923年夏天，交易以马克计价变得非常困难，德国大部分行业开始用外币定价，比如美元、法郎等。无法获得外币的人只能使用实物资产支撑的紧急货币。1923年10月15日，德国成立地租银行，推行一种新的价值稳定的货币——地租马克。地租马克可以按照一定的比例与纸币或实物资产相兑换，1地租马克兑换1万亿旧马克。地租马克一经推出，就获得了社会认可，稳定了通货膨胀。与此同时，协约国也认识到，如果不降低德国的战争赔款压力，德国经济将不可避免地崩溃。1923年11月底，英国和法国的谈判代表成立道威斯委员会，允许德国暂停支付战争赔款。

1924年8月，道威斯委员会计划永久、大幅度地减轻德国的战争赔款负担，使战争赔款仅占当时德国国民生产总值的1%。在此背景下，股市迎来一轮上涨，特别是境外投资者对德国经济的看法变得乐观，纷纷进入德国资本市场。1924年10月，德国推出一种新的货币——帝国马克，按照1∶1的比例与地租马克相兑换。[1]同时，德意志帝国银行通知魏玛共和国政府，中央银行将不再为新政府的债务负责，以实现中央银行货币政策的独立性。新的政策逐渐在社会精英之中流传开来，使社会对中央银行保持独立性的信任度提高。货币最终稳定下来，金融市场逐渐恢复正常。

这一轮小牛市于1925年1月达到顶峰，然后资本市场迎来近一

---

[1] 参考瑞·达利欧（2019），第107至111页。

年的熊市。超级通货膨胀期间各企业的不理性行为在这时酿成苦果。当时，不计后果购买或投资的各类实物资产在货币稳定时期却成为负担。售卖资产时，投资者发现市场之中找不到足够的买家，资本一度稀缺。各企业面对不确定性往往手足无措。大型银行被迫将企业贷款转换成股权。相对于1925年初，1925年底股票指数下降幅度达到50%。股市失去强烈投机的动力，交易额快速下降，甚至低于第一次世界大战爆发之前的水平。柏林交易所的参与者数量从1924年的6 051位下降到1929年的4 611位。但这时的乐观因素是，股市开始重新反映经济基本面。

在这一轮熊市之中，德国开始放松对衍生品交易的限制。1925年3月21日，德国再次颁布法律，允许股票衍生品在交易所交易。不过德国仅允许发行规模较大的股票开展衍生品交易。至于再次引入衍生品的原因，一方面，德国认识到政府并不能从根本上禁止衍生品交易，而场外市场交易衍生品面临种种风险，与其任由场外市场提供衍生品交易，还不如允许交易所开展这类业务；另一方面，德国急需更多资本，而为境外投资者提供风险管理工具有助于德国引入境外资本。1925年10月，多数德国交易所重新开始衍生品交易。1926年，衍生品交易的规模达到第一次世界大战之前的水平。除了传统的月末到期的合约，德国还与其他国家一样推出月中到期的衍生品合约。

德意志帝国银行调低利率来支持资本市场。1924年10月至1926年3月，德意志帝国银行将贴现率从10%下调到7%。私人企业的利率甚至从11.25%下降到4.52%。再加上不断进入德国的境外资本，德国资本市场上的资金重新充裕。1926年初，股市重新回暖，开始了一轮长达一年的牛市。

1927年初，德国经济经历了快速下跌，开启了长达4年的熊市

（见图 10-1）。1927 年 1 月，德国为了顺利发行 5 亿德国马克的大规模债券，再次调低贴现率到 5%。但是，这只债券在 2 月开始发行时意外遇冷。德国投资者仍然记得超级通货膨胀时期经历的债券价值毁灭过程。尽管新货币帝国马克已经被社会接受，并且趋于稳定，但投资者还是没有勇气重新进入债券市场。不过，德意志帝国银行并不认为这是债券发行失败的原因，其认为股票市场的投机使得没有足够的资金进入债券市场。5 月初，德意志帝国银行行长哈尔马·沙赫特两次在会议上表达股票指数太高的观点。5 月 10 日和 11 日，境外投资者担心德意志帝国银行出台对股市不利的监管措施[1]，从而大规模出售德国股票。5 月 13 日，德意志帝国银行收缩信贷，特别是禁止借贷资金进入股票市场，引发了德国版的"黑色星期五"。这次突然袭击导致 5 亿德国马克的借贷资金被迫提前偿还，引发市场恐慌，股票指数急速下跌 20%~25%。对于这次熊市的起源，市场普遍认为是中央银行不负责任的行政干预破坏了金融自由的原则。

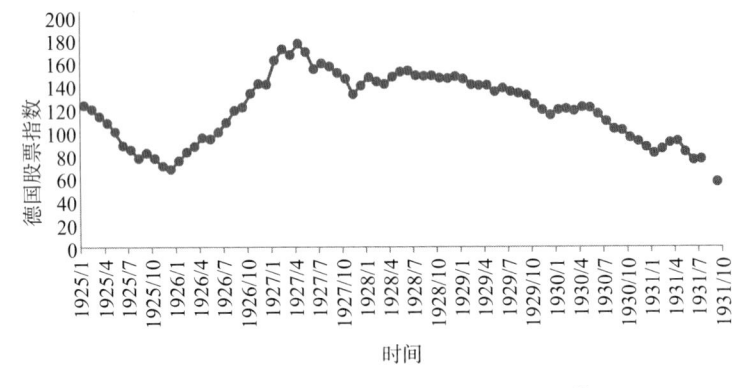

图 10-1　1925—1931 年德国股票指数[2]

---

[1] 参考 Hopt 等（1997），第 99 至 100 页。
[2] 数据来源：Henning（1992），第 248 页和第 267 页。

国家管制政策下的交易所

纳粹德国实行统制经济政策。在这种环境之下，交易所成为纳粹德国扩军备战的工具，这是交易所发展历史上的一个短暂插曲。第二次世界大战之后，纳粹德国时期颁布的多数政策都被视为无效。但纳粹德国关闭小型交易所的政策永久地改变了德国的交易所版图。

全球金融危机和纳粹上台

1929 年 10 月 29 日，美国纽约股市暴跌，引发了席卷全球的大萧条。这时，德国的股票市场的熊市已经持续两年，受到的冲击相对较小。但德国经济本就虚弱，受全球性大萧条的打击之后再也无法恢复元气。1929 年底，德国第二大保险公司——法兰克福一般保险公司破产，市场陷入恐慌。1930 年，纳粹党在帝国议会的席位从 12 席猛增至 107 席。

愈演愈烈的金融危机最终使纳粹党成为德国的执政党。1931 年 6 月，纺织企业 Nordwolle 宣布破产。其最大的债权人达纳特国民银行岌岌可危。然而，德意志帝国银行由于较低的黄金储备而拒绝救助这家当时德国的第二大银行。7 月 11 日，交易所关闭。两天之后，达纳特国民银行停止营业。德意志帝国银行消极应对，宣布 7 月 14 日和 15 日为银行休假日。但之后几周，德国的其他银行还是遭到挤兑，约 6.5 亿马克的资金流出银行系统。[1] 中央银行的不作为使得德国金融市场风声鹤唳，金融支付陷入停滞状态。

等到 1931 年 9 月 3 日，股市重新开盘时，除了德意志银行，德国其他大型银行基本被国有化。9 月 19 日，英镑突然贬值，其他货

---

[1] 参考 Hopt 等（1997），第 101 页。

币纷纷跟进，金本位制崩溃。交易所又再次关闭，直到 7 个月之后的 1932 年 4 月 12 日重新开门。4 月 20 日，德国颁布新的《交易所规则》，并且规定了招股说明书必须披露的内容。

衍生品早在达纳特国民银行破产前两天，也就是 1931 年 7 月 11 日就停止了交易。下一次开启需要等待约 40 年。在魏玛共和国时期，德国的衍生品市场仅仅交易 6 年，前后分别被第一次世界大战和第二次世界大战打断。在严重的政治经济危机时期，衍生品交易给相关投资者带来巨大损失，使得衍生品市场实际上难以维持开业。至于衍生品市场的必要性或经济功能，人们经常引用 1896 年证券交易委员会的结论。而 20 世纪二三十年代衍生品市场经常被关闭其实与衍生品是否存在经济功能无关，更多是因为股票现货市场在战争或金融危机中巨幅波动，所以德国衍生品交易不得不停止。

大萧条、金融危机和严重的失业最终将纳粹党送上德国的政治舞台。1932 年，纳粹党成为德国第一大党。1933 年 1 月 30 日，魏玛共和国第二任总统保罗·冯·兴登堡任命希特勒为德国总理。

纳粹德国对交易所的干预

纳粹党执政给市场带来极大的不确定性。戈特弗里德·费德尔是纳粹党早期重要的经济政策制定者。1919 年，他发表了《废除利息奴隶制的宣言》，将世界经济危机归结为犹太人，主张废除以利息为基础的资本主义制度。也正是在这一年，费德尔关于犹太人和经济危机的某堂课吸引了希特勒，促使后者加入德国工人党并将其改组成民族社会主义德意志工人党，即纳粹党。费德尔反对资本主义，反对投机和一切以利息为基础的金融活动。按照这种思想，交易所和市场经济都不应该在纳粹德国时期存在。

但是，1933年纳粹党正式上台之后，德意志帝国银行行长沙赫特和德国知名工业家向希特勒建议，不能采取费德尔的经济政策。希特勒也发现费德尔路线无法实现他的政治野心，最终决定使纳粹德国的经济政策脱离费德尔的理论，并选择和拥抱了国家管制政策。希特勒任命德意志帝国银行行长沙赫特作为第三帝国的经济部部长，让其执掌经济政策制定。新政府认为交易所和资本市场应该满足国防工业的资金需求，可以在国民经济中发挥重要作用，但是，资本市场必须服务于国家整体利益，为此政府积极干预交易所和资本市场。[①]

首先，上市公司数量显著减少。20世纪30年代初期，德国拥有1万多家股份有限公司，1941年只剩下约5 000家。纳粹德国鼓励股份有限公司组成大型企业集团，同时暂停股票发行。债券发行规模也大幅降低。纳粹德国鼓励企业通过自有资金和盈利投资，而不是借贷，同时纳粹德国政府却大量发行债券，在全国范围内大力建设高速公路网等基础设施。20世纪40年代初，资本市场交易规模仅约为20世纪30年代初的一半。

其次，干预交易所的内部管理。交易所管理层不再由选举产生，而是由政府任命。交易所的业务偏离自由市场原则，受到更多限制。衍生品交易继续被禁止，因为纳粹德国认为投机对国民经济没有好处，只能带来道德败坏。

再次，交易所制度服务于扩军备战。1934年1月30日，纳粹德国颁布法律，将原先属于各州的交易所监管权收归联邦政府。纳粹党上台早期，政府提高了股票发行的门槛，倾向于支持大型公司发行和挂牌股票。第二次世界大战爆发之后，为了满足扩军备战的需要，政

---

① 参考Hopt等（1997），第102至105页。

府又于 1941 年 3 月 13 日降低上市门槛，取消部分披露义务。1943 年 12 月 7 日，纳粹德国又降低了招股说明书的要求，帮助政府支持的更多企业融资。

最后，直接干预资本市场的价格。有意思的是，纳粹党上台之后，股票指数持续上升，甚至 1939 年发动第二次世界大战时也保持牛市。若 1924—1926 年的德国股票指数为 100，则 1932 年股票指数降到最低点 54，此后逐步上升。1936 年德国股票指数达到 100，1939 年为 103，1943 年甚至达到 158。[①] 第二次世界大战爆发之后，纳粹德国进一步加强了对资本市场的控制。1941 年 10 月 15 日，政府禁止场外交易，希望建设一个更受监管或控制的市场，并且规定证券交易只能通过经纪人进行，并按照交易所的官方价格完成。1943 年 1 月 23 日，政府甚至规定 1 月 23 日以后的官方价格不能超过该日的价格。但是，市场并不完全按照政府的意愿运行。3 月 30 日，政府规定交易所必须公布固定的官方价格。

在战败阴影之下，柏林交易所的官方市场于 1945 年 4 月 18 日停止交易。下一次开启需要等到联邦德国时期。联邦德国成立之后，纳粹德国时期的一系列干预措施中，除交易所数量之外，其他各项措施都被取消，德国交易所重新回到传统的监管状态，即联邦政府制定法律法规，州政府监管交易所以及交易所自律监管的主线上。

交易所版图的变化

第一次世界大战之前，德国共有 24 家交易所，其中 14 家交易所存在证券交易，它们分别位于普鲁士的柏林、布雷斯劳、杜塞尔

[①] 参考 Henning（1992），第 281 页。

多夫、埃森、法兰克福、科隆和柯尼斯堡，拜仁州的慕尼黑和奥格斯堡，萨克森州的德累斯顿和莱比锡，巴登-符腾堡州的斯图加特，以及两个自由城市汉堡和不来梅。其他10家交易所或者只有农产品交易，或者基本没有证券报价或交易量。①

第一次和第二次世界大战期间，德国的交易所版图与19世纪末没有太大区别。柏林仍然是德国无可争议的金融中心，也是德国大型银行总部的聚集地，柏林交易所是德国所有交易所的领头羊。法兰克福证券交易所在德国中部和南部地区具有影响力。柏林交易所和法兰克福证券交易所属于德国第一梯队的交易所。

汉堡、科隆、莱比锡和慕尼黑等地的交易所属于地区性交易所，对所在地区的经济活动具有较强的影响力。汉堡是德国的重要港口，汉堡交易所在航运、外贸领域拥有竞争优势。科隆处于莱茵地区，该地区属于战后被占领的区域。独特的环境使科隆交易所于第一次世界大战之后快速发展。诸多保险公司集中在科隆。莱比锡受益于当地集市的繁荣，纺织行业的股票经常在此交易。慕尼黑逐渐成为拜仁地区重要的经济中心，数量较多的啤酒公司股票经常在此交易。杜塞尔多夫、埃森和德累斯顿等地的交易所属于影响力更弱的地区性交易所。杜塞尔多夫和埃森位于德国鲁尔重工业区，这两个地方交易诸多煤矿企业的库克票———一种14世纪就存在的类似于股票的股权凭证。

除了上述9个城市，德国其他交易所分别位于汉诺威、奥格斯堡、布雷斯劳、但泽、哈雷、柯尼斯堡、马格德堡、曼海姆、斯德丁、斯图加特等地。这些交易所影响力更弱，仅服务于本地客户，并且多数交易需要到其他大型交易所平盘，而银行在交易所之间开展套利交

---

① 这10个交易所分别位于但泽、格莱维茨、格里门、曼海姆、哈雷、吕贝克、梅默尔、马格德堡、斯德丁、波兹南这10个城市。参考Gömmel（1992），第178页。

易。随着电话和电报交易逐步普及，这些小型交易所的生存空间越来越小。

由于具有公法特性，德国各交易所之间不存在激烈的竞争，难以优胜劣汰。交易所数量的变化往往不是市场竞争的结果。1934年9月28日，纳粹德国颁布证券交易法规，直接关闭12个交易所，仅剩下9家交易所，分别位于柏林、法兰克福、汉堡、布雷斯劳、莱比锡、杜塞尔多夫、慕尼黑、斯图加特和汉诺威。当时的交易所还是公法性质的机构，不存在商业竞争，也没有商业利益。9个交易所分布于德国各个经济区域。考虑到当时的通信水平，德国交易所的数量和分布存在合理性。

为了给投资者提供更方便的服务，德国各交易所之间一直相互合作。1882年，柏林首先引入账簿式证券结算，使得证券和钱款都可以通过银行完成结算。随着证券市场的发展，跨交易所的证券交易越来越频繁，特别是银行在交易所之间的套利交易。套利交易要求证券快速在交易所之间完成结算。各个交易所各自建立证券协会，以降低纸质证券在交易所参与者之间结算的风险。但是交易所之间的纸质证券结算还是必须通过邮政快递完成"一手交钱，一手交货"的操作。20世纪20年代，德国其他地区交易所也引入类似柏林的证券结算方式。1925年12月1日，法兰克福银行为当地投资者提供证券结算服务。

魏玛共和国时期，德国建立了覆盖全国的证券结算系统。德国六大交易所，即柏林、法兰克福、汉堡、埃森、德累斯顿和科隆的交易所，成立德国证券结算工作委员会。1926年，工作委员会将各个交易所之间的账簿式证券结算扩展至全国。1927年，该委员会将柏林和法兰克福置于证券结算的中心位置，其他交易所通过与柏林或者法兰克福连接完成结算，这进一步降低了纸质证券往来的频率，提高了结算效率。这是德国各交易所之间的第一次合作。1937年，德国颁布《存管法》，引入证券托管银行，其配合全德国范围内的证券结算而提供证券集中托管服务。1942年，证券集中托管职责转移到柏林的德意志帝国银行，即当时的中央银行。第二次世界大战之后，德国各交易所又组成专家委员会，定期沟通和协调衍生品等其他方面的业务。只是，法兰克福证券交易所代替柏林交易所，成为交易所的领头羊。

战后重建资本市场

1945年第二次世界大战结束，德国被同盟国占领。柏林被4个国家分区占领，这种特殊的状态使柏林失去了德国金融中心地位。战后，德国各大交易所重新开业，开启新一轮的竞争。初期，法兰克福和杜塞尔多夫占据优势。但是，法兰克福运气更好，成为未来德国中央银行所在的城市，这为法兰克福成为德国新的金融中心奠定了坚实的基础。随着德国大型银行将总部搬到法兰克福，这个历史悠久的金融中心再次焕发活力，成为全球历史上罕见的失去金融中心地位后又重新夺回的城市。

重回起点

1945年5月8日，德国签署无条件投降书。德国被同盟国即美国、苏联、英国和法国占领。同年7月，波茨坦会议召开，同盟国讨论了占领德国的基本原则，其中经济上主张消除过分集中现象，实行分散化管理。按照这个原则，德国大型银行被分解成数个银行，德国各地的交易所又重新开始自由竞争，德国恢复了州政府监管各地交易所的传统，国家层面暂时没有统一的监管和协调措施。这个时期，联邦德国还没有成立。法律上，德国交易所仍然是公法组织，不追求利润；并且，交易所也是自律组织，针对各项业务颁布具体的交易所规则。

战后，德国各个交易所重新开市。1945年7月9日，汉堡交易所，也是德国当时最古老的交易所之一重新开业。汉堡首先启动公开市场的场外交易，直到4年之后的1949年7月1日才开始主板的官方市场挂牌和交易。①汉堡之后，汉诺威交易所和杜塞尔多夫交易所分别于1946年4月1日和1946年4月15日开始公开市场交易。这两个交易所的官方市场也直到4年之后才开始。杜塞尔多夫交易所由科隆交易所和埃森交易所于1935年合并而成，当时一度成为德国交易量最大的交易所。1945年8月，慕尼黑交易所和斯图加特交易所重新开业。不来梅交易所已经于1935年关闭。但是1945年11月，不来梅市政府向美国占领军政府申请交易所重新开市，获得同意。这样，不来梅交易所在停业十多年后又艰难地重新开业。但是，莱比锡和布雷斯劳的交易所没有再重新开业，这自然与这两个城市处于苏联军队占领区有关。

1945年9月14日，法兰克福证券交易所的重新开业仪式在战争中被摧毁的老交易所地下室举行。美国占领军官员发表致辞。股票市场开业之初，法兰克福没有官方市场，没有股票的官方价格表，甚至没有太多数量的纸质股票。最初只有30家银行和3位经纪人参与交易。经纪人代表客户与银行交易。直到1946年3月，占领军政府才允许公布股票交易价格。货币改革启动之后，法兰克福迎来136位交易所参与者，包括14位经纪人。其间，纳粹德国时期的价格管制仍

---

① 1945年之后，德国交易所在各个时期都区分官方市场和公开市场，其中官方市场在现代也叫欧盟监管市场，指将欧盟法律作为监管规则的交易所主板，而公开市场也称场外市场。股票在官方市场挂牌须经交易所审批，并且官方市场的股票价格编制、公布会受到更严格的监管，而场外市场交易的股票不需要交易所审批，其价格形成也没有太多细节监管。

然有效，交易所参与者不能以更高价格成交，或者只能在黑市交易。1948年6月，德国开启货币改革，法兰克福证券交易所于8月2日开始官方市场交易。法兰克福证券交易所是最早开始官方市场交易的交易所。

柏林交易所是最后一个重新开业的德国交易所。1945年4月，第二次世界大战末期，柏林交易所关闭。直到5年之后，即1950年7月19日柏林交易所才重新开业，而官方市场在1952年3月才开始交易。柏林被美、苏、英、法分割占领，比较特殊。占领军政府不允许西德地区的股票运送到西柏林进行交易，使得西柏林没有太多的可供交易的证券。西柏林孤悬于苏军占领的东德地区，地理上与其他西德城市处于分割状态，难以与西德各城市密切交流。这些都影响了柏林交易所的发展。再加上当时复杂的政治关系，柏林失去了战争之前的德国金融中心地位。

柏林交易所失去德国领先的交易所地位后，汉堡、法兰克福和杜塞尔多夫等地的交易所开始争夺德国第一大交易所头衔，这些城市也开始争夺德国金融中心地位。这场竞争持续几十年之后才见分晓。历史上，一个国家难得多次出现各大城市竞争金融中心的局面，而德国在18世纪下半叶、19世纪下半叶以及20世纪下半叶经历了3次金融中心的竞争和转移。18世纪下半叶，法兰克福依靠债券市场逐渐发展出德意志地区领先的交易所；19世纪下半叶，随着普鲁士的崛起和铁路股票的盛行，柏林逐渐成为德意志交易量最大的城市，在德意志统一之后成为无可争议的金融中心；而第二次世界大战结束之后，柏林失去竞争优势，西德各大城市又开始新一轮的金融中心争夺战。

除了法律特性和监管环境，第二次世界大战之后的德国交易所还继承了此前的合作传统。由于战后德国缺乏一个全国范围的监管机构，德国各交易所于 1952 年 11 月自发组成德国证券交易所工作委员会，对内协调交易所之间的联系和业务，对外代表交易所与联邦政府等境内外监管机构谈判。这个委员会与 1926 年的德国证券结算工作委员会非常相似，都是为了处理和协调交易所之间的业务。

证券清理和证券结算

一个正常的证券市场最起码有一定规模的有效证券，还有一个运营良好的证券结算体系。但是，第二次世界大战之后的德国不具备这两个条件。德国重建资本市场首先需要解决两个问题：一是确认证券的所有权，即证券清理；二是重新建立西德范围内的证券结算体系。

第一个问题是西德地区缺乏足够数量的有效证券，上市公司股份的所有权需要确认或者清理。战争之前，80% 的纸质证券存放在德意志帝国银行和各大银行的总行所在地，即柏林。不幸的是，证券存放地点正好位于苏联占领的东柏林。苏联自然不会将这些证券还给西德。重新开业的德国各交易所只能交易数量有限且存放在西德的纸质证券。那些存放在东德地区的纸质证券需要确认其合法拥有者。另外，很多纸质证券在战争之中损坏、丢失。即使物理状态良好的股票也存在法律层面的不确定性。确认股票的持有者或者股东身份需要一个确权程序，即证券清理。另外，人们也担心苏联人随意将存放在东柏林的证券挪到西德出售。证券清理程序旨在最大限度地还原 1945 年之前德国证券的合法拥有情况。

为了降低证券交易的不确定性，西德各交易所之间达成统一意见：证券持有者需要到银行证明自己是该证券的合法拥有者，并由银行签发与该证券配套的"可交易证明"，只有配套"可交易证明"的证券才能在交易所合法交易。为此，证券持有者需要到银行说明自己在 1945 年 1 月的证券持有情况，或者证明所持证券是 1945 年 5 月之后在西德地区合法购买的。1947 年 10 月，德国颁布了一个规定，从法律上认可交易所之间的这个约定，此后没有"可交易证明"的纸质证券不能在交易所转让。

第二个问题是如何建立西德范围内的证券结算体系。与英国和法国很早就实现中央集权不一样，德国很长一段时间之内都是联邦制，1871 年德意志统一之后，各个州还享有一定的自治权。证券市场也一样。不仅德国的交易所分布于柏林、法兰克福、科隆、汉堡和慕尼黑等地，证券结算和托管机构也分散于全国各地，并没有形成一个全国性的证券集中托管和结算机构。1887 年，汉堡的商品衍生品市场建立了类似的清算和结算机构。科隆于 1923 年建立了证券结算股份有限公司。埃森也于同一年建立了莱茵威斯特伐利亚证券结算股份有限公司。到 1928 年，德国存在不下 10 家证券结算机构，它们都与当地的交易所紧密合作。法兰克福的证券结算由法兰克福银行处理。[①]

德国的证券托管和结算经历了从分散到集中的过程。1942 年，德国各地的证券结算机构向德意志帝国银行转移其职责。此后，帝国银行承担了德国范围内证券的集中托管和结算职责。当时正处于第二次世界大战期间。1945 年德国战败之后，帝国银行刚好处于苏联占领区，其资产被苏军封存。这次短暂的中央证券集中托管和结算就成了历史，甚至很多证券还没有完成集中托管工作。也正是这部分还没有集中到柏林的纸质证券，让西德各个交易所能在第二次世界大战后快速重启交易。

第二次世界大战后，德国再次探讨证券托管和结算模式，最终

[①] 第七章关于法兰克福银行产生的历史涉及这方面内容。

还是选择分散的模式。当时法兰克福银行的管理层成员汉斯·海因里希·豪克与法兰克福的银行专家讨论之后，决定重新建立证券结算和托管模式。他与当时的中央银行即德意志诸州银行商讨。这个暂时的德国中央银行对证券集中托管并不感兴趣，更不愿像纳粹德国时期的德意志帝国银行一样接过证券集中托管的职能，也不反对各银行或城市组建各自的证券托管和结算机构，即不反对回到1942年之前的分散托管状态。于是，1949年6月到7月，法兰克福、科隆（杜塞尔多夫）[①]、汉堡、慕尼黑、斯图加特和汉诺威纷纷建立结算协会或者结算机构。会员将持有的纸质证券存放在结算协会或结算机构，而结算协会或结算机构为会员和投资者开设证券账户。这样，会员可以通过结算协会或结算机构完成全国范围内的证券结算，而不需要与投资者两两交割证券。柏林的证券托管和结算先由当地的中央银行分支机构运营，直到1954年4月柏林才设立柏林结算机构。这些证券结算机构的股东都是当地的金融机构。

为了协调全德国范围内的证券结算业务，各个结算机构组成工作委员会，由法兰克福证券结算股份有限公司的管理层牵头领导。工作委员会协调了战后全德国范围内的证券清理以及重新确权。1949年，德意志铁路发行利率为6%的5亿马克的债券时，将债券集中托管于法兰克福，开启了战后证券集中托管的历史。

艾哈德和货币改革

当时，新的纸质股票以联邦德国的马克计价。只有在货币改革之后，上市公司才能制作以新的马克计价的股票，即货币改革是资本市

[①] 第二次世界大战后，科隆和杜塞尔多夫的交易所合并在一起。

场稳定发展的先决条件。德国的货币改革需要感谢路德维希·艾哈德。艾哈德被誉为德国"社会市场经济之父"。第二次世界大战后,德国被同盟国军队占领。同盟国军队仍然实行纳粹德国的统制经济政策,即限制物价、有限供应。德国社会充斥着物物交易,经济体系陷入一种非常原始的状态。

关于经济改革,当时德国存在两派,观点对立:一派以瓦尔特·欧肯和艾哈德为代表,主张推行货币改革,废除价格管制,实行社会市场经济。其中,欧肯是弗莱堡学派的发起者,也是社会市场经济理论的倡导者,而艾哈德把这套理论应用于实践。另一派以社会民主党的经济学家为代表,认为货币改革不会成功,仍然应该实行中央政府主导的计划经济模式。这一派得到当时德国的工会组织、英国占领军、德国工业界以及美国占领军部分官员的支持。

最终,艾哈德赢得了这场学术辩论。或许是因为他在纳粹德国时期坚定反对纳粹,赢得了美军的好感,1945年,他被任命为巴伐利亚州经济部部长,1947年担任英美占领区经济执行理事会主席,向时任美国占领军政府首脑克莱尔将军提出经济改革建议。1948年6月20日,美、英、法占领区实行货币改革,将联邦德国马克作为法定货币,旧的帝国马克以10:1兑换成新的德国马克。改革以后,市场流通的货币量从700亿帝国马克急剧下降为60亿德国马克,货币量削减超90%,这是德国历史上削减货币量最大的一次货币改革。

同一天,艾哈德自作主张地取消西德地区的价格管制。整个夏天,艾哈德都忙于将西德经济"去纳粹化",取消对蔬菜、水果、衣物和工业品等领域的管制措施。

媒体记者记录了克莱尔将军听到艾哈德取消价格管制之后的愤怒,他质问道:"艾哈德先生,我的顾问告诉我,您做了一件非常糟糕的事，请问您如何回应？"艾哈德回复说："将军阁下，我的顾问也这么说，但别去听他们的。"同一时期，一位美军中校怒气冲冲地质问艾哈德："社会上还存在非常严重的物资短缺，您怎么敢擅自放松管制？"艾哈德却回应："中校先生，我不是放松管制，而是彻底取消了管制。"

货币改革之后，德国经济出人意料地恢复了生机。人们不再囤积食物，而是拿到市场上交换，获得马克之后再购买自己所需的物品。德国马克很快赢得德国人民的信任，成为市场经济的交易媒介。这是德国版本的休克疗法[1]，也是一次大获成功的休克疗法。

货币改革成功之后，股票清理工作于1950年正式开始，新的股票不断被印制出来，直到1956年这个过程才基本结束。投资者可以将以帝国马克计价的老股票以及"可交易证明"一起兑换为以德国马克计价的新股票。德国资本市场终于重新开始。直到1964年12月，投资者都可以向银行和交易所申请"可交易证明"，从而兑换新股票，然后到交易所交易。

1955年，联邦德国重新获得主权，告别了被同盟国分区占领的时代。早在1949年，美国、英国和法国就将其在德国的占领区合并，成立了德意志联邦共和国，简称联邦德国。面对冷战时期苏联的威胁，西方同盟国默许联邦德国获得更大的主权，还通过马歇尔计划支持联邦德国的经济复苏。由于成功领导军事占领区经济部门和顺利完成货币改革，艾哈德获任新政府的经济部部长。经济部也是战后德国证券事务的主要监管机构，直到20世纪70年代其监管权才转给财政部。

---

[1] 或许由于德国的休克疗法非常成功，东欧和苏联才效仿，但效果有天壤之别。

幸运之神眷顾法兰克福

中央银行的选址往往影响一个国家的金融活动，甚至直接决定某个城市能否成为金融中心。1945年同盟国军队占领德国之后，总体上采取分散化管理的政策。金融层面也一样，同盟国军队要求德意志帝国银行分拆成数个州立中央银行，还要求德意志银行、德意志商业银行和德累斯顿银行三家大型银行分拆成9~11家银行。联邦德国成立之前，西德各商业银行和州立中央银行分散在各个城市。联邦德国成立之时，首都和中央银行的城市选址都不确定，一时之间数个西德城市都可以参与竞争，而法兰克福无疑是幸运的。

1948年6月货币改革之前，英美占领区组建了德意志诸州银行，即后来的中央银行德意志联邦银行的前身，以协调和推进占领区的货币改革。那么德意志诸州银行应该设在哪个城市呢？这个银行的城市选址基本由英美占领军政府决定，只是英国人倾向于支持英占区的汉堡，而美国人支持美占区的法兰克福。

英国人咨询了几乎所有的原德意志帝国银行的管理层，他们都一致认为汉堡应该成为德意志诸州银行的总部所在地。为此，原德意志帝国银行的管理层还写了一份长达9页纸的备忘录，专门论述选择汉堡的原因。首先，汉堡是当时西德地区最大的金融中心，柏林地区的大型银行都将总部迁入汉堡，汉堡交易所也是当时交易量最大的交易所。如果中央银行位于汉堡，它将更快地推动金融市场乃至国民经济的发展。而法兰克福已经沦为地区性金融中心，不再具备全国重要性，当时也没有一家德国大型银行将总部设在法兰克福。[①] 其次，政治中心

[①] 德意志证券汇票银行（Deutsche Effekten und Wechselbank）和法兰克福银行的总部位于法兰克福，但资产规模各自仅为5 000万马克左右。而当时德国最大的30家私人银行之中，仅有两家的总部位于法兰克福，即梅茨勒银行和贝特曼兄弟银行，两者的资产规模加起来也仅为2 500万~3 000万马克。

第三部分 从欧洲到全球

和金融中心应尽量避免坐落在同一个城市。法兰克福当时是联邦德国首都的有力竞争者，英国人认为，将汉堡作为中央银行所在地，将使与中央政府和中央银行职能相关的决策分散于两个城市，其也是基于此考虑认为法兰克福不再适合作为中央银行的所在地。再次，原德意志帝国银行的管理层认为，随着西德逐步获得主权，西德地区将产生一个金融中心，而英占区是当时西德工业和贸易最发达的地区，包括鲁尔重工业区和汉堡港，未来的金融中心自然应该坐落于英占区。英占区3个金融城市——汉堡、杜塞尔多夫和科隆之中，汉堡的竞争力最强。

原德意志帝国银行的成员还指出法兰克福的一个不足，即筹备中的中央银行在法兰克福找不到合适的办公场所，因为整个城市已经被轰炸得体无完肤。英国占领军首脑特别强调这一点，还加以说明："法兰克福缺乏办公场所、人员和信使，可能需要花费12个月才能筹备建立德意志诸州银行，而如果有必要，汉堡可以马上投入足够的人力物力以建立该银行。"

1948年1月中旬，美国人最终决定德意志诸州银行的总部所在地为法兰克福。尽管英国人和德国人一直支持汉堡，但美国人似乎有自己的逻辑。目前的史料没有记录美国人曾认真地考虑过该决定，只是美国占领军政府金融部门的公共金融处曾写过一份备忘录，提到英国建议设立德意志诸州银行。至于该银行的选址，这份备忘录提到："它的总部必须位于法兰克福。对于美国政府，任何将德意志诸州银行总部搬离法兰克福的建议都是不可接受的。"

实力面前，其他的都是浮云。至于美国人为什么如此坚决地支持法兰克福，我们无从得知。或许当时的美国占领军政府位于法兰克福，为了更好地影响德意志诸州银行，其自然建议将法兰克福作为该银行的总部所在地；或许法兰克福位于德国的中心位置，距离其他金融中心的里程都差不多，更适合西德各个城市人员到法兰克福开会。但不管怎么样，美国人肯定不是从金融影响力、交易所交易规模等经济层面考虑该问题的，因为当时法兰克福的金融实力不仅落后于汉堡，甚至还落后于杜塞尔多夫和科隆。

总之，幸运之神眷顾了法兰克福，使未来的联邦德国中央银行落户这里。至于联邦政府和中央银行所在地的地理分离，后来还是实现了。由于联邦德国第一任总理康拉德·阿登纳的坚持，波恩成为联邦德国的首都，而不是法兰克福。值得一提的是，阿登纳出生于波恩。阿登纳和艾哈德成为第一届联邦政府的重要领导人，这也与两人曾经坚定地反对纳粹德国的经历相关。美国的去纳粹政策需要这些反纳粹人士上台推行。

1956年，当德意志诸州银行正式成为联邦德国中央银行即德意志联邦银行时，中央银行的选址又一次成为争论话题。这一次，联邦德国总理阿登纳建议将中央银行总部搬到波恩附近的科隆："中央银行的政策需要符合政府的总体方向，现在德意志诸州银行离首都太远。未来的中央银行需要对联邦政府的重要决策更加敏感，并在制定货币政策时加以考虑。"说白了，阿登纳想通过让中央银行更加靠近首都而影响货币政策。然而，这个提议遭到德意志诸州银行管理层以及联邦政府的一致反对，特别是经济部部长，也是下一任联邦政府总理艾哈德的反对。如此，德意志联邦银行最终落户法兰克福。

随着中央银行落户法兰克福，德国3家大型银行，德意志银行、德意志商业银行和德累斯顿银行重新成立，并相继跟随中央银行将总部搬到法兰克福。之后，法兰克福逐渐超过汉堡、科隆、杜塞尔多夫和慕尼黑，成为德国首屈一指的金融中心，这也为法兰克福成为欧洲乃至全球金融中心铺平了道路。

第十一章

交易所国际接轨

两次世界大战严重损坏了德国资本市场的经济功能。特别是德国人民经历了战争期间金融财富毁灭的过程，对资本市场的信任度降低。联邦德国成立之后，联邦政府认为应该推出行政层面和法律层面的措施，促进资本市场健康发展。1955—1960年，德国股票市场迎来战后一个小牛市，德国股票指数增长250%，与1950年相比，股票指数甚至涨了10倍。20世纪50年代，在德意志诸州银行推动下，联邦政府颁布《资本市场法[①]》，将股票、债券等证券发行的审批权收归联邦政府。同时，为了将社会资金引导到国民经济发展所需的重要领域，德国成立资本市场委员会，协调资金需求和证券发行，甚至直接干预市场利率。

第一次世界大战之前，德国乃至欧洲的资本市场都非常国际化，甚至柏林已经成为当时领先的国际金融中心。经历两次世界大战，德国的资本市场显著落后于英国和美国。联邦德国成立之后，资本市场得以重建，同时也逐步国际化。1956年，法兰克福开始引入境外证

---

① 资本市场法德文为 Kapitalverkehrgesetz。

券。其中，1956年9月，6只美国的工业股票在法兰克福场外市场挂牌交易。1957年，一家美国石油公司的美元计价债券在欧洲发行并在法兰克福挂牌交易。1958年5月，法兰克福官方市场第一只境外股票飞利浦挂牌交易。1958年12月29日，联邦德国与其他9个欧洲国家签订货币自由兑换协议。之后，资本市场国际化步伐加快。1966年，境外股票的交易额约占德国股票市场交易总额的5.3%。

20世纪60年代，德国启动交易所改革，与欧美其他国家接轨。通过这次改革，德国各交易所改变了历史上的诸多传统做法，与英美交易所趋同。然而，尽管联邦德国推出诸多措施，试图促进股票市场的发展，但收效甚微，上市公司数量甚至持续减少。为什么德国不能重新振兴股票市场呢？

大众股票引起的改革

联邦德国成立之后，德国公众持有股票的比例很低。政府层面持续讨论，希望让更多的德国家庭持有股票，这就是"大众股票"的起源。[1] 大众股票不是一类新的股票，而是为了实现特定政治目标而被提出的一个概念。为了实现阿登纳政府提出的"共同富裕"[2]的口号，时任经济部部长艾哈德推动德国大型国有企业发行股票，鼓励普通民众持有股票，分享企业增长的红利。这类股票带有特殊的社会和政治目的，被称为大众股票。大众股票是全球资本市场上独一无二的一次股票发行试验。那么，大众股票是否使德国实现了共同持股或者共同富裕？

---

[1] 实际上，大众股票（Volksaktie）直到大众汽车公司发行股票才被媒体报道，并成为一个专有名词。大众汽车和大众股票显然具有一点儿相似度。

[2] 这是德国版本的共同富裕，德文是 Wohlstand für Alle。艾哈德写过以此为书名的知名著作。

大众股票和共同富裕

1959 年，联邦政府推动普鲁士格公司发行股票。该公司的全称其实是普鲁士矿业股份有限公司，总部位于汉诺威，最初由普鲁士政府设立。联邦德国成立之后，普鲁士格公司自然成为联邦政府和州政府持有的国有企业。普鲁士格公司发行了价值达 3 000 万马克的新股票，计划广泛吸引投资者参与认购，以提高股票这一投资产品的认可度。年收入少于 16 000 马克的德国民众可以认购最多 5 股普鲁士格公司的股票。[①] 在发行过程中，市场对该股票的需求非常强烈，仅仅数天股票认购量就达到发行规模的 3 倍。为此，联邦政府从库存中拿出更多的股票用于发行，这部分新增的库存股票价值约 5 300 万马克。发行之后，联邦政府持有的普鲁士格公司股票比例下降到 21%。

普鲁士格公司成功发行股票之后，联邦政府准备再推出一只影响力更大的大众股票——大众汽车公司股票。大众汽车公司所发行的股票自然是名副其实的大众股票。1960 年 7 月 21 日，联邦政府通过一部法律将大众汽车公司转变成股份有限公司，将公司历年的未分配利润转变成注册资本，使注册资本直接翻番，达 6 亿马克。至于发行方案，联邦政府和州政府协调之后，拟向公众发行 60% 的大众股票，联邦政府和州政府各持有 20% 的股票。为了贯彻"共同富裕"理念，大众汽车公司利用股票发行所募的部分资金成立大众基金会，资助基础研究和科学发展。

大众汽车公司的股票发行也获得了成功。据当时的联邦财政部统计，超过 150 万德国民众参与认购，总金额达到 6.67 亿马克，超额认购率达到 85.4%，发行价格为每股 350 马克。1961 年 4 月 7 日，

[①] 参考 Schulte（1995），第 121 页。

大众汽车公司股票在交易所挂牌时，第一天的价格就飙升到每股750马克，6月该股票价格一度超过每股1 000马克。当年，德国基督教民主联盟在选举之中也很好地利用了大众股票营造的全面富裕的氛围，以获得更多选票。

为了吸引中低收入阶层参与大众汽车公司的股票认购，联邦政府推出了一些非市场化措施。8 600位大众汽车公司的员工可以免费得到一张股票，并且还可以以更优惠的价格认购10张股票。而普通德国民众按照各自收入，可以获得10%~25%的价格优惠。这是一次独特的股票发行，股票发行价格不仅针对不同类型的投资者存在区别，甚至还与投资者的收入有关。如此操作的目的自然是吸引更多的个人投资者进入股票市场，这或许也是德国基督教民主联盟获得更多选票的一种方式。

但是，大众股票的发行并没有改变德国民众持有股票的意愿。这次大众股票的发行直接促使德国持有股票的投资者从85万人上升到约200万人。1961年，大众汽车公司举行第一次股东大会，共7 000人来到现场。但是仅仅两年之后，个人投资者持有的大众汽车股票数量大幅减少。1988年，联邦政府继续出售大众汽车的股票时，股票主要由银行和机构投资者接盘，而不是个人投资者。现在，大众汽车的控股股东是保时捷家族，其股票持有比例接近53.1%。黑森州政府和一家卡塔尔机构投资者分别持有20%和17%的股票，而公众持有的普通股比例不到10%。按照2022年5月大众汽车普通股每股220欧元的价格，以及大众汽车公司1969年1∶2分拆和1998年1∶10分拆的历史，1961年首次发行的大众汽车股票到现在涨了差不多20倍。当然，股东还可以享受历年的分红。

1964年，德国又推动第三只大众股票——联合电气股票发行。

该公司的全称是"联合电气和矿业股份有限公司"[①]。联邦政府拟私有化联合电气，计划出售 3 750 万马克的股票。后期，由于强劲的市场需求，股票出售规模增加了 1 500 万马克。1965 年 5 月 24 日，德国居民以及居住在德国的外国人士可以以每股 100 马克的价格购买不超过 5 股联合电气股票。但是，投资者需要满足一个条件，那就是年收入不超过 8 000 马克。8 月 9 日，联合电气股票首次在交易所官方市场挂牌交易。之后，联邦财政部公布联合电气私有化方案的结果：近 64% 的股票由 260 万中低收入的个人投资者持有。

德国推行大众股票的目的，除了创造一个公众持有股票的投资文化，还包括让利于低收入阶层的居民，以实现共同富裕的愿景。大众股票确实让更多的德国居民进入资本市场，但离形成一种以股票市场为基础的居民投资文化还很遥远。股票是一种风险较大的投资产品。联邦政府怀着美好的愿望，但并不能保证所有的个人投资者都能获利。个人投资者也不愿意长期持有股票。20 世纪 80 年代，德国又尝试了两次大众股票发行，后来便放弃通过这种方式推动居民投资文化的形成。

大众股票成为特殊时期的产物。后期，德国的国有企业发行股票时也采取市场化的方式，不再带着政治或者社会性质的目标。德国转变了股票市场发展思路，更多地通过完善监管环境和法律制度推动股票市场的发展，而不是通过行政干预。

"小改革"和"大改革"

随着大众股票的发行，德国各界逐渐开始关注小股东的权益保护问题。单个小股东持有的股票数量很少，但加总在一起可以达到 30%

---

① 联合电气和矿业股份有限公司德文为 Vereinigte Elektrizitäts und Bergwerks Aktiengesellschaft。该公司于 1929 年在普鲁士成立。

甚至更高的比例。当时,联邦德国还在使用1937年1月颁布的《股份公司法》。为了达到大众股票发行之后的社会目标,德国有必要改革该法,要求股份有限公司向公众披露更多的信息。20世纪60年代的这轮改革按照时间和改革的范围可以分为"小改革"和"大改革"两个阶段。

"小改革"的主要任务是为大众股票的发行铺平法律道路。1959年12月,德国出台规定,股份有限公司将未分配利润转变成注册资本时不需要缴税。媒体将这类新增的股票称为"免费股票"。半年之后,大众汽车公司依据这条法律提高了注册资本,然后发行大众股票。此外,股份有限公司向员工发行股票时,员工也可以获得税收优惠,以此激励公司员工持有所在公司的股票。这次改革还要求股份有限公司披露年度利润或损失等财务数据,以提高潜在投资者的认购兴趣。德国会计制度主要服务于债权人,其编制财务报告的准则是对公司资产采取保守估计,而对公司负债尽量高估,以保护潜在债权人的利益。债权人不关注公司盈利等数据,这些数据也不在当时股份有限公司的信息披露范围之内。改革之后,德国希望潜在投资者更关注公司的经营结果,并积极参加年度股东大会。但多数股东缺乏足够的金融知识,无法理解公司财务数据,对股东大会缺乏兴趣。

"大改革"指1965年德国颁布新的《股份公司法》[①]。这次改革的主要任务是"去纳粹化"以及删除德国法律中对股东的歧视性规定,以吸引潜在投资者重新关注股票投资。自此,德国资本市场三位一体的法律体系也基本完善,包括上市公司层面的法律《股份公司法》,证券交易层面的法律《证券交易法》和《交易所法》。其中,《交易所法》是

---

① 该名称在德语中的原本意思其实是《股份法》或者《股票法》。这里做此翻译是为了与中国法律环境更加匹配,另外这部法律的主要内容也确实涉及股份有限公司的设立和治理等。

德国特有的法律，也是历史最悠久的系统的资本市场法律。

交易所改革提上议程

1966年，德国股票市场和国民经济都处于低谷。德国政府由此提出改革交易所的想法。当年，联邦德国经济部公布了一份交易所改革的计划，广泛的改革建议引发德国社会的讨论，甚至遭受批评。交易所改革逐渐提上议程。但是，直到约10年之后，新一版的《交易所法》才最终通过。

这次交易所改革的背景如下。时间上，德国已经近50年没有更新《交易所法》。联邦德国成立之后，资本市场仍然沿用1908年颁布的《交易所法》。经历两次世界大战、超级通货膨胀、两次货币改革以及纳粹政府时期的混乱之后，德国确实有必要修订并颁布新版的《交易所法》。联邦德国成立之后，已经取消了纳粹时期的资本市场管制措施，但仍然沿用1908年《交易所法》确定的监管内容和框架。1908年的资本市场显然与联邦德国所面临的情况区别甚大，《交易所法》需要反映战后资本市场（见图11-1）的状况。

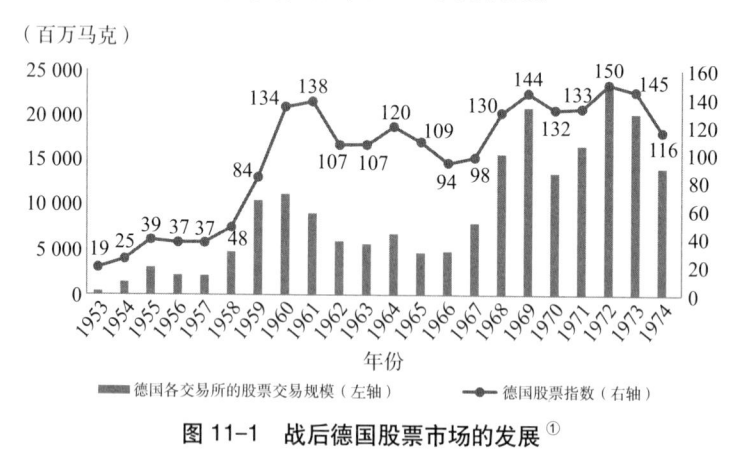

图 11-1 战后德国股票市场的发展[①]

① 数据来源：德意志联邦银行。

从监管角度来看，联邦德国资本市场的行政干预色彩逐渐减弱。1966年，联邦政府和中央银行不再直接干预利率等市场价格的形成，大众股票的发行也告一段落。联邦政府对资本市场的态度从直接干预转变为改善监管和法律环境，以推动交易所的自律监管，促进资本市场长期健康发展。一部新的《交易所法》将推动德国资本市场过渡到新的监管方式。

"我们的交易所老了"

1956年6月22日，联邦德国经济部给德国证券交易所工作委员会发送了一份关于完善和改革德国交易所的报告。该报告描述了德国交易所改革的必要性，将改革目标设置为保护中小投资者利益，加强上市公司的信息披露监管和完善交易所的自律监管。改革内容涉及5个领域：第一，银行处理客户订单的利益冲突；第二，上市公司的信息披露义务和监管；第三，德国交易所自身需要向公众披露的信息；第四，与德国宪法不一致的交易所参与者问题；第五，改革股票的报价方式。

经济部的改革建议遭到银行和交易所的强烈反对。1967年初，德国商业银行协会组建"交易所改革临时工作组"，撰写了一份关于交易所改革的政策建议，其中涉及经纪人制度。1967年12月，他们与德国证券交易所工作委员会一起向经济部提交了政策建议，还表示这些改革措施不以修改《交易所法》为前提。

与银行和交易所代表进行了多轮讨论之后，1967年12月，经济部将关于交易所改革建议的报告发给各州交易所监管部门，请求反馈意见。当时，德国各交易所仍然归各州监管，而德国联邦金融监管局还没有成立。这份报告涵盖银行客户订单处理、上市公司信息披露和交易所交易数据披露这3个领域的法律修改建议。而关于股票的报价方式，已经单独颁布法规，把百分比报价改成每股价格是多少的现代常用的报价方式。

与此同时，《法兰克福汇报》发表一篇文章，题目为《我们的交易所老了》。文章作者正是联邦德国经济部银行和交易所部门的负责人赫尔曼·拜尔·费林。他解释了这次交易所改革的初衷："我们的交易所相对于西方其他工业国家的交易所已经落后了。"他同时批评了德国各交易所的参与者，主要是大型银行，认为它们没有太大的动力推动交易所改革："我们的交易所管理制度和交易规则都需要向其他国家学习。"

拜尔·费林的观点自然遭到交易所相关人士的猛烈抨击。汉堡证券交易所的专家将他的观点视为"管制经济时期的副产品"，并在《交易所报》①刊发文章称："波恩指出，相对于外国交易所，德国交易所的参与者数量以及交易额都较低，他们认为解决方案是向其他工业国家的交易所学习，显然是搞错了。"

1968年1月17日，德国证券交易所工作委员会非常直白地反馈了关于交易所改革的意见："脱离实际的政策建议不值得讨论。只有当资本市场无法稳定运营，投资者、发行人、交易所以及相关银行业务受到极大影响时，才适合提出交易所改革。"银行的临时工作组倒没有那么激烈地反对，但也委婉地提出股票市场仅仅是金融市场的一部分，交易所改革不仅关乎股票市场，还将影响其他金融市场。并且，德国股票市场的竞争力不需要通过监管机构推动的改革措施来实现。

1968年3月14日，联邦德国经济部部长卡尔·奥古斯特·弗里茨·席勒组织了关于交易所改革的听证会。交易所专家、银行专家和

---

① 《交易所报》即 Börsenzeitung，是德国一份知名的财经类报纸。

经济部工作人员等都表达了自己的观点，但大家对交易所改革的观点差距甚大。为此，联邦德国经济部决定成立一个专门委员会，以讨论这些存在争议的问题。这个委员会刚开始叫"交易所改革委员会"，但由于交易所的反对而改成"交易所专家委员会"。

交易所专家委员会自此成为德国资本市场改革中的一个经常性组织机构，后期在衍生品市场建设上也发挥了重要作用。为了让政策建议更加贴近金融市场，1969年的委员会主席由杜塞尔多夫证券交易所主席库尔特·弗尔贝格担任。一年之内，委员会成员紧密讨论和协商之后，经济部的大部分政策建议通过市场主体自愿改革的方式得以执行。委员会又梳理出需要修改法律才能推进改革的重点区域，包括内幕信息披露。

1970年5月5日，联邦德国经济部广泛邀请资本市场相关机构和代表，组织了第二次关于交易所改革的听证会。此前，交易所专家委员经过一年的广泛讨论出具了新的政策建议报告。这份报告包含银行自愿改革的内容，政策建议远远多于1967年的原始报告。由于此后德国政坛的变化，该报告直到1973年2月16日才被提交到联邦议会讨论。1975年5月4日，新的《交易所法》正式生效。此时，联邦德国财政部已经从经济部手中接过证券事务的监管职责。

德国特色的交易所改革

英美等国相对于德国金融自由化程度较高。公共利益和私人利益存在取舍之时，德国往往为了公共利益而逼迫私人利益妥协。联邦德国经济部关于交易所改革的建议多数得到实施，或是通过颁布法律强制执行，或是交易所自愿执行。这些交易所改革都具有鲜明的德国特色。

强制转入交易所交易

在德国历史上，这个话题不是第一次被提起。第一次世界大战爆发之后，德国关闭了交易所，导致银行和经纪人在交易所之外完成交易。场外交易是否应该被禁止是当时的政策议题之一。场外交易的起源与德国银行业的整合和兼并有关。19世纪末和20世纪初，德国银行经过几轮整合产生五六家大型银行，这些大型银行拥有覆盖全德国的分支网络。分行的客户也会参与证券交易，因此这些银行拥有广泛的证券交易客户网络。私人银行在这场竞争之中落于下风，逐渐丢失代客交易的市场份额。20世纪二三十年代，大型银行原则上可以自己撮合客户之间的交易，或称内部交易，而不必把订单转到交易所完成交易。随着私人银行和经纪人竞争力减弱，德国大型银行对交易所的影响力越来越大。那么德国政策制定者应该允许银行进行内部撮合交易吗？还是应强制银行将订单转到交易所完成最终的撮合交易？

20世纪初，银行实现了其诉求，客户订单不再必须转入交易所交易。《德国商法典》第400条给予银行作为经纪人为客户完成交易的权力。当客户向银行提交买卖订单时，如果该订单涉及的证券存在官方价格或者公允的市场价格，则银行可以自己作为交易对手方与客户完成交易，而无须将订单转到交易所。这个条款对银行自然非常重要，因为这样银行不仅可以收取经纪费用，还可以获得买卖价格的差价，类似于做市业务。

20世纪30年代，德国经济学家海因里希·戈珀特和威利·普利昂对银行拥有代客成交的权力提出反对意见。如果所有银行都不把客户订单转到交易所完成交易，将削弱交易所官方价格的可信度，也将削弱交易所在德国和国际的竞争力。此外，银行的这种权力可能被滥用，其成为客户订单的对手方将不利于保护客户的利益。如果银行普遍利用这一点压榨客户，最大化其在交易中所获得的利润，将损害银行与客户之间的信任关系。当时，德国正处于第一次和第二次世界大战之间的动荡时期，政治环境不允许德国交易所开展一轮改革。不过，纳粹德国于1941年禁止银行的代客订单交易，要求银行必须将订单转到交易所完成交易。联邦德国成立之后，纳粹德国时期的政策多数被废除，也包括这条关于银行代客交易的规定。

20世纪60年代，这个话题重新被提起与1960年股票指数莫名其妙的飙升有关。1960年3月，德国股票指数仍然是90.4，6个月之后指数飙升到131.6，升幅超过45%。德国各界开始怀疑如此大幅飙升的股票指数有没有代表性。银行代客交易的规定成为其中的替罪羊。也是在这个时期，专业的财经杂志开始呼吁银行的代客订单转入交易所完成最终交易。

但德国各界的意见并不统一。交易所专家认为有必要将银行的代客订单转到交易所，加强交易所的地位，但对于具体采取何种方式存在不同意见，即是将其纳入《交易所法》强制执行还是银行自愿放弃代客成交的权力而主动将订单转到交易所。部分学者反对强制性做法，理由是应尽量减少行政干预。另外，境外交易所也没有强制将客户订单转入交易所交易的先例。德国大型银行从自身利益出发，自然旗帜鲜明地反对强制措施，而中小银行不置可否。德国商业银行协会代表大型银行的利益，自然也反对强制将客户订单转入交易所交易，并且举了1930年的例子。①

至于多大比例的证券交易没有进入交易所，德国各界的估计相差极大——从交易所交易额的10%到90%。这从侧面说明了场外市场

---

① 20世纪二三十年代，大型银行可以自己撮合与客户的交易，而不必进入交易所完成交易。

的不透明以及场外交易进入场内的必要性。

尽管面对种种反对声音，联邦德国经济部还是执意推进这场改革。1967年7月，德国各商业银行提出一个折中方案，即无须通过法律强制，各商业银行自愿将10万马克以上的客户订单转入交易所撮合成交，以便实现经济部的宏观目标。德国证券交易所工作委员会介入，建议取消客户订单的金额限制。最终，各方达成一致意见，各商业银行将修改一般业务规则，同意将客户订单转入交易所的官方市场撮合成交，但条件是客户需要明确提出到交易所交易，另外涉及的证券也必须存在官方交易市场。

强制转入交易所交易的规则没有被写入《交易所法》，但这一点不再重要，因为商业银行自愿执行的效果是一样的。1966年，德国各交易所的交易总额约为45.45亿马克，1967年上升到79.52亿马克，1968年达到157.21马克，相对于1966年增长近250%。这个数据显示，1966年之前的德国证券市场场外交易规模2.5倍于场内交易。

德国强制商业银行将客户订单转入交易所交易，这对未来的德国交易所产生了深远影响。当前，法兰克福证券交易所除了欧盟监管市场，即此前的官方市场，还存在一个报价板市场。这个板块的名称是场外市场，但法律层面上的正式名称是交易所监管市场，以区别于主板欧盟监管市场。德国各商业银行在这个交易所监管市场挂牌金融产品，向所有投资者开放，故而其产品数量达到100万个以上。这一点与英国和美国的金融市场差异甚大。[①] 交易所监管的场外市场的发展受益于银行客户订单强制转入交易所交易的规定。

---

① 德国各银行将理财产品、金融结构性产品等都挂在法兰克福证券交易所的报价板，即场外市场。德国私人投资者是这个交易市场的主要参与者。从这个意义上，德国金融市场针对个人投资者的场外交易在相当程度上是透明的。

交易所数据的公开

在现代资本市场中，交易所公布各个股票的交易额和价格已经司空见惯。可实际上，这也是一系列博弈的结果。20世纪60年代，联邦德国经济部提出银行必须将客户订单转入交易所交易之时，也提出了交易所官方市场必须公布每个证券的交易额和交易价格。如此，公众将获悉这个价格所对应的交易额，投资者可以选择合适的交易所提交买卖订单，专业人士可以获得更多数据以便更好地做出决策。

交易所的数据公开义务不是新话题。甚至法兰克福交易所的诞生与公布官方钱币兑换价格表直接相关。几个世纪以来，官方价格表的公布一直是经纪人之间博弈的焦点。20世纪30年代，德国经济学家普利昂就建议德国各交易所公布官方交易价格和其对应的交易额。这个建议于1941年被纳粹德国政府采纳，并与强制转入交易所交易的规定一同施行。

当时纽约和阿姆斯特丹的交易所都会公布每个证券的交易价格和交易额，并且认为这非常自然，没什么可争议的。在德国，交易所的数据公开却成为引发人们争论的话题。其与大型银行主导德国各交易所和资本市场有关，也与各个交易所不同的决策环境和考虑有关。

联邦德国成立之后，这个话题被重新提起。1959年末，当时的联邦德国经济部部长艾哈德提出疑问：境外交易所是否也不公布股票市场和债券市场的交易额？他初步认为，与价格相对应的交易额对市场参与者非常重要，这涉及证券价格的真实性。一年之后，经济部在慕尼黑召开研讨会，认为没有任何理由反对交易所公开与证券价格相对应的交易额。当时，人们认为至多一年，交易所就可以按照经济部的要求公布交易额，然而这个改革与强制转入交易所交易一样一直到1967年才实现。

联邦德国经济部要求交易所公布价格和交易数据之后，法兰克福和杜塞尔多夫证券交易所首先响应，表示将在下一次德国证券交易所工作委员会会议上讨论此话题。然而，德国其他交易所与这两家大型交易所的观点不一致。法兰克福和杜塞尔多夫证券交易所自然愿意公开交易额数据，以显示它们占据较大的市场份额，但是其他中小交易所不愿意，因为它们担心因交易量太小导致联邦政府做出取缔它们的决策，就像纳粹德国时期一样。最终，德国证券交易所工作委员会以少数服从多数为由公布评估意见，认为"鉴于德国交易所的现状，公布交易额数据将带来额外的误解，并且交易所也无法就此向公众负责"。这通声明自然遭到德国社会各界的强烈批评。

德国证券交易所工作委员会公布意见之后，法兰克福和杜塞尔多夫证券交易所决定单独行动。1962年7月，法兰克福证券交易所决定向媒体公布33只官方市场挂牌股票的每日价格和交易额，杜塞尔多夫证券交易所也公布了这些官方市场挂牌股票的交易数据。33只股票仅仅是当时官方市场近500只挂牌股票中的一小部分，但德国交易所毕竟迈出了关键的一步。此后，交易所公开数据的范围不断扩大，不管是证券数量还是交易所数量。

1968年12月13日，德国交易所专家委员会建议最大的4家证券交易所，即法兰克福、杜塞尔多夫、汉堡和慕尼黑的证券交易所公布40只最具代表性的股票的数据，而其他交易所可以按照自己的时间表跟进。4家交易所于1969年4月1日开始执行交易所数据公开的建议。如此，与将银行客户订单强制转入交易所的政策建议一样，交易所数据公开的政策建议也通过各交易所的自愿改革得以实施，而无须纳入《交易所法》。

股票标价改革

1896年颁布第一部《交易所法》后，德国引入基于股票面值百分比的报价形式。比如某股票面值1 000马克，标价120%，意味着股票的实际价格是1 200马克。德国为什么采取百分比的形式标价股票已经难以考证。可能德国参考了17世纪阿姆斯特丹的早期标价法。17世纪，股票诞生之初并没有标准面值，百分比标价法或许是不得已的选择。

进入20世纪之后，境外交易所都采取每只股票价格是多少的标价形式。德国交易所为了与境外接轨，考虑将传统的百分比报价形式改成每股股价报价的形式。另外，百分比报价带来了一定的混乱，因为百分比报价必须与股票面值一起使用，而经历多次法律修订之后，德国的股份有限公司按照不同时期的法律发行了不同面值的股票。德意志统一之初，股票的面值设定为1 000马克，以防止中小投资者进入市场，此后历次法律修改不断调低股票的面值。1965年德国公布了新版的《股份公司法》，将股票最低面值调低到50马克。[①] 由于不同股票拥有不同的面值，并且股票数量不断增加，百分比报价显得非常麻烦。而红利也采取百分比报价更给市场增添误解。比如某股票面值100马克，而当前的市场价格是600%或者600马克，分红报价18%其实意味着分红18马克，相对于市场价格的实际分红仅仅为3%。对于不熟悉德国资本市场的投资者，百分比报价将给他们带来困扰，这也是联邦德国经济部改革股票报价方式的原因。

---

① 1994年，德国颁布第二部《资本市场促进法案》(The Second Financial Market Promotion Act)，将股票最低面值调低到5马克。之后，部分德国上市公司，如大陆集团、戴姆勒等将股票面值调整为5马克。

股票报价改革还与关于无面值股票[①]的讨论有关。德国传统的百分比报价形式必须基于面值，而没有面值的股票自然无法采取百分比报价。第一次世界大战之后，德国开始讨论无面值股票。美国已经于1912年允许无面值股票在交易所挂牌和交易。1952年英国政府开始研究是否引入无面值股票。这个时期，德国也开始讨论这个话题。股票报价改革将为无面值股票的挂牌交易扫清道路。

这次改革在德国各界没有遇到阻力。交易所、银行以及经纪人都认识到传统股票报价方式带来的麻烦，都支持经济部提出的改革建议。1966年中，各方决定尽快推进股票报价方式的改革。经过论证，改革股票报价方式不需要纳入新版的《交易所法》，只需要联邦理事会颁布新规则。1967年3月17日，联邦理事会批准了《关于股票价格报价方式的规定》，将德国股票交易所的报价方式从百分比报价改成每股股价报价。经过两年的过渡期，德国将所有的股票、库克票等的标价方式改成"每股股票多少马克"。

内幕交易监管改革

20世纪60年代，多家德国上市公司出现内幕交易的疑似案例。[②]这些公司在公布重要的信息之前，其股价都会出现明显变动，这被认为是内幕信息知情者交易股票的结果。内幕交易指知晓上市公司内幕信息的人士早于公众交易股票，以便利用他们所获得的信息优势而获利。这种交易对其他不拥有这类信息的公众投资者是不公平的，也不

---

① 无面值股票在德语中为 Quotenaktie，是一个专业名词。
② 据德语文献记载，1961年纸浆制造上市公司 Waldhof，1964年建筑公司 Boswau & Knauer，1968年 Geraer Sttickgamfabrik Gebr. Feistkorn 公司等都被怀疑出现内幕交易。参考 Schulte（1995），第176页。

利于交易所维护公平、公正的市场形象。1969年7月15日，德国交易所专家委员会进行讨论，一致认为内幕交易对交易所和资本市场发展不利，必须找到解决方案。

历史上，德国或许是最早提出即时信息披露的。1873年，统一之后的德国经历了第一轮股灾，紧接着德国社会展开了一轮关于资本市场改革的大讨论。当时，经济学家卡尔·加赖斯提出即时信息披露的必要性，认为必须尽早尽快地向市场披露证券价格相关的信息。但当时这个想法太超前，没有引起社会的普遍关注，当然也没有被写入法律。在这个领域最先立法的国家是美国。1934年，美国颁布《证券交易法》，认为内幕信息交易不利于投资者保护，并逐渐建立惩罚机制。[①]直到20世纪六七十年代，这个话题才开始在欧洲国家被广泛讨论。1966年，欧盟的前身欧洲经济共同体邀请专家完成了关于欧洲资本市场整合和发展的报告，俗称塞格雷报告，提出了内幕信息交易的危害以及推出相应监管措施的必要性。

与其他改革话题一样，内幕交易的监管改革也遭到银行代表的反对，而联邦德国经济部专家和经济学界出于对公共利益的保护对这项改革措施表示支持。媒体甚至把内幕交易者比喻成资本市场的幽灵。

或许基于此前的经验，经济部并没有推动将内幕交易写入法律，而是建议相关的市场参与者通过自律监管，比如基于"荣誉守则"，自动排查是否存在内幕交易并主动规避这种影响机构信誉或荣誉的操作，以保护投资者利益。经济部试图说服市场参与者，规避内幕交易的自律监管符合整体的利益，有助于资本市场稳定发展。接着，德国交易所专家委员会组成了一个工作组，专门研究此事。1970年11月

[①] 参考 Veil（2011），第188页。

13 日，交易所专家委员会推出《禁止内幕交易准则》。

这套《禁止内幕交易准则》是德国第一次试图将内幕信息知情人和内幕交易纳入监管。这套准则禁止掌握内幕信息的投资者为自己或他人基于这些非公开信息而交易，"上市公司的管理层和监事会成员不能以任何方式、于任何时间交易与内幕信息有关的股票"。与该准则配套的是交易所的一个检查委员会，负责调查和评估某投资者是否违反该准则，一旦认定其违反准则，检查委员会将推动该投资者返还所获得的额外利润。这些通过违反规则所获得的额外利润将由上市公司返还其股东。

但是，这套准则并不具备法规或法律性质。它本质上属于市场参与者提出的并愿意主动遵守的准则或约定，不能强制所有参与者同意和遵守。违反该准则的参与者在特定的圈子中或许会失去信誉，但监管机构或政府不可据此惩罚他们，或强制其接受某种惩罚。这样，某上市公司高管即使进行了内幕交易，很有可能也不会受到惩罚，最坏的情况是在舆论压力之下交出通过内幕交易获得的额外利润。

那么，这种自愿性质的内幕交易准则是否满足当时德国资本市场的需求？1974 年 11 月 6 日，德国交易所专家委员会举行研讨会，探讨当时的《禁止内幕交易准则》是否足够有效，是否需要推出更加严厉的规则以保护投资者。在这次讨论之中，多数与会专家认为当时的交易所自律监管以及《禁止内幕交易准则》已经足够应对违规行为，并不需要将相关规则写入法律。这个时期，德国资本市场中的内幕交易案例确实不多，或许德国金融机构和上市公司普遍遵守规则，或许它们都"爱惜自己的羽毛"，也使得更严厉的法律措施似乎没有必要。唯一持不同意见的是德国工会联合会。工会联合会认为基于自愿原则的《禁止内幕交易准则》完全没有效果，有必要颁布明确的法律，配合行政处罚措施和商法之下的民事诉讼，以禁止资本市场中的内幕交易。

基于当时德国社会的一般观点，禁止内幕交易相关条款并没有被纳入1975年颁布的《交易所法》。在一段时间内，德国还是依赖自律监管对抗可能出现的内幕交易。但是，准则也在不断更新和改善。1975年，除了上市公司管理层，持股份额超过25%的大股东也被认定为内幕信息知情人。后来，参与IPO股票承销的金融机构也被认定为内幕信息知情人。1995年，德国第二部《资本市场促进法案》正式生效，德国资本市场相关法律与欧盟法律相接轨，德国才将内幕交易相关的内容写入法律。

落后的股票市场

联邦德国成立之后，股票市场规模不断增加，但是德国的上市公司数量持续降低。20世纪50年代，德国推出大众股票以提高公众对股票投资的兴趣，不过其仅存在短期影响，没有取得长期效果。20世纪六七十年代，德国相继颁布新的《股份公司法》和《交易所法》，希望通过制度和法律推进资本市场建设，但也没有取得所期望的效果。1977年，德国改革了税制，解决了股份有限公司分红时的双重征税问题。

为什么德国股票市场发展陷入了困境？德国交易所专家委员会在1979年和1980年的年报之中提到3个因素：第一，IPO的高额成本；第二，上市公司持续的信息披露义务和投资者保护负担；第三，股份有限公司特有的公司治理结构，如员工参与监事会决策。德国交易所专家委员会认为，应该继续改进和完善交易所的监管体系，以便吸引更多企业通过股权市场融资。但是，委员会没有提出具体的改进思路。法兰克福证券交易所试图引入新的市场板块，并直接推动企业上市，但收效甚微。这些措施会有效吗？为什么德国难以提振股票市场？

引入新的市场板块

20世纪80年代，欧洲其他国家交易所相继推出更多的市场板块，以降低上市门槛。1980年11月，伦敦证券交易所引入非主板挂牌市场[①]，为不符合主板上市条件的企业提供上市渠道，降低上市成本，满足那些成本敏感型企业的要求。起初，这个板块的投资者保护较弱，伦敦证券交易所担心难以获得市场认可。不过该新市场板块发展得很顺利，让伦敦证券交易所出乎意料。欧洲其他国家纷纷模仿而引入新的市场板块。荷兰和丹麦于1982年、法国于1983年也建立了类似的第二个交易所市场板块。在这种背景之下，德国也开始讨论如何促进股票市场进一步发展，以及采取哪些措施来吸引更多的企业到交易所上市。

1983年4月18日，德国交易所专家委员会公布了一份报告，建议在官方市场之外推出更多的市场板块，以降低企业发行股票的门槛，支持更多企业在交易所上市。当时，法兰克福证券交易所存在3个市场板块，即官方市场（主板）、受监管的场外市场和不受监管的场外市场。这次，交易所专家委员会建议再增加一个"交易所监管市场"。这个建议获得了银行等金融机构的一致支持，但是遭到法兰克福证券交易所的拒绝。不过，德国社会开始讨论这个建议。

历史上，德国交易所最先出现的板块是官方市场。该板块名称中有"官方"两字，说明这个市场受到政府的直接影响：官方经纪

---

① 非主板挂牌市场即 Unlisted Securities Market。

人撮合证券买卖双方，官方价格表公布各证券的买卖价格，并且上市公司必须履行官方规定的持续信息披露义务。后来交易所周边出现了一些没被纳入官方价格表的股票，逐渐组成场外市场。场外市场又分成"受交易所监管"和"不受交易所监管"两个细分板块，其中前者于1912年建立，将一些不在官方市场挂牌的债券纳入；后者在德国法律强制银行的代客订单转入交易所之后形成。"受交易所监管"和"不受交易所监管"场外市场板块的区别不在于证券交易方式，而是证券纳入它们的流程不同。

在1984年德国联邦议会的一次讨论中，相关人员提到促进德国股权市场发展的14条措施，其中第1条就是降低中小企业到交易所上市的门槛。一年之后，联邦议会正式审议拟修改的法律。1986年12月，德国颁布《交易所证券准入法》；1987年4月，继续颁布《交易所证券准入细则》。按照新的法律，德国重新定义了交易所的市场板块。不过，德国不是引入一个新的板块，而是将此前的"受监管的场外市场"变成"监管市场"，允许非公众公司到这个板块首次公开发行股票。

这次新规取消了受交易所监管的场外市场板块。或许是因为这个板块与"不受监管的场外市场"板块区别太小，又与"监管市场"板块存在被误解的可能。1987年，法兰克福证券交易所"受监管的场外市场"挂牌交易的87家企业之中，有71家愿意转入新的"监管市场"，剩余的企业转入"不受监管的场外市场"。1988年，受监管的场外市场被取消。现在，德国的场外市场不存在受监管和不受监管[①]的区别，统称报价板或者场外交易市场。但是，这个场外交易市场与英美的场外交易市场仍然存在显著差别。德国的场外交易市场仍然受

---

① 这里的监管指存在联邦层面的相应法律。现代德国的场外交易市场都受交易所监管，即必须遵守《交易所规则》。

交易所监管，是交易所各个市场板块之一。

3个市场板块的上市条件、投资者保护和持续信息披露各不相同，给发行人和投资者提供了更多的选择。

官方市场是最严格、最透明的市场板块，给予投资者的保护也最全面。法律上，官方市场具有公法性质。交易所的证券准入审核处按照行政法规对拟上市企业进行审核。官方市场的证券价格由官方经纪人确定，需要遵守《交易所法》的相关规定。官方市场也是德国交易所中上市公司数量最多的市场板块。1990年，德国共761只股票和12 552只债券在各交易所的官方市场挂牌交易，而只有170只股票和3 164只债券在监管市场挂牌交易。[①]

1987年创设的监管市场被称为"中型企业的上市板块"。该板块的上市门槛没有那么高，不要求潜在发行人盈利，适合那些快速成长的企业寻求上市。与官方市场一样，监管市场板块也必须遵守德国交易所和证券相关法律法规，或者说其也属于公法之下的市场板块。尽管上市条件不同，但交易所监管市场和官方市场的证券公允价格都由官方经纪人编制和公布。并且，证券准入审核的流程也类似。准入审核委员会虽然名字与交易所准入审核处不一样，但审核人员是同一批。表11-1显示了官方市场和监管市场的区别。

表11-1 官方市场和交易所监管市场的比较

	官方市场	交易所监管市场
法律依据	《交易所法》[②]第36—49条以及《证券准入法规》	《交易所法》第71—77条以及《交易所规则》

[①] 参考 Rudolph（1992），第334页。

[②] 这里的《交易所法》指20世纪80年代颁布的《交易所法》，下文其他涉及该法律的地方也一样。

(续表)

	官方市场	交易所监管市场
准入审核	交易所准入审核处	准入审核委员会
准入申请	发行人以及银行作为共同申请人	发行人以及银行或其他专业机构作为共同申请人
申请材料	详细的招股说明书，近3年的财务报告等	最近1年的财务报告和管理层报告等
审核费用	按照交易所的费用管理规则	官方市场50%的准入审核费用
发行门槛	发行规模达250万马克，足够多的投资者，所有的同类股票都申请准入	最低注册资本50万马克

场外市场属于私法之下的市场板块，发行人不必按照德国《证券交易法》的要求提交招股说明书，也不需要持续披露财务报告，只需要某银行将相应的股票引入场外市场挂牌交易即可。《交易所法》第78条规定，那些不在官方市场和监管市场挂牌上市的证券，如果在交易所存在持续的交易，则其价格和供求数量也可以由交易所确定和公布。如此，场外市场挂牌的证券也可以纳入交易所官方价格表。证券纳入场外市场必须由一家银行提出申请，并且该证券具备估值基础。至于估值基础，如果该证券在境外交易所挂牌上市，自然具备可靠的估值。如此，场外市场挂牌交易的股票多数为境外股票。20世纪80年代，约200只境外股票在德国的场外市场挂牌交易。20世纪末，法兰克福证券交易所场外市场挂牌的境外股票数量达到近2 000只，并且继续快速增长。2020年，法兰克福场外市场挂牌交易的股票数量达到1万只，而同时期的官方市场和监管市场上市股票数量不断下降。

直接推动企业上市

推出新的市场板块时，德国试图推动更多中小企业上市。早在1977年，行业人士就建议成立专门机构，以直接推动德国中型企业上市。或许市场嗅到了业务机会，1981年德国投资管理有限责任公司[①]成立，主要目标是推动更多中型企业上市，其以此作为主要业务。

1910年以来，银行是德国唯一可以开展股票发行业务[②]，即IPO业务的机构。银行出于种种原因不太情愿与德国投资管理有限责任公司合作。一方面，不利的股票价格发展情况将影响银行的声誉，为此银行经常调低股票发行价格，但较低的发行价格又影响企业股票发行意愿；另一方面，银行内部也存在业务竞争，毕竟帮助客户发行股票自然意味着贷款和债券业务减少，更何况德国投资管理有限责任公司还参与利润分成。

尽管面临困难，德国投资管理有限责任公司还是找到了一家汉堡的银行麦卡德，与其合作。两者主要为被德国全能型银行忽视的中小型企业提供股权融资的服务。这些中小企业即使存在发行股票的意愿，也没有专业的机构为其提供IPO服务，其在市场中也难以找到相应的金融服务机构。德国投资管理有限责任公司确实找到了被市场忽视的业务机会。1981—1984年，德国投资管理有限责任公司帮助近10家中型企业发行股票并在交易所上市。

德国投资管理有限责任公司的成功引起德意志联邦银行的关注。1984年，联邦银行的一份报告提到，德国缺乏以股票发行和上市为主要业务的中介机构，即投资银行。全能型商业银行的业务重点显然不在此，其业务重点与19世纪中叶刚成立之时完全不同。德国投资管理有限责任公司的例子说明德国允许非银行的专业机构提供股权融资服务。

[①] 德国投资管理有限责任公司即PM Portfolio Management Gesellschaft für Wertpapierberatung mbH & Co. KG。

[②] 1910年，德国颁布《关于证券准入以及交易所挂牌交易的公告》，规定银行是唯一的股票上市申请机构。

基于此判断，德国在创设新的市场板块"监管市场"时，同时允许非银行的专业机构作为企业上市的共同申请人，向交易所提交股票上市申请。

但是，德国投资管理有限责任公司的成功无法持续，而允许非银行的专业机构开展投资银行业务也没有取得显著进展。1981—1984年，德国投资管理有限责任公司帮助上市的10家公司之中，7家上市公司都在5年之内破产，而剩余的3家上市公司之中，1家面临巨额亏损，另外2家虽然在20世纪90年代还保持上市地位，但没有获得显著发展。德国尽管允许非银行的专业机构从事投资银行业务，但没有推动股权市场快速发展。IPO业务还是被大型银行主导，股票发行人也仍然是业务稳定的大型企业，以至于这次改革没有取得实际效果。

2013年，德意志交易所设立了一个风险投资子公司，旨在更好地为初创企业提供成长资本，同时支持创新型的中小企业通过资本市场获得股权融资。这可以看作德国第二次尝试直接推动中小型企业发行股票和上市。希望该机构能有助于改善德国的股权文化，吸引更多创新型企业到交易所上市。

为什么股票市场发展落后？

联邦德国成立之后，股票市场一直处于牛市。20世纪50年代，德国股票指数增长近10倍。尽管股票市场交易额由于经济发展和公司规模扩大而持续增长，但交易所的上市公司数量持续减少。1956年，联邦德国共有2 515家股份有限公司，这大概是第一次世界大战之前股份有限公司数量的25%，其中686家公司在交易所上市。1983年，德国上市公司的数量降低到442家[①]，然后长期稳定在这个水平。现在，法兰克福证券交易所主板上市的公司数量仅有450家左右。

---

① 参考Henning（1992），第323页。

学者一直将德国列入以银行贷款融资为主的资本主义国家，与美国有着明显区别。那么，为什么德国的金融体系会以间接融资为主，而股票市场发展相对落后？

在解答这个问题之前，我们应该了解3个历史事实。第一，德国于1871—1914年存在非常发达的资本市场，其规模仅小于英国，甚至可能大于同时期的美国。第二，在第一次和第二次世界大战期间以及联邦德国成立之后，企业的融资方式转为以间接融资为主，以直接融资为辅。第三，联邦德国成立之后，德国的股票市场一直处于弱势，甚至上市公司的数量持续降低。故而，德国形成以间接融资为主的金融体系与第二次世界大战之后的发展无关，而是因为第一次世界大战和第二次世界大战期间，德国金融体系从以直接融资为主转变成以间接融资为主，第二次世界大战之后延续了这个趋势，一直无法扭转。实际上，联邦德国成立之后，一直采取税收、法律等措施支持资本市场的发展，但一直没有取得太大效果。

为了更加形象地描述这两个时期的区别，我们比较了1871年德意志统一时和1956年联邦德国完成证券清理这两个时期的资本市场。1871年，德国企业踊跃发行股票，德国经济呈现一幅欣欣向荣的景象；而1956年，德国经济也增长迅速，但德国企业没有意愿发行股票融资。1871年，德国投资者认为股票是具备吸引力的投资渠道，特别是股息率远超利率；而1956年，德国投资者非常保守，投资股票被认为是一种风险较高的投资。1871年，证券发行是德国各大型银行的主要业务，存贷款等商业银行业务相对还没有得到较好的发展；但1956年，德国银行可以为企业提供各类服务，直接为企业提供贷款是银行更愿意采取的合作方式，而不是证券发行。在近100年间，几乎在资本市场的各个方面，德国经历了360度的变化，完成了金融体系从以直接融资为主到以间接融资为主的转变。

1923年和1948年，德国的两次货币改革将资本市场的发展分成3个阶段（见图11-2）。每次货币改革都将债券市场清零，而股票市场在原来的水平之上以新货币形式继续发展。但是，每次改革之后，债券市场总能快速恢复，甚至一段时间之后大幅超过原先的规模。股票市场却在每次货币改革之后发展缓慢，相对水平甚至不断下降。

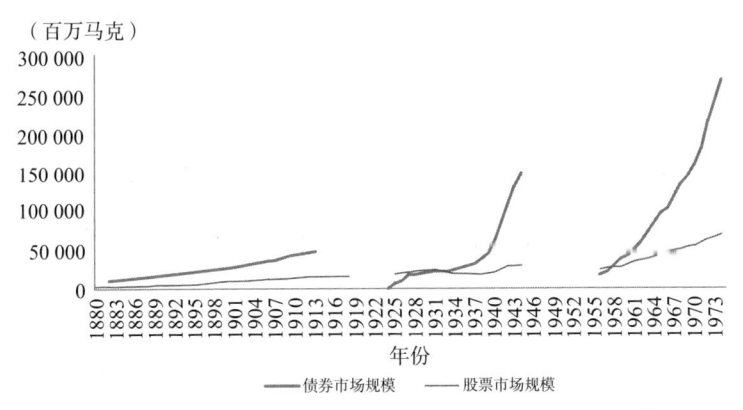

图11-2 德国历史上股票市场和债券市场规模的比较[1]

德国上市公司数量在两次世界大战期间经历了明显的转折。1871年德意志统一之后，其上市公司数量持续增长，在第一次世界大战前夕达到接近2 000家的规模，但在超级通货膨胀和第一次货币改革之后，德国上市公司数量开始持续减少。这个趋势直到联邦德国成立也没能扭转，一直持续到现代。因此，通过查阅历史上德国上市公司数量的变化，我们发现德国股票市场发展落后的原因似乎与1923年的货币改革有关，德国金融体系从以直接融资为主转变为以间接融资为

---

[1] 数据来源：德意志联邦银行。图中显示的3个时期的货币都是马克，实际上货币名称存在细微差别，比如帝国马克和西德马克。本图将这些不同时期马克的兑换关系简单化为1∶1。

主也与此有关。

如图 11-3 所示，1923 年之后，德国股票市场发展相对滞后，甚至上市公司数量持续下降与德国银行业的整合息息相关。19 世纪下半叶，德国成立数量众多的股份制银行，而证券发行和交易是这些银行的主要业务，即这些银行是投资银行而不是商业银行，这也是这个时期德国资本市场快速发展的原因。甚至银行股票是资本市场的主要交易和投资对象。之后，1896 年德国通过颁布《交易所法》打击了证券交易和投机，促使中小银行和私人银行逐渐退出证券发行和交易业务，而大型银行经过一轮轮整合转变成全能型银行。德国失去了一批专门从事证券发行和交易的投资银行，这直接影响了股票市场的发展。大型银行与德国企业建立紧密的合作关系，倾向于独享企业的投融资业务，而不再积极推动企业发行股票和上市，这导致德国上市公司数量此后持续减少，直到现代也无法扭转下降趋势。

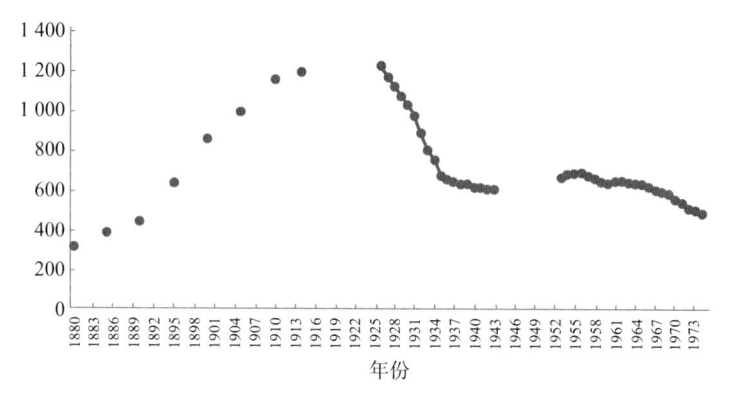

图 11-3　历史上德国各交易所上市公司总数的变化[①]

---

① 数据来源：1914 年之前的数据来源于 Weigt（2005），为每 5 年的估计数；1926—1943 年的数据为笔者按照柏林交易所上市公司数量占全德国 75% 的比例估计，而柏林交易所的数据来源于德意志联邦银行 1876—1975 年德国货币和银行系统示意图；1953 年之后的数据也来自德意志联邦银行。

另外，德国在拥抱新兴技术方面落后于美国，以至于德国大型上市公司都是百年老店，多数建立于 1871 年德意志统一时期。直到现在，只有极少数成立于联邦德国时期的企业能跻身德意志股票指数（DAX 指数）。在大型银行的影响之下，德国的会计准则以债权人为中心，而不以股东为中心。经历多次战乱、货币改革和危机后，多数中小银行和私人银行陆续退出市场，只留下那些风险抵抗能力很强的大型银行和部分保守的私人银行。如此，德国逐渐形成一个以大型银行为中心的金融体系，甚至德国的交易所也受到大型银行的显著影响。当然，20 世纪 90 年代的历史表明，交易所受大型银行影响并不是一件坏事。

金融期权市场的试验

德意志衍生品交易所成立并获得成功之前，联邦德国还有一段"失败"的金融期权历史。这是一段被遗忘的历史。为什么我们要专门探讨这个失败并且消失在历史长河之中的德国金融期权市场？因为时隔多年之后德国重新建设金融衍生品市场，而这个金融期权市场几乎相当于试验田。1896 年德国颁布《交易所法》之后，德国金融衍生品市场一直在走下坡路，直到 1931 年彻底停止衍生品交易。19 世纪下半叶全球第一个富有流动性的金融期货市场即柏林金融期货市场已经被德国人遗忘。然而，20 世纪 70 年代重新开始的金融期权市场"集齐了失败的衍生品市场的所有要素"。20 世纪 80 年代，德国重新找回多年之前积累的衍生品市场发展的经验和知识，为 20 世纪 90 年代德意志衍生品交易所的成功打下基础。之后，德国没有再犯重大失误，最终将所有对手都甩在身后。一切过往，皆为序章。联邦德国的衍生品市场发展从股票期权开始或许是一个意外。在合适的时间犯错误并积累经验也是德国人的运气。

重新上市股票期权

联邦德国成立之后，商品衍生品交易首先开启，而股票衍生品交易经历了不少波折。1954年，汉堡开始交易糖类相关的衍生品，1956年又开始交易咖啡相关的衍生品。1956年，不来梅的棉花衍生品市场开业。但是，德国的商品衍生品再也无法形成一个富有流动性的市场，在纽约、伦敦和芝加哥的竞争压力之下举步维艰，最终于20世纪70年代陆续终止交易。

股票衍生品交易的重启经历了曲折的过程。1956年5月，德国投资者被允许投资境外的金融衍生品市场。与19世纪类似，衍生品合约还存在法律层面的不确定性，投资者尽量依据市场惯例解决分歧。为了在德国金融市场引入衍生品合约，1957年德国各个交易所组成了一个委员会，研究与衍生品交易相关的法律问题和市场组织问题。同时，委员会制定了衍生品市场的交易规则。但是，这次衍生品市场建设的尝试并没有成功。1964年，德国各个交易所又组建了一个研究委员会，致力于研究衍生品交易的可行性。1966年底，该研究委员会向德国各个交易所汇报了研究成果，但是大家还是没有达成统一意见，也自然无法启动衍生品交易。

在这个时期，德国重新建设金融衍生品市场的困难不仅限于法律层面的不确定性，以及作为标的的股票缺乏流动性，还在于当时的银行缺乏衍生品交易相关的专业人员。自从1931年德国限制衍生品交易以来，整整一代人没有再接触过衍生品。衍生品交易变成仅仅存在于书本上的知识，熟悉衍生品交易实务的专业人员十分缺乏。

1969年5月，专家委员会建议德国交易所首先引入股票期权交易。

1970年7月1日，德国各交易所建立股票期权市场，标的为38只股票。德国首先推出股票期权而不是股票期货的原因是，"期权交易的风险有限，投资者仅承担期权的权利金损失风险"。这一年，迈伦·斯科尔斯提出布莱克-斯科尔斯期权定价公式。但是，现代学者阅读约100年之前的衍生品定价文献[1]，发现德国人早在1908年就提出与布莱克-斯科尔斯期权定价公式非常类似的定价方法，说明当时德国金融市场的期权定价方法已经非常接近现代的方法，期权交易也非常活跃。

传统但失败的期权市场

联邦德国重新上市股票期权产品之后，其交易量一直很低。1970—1981年，股票期权的交易量仅占同时期股票交易量的1.35%。或许是因为德国人尊重传统，这次联邦德国重新上市的股票期权采取约100年之前的交易方法，其主要特点包括流动性分散于德国的8个交易所[2]，依赖经纪人撮合，实行场内喊价交易，衍生品和股票在同一个交易所交易以及合约缺乏标准化。

联邦德国存在8个交易所。20世纪70年代，法兰克福和杜塞尔多夫交易所居于领先地位，但并没有与其他区域交易所拉开显著的差距。德国交易所的整合还有较长的路要走，直到20世纪90年代证券

---

[1] 参考Zimmermann（2009）。1908年文岑茨·布朗津教授出版《溢价交易理论》（*Theorie der Prämiengeschäfte*），介绍了期权的定价方法，该方法几乎与现代的期权定价公式一样。该教授并不从事期权或者衍生品交易，而仅仅出于教学目的出版该书。或许这意味着当时德国已经存在非常活跃的期权交易，而人们也非常熟悉期权定价方法，以至于教授出版该书并不是一个值得称道的成就。

[2] 8个交易所指法兰克福、汉堡、杜塞尔多夫、慕尼黑、斯图加特、柏林、汉诺威和不来梅的交易所。

交易电子化之后才基本解决。① 在股票期权重新上市之际，自然也不能只在某个交易所上市，而是所有的交易所"雨露均沾"。这种做法不可避免地将流动性分散到各个交易所，但在当时的环境之下，人们找不到更好的解决方法。

股票期权的交易与约100年之前一样依赖经纪人撮合。另外，这个时期发行上市的期权实际上是权证。发行人创设期权之后，留给二级市场交易，而发行人在期权到期行权时才能平掉头寸。在二级市场交易之中，交易所并没有设计专门的做市商，而是依赖经纪人撮合期权买方和卖方。更离谱的是，期权市场中没有中央对手方，期权买方如果行权，必须去找期权卖方，两两协商行权事宜。让市场更加复杂的是，期权合约没有标准化，期权买卖双方可以选择或商定任何一个交割日期以及行权价格。如此设计的市场甚至不如约100年前的德国金融衍生品市场。

期权合约的估值也存在诸多问题。据一份针对13 000张期权合约的调研报告，约80%的期权合约都存在严重的定价错误。② 似乎德国人已经将祖辈的衍生品交易和定价技巧都遗忘了。③

---

① 2022年，德国仍然存在多个证券交易所，除了法兰克福证券交易所，还有慕尼黑、斯图加特、杜塞尔多夫和柏林交易所。但法兰克福证券交易所的交易量占比达到95%左右。
② 参考 Walter（2009）。
③ 股票期权定价错误与期权市场的设计有关。德国当时推出的股票期权实际上是股票权证，存在一级市场和二级市场的区别。一级市场交易时，权证发行人生成权证，卖给交易者或经纪人，然后再由后者在二级市场交易。二级市场交易时，权证数量不会很快发生变化，权证价格自然也受市场供给和需求的影响，以至于权证或者期权价格经常偏离理论价格。其间，市场又缺乏做市商提供公允价格。中国早期的股票权证市场也遇到过这个问题。

期权合约的标准化

德国交易所将期权市场失败的主要原因归为期权合约没有标准化，以至于期权交易者只能持有期权至到期日，而难以通过卖出期权获利。非标准化的股票期权合约导致德国缺乏一个富有流动性的二级市场，而缺乏流动性又进一步打击了投资者的参与积极性。在同时期的美国市场上，股票期权也没有标准化。美国证券交易委员会允许股票期权在场外市场交易，但由于缺乏流动性，1968年美国的股票期权交易量仅有302 860张合约，交易金额仅占当年纽约证券交易所股票交易额的1%。

1973年4月，新成立的芝加哥期权交易所引入标准化的期权合约，快速成为一个成功的金融创新案例。与此前的场外市场交易方式不同，芝加哥期权交易所将期权标的限定在少数流动性优良的股票上，并且仅选择几个固定月份日期作为期权的到期日，这样标准化并且数量有限的股票期权合约使一个富有流动性的二级市场交易成为可能。股票期权合约像股票一样在交易所挂牌上市，清算所每天为会员和投资者结算盈亏。

如此，一个透明、运行良好的股票期权市场建立了起来。1973年，芝加哥期权交易所挂牌48个股票期权合约，基于16只股票标的和3个合约期限。最初的305个交易所席位以1万美元的价格出售。第一天，芝加哥期权交易所的股票期权交易量仅为1 584张合约，但一年之后，芝加哥期权交易所的交易量就超过美国整个场外期权市场的交易规模，交易标的扩展到145只股票，日均交易量达到148 904张合约，交易金额超过这些股票期权所对应股票的现货交易规模。20世纪80年代，芝加哥期权交易所进一步拓展了产品线，1982年引入外汇期权，1983年创新了股票指数期权，1984年又引入利率期权。

芝加哥期权交易所成为当时全球最知名的金融期权交易场所。[1]

德国直到1978年才开始模仿芝加哥期权交易所,将股票期权合约的交割日标准化,将每个月的5号、15号和25号作为期权的到期日。此后,德国的股票期权交易量快速上升,以法兰克福证券交易所为例,该交易所的股票期权交易量占整个德国的90%。

1983年4月1日,德国颁布《关于德国各证券交易所期权交易的特殊规定》[2],进一步减少合约期限以及合约数量。股票期权合约的到期日设定在每年1月、4月、7月和10月的15日。这样1月1日挂牌新的股票期权合约,则最短的合约期限为15天,而最长为9个月零15天。股票期权的行权价格也进行了标准化,按照股票标的价格高低,以2.5马克、5马克、10马克等的倍数作为股票期权行权价。

新规进一步推高了股票期权的交易量。1983年,法兰克福证券交易所的股票期权交易量达到178 755张合约,比上一年增加145%(见表11-2)。同时,法兰克福形成一个股票期权的二级交易市场。1983年,二级市场的股票期权交易量约为3万张合约,其中看涨期权成交27 562张合约,看跌期权成交2 489张合约。其间,股票期权交易额占股票市场交易额的比例快速提高。1981年之前,法兰克福股票期权交易额仅占股票市场交易额的约1%。1984年,股票期权的一级市场交易额达到18.68亿马克,二级市场交易额为1.25亿马克,总共占当年股票市场交易额[3]的约4.4%。1986年,股票期权市场交易额进一步快速上升,一级市场交易额达到98.92亿马克,二级市场

---

[1] 参考 Imo(1988),第118至121页。
[2] 《关于德国各证券交易所期权交易的特殊规定》即 Besonderen Bedingungen fuer optionsgeschaefte an den deutschen Wertpapierebörsen。
[3] 1984年法兰克福证券交易所股票市场交易额约为452.64亿马克,参考 Imo(1988),第92页。

交易额达到44.91亿马克,而当年法兰克福证券交易所的股票交易规模约为1 413亿马克,股票期权交易额已经占股票市场的10%。

表11-2 法兰克福股票期权一级市场的交易量[①]

年份	股票期权总交易量（张）	看涨期权 期权交易量（张）	看涨期权 对应的股票数量（千股）	看涨期权 对应的股票金额（百万马克）	看跌期权 期权交易量（张）	看跌期权 对应的股票数量（千股）	看跌期权 对应的股票金额（百万马克）
1970	2 232	2 030	126.4	18.7	202	10.5	2.8
1971	9 936	8 775	589.9	84.0	1 161	72.2	12.8
1972	12 410	9 505	619.9	90.9	2 905	189.3	36.8
1973	18 738	13 558	803.3	115.0	5 180	289.3	51.8
1974	23 241	19 308	1 083.6	123.5	3 933	241.9	34
1975	41 613	31 889	2 107.4	276.2	9 724	577.3	93.8
1976	49 156	38 753	2 505.4	350.5	10 403	650.3	103.5
1977	38 437	28 105	1 810.5	229.8	10 332	593.5	93.1
1978	73 763	55 545	2 851.9	354.8	18 218	881.4	141.3
1979	62 372	43 379	2 445.3	297.7	18 993	1 074.8	155.1
1980	64 940	47 211	2 693.5	299.9	17 729	1 076.2	138.2
1981	65 065	47 775	2 674.3	291.9	17 290	967.1	137.3
1982	72 891	54 881	3 067	309.3	18 010	1 011.5	121.9
1983	178 755	145 121	7 646.5	1 193.1	33 634	1 814.9	300.4
1984	197 410	157 797	8 489.9	1 495.6	39 613	2 168.9	372.5
1985	461 238	354 483	19 236	4 844.4	106 755	5 862.8	1 635.4
1986	501 240	418 576	23 408.3	8 338.1	82 664	4 917.1	1 554.5

引入债券期权

在股票期权之后,德国研发了更多的金融期权产品。德国各证券交易所的专家委员会开展了债券期权的可行性研究。委员会邀请银行

---

① 数据来源:Imo(1988),第90至91页。

代表、各交易所代表、德意志联邦银行、联邦德国财政部、期权发行人以及机构投资者参与讨论，更新了 1983 年的《关于德国各证券交易所期权交易的特殊规定》。德国于 1986 年 4 月 1 日引入债券期权。

债券期权选择标的的条件包括发行规模超过 5 亿马克，存续期超过 4 年。按照这个标准，联邦德国国债、德国铁路债券和德国邮政债券可以作为债券期权的标的。与股票期权类似，债券期权的到期日限制在 1 月 1 日、4 月 1 日、7 月 1 日和 10 月 1 日，但合约价值至少为 10 万马克。与股票期权不同，债券期权的交易并不活跃。1986 年上市债券期权的第一年，法兰克福仅仅成交 2 104 张合约，其中一级市场成交 1 278 张合约，二级市场成交 826 张合约。1987 年，债券期权的持仓额甚至开始显著下降。[①]

至于债券期权成交不活跃的原因，合约设计缺陷和投资者结构是主要因素。根据市场反馈，合约价值 10 万马克太高，以至于没有太多的机构愿意发行债券期权，而债券标的的存续期限太短，又导致债券价格波动太小，减弱了投资者参与的积极性。此外，债券期权以市场之中实际存在的债券作为标的，而随着债券到期日临近，愿意交易债券期权的交易者自然更少。还有，德国监管机构要求交易者持有足够的债券，以便交易看跌债券期权，即期权的看空仓位必须由债券现货的多头持仓完全覆盖。这是德国版本的套期保值要求。最后，投资者群体的局限也是一个原因。债券期权刚上市时，交易群体仅仅包括银行、企业法人以及境外投资者，保险公司和德国机构投资者按照规定无法参与债券期权交易，以至于德国无法建立富有流动性的债券期权市场。

---

① 参考 Walter（2009），看涨期权持仓额从 9 390 万马克下降到 920 万马克，而看跌期权持仓额从 6 830 万马克下降到 220 万马克。

期权市场发展缓慢的原因

1896年，德国颁布《交易所法》，严格限制衍生品交易。后来又有所放松，直到1931年德国再次禁止衍生品交易。1970年联邦德国重新开启股票期权之时，整整一代德国人没有从事过衍生品交易相关的职业。20世纪80年代中期，德国各证券交易所的股票期权市场获得了一定程度的成功，但它们还远远称不上是运行良好的金融期货和期权市场。1972—1986年，德意志联邦银行的统计数据显示，看涨期权的持仓额从5 140万马克上升到22.865亿马克，而看跌期权的持仓额从3 200万马克上升到2.708亿马克。1989年，全球34家挂牌期权的交易所之中，法兰克福证券交易所的交易量仅仅位于第25位，甚至低于里约热内卢、斯德哥尔摩等小城市的交易所。显然，这个结果与当时联邦德国蒸蒸日上的经济实力并不相称。德国各界也反思了金融期货期权市场相对落后的原因，他们从法律法规、合约的逐步标准化、机构投资者的交易限制、缺乏活跃的做市商、没有独立的交易所市场及缺乏专业人士以至于无法为期权进行正确定价等方面进行了探讨。

20世纪七八十年代，德国法律不允许衍生品合约的交易者从事价差交易。[①] 签订衍生品合约之后，交易者只能在市场找到交易对手方平仓或者持有到期。由于没有中央对手方，交易双方必须承担对方的违约风险，以至于衍生品交易难以找到对手方。德国法律以最终交割或者行权作为衍生品合约交易的目的，极大地限制了衍生品市场发挥风险管理功能。德国法律也将衍生品交易视为与赌博类似的活

---

① 当时德国还没有现金交割的概念。法律规定不能从事价差交易，即交易双方计算签订合约和平仓合约时标的证券的价格之差，并支付这个价格差完成衍生品合约的交易，其与现代的现金交割非常类似。

动，因此衍生品交易者向另一方索赔或者提起诉讼时经常遭遇困难。此外，个人也无法参与衍生品交易。这些制度层面的障碍需要通过修改相应法律才能被解决，进而才能为德国衍生品市场发展开辟出一条道路。

中央对手方的缺失也是重要原因。该时期德国股票期权市场仍旧采用约100年前的交易机制，通过经纪人居中撮合，没有中央对手方。于是，德国股票期权市场无法形成一个富有流动性的二级市场。19世纪末，德国率先发展出衍生品的集中清算机制。不久之后，英国伦敦农产品清算所和美国芝加哥期货交易所发展出中央对手方清算技术。之后约100年，德国期权市场却由于衍生品交易禁令而停止了发展。直到1970年德国股票期权市场重启之时，德国也没有引入中央对手方清算制度。

这个时期的股票期权市场无疑是失败的，甚至被媒体批评为"业余者的杰作"，"集齐了失败的衍生品市场的所有要素"。[1] 现代学者似乎忘却了这段失败的德国股票期权市场历史，特别是由于被20年之后欧洲期货交易所的辉煌和光芒掩盖，更没有人提起这段不光彩的历史。但是，这段历史对德意志衍生品交易所的成功起了铺垫作用。经历近20年的期权市场试验，德国人终于明白如何建设一个成功的金融衍生品市场，并且将想法付诸实施。尽管德国股票期权市场发展得不顺利，但这就像排雷行动，德国人把可能影响衍生品市场发展的负面因素都排查清楚，从而为德意志衍生品交易所的成功创造了条件。

---

[1] 参考 Walter（2009）。

第十二章

百年不遇的挑战

1971年，美元与黄金脱钩，布雷顿森林体系瓦解，主要资本主义国家的汇率开始自由浮动。早在20世纪50年代末，罗伯特·特里芬就提出美国长期逆差和美元币值稳定之间的矛盾，这被称为"特里芬难题"。20世纪70年代的石油危机带来了更多不确定性。全球金融市场进入一个新时代，金融产品特别是金融衍生品的创新大潮来临。1972年，芝加哥商业交易所推出国际货币市场，挂牌外汇期货。1973年4月，芝加哥期权交易所成立，为市场提供标准化的金融期权产品。

20世纪70年代，西方主要经济体经历"滞胀"。以凯恩斯主义为代表的国家干预主义遭遇严重的挫折，而强调竞争和效率的新自由主义经济学逐渐兴起。里根和撒切尔夫人推动金融自由化和去监管政策，引发了金融市场新一轮的竞争和金融全球化。这次全球化与19世纪末不一样，电子化交易以颠覆性技术创新的姿态出现，将全球金融市场越来越紧密地连接在一起。经历近10年的孕育期之后，电子化交易终于在20世纪80年代中期显示出竞争优势，并逐渐颠覆全球交易所行业。

电子化和全球化宣告全球交易所竞争时代的来临。环境剧变深刻地影响了欧洲各交易所的生存和发展。它类似于小行星撞击地球给恐龙世界带来的影响，德国金融界直到20世纪80年代末才认识到这场变革的严峻性。在这种背景下，德国提出建设法兰克福金融中心，试图将金融资源集中在法兰克福，以便让德国在这场国际竞争中不掉队或不被淘汰。建设法兰克福金融中心可以看成德国版本的顶层设计，直接促成了德国版本的金融大爆炸。

交易所竞争时代来临

16世纪下半叶，德意志地区的各老牌交易所先后诞生。此后，在长达400多年的时间里，各交易所之间没有直接的竞争。一方面，交易所自身没有营利性目标，没有生存压力，自然没有意愿"做大做强"；另一方面，交易所服务于地区的商贸活动，参与者大都来自附近城市，因此交易所没有能力也没有必要吸引遥远地区的参与者。但是，20世纪80年代，交易所行业的环境发生了显著变化。电子化交易所冲击着传统交易所的业务和观念。1986年，伦敦金融大爆炸直接搅动了欧洲各老牌交易所的竞争格局。一时之间，法兰克福证券交易所以及德国其他交易所面临生存威胁。

电子化交易改变交易所定义

美英两国的金融自由化、去监管化，以及信息技术的发展和电子化交易的出现，使得20世纪80年代中期各国金融市场日益融合在一起。证券交易电子化快速推动金融市场的全球化。1971年，美国全国证券交易商协会自动报价系统，即纳斯达克成立。纳斯达克是第一个采用电子化报价和交易的股票市场。80年代后期，这个电子交易市场逐渐开始对传统交易所形成竞争压力。1985年，新西兰的羊毛贸易商拟建一个期货交易所，但无法就该交易所的物理位置达成一致意见，因为他们的羊毛交易中心位于4个地方。作为解决方案，他们请伦敦商品清算所开发了一套电子交易系统，组建了一个电子化的新西兰期货交易所。[①] 同一年，瑞典企业家奥洛夫·斯腾哈梅组建了一个期权交易所（OMX），也采用电子化交易。

电子化交易的技术革新给交易所行业带来了深远影响。这场变革成为未来10年交易所演变的最直接推动力。场内交易开始向电子化交易转变，而缓解场内交易和电子化交易所带来的利益冲突成为各个交易所必须面对的挑战。电子化交易打破了距离限制，降低了交易成本，因此机构投资者可以跨境参与其他交易所的金融交易。交易所行业由局部竞争向全球竞争转变，而不能适应这个过程的交易所将被并购或者淘汰。竞争的压力也促使交易所改革自身的组织形式，会员制的私人俱乐部在形式上开始向公司制转变，以便提高决策效率，更好地应对剧烈变化的市场环境。

面对电子交易系统，传统交易所的观念受到冲击。历史上，德国的交易所一直是商贸发达地区的公共品。除了非营利性，德国交易所与英国、美国的交易所在组织结构上区别显著。英美交易所普遍是会员制交易所，即会员控制和拥有交易所，但德国不是。传统上，德国的交易所从19世纪开始就存在交易所运营商的概念。比如法兰克福证券交易所的运营商是法兰克福商会。商会虽然是商人的组织，但它并不是商人自发组成的，而是一个半官方机构。德国设立交易所、颁布或修改交易所规则以及其他重要规则需要市议会或者后期的州政府批准，因此德国的交易所并不像英美交易所那样是完全的自律组织。德国各个交易所对于市场参与者的准入政策各有不同，但都不像英美

[①] 参考 Gorham and Singh（2009），第34至36页。

第三部分　从欧洲到全球

交易所那样设定会员数量，并且极力保护会员利益。与此相反，德国交易所维护公众利益，原则上各交易所不能拒绝符合条件的人士进入交易所并参与交易。这些条件，比如具备足够的知识等也不是歧视某类群体，而是出于保护投资者的目的制定的。

法兰克福证券交易所的起源和发展过程是一个明显的例子。1585年，法兰克福的大商人团体请求市议会确认和公布官方钱币兑换价格表，目的是"推动法兰克福商贸活动和提高居民福祉"。市政府回应商人团体的请求，颁布法令，以支持商人编制官方价格表。这是涉及法兰克福证券交易所的第一份官方资料。1585年因此被认为是法兰克福证券交易所成立时间。1817年5月20日，法兰克福颁布了一部与交易所有关的法规——《关于自由城市法兰克福商会组织的规定》。这部规定明确提出商会的主要工作是维护当地商业的发展和繁荣，并避免可能对商业不利的事项，而商会也是交易所最早的运营商。直到1990年，法兰克福证券交易所的组织性质和运营目的一直没有改变，即维持金融市场的稳定运行，支持当地商业的发展。德国交易所与英美交易所的最大区别是德国交易所具有非营利性和公共产品属性。

电子交易系统的出现挑战了这种传统的交易所观念。Instinet等交易系统由第三方开发，为投资者提供更便捷、成本更低的证券交易方式。这类交易系统并不是传统意义上的交易所，不是由会员发起，甚至没有会员。系统开发者视其为一项盈利业务，以对交易双方收取交易佣金为盈利模式。更严峻的问题是，传统交易所如果不改革，不转变观念，将不可避免地被这类新的交易系统代替。随着伦敦证券交易所获得越来越多的德国股票交易份额，这个趋势已经比较明显。

那么到底什么是交易所？除了传统意义上的对交易所的定义，交易所还是一个金融服务的提供者，也是国际竞争的参与者。交易所需要维持金融产品的流动性，降低金融产品的交易成本，以持续地吸引机构投资者。交易所也需要为发行人提供更好的服务，在遵守相关规则基础上满足发行人的融资需求。同时，交易所还是信息中心，满足各类市场参与者对金融产品的信息披露、交易数据等信息要求。交易所需要持续完善规则，升级交易技术系统，更快、更方便地撮合交易订单，为投资者提供公开公平的价格。从这个意义上，交易所需要不断提高竞争力，作为金融中介机构为会员和市场参与者提供更好的服务。

伦敦金融大爆炸

1979年，撒切尔夫人成为英国首相，推行新自由主义，在外汇利率和资本市场等各领域放松管制。1983年，在英国政府的施压下，伦敦证券交易所启动改革。当时，伦敦证券交易所的规模仅仅是纽约证券交易所的1/6。英国为了增强伦敦证券交易所的竞争力，提高伦敦的国际金融中心地位，启动了这次改革。1986年10月，伦敦证券交易所执行了一系列改革措施，取消会员的众多垄断特权，打造更加开放的金融市场。这就是所谓的"伦敦金融大爆炸"。

大爆炸之前，伦敦证券交易所维持了近300年的传统运营模式。17世纪，伦敦出现股票和债券交易。1698年的一份伦敦经纪人价格表显示了伦敦与19个城市的汇票价格和6只股票的价格，包括英格兰银行和英国东印度公司的股票。但很长时间以来，伦敦的股票和债券一直在街头、咖啡馆等地松散交易，直到1802年伦敦的经纪人正式组建"证券交易所"，并建立起一幢独立的大楼，将其作为交易大厅。在这个时期，伦敦证券交易所类似于一个合伙企业组织，其主要目的是维护经纪人即会员的利益。此后近200年，伦敦证券交易所的基本框架一直保持不变，包括区分场外经纪人和场内经纪人、限定经纪人数量、制定最低经纪费等。这些制度的设计初衷都是维护会员的利益。

20世纪80年代之后，古老的伦敦证券交易所的组织形式已经不适应新的金融自由化形势。场内经纪人数量有限，这直接限制了市场竞争。金融大爆炸之前，伦敦仅有8家场内经纪公司，其中两家占据75%的场内做市业务。交易所的这一组织形式直接导致英国国债发行的高成本和低流动性。伦敦证券交易所封闭的会员结构也使得它无法参与新兴的金融业务，如欧洲美元市场，更别谈引入新的电子化交易方式。在金融市场开放和外汇管制取消之后，伦敦证券交易所开始面临境外交易所的直接竞争，越来越多的证券交易业务流向纽约证券交易所。外部竞争的压力迫使伦敦证券交易所进行改革。

首先，伦敦不再区分场内经纪人和场外经纪人。[1] 历史上，伦敦证券交易所出现场内经纪人和场外经纪人，提高了证券交易效率。但20世纪80年代，这个结构已经显得不合时宜。特别是经过近200年的演变，场内经纪公司数量大幅减少，从100多个到只剩8个。不再区分场内经纪人和场外经纪人之后，伦敦证券交易所将其统称为经纪人——既可以代理客户的交易，也可以自己作为做市商与客户交易。

其次，取消经纪人的最低佣金，降低证券交易成本。19世纪以来，伦敦证券交易所的场外经纪人掌握交易所的控制权，为自己设立了最低佣金制度。金融市场开放之后，高额的佣金促使英国的机构投资者到纽约等地完成交易。伦敦取消最低佣金制度之后，5万~10万英镑的证券交易佣金从0.41%下降到0.34%，而超过200万英镑的交

---

[1] 场外经纪人和场内经纪人的区别在于，前者也称Makler，从客户处获得订单，再交给后者，通过后者在交易所撮合订单完成交易。不再区分两者功能之后，两者都加入了经纪商协会。

易佣金直接降到0.125%。此外，金融大爆炸还促使英国将资本交易税即印花税从1%下调到0.5%。

再次，放开伦敦证券交易所的会员转让。19世纪以来，伦敦证券交易所的会员体系一直是一个封闭的体系，类似于一个私人俱乐部。交易所采取封闭式的会员制，以便会员维护自己的利益。新会员的接纳程序非常复杂，而外国人或外国公司几乎不可能成为新会员。改革之后，境外金融机构可以并购伦敦证券交易所的会员，参与交易所业务。此措施直接促成伦敦的诸多会员并购案例。结果表明，境外金融机构成为伦敦证券交易所的新会员，确实为伦敦金融城带来了新的活力，推动了伦敦金融市场的国际化。

最后，伦敦证券交易所引入电子化交易，直接威胁到了欧洲大陆的交易所。1986年10月27日，伦敦证券交易所引入电子化报价系统SEAQ[1]。经纪人只要安装SEAQ终端就可以查阅伦敦证券交易所挂牌的各类证券价格。做市商可以通过该系统不断更新报价。投资者可以通过电话询问报价，再通过经纪人完成交易。如此，经纪人和做市商不再需要传统的报价板，坐在办公室就可以交易伦敦的股票。SEAQ还不是一个完全电子化的交易系统，仅仅支持电子化报价，交易还需要通过电话完成，但相对于传统的场内交易，其竞争优势明显，以至于伦敦证券交易所的场内交易不久之后就被放弃了。

电子化报价和交易系统成为伦敦证券交易所参与国际竞争的重要手段。特别是伦敦的SEAQ国际版[2]给欧洲大陆的交易所施加了极大的压力。SEAQ国际版的交易免交印花税，而交易时间比欧洲大陆的

---

[1] SEAQ即Stock Exchange Automated Quotations。
[2] 参考Ellger and Kalss（1997），第614页。伦敦证券交易所SEAQ电子化报价的信息也参考Gorham and Singh（2009），第76页。

交易所更长，因此很快就吸引了来自法国、荷兰、瑞典和意大利的大量股票交易。[1] 德国股票也开始在 SEAQ 国际版交易，其交易比例快速上升到 10%~20%。SEAQ 系统使得证券交易更加方便。欧洲大陆的投资者通过 SEAQ 系统查阅各个证券的价格，通过电话交易证券，不管该证券是英国股票还是德国股票。

交易所面临市场竞争

德国和英国、美国的交易所存在诸多显著差别，但仍然拥有共性，即交易所是金融市场运营者，不是一般企业。在通信技术不发达的年代，交易所拥有一定的市场垄断权，不像一般企业一样参与市场竞争。在英美模式中，交易所运营的主要目的是服务于会员，会员参与交易所管理。交易所的关键决策取决于全体会员大会，这自然导致传统交易所的决策效率低下，并且经常反复，难以应对瞬息万变的市场竞争。而在德国模式中，交易所服务于地区的商贸发展，由地方商会管理运营，不以营利为目的，也不能很好地应对市场竞争。

20世纪80年代，电子交易系统的兴起使传统交易所受到冲击，不管是德国模式还是英美模式，全球各地的传统交易所都受到同样的冲击。这类新型的电子交易系统可以视为金融服务的提供者，像企业一样参与市场竞争。电子交易技术快速发展之后，传统交易所突然面对一群新型的竞争者，它们一定程度上失去市场垄断权。它们需要快速做出专业决策，否则无法在市场上存活。如果无法长期持续经营，交易所也就谈不上为会员服务。交易所与会员的关系将发生变化，两者的利益不再一致。交易所可以通过更好的服务吸引更多会员参与。如

---

[1] 参考 Schmidt（2011）。

果会员不满意这家交易所，他也可以转到其他交易所平台继续提供金融服务。两者的目标都是更好地服务客户，以获得持续而稳定的利润。

伦敦金融大爆炸给德国交易所带来极大的震撼，促使德国交易所快速进行改革。实际上，这场震撼所引发的改革的核心是通信技术革新带来的电子化交易。

一时之间，交易所在几乎所有的领域展开竞争。首先是产品的种类和数量。交易所需要与产品发行人维持良好的合作关系，以便为投资者提供丰富的金融产品，尽量满足机构投资者的需求。其次，交易执行包括交易成本和效率。速度更快、成本更低地为投资者执行交易指令成为交易所之间竞争的主战场。再次，交易后的结算和托管服务。最后，交易所的数据和信息发布。

交易所行业迎来400年未有之大变局。20世纪80年代，伦敦金融大爆炸引发欧洲交易所竞争后，德国终于认识到这一点。德国交易所需要直面国际竞争，提高市场生存能力。随着市场对外开放和外汇管制取消，金融市场全球化已经启动，欧美地区已经不存在独立的封闭的金融市场。交易所无可避免地需要参与国际竞争，不能再满足于仅服务本地投资者和发行人。如果交易所不适应新的环境，其可能面临淘汰。德国的交易所需要与国际全面接轨，不仅包括交易所组织，还包括金融市场的相关法律和监管体系。法兰克福证券交易所与其他区域交易所的关系也需要梳理。

然而，电子化交易难以顺利地被交易接受。甚至在1992年，法兰克福证券交易所管理层成员迈克尔·哈克还批评德国即将引入的电子交易系统EHS[①]。他认为，如果引入电子化交易，将缺乏熟悉市场

---

① EHS 即 Electronische Handels System。

的经纪人和交易者，其无法为市场提供更透明的信息。还有批评者认为，没有经纪人的电子交易系统将提高市场波动率，因为其不需要专业人士维护价格、提供报价。人们需要更多的时间才能认识到电子化交易的优势。

欧洲衍生品创新拉开序幕

在德国重启股票期权市场的同一时期，起源于美国的金融衍生品创新热潮到达欧洲。1975年10月20日，芝加哥期货交易所创新了国债期货合约。1982年2月24日，堪萨斯期货交易所[①]推出第一只股票指数期货。随后，欧洲相继成立一批衍生品交易所，包括1978年成立于阿姆斯特丹的欧洲期权交易所[②]、1982年成立的伦敦国际金融期货交易所[③]、1986年成立于巴黎的法国金融期货交易所[④]。

欧洲期权交易所

1978年成立的欧洲期权交易所复制了芝加哥期权交易所的成功。荷兰人也引入标准化合约，以及像现货一样可以通过二级市场交易的期权产品，使欧洲期权交易所一时之间成为欧洲金融创新的代表。经历了最初的怀疑之后，高速增长的交易量宣告了这个模式在欧洲大陆取得成功。在起步阶段，欧洲期权交易所日均交易量为997张合约，1981年日均交易量增长约300%，达到4 000张合约。此后，期权交易量继续快速增长，1984年达到日均2万张，1986年接近4万

---

① 堪萨斯期货交易所即 Kansas City Board of Trade。
② 欧洲期权交易所即 European Options Exchange（EOE）。该交易所模仿了芝加哥期权交易所。
③ 伦敦国际金融期货交易所即 London International Financial Futures Exchange（LIFFE）。
④ 法国金融期货交易所即 Marchea Terme d'Instruments Financiers。

张。欧洲期权交易所一度占据欧洲金融期权市场85%的份额[①],并且期权产品从股票期权扩展到利率期权、股指期权、黄金期权、白银期权和外汇期权等。

随着伦敦、巴黎和法兰克福都成立衍生品交易所,欧洲期权交易所面临越来越激烈的市场竞争。1995年,欧洲期权交易所的交易量达到新高,约每天5万张合约,但该交易所在欧洲衍生品市场的市场份额下降到5%左右。阿姆斯特丹相继被伦敦、巴黎和法兰克福赶超,在衍生品发展史上被人遗忘。欧洲期权交易所也试图通过交易所改革和引入新的交易系统扭转局势,但无济于事。

欧洲期权交易所失败的原因是,其对电子化和全球化的理解稍慢一拍。阿姆斯特丹还沉浸在成功的喜悦之中时,越来越强大的竞争者快速赶上,甚至不给荷兰人思考的时间。在欧洲期权交易所的交易量之中,一半来自荷兰地区的个人投资者。[②] 这是其与其他衍生品交易所显著不同之处。个人投资者虽然早期贡献了交易量,但多数投资者都遭遇惨重的损失,难以持续参与衍生品交易。衍生品交易所应该为机构投资者提供风险管理工具,这样才能长期运营和发展一个功能良好的衍生品市场。

欧洲期权交易所最大的历史功绩或许是刺激欧洲各地纷纷设立衍生品交易所。荷兰人又一次为欧洲的金融产品创新打开了大门。1978—1991年,欧洲共成立23家衍生品交易所。一时之间,欧洲的衍生品交易所竞争逐渐白热化。

伦敦国际金融期货交易所

美国和荷兰金融期货期权市场快速发展,也促使英国复制它们的

---

① 参考 Imo(1988),第24页。
② 参考 Remien(1997)。

成功，即建立一个专门交易金融期货和期权的交易所。1982年，伦敦国际金融期货交易所成立。这个交易所以芝加哥期权交易所为榜样，也采用公开喊价的交易形式。交易员在交易池撮合订单，而经纪人或经纪公司围着交易池，通过电话或其他形式接收客户的订单，并转给交易员完成交易。交易价格在交易大厅实时公布，进而通过电子渠道传给各金融信息服务商。交易完成之后，伦敦商品清算所作为中央对手方为合约提供清算和结算服务。为了提高交易池的撮合效率，1989年11月，伦敦国际金融期货交易所引入电子化的"交易池自动撮合系统"。该系统罗列出所有没有撮合的买卖订单，但是并不按照"价格优先，时间优先"的原则撮合，因而不算完全电子化的交易系统，仅仅作为交易池的辅助或者在收盘之后使用。由于伦敦国际金融期货交易所需要维护经纪人的利益，这套电子化系统不能与交易池形成直接竞争。[①] 如此，电子化交易与伦敦国际金融期货交易所擦肩而过。

伦敦国际金融期货交易所相继推出利率类、汇率类和股票指数的金融期货和期权产品，快速成为欧洲首屈一指的衍生品交易所，与法国的衍生品交易所势均力敌。在最初的两年间，伦敦国际金融期货交易所的日均交易量为2 000~3 000张合约。1984年，日均交易量大幅上升，达到12 000张合约。1986年又继续增长，日均交易量达到3万张合约。1987年，伦敦国际金融期货交易所的交易量在这基础之上继续增长至5.5万~6万张合约，占英国金融衍生品市场约50%的

---

① 参考Walter（2009）。这套电子化系统开发10年后，交易量相对于交易池非常少，以至于买卖价差一直很大。无独有偶，芝加哥商业交易所的GLOBEX电子交易系统也有着相似的命运，在初始阶段其只能在交易池关闭之后的盘后交易时间使用，以避免与交易池直接竞争。

市场份额。英国长期国债期货、美国国债期货以及富时 100 股票指数期货是交易最活跃的 3 个合约，交易量占伦敦国际金融期货交易所交易量的 90%。

伦敦国际金融期货交易所一度被称为"金融大爆炸以来最大的成功"。其日均交易量从最初的几千张合约快速上升到 20 世纪 90 年代末的 14 万张。除了英国的利率、股票指数期货合约，伦敦国际金融期货交易所还提供美国、日本和德国等主要资本主义国家的利率类、股权类金融期货合约，其中 3 个月英镑利率期货和德国国债期货的交易量居于前两位。

伦敦国际金融期货交易所的成功自然得益于全球金融衍生品市场的快速发展，其国际化策略也是其成功的原因之一。正如交易所的名字所透露的，伦敦国际金融期货交易所引入国际知名的金融期货和期权合约，同时吸引全球机构投资者来伦敦交易。1984 年，其与芝加哥期货交易所合作，将美国国债期货合约引入英国。1986 年，其与悉尼期货交易所合作，将美国国债期货和欧洲美元利率期货放到悉尼交易，通过伦敦清算和交割。1987 年，其与东京证券交易所合作，将日本国债期货引入伦敦。此外，伦敦国际金融期货交易所还提供英镑、瑞士法郎、马克、日元等外汇期货合约，都基于美元结算。1985 年，伦敦国际金融期货交易所的 373 个会员之中，有 70 个境外银行会员和 84 个境外经纪商会员。[①] 德国国债期货和 3 个月马克利率期货成为交易所的明星合约。特别是英国国债期货交易量下降之后，伦敦国际金融期货交易所更加依赖德国相关的金融期货产品，这也预示着其与 20 世纪 80 年代末新成立的德意志衍生品交易所将展开激烈竞争。

---

① 参考 Imo（1988），第 54 至 58 页。

1986年英国的金融大爆炸直接促进了伦敦金融衍生品市场的发展。在金融自由化政策实施的前3个月之内，英国国债等金融衍生品交易量翻番。然而，受英国的金融大爆炸影响最大的还是股票现货市场。

至于伦敦国际金融期货交易所最终被德国交易打败的原因，一些专家认为是其电子化速度太慢。其实也不尽然。20世纪80年代末，伦敦国际金融期货交易所已经在订单报入、交易后数据处理、清算和结算等环节实现了电子化，但始终无法放弃交易池，以至于最关键的那个环节，即交易撮合，不能完成电子化自动操作。至于原因，会员制交易所需要照顾会员的利益，重大决策由会员大会做出，而会员坚定地反对电子化交易。如此，伦敦虽然掌握了先进的电子化交易技术，却没有实施，以至于90年代末期被完全电子化的德意志衍生品交易赶超。伦敦或许早就认识到电子化交易的优势，但由于交易所组织的特性而无法实施。等到被迫实行电子化交易之时，一切都为时已晚。

法国国际期货交易所

1986年2月，一个与伦敦国际金融期货交易所相似的交易所——法国金融期货交易所在巴黎成立。法国国债期货是其主要的衍生产品。1987年中期，法国国债期货的交易量达到每天3.5万张合约，1987年底达到7万张合约，其交易规模超过伦敦国际金融期货交易所，成为仅次于芝加哥期权交易所的衍生品交易所。[1] 除了国债期货，该交易所还挂牌法国股票指数期货以及外汇期货。1989年，法国金融期货交易所收购了巴黎、勒阿弗尔等地的商品交易所，然后改名为

---

[1] 参考Imo（1988），第34至35页。

法国国际期货交易所[①]。

初期，伦敦国际金融期货交易所和法国国际期货交易所尽量避免直接竞争，即它们避免挂牌上市同一种期货合约。[②]但是3个月德国马克利率期货合约改变了这种默契。3个月马克利率是当时欧洲货币市场使用最频繁的利率。伦敦和巴黎两家期货交易所都志在必得。1989年4月，两家交易所都上市德国马克利率期货合约。它们从芝加哥商业交易所和芝加哥期货交易所"头碰头"的竞争历史中了解到，两家交易所相邻，流动性只会在其中一家集中。欧洲衍生品市场进入残酷的"头碰头"竞争之中。1989年10月，伦敦国际金融期货交易所获得马克利率期货总交易量的85%，马克利率期权产品也获得更大的交易量。不久之后，法国国际期货交易所摘牌了马克利率期货和期权，伦敦国际金融期货交易所赢得了这场竞争。

伦敦国际金融期货交易所和法国国际期货交易所都采取交易池公开喊价的交易模式，并同时上市马克利率期货合约。但是，这两个交易所的参与者结构不同，而这一点决定了竞争结果。伦敦国际金融期货交易所75%的会员来自英国以外，而法国国际期货交易所的境外会员只占27%。伦敦的国际化程度显然远远高于巴黎，也使得伦敦可以获得更多的境外订单，逐渐积累了更多的流动性。另外，伦敦的马克货币市场的交易量也高于巴黎。

尽管在马克利率期货的竞争中失败，法国国际期货交易所仍然是欧洲衍生品市场的主角。然而好景不长，1997年法国国际期货交易所失去独立性，成为巴黎证券交易所的一员。巴黎证券交易所还拥有

[①] 法国国际期货交易所即 Marché à Terme International de France。
[②] 参考 Walter（2009）。

并运营巴黎股票交易所和巴黎期权交易所。[①]法国国际期货交易所被并购之后，法国的衍生品市场失去了原有的发展趋势，现货市场反而受到重视，其金融市场走上了另一条道路。2000年，法国巴黎、荷兰阿姆斯特丹和比利时布鲁塞尔的交易所合并，成立泛欧交易所，股票现货业务通过持续合并而快速扩张，但衍生品业务停滞不前，以至于被历史遗忘了。

德国应对挑战的策略

竞争的压力促使德国人必须做出反应。在股票市场上，伦敦证券交易所的电子交易系统开始蚕食法兰克福证券交易所的交易量；在金融期货上，阿姆斯特丹等地的衍生品交易所获得成功，既让德国人羡慕也让他们担忧；1987年，德国获悉伦敦国际金融期货交易所挂牌联邦德国国债期货的秘密计划，更让德国金融机构，特别是德意志联邦银行如鲠在喉。德国监管机构可以不在乎美国以及英国的金融自由化政策，但一旦英国和美国的金融市场发展影响德国的金融定价权，它就会立刻警觉起来。在来自伦敦的竞争威胁面前，德国金融界、监管机构和政策制定者出乎意料地快速达成一致意见，以应对20世纪80年代末德国所面临的金融挑战。

艰巨的改革任务

德国面临一个严峻的考验，能否应对或许将决定此后10年德国的交易所是否具备全球竞争力。除了交易所各个层面的产品和服务需要具备更强的市场竞争力，德国还面临宏观层面的诸多挑战。所有问

[①] 具体参考彼得·诺曼（2013），第180至182页。

第三条金融之路　　436

题交织在一起，改革几乎成为不可能完成的任务。

第一，法律体系需要适应新的市场环境。电子化交易和衍生品需要纳入德国法律并合法化。直到20世纪80年代末，德国仍然没有出台内幕交易的相关规定。并且，德国股票市场以《交易所法》和《股份公司法》为基础，是否需要一部以金融市场为对象的法律，也是德国需要考虑并快速决策的事项。历史上，德国往往需要准备数十年才颁布一部新的法律，但彼时德国没有太多的时间调研、斟酌和决策。

第二，德国金融市场缺乏一个统一的监管机构。彼时德国交易所仍然受到州政府监管，而金融市场在全国范围内没有统一的监管机构。美国在1934年出台《证券交易法》时建立了证券交易委员会，将其作为全国证券市场的统一监管机构。随着金融市场越来越国际化，德国这种分散式监管框架能否适应新的环境也值得探讨。

第三，交易所组织需要市场化并提高决策效率。德国交易所一直都是非营利性的。交易所和交易所运营商都是公法之下的机构，如法兰克福商会是法兰克福证券交易所的运营商，但其显然缺乏足够的专业知识、资金和人员来运营一个具有国际竞争力的交易所。

第四，是否有必要组建一个专业的衍生品交易所。历史上，德国各交易所都具有公法特性，不管是汇票、债券、股票、库克票还是衍生品，都可以在同一个交易所交易。20世纪70年代，德国的股票期权也同时在德国各个交易所挂牌上市。但是，在阿姆斯特丹、伦敦和巴黎等城市都建立了专业的衍生品交易所，并且纷纷取得成功之后，德国开始讨论是否有必要参考这些城市而建立专业的衍生品交易所。

第五，如何面对德国境内诸多交易所的利益平衡。20世纪80年代末，德国依然存在8家交易所。面对法兰克福证券交易所，其他区域交易所正逐步失去竞争力，但这些交易所以及所在地的州政府显然不愿意它们被关闭。如果依靠自然的市场竞争，这些交易所或许还需要数十年才会最终承认失败，但彼时法兰克福证券交易所面对外来竞争，没有充足的时间继续容忍其他区域交易所分散交易量。如何集聚德国的金融力量提高法兰克福证券交易所的国际竞争力，同时又尽可能满足其他交易所的诉求是一个无法绕过的难题。

法兰克福金融中心的建设

德国一直反对金融自由化，直到伦敦金融大爆炸影响到德国交易所的竞争力和生存状况。20 世纪 80 年代末，德意志联邦银行放弃此前一直反对金融自由化的观点，转而提出建设法兰克福金融中心以应对来自伦敦的竞争威胁。德意志联邦银行转变为德国金融市场改革开放的重要支持者，也成为建设法兰克福金融中心的重要推动力量。[①]

1989 年 6 月 19 日，德意志联邦银行主席卡尔·奥托·波尔在法兰克福歌德大学发表了振聋发聩的讲话。他说："很大一部分的德国股票和债券交易已经在伦敦进行。这不是令人满意的发展趋势。"他认为"德国金融市场不能一直走下坡路"。对于德国其他区域交易所，他以威胁的口吻说："区域交易所仅在乎维持自己的交易额，但是这些交易即使不转到法兰克福，也会转到伦敦等地，而法兰克福是唯一可以与其他国际金融中心城市相竞争的德国城市。"德国有必要全力支持建设法兰克福金融中心。

这就是建设法兰克福金融中心的背景。德国终于旗帜鲜明地支持法兰克福参与国际金融中心的竞争。[②] 从美国的金融自由化到伦敦的

---

① 参考 Holtfrerich（1999），第 270 页。
② 外部的竞争压力促使内部进行改革，这与中国的情况相似。

金融大爆炸，全球交易所面临一个日益激烈的国际竞争环境。新的电子化报价和交易终于使证券交易从区域市场走向全球市场。机构投资者会比较各个市场的交易成本、买卖价差乃至工作效率，从而选择最具竞争力的交易市场。1989年，伦敦已经占据约16%的德国股票交易份额，而1993年大约53%的法国股票交易额在伦敦完成撮合。[1]如果这种趋势持续下去，法兰克福证券交易所和德国其他交易所将面临生存危机。欧洲经济共同体以1992年建成一个统一的欧洲大市场为目标，目标也包括共同体内各国资本市场监管规则的趋同。在共同体内，交易所之间的竞争将会越来越激烈。

1991年，法兰克福的银行团体在原先的"银行研究院"的基础上创建了"银行专业学校"，为法兰克福的金融行业培养银行、证券等专业人才。这个学校于2007年重组成法兰克福金融管理学院，成为欧洲知名的商学院。法兰克福金融管理学院受到德意志联邦银行、德国各商业银行和黑森州政府的资助和支持，为建设法兰克福金融中心输送了超过10万名专业人才。

20世纪80年代中后期，德意志联邦银行、联邦政府和联邦议会的立法者达成一致意见——增强德国在全球金融市场的竞争力，特别是提高法兰克福的金融中心地位。1991年1月15日，时任法兰克福证券交易所理事会主席弗里德里希·冯·梅茨勒说"法兰克福已经处于第二梯队"[2]，德国必须采取措施，尽快让法兰克福赶上欧洲领先的金融中心伦敦和巴黎。这些措施包括修改法律、放松管制、推进电子化交

---

[1] 参考 Ellger and Kalss（1997），第152至153页。随着德国各交易所完成改革，它们逐渐从伦敦夺回德国股票的交易份额。1997年，仅有5%的德国股票交易额在伦敦执行。

[2] 参考 Holtfrerich（1999），第276页。

易、建立衍生品市场、建立统一的证券监管体系、重组交易所等。[①]

放松管制和促进发展

德意志联邦银行首先采取行动，在其职责范围内放松了部分管制或干预。1957 年成立的资本市场中央委员会由银行代表和监管机构组成，其一直在资本市场中协调各种证券发行，甚至干预、拒绝某类金融产品的发行。1985 年 5 月 1 日，德意志联邦银行正式宣布解散这个委员会[②]，放弃行政干预资本市场的措施，代之以更加市场化的方式。同时，德意志联邦银行允许境外银行参与德国债券的发行业务，只要德国的商业银行获得相应国家的同等对待。德意志联邦银行甚至主动邀请境外银行参与联邦政府债券的发行。1990 年初，德意志联邦银行开始允许德国的商业银行发行以其他货币计价的债券，并且不限制发行地点。

德国股票指数 DAX 的诞生成为这个时期建设法兰克福金融中心的一面旗帜。1987 年初，《交易所报》的编辑法兰克·梅拉产生了一个想法：德国资本市场需要一个共同认可的股票指数。[③] 当时，德国存在各类指数，但都是基于各自的交易所和各自城市，而不是以"德意志"为主题。为宣传这个想法，法兰克·梅拉撰写了一篇讨论稿《德国金融市场需要一个股票指数》，请求报社将该文章发给各大银行。1987 年 7 月 13 日，报社邀请各银行代表、交易所工作委员会代表参与讨论。当时的法兰克福证券交易所主席迈克尔·哈克不认可

[①] 衍生品市场、重组交易所和德国特殊的证券监管体系等内容将在本书第十三章叙述。
[②] 参考 Holtfrerich（1999），第 276 页。
[③] 参考 Frank Mella, Wie der DAX entstand, 2018. https://www.frank-mella.de/wp-content/uploads/2018/12/Wie-der-DAX-entstand-Stand-2018.2.pdf, 也参考德意志交易所网站对 DAX 的描述。

DAX，认为市场只需要法兰克福股票价格指数，而不需要德意志股票价格指数。所幸，德国股票指数的概念还是得到了多数专家的认可，可以看成法兰克福为德国金融中心建设吹响的号角。1988年7月1日，DAX指数首次在法兰克福证券交易所公布，当天收盘报为1 163.52。此后，DAX指数在德国的影响力逐渐扩大，成为市场上的明星，也是德国经济的晴雨表。

1989年8月1日，德国颁布新的《交易所法》。这次的修订是为了加强金融中心建设，同时与英国和美国的交易所接轨。新法案的3个主要修改领域都与同国际接轨和提高国际竞争力有关。第一，为一个独立的衍生品交易所创造法律条件，特别是为电子化交易创造法律条件。在德国大型商业银行非常积极的推动之下，德国很快完成了这项工作。第二，放宽境外证券到德国各交易所挂牌的条件，并允许外币交易。按照欧盟单一市场建设规划，德国与欧盟其他国家相互认可对方的证券准入规则。第三，完善对官方经纪人以及制定和公布交易所价格表的监管。这次法律快速完成修订并推出的原因还是与衍生品市场建设有关。①

为了降低金融市场的交易成本，提高德国金融中心的竞争力，德国推出第二部《资本市场促进法案》，其中一项重要内容是取消3种金融市场交易税，包括印花税、汇票交易税和资本增加税②。印花税于1991年1月被取消，其他两种税于1992年1月被取消。其实，1881年德国就在全国范围之内引入印花税。具体收税时，税务局会在完成交易的纸质证券上加盖一个印花税章或贴上印花税标志。印花税只在1944—1948年短暂中断过。20世纪五六十年代，德国曾讨论

---

① 下一章将详细阐述这方面内容，这里不再赘述。
② 资本增加税指股东增加股份有限公司的注册资本时，公司所需缴纳的税。

是否取消印花税，但没有达成一致意见。20世纪90年代，美国、英国、卢森堡等地已经取消了印花税，而德国还单边收取0.25%的印花税。机构投资者可能因印花税导致成本增加而绕过德国去其他金融中心完成交易。为此，德国决定取消印花税，至少与英国和卢森堡一致，使法兰克福没有显著的竞争劣势。

这次法律修改还包括引入货币市场基金和调低股票的面值。德国的股票面值一直处于不断调低的过程之中。19世纪末，德国的股票面值为1 000马克。高面值的设计主要是为了防止低收入投资者进入股票市场。此后，为了支持股票市场的发展，立法者不断降低面值。这次《资本市场促进法案》将股票最低面值下调到5马克。

第十三章

德国版本的金融大爆炸

荷兰阿姆斯特丹、英国伦敦、法国巴黎和瑞士都建立了独立的金融衍生品交易所,并且都取得成功,德国何去何从?伦敦不断蚕食德国股票的交易份额,法兰克福证券交易所如何改革才能应对竞争?20世纪80年代末,德意志联邦银行提出建设法兰克福金融中心,以作为应对策略,德国金融机构纷纷响应。接下来,德国在衍生品交易所、全国证券结算整合、证券交易所改革、法律修订等多个领域齐头并进,应对交易所行业百年不遇的挑战。

德意志银行的管理层成员罗尔夫·布鲁尔博士,即未来的德意志衍生品交易所的重要推动者,了解到伦敦国际金融期货交易所拟上市10年期德国国债期货产品。有关德国国债期货的想法由德国银行界于1986年提出。但是,德国的衍生品交易所还在设想之中,伦敦国际金融期货交易所却计划在伦敦实现有关德国国债期货的想法。伦敦这种"偷窃"重要产品的行为使德国人感到时不我待。伦敦和巴黎相互竞争马克利率期货的场景,更让德国人感到如鲠在喉。衍生品市场建设面临诸多难题,德国是将重复19世纪七八十年代的失败故事,还是将另辟蹊径,开启一段成功创业的故事?

历史总是踏着相似的韵脚再次来临。1870 年，德意志统一前夕，面对英国股份制银行垄断全球贸易融资的局面，德意志地区各大私人银行和股份制银行联合起来成立德意志银行，以打破英国商业银行在海外融资领域的垄断。100 多年之后，德国的银行界再一次团结起来对抗来自伦敦证券交易所和伦敦国际金融期货交易所的竞争压力。德意志衍生品交易所只是这场变革的前奏，德意志交易所才是最后的主角。在特殊的时期，德国社会总能展现团结一致的精神特质，历史也再次上演。

德国人面对伦敦压迫式的竞争爆发出强大的能量。继德意志衍生品交易所成功设立和运营之后，德国人在 3 年之中推进了一系列几乎不可能完成的任务，包括整合各个城市或交易所的结算托管机构，重组德意志结算股份有限公司；以法兰克福证券交易所为主体，联合德国各个区域交易所组成德意志交易所；把结算托管公司、德意志衍生品交易所等一起并入德意志交易所，组成一个集各类交易所业务于一身的交易所集团。

特殊的时代呼唤有担当的人物。这个令人振奋的雄心勃勃的德意志交易所改革方案由两位德国银行家负责推动。1989 年 7 月，法兰克福老牌私人银行家的后代弗里德里希·冯·梅茨勒被选为法兰克福证券交易所理事会主席。他和德意志银行的布鲁尔博士共同应对德国交易所转型的重大挑战，并成功促成德意志交易所的成立。

当故事成为历史，我们不禁惊讶，当时的梅茨勒和布鲁尔博士如何在短短 3 年之内完成一系列貌似"不可能完成的任务"？1585 年，法兰克福集市演变成交易所。约 400 年之后，法兰克福终于迎来全球历史上第一个集现货、期货，以及交易、结算和托管于一身的全能型交易所——德意志交易所。英国和美国在金融产品创新领域领先，但是德国再次在金融基础设施建设方面领先一步。德国版本的顶层设计和英国版本的自由竞争再次展示了差别。

衍生品交易所的设想

20世纪80年代末,德国监管机构、金融机构和交易所已经认识到缺少一个流动性充足的衍生品市场将不利于德国金融市场的持续健康发展。特别是德意志联邦银行一想到德国国债期货在伦敦交易,就不免感到脊背发凉。1989年10月,仅仅上市一年后,伦敦的德国国债期货交易额就达到1 776亿马克,超过德国国债、铁路和邮政债券总的市场规模,后者此时的交易额为1 606亿马克。[1] 德国知名的报纸《贸易报》将此称为"狗随着摇动的尾巴而起舞"。德国各界人士经过近10年的讨论磨合,终于达成一致意见:德国必须建设一个富有竞争力的衍生品交易所。

俗话说,磨刀不误砍柴工。经历了20年间德国股票期权市场缓慢发展的挫折[2],看到了阿姆斯特丹、伦敦、巴黎接二连三的金融期货的成功故事,德国人开始了一次厚积薄发的创业。如同历史上曾经发生的故事一样,德国人又一次发挥了后发优势,在与伦敦和巴黎的竞争之中后来居上并拔得头筹。这一切都要从德意志衍生品交易所的成立说起。

场内公开喊价还是电子化交易?

20世纪80年代末,德国一个世纪以来对衍生品市场的保守态度

---

[1] 参考Walter(2009)。1980年之后,德国国债市场规模快速扩大,国际化程度也显著提高。1989年,德国国债市场的交易额中27%来自境外。
[2] 尽管德国股票期权市场也快速增长,但相对于伦敦国际金融期货交易所和法国国际期货交易所的成功,德国股票期权市场可以说失败了。

逐步改变。1987年10月，美国股市爆发历史上最大的闪崩之一。美国经过调研发现，期货市场在股市闪崩时起到稳定器的作用。这个事件提醒了德国人。不过，德国社会还是担心投机将加剧市场波动，并担心衍生品市场导致金融与实体经济脱节，或者资本被配置到错误的领域。但是，竞争的压力使这些担心都居于次要位置。面对外来的竞争压力，德国必须做出反应。

1987年1月，法兰克福证券交易所管理层决定成立金融期权工作委员会，进一步推进金融期权市场建设。这个委员会组织了一次调研，询问16家银行、投资机构、保险机构以及工业企业是否有必要建立一家衍生品交易所，以及采取哪种交易方式。所有被调查者一致认为德国需要建立专业的衍生品交易所，并且大部分机构认为应该由银行来主导该交易所的组建。

但衍生品交易方式的调研结果中出现了不同意见。当时，市场已经出现电子化交易技术。衍生品交易方式有多种，客户可以采取传统的场内交易方式、电脑支持的场内交易方式或者完全电子化的交易方式。不同的机构给出不同的回答。州银行和德国合作银行[①]担心电子化交易将增加投资和成本，倾向于采取传统的场内喊价交易方式；中小银行担心客户直接去衍生品交易所，导致自己的经纪业务减少，也倾向于选择场内喊价交易；经纪人群体更是激烈地反对采取电子化交易方式，因为电子交易系统不需要场内经纪人，这些经纪人将失去赖以生存的工作，而这个职业已经持续了400年。只有德意志银行等少数大型银行支持电子交易系统。

德国人还面临另一个棘手的问题，即这个衍生品交易所应该设在

[①] 德国合作银行即Volksbank，当前德国五大银行集团之一。

哪个城市？这个时期，德国的八大交易所仍然处于激烈的竞争之中。尽管法兰克福和杜塞尔多夫交易所的交易额显著高于其他地区的交易所，但德国还没有产生一家拥有绝对影响力的交易所。区域交易所和其所在地的州政府也强烈反对将衍生品交易集中于某个城市或某家竞争性的交易所。按照之前30年德国股票期权市场的经验，继续将衍生品交易分散于8家交易所也不是一个好的解决方案。特别是这个时期，金融期货市场的竞争逐渐激烈。德国已经输在起跑线上。德国必须集中力量建设一家衍生品交易所，而不是重复20世纪七八十年代金融期权市场的失败。

这两个问题都很难解决。伦敦、巴黎等城市都碰到过相似的问题。它们的选择是场内交易，并组建多家竞争性的衍生品交易所。德国人运气非常好。1986年，同为德语区的邻国瑞士建立了一家完全电子化的衍生品交易所。瑞士人对这两个问题做出完全不同的回答。如果没有瑞士人提供的现实例子，德国人或许很难决定建立一家电子化的衍生品交易所，至少推进难度将大幅增加。德国和瑞士都存在几家相互竞争的证券交易所。这些交易所都位于不同城市，并且都由古老的集市演变而来。这些交易所除了提供股票、债券等现货产品，还都提供衍生品交易服务。德国和瑞士面临相似的竞争环境，拥有相似的交易所行业格局，也面临相似的问题，即如何建设衍生品交易所。瑞士为德国提供了可以信赖的参考信息。

最终，德国的大型银行力排众议，倾向于选择成立一家全新的采用电子交易系统的衍生品交易所，而不是建立多家场内喊价交易并且相互竞争的交易所。当时，电子交易系统并没有证明其竞争优势，甚至多数专家都不相信电子化交易的竞争力。德国选择组建一家新的衍生品交易所，并采用电子交易系统的主要原因在于避免各个区域交易所展开竞争，集中德国各个州、各个交易所的力量，共同建设这家唯一的衍生品交易所。电子化交易可以让全德国的交易者、银行和其他金融机构等参与这个共同的市场，因此相对不受这家交易所位于哪个城市影响。直到多年之后，德国才认识到电子化交易相对于场内交易的竞争优势。德国最初的决定在一定程度上存在运气成分。

这一幕让我们回想起德意志银行成立的历史。1870年，德意志统一前夕，德意志地区几乎所有知名的私人银行、股份制银行都参与成立德意志银行。德国人集中所有的金融资源支持这家代表德国的银行，与英国的银行在外贸融资领域展开竞争。约100年之后，德意志银行主导集中全德国的金融资源成立一家电子化衍生品交易所，从而与伦敦、巴黎展开竞争。历史不会重复，但会踏着相似的韵脚。

来自瑞士的经验

面对美国金融期货和期权市场的高速发展以及阿姆斯特丹的异军突起，德国担心法兰克福金融中心的地位会被进一步削弱。1986年，近在咫尺的瑞士创建了一家完全电子化交易的现代交易所——瑞士期权和金融期货交易所（SOFFEX），这直接加剧了德国专业人士的担忧，同时也给德国人提供了灵感。

早在1982年，一群瑞士银行家和交易所专家就聚在一起讨论，其核心议题是如何在瑞士建立金融期货和期权市场。当时，瑞士的7家交易所都采用场内交易，其中日内瓦、苏黎世和巴塞尔的交易所规模较大。瑞士各交易所都看到金融期货的巨大潜力，都想让未来的期权期货交易所建在当地。最初的方案是瑞士最大的3家交易所，即日内瓦、苏黎世和巴塞尔交易所，都上市股票期权。但随着讨论的深入，瑞士人发现在3个交易所都发展股票期权市场，并且都保持场内交易显然不是最优选择。

正好在这个时期,电子化报价和交易已经在新西兰和瑞典萌芽。瑞士人灵光一闪,发现电子交易系统正好可作为新组建的期权和金融期货交易所的解决方案。瑞士各个地区的投资者都可以通过电子化渠道交易股票期权,而不必烦恼该交易所的物理位置在何处。[①] 电子交易系统不仅能解决瑞士人的选址问题,还能通过电子屏幕更方便地为投资者提供资讯信息。此外,境外投资者也可以通过电子屏幕交易瑞士的股票期权,而不必在瑞士当地建立办公室或子公司。

1985年,瑞士各界就电子交易系统达成共识,然后组成一个专门的委员会负责推进该项目。委员会由3位银行代表和3位交易所代表组成。委员会开展了可行性研究,决定开发瑞士自己的电子交易系统。[②] 事实上,当时也没有其他现成的交易系统可供授权或购买。1986年,瑞士5家银行提供资金,组建了瑞士期权和金融期货交易所,这是一个依据私法设立的股份有限公司。安达信会计师事务所[③] 设计和开发了瑞士期权和金融期货交易所的交易系统。1988年5月19日,瑞士期权和金融期货交易所正式开业,52家最初的会员参与了11只股票的金融期权交易。

瑞士的经验表明,建设一个新型的以电子交易为主的金融期货期权市场具备可行性。对于拥有多个交易所的国家,电子化交易似乎是不错的选项。瑞士的经验由德意志银行的管理层成员布鲁尔博士引入德国。德意志银行与瑞士的银行存在密切的业务联系,布鲁尔博士很

---

① 参考 Gorham and Singh(2009),第37页。
② 参考 Schmidt(2011)。
③ 安达信会计师事务所即 Arthur Andersen,曾是国际五大会计师事务所之一,2002年因安然事件倒闭。

早就知道瑞士人的计划。瑞士这么保守的银行家都选择建立一家新的电子化衍生品交易所,这一点对德国的银行家形成了很大冲击。德国银行开始更多地关注由美国发起的金融期货期权市场,并且认识到该市场的快速发展将威胁法兰克福作为国际金融中心的地位。

德国与瑞士相似,由于历史原因也存在多家交易所,分别位于法兰克福、汉堡、杜塞尔多夫、慕尼黑和斯图加特等地。尽管法兰克福证券交易所占据主导地位,并且其金融期权交易量占总交易规模的90%,但杜塞尔多夫、汉堡等地的交易所也各具特色。建立一个电子化交易平台将大幅弱化金融衍生品交易所的选址问题。与瑞士类似,德国的银行作为交易所的主要参与者,在组建新的交易所时拥有决策权。瑞士与德国都属于德语区,因此瑞士的案例无疑可以给德国提供宝贵的经验。

布鲁尔博士的建议

作为金融期权工作委员会的主席,德意志银行管理层成员布鲁尔博士[①]于1987年3月向法兰克福证券交易所提出两个重要建议:第一,借鉴瑞士的经验,研究在德国建立电子化的期权和金融期货交易所的可行性;第二,聘用安达信会计师事务所起草可行性研究方案,同时也包括电子化交易所的建设方案。法兰克福证券交易所管理层接受了布鲁尔博士的全部建议,这被认为是创建德意志衍生品交易所过程中的重要一步。

---

① 当时德国的交易所还是会员制,而银行是重要的会员。老牌交易所没有自己的利益诉求,甚至不是一家追逐利润的商业机构。主要银行的首席执行官往往担任交易所理事会的主席。如同瑞士一样,德国组建新的电子化交易所是由德国各银行提供资金和人才,而不是老牌交易所。

1987年7月,安达信会计师事务所完成了《关于建立德意志期权和金融期货交易所的可行性研究》[1]。报告建议采用瑞士的经验建立电子化的衍生品交易所,吸引德国大型银行为新交易所提供资金和人员,并且建议修改德国法律,为金融期货和期权交易创造必要的法律环境。

为此,法兰克福证券交易所成立 GOFFEX[2] 项目组,推进德国金融衍生品市场建设。布鲁尔博士作为该项目的负责人起草并发表了一份纪要,指出德国必须建设具备国际竞争力的金融衍生品市场,以增强德国的金融中心地位。该纪要回顾了席卷全球的金融衍生品创新热潮,列举了各金融中心的金融衍生品交易规模,指出资本全球化需要风险管理工具,而缺乏具有竞争力的金融衍生品市场将不利于吸引境外机构投资者长期参与德国资本市场,不利于德国金融市场的长期稳定发展,也不利于德国实施独立的货币政策。1988年,伦敦国际金融期货交易所上市德国国债期货之后,最后一点儿基于定价权的理由变成现实的威胁。

1987年,全球各主要的金融中心期权和金融期货的日均交易量加起来超过100万张合约,其中芝加哥90万张,纽约20万张,悉尼1.5万张,新加坡5 300张,阿姆斯特丹4万张,伦敦5.3万张,巴黎1.5万张。而德国股票期权的日均交易量仅为3 500张合约,国债期权的日均交易量甚至仅有12张合约,远远落后于其他金融中心。

最后,该纪要呼吁德国尽快完善《交易所法》,为衍生品交易创

---

[1] 《关于建立德意志期权和金融期货交易所的可行性研究》即 Studie über die Möglichkeit zur Einrichtung einer deutschen Börse für Optionen & Financial Futures。

[2] 模仿 SOFFEX,GOFFEX 即 German Options and Financial Futures Exchange,译为德国期权和金融期货交易所。

造良好的法律环境，并支持德国各银行和交易所建设具有国际竞争力的金融衍生品市场，以服务于德国国民经济。

安达信会计师事务所的可行性研究报告和 GOFFEX 项目组的纪要受到德国金融界及各相关领域专家的普遍支持。为了尽快推进这个项目，项目组还需要完成 3 个任务。

第一，获得监管机构的支持。1987 年底，德意志银行业协会的主席罗勒尔博士将安达信会计师事务所的报告和项目组的纪要发给联邦德国财政部、经济部、法律部，德意志联邦银行主席、德意志联邦金融监管机构主席，以及联邦众议院资本市场和法律相关的委员会。联邦政府各部和监管机构都明确表示支持德国金融衍生品市场建设，一致同意推进 GOFFEX 项目。联邦德国财政部主动表示，其将按照金融衍生品市场建设的需要修改相关法律。[1]

第二，修改衍生品相关法律。1989 年 7 月，联邦德国再次修改《交易所法》。与德国金融衍生品市场建设相关的修改使电子化的衍生品交易成为可能，即允许投资者通过电子渠道提交订单，有效而合法地表达交易意愿。另外，衍生品交易的双方也被允许不以最终交割为目的参与交易[2]，这为衍生品交易量的快速增长铺平了道路。此外，一年之后出台的《金融市场促进法》还取消了金融市场的印花税，并于 1991 年 1 月 1 日生效。新的法律环境允许个人投资者和机构投资者参加期权和金融期货交易。

第三，获得各银行的资金支持。在布鲁尔博士的努力之下，德国

---

[1] 参考 Imo（1988），第 109 页，此时联邦德国政府的态度还不明确，但基于监管机构普遍积极的反馈，得到其的支持估计也不存在问题。

[2] 参考 Schmidt（2011）。

5家大型银行,即德意志银行、德累斯顿银行[①]、德意志商业银行、德国合作银行和德国储蓄银行,都支持建立一个新的电子化衍生品交易所,并承诺为这个项目提供持续的资金支持,直到新的交易所成立。

跃进金融新时代

德意志衍生品交易所的成立被称为德国版本的金融大爆炸。这是一个全新的电子化衍生品交易所,也是一个融合了现代和传统元素的交易所,还是一个聚集了德国各界的金融力量而成立的交易所,它凝聚着德国夺回国债等金融产品定价权的希望。这个交易所创造了"一体两面"的组织结构,即交易所仍然与历史上的交易所一样是公法性质,但是交易所运营商是以营利为目的以及具备很强的国际竞争力的股份有限公司。这个交易所的诞生吹响了德国参与国际交易所竞争的号角,也宣告一个金融新时代的来临。

德意志衍生品交易所诞生

1988年7月,安达信会计师事务所的报告完成一年之后,德意志衍生品交易所有限责任公司成立。该公司的注册资本为1 000万马克,公司股东包括17家德国银行,其中五大银行持股达81%。柏林交易所的总经理约尔格·弗兰克被选为这个新设衍生品交易所有限责任公司的总经理,而6位监事会[②]成员都来自银行,其中5位来自5家德国大型银行,分别是德意志银行、德意志商业银行、德累斯

---

① 德累斯顿银行已经于2002年并入安联集团,目前其他4家大型银行仍然活跃在德国金融市场。

② 德国的监事会相当于中国的董事会,代表股东行使权力,拥有公司首席执行官等高管的任免权,并执行公司战略决策。

顿银行、德国合作银行和德国储蓄银行,另一位由其他几家小银行推选。

为了充分利用瑞士的经验,新成立的德意志衍生品交易所与瑞士期权和金融期货交易所签订合作协议,允许前者使用后者开发的金融期权电子交易技术系统,前者为此支付 1 300 万瑞士法郎。但是,德意志衍生品交易所还需要开发自己的金融期货电子化交易平台。与金融期权采用做市商的模式不同,初期金融期货交易没有引入做市商的计划。1989 年底,德意志衍生品交易所已经为应用交易技术系统做好了准备,并为此投入 6 000 万马克。

德意志衍生品交易所与瑞士期权和金融期货交易所的这次合作为两者未来更加紧密的资本合作打下了良好基础。

在近代德国历史上,德意志衍生品交易所是第一个按照《交易所法》成立的交易所。[①] 黑森州经济技术部[②] 将批准该交易所的成立。本来德国各银行设想,州政府作为公证人见证一下交易所成立即可。但黑森州经济技术部不这样认为,甚至其除了按照《交易所法》的程序来批准设立一个新的交易所,还要求理解衍生品交易所的全貌,包括了解第一次世界大战之前德意志帝国法院关于交易所的重要判例,以及投资者保护、自营交易之间的矛盾等。新生的德意志衍生品交易所获得了德国五大银行法律部的积极支持后才顺利回答黑森州政府的询问。1989 年 9 月 11 日,经黑森州经济技术部批准,德意志衍生品交易所有限责任公司获得许可,成立了一个公法性质的交易所,即德

[①] 其他交易所都是 19 世纪之前设立的,即 1896 年《交易所法》颁布之前就已经存在。
[②] 法兰克福位于黑森州,位于该城市的德意志衍生品交易所受黑森州经济部的监管,该部门当时的全称是 Hessische Ministerium für Wirtschaft und Technik。州政府的各部门名称经常变化,经济技术部是该部门当时的名称。

意志衍生品交易所。这也是德国特色的交易所成立方式,即先以有限责任公司的形式成立交易所运营商,然后州政府授权该运营商成立公法性质的交易所。1989年11月14日,黑森州经济技术部同意成立交易所的第一个管理委员会[1]。

1990年1月20日,德意志衍生品交易所管理委员会第二次会议决定,于当年1月26日正式挂牌第一批金融衍生品。布鲁尔博士称之为"跃进金融新时代",衍生品交易所将作为金融市场基础设施长期增强联邦德国的金融实力。

新产品和商业成功

1990年1月26日,德意志衍生品交易所挂牌第一批股票期权,期权合约的标的是14只具有代表性的德国蓝筹公司股票,都是DAX指数成分股。每一种股票期权合约对应500只或者50只标的股票。股票期权的最长期限为6个月。每个合约期限挂牌3个不同行权价的股票期权产品,分别是实值、平值和虚值期权。交易时间为当地时间10:00—16:00。

至于选择股票期权为首批上市产品的原因,应该是德国人希望首批产品能够获得成功,赢得德意志衍生品交易所的第一场战争,以便为接下来的市场竞争增强信心和提振士气。股票期权已经在德国各交易所挂牌交易20年。德国人相信这类产品可以获得成功。德国国债期货存在上市紧迫性,毕竟每过一段时间伦敦的德国国债期货交

---

[1] 在Schmidt(2011)中管理委员会指管理层(Börsevorstand),这里翻译成管理委员会,作为交易所的管理机构。而管理层一般指有限责任公司的管理机构。在现代,我们不清楚德意志衍生品交易所的管理委员会和德意志衍生品交易所有限责任公司的管理层是否为同一批人。按照德国法律,交易所的管理委员会成员需要州政府同意或任命,交易所运营商首席执行官的任命也需要州政府同意。

量就会增大，而德意志联邦银行非常担心德国国债期货定价权转移到伦敦。不过，德国人没有选择德国国债期货作为首批挂牌产品是幸运的。伦敦拥有这个产品的先发优势，新成立的德意志衍生品交易所相对于伦敦并没有明显的竞争优势。

在首个交易日，德意志衍生品交易所的股票期权成交 12 000 张合约。蒂森克虏伯、大众汽车、戴姆勒-奔驰和德意志银行的股票期权成交活跃。在市场初期，53 家境内外银行、24 家做市商和 46 家清算会员参与股票期权交易。第一个季度，做市商成交占比达到 56%，金融机构等会员成交占比达 16%，客户订单占比为 28%。① 第二年，做市商成交占比仍然高达 50%~70%。一段时间之后，做市商对市场形成判断和感觉，设置了最高买卖价差和最低报价数量。

股票期权开局获得了成功。德意志衍生品交易所原本预测股票期权的日均交易量可以达到 15 000 张合约，实际交易数据却是其的两倍多，达到了约 35 000 张。原本市场担心股票期权将加剧股票现货市场的波动，事实证明这种担心是多余的，股票市场的波动率并没有显著增加。

刚成立时，德意志衍生品交易所背负着巨大的竞争压力，因为其他金融中心的金融衍生品市场已经具备较好的流动性。在激烈的竞争之中，新生的德意志衍生品交易所没有信心。此时人们还怀疑它是否能从其他交易所手中夺取市场份额，更没有预料到七八年后它将成为全球最大的衍生品交易所。作为首批提供电子化交易的衍生品交易平台，德意志衍生品交易所已经具备潜在的竞争优势，这种优势将在未来的国际竞争之中充分发挥出来。

德意志衍生品交易所是第一家获得德国几乎所有金融机构支持的

---

① 参考 Rudolph（1992）。

交易所，而不再是一家区域交易平台。获得德国所有大型银行支持之后，德国各个交易所的市场参与者都可以通过电子交易渠道接入德意志衍生品交易所。这是一家真正意义上的德意志交易所，区别于其他区域交易所。至少在衍生品领域，德意志衍生品交易所在德国境内没有竞争者。英国和法国却与此不同。英国和法国都建立了多家竞争性的衍生品交易所，并且采取场内喊价交易。德国做出了完全不同的选择。

德意志衍生品交易所与德国大型银行也不存在利益冲突。银行可能会失去部分经纪业务收入，但银行从这个衍生品市场的发展之中获得的收益将远远超过经纪费用的损失，更何况大型银行还是这个交易所的主要股东。

与英国类似，电子化的德意志衍生品交易所使专家做市商[1]变得多余。布鲁尔博士不止一次地公开反对专家做市商，甚至建议除了衍生品市场，股票现货市场也应该取消专家做市商。实际上，专家做市商取消之后，电子订单自动撮合成交，而交易所获得买卖双方的佣金收入。突然之间，德意志衍生品交易所成为一个非常赚钱的机构。历史上，德国的交易所属于非营利机构，存在的目的是服务于当地商人和机构，促进金融经济业务发展等。交易所突然获得盈利能力，也预示着交易所变革的到来。

德意志衍生品交易所在成立的第一年开始盈利。1990年，交易所收入达到5 420万马克，1991年增长到9 920万马克。这两年，德意志衍生品交易所的负债从5 500万马克下降到2 500万马克。1992年，德意志衍生品交易所偿还了全部负债，还盈利740万马克。1993

---

[1] 这里的专家做市商与现代意义上的做市商有所不同。电子化交易之前，投资者的订单相互之间无法撮合成交，必须经由专家做市商完成交易。专家做市商的数量有限，他们收集订单之后可以集中信息并完成撮合。

年，盈利增长到 2 500 万马克，促使德意志衍生品交易所降低交易手续费，下降幅度达 23%。电子化的德意志衍生品交易所不仅使德国各个交易所的力量凝聚在一起，也使得吸引境外会员成为可能，更让人意想不到的是其巨大的盈利能力继续促使德国交易所改革。

一个怪胎交易所

德意志衍生品交易所创造了德国交易所历史上的诸多"第一次"。这是德国第一个依据《交易所法》成立的交易所。1896 年德国颁布《交易所法》之后，人们第一次在该法律许可下成立了一个新的交易所。德国其他现存的交易所都在德意志统一之前从集市演变而来，并且都是依据公法成立的机构。这也是第一个以"德意志"冠名的交易所，代表德国的衍生品市场，而不是德国某个城市。如同德意志银行、德意志铁路、德意志邮政等一系列"德意志"机构一样，这个机构承载了德国人的梦想。这还是第一个实现盈利的交易所。德国的传统交易所并不以营利为目的，以至于德意志衍生品交易所获得巨额利润之后，首先做的两件事是偿还贷款和降低交易手续费。

为什么说德意志衍生品交易所是一个怪胎？因为这是之前没有出现过的交易所组织形式，不仅德国没有出现过，或许世界其他地方也没有出现过。为了解释德意志衍生品交易所的独特性，我们有必要先了解交易所的不同组织形式。按照是否以营利为目的、法律性质和所有者结构，历史上出现过的交易所可以分成 5 类，即政府拥有的非营利性交易所、会员制的非营利性交易所、会员制营利性交易所、会员和客户拥有的营利性交易所以及客户和其他机构拥有的营利性交易所（见图 13-1）。但是，新成立的德意志衍生品交易所无法归入其中任何一类。

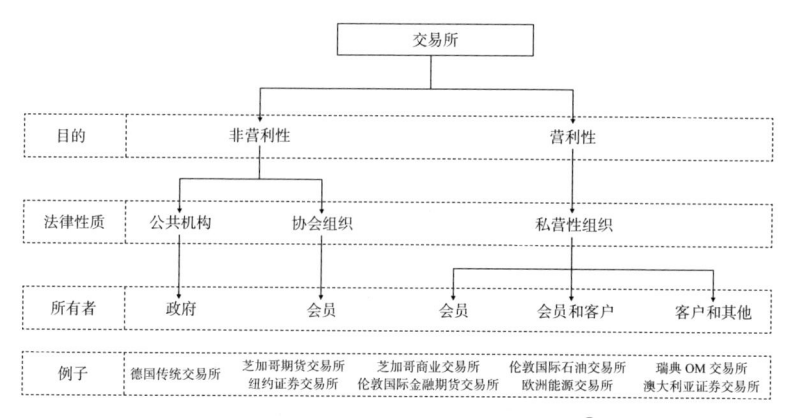

交易所						
目的	非营利性		营利性			
法律性质	公共机构	协会组织	私营性组织			
所有者	政府	会员	会员	会员和客户	客户和其他	
例子	德国传统交易所	芝加哥期货交易所 纽约证券交易所	芝加哥商业交易所 伦敦国际金融期货交易所	伦敦国际石油交易所 欧洲能源交易所	瑞典 OM 交易所 澳大利亚证券交易所	

图 13-1　交易所作为组织机构的分类[①]

　　德意志衍生品交易所是一个集公法性质和私法性质于一身的交易所。德国的交易所概念像一个硬币的两面，即存在两种概念。其一是公法之下的交易所，即服务于公共利益的组织机构，是一个具备部分法人资格的机构；[②] 其二是交易所需要一个运营商来管理和运营。历史上，德国的交易所运营商多数是当地的商会组织。商会组织也是公法机构或者服务于公共利益的半官方机构。比如 20 世纪 90 年代之前，法兰克福商会是法兰克福证券交易所的运营商。但是，德意志衍生品交易所的运营商是德意志衍生品交易所有限责任公司，这是一个以营利为目的的私人企业。也就是说，德意志衍生品交易所有限责任公司是一个依据私法设立的私营企业，运营一个依据公法设立的公共机构。如同一个硬币的两面，交易所和交易所运营商无法分离，缺一不可。因此，从组织结构上，德意志衍生品交易所是一个全新的交易所

[①] 该图在 Book（2001）基础之上加工而成，是公司化之前各个交易所的分类。
[②] 交易所是一个自律监管机构，有权力对违反交易所规则的市场参与者进行行政处罚。交易所不能与其他商业机构缔结协议或举办商业活动，但可以被起诉。从这种意义上说，交易所是一个具备部分法人资格的特殊组织。

组织。

德意志衍生品交易所追求盈利吗？作为一个交易所，德意志衍生品交易所致力于德国衍生品市场的稳定发展，争夺和维护德国利率类、股权类金融产品的定价权，服务于公共利益，自然不以营利为目的。但作为一个交易所运营商，德意志衍生品交易所有限责任公司为股东创造利润，同时进一步投资于交易所基础设施，增强国际竞争力，以便更好地维护德国的公共利益。两者的目的看似矛盾，实则一致。交易所和交易所运营商采取特殊的公司治理结构，以便达到两者的目的。或许20世纪90年代初，德国人自己也惊讶，新生的德意志衍生品交易所竟然能够获得巨额利润。交易所成立之前，他们与时间赛跑，聚焦于处理各类复杂的问题，以应对来自伦敦的竞争压力，而没有时间仔细思考是否能盈利或者交易所盈利之后如何处理利润。盈利之后，他们的第一反应是偿还债务和降低佣金，返利于会员和市场参与者，这是一家非营利性的会员制交易所的本能反应。

这种独特的交易所结构散发着自身的魅力，也是德意志衍生品交易所强大市场竞争力的来源。

德意志衍生品交易所的成立被比喻成德国版本的金融大爆炸。1989年之后，法兰克福证券交易所也进行改革，新设立的法兰克福证券交易所股份有限公司成为交易所运营商；德国各个结算机构合并成立德意志结算股份有限公司，即德国证券市场中央托管和结算机构——明讯银行的前身；德意志交易所也在整合现货业务、结算业务和衍生品业务之后成立。在短短3年内，股票市场、债券市场和衍生品市场都引入电子化交易，新组建的交易所都具备强大的国际竞争力，德国金融市场发生翻天覆地的变化。英国版本的金融大爆炸实际上仅限于伦敦证券交易所，它还是在监管机构的施压之下被迫改革，降低佣金，放开会员限制和引入电子化交易。这类改革法兰克福早在19世纪上半叶演变成公法特性的交易所时就已经完成了。德国交易所改革的广度和深度远超英国，并且基于这次改革，德国将全国的金融力量集中于一家衍生品交易所。

诞生之初的强大基因

德意志衍生品交易所的诞生被誉为德国版的金融大爆炸。原因在于这家交易所成立之后产生了一系列金融机构创新，直至德意志交易所成立。德意志衍生品交易所成立之初就自带强大的基因，也使这家交易所10年之内一统江湖，一度成为全球最大的衍生品交易所，迫使欧洲其他衍生品交易所纷纷关闭或者整合。那么这家交易所的强大竞争力来自哪里呢？

其实，德意志衍生品交易所的强大基因早在19世纪初就冥冥之中已经注定。德意志地区的相对落后造就了开放性的公法性质交易所组织。历史上，从集市演变而来的交易所都采取协会形式，协会成员既是这个组织的拥有者、管理者，也是使用者。这种交易组织方式效率最高、成本最低，这样的组织仅仅服务于本地经常参与集会的商人。德意志地区经济和金融发展较为落后，交易所或者类似的组织没有赚钱前景，因此也没有出现与英国类似的排他性会员制交易所。交易所都是德意志各城市的公法机构，服务于当地的贸易发展，也欢迎所有商人参与交易所交易，不排斥特定群体参与。而英国相反，会员组成排他性的交易所组织，这些会员同时也是交易所的拥有者。交易过程之中产生的佣金足够会员获得持续而稳定的利润，因此会员有强烈的动机捍卫自己的经济利益。伦敦经纪人成立和运营交易所并不是公共利益导向，其主要目的是维护交易所会员的私人利益。美国的交易继承了英国的传统，其组织形式也大同小异。

19世纪初，德意志地区初步形成交易所和交易所运营商的区别。1817年，法兰克福颁布关于法兰克福商会组织的法规，其中第9条规定法兰克福商会监管证券交易所，决定交易所的开市和关闭，也负责交易所内的信息公告。交易所作为一个市场主体正式被写入法兰克福市议会颁布的法规。此前，交易所仅仅是一个地理代称，即商人集会和交易的地方；此后，交易所作为一个市场名称被写入历史文献。但是，与英国不同的是，德国人同时提出交易所运营商概念，原先交易所管理委员会所拥有的相关财产和负债全部转让给交易所运营商。19世纪初的交易所运营商概念为现代的德国交易所改革埋下了伏笔。

在英国历史上，会员在交易所中处于中心地位，既是交易所的所有者也是使用者。会员制交易所向公司制交易所转变的改革涉及所有权和使用权的分离，这样做可提高交易所的工作效率和降低交易成本。德国的交易所改革不涉及所有权和使用权的分离。交易所是一个公法组织，不涉及所有权，并且德国交易所不限制市场参与者，即交易所的使用权归所有商人和其他有交易需求的机构、个人。在德国交易所改革中，交易所仍然保持公法机构性质，而交易所运营商成为私营机构。如此，交易所维护公共利益，而交易所运营商追求利润最大化，两者合二为一。交易所和交易所运营商各自确定职责范围，使得这个组织具备更强大的竞争力。

从股东结构角度看，德意志衍生品交易所的股东来自17家德国银行或其他金融机构，其中5家大型德国银行分别拥有一个监事会席位，其他中小银行联合提名一位监事。这些金融机构不仅是德意志衍生品交易所的股东，更是市场的直接参与者和经纪人。正是这些股东的鼎力支持，才使德意志衍生品交易所在德国国债期货合约的竞争之中撑过了最初7年的艰难时光，借助欧盟单一金融市场的监管政策而熬到胜利的那一天。如果没有德意志衍生品交易所独特的组织方式和股东结构，很难想象一个新生的流动性不佳的衍生品市场能支撑那么久。巴黎和伦敦的直接竞争显示，一年之内这类"头碰头"的竞争就会出现决定性的结果，而德意志衍生品交易所坚持了7年，在处于下风时也没有使流动性完全枯竭。

德意志衍生品交易所从诞生之初就具备强大的基因，即开放性的股东结构和交易所利益相关方团结一致的目标设定。这个特点也被德国金融大爆炸期间设立的其他交易继承，包括德意志结算股份有限公司，以及法兰克福证券交易所股份有限公司乃至其继承者德意志交易所股份有限公司。这是一条具有德国特色的交易所改革之路。

德国特色的交易所公司制改革

德国交易所的"二元结构"意味着交易所改革颇具德国特色。法兰克福证券交易所不是会员制交易所，不需要像伦敦或纽约证券交易所一样，将交易所改革议题提交会员大会讨论。实际上，法兰克福证券交易所的公司制改革只涉及交易所运营商，即法兰克福商会将交易所运营职责转让给一家新的交易所运营商。法兰克福商会自身没有商业利益诉求，其主要关注宏观目标，诸如商贸繁荣、金融市场有序运行等。正是这种公共利益导向的特性，使法兰克福证券交易所的公司制改革不涉及利益分配，从而使其能很快完成公司制改革，快到业界"几乎不承认"这是第一家完成公司制改革的证券交易所。

证券交易所改革的思路

19世纪初，法兰克福证券交易所成为一家依据公法设立的机构。

法兰克福商会是交易所的运营商。商会也是一个半官方的公法机构，负责实现贸易振兴等宏观经济目标。随着金融全球化和国际竞争日益激烈，就像一个不再适应环境变化的生物，法兰克福证券交易所面临生存危机，迫切需要改革。

当时的德国交易所组织机构已经无法应对20世纪80年代后期的国际竞争。法兰克福证券交易所没有足够的人力资源。当时交易所员工才50人，其他的区域交易所员工甚至仅有10人[①]，只能执行法律规定的少数监管职能。这个时期，伦敦证券交易所已经拥有近1 000位员工，其实力远远超过德国各交易所的总和。法兰克福证券交易所没有资金，需要依赖会员和运营商的投入才能发起较大规模的投资，如建设一幢新大楼。法兰克福证券交易所甚至不是一家商业性经营机构，无法参与市场竞争。也正是基于这个原因，德国大型银行发起成立德意志衍生品交易所时，没有依赖法兰克福证券交易所去执行这个重要的项目，而是另起炉灶。

法兰克福证券交易所无法推动交易所改革的根源在于其法律性质。交易所作为公法之下的机构，没有独立的法人地位，只拥有部分权利和能力。[②] 交易所自然也无法有效应对迎面而来的市场竞争。法兰克福商会只负责推动法兰克福周边地区的商贸活动，参与全德国范围乃至全球的竞争也非法兰克福商会力所能及。法兰克福证券交易所需要推进公司制改革，才能完成市场化转型，以应对日益激烈的国际竞争。

如此，法兰克福证券交易所改革的目标已经比较明确，即建立营

---

① 参考Schmidt（2011）。
② 举例说明，法兰克福证券交易所可以在行政诉讼程序中以交易所的名义起诉和应诉，也可以作为监管主体按照交易所相关法则惩罚会员。但交易所不是一般意义上的法人，不能与其他市场主体签订协议。

利性的股份制交易所，并整合德国各区域交易所。为了实施这套解决方案，首先德国大型银行拟将银行间的信息系统升级成证券交易系统，并推动德国所有的交易所接入该证券交易系统；其次改组法兰克福证券交易所，引入公司制的交易所运营商，与德国其他各区域交易所或主要参与者形成股权合作关系，一起推动法兰克福证券交易所的发展。

这套解决方案涉及两个难点。其一，如何组建新的法兰克福证券交易所运营商？这个新的运营商自然采取股份有限公司形式，以营利为目的。法兰克福商会自身没有利益诉求，其同意转让法兰克福证券交易所的运营商资格。此难点不难解决。其二，如何获得德国其他区域交易所及其股东的支持，以便集合全德国的金融力量建设法兰克福金融中心？

推动这场改革的主角其实不是法兰克福证券交易所，而是德国的大型银行及其代表所组成的法兰克福证券交易所理事会。1989年7月，弗里德里希·冯·梅茨勒被选为法兰克福证券交易所理事会主席。理事会的5个副主席分别来自德意志银行、德累斯顿银行和德意志商业银行的证券业务高管，以及另外两家德国主要银行——德国合作银行和德国储蓄银行，分别代表德国这5家最大的银行。这些银行直到现在仍掌握着德国的金融话语权。在理事会成员之中，主席梅茨勒和德意志银行的布鲁尔博士共同应对了德国交易所转型中的重大挑战，并成功促成德意志交易所的成立。

德国大型银行拥有决定权也很自然。德国大型银行广泛参与德国各个交易所。由于各银行总部都在法兰克福，因此大型银行参与法兰克福证券交易所交易的规模自然最大。法兰克福证券交易所作为公法性质的组织机构，没有所有者或者股东。大型银行作为主要参与者，自然拥有最大的话语权。

大型银行不希望德国出现多个电子交易系统，其计划集中所有的力量推动一家交易所的发展，而不是分散力量推动多家区域交易所的发展。这个被选中的交易所非法兰克福证券交易所莫属。历史上，法兰克福拥有长期的金融中心地位，又是德意志联邦银行的所在城市，还是德国各家大型银行总部所在地。法兰克福证券交易所的交易规模也居德国首位，它是20世纪八九十年代德国金融市场无可争议的领头羊。德国需要一家具备国际竞争力的交易所，防止出现两家或两家以上领先交易所争夺市场的局面。这也是德国大型银行极力打压自由经纪人开发的证券电子交易系统的原因。

　　德意志衍生品交易所的成功无疑为接下来的证券交易所改革铺平了道路。德意志衍生品交易所不仅开了有限责任公司成为交易所运营商的先河，也依靠电子化交易的巨大成功为证券交易所改革指明了方向。作为德意志衍生品交易所的股东，德国大型银行也更愿意加大投资，继续推动证券交易所完成改革。

　　如此，思路已经清晰，方案已经具备。法兰克福证券交易所理事会主席梅茨勒在1989年上任之后，一直忙于证券交易所的改革。接下来，梅茨勒与各方谈判，艰难地推进德国各个交易所的整合。但在此之前，法兰克福证券交易所还需要做一道选择题，即电子化交易还是场内交易。

又是场内交易还是电子化交易的选择

　　20世纪80年代末，证券交易电子化的优势逐渐被认可。德国的银行和交易所面临3个问题：第一，是否需要引入电子交易系统？第二，德国需要多个电子交易系统吗？第三，如果采取电子化交易，那么如何对待传统的场内交易？

　　对于第一个问题，其他国家的证券交易所都在电子化交易和传统场内交易之间做艰难的选择，德国也不例外。官方经纪人和自由经纪人自然反对交易所引入电子交易系统。法兰克福之外的其他 7 家区域交易所也反对，担心电子化交易将导致交易量进一步向法兰克福集中。但是，德国大型银行和中小型金融机构支持电子交易系统，并付诸行动开发这类系统。与英国和法国不一样，德国全能型银行是各个交易所的主要参与者，也是整合德国证券结算机构、电子交易系统以及创建衍生品交易所等各类创新背后的主要力量。交易所改革和采用电子交易系统也自然得到德国全能型银行的积极推动。而德国的证券交易所由于缺乏资金、人力和物力，也没有自己的利益诉求，因此成为这场改革中的透明人或者旁观者。

20 世纪 80 年代末，德国大型银行首先行动，开发电子交易系统，以便获得竞争优势。1987 年，德国引入证券信息服务系统（KISS[①]），改善证券价格信息的基础设施，以便所有市场参与者都可以通过电子交易终端了解市场价格。1989 年，德意志银行等大型银行合作开发了银行间信息系统，其最初的目的是为德意志衍生品交易所的股票期权交易提供更加透明的基础股票价格信息。该系统不能直接用于交易，但投资者了解价格之后可以通过电话完成交易，类似于伦敦证券交易所的 SEAQ 系统和纳斯达克电子报价系统。

第二个问题存在争议。德国银行界的态度非常明确，即德国只需要一个电子化的交易所，而场内交易没有未来。德意志银行明确地表态："第一，德国的金融中心是法兰克福；第二，经纪人的作用需要讨论；第三，场内交易应该转变成电子交易系统。"拜仁抵押汇票银行也认为，长期而言，德国只需要一个交易所，而经纪人和场内交易

---

① KISS 即 Kurs Informations Service System。

将被电子化交易代替。甚至德意志联邦银行也不看好场内交易和区域交易所的未来前景。

然而，经纪人不愿坐以待毙。1989年12月，德国官方经纪人协会行动起来，开发了经纪人信息系统（MATIS[①]）。这套系统每天8:00到17:30通过路透社发布42只股票和10只联邦德国债券的买卖价格信息。获得价格信息之后，投资者也可以通过电话联系经纪人完成交易。德国自由经纪人协会也行动起来，开发了做市商信息交易系统（MIDAS[②]），可以挂牌600只证券，甚至允许境外投资者参与该系统的证券交易。该协会向德国各州政府申请交易所牌照，试图在德国建立一个电子化的证券交易平台。不来梅交易所表示愿意引入这套系统。但此举遭到法兰克福证券交易所理事会成员的激烈反对。来自德国大型银行的理事会成员担心做市商信息交易系统将与银行间信息系统形成竞争，导致后者失去部分潜在会员。为了保护这些大型银行在交易系统中的巨额投资和维护自身利益，法兰克福证券交易所威胁不来梅交易所，最终促使不来梅交易所在最后一刻放弃上线做市商信息交易系统。[③]法兰克福的大型银行拥有一套整合德国各个交易所的方案。或许这套方案也得到了不来梅交易所的认可，促使后者放弃单独行动。

在德国大型银行的强大压力之下，官方经纪人和自由经纪人不得不妥协，放弃自身开发的电子交易系统。作为补偿，这些经纪人也获得了筹备之中的法兰克福证券交易所股份有限公司乃至德意志交易所

---

① MATIS 即 Makler Tele Informations System。德国官方经纪人协会为 Bundesverband der Kursmakler。
② MIDAS 即 Market Information Data Analytics System。
③ 参考 Schmidt（2011）。

股份有限公司的股份。银行和经纪人之间完成了利益的妥协，这成为改革顺利推进的关键。

第三个问题最棘手。这不仅是一个电子化交易和场内交易如何选择的问题，也涉及德国区域交易所的生存问题。区域交易所开始担心自己的处境和前景。1990 年，法兰克福证券交易所交易规模已经占德国证券市场总交易规模的约 65%。电子化交易兴起之后，法兰克福证券交易所的市场份额将不可避免地继续增加。其他的区域交易所将面临生存危机。它们提议与法兰克福合作建立全德国范围的电子交易系统，某个交易所无法撮合的订单可以转到其他交易所匹配。这个提议只会加速法兰克福的流动性集聚。法兰克福与其他区域交易所的利益冲突以及解决方案是交易所改革的难点之一。

德意志衍生品交易所的组建获得了德国各个区域交易所和其所在地的州政府的支持，这不仅是出于政治层面的考虑，也是出于经济层面的考虑。其只有获得各个区域交易所以及州政府和地方金融机构的支持，才能整合德国各界的力量。证券交易所也类似。法兰克福证券交易所只有通过电子交易系统吸引全德国的买卖订单，才能具备国际竞争力。为了达成这个目标，法兰克福证券交易所不能轻易取消场内交易。

法兰克福证券交易所的态度决定了德国对这个问题的回答。1991 年 3 月 21 日，法兰克福证券交易所理事会主席弗里德里希·冯·梅茨勒，也是法兰克福知名私人银行梅茨勒银行的继承者和合伙人，他警告法兰克福不能像伦敦一样，在电子化的道路上做出太极端的选择。梅茨勒自然认为不久之后所有的法兰克福证券交易所会员都将使用电子化交易渠道，但是他反对突然将所有的交易都电子化，这将在关键的转型时期带来摩擦和利益冲突。关键的问题是如何对待传统的场内交易和电子化交易，两者可以相互替代还是可以共存？[1]梅茨勒认为银行和经纪人看重业务的连续性，需要评估交易渠道变化带来的风险和收益，如此才能更顺利地促成转变。为此，他建议法兰克福开发新的电子交易系统，并确保新系统的延展性和开放性，进而让市场竞争决定交易系统的演变。同时，法兰克福也需要保留传统的场内交易。如果一场改革涉及重大的利益冲突，需要投入大量的人力物力解决这些冲突，那么改革本身可能就失去意义。因此，德国选择电子化交易与场内交易共存，让市场来选择合适的交易方式。

1989年新颁布的《交易所法》并没有涉及区域交易所，这至少表明联邦政府并没有明确计划取消或者关闭区域交易所和经纪人组织，只是明确投资者也可以通过电子化的方式提交订单，有效地表达交易意愿。如此，德国法律为电子化交易扫清了道路。

这样，场内交易被保留下来。在现代，场内交易的交易池经过重新装修，成为游客参观法兰克福证券交易所大楼时必去的地点之一，也是法兰克福的一个旅游景点。老交易所数百年的历史和传统的场内交易总能引起人们的遐想。令人意外的是，场内交易后期也引入电子化支持设施，并逐步变成完全电子化的交易系统。这个系统与法兰克福证券交易所的主交易系统不一样，它采取做市商制度，允许数量庞大的证券和结构化产品在其中交易。官方经纪人和自由经纪人可以成为这个系统中的专家做市商，继续为金融市场提供服务。这个新系统叫Börse Frankfurt。现在，上百万马克的金融产品在Börse Frankfurt挂牌交易，这可视为原先的场内交易。这个系统主要针对个人投资者，整合了德国各大银行和金融机构所发行的金融产品。这些产品无法在交

---

[1] 参考 Holtfrerich（1999），第270至271页。

易所主板上市，也不能在 Xetra① 电子交易系统交易，而仅在报价板（场外市场）挂牌和在 Börse Frankfurt 交易。比较特别的是，报价板的产品不仅包括股票、债券、交易所交易基金，还包括数量众多的权证等场外金融衍生品。

公司制改革的博弈

1990 年 4 月，梅茨勒提出设立"德意志证券交易所股份有限公司"的计划。基于德意志衍生品交易所有限责任公司和德意志现金结算股份有限公司的经验，这个计划具备可行性。新成立的公司为法兰克福证券交易所的公司制运营商，同时成为德国其他区域交易所的运营商。然后，交易所的交易和结算紧密相连，德意志结算股份有限公司也计划并入这个新成立的德意志证券交易所股份有限公司。

至于德意志衍生品交易所，德国原计划参考美国的经验将现货和期货分别放在不同的交易所运营。但是，一位美国知名交易所的代表告诉理事会主席梅茨勒，美国将现货和期货分开的做法实际上是美国交易所的不利因素，将现货和期货置于一家交易所平台有助于提高交易所的运行效率和国际竞争力。梅茨勒很快就接受了美国专家的建议，准备把德意志衍生品交易所也并入新成立的交易所运营商。衍生品交易所的盈利能力将使新的交易所平台在初期获得良好的发展机会。另外，历史上德国的现货和衍生品都在同一个交易所交易。

然而，这个计划在工商登记处遇到了小麻烦。工商登记处认为，既然名字是"德意志证券交易所"，那就需要成为德国八大交易所的运营商，而不能仅仅是法兰克福证券交易所的运营商。1990 年 5 月

---

① Xetra 指 Exchange Electronic Trading。

22日，梅茨勒召集法兰克福证券交易所理事会成员召开会议，拟将运营商名字改成"法兰克福证券交易所股份有限公司"，再通过增资的形式纳入更多股东。法兰克福商会也同意将运营商权利和义务转给新成立的股份有限公司。如此，德国各大交易所统一的任务将以另一种方式完成。

1990年7月5日，法兰克福证券交易所管理层同意了该方案。8月1日，法兰克福证券交易所股份有限公司以少量注册资本成立。梅茨勒担任新公司的监事会主席，代表股东利益。11月5日，法兰克福证券交易所股份有限公司与法兰克福商会签订交易所运营商的转让协议，同时商会将交易所相关的资产和负债都转给新的运营商。[①]11月16日，法兰克福证券交易所股份有限公司吸引新股东参与，将注册资本增加到2 100万马克。增资之后，德国各银行持股79%，外国银行持股10%，官方经纪人持股5%，自由经纪人持股6%。

法兰克福证券交易所的公司制改革非常特殊，特殊到学术研究几乎把这次改制遗忘了。业界普遍认为斯德哥尔摩证券交易所是世界上第一家完成会员制向公司制改革的交易所。[②]实际上，斯德哥尔摩证券交易所在1993年才完成改制，而法兰克福证券交易所股份有限公司于1990年成立，并在当年完成改革。或许法兰克福证券交易所的特殊性在于它并不是完成了由会员制转变为公司制的改革，只是换了一个交易所运营商。改革之前，法兰克福商会是法兰克福证券交易所的运营商。虽然法兰克福证券交易所与会员制交易所非常类似，但实际上

[①] 需要说明的是，交易所资产不包括交易所大楼。至今，法兰克福商会仍然是交易所大楼的拥有者，交易所只是交易所大楼的租客。或许法兰克福证券交易所是为数不多的租用以自身名字命名的交易所大楼的交易所。

[②] 参考 Gorham and Singh（2009），第104至106页，或者本特·赖登（2010）。

它不是会员制交易所。商会是交易所相关财产的所有者，也承担交易所相关职责。改革不涉及会员投票支持，而只涉及法兰克福商会是否愿意转让交易所运营商的权限，德国人通过设立新机构接管交易所运营商职责以完成这个程序。当然，转让程序也得到了监管机构的批准。在全球历史上，这种改制方式独一无二。在严格意义上，自然不能说法兰克福证券交易所的转变是会员制交易所向公司制交易所的转制改革。但是，法兰克福证券交易所股份有限公司确实是全球历史上第一家公司制的证券交易所，或者严谨一点，是第一家公司制证券交易所运营商。

然而，法兰克福证券交易所股份有限公司在整合德国其他区域交易所的过程中遇到了困难。其他区域交易所不同意法兰克福证券交易所股份有限公司成为它们的运营商，也不愿意其成为区域交易所运营商的母公司。一时之间，德国各个交易所的整合似乎又走到死胡同。此时，不来梅交易所建议各区域交易所相关机构与法兰克福证券交易所股份有限公司一起组建"德意志交易所股份有限公司"，以作为整合德国所有交易所的平台。这样，德国各交易所整合再次柳暗花明，德意志交易所登上历史舞台。

全球第一个交易所集团

20世纪80年代末和90年代初，德国的交易所改革风起云涌。1989年，德意志衍生品交易所成为德国历史上第一个专业的衍生品交易平台；1990年，法兰克福证券交易所成为全球最先完成公司制改革的证券交易所。稍后成立的德意志交易所是全球第一个整合交易、结算、托管、现货和衍生品业务的交易所集团，涵盖交易所涉及的几乎所有业务。德国再次在金融基础设施建设方面站在全球领先位置，然后率先于20世纪90年代末开启了全球交易所的跨境并购，在英国、法国和美国等国掀起一阵阵腥风血雨式的竞争。

德意志交易所诞生

"德意志交易所"这一名称由梅茨勒提出。他认为德意志交易所应该是集合全德国的金融力量而打造出的拥有强大竞争力的德国交易所。其他区域交易所也愿意参与德意志交易所的组建。剩余的问题是股份分配，即各区域交易所或区域金融机构应该在这个新的交易所平台拥有多少股份。经过一年的沟通、协调和博弈，德国各个交易所和主要参与者终于达成一致意见。

1992年12月11日，法兰克福证券交易所股份有限公司举行股东大会，通过3个重要决议：其一，将公司命名为"德意志交易所股份有限公司"；其二，收购德意志结算股份有限公司和德意志衍生品交易所有限责任公司；其三，增发新股，将注册资本提高1 600万马克，接收区域交易所相关的新股东。由于股份增值300%，新公司实际获得资本6 400万马克。新增资本主要用于收购德意志结算股份有限公司和德意志衍生品交易所有限责任公司，共花费6 000万马克。实际上，德国大型银行是交易所运营商的主要股东，这些资金仅仅从德国大型银行的左口袋转到右口袋。

新设立的德意志交易所股份有限公司拥有3块主要的交易所业务，即现货交易、现货结算托管和衍生品业务。后两块业务分别由两个子公司负责，而第一块业务由德意志交易所股份有限公司运营，因为它也是法兰克福证券交易所的运营商。德意志交易所成立之前，1991年，银行间信息系统升级到第二代，法兰克福证券交易所采用这套系统开展交易。德意志交易所成立之后，德国其他的区域交易所也逐渐接入该系统，这样所有交易所的会员都可以使用电子化的证券交易系统。

整合之后，德意志交易所的股东包括234家银行和146家经纪商。这些机构为当时德国交易所行业的主要相关机构。德意志交易所最广泛地团结了德国交易所行业的力量。其拥有1 200位员工。终于，德国诞生了一家世界级的交易所，该交易所拥有与伦敦证券交易所以及纽约、巴黎等地交易所相抗衡的实力。

德意志交易所成立之后，厥功至伟的法兰克福证券交易所理事会主席梅茨勒决定退出德意志交易所监事会和法兰克福证券交易所理事会，将位置留给更接近市场的专家，以便领导德意志交易所走向下一阶段的辉煌。他推荐德意志银行的布鲁尔博士担任德意志交易所的监事会主席和法兰克福证券交易所理事会主席。布鲁尔博士不仅领导创立了德意志交易所的重要资产——衍生品交易所，还配合梅茨勒推进德意志交易所的创建。

短短3年时间，德国交易所行业完成了几乎不可能完成的任务，包括修订和颁布新版《交易所法》，建立衍生品交易所，整合全国证券结算机构并成立德意志结算股份有限公司，整合德国的区域交易所并创建一个覆盖全德国的电子证券交易系统，最后将现货、衍生品和结算托管业务统一并入新成立的德意志交易所。在这5个任务之中，几乎每一个任务都不可能在短期内完成，但是梅茨勒、布鲁尔博士等德国银行专家用短短3年的时间就完成了这些不可能完成的任务，建立了全球第一个集合证券交易、证券结算和衍生品3项主要业务的交易所。

为什么德国能这么快完成这项艰巨的改革任务？我们曾提到德意志衍生品交易所拥有的强大基因，即传统的公法性质、开放式的股东结构和广泛的利益分享。德国交易所的每一次改革都充分地考虑了与改革相关的机构和人群的利益，以确保转变过程顺利。与英国封闭式的会员制交易所不一样，德国大型银行纵然在交易所改革之中占支配地位，但或许由于传统的束缚，或许其面临竞争压力，使其明白只有团结才能逆转，因此并不追求独享改革的利益。其他中小机构也会考虑共同的长期目标而妥协。如此，英国、美国和其他国家往往耗时 10 年才能完成的改革，德国各界一旦达成共识就可以顺利推进。

德国特色的公司制改革

德意志衍生品交易所和德意志交易所是最早的一批公司制交易所。在部分文献中，斯德哥尔摩证券交易所被认为是全球第一家实行公司制改革的证券交易所。[1]1992 年，斯德哥尔摩证券交易所成立子公司，即斯德哥尔摩证券交易所有限公司，并向会员和上市公司发行股份，然后收购母公司。1993 年，斯德哥尔摩证券交易所完成公司制改革。[2] 德意志衍生品交易所的公司化显然比斯德哥尔摩更早，甚至法兰克福证券交易所也于 1990 年完成公司制改革，也比斯德哥尔摩早。

我们不清楚为什么专家学者没有讨论德国交易所的公司制改革。或许德国交易所的公司制改革太简单，不需要会员举手表决，也不涉及利益分配，而只需要公法性质的交易所运营商将运营商资质以及交易所相关全部资产和负债转给新的交易所运营商。由于较少涉及利益分配，整个改革或者转变过程一般都很顺利。如此顺利的改革与德国交易所和交易所运营商相分离的历史传统有关。

德意志衍生品交易所与法兰克福证券交易所的公司制改革存在区

---

[1] Book（2001）第 225 页提到澳大利亚证券交易所最早从会员制交易所向股份制交易所转变。改制从 1995 年开始，1998 年完成。Gorham and Singh（2009）第 104 至 106 页提到斯德哥尔摩证券交易所最早于 1993 年完成会员制交易所向股份制交易所的改革。之后，赫尔辛基证券交易所和哥本哈根证券交易所分别于 1995 年和 1996 年完成改制。

[2] 参考本特·赖登（2010）。本特·赖登是时任斯德哥尔摩证券交易所首席执行官。

别。德意志衍生品交易所是新成立的交易所。德国各银行先按照私法成立交易所运营商，然后向州政府申请成立公法之下的交易所，并组建交易所理事会和管理层。而法兰克福证券交易所作为公法组织已经存在，德国各银行需要成立新的交易所运营商，然后向州政府申请将交易所运营资格从法兰克福商会转移至新的交易所运营商，同时也转移了交易所相关的资产和负债。

德意志衍生品交易所无意之中探索出一条德国特色的交易所改革之路。这是德国历史上第一次出现一个有限责任公司成为交易所运营商。德国五大银行在创建德意志衍生品交易所有限责任公司之初，也没有把盈利作为主要目标，只是出于应对国际竞争压力而做出反应。有限责任公司是基于私法设立的企业组织，自然与公法性质的交易所存在区别。德国人发明了"交易所运营商"的概念，其是指以一个私法性质的商业机构运营一个公法性质的交易所。法兰克福证券交易所也参考德意志衍生品交易所，以私法性质的股份有限公司代替公法性质的法兰克福商会作为新的交易所运营商。

公司制改革之前，法兰克福商会类似于一个协会组织，除了提供场地、选举交易所理事会成员和出具评估意见，并没有深度参与交易所的日常管理；改革之后，私法性质的交易所运营商和公法性质的交易所紧密合作，甚至可以说缠绕在一起，形成不可分割的整体，一起组成德国特色的交易所组织结构。法兰克福证券交易所的管理层成员也是交易所运营商德意志交易所股份有限公司的高管，而交易所理事会仍然由市场参与者代表组成。

除了公司制改革，德国交易所的其他重大改革也都非常顺利。不管是选择电子化交易，还是合并交易业务、结算业务和衍生品业务并组成一个新的交易所，德国都在很短的时间之内完成了改革。反观英国、美国以及其他很多国家，这个转型或者改革过程非常痛苦，博弈程序异常艰辛。德国与英美的区别在很大程度上源于交易所的性质。由于德国交易所的公法性质和历史传统，德国各金融机构、经纪人以及地方政府等都更容易达成一致意见，历史上也没有排斥任何组织或机构参与交易所活动的案例，他们更容易结成同盟以实现一致的目标，更何况德意志衍生品交易所乃至其他交易所组织的成立目的具备公共利益性质，即以提高德国金融市场的竞争力乃至促进法兰克福金融中心建设为目标。

此外，德国特色的股东结构也是改革顺利进行的原因之一。德国全能型银行是各交易所的主要参与者，也是交易所相关股份有限公司的主要股东。在德国全能型银行，特别是大型银行的协调之下，各类改革更容易推进。经过近百年的整合，德国剩下5家大型银行。只要这些大型银行达成一致意见，它们就可以快速推进改革。在英国金融大爆炸之前，伦敦证券交易所的股东以经纪人为主，银行甚至不被允许成为交易所会员乃至股东。经纪人数量众多，难以相互协调形成一致意见。而金融大爆炸之后，各类银行也参与交易所业务，使得利益博弈更加复杂。

独特的交易所组织结构

德意志交易所股份有限公司是交易所运营商，也是一家依据私法设立的商业机构。与其他股份有限公司一样，德意志交易所追求利润，寻求股东价值最大化。德意志交易所的公司管理层被称为执行董事会，包括首席执行官、首席财务官等职位。但是法兰克福证券交易所是一家依据公法设立的机构，不追求利润，甚至不拥有资产。交易所仅拥有部分权利，可以在行政诉讼程序中以交易所的名义起诉与应诉，但作为公法机构，交易所不能与其他商业机构签订协议。

德意志交易所股份有限公司和法兰克福证券交易所共同组成了德国独特的交易所组织机构，即"交易所运营商"和"交易所"的"一体两面"的结构。两者的独立存在没有意义，只能作为一个整体发挥功能。

交易所运营商和交易所之间的关系非常特殊。公法下的交易所只是一个法律意义上的主体。交易所需要依赖交易所运营商提供交易基础设施，也要依赖运营人员来进行金融市场交易。但是，交易所运营商并不控制交易所。虽然交易所运营商为交易所相关工作人员支付工资，但没有对交易所人员的任免权，更没有权力要求交易所改变规则以达到交易所运营商的盈利目标。交易所运营商追求利润，交易所却致力于维护公共利益，维护金融市场的平稳运行，服务于各个会员、投资者和相关参与者，以便实现法兰克福金融中心建设等宏观目标。如此，德国交易所和交易所运营商有机结合在一起。一方面，交易所运营商积极提高工作效率，开展产品创新，参与国际市场竞争以及为股东创造价值；另一方面，交易所限制运营商对其他市场参与者的压迫，为各类市场主体提供一个公平而透明的参与环境。这是一个现代与传统有机结合的交易组织结构，是一个公共利益和私人利益有机结合的组织结构，也是全球独一无二的"一体两面"的交易所组织结构。

法兰克福证券交易所包括交易所理事会、交易所管理层、交易监察办公室和制裁委员会4个职能部门[①]，德意志衍生品交易所以及后来成立的欧洲期货交易所也一样。交易所理事会是交易所的最高权力

---

① 交易所4个部门的翻译参考中国证券监督管理委员会组织编译的《德国证券法律汇编》第177页。其中，只有交易监察办公室的译名有所不同，《德国证券法律汇编》将这个部门翻译成"交易监管部"。

部门，代表会员、投资者和发行人等各类市场参与者的利益。法兰克福证券交易所理事会共 18 位成员。每隔 3 年，交易所举行一次理事会成员的选举。交易所理事会的主要职责包括批准和颁布交易所规则、提名交易所管理层成员、提名交易监察办公室负责人和提名制裁委员会成员。这些交易所官员的任免由州政府交易所监管机构最终决定。交易所理事会还负责监督交易所管理层，理事会只能为公共利益而履行法律赋予的职责。

交易所理事会成员代表广泛的市场参与者。《交易所法》详细规定了哪些机构有权派代表参与选举，进而成为交易所理事会成员。以现在的法兰克福证券交易所作为例子，18 位成员可以分成 7 类市场参与者。银行或信贷机构是理事会之中代表数量最多的一类参与者，共 8 位代表。其中两位银行代表来自德国两家特殊的银行，即德国合作银行和德卡银行，它们分别属于合作银行和依据公法设立的储蓄银行。其他 6 位银行代表来自德国 6 家知名的商业银行。第二类参与者是资产管理机构，只有一名代表。第三类参与者是金融服务机构，共两名代表。第四类参与者是专家做市商，也有两名代表。第五类是保险机构，只有一位代表。第六类是发行人，共两位代表，现任交易所理事会主席是来自上市公司"法兰克福机场"的发行人代表。第七类是投资者，包括两位代表。现任的两位投资者代表分别是法兰克福大学教授和德国股票研究所负责人。

交易所管理层负责交易所的日常运行，代表交易所出席法庭或与第三方协商，以及负责其他无法找到对应负责机构的事项。管理层的权力基于《交易所法》，包括负责批准机构或个人参与交易所交易，批准证券或衍生品合约在交易所挂牌上市，确定证券定价方法，维持交易大厅的秩序以及监管交易所市场的运行，决定交易所的开市、暂停和关闭。当前，法兰克福证券交易所已经实行电子化交易，但传统的交易大厅仍然得以保留，以作为 IPO 仪式举办地以及交易所形象的展示场所。交易所管理层可以颁布行政规定，以维持交易的正常平稳运行。当前，法兰克福证券交易所的管理层共 4 位成员，包括一位主席和一位副主席。这 4 位成员一般也是德意志交易所股份有限公司的管理人员。他们的决策受到交易所规则以及交易所理事会的制约。德意志交易所首席执行官无法罢免交易所管理层，也无权任命。交易所管理层属于公法机构的官员，类似于政府官员，只是其工资由交易所运营商发放。

交易监察办公室是德国交易所最特殊的一个部门，俗称交易所的内部警察。交易监察办公室也是一个独立的交易所行政机关，负责市场监管，不受交易所管理层和交易所运营商影响。交易监察办公室负责人由交易所理事会提名，并由州政府交易所监管机构任命。根据德意志交易所的介绍，交易监察办公室一旦发现内幕交易或操纵嫌疑，可以进入交易所任何部门、任何办公场所，检查任何文件和询问相关人员。交易监察办公室不需要与交易所或者交易所运营商共享信息。交易监察办公室像州政府派驻在交易所内部的专门警察，负责维护金融市场的公平正义。交易监察办公室也仅为公共利益而履行法律赋予的职责。[①]

交易监察办公室监控电子化交易平台如 Xetra 和 Eurex，以及交易大厅的交易。它基于现货和期货市场的交易、订单数据，系统、持续地收集原始数据。在广泛的信息基础上，交易监察办公室识别和揭露可能违反证券交易所法律和法规的行为，并处理申诉。调查结果将传达给相关证券交易所的管理层、监管机构或执法机构（如有必

---

① 交易监察办公室了解众多数据和信息，比如某合约中各个机构投资者的持仓和交易情况。但这些信息仅用于市场监管，不能与交易所其他部门共享，特别是不能与交易所运营商共享。

要）。涉及市场操纵或内幕交易的可疑案件也会报告给联邦金融监管局（BaFin，一个直到 2002 年才成立的监管机构）。交易监察办公室与交易所管理层和其他机构密切合作，参与新产品开发和法规制定。此外，它还与监管机构和其他负责监督德国及国外证券交易所的机构合作，以提供行政协助。

  制裁委员会也是交易所的一个机构，其任务是针对交易参与者或发行人扰乱金融市场正常交易和结算的行为进行惩罚。交易参与者故意或过失违犯《交易所法》的，制裁委员会可以处以最高 100 万欧元的罚款或最多 30 个交易日不得进入交易所的惩罚。法兰克福证券交易所制裁委员会由一名主席和两名评估员组成，他们由交易所理事会从交易参与者和发行人之中选出。制裁委员会不受交易所管理层或交易所运营商的影响而独立做出涉及制裁的决定，仅受州政府交易所监管机构的监管。

  德国的交易所组织结构提供了德国版本的控制资本野蛮生长的案例。交易所和交易所运营商属于对公共利益拥有重要影响力的机构，不能交由资本控制。交易所的 4 个职能部门，即交易所理事会、交易所管理层、交易监察办公室和制裁委员会相互之间没有从属关系。交易所理事会拥有提名其他 3 个部门负责人的权力，却无独立的任免权。理事会需要与州政府交易所监管机构达成一致，才能任免交易所管理层。交易所各个行政机关各自依据《交易所法》所授予的权力履行监管职能，不受交易所运营商的制约。但交易所各部门的人员工资由交易所运营商发放。《交易所法》第 5 条规定，交易所运营商有义务根据交易所管理层的要求，为保证交易所的运营和适宜发展提供其所需的财力、人力和物力资源。此外，《交易所法》还详细规定了交易所运营商必须向州政府交易所监管机构汇报的事项，包括交易所运营商股份变动。州政府可以依据《交易所法》否决部分股东增持交易所运营商的股份，这样事实上州政府就具有交易所运营商首席执行官的任免权，即交易所运营商的首席执行官并不由其股东大会决定。这是德国的独特规定，也是德国防止资本控制交易所运营商的方法。①

电子化交易整合德国证券市场

银行间信息系统升级到第二代，除了展示股票价格，交易系统还可以撮合买卖订单，成为一个真正的电子化证券交易系统。至于电子化交易和场内交易的取舍，德国人留待市场自己决定，让投资者评价哪种交易流动性更好、成本更低以及更有吸引力。1991年，电子化交易仅占15%，不过它开始逐渐蚕食场内交易的份额。在与伦敦的竞争之中，德国的电子化证券交易系统也赢得部分份额。1989年，20%的德国股票在伦敦交易，到1992年这个份额仅剩10%。

德意志交易所成立之后，决定继续投资电子交易系统，增加更多功能。交易所评估了开发新的电子交易系统的必要性，得到的结论自然支持新系统的开发。依据这个评估报告，使用新系统将大幅节约与交易相关的人员成本、租金成本以及其他成本，并将进一步降低投资者或参与者的交易成本。麦肯锡公司经估算认为新系统将为银行和投资者每年节约3.5亿马克。新系统还可以更加方便地链接其他交易所的电子交易系统。

1996年，欧盟颁布资本市场整合的法规，逐步取消了欧盟各国资本市场的准入规定。这一年，伦敦的投资者也可以通过德国的银行

---

① 现在，德意志交易所的主要股东已经不是德国各金融机构。来自美国的各类机构投资者成为德意志交易所的主要股东，但是德意志交易所的首席执行官和其他主要管理职位依然由德国人担任，其原因在于《交易所法》所规定的人事任免权力和交易所监管权力。州政府交易所监管机构对交易所主要部门和交易所运营商拥有监管权限。

间信息系统参与交易。当时的一次针对伦敦机构投资者的调研显示，德意志交易所的电子交易系统相比伦敦证券交易所的 SEAQ 更受投资者欢迎。在这个背景下，法兰克福证券交易所管理层和德意志交易所监事会批准新一代电子化证券交易系统的开发。1997 年，这一电子化证券交易系统的名称改为 Xetra，即现在法兰克福证券交易所使用的电子交易系统。据估计，该系统的开发成本达到 1.5 亿马克。

Xetra 电子交易系统采取订单驱动模式，提供透明的订单簿，也允许做市商参与维护价格。1997 年 11 月 28 日，Xetra 系统投入使用。5 年之后，Xetra 电子交易系统成为德国最主要的证券交易系统，交易量占比达到 93%（见图 13-2）。其他区域交易所的交易量处于可以忽略的地位。德国终于完成了八大交易所的流动性整合。

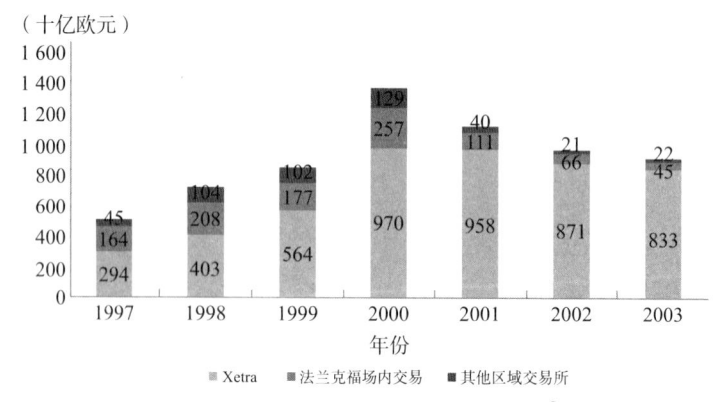

图 13-2 Xetra 电子化交易成为主流 [①]

2002 年 7 月，德国再次修改《交易所法》，取消了 1896 年第一版《交易所法》引入的官方经纪人角色。官方经纪人不再承担编制官方价格表的职责，也没有了相应优势。此后，德国取消了官方价格表的说法，争论了 400 多年的官方价格表终于落下帷幕。德意志交易所

[①] 数据来源：Walter（2009）。

第三条金融之路　484

不再视场内交易为电子化交易的竞争者，而将其视为一种有意义补充。德意志交易所也没有完全取消场内交易，而是保留了交易池或者交易台的形式，但是其交易功能已经很弱，更多用于电视采访、接待访客以及IPO时的拍照纪念等。20世纪90年代之后新成立的交易所都没有传统的交易池。德意志交易所是少数几家保留了几百年来的传统形象的交易所之一。

德意志交易所成立的意义

德意志交易所的成立使德国终于拥有了一家具备国际竞争力的交易所，也标志着德国各交易所的自由竞争就此画上了句号。自16世纪以来，德意志地区一直存在多家交易所相互竞争的局面。奥格斯堡、法兰克福、汉堡和柏林等地的交易所相继成为德意志地区领先的交易所。英国和法国历史上也存在多家区域交易所，但自由竞争促使伦敦和巴黎的交易所成为英国和法国领先的交易所。而德国由于联邦制、存在多个竞争性的发达经济区域以及两次世界大战的影响，其交易所的整合速度落后于英国和法国。一直到20世纪80年代末，德国依然存在8家交易所相互竞争的局面。德意志交易所的成立意味着德国终于建成了一家代表德国实力的交易所，并通过这家交易所参与国际竞争，而不是各个区域交易所各自为战。

德意志交易所是顶层设计的结果，而不是自由竞争的结果。法兰克福证券交易所理事会主席梅茨勒和德意志银行管理层成员布鲁尔博士是这个过程的强力推动者。两人都认识到了德意志交易所成立的必要性。他们获得了德意志联邦银行、联邦政府和各州政府的支持，也通过设计方案获得了绝大多数德国金融机构和经纪人的支持，这使德意志交易所的成立方案能顺利推进。这不是各个交易所自由竞争产生的结果，而是顶层设计的功劳。这显著区别于英国和美国交易所的发展历史，反而与中国比较相似。或许这是金融落后国家赶超金融强国的一般途径。

随着德意志交易所的成立，德国的交易所组织结构也经历了4个阶段的演变，分别是16世纪的私人俱乐部，19世纪初公法性质的交易所运营商，19世纪末公法性质的交易所，以及1992年私法性质的德意志交易所股份有限公司运营公法性质的法兰克福证券交易所的"一体两面"的结构。此后，德国特殊的交易所组织结构没有再发生变化。

德意志交易所成为全球第一家集证券交易、证券结算、集中托管、衍生品交易、衍生品清算和技术方案提供者于一体的交易所，几乎囊括除商品之外的所有交易所业务。交易所业务可以分为横向和纵向两个方向，前者指股票、债券、基金、衍生品、商品等产品种类，而后者指交易、结算、清算、托管、数据和技术等业务种类。德意志交易所是当时集横向整合和纵向整合于一身的交易所。这种交易所集团可以更大限度地发挥规模经济优势。德国再一次在金融基础设施领域领先于英国和美国。

德意志交易所成立之后，其他国家或地区交易所也纷纷模仿，整合现货业务和衍生品业务，组成交易所集团。1993年，瑞士组成瑞士交易所集团，整合了证券交易所和瑞士期权和金融期货交易所。1997年，阿姆斯特丹也整合了证券交易所和欧洲期权交易所，形成阿姆斯特丹交易所，后期其又并入泛欧交易所集团。同一年，法国和奥地利都整合了国内的交易所。1999年，新加坡证券交易所与新加坡国际货币交易所合并成立新加坡交易所。同一年，澳大利亚股票交易所与悉尼期货交易所的合并计划却失败了。2000年，香港联合交易所与香港期货交易所合并成立香港交易所。

2001年1月，德意志交易所首次公开发行股票，成为法兰克福证券交易所的上市公司。德意志交易所增发281万股股票，约占股票总额的1/3，募资近10亿欧元。挂牌上市的首日，德意志交易所的股票价格从335欧元快速上涨9%，达到约365欧元。2001年7月，泛欧交易所和伦敦证券交易所也在两周之内相继上市。欧洲主要的交易所的上市时间普遍早于美国的交易所。芝加哥商业交易所于2002年12月上市，而芝加哥期货交易所于2005年10月上市，纽约证券交易所直到2006年3月才上市。

上市后，德意志交易所的市值达到37亿欧元，成为当时欧洲市值最大的交易所。瑞典的OM交易所估值约22亿欧元，而伦敦证券交易所的估值仅为10亿欧元。尽管伦敦拥有全欧洲最大的股票市场，超过巴黎和法兰克福，但其股票和债券等现货业务已经不再创造高额利润。衍生品才是交易所行业竞争的焦点，也是产生高额利润的领域。

第十四章

欧洲金融定价权之争

　　欧洲衍生品市场的发展可以分成3个阶段。1978—1991年，各个国家纷纷成立衍生品交易所，其数量一度达到23家。① 这个时期，各个衍生品交易所都快速发展，相互之间竞争还不激烈，市场存在较大的增长空间。1991—2001年，欧洲衍生品市场竞争逐渐白热化，形成伦敦、巴黎和法兰克福三大主要衍生品交易所相互竞争的格局。特别是1996年，欧洲单一金融市场计划实施之后，各衍生品交易所的竞争骤然加剧。欧洲新货币——欧元成为游戏的改变者。欧元正式诞生之前，欧洲各国就因以欧元计价和交易的金融资产爆发了定价权之争，而赢得这场定价权之争的衍生品交易所将获得显著的竞争优势。

　　对于德意志衍生品交易所，这场定价权之争早在该交易所成立之前就已经打响。德国集中全国的金融力量组建这家衍生品交易所的目的之一就是夺回德国国债期货的定价权。只是，当时没有人能想到这场竞争持续了8年。其他流动性之争往往一年就分出胜负，为什么伦

---

① 参考 Walter（2009）。

敦和法兰克福之间关于10年期德国国债期货的流动性之争可以长达8年？为什么新生的德意志衍生品交易所能打败领先的伦敦国际金融期货交易所？

20世纪90年代是全球金融期货市场发展的重要阶段，甚至奠定了现在的欧美市场竞争格局。在欧洲金融期货市场之中，伦敦、巴黎和法兰克福上演了金融期货版的《三国演义》。与德意志衍生品交易所相比较，伦敦国际金融期货交易所和法国国际期货交易所的成立时间更早，交易规模更大，也建立了流动性充足的金融衍生品市场。当这场竞争拉开帷幕之时，伦敦和巴黎之间的竞争是市场的焦点，没人预料到最弱、最小且发展得最晚的法兰克福会成为黑马。但结果是，法兰克福笑到了最后，先后赢得了国债期货和股指期货两场金融定价权之争。伦敦保住了短期利率期货，而巴黎不仅没有获得更多的市场份额，连其自身的市场份额也全部输光，从此成为全球金融期货市场的"局外人"。

德国在这场定价权争夺之中获得了国债期货和股指期货的流动性。直到现在，这两类金融期货产品仍然占欧洲期货交易所每年交易量的85%。可以说，20世纪90年代的金融定价权之争奠定了现代欧洲乃至全球金融期货市场的版图。那么，德意志衍生品交易所或者后来的欧洲期货交易所的胜利秘诀是什么？其他国家能复制吗？

金融期货版的《三国演义》

20世纪90年代，伦敦国际金融期货交易所、巴黎的法国国际期货交易所和法兰克福的德意志衍生品交易所是欧洲衍生品市场的三巨头。德意志衍生品交易所成立之初就与伦敦竞争10年期德国国债期货产品。巴黎与伦敦就3个月马克利率期货合约开展过竞争，巴黎在这次竞争中失败了。1991年，双方就欧洲货币单位[①]债券和意大利国债期货合约开展头碰头的竞争。这个时期，瑞典OM交易所发展迅速，但由于它位于北欧，因此没有与伦敦和巴黎的衍生品交易所形成直接的竞争。伦敦、巴黎和法兰克福之间的"三国演义"决定着欧洲衍生品市场的竞争格局。

伦敦 vs 巴黎

1990年10月，巴黎上市欧洲货币单位债券期货合约。为了支持建立一个拥有良好流动性的欧洲债券市场，法国政府持续发行欧洲货币单位债券。1991年3月，伦敦也上市了一个类似的欧洲货币单位债券期货。由于缺乏流动性，伦敦试图修改合约设计以提高产品的吸引力，但没有成功。1992年1月，伦敦的欧洲货币单位债券期货合约仅成交10.5万张，市场份额仅为4%。由于交易量持续萎缩，伦敦终止了该期货产品的交易。巴黎赢得了这场竞争。

至于原因，巴黎在欧洲货币单位债券期货合约中拥有先发优势。伦敦国际金融期货交易所的国际化程度更高，但也不能扭转局面。另外，两个期货合约的可交割标的不一样。伦敦的合约设计不合理影响了其产品竞争力。巴黎的债券期货合约仅仅以法国政府发行的欧洲货币单位债券为可交割债券，而伦敦的合约设计规定以一篮子欧洲各国政府发行的欧洲货币单位债券为可交割债券。尽管这些债券都以欧洲货币单位计价，并且国际评级都是AAA，但各国债券的隐含收益率其实并不一样，这导致期货市场的多头经常收到自己不需要的欧洲国家政府债券，降低了伦敦国际金融期货交易所的产品竞争力。

---

① 欧洲货币单位是欧元的前身。自1999年引入欧元之后，欧洲债券变成以欧元计价。

1991年9月，伦敦和巴黎相继在一周之内上市了意大利长期国债的期货合约，又一次开始了头碰头的竞争。意大利的经济规模仅次于德国、法国和英国，其国债期货市场也具有较大的发展潜力。3个月之后，市场流动性多数流向伦敦，而巴黎逐渐处于竞争下风。1992年，伦敦国际金融期货交易所的意大利国债期货合约交易量达到370万张，远超巴黎。至于原因，国际化程度更高的伦敦国际金融期货交易所拥有更显著的竞争优势。

巴黎和伦敦都采用场内交易，两个交易所在同一个期货合约上的竞争结果主要取决于先发优势和国际化程度。德意志衍生品交易所采用电子化交易，但电子化交易在20世纪90年代初并没有证明其竞争优势，之后随着时间的推移和欧洲统一市场的建设其竞争优势逐渐突显。另外，在1997年市场出现拐点之前，德意志衍生品交易所的德国国债期货合约能一直保持30%的市场份额也是一个奇迹。这得益于德国各银行股东的鼎力支持。没有这些股东不计成本的无私支持，或许德意志衍生品交易所撑不到走出阴霾的那一天。这一点从伦敦多次凭借其较高的国际化程度打败法国国际期货交易所就可以推测出。故而，德意志衍生品交易所最终能在德国国债期货合约的竞争之中获胜不仅仅是电子化交易这一个因素在起作用。

巴黎和法兰克福合作

面对伦敦强大的竞争力，巴黎和法兰克福逐渐向彼此靠近，就像《三国演义》之中实力较弱的吴、蜀联合对抗曹魏一样。1993年1月13日，德意志衍生品交易所和法国国际期货交易所宣布了一个合作意向，双方将把法兰克福的10年期德国国债期货、5年期德国国债期货和巴黎的欧洲货币单位国债期货放入电子化交易平台，供双方的会员交易。双方将该合作项目取名为"Tradeus"①，寓意双方在交易领域的紧密合作。双方计划分 3 步推进合作。第一步，1994 年 6 月之前在法国国际期货交易所安装德意志衍生品交易所的电子交易终端，这样法国的会员可以直接参与法兰克福的金融衍生品交易。第二步，1995 年之前将法国国际期货交易所的产品挂牌在德意志衍生品交易所平台，并终止巴黎的场内交易。第三步，升级电子化交易和清算的技术系统，并由双方共同推广。这个合作项目也对其他交易所保持开放，欢迎其他交易所加入巴黎和法兰克福的合作计划。

我们如果具备上帝视角，就知道这个合作项目对法国人非常有利。这个时期的德国人面对伦敦强大的竞争力，迫切需要发展更多的国际会员，以便发挥电子化交易的优势。法国会员在伦敦国债期货市场的交易份额为 8%~12%。如果合作成功，至少这部分交易量将转到法兰克福。另外，法国国际期货交易所与德意志衍生品交易所不存在直接的竞争，双方的金融期货产品还具有互补性。当然，双方也计划基于这个合作项目推出新产品。

与此同时，伦敦和法兰克福的激烈竞争在持续进行。1992 年，伦敦期权交易所并入伦敦国际金融期货交易所。1993 年，伦敦国际金融期货交易所迎来新的首席执行官丹尼尔·霍德森，他宣称要打造美国之外无可争议的国际性交易所，以扩大国际化业务的领先优势。那一年，伦敦也推出 5 年期德国国债期货，并快速获得近一半的市场份额。作为回击，德国人推出基于 5 年期德国国债期货的期权产品。在这种环境下，德国人选择与法国人合作，共同应对来自英国伦敦的竞争压力。

然而，法国和德国的金融期货合作项目注定困难重重。采用场内

---

① 参考 Walter（2009）。

交易模式的法国会员无法理解也无法支持采取电子化交易的德意志衍生品交易所。法国的金融监管机构提出德国缺乏一个相应的金融监管机构，以至于其无法解决跨境监管协调问题，特别是与内幕交易相关的问题。1992年，德国成立了德意志交易所，以其作为德意志衍生品交易所的母公司，而新任的首席执行官维尔纳·塞弗特也给合作项目带来了变数。这个时期，德国人和法国人都同时与其他合作伙伴洽谈相关业务。最终，德国人选择了瑞士作为合作伙伴，成立了欧洲期货交易所，而法国人整合了法国国际期货交易所、巴黎期权交易所和法国证券交易所。1996年4月，法国国际期货交易所和德意志衍生品交易所终止了双方的合作项目。

欧元带来更激烈的竞争

1991年12月，欧洲共同体各成员国于马斯特里赫特通过《欧洲联盟条约》，决定实行单一货币。1995年12月，欧洲理事会在马德里召开会议，决定将"欧元"作为欧洲未来货币的名称，并于1999年1月1日正式启动欧元。

欧盟新货币欧元的诞生意味着欧盟金融市场将迎来一场更加激烈的竞争。各国努力争取，使本国发行的国债成为欧元区的基准债券，因为这意味着获得欧元区债券的定价权。把握欧盟其他成员国发行债券的定价基础，将有效提升本国的金融中心地位。基准债券的发行国将获得融资成本优势，因为其债券的市场需求更大，而较低的融资成本将为基准债券发行国节省巨额的利息支出。

基准债券的竞争无疑引起了各国注意。然而，成为基准债券需要满足硬性条件，比如信用等级、国债市场规模和交易成本以及国债期货市场的流动性。其他影响因素还包括债券发行的持续性、债券发行计划的可预期性、债券期限的覆盖范围以及资本市场的接受度等。

显然，具备这些条件的国家并不多。德国和法国是这场欧洲基准债券竞争的主角。其他欧盟成员国的债券市场规模、流动性和信用等级都无法与德国和法国相提并论。1996年，布鲁尔博士宣称德国国债基于流动性和规模是欧元区债券市场的"自然基准"。这个观点自然不被法国人认可。法国财政部通过改善国债发行流程和方式，制订明确的国债发行计划，来积极支持法国国债参与这场基准之争。但是，法国国债市场的国际化程度较低，国际投资者当时仅仅持有15%的法国国债。而德国国债的国际投资者持有比例达到46%，德国国债市场的规模也显著大于法国。

基准国债之争与国债期货的竞争紧密相连。1997年，伦敦和法兰克福的10年期德国国债期货流动性竞争分出胜负。1998年，随着意大利和西班牙的大型机构投资者将法国国债替换成德国国债，这次基准债券之争终于落下帷幕。国债期货之争似乎是基准债券之争的先行指标。欧洲衍生品市场受到欧元诞生的深远影响，一方面衍生品合约跨境挂牌已经是常态，另一方面投资者群体也比证券市场更加国际化。与债券和利率相关的衍生品合约又是竞争的焦点，不仅因为这些合约占当时欧洲衍生品市场交易量的2/3，还因为欧元的诞生首先将使各国利率趋于一致，也意味着各国将争夺未来债券期货合约的定价权。市场还存在不同的预测，即每个期限的债券期货合约都将只剩一个流动性充足的债券期货市场，还是每个期限都存在数个相互竞争的国债期货合约，但其中一个国家的国债期货市场将发挥主导作用，而其他国家的国债期货合约作为细化的风险管理工具，用于调整该国与主导国家的利率之差。

在欧元诞生、欧洲基准债券之争和国债期货市场主导权之争的背景下，伦敦、巴黎和法兰克福3家交易所的竞争获得更广范围的关注。这是一场国运和国力之争。1996年，这3家大型衍生品交易所占据了欧洲衍生品市场约85%的市场份额。这一年，伦敦和法兰克福交易所仍然处于高速增长之中，而巴黎的年交易量下降了3.2%。对于法国，这个增长率差异并非好的兆头。其间，法兰克福与巴黎的战略合作没有进展。随着德意志衍生品交易所的交易规模超过法国国际期货交易所，法兰克福和伦敦逐渐成为竞争中的主角。德意志衍生品交易所与伦敦国际金融期货交易所的德国国债期货流动性之争更是大家关注的重点。

对于其他小型衍生品交易所，欧元诞生意味着它们将被边缘化，甚至小国的国债期货市场不一定能继续存在。在这种背景下，小国的衍生品市场开始寻求创新，如比利时重点转向股指期货市场，西班牙推出与利率差相关的衍生品合约。

国债期货流动性之争

伦敦和法兰克福之间关于10年期德国国债期货的流动性之争是经典的商战案例，也是全球金融期货市场发展历史上的重要里程碑。这次竞争直接改变了欧洲乃至全球衍生品市场的竞争格局。10年期德国国债期货的流动性之争还创造了多个第一：第一个流动性充足的期货市场被"窃走"的案例；第一个电子化交易与场内交易正面对决，并且电子化交易取得胜利的案例；还是一个新生的交易所完胜老牌交易所的案例。欧洲其他流动性之争往往在一年时间内分出胜负，但这次流动性之争足足持续了8年。为什么这次流动性之争的持续时间那么长？为什么法兰克福能获得最终胜利？

国债期货争夺战拉开帷幕

1990年11月23日,德意志衍生品交易所上市了两种金融期货合约,分别是DAX指数期货和10年期德国国债期货。这两种产品都是德国衍生品市场的创新。市场对DAX指数期货的前景判断较为一致,不存在太大的分歧。但是,10年期德国国债期货已经在伦敦上市2年,并且伦敦已经积累了较好的流动性,市场难以判断法兰克福能否赢得这场竞争。

对于德国,这关乎德国国债的定价权,德国人志在必得。一旦德国失败,欧元利率可能受到欧元区之外伦敦的影响,德国的货币政策也要受制于伦敦。这将是继伦敦和巴黎争夺3个月欧洲美元利率期货之后的另一场欧洲金融期货流动性争夺战,也是德意志联邦银行支持德意志衍生品交易所设立并参与定价权之争的主要原因,更是德意志衍生品交易所证明自身竞争实力的关键性事件。

这是一场足以载入教科书的商业战争。德意志衍生品交易所采用电子交易系统,而伦敦国际金融期货交易所采取传统的场内交易。这是电子化交易和场内交易的第一次正面对决,也是一场一家新生的公司制交易所与一家领先的会员制交易所之间的竞争。不同于欧洲美元利率期货之争,伦敦拥有10年期德国国债期货产品的先发优势,已经积累了足够的流动性,而德意志衍生品交易所刚刚成立,它必须获得新客户或者从伦敦手中夺取流动性,才能站稳脚跟。伦敦自信满满,它只要保住自己的流动性即可;法兰克福没有退路,只能进攻。

这还是一场全方位的竞争。20世纪90年代,欧洲的衍生品市场刚刚从各国独立发展转为参与国际竞争,这场竞争不仅是两种产品的竞争,其结果还涉及两个交易所的长期发展甚至存亡。刚开始时,估计没人预测到两个交易所的竞争范围如此之广,其涉及产品设计、技术支持、市场开拓、国际合作、监管机构支持、与现货市场联系乃至交易所组织结构等，更没人想到这是一场跨时长达 8 年的竞争。

德国社会对德国国债期货回到德国充满憧憬，然而德意志衍生品交易所管理层并不乐观。1990 年，10 年期德国国债期货合约在伦敦的交易量达到 9 520 794 张，相比 1989 年翻了一番。伦敦市场运转良好，流动性充足，德意志衍生品交易所管理层认为多数交易者没有理由将订单从伦敦转到法兰克福，除了德国银行的客户订单，而这部分来自德国的订单仅仅约占伦敦总交易量的 18%。德国各类银行既是德意志衍生品交易所的创始者，也是股东。这部分交易量可以转到法兰克福。德国人的目标是获得至少 18% 的市场份额，长期目标为 50%。这个时期，电子化交易仍然处于起步阶段，成交速度不一定快，效率不一定高，价格也不一定比场内交易更好，至少当时多数参与者仍然对电子化交易持怀疑态度。伦敦国际金融期货交易所的财务状况也更好，即使打价格战，法兰克福也没有赢面。

1990 年最后 6 周，德意志衍生品交易所的国债期货成交量为 59 655 张，仅仅获得 6.7% 的市场份额。德国社会略带失望。伦敦国际金融期货交易所基本保住了自身的流动性，其首席执行官迈克尔·詹金斯认为伦敦和法兰克福竞争的关键是流动性以及更好的价格，而不在于交易方式，采用电子化交易还是场内交易并不重要。他进一步指出，运行良好的场内交易相对于没有经过实践检验的电子化交易拥有竞争优势，期货合约以及其较高的交易量适合采用更精细化的交易系统，如场内交易，而电子化交易只适合交易量较少的产品。无独有偶，后来的诺贝尔经济学奖获得者默顿·米勒也认为电子化交易不太可能取代场内交易，人们也不会放弃拥有悠久历史传统的公开喊价和交易池。自然，电子化交易仍然需要时间和合适的环境展示它相对于场内交易的竞争优势。詹金斯和米勒显然漏算了技术迭代的速度。

1990年，同时上市的DAX股指期货毫无疑问地获得了成功。当年最后一个月该产品成交51 363张合约，1991年成交量达到1 251 453张。1991年8月21日，德意志衍生品交易所继续上市DAX指数期权，完善股指类衍生品种类。数据分析显示，德国推出股指期货和期权之后，股票市场的波动率并没有因此而增加，反而相对于金融期货上市之前有所降低，这使得德国社会逐步打消了对衍生品可能影响金融稳定的担忧。

针对国债期货的组合拳

由于开局不太理想，1991年初，德意志衍生品交易所打出一套组合拳。首先，德国人在国债期货市场也引入做市商制度，这已经是股票期权领域成熟的制度了。然后，德国人减免国债期货交易手续费。德意志衍生品交易所的市场份额从1991年3月的11%逐步上升至8月的18%，到10月进而超过20%。

德国各银行也行动起来。1991年11月，德国各银行组织了一次会议。其间，各银行达成约定，将银行的自营交易全部挪到法兰克福，而不再放在伦敦。至于银行的客户订单，如果客户明确要求去伦敦交易，那还是转到伦敦，不然也尽量说服客户在法兰克福完成国债期货的交易。德累斯顿银行作为唯一一家在伦敦的德国做市商，也于12月放弃伦敦的做市业务，而专心地在法兰克福开展做市业务。11月，法兰克福在德国国债期货市场的份额为34%，12月上升到50%。但是其间，伦敦的国债期货交易量并没有显著下降，法兰克福的交易量似乎主要来自新客户。这个时期，德意志衍生品交易所的股东，即德国各商业银行的支持显得尤为重要。这些股东可以不计较短期的损失而毫无保留地支持德意志衍生品交易所。没有这些股东的坚定支持，国债期货争夺战的结果或许会不一样。

德国各银行甚至不惜采用非正常手段表达支持。1991年底，市场出现谣言，德国各商业银行之间以事先约定的价格频繁交易国债期货，并且此类交易不存在实际的需求，交易目的也不是风险管理或者投机，而是提升法兰克福的德国国债期货交易量，以便吸引其他投资者从伦敦转到法兰克福。德意志衍生品交易所当然反驳了这类谣言，提出电子交易系统无法支持两位市场参与者以约定的价格进行交易。但实际情况是另一个故事。当时德国还没有专门的金融监管局，英格兰银行介入调研，并直接询问德意志衍生品交易所。结果，德国各银行停止了这类两个机构之间的对敲交易。为了获得流动性，诚实的德国人居然使用不太诚实的欺骗性交易。这类交易按照现在的欧盟法律甚至属于市场操纵，将面临严厉的惩罚。之后，法兰克福在德国国债期货市场的份额降到20%~30%，并且一直维持在这个水平，直到欧盟的统一市场规则实施。

德意志衍生品交易所逐步完善了德国国债期货的产品线，开辟了另一条竞争战线。1991年8月，法兰克福推出10年期德国国债期权合约，但国债期权产品表现远远差于国债期货。1991年10月，法兰克福上市5年期德国国债期货。与10年期德国国债期货相比，5年期德国国债期货的可交割券是剩余期限介于3年半和4年又一个季度之间的德国国债。伦敦并没有推出这类期限的德国国债期货。5年期德国国债期货产品上市之后，市场可以利用两种不同期限的合约，基于国债收益率曲线创造新的交易策略。

1991年，德意志衍生品交易所实现了1 100万张期权交易量，成为欧洲交易量最大的期权交易所。但其期货产品仍然落后于伦敦和巴黎。这个时期，德意志衍生品交易所也意识到德国缺乏一个专门的金融市场监管机构，它面临着监管机构缺失带来的问题。两个国家之间相互市场准入需要监管机构之间相互协调。德国交易所的监管机构，即德国各州政府显然无法执行此类监管职责。而缺乏相应的监管机构就难以推进此类市场准入工作。电子交易系统的最大优势在于交易者不受物理距离的限制。如果德国与其他国家相互开放市场，这自然可以极大地促进德意志衍生品交易所的市场推广。

1992年，德意志衍生品交易所与芝加哥期货交易所发表联合声明，拟进一步增强合作，如将德国国债期货引入芝加哥，共同开展市场宣传以及共同为参与者提供清算服务。但几个月之后，这个计划被伦敦国际金融期货交易所破坏。伦敦凭借拥有流动性更好的德国国债期货市场说服芝加哥，率先签订了合作协议。

新产品开发的成败

1993年德意志衍生品交易所并入德意志交易所集团之后，德国的股指期货和期权市场仍然快速发展，然而德国国债期货市场在来自伦敦的竞争压力之下陷入持久战，法兰克福的市场份额一直徘徊在30%左右。得益于德国各银行股东的无私支持，法兰克福保住了市场份额，流动性并没有向伦敦集中，为法兰克福的最终胜利奠定了基础。

相持阶段，德国人试图通过各种方法增加德国国债期货的交易量，自然也包括降低手续费。1992年，德国人大幅降低德国国债期货和期权合约的收费，做市商需支付0.1马克/手，其他市场参与者支付0.5马克/手。德国人也继续降低保证金要求，如1992年1月将10年期德国国债期货保证金从3 000马克降低到2 500马克，1992

年7月进而降低到2 000马克；5年期德国国债期货的保证金降低到1 000马克。

继10年期和5年期德国国债期货之后，法兰克福上市的30年期德国国债期货合约遭遇失败。1986年，联邦德国首次发行30年期限的国债。1993年12月，由于德国长期国债已经存在一定的规模，因此法兰克福发行30年期德国国债期货也具备可行性。1994年3月11日，德意志衍生品交易所上市德国长期国债期货，合约价值为25万马克，存续期限15~30年的德国国债都可以作为可交割券。上市第一年，30年期德国国债期货交易量为89 150手合约，但1995年流动性急速枯萎，直至零。1995年6月8日，短短一年之后，法兰克福摘牌30年期德国国债期货合约。

至于30年期德国国债期货合约失败的原因，应该是市场参与者可以通过10年期德国国债期货管理长期国债的风险，而10年期国债期货的流动性更充足，使得市场对30年期德国国债期货的需求不大。另外，尽管德意志联邦银行向市场保证，将持续发行期限超过15年的德国国债，以支持30年期德国国债期货市场的发展，但诸多市场参与者对此持怀疑态度。市场认为，随着利率升高，德意志联邦银行可能停止长期国债的发行，进而使30年期德国国债期货市场的流动性大幅流失。基于这类担心，市场参与者不愿意大幅参与30年期德国国债期货交易。

同时，法兰克福计划上市短期利率期货，以对抗伦敦的3个月欧元利率期货合约。但是，在Libor（伦敦银行同业拆借利率）和Fibor（法兰克福银行间同业拆借利率）的取舍之间，德意志衍生品交易所选择了Fibor。Fibor于1985年8月12日推出，12家德国当地的银行参与报价，1990年之后报价银行数量增加到19家。Fibor和Libor

一样，都是参考利率。由于德国存在对银行的最低准备金要求和税收劣势，因此 Fibor 高于 Libor，即法兰克福银行间的再融资利率更高。

1994 年 3 月 18 日，德意志衍生品交易所挂牌上市 3 个月 Fibor 期货合约，名义价值 100 万马克，交易时间为每天 8:45 至 17:15。7 家做市商提供流动性支持。上市第一年，Fibor 利率期货合约获得约 42 万手合约的交易量，但一年之后快速下降到约 10 万手，1996 年仅剩 2 414 手合约，流动性彻底枯竭。

至于为什么法兰克福的短期利率期货会失败，市场参与者认为，这是因为法兰克福缺乏一个富有深度的以 Fibor 为价格的银行间利率拆借市场，而欧洲的银行间拆借交易主要集中在伦敦，伦敦自然在短期利率期货领域具备竞争优势。市场参与者也可以通过伦敦的 Libor 期货对冲 Fibor 产品的利率风险。两个市场存在直接竞争，而流动性更好的 Libor 期货市场显然更具竞争优势。德意志衍生品交易所希望更多的基于 Fibor 的债券发行之后，市场将逐步接受 Fibor 期货对冲风险，然而这种情况没有出现。此外，德国各银行股东也普遍怀疑基于 Fibor 的短期利率期货能否获得商业成功，并没有积极支持基于 Fibor 的短期利率期货市场的发展。相对于德国国债期货，基于 Fibor 的短期利率期货的重要性显然更低。

德国推出 30 年期德国国债期货和短期利率期货的尝试遭遇失败，但 5 年期德国国债期货合约取得了成功，让德国人在国债期货流动性竞争之中看到胜利的希望。法兰克福于 1991 年 10 月 4 日上市 5 年期德国国债期货。1993 年 1 月，伦敦也上市了同样期限的德国国债期货，并且第一天就成交活跃，取得了 42% 的市场份额。只是伦敦的新产品上市并没有引起法兰克福 5 年期德国国债期货交易量的下降。一周之后，法兰克福上市 5 年期德国国债期权作为回应。仅仅一年之后，胜负就非常明显。伦敦的 5 年期德国国债期货交易份额下降到仅剩 1%，而持仓量甚至接近零。这个合约的流动性集中到法兰克福，让法兰克福获得第一场重要的胜利。1996 年，法兰克福的 5 年期德国国债期货合约交易量达到 1 830 万手，甚至大于 10 年期德国国债期货合约 1 650 万手的交易量。

5 年期德国国债期货的竞争结果粉碎了所谓的场内交易优于电子化交易的观点。至于原因，法兰克福在这个合约上拥有先发优势，而伦敦太晚意识到 5 年期国债期货的发展潜力。此外，5 年期国债期货更依赖现货债券市场。当时的德国国债现货交易依然多数集中在法兰克福，使法兰克福在这个合约的竞争之中获得优势。主力合约——10 年期德国国债期货的竞争结果还需要多年才见分晓。这次胜利也给德国人带来了信心，即电子化交易可以打败场内喊价交易。

不同的国际化策略

伦敦的国际化策略包括挂牌国际性产品，吸引国际投资者，以及广泛开展国际合作。除了英国国债期货和富时股指期货，伦敦国际金融期货交易所广泛上市其他国家的金融期货产品，包括美国、德国、日本、法国、意大利等主要资本主义国家的国债期货，也包括欧洲美元利率期货等。伦敦国际金融期货交易所的国际合作伙伴网络也很广，1993 年之前，它陆续与芝加哥期货交易所、悉尼期货交易所和东京证券交易所达成合作。1995 年，它与新加坡国际货币交易所和东京国际金融期货交易所达成合作，共同挂牌利率期货。1996 年，它与芝加哥商业交易所达成合作意向，将伦敦的利率期货合约挂牌到芝加哥的场内喊价市场交易。1996 年，伦敦国际金融期货交易所又与伦敦商品交易所达成协议，将产品范围向商品期货领域延伸。伦敦国际金融期货交易所又继续上市 1 个月的欧元利率期货[1]，进一步拓展产品线。20 世纪 90 年代初，伦敦国际金融期货交易所的国际会员数量和国际投资者数量远远高于其他交易所。

与伦敦复杂的国际化策略有所不同，法兰克福的国际化策略相对简单，既聚焦于德国相关衍生品，又吸引全球各地的投资者通过电子交易系统参与交易，充分发挥电子化交易的优势。简单来说，德国人的策略是吸引更多的国际投资者。其所有的国际合作也以此为目标。

1994 年 9 月 16 日，德意志衍生品交易所与法国国际期货交易所签订合作协议之后，法兰克福迎来第一个来自法国的国际会员 BZM[2]。德国人支持该会员的巴黎办公室安装电子交易终端，通过电子化渠道接入法兰克福国债期货市场。系统接入的第一天，该会员交易了 100 张 5 年期德国国债期货合约。这个国际会员高度评价了德意志衍生品交易所的电子化交易平台，认为这是欧洲金融期货市场的重要事件。

到 1994 年底，法国国际期货交易所的 12 个会员陆续接入德意志衍生品交易所的电子化交易平台。继法国之后，德意志衍生品交易所与瑞士和荷兰也开展了类似谈判，先后获得两国监管机构的批准，为当地会员提供电子化交易渠道。对于德意志衍生品交易所，吸收国际会员接入电子化交易平台仅产生有限的额外技术成本，德国人的目标是获得各国监管机构的批准，使当地会员可以使用德意志衍生品交易所的电子交易终端参与法兰克福国债期货市场的交易。

---

[1] 1 个月的欧元利率期货即 1 Monats Euromark Future。欧元直到 1999 年才正式推出。这个时期欧洲只有欧元汇率而没有实物欧元。1 个月的欧元利率期货采用马克作为交割货币。

[2] BZM 全称为 BZW Societe de Bourse。

巴黎的竞争策略又与伦敦和法兰克福不同。法国国际期货交易所管理层倾向于采用电子交易系统。富有远见的首席执行官杰拉德·波瓦德尔与德意志衍生品交易所管理层一样也看到了电子化交易的未来，他认为："全自动的电子交易系统将从根本上改变现有的金融交易基础设施，因为电子化允许世界各地的投资者接入同一个市场。电子化交易将改变整个金融市场的生态环境，现在这种改革已经对所有的交易所提出了挑战。"他积极推动法国与德意志衍生品交易所紧密合作，建立一个统一的电子化衍生品交易平台。无奈，波瓦德尔无法改变法国金融行业的传统观念。法国最终采取两头下注的策略，既接入德国的电子化交易平台，同时又扩展场内交易。1994年9月，法国国际期货交易所的会员决定投资1.5亿法郎来更新场内交易大厅。波瓦德尔认为欧洲不需要23家衍生品交易所，也提出了联合法国和德国的力量整合欧洲衍生品市场的宏大设想，他还预见到欧盟统一货币体系之后，金融市场将进一步集中化。但是，由于法国同行不配合，波瓦德尔无法实现他的设想，最终这个想法由德国人独立实现了。

电子化交易的胜利

20世纪90年代初，电子化交易的优势并没有被业界充分认识。伦敦国际金融期货交易所一直对电子化交易持怀疑态度。初期，德意志衍生品交易所也没有完全认识到电子化交易的竞争优势。到90年代中期，德国人的坚持获得回报。随着越来越多的境外会员接入法兰克福的电子交易系统，德意志衍生品交易所的效率越来越高、成本越来越低，辅以激进的市场营销策略，10年期德国国债期货的交易量终于超过伦敦，然后在一年之内吸收了所有的流动性。伦敦完败。但是，电子化交易是德国赢得这场流动性之争的全部原因吗？

电子交易终端进入英国和美国

尽管德国人在 5 年期德国国债期货市场取得了胜利,但其在主力合约 10 年期德国国债期货的竞争中依然处于不利局面。1995 年,德意志衍生品交易所的总交易量小幅下降,这也是 20 世纪 90 年代唯一一个交易量下降的年份。当年,法兰克福的 10 年期德国国债期货的市场份额仍然有 30% 左右。在伦敦的不断努力之下,德国各银行股东也开始重新进入伦敦交易 10 年期德国国债期货,更给法兰克福蒙上一层阴影。毕竟,伦敦流动性充足的 10 年期德国国债期货市场对这些德国银行也具有很强的吸引力。德意志银行和德累斯顿银行都通过其在伦敦收购的各个投资银行子公司参与伦敦国债期货市场的交易。德意志商业银行、西部德意志州立银行和黑森-图林根州立银行也于 1995 年重新进入伦敦。1995 年 3 月,法兰克福还发生了一次债券延迟交割事件,原因之一是即将上市的欧洲统一货币给市场带来不确定性。

面对不利的环境,德意志衍生品交易所仍然坚持原先的竞争策略,一方面提高电子交易系统的速度,另一方面继续吸引其他国家的会员和投资者参与电子化交易。1995 年,德意志衍生品交易所还授权吉隆坡和香港使用衍生品交易系统。德国人主要考量的不是授权费用,而是未来基于相似技术系统的潜在的合作机会。

德国人早在 1993 年就向英国财政部申请让德意志衍生品交易所成为"受认可的境外交易所"。英国监管机构每次都让德国人回答一堆问题,而德国人快速回答完问题之后长久收不到反馈。如此折磨两年之后,1995 年 10 月英国财政部正式拒绝德意志衍生品交易所的申请。

不过很快德国人就看到了曙光。1996 年 1 月 1 日,欧盟单一金融市场法规生效。这项法规旨在建立一个欧盟统一的金融市场，从而消除欧盟各国金融市场相互分割的局面。1996年之后，德国人不需要获得英国财政部的批准就可以在英国安装期货交易终端、现货交易终端银行间信息系统以及后来的Xetra。1995年，德意志衍生品交易所的139个会员之中有35个来自其他国家，1996年初新增来自英国的5个会员。除了巴黎，德意志衍生品交易所也在伦敦和苏黎世相继建设了接入节点。为了配合新会员的接入，德意志衍生品交易所还免除了境外会员2.5万马克的电子交易终端安装费。

德意志衍生品交易所为进入美国市场做的努力也在1996年9月获得回报。基于德国人与芝加哥商业交易所的良好合作，其准入申请获得了美国商品期货交易委员会的批准。德意志衍生品交易所也成为第一家获准在美国安装电子交易终端的境外交易所。在国际协调之中，德国新成立的证券监管机构[1]也发挥了重要作用。基于德意志衍生品交易所与芝加哥商业交易所签订的协议，德国人可以在芝加哥的交易大厅安装电子交易终端，提供德国DAX股指期货和期权交易服务。1996年，接入法兰克福金融期货市场的美国会员仅有2个，1997年便增长到8个。

这个时期，德意志衍生品交易所还没有赢得德国国债期货流动性之争，但已经打下良好基础。事后分析，德国的电子交易终端进入英国和美国发挥了决定性的作用。德国人只需再等待一年，在欧元诞生的前夕，竞争的天平快速向德国倾斜，这也是电子化交易最终宣告胜利的时刻。

---

[1] 德国新成立的证券监管机构即德国联邦证券交易监管局（Bundesaufsichtsamtes für den Wertpapierhandel）。2002年，证券交易监管局与银行、保险等领域的监管机构合并，组成了现在的德国联邦金融监管局。

新成立的欧洲期货交易所

德意志衍生品交易所与瑞士期权和金融期货交易所颇有渊源。德国的电子化金融期货市场思路来自瑞士,甚至技术交易系统也来自瑞士。20世纪90年代初,德意志衍生品交易所与法国探讨战略合作,但遭遇失败。同时期,瑞士也先后与欧洲期权交易所、瑞典OM交易所以及奥地利期权交易所探讨战略合作,但也失败了。最终,德国和瑞士环顾四周,发现最合适的战略合作伙伴一直在附近。1996年底,德意志交易所与瑞士交易所分别发表合作声明,两者将合并德意志衍生品交易所与瑞士期权和金融期货交易所,共同在苏黎世成立一家子公司——欧洲期货交易所。双方各自占50%的股份,但德意志交易所基于更大的交易规模获得70%的分红权。按照德国法律,欧洲期货交易所法兰克福股份有限公司成为交易所运营商,而欧洲期货交易所(德国)是持牌的公法性质交易所(见图14-1)。2012年1月,德意志交易所集团从瑞士交易所集团手中购买剩余的欧洲期货交易所苏黎世公司股份,从而使欧洲期货交易所股份有限公司成为自己100%的子公司。

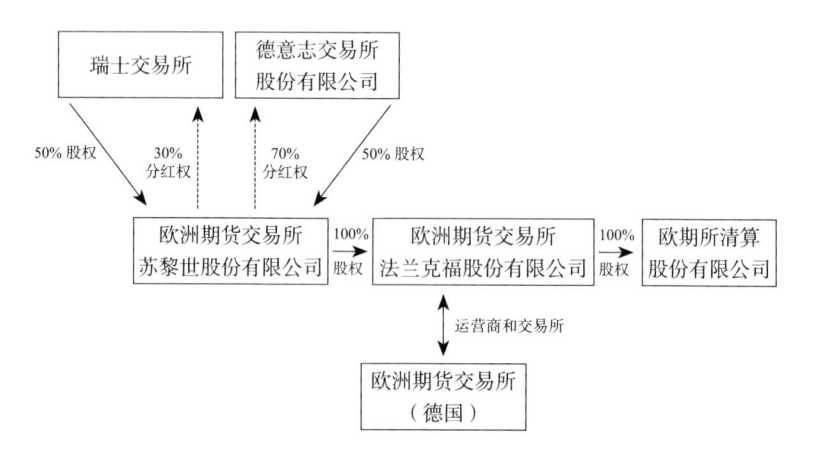

图14-1 1997年新成立的欧洲期货交易所

德意志衍生品交易所成立之初就与瑞士期权和金融期货交易所保持紧密合作，两者属于最早的电子化衍生品交易所，甚至使用同一套金融期货交易系统。新交易所预计将降低会员的技术接入成本以及年费，降低保证金水平，从而获得更多的会员，提高新市场的流动性。除了获得规模效应和协同效应，瑞士同意合作还有一个特殊的原因：瑞士不是欧盟成员国，不能享受欧盟单一金融市场带来的优势。其借助德国合作伙伴，可使欧盟其他各国的会员和投资者更便利地交易瑞士的金融期货产品。

新成立的欧洲期货交易所顺利地推进业务整合。当时，双方预计在1998年中期完成两家交易所的整合，形成一个统一的金融期货市场。1998年9月，欧洲期货交易所引入新的技术系统。瑞士和德国的金融期货期权产品都在新系统挂牌交易。欧洲期货交易所的整合费用达3 800万欧元，但是成本节约达到7 000万欧元，合并之后的额外收益达到8 000万欧元。

德国和瑞士合并衍生品业务时，提出"欧元联盟"，这体现了德国试图整合欧洲衍生品市场的野心。"欧元联盟"方案允许其他各国交易所使用欧洲期货交易所的电子交易系统，特别是法国的两家期货交易所。当时，德国和法国的战略合作谈判还没有完全失败，双方还在衍生品、股票、清算甚至股票指数等领域探讨合作。市场普遍认为"欧元联盟"针对伦敦国际金融期货交易所。为此，伦敦国际金融期货交易所表态："这是法兰克福和巴黎再次试图提高竞争力的表现，自然对伦敦构成了一定程度的威胁。我不相信这个联盟将改变伦敦在国际衍生品市场的领导地位，但伦敦不能掉以轻心。""欧元联盟"也向伦敦抛出橄榄枝，只要伦敦关闭场内喊价交易，即可接入欧洲期货交易所的电子交易系统。1998年3月，伦敦的骄傲促使其拒绝法兰克福的提议，尽管这时双方长达近 8 年的德国国债期货流动性之争胜负已分，落下帷幕。

法国也在纠结是否加入"欧元联盟"，但其最终的选择与英国一样。法国决定建设自己的电子交易系统。1998 年之后，除了场内喊价交易，法国同时向会员提供电子交易系统。法国试图提供混合式的交易系统，既满足经纪人对场内喊价交易的需求，也满足会员对电子化交易的需求。但现实表明电子化交易具有明显优势。1998 年 4 月，电子交易系统上线第一周就吸引了 80% 的交易额。其间，巴黎经纪人的罢工也没有改变这一趋势。尽管出现几次技术故障，但电子化交易持续获得市场份额。5 月，90% 的交易量在电子交易系统完成。场内交易被时代抛弃。

电子化交易的胜利

巴黎的案例宣告电子化交易时代的到来，而法兰克福已经为此奋斗了近 10 年，欧洲期货交易所以及其前身德意志衍生品交易所终于迎来收获的季节。1990—1997 年，电子化的衍生品交易所数量从 8 家增长到 40 家，另外，有 5 家交易所于 1996 年决定放弃场内喊价交易而改成电子化交易。

只有伦敦还沉浸在以往的成功之中，仍然坚持场内喊价交易，直到 1997 年其首席执行官还宣称"无论如何都不会放弃场内喊价交易"。伦敦彻底失去德国国债期货的流动性之后，才开始痛苦地转型，但为时已晚。或许是一种悲哀，每一次时代剧变之时，前一个时代的成功者往往难以转型而被新时代淘汰。1997 年，为了庆祝伦敦国际金融期货交易所成立 15 周年，伦敦邀请知名历史学家编写并出版书籍《伦敦国际金融期货交易所：一个市场和它的创造者》。这本书定格了伦敦国际金融期货交易所的巅峰时期，此后它开始走下坡路。

国际化的会员结构一直是伦敦的优势，但法兰克福也快速赶上。当时，来自欧洲大陆、英国和美国的会员各占伦敦国际金融期货交易所会员数量的1/4，剩余1/4来自日本和其他国家。德意志衍生品交易所于1994年之后也开始吸收境外会员。1996年，电子交易终端进入英国和美国。1997年，德意志衍生品交易所吸收85个境外会员，其中来自美国的五六个大型银行会员带来18%的10年期德国国债期货交易量和14%的5年期德国国债期货交易量。1998年，共14个国家的会员接入欧洲期货交易所的电子交易系统。

1992—1996年，在10年期德国国债期货市场竞争之中，法兰克福所占的市场份额一直在25%和30%之间徘徊。直到1996年秋季之后，法兰克福的市场份额才稳步上升，并于1997年第一季度越过30%的门槛，1997年7月进而超过50%。此前，当市场出现动荡之时，德国国债期货的交易量会从法兰克福转移到伦敦，但是1997年10月没有发生类似的交易量转移。德意志衍生品交易所再接再厉，于1997年9月宣布于当年年底取消德国国债期货和期权交易费用。面对价格竞争，伦敦也只能跟上，但是基于更高的场内交易成本，伦敦没有任何竞争优势。

1997年，竞争日趋激烈，巴黎和伦敦都试图通过新产品上市改变竞争格局。法国国际期货交易所执行所谓的"欧元战略"，1997年5月也推出5年期德国国债期货和期权合约，与德意志衍生品交易所的国债期货合约直接竞争，后者在1994年之后就形成了流动性充足的期货市场。1997年9月，伦敦国际金融期货交易所也推出5年期德国国债期货和期权合约，再次试图建立一个富有流动性的市场。德意志衍生品交易所马上反击，其宣布于当年年底取消所有交易佣金。

1997年8月，德意志衍生品交易所延长交易时间至19点，以吸引英国和美国的机构投资者。如此，法兰克福的国债期货市场比伦敦先开盘，但两者同时收盘。德意志衍生品交易所成功维护了5年期德国国债期货的主导地位，同时不断蚕食伦敦10年期德国国债期货市场的份额（见图14-2）。1997年，伦敦每个月失去约1个百分点的市场份额。

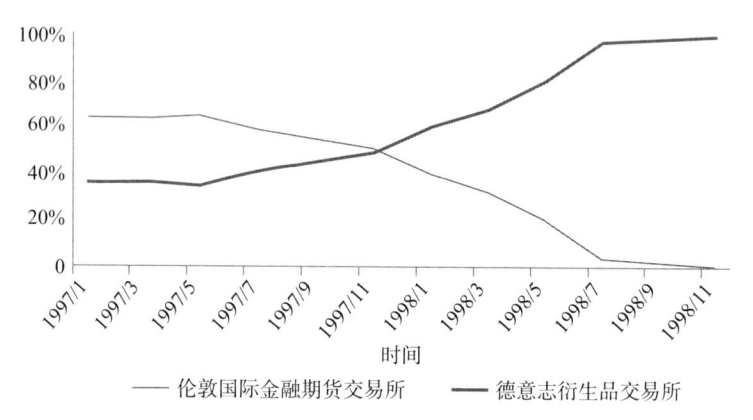

图14-2　1997年伦敦国际金融期货交易所和德意志衍生品交易所10年期德国国债期货的市场份额[①]

伦敦持续失去市场份额，而法兰克福的市场份额继续稳步增加。1998年，德意志衍生品交易所继续执行价格竞争策略，它引入新的交易费用计算方式，显著降低了会员的交易费用，进一步增大了相对于伦敦的成本优势。1998年4月，德意志衍生品交易所还取消了新会员的准入费用和第一年的年费。1998年1月至7月，竞争天平进一步向法兰克福倾斜，法兰克福每个月新增的市场份额达到8个百分点。1998年初，大通曼哈顿银行和所罗门兄弟银行完全关闭伦敦的

[①] 参考Cantillony and Yin（2008）。这篇论文的标题为"Competition between Exchanges: Lessons from the Battle of the Bund"。

交易，转移到法兰克福的电子交易系统。这两家美国银行给其他市场参与者起到很强的示范作用。1998年7月，伦敦的市场份额仅剩2%，下一个月其完全失去流动性。

电子化交易具备显著的成本优势，成为德意志衍生品交易所的竞争利器。1996年，德意志衍生品交易所收到会员询问之后，比较电子化交易与场内交易的成本，发现会员参与伦敦场内交易所需的人员数量是电子化交易的6倍。其他机构的研究结果也显示场内交易的综合成本是电子化交易的4~6倍。即使仅考虑交易成本，电子化交易也占优势。对于一笔完整的交易，即开仓一手合约再平仓，1996年法兰克福电子化交易的费用约为0.66美元，而伦敦场内交易的成本高达1.5美元。1996年秋季，德意志衍生品交易所积极宣传这个研究结果。

德国国债期货流动性之争的失利沉重地打击了伦敦国际金融期货交易所。1997年，与利率和国债相关的衍生品交易规模占伦敦总交易规模的91%，权益类衍生品合约仅占9%。其中，68%的金融衍生品合约将最终以欧元计价。一旦伦敦无法赢得德国国债期货以及其他与欧元相关的利率衍生品流动性，那么伦敦将失去欧洲衍生品市场的领导者地位。随着法兰克福获得几乎所有的10年期德国国债期货市场流动性，1998年7月伦敦国际金融期货交易所首席执行官丹尼尔·霍德森黯然下台。他的战略判断失误直接导致了伦敦的失败。后期，伦敦国际金融期货交易所也推出电子化交易，但已经于事无补，难以挽回败局。

1998年，德意志衍生品交易所与瑞士期权和金融期货交易所合并，成立欧洲期货交易所。新的交易所刚刚登上历史舞台就取得了10年期德国国债期货流动性之争的胜利。不仅市场没有预料到，欧洲期货交易所的管理层也没有预料到。1998年初，首席执行官约尔格·弗兰克在苏黎世的一次会议中预测，当年年底法兰克福的10年期德国国债期货的市场份额可以达到70%。事实上却是100%。

法兰克福赢得流动性之争的原因

　　法兰克福和伦敦的德国国债期货流动性之争是国际期货发展史上的经典案例。法兰克福胜利的原因也被多方研究。贝斯勒和布克[1]将原因归结为电子化交易。正是电子化交易使得德意志衍生品交易所获得境外投资者的订单。投资者无须在法兰克福建立办公室，通过电子交易终端即可接入法兰克福的国债期货市场。布克认为更广泛的投资者网络和显著的成本优势都发挥了重要作用，但两者结合在一起才使竞争的天平向法兰克福倾斜[2]。相关数据也表明，境外会员的数量和法兰克福国债期货市场的交易量高度相关。1998年，法兰克福已经获得41%的境外买卖订单份额，这成了压垮伦敦的重要因素。

　　欧洲期货交易所首席执行官弗兰克带来了另一个因素，即价格战和激进的市场推广策略。吸引境外会员之时，德意志衍生品交易所往往会免掉新会员的技术安装费，甚至免掉一定时期内交易手续费，这种价格战策略对境外规模较小的会员特别具有吸引力。电子化交易的另一个优势也显露无遗，即网络效应以及零成本的新增投资者。也正因如此，德意志衍生品交易所可以执行激进的市场推广策略，而伦敦国际金融期货交易所难以跟进。皮融认为价格战才是法兰克福胜利的根本原因，而不是电子化交易，因为欧洲期货交易所和电子化之后的

---

[1] 参考 Bessler and Book（2002）。
[2] 参考 Book（2001）。布克曾任欧洲期货交易所首席执行官，2022年成为德意志交易所集团管理层成员。

伦敦国际金融期货交易所都进入了美国金融市场,试图攫取芝加哥商业交易所和芝加哥期货交易所的流动性,当时两家芝加哥同行仍然实行场内喊价交易,但那次电子化和场内交易的竞争之中,欧洲期货交易所没有取得成功[①]。

随着电子化交易规模越来越大,电子化交易的其他优势如快速订单执行、匿名性等被更多投资者接受。大通曼哈顿银行的业务主管指出场内交易的链条太长、太复杂,以至于整个交易相对而言效率更低,也更易受到场内交易员的干扰。投资者必须先给场内的经纪人打电话,经纪人再向交易池的交易员喊价,然后这个交易员找到一个对手方,即另一个交易员,而另一个交易员又与另一个经纪人招手喊价,最后那位经纪人与他的客户通过电话确认价格和数量才能达成交易。两位投资者通过场内喊价的方式达成交易,至少需要涉及两个经纪人和交易池的两个交易员。交易环节的中间人数量太多,以至于场内交易容易受到中间人的影响。他们可以帮助交易执行,也可能阻碍交易执行。在整个链条之中,任何一个小差错都将导致交易中断或者难以执行。另外,当某个环节速度太慢或者中间人犹豫之时,市场价格可能发生较大变化,也会影响交易,甚至整个喊价和报价过程需要重新走一遍。

电子化交易允许投资者将买卖订单直接报入订单簿,通过电脑自动撮合交易。投资者之间的撮合交易由交易所的交易引擎按照"价格优先,时间优先"的总原则自动匹配,没有中间环节。交易执行不受经纪商或交易商的影响。在电子交易系统中,买卖订单可以快速完成交易。市场剧烈波动时,确定性更高的交易方式将受到市场青睐。特

---

① 参考 Pirrong(2005)。

别是现货和期货的套利交易或者套期保值，需要确定性较高的交易方式。不然，市场剧烈波动将导致损失。

电子化交易的另一个优势是技术可迭代、可升级，而场内喊价交易无法持续提高交易效率和速度。德意志衍生品交易所最初的电子交易系统也经历了技术故障。之后，随着全球通信技术不断发展，电子化交易越来越成熟，交易执行速度越来越快，单位时间内可以处理的订单数量也越来越多。1997年，德意志衍生品交易所的技术系统可以在0.012秒之内完成交易，这是一个基于喊价的场内交易所无法达到的速度。现在的交易系统可以在几纳秒内完成交易。此外，投资者可以通过电脑屏幕同时交易股票和股票衍生品、债券和国债期货，这也创新了交易和投资策略。1997年，德意志衍生品交易所的交易会员已经向投资者提供了此类综合服务，跨市场套利、跨境套利以及做市业务都基于更先进的电子交易系统蓬勃发展。技术进步最终打败了场内喊价交易，基于电子化交易而形成的生态系统更是场内交易无法企及的。

尽管电子化交易拥有众多的竞争优势，但部分专家认为法兰克福攫取伦敦的德国国债期货市场流动性仍然是个例，而非普遍情况，因为在同样的竞争环境之中，法兰克福在与伦敦关于欧元短期利率期货的竞争之中失败了。在德国国债期货流动性之争中，德意志衍生品交易所在最初的7年维持20%以上的市场份额，直到电子化交易充分发挥竞争优势，法兰克福才扭转局势获得胜利。得益于德国交易所特殊的"一体两面"的结构和德国各银行的无私支持，德意志衍生品交易所才能度过最初7年的艰难时光。在其他欧洲流动性之争的案例之中，1年之内即见分晓。长达7年的相持竞争也体现出德国国债期货流动性之争的特殊性。

综合而言，法兰克福赢得10年期德国国债期货流动性之争的原因如下。首先，德国各银行的无私支持使法兰克福保持了一个相对具有流动性的国债期货市场。这些银行既是交易所会员，也是交易所股东，它们为了一个共同的目标，即夺回德国国债期货的定价权，而在德国中央银行的号召之下鼎力支持德意志衍生品交易所。其次，法兰克福的国际化策略以获取境外机构的投资者为目标，随着境外会员越来越多，最终法兰克福的市场份额超过伦敦。在获取境外会员的过程中，德意志衍生品交易所充分发挥了电子化交易的优势。再次，在1997年这一关键时期，德意志衍生品交易所执行了激进的推广策略，大幅降低交易成本，促使原本参与伦敦市场的投资者转向法兰克福，从而使法兰克福获得最终胜利。还有，电子化交易越来越成熟的技术使得其交易速度和效率都大幅超过场内喊价交易，这成为法兰克福获胜的重要基础。最后，德意志衍生品交易所较早就布局了5年期和10年期德国国债期货和期权产品，形成了更完备的产品组合，为投资者提供了各个期限的国债期货套期保值方案，并且5年期德国国债期货产品成为市场主导者，也间接助推法兰克福赢得10年期德国国债期货流动性之争的胜利。

金融定价权之争

随着欧元诞生的脚步越来越近，欧洲金融资产将以一种新货币标价交易。但金融资产分散在欧盟各个国家，其中德国、法国和英国是欧洲规模最大的金融市场。各国对金融定价权志在必得。其中，衍生品市场又是这场金融定价权之争的主角，因为现货市场分散于各国，而衍生品市场的泛欧洲属性更强，各衍生品交易所的国际化程度也更高。一旦某类金融衍生品的流动性集中于某衍生品交易所，其定价影响力将辐射全欧洲相关的金融资产。在此背景之下，欧洲金融市场相继爆发国债、短期利率和代表性股票指数的定价权之争。其中，德国国债期货的流动性之争早在 1990 年就已经开始，1998 年德意志衍生品交易所成功攫取伦敦的流动性，成为欧洲流动性最大的国债期货市场。德国也毫无悬念地获得以欧元计价的国债期货乃至以欧元计价的欧洲各国国债的定价权。

德国国债期货成为基准

10 年期德国国债期货胜负已分，10 年期德国国债期权合约的流动性也向法兰克福集中，但滞后于期货。1998 年 3 月，法兰克福的 10 年期德国国债期权合约仅占 20% 的市场份额。随后，其市场份额快速提升，于 1998 年 9 月接近 100%。在其他期限如 5 年期德国国债期货市场上，法兰克福一直占据主导地位。尽管伦敦国际金融期货交易所和法国国际期货交易所多次挂牌相同的合约，但伦敦国际金融期货交易所无法撼动法兰克福的市场地位。在这个期限的合约中，法兰克福除了占据电子化交易带来的成本优势，还拥有先发优势。

欧元诞生之前，德国国债和德国国债期货市场分别成为欧元区债券和债券期货的定价基准。这与欧洲期货交易所的胜利密不可分。债券基准确立之后，欧盟其他国家的国债期货市场逐渐萎缩，流动性进一步集聚到德国国债期货市场（见图 14-3）。1996 年之前，法国国际期货交易所的国债期货交易量与德意志衍生品交易所的国债期货交易规模旗鼓相当，但在 1999 年，前者交易规模只占后者的 4%。德国国债作为基准债券，其期货市场吸引了越来越多的交易量，欧盟其他国家的国债期货市场逐渐边缘化。国债期货流动性之争的胜利也使欧洲期货交易所成为欧洲衍生品市场的领头羊。

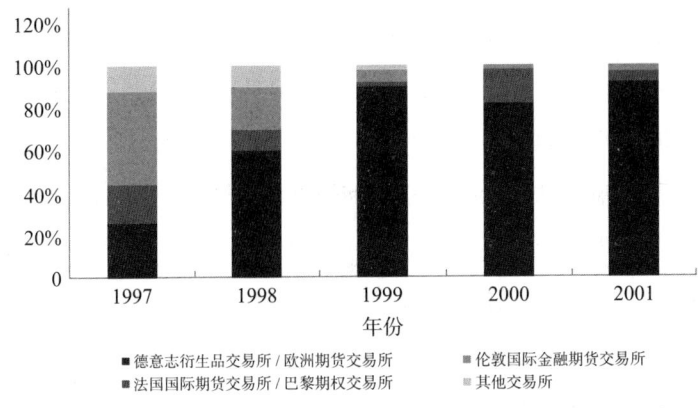

图 14-3　1997—2001 年欧洲国债期货市场的交易份额变化 [①]

正是由于德国国债成为欧洲基准债券，德国国债期货不仅被德国国债投资者当作套期保值工具，还被其他欧盟国家的国债持有者广泛使用，德国国债期货市场的交易规模一度超过美国国债期货市场。

欧元短期利率基准之争

1997 年，欧洲衍生品市场共存在 16 个短期利率期货合约。随着欧元诞生的脚步越来越近，市场预见短期利率期货市场将迎来一轮整合，从而形成欧元区主导的短期利率期货产品。这次基准之争同样发生在伦敦、巴黎和法兰克福三地领先的期货交易所之间，另外还产生了不同的短期利率基准之争，即伦敦银行同业拆借利率（Libor）、巴黎银行间同业拆借利率（Pibor）、法兰克福银行间同业拆借利率（Fibor）以及欧元同行拆借利率（Euribor）。

在这场竞争之中，伦敦国际金融期货交易所处于领先地位，而法国国际期货交易所被伦敦视为最强竞争者。1993 年，巴黎的 3 个月

---

① 数据来源：Walter（2009）。

Pibor 利率期货成交金额达到 104 亿美元，仅比伦敦的 3 个月欧元利率期货少约 20%。但是，4 年之内，3 个月 Pibor 利率期货的交易量仅增加 20%，而伦敦的 3 个月欧元利率期货交易量增幅超过 100%。巴黎面对伦敦持续失去市场份额。即使采取电子化交易，巴黎也不能改变这种趋势，反而使得其交易量快速下降。1998 年，巴黎 3 个月 Pibor 利率期货交易额仅约占伦敦 3 个月欧元利率期货交易额的 14%，后者已经达到 314 亿美元。

1998 年，面对 Pibor 的颓势，法国中央银行支持推动新的 Euribor。这个利率基准由布鲁塞尔的欧洲银行协会编制，更多反映欧洲大陆地区的利率水平，参与报价的欧洲银行数量达到 57 家。Euribor 承载了欧洲大陆的政治和经济野心，欧洲大陆希望自己决定这个利率的形成，即掌握定价权，而不是被伦敦控制。当欧洲推出 Euribor 时，法国国际期货交易所也快速挂牌上市 3 个月 Euribor 利率期货。

德意志衍生品交易所也想进入短期利率期货市场。继 Fibor 期货合约失败之后，1996 年 11 月德意志衍生品交易所上市 1 个月欧元 Libor 利率期货，但交易量不理想，每日交易量仅为 600 张合约，以至于 2 年之后摘牌。1997 年 1 月，德意志衍生品交易所又推出 3 个月欧元 Libor 利率期货。其邀请 14 个会员参与短期利率期货市场的做市，同时要求德国的银行界像支持 10 年期德国国债期货一样支持短期利率期货。但是，这个合约没有获得成功，每日交易量仅为 5 000 张合约，仅相当于伦敦的 4%~5%。

由于难以预测未来哪个短期利率将成为基准，德意志衍生品交易所即欧洲期货交易所于 1998 年又挂牌 3 个月 Euribor 利率期货和期权。1998 年 9 月，伦敦成交了 1 150 万张短期利率期货合约，巴黎仅 43 万张，法兰克福更少，仅 12 万张。欧洲期货交易所又祭出价格战，其大幅降低甚至免除交易成本，试图从伦敦攫取流动性。这次，伦敦也跟进使用相同的价格策略，大幅降低交易费用。这个时期，伦敦已经在10年期德国国债期货竞争之中失败了，其也引入了电子交易系统，但该系统直到1999年7月才能上线。在此之前，伦敦仍然实行场内喊价交易。这次，处在同样的环境，面对同样的对手，伦敦在短期利率期货上并没有显著失去市场份额，这间接说明电子化交易并不是德意志衍生品交易所赢得10年期德国国债期货流动性之争的主要原因。在短期利率竞争之中，伦敦从国债期货竞争失利之中学习经验，与欧洲期货交易所一样快速挂牌上市Euribor利率期货。

1998年，欧盟金融市场面对Euribor和Libor无法做出选择。1999年初，基于Euribor发行的债券数量大幅增加。60%-80%的欧元区债券发行选择了这个新的利率。这个选择更多是受到政治力量的推动。短期利率基准确定之后，Euribor利率期货的交易量相对于其他利率期货显著增加。在伦敦短期利率期货市场上，很快完成了Libor利率期货流动性向Euribor利率期货流动性的转移，只是这次流动性转移发生在伦敦的两个短期利率期货之间，而没有被巴黎或法兰克福攫取。

随着欧元的诞生，1999年第一周欧元短期利率期货流动性之争的结果得以宣告。伦敦国际金融期货交易所保住了流动性，而欧洲期货交易所没有复制10年期德国国债期货的成功。最惨的是巴黎，法国国际期货交易所虽然在短期利率期货上布局很久，但丧失了几乎所有的交易量。至于伦敦保住流动性的原因，当时的专家认为与货币市场结构有关。短期利率交易涉及较复杂的交易策略或产品组合，而这些复杂的交易策略难以在电子化交易平台实现，但可以通过场内喊价交易实现。另外，货币市场的现货交易基本发生在伦敦，同在伦敦的短期利率期货市场自然也受到市场参与者的欢迎。与10年期德国国债期货之争相比较，在短期利率期货市场上，欧洲期货交易所没有集聚足够的流动性，以至于其不能发挥电子化交易的成本优势（见图14-4）。

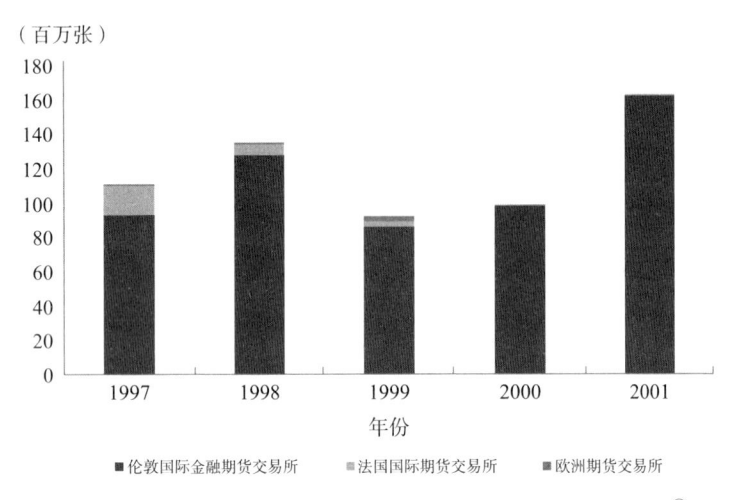

图 14-4　英国、德国和法国欧元短期利率期货合约的交易量[①]

这次竞争又发生在电子化交易和场内喊价交易之间，但结局与10年期德国国债期货之争不一样。法兰克福和巴黎都采用电子化交易，而伦敦在1998年仍然采取场内喊价交易。可见，电子化交易相对于场内喊价交易也不具备绝对性竞争优势。1999年9月，伦敦的电子交易系统 Liffe-Connect 上线。短短3个月之后，所有的场内交易转移到新的电子交易系统。

欧洲股票指数基准之争

股票指数期货之争是继国债期货和短期利率期货之后的第三场欧

---

① 数据来源：Walter（2009）。

洲金融基准之争。股票市场与债券市场、货币市场有所不同，各个主要资本主义国家存在本地的股票市场。虽然各个股票市场之间存在联系，但紧密程度显然不如债券市场和货币市场。各国的债券市场和货币市场随着欧元的诞生越来越成为一个整体。各国货币的收益率曲线逐渐融合，形成1个月、3个月短期利率以及2年期、5年期和10年期的国债收益率曲线。这个融合过程自然引来各国利率和债券期货市场之间的激烈竞争。而各国股票市场随着欧元的诞生以及欧盟单一金融市场改革的推进，其规则和标准越来越统一，但仍然保持相对独立性。

市场也呼唤欧元区股票市场的代表性指数。如此，机构投资者在投资欧盟各个资本市场时有更好的参考。随着欧盟陆续推出单一金融市场改革的措施，全球大型机构投资者也将欧盟金融市场视为一个整体，市场对代表欧洲的股票指数存在风险管理需求。由此，法兰克福、伦敦和巴黎之间又爆发欧洲股票指数基准之争。

在这场基准之争中，德国和法国再次联合起来与英国竞争。1998年5月12日，伦敦国际金融期货交易所推出基于富时欧元100指数（FTSE Eurotop 100）的期货合约，而阿姆斯特丹交易所挂牌该指数的期权合约。伦敦还计划推出更多的欧元区股票指数期货，如富时欧元300指数期货等。与伦敦不一样，欧洲期货交易所和法国国际期货交易所[①]选择道琼斯指数公司所编制的 Stoxx 指数，包括 Stoxx 50 指数，即欧洲市值和销售额最大的50家上市公司所组成的指数，以及 Euro Stoxx 50 指数，即欧元区最具代表性的50家大型上市公司所组成的指数。当时，人们不确定欧洲的代表性指数还是欧元区的代表

[①] 事实上，有两家法国衍生品交易所参与合作，即法国国际期货交易所和巴黎期权交易所。它们都属于巴黎交易所。为了叙述方便，这里只提法国国际期货交易所。

性指数将得到市场认可。欧洲期货交易所面对难以预测的局面，往往采取两面下注，让市场自己决定和选择。1998年6月22日，欧洲期货交易所和法国国际期货交易所各自上市Stoxx 50指数和Euro Stoxx 50指数的期货和期权合约。此前两周，法兰克福证券交易所引入57只欧洲知名股票，挂牌到Xetra电子交易系统，为即将上市的两个欧洲股票指数期货建立基础股票市场。

如此，伦敦和巴黎、法兰克福采取了不一样的产品策略。伦敦选择成分股数量为100的富时指数，而巴黎和法兰克福选择成分股数量为50的Stoxx指数；伦敦聚焦于一个欧洲指数，而巴黎和法兰克福选择了两个指数，分别基于全欧洲和欧元区的知名股票；伦敦仍然实行场内喊价交易，而巴黎和法兰克福都实行电子化交易；伦敦仅上市富时100股票指数期货，联合阿姆斯特丹挂牌股票指数期权，而巴黎和法兰克福各自上市两个Stoxx指数的期货和期权合约。显然，巴黎和法兰克福选择了相同的欧洲股票指数，但两者之间也存在激烈的竞争。

这场竞争很快分出胜负。1998年，欧洲期货交易所的两个Stoxx指数期货成交366 435张合约（见表14-1），远远超过伦敦国际金融期货交易所。1999年初，这种差距更加明显，欧洲期货交易所的两个Stoxx指数期货持仓量已经达到7万张合约，而伦敦的富时100指数期货持仓量仅6 000张。1999年上半年，欧洲期货交易所的交易量已经达到伦敦的34倍。为此，1999年5月25日，伦敦国际金融期货交易所进一步推出5个欧洲股指期货产品，其中3个期货产品基于富时指数，2个基于MSCI指数。但是，新产品无法改变不利的竞争态势。

表 14-1　欧洲期货交易所 Euro Stoxx 50 和 Stoxx 50 指数期货的交易量[1]

年份	Euro Stoxx 50 指数期货 交易量（张）	Euro Stoxx 50 指数期货 交易额（百万欧元）	Stoxx 50 指数期货 交易量（张）	Stoxx 50 指数期货 交易额（百万欧元）
1998	366 435	11 231	94 771	2 930
1999	5 341 864	208 872	326 136	12 482
2000	14 315 518	729 342	355 801	17 465
2001	37 828 500	1 452 948	452 830	16 774
2002	86 354 731	2 482 723	690 719	19 785
2003	116 035 326	2 787 848	970 107	23 182

至于伦敦失败的原因，我们可以从指数知名度、成分股数量、产品设计以及电子化交易等多个层面展开分析。首先，道琼斯在指数行业的知名度远远超过富时，使得法兰克福在起步阶段拥有一定的优势。其次，法兰克福选择的指数成分股较少，提升了股指期货市场运行质量。相对于富时 100 指数，机构投资者更容易复制 Stoxx 50 指数的现货股票篮子，毕竟成分股数量较少，而现货股票篮子与股指期货之间的套利交易使得 Stoxx 指数期货的价格更贴近理论价格。同时，更多的套利交易也带来了额外的交易量。更重要的是，欧元诞生引来一批专门投资欧元区股票的机构投资者，毕竟这些股票都采用同一种货币定价策略。富时欧元 100 指数的成分股却包含英国、瑞士和瑞典等非欧元区国家，以至于欧元区投资者的参与兴趣降低。这也是欧洲期货交易所的两个 Stoxx 指数期货产品之中，Euro Stoxx 指数期货交易量显著超过 Stoxx 指数期货的原因。Euro Stoxx 50 指数期货逐渐成为具有主导性的欧洲指数期货产品。巴黎的 Stoxx 家族指数期货流动性也

---

[1] 数据来源：Walter（2009）。

逐渐转移到法兰克福，因为欧洲期货交易所拥有更广泛的会员网络。

Euro Stoxx 50 指数期货成为基准之后，其交易量快速增长，特别是相对于各国的领先股指期货产品。1998—2003 年，德国 DAX 指数期货的交易量保持相对稳定，但 Euro Stoxx 50 指数期货交易量在 4 年之后超过 DAX 指数期货（见图 14-5）。其他欧洲主要国家的领先股指期货产品也相似，尽管绝对交易量没有降低，但相对于 Euro Stoxx 50 指数期货持续失去市场份额。2003 年，Euro Stoxx 50 指数期货在欧洲股指期货市场的份额达到近 40%。

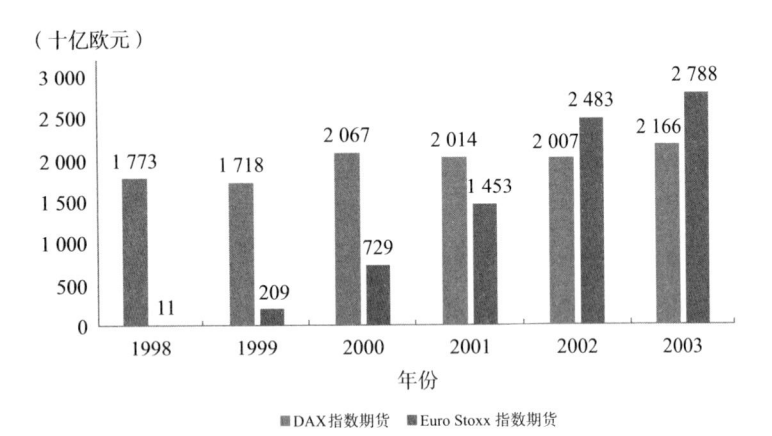

（十亿欧元）

年份	DAX 指数期货	Euro Stoxx 指数期货
1998	1 773	11
1999	1 718	209
2000	2 067	729
2001	2 014	1 453
2002	2 007	2 483
2003	2 166	2 788

图 14-5 欧洲期货交易所 DAX 和 Euro Stoxx 50 指数期货的交易额[①]

位于法兰克福的欧洲期货交易所又一次获得重要的金融基准之争的胜利，而巴黎再次铩羽而归。这次巴黎选择了正确的方向，但其竞争力不如法兰克福。两个城市同在欧元区，都实行电子化交易，自然无法形成两个富有流动性的同质市场，最终的结果只能是"赢者通吃"。

---

① 数据来源：Walter（2009）。

外汇期货的多次失败尝试

金融期货包括权益类、利率类和汇率类期货。20世纪90年代的欧洲金融基准之争涉及国债期货、短期利率期货和股票指数期货，那么外汇期货呢？实际上，外汇期货是最先推出的金融期货产品，但21世纪之前只有芝加哥商业交易所成功建立了富有流动性的外汇期货市场。

欧洲各大衍生品交易所都推出过外汇期货，但没有一家交易所建立了流动性充足的外汇期货市场。1982年伦敦国际金融期货交易所成立之初，就推出包括5个外汇期货和2个外汇期权在内的金融期货产品。其中，外汇期货和期权合约都以美元为基础货币。同时期的伦敦期权清算所也推出外汇期权。[1] 1994年，法国国际期货交易所挂牌上市马克兑美元、法郎兑美元期权。德意志衍生品交易所也于1997年挂牌马克兑美元期权，目标投资者除了外贸企业，还包括个人投资者和各类权证发行人。德意志衍生品交易所邀请14家做市商参与提供外汇期权的买卖报价，当年成交量为25万张合约。但是此后外汇期权的交易量不断萎缩，以至于德意志衍生品交易所即欧洲期货交易所于1998年12月摘牌该外汇期权。[2]

为什么欧洲主要衍生品交易所难以建成富有流动性的外汇期货或期权市场？这个问题与银行在外汇市场的主导地位有关。银行作为资金融通的中介，在外汇市场拥有天然的优势。企业和个人都通过银行兑换货币。20世纪70年代布雷顿森林体系瓦解之后，汇率波动加剧，银行又为客户提供外汇远期和期权等衍生工具，以规避汇率波动的风险。20世纪90年代中期，银行随着电子化交易的兴起而推出外汇电

---

[1] 参考 Imo（1988），第48至57页。
[2] 参考 Walter（2009），第6.1节。

子化交易平台。

在外汇市场上，每一家银行都类似于一家小型交易所，并且银行之间通过银行间外汇市场对冲风险。交易所的外汇期货产品由于标准化和交易系统的不同，难以进入银行间市场。交易所的优势是消除对手方违约风险和提供富有流动性的标准化产品。但是，这个优势在外汇衍生品市场难以体现。银行作为做市商与客户交易，客户一般不会怀疑银行的信用问题。而银行与银行之间的交易又通过相互授信控制风险。银行还拥有外汇市场的重要客户——企业和机构投资者。如果交易所拟吸引这些客户参与外汇期货市场，它们只能与银行合作共同开发双赢的市场。

简言之，一个发达的银行间场外外汇衍生品市场抑制了外汇期货市场的发展，而交易所又找不到一种可以提供差异化产品或策略的方法，难以与银行达成双赢合作，从而使交易所推出的外汇期货产品难以成功。

但是，为什么唯独芝加哥商业交易所获得了成功？芝加哥商业交易所在外汇期货市场获得了成功，除了历史因素，还因为芝加哥商业交易所做对了一件事，即成功实现与银行的双赢合作。1972年，芝加哥商业交易所推出外汇期货合约时，布雷顿森林体系解体不久，市场对对冲汇率风险的工具存在强烈需求，而又没有多少机构提供这类产品，芝加哥商业交易所抓住了难得的历史机遇。

不久，芝加哥商业交易所发现外汇期货的价格难以收敛，以至于最后几个交易日的价格波动非常大。为了让外汇期货价格成功收敛到现货价格，芝加哥商业交易所意识到，必须说服银行参与进来，否则外汇期货市场难以长久发展。可是，说服银行参与外汇期货市场颇费周折。刚开始，芝加哥商业交易所创始人里欧·梅拉梅德先生试图说服银行以套利者的身份参与交易。但是，银行对这顿套利的"免费午餐"不感兴趣，甚至认为期货交易员不配成为它们的交易对手。

既然银行不愿意来，那芝加哥商业交易所就自己动手，创造了一类"B类套利"会员，专门负责在芝加哥商业交易所的外汇期货市场和银行现货市场之间套利。这一次，银行总算没再反对，毕竟B类套利会员的现货交易可以为银行带来利润，也不需要银行额外承担风险。这样，银行开始被动地参与外汇期货市场。很快，银行便发现这些套利交易其实非常赚钱，也很安全。于是，它们一改往日的傲慢，纷纷申请成为芝加哥商业交易所的会员，自己充当套利者。最后，纽约所有的银行都开始参与外汇期货市场的交易。芝加哥商业交易所成功地说服银行参与外汇期货市场。

这样，经过长期的合作，银行被牢牢绑在芝加哥商业交易所的外汇期货战车上。现在，包括摩根大通、美国银行和花旗银行等在内的大型银行都积极参与芝加哥商业交易所的外汇期货市场，它们的外汇期货交易量约占外汇远期的18%。正是国际性银行的参与才使芝加哥商业交易所确立了外汇期货市场的领导地位。众多银行也认为，交易所的外汇期货市场缺乏流动性，是银行不愿意参与的原因之一。一旦外汇期货市场拥有充足的流动性，则会吸引银行参与这个市场，毕竟外汇期货产品的定价与远期产品不同，在一定程度上也提供了产品差异化和投资多元化的功能。

定价权之争的成败

法国国际期货交易所在欧元定价权之争中一无所获。法国媒体将期货交易所称为法国交易所行业的弱势领域。1998年，法国国际期货交易所的损失达到4 600万欧元，交易量仅相当于欧洲期货交易所的 5%。从此，法国的衍生品市场一蹶不振。这次竞争之后，法国人将精力放在整合周边国家的股票市场上，促成了泛欧交易所的诞生。

伦敦又一次战败。不符合市场发展趋势的产品策略是其失败的主要原因。另外，场内交易相对于电子化交易存在竞争劣势。失去 10 年期德国国债期货产品之后，伦敦国际金融期货交易所开始了痛苦的转型。1998 年 5 月 12 日，交易所会员提交了一份战略转型计划，其重点是推动场内喊价交易向电子化交易转型。面对欧洲期货交易所咄咄逼人的攻势，交易所会员普遍担心伦敦将进一步失去市场份额，为此他们于 1998 年 6 月 11 日发起临时会员大会，投票决定通过转型方案。首席执行官丹尼尔·霍德森不久之前还坚定支持场内喊价交易，将这次会员大会描述为交易所历史上重要的转型时刻。

与此同时，伦敦国际金融期货交易所开启了公司制改革。交易所转变为营利机构，将交易所股东和会员资格分离，即允许非会员成为交易所股东。2000 年 11 月，伦敦国际金融期货交易所发行总价值达到 5 700 万英镑的股份，多数股份被两家美国的风险投资基金认购。

为什么伦敦国际金融期货交易所没有更早引入电子化交易呢？实际上这与交易所会员结构有关。伦敦证券交易所早在 20 世纪 80 年代就引入了证券电子化交易，伦敦国际金融期货交易所也很早就引入了电子化交易，但由于场内会员激烈反对，电子化交易只能用于盘后交易，因此不能设立完全电子化的交易系统。无独有偶，芝加哥商业交易所也面临相似难题，以至于 GLOBEX 电子平台刚推出之时只能用于盘后交易。德意志衍生品交易所或者欧洲期货交易所采取电子化交易，一方面它是一个新建的交易所，另一方面德国银行拟通过电子化交易让德国各地的银行、经纪人和非银行金融机构等都能参与金融期货市场。1989 年，德国银行选择电子化交易只为解决他们当时碰到的问题，至于电子化交易相对于场内交易的竞争优势，或许他们当时并没有深入研究。他们5年之后才在数次调研之中了解到电子化交易的成本更低。

另外，在衍生品市场之中，失败的时间也很重要。俗话说，失败是成功之母。基于20世纪80年代股票期权市场的经验，德国人深入研究衍生品市场，逐步解决衍生品法律、投资者准入等相关问题。德意志衍生品交易所成立之时，其已经拥有丰富的经验，才得以调整方向，打败伦敦。而伦敦国际金融期货交易所直到10年期德国国债期货的争夺战失败之后，才认识到电子交易系统的竞争力。1998年，伦敦才开始引入完全自动化的电子化交易，但一切都为时已晚。

所以，德国人成功的原因或许一半是运气。

20世纪末，欧洲期货交易所赢得两次金融基准之争，伦敦国际金融期货交易所保住了短期利率期货市场。欧洲衍生品市场逐渐演变成法兰克福和伦敦双寡头的竞争格局。巴黎在3场金融基准之争中失利，在欧元诞生的那一年成为"三国演义"之中最先出局的玩家。欧洲期货交易所逐渐成为欧洲衍生品市场的领头羊，相对于欧洲其他衍生品交易所一骑绝尘，由此奠定如今的欧洲衍生品市场版图。1999年，欧洲期货交易所的交易量达到3 790万张合约，甚至超过芝加哥三雄——芝加哥期货交易所（2 550万张）、芝加哥期权交易所（2 540万张）和芝加哥商业交易所（2 010万张），成为全球交易量最大的衍生品交易所。

第十五章

全球并购和竞争时代

在德国乃至欧洲其他国家400多年的交易所历史上，近40年才发生交易所并购现象。自然，会员制以及非营利性的交易所没有动力并购其他交易所。

全球化、电子化和公司制改革为21世纪初的全球交易所跨境并购奠定了基础。20世纪90年代，全球各交易所相继开始公司制改革。公司制的交易所追求利润，由此推动交易所行业进入全球并购时代。在引入电子交易系统之后，交易所行业的规模效应显著增强。通过电子化交易，交易所可以为全球投资者提供更丰富的金融产品和金融服务。如此，并购其他交易所的吸引力显著增加。另外，交易所也面临越来越大的外部竞争压力。面对其他交易所的进攻，公司制的交易所往往走上并购道路，扩大市场规模，降低交易成本，以提升全球竞争力。如此，全球交易所行业经历了电子化、公司化之后，呈现一个明显的变化趋势，即集团化。战略合作和并购是形成交易所集团的主要途径。

德国是这场变革的"始作俑者"。1993年，德意志交易所率先整合国内交易所资源，结束了国内各交易所之间的无效竞争，形成了一家聚集德国力量的公司制交易所[①]。德意志交易所也率先拉开欧洲各交易所并购的序幕。1998年，德意志交易所试图收购伦敦证券交易所。这一举动突然刺激了欧洲的交易所行业，开启了一轮并购潮。同年，欧洲期货交易所进入美国，与芝加哥期货交易所探讨战略合作。2002年双方终止合作，并在美国市场开始直接竞争，这间接导致芝加哥期货交易所和芝加哥商业交易所4年之后的合并。德意志交易所引发了全球交易所行业的跨境并购，但自身收获有限。那么，这些交易所的并购背后有何故事？

开启交易所跨境并购

在全球交易所整合浪潮来临之前，德国最先完成国内交易所整合。1993年，德意志交易所成立之时，已经成为一家集股票、债券、金融期货以及交易、结算、清算和托管等业务于一体的交易所集团。欧洲其他各国学习德意志交易所的经验，以推进国内交易所整合。因为最早完成了国内交易所整合，所以德意志交易所也最早将目标瞄向国际交易所行业，寻找下一个并购标的。这一切将由德意志交易所的新掌门人开启。

德意志交易所的新掌门人

德意志交易所成立后不久，监事会主席布鲁尔博士策划了高层变动。他引入当时44岁的瑞士再保险集团董事维尔纳·塞弗特。1993年7月末，塞弗特担任德意志交易所集团的首席执行官，他将带领德意志交易所迈向新的高度。

---

① 按照德国交易所相关法律法规，德意志交易所准确地说是交易所运营商，而不是交易所。为了与其他国家交易所更好地进行对比，本章不再区分交易所和交易所运营商概念。

塞弗特初到德意志交易所工作时，对交易所业务不甚了解。[①]但他通过快速学习，从一个全新的角度来看待当时全球交易所行业的竞争。他发现交易所是一个成本固定的行业，规模效应尤其重要，每一个新的客户将带来交易量进而带来收入。就像自然垄断一样，交易所需要大额投资，但是一旦投资完毕，额外的运营费用就会非常少。电子化交易时代的来临没有改变这个特点，却改变了跨境客户的可获得性。采用电子化交易之前，交易所之间各自相安无事，并不存在直接竞争；采用电子化交易之后，距离将不再是交易的障碍，跨境投资成为常态。交易所可以通过电子化交易获得其他国家的投资者和参与者，以便增加流动性。

如果所有的交易所都采取电子化交易，交易所之间的竞争结果将由哪些因素决定？塞弗特敏锐地察觉到电子交易系统的竞争是关键，包括订单执行速度、价差大小以及交易、清算和结算的效率和稳定性。为此，塞弗特为德意志交易所集团参与全球竞争制定了3个战略方向。

其一，更新交易所电子交易系统，确保比竞争对手速度更快、效率更高和稳定性更强。交易所之间的竞争逐渐演变成电子交易系统之间的竞争。交易所像一个技术公司，依赖交易系统的先进性吸引潜在投资者。同时，德意志交易所在全球发展交易会员和清算会员，试图将其网络扩展到全球各地，以便进一步增加交易量。

其二，继续推进交易、清算、结算和托管之间的垂直整合。在塞弗特的推动之下，德国的中央结算和托管机构明讯银行通过一系列的并购和重组得以成立。1996年，德意志境外结算股份有限公司与德

[①] 参考彼得·诺曼（2013），第185至186页。

意志结算股份有限公司合并,成立德意志交易所结算所。德意志境外结算股份有限公司与世达清算存在合作,前者代表德国的银行参与世达清算的跨境业务。世达清算由多家银行于1970年合资成立,主要目的是处理欧洲美元市场的跨境结算。1999年欧元推出前后,各国的中央结算托管机构和清算所进行了一系列混乱的沟通和谈判,试图组成富有竞争力的跨境结算和清算机构。最终,德意志交易所结算所与世达清算合并成立明讯银行,即现在的德国中央结算和托管机构。

其三,通过跨境并购扩大交易所规模,特别是现货市场领域。在金融期货市场之中,欧洲期货交易所已经打败伦敦和巴黎,成为欧洲金融期货市场的霸主,没有其他机构可以撼动它的市场地位。但在股票市场中,德国一直处于相对落后的地位。近50年,法兰克福一直尝试通过各种途径和方法振兴股票市场,然而收效甚微。塞弗特认为战略并购是扩大股票市场规模和提高股票市场竞争力的有效途径。他将目光瞄向欧洲规模最大也最古老的伦敦证券交易所。塞弗特曾3次试图并购伦敦证券交易所,最终导致他于2005年丢掉了德意志交易所首席执行官职位。

尝试并购伦敦证券交易所

1998年,德意志交易所和伦敦证券交易所第一次讨论并购事宜。7月7日,两家交易所出人意料地宣布达成战略合作意向,旨在建立包含300只欧洲蓝筹股票的资本市场。两家交易所将通过3个步骤实现战略联盟:第一步,建立包含英国和德国蓝筹股票的统一订单簿;第二步,建立统一的股票交易规则;第三步,开发共同的电子交易系统。

德意志交易所认为资本市场越来越国际化,国别差异逐渐变小,同一股票在各国的交易价格越来越趋同。这些变化促使德意志交易所考虑组建横跨欧洲的资本市场。另外，资本市场逐渐由机构投资者主导。欧元诞生之后，欧元区资本市场将进一步融合。这些趋势都支持德意志交易所与伦敦证券交易所的合并计划。德意志交易所的另一个目的是弥补其在股票市场的竞争劣势。1998年打败伦敦国际金融期货交易所之后，欧洲期货交易所或者德意志交易所集团已经建立了欧洲首屈一指的衍生品交易所，但股票市场的发展长期以来落后于伦敦证券交易所。尽管20世纪50年代以来，德国采取多种措施提振资本市场，但难以扭转资本市场走下坡路的趋势。伦敦证券交易所拥有悠久的股票交易历史，将是欧洲期货交易所的有益补充。从这个角度，德意志交易所认为非常有必要并购伦敦证券交易所，这也是每一任德意志交易所首席执行官都致力于并购伦敦证券交易所的原因。

然而，德意志交易所的并购意图遭到另两家交易所的警惕和反对。德意志交易所和伦敦证券交易所的战略合作意向给伦敦国际金融期货交易所带来潜在风险，因此遭到伦敦国际金融期货交易所的强烈反对。其担心伦敦的股票交易转移到法兰克福，将促使德意志衍生品交易所或者欧洲期货交易所挂牌上市与伦敦蓝筹股票相关的股指期货期权产品，从而影响伦敦股指期货市场的发展。巴黎交易所也对德意志交易所和伦敦证券交易所的战略合作意向充满警觉。1998年6月，法国3家交易所和清算所合并成巴黎交易所，这是一家与德意志交易所集团类似的集交易、清算、结算以及衍生品业务于一身的全能型交易所。巴黎交易所的新任主席让-弗朗索瓦-西奥多·盖希特似乎被德意志交易所和伦敦证券交易所的合作激怒，因为此前德意志衍生品交易所一直与巴黎交易所讨论战略合作。尽管德意志衍生品交易所与法国国际期货交易所的战略合作没有显著进展,但法国人还是对英国和德国可能的合作非常反感。作为应对措施,巴黎交易所宣布与西班牙、比利时和荷兰的交易所合作,它们被称为"巴黎联盟"。这个"巴黎联盟"最终演变成泛欧交易所。

这样,德意志交易所并购伦敦证券交易所的首次尝试以失败告终,但是意外地促成了法国与周边欧洲各国的合作。德意志交易所的这次并购尝试也开启了欧洲各交易所相互并购的潘多拉魔盒。此前,交易所之间的并购仅仅发生在一个国家之内;此后,跨国并购开始兴起,大型交易所致力于建立横跨大洲的交易所集团,充分利用规模效应提升竞争力。

刺激泛欧交易所成立

面对金融期货之争的失败,法国人试图通过现货业务扳回一局。2000年9月22日,巴黎、布鲁塞尔和阿姆斯特丹的交易所共同组成泛欧交易所。泛欧交易所统一了会员规则和交易所规则,引入统一的现货市场和衍生品市场订单簿,所有的交易都通过法国的中央对手方Clearnet完成清算。2000年,泛欧交易所拥有1 360家上市公司,市值总共23.8亿欧元,仅次于伦敦证券交易所(拥有2 292家上市公司,市值为29.47亿欧元),大幅超过德意志交易所集团(拥有1 043家上市公司,市值为14.29亿欧元)。2001年12月,葡萄牙交易所[①]也并入泛欧交易所。

巴黎、布鲁塞尔和阿姆斯特丹的4家衍生品交易所(法国国际期货交易所、巴黎期权交易所、比利时期货期权交易所、欧洲期权交易

---

① 葡萄牙交易所即 Bolsa de Valores de Lisboa a Porto(BVLP)。

所）也整合成一家，总部位于阿姆斯特丹。新的交易所挂牌上市新的股指期货和股票期货，但是其夺取欧洲代表性股票指数期货的尝试都失败了。法国也学习德国，要求法国的商业银行都支持法国国际期货交易所。在短时间之内，这确实推动部分交易量从法兰克福或伦敦转移到巴黎，但这种增量无法持久，长期效应不显著，毕竟法国各银行没有义务和动机长期支持法国交易所的业务。

衍生品交易一直是泛欧交易所的弱项。伦敦国际金融期货交易所公司化之后，泛欧交易所看到希望。2001年9月，泛欧交易所、伦敦证券交易所和德意志交易所集团都尝试并购伦敦国际金融期货交易所。泛欧交易所认为并购伦敦国际金融期货交易所将补足自身的衍生品业务短板，而且合并对双方来说都是最优选择。伦敦在短期利率期货和英国的股票期货领域存在竞争优势，而泛欧交易所仍然拥有各参与国的股票指数期货市场，只是两者在国债期货和欧洲代表性股指期货领域较弱。伦敦国际金融期货交易所的主要股东认可两者的协同作用，但最终说服这些股东的还是更高的并购价格。

泛欧交易所志在必得，其给出5 550万英镑的报价，伦敦国际金融期货交易所每股股票约18.25英镑。这个报价比市场价格高出21%。泛欧交易所也得到两家美国机构投资者的支持，这两家美国的机构投资者在并购之后仍然持有48%的股权。2000年12月，伦敦国际金融期货交易所市值仅为960万英镑，2001年8月市值上升至3 120万英镑。泛欧交易所的报价被市场普遍解读为过高。另外，伦敦证券交易所没有足够的资金，只能提供1 200万英镑的现金和2 500万英镑的贷款。德意志交易所集团尽管拥有足够的资金，但它并没有很强的意愿并购伦敦国际金融期货交易所。对于并购这个昔日的手下败将，德国人的报价自然不会太高。

泛欧交易所成功并购伦敦国际金融期货交易所之后，将所有衍生品交易放到伦敦，并且采用 LIFFE-CONNECT 作为衍生品业务的电子交易系统。泛欧交易所估计并购每年将节约 1 000 万~1 500 万英镑的成本。面对法兰克福的强大竞争优势，昔日的竞争对手伦敦和巴黎合作，以便与法兰克福抗衡。欧洲衍生品市场竞争也演变成伦敦和法兰克福之间的对抗。

这时，欧洲的主要衍生品交易所都实行电子化交易。巴黎、布鲁塞尔、阿姆斯特丹的交易所已经与伦敦的交易所合并，共同组成新的伦敦国际金融期货交易所。德国、瑞士和芬兰采用欧洲期货交易所的电子交易系统。北欧的挪威、瑞典和丹麦的交易所通过并购成立 OM 集团，采用自己研发的电子交易系统。OM 是欧洲最早采用电子交易系统的衍生品交易所。西班牙和葡萄牙采用西班牙金融期货交易所[①]的电子交易系统，而意大利、奥地利和希腊还游离在外。

进军美国金融期货市场

1998 年，欧洲期货交易所已经赢得德国国债期货的流动性之争，其便将目标瞄准美国。美国的芝加哥双雄——芝加哥期货交易所和芝加哥商业交易所于 20 世纪 70 年代和 80 年代创新了金融期货产品。但直到 20 世纪 90 年代末，芝加哥双雄仍然实行场内公开喊价交易，还没有启动公司制改革，属于英美传统的会员制交易所。其交易方式不再先进，交易效率不再高效。另外，会员制交易所的决策效率低下。一时之间，芝加哥双雄似乎面临与伦敦国际金融期货交易所相似的命运。面对欧洲期货交易所的进攻，芝加哥双雄将如何应对？德

---

① 西班牙金融期货交易所即 Mercado Español de Futuros Financieros。

国能否赢得这场竞争？

与芝加哥期货交易所的战略同盟

1998年3月18日，欧洲期货交易所与芝加哥期货交易所签订战略合作意向，计划共同在美国建立电子交易系统。与伦敦国际金融期货交易所一样，芝加哥期货交易所作为老牌交易所，其电子化交易之路也非常曲折。其在1994年建立了美国收盘之后的电子交易系统，以吸引来自亚洲的交易，同时不影响美国的场内喊价交易，不直接损害会员的利益。芝加哥与欧洲期货交易所合作，希望建立一个与场内喊价交易平行的电子交易系统。至于关闭场内交易，完全采取电子化交易，对当时的芝加哥期货交易所来说不可想象，也是会员制交易所的普遍问题。

两个交易所的协同效应比较明显。欧洲期货交易所是当时全球最大的电子化衍生品交易所，而芝加哥期货交易所是全球最大的场内公开喊价交易所。法兰克福打败伦敦之后，芝加哥期货交易所也开始重视电子化交易，也就产生了与欧洲期货交易所合作的想法。另外，两个交易所的明星产品都是国债期货，但重点分别是德国和美国的国债期货。德国国债期货已经是欧元区国债期货基准，交易量不比美国国债期货少。两个交易所的明星产品之间存在互补性。两个交易所也不存在直接的竞争关系。美国和德国的交易时间存在7个小时的时差，也让两个交易所的重叠交易时间较短，它们自然而然产生了合作的想法。当时，期货交易所还没有实行每天长达20个小时的交易。

然而，彼时芝加哥期货交易所还是会员制交易所，这也注定两个交易所的战略同盟不会一帆风顺。芝加哥期货交易所当时拥有大约3 650位会员，其中27位会员通过选举进入交易所管理层，参与交易所的日常决策，但是重要的战略决策仍然需要会员大会多数票同意。当时 5 类会员之中，金融期货交易相关的会员仅占投票权的 1/6，这些会员也是支持电子化交易的坚定力量。不过，种类繁多的会员使得交易所决策容易被推翻，特别是争议较大的战略决策。果然，1998 年 12 月 9 日，在部分反对者的推动之下，临时召开的会员大会选举了一位反对该战略同盟的会员为芝加哥期货交易所新主席。一个月之后，新主席推动会员大会投票，终止了与欧洲期货交易所的战略同盟，芝加哥期货交易所准备自己建设电子交易系统。

半年之后，芝加哥期货交易所的态度再次出现反转。由于合作中断，欧洲期货交易所拟在美国建设独立的期货交易所，与芝加哥期货交易所直接竞争。这时，欧洲期货交易所的交易量超过芝加哥期货交易所，成为全球最大的期货交易所。电子化交易也被多数交易所接受。面对欧洲期货交易所进入美国市场的计划，芝加哥期货交易所面临巨大的竞争压力，毕竟伦敦国际金融期货交易所的例子就在眼前。其又举行新的会员大会，同意继续与欧洲期货交易所谈判战略同盟事宜。1999 年 9 月，双方最终签订合作协议，成立 50%/50% 的合资公司（芝加哥期货交易所和欧洲期货交易所同盟）。合资公司的执行董事会共 8 人，双方各派 4 人。

2000 年世纪之交，欧洲期货交易所刚刚赢得两场重要的金融基准之争，掌舵者约尔格·弗兰克从首席执行官位置上退休。媒体报道指出，他与德意志交易所集团首席执行官维尔纳·塞弗特观点不同，这才是这位功臣离职的真实原因。继任者为来自高盛的投资银行家鲁道夫·费尔沙。新官上任之后，费尔沙马上采取激进的国际化策略，陆续上市众多欧洲乃至全球标的衍生品。基于欧洲期货交易所不断增长的交易量和收入，衍生品成为德意志交易所集团最强的盈利业务。费尔沙继续推进与芝加哥期货交易所的战略合作。2000 年 8 月，合资公司启动"a/c/e[①]"电子交易系统。芝加哥期货交易所的会员可以继续选择场内喊价交易,也可以采用电子化交易。

合资公司承载了芝加哥期货交易所和欧洲期货交易所的战略合作计划,其任务包括将欧洲期货交易所的电子交易系统引入美国市场,引导双方的会员参与电子化交易合作平台,继续合作开发"a/c/e"电子化交易平台,共同向市场推广电子化交易平台以及共同开发金融期货产品。此外,合资公司还将探索其他战略合作项目。如此,两家交易所在保持各自独立性基础上,额外再建设和推广一个电子交易系统"a/c/e",相当于双方合作建立一个新的交易所。为了保护芝加哥期货交易所的利益,双方还约定,即使战略合作终止,芝加哥仍然可以继续以外包方式使用法兰克福的电子交易系统。

这次战略合作也仅限于共同的电子交易系统,至少这是初期的规划。数据处理、风险管理、清算和结算系统仍然由两家交易所各自负责。双方也没有建立清算所之间的技术链接或者共同的清算所。其中,芝加哥期货交易所的清算和结算外包给芝加哥期货交易所结算公司。"a/c/e"交易平台的保证金也无法与芝加哥期货交易所或者欧洲期货交易所一起计算。

从这些安排可以看出,双方并不完全信任对方,这次战略合作没有充分发挥协同效应,也给后来发展埋下隐患。这份战略合约时限为5年。只要没有合作方提出终止,合作协议还可以再延长5年。对于芝加哥期货交易所的会员,除了场内喊价交易,会员还可以通过"a/c/e"电子化交易平台参与欧洲和美国金融期货产品的交易。这是芝加哥期货市场发展历史上第一次肩并肩地存在场内交易和电子化交易。

---

① "a/c/e"为 Alliance/CBOT/Eurex 的首字母缩写。

两家交易所的战略合作意图也存在区别。欧洲期货交易所野心很大，它试图通过这次合作确立电子化交易在全球衍生品市场的地位，进而确立欧洲期货交易所的地位。此外，欧洲期货交易所也试图在亚洲寻找一个战略合作伙伴，建立一个横跨全球的衍生品交易所网络。后来的市场发展表明，这类计划没有意义，因为期货交易所可以通过延长交易时间为其他时区的投资者提供期货交易服务。此外，通过与芝加哥期货交易所合作，欧洲期货交易所还可以进入美国市场，向会员提供德国国债期货、欧洲股指期货等期货产品。对于芝加哥期货交易所，这个战略同盟可以让美国的金融期货进入欧洲期货交易所遍及全球的电子交易网络，其同时也可以节省自身开发电子交易系统的巨额费用。但是，芝加哥期货交易所更像是在压力之下被迫启动这次战略合作，而缺乏一个明确的战略目标。此外，芝加哥期货交易所还没有完成公司制改革，不以追求利润为目标，而欧洲期货交易所的目标很明确，即确立全球衍生品市场的领导地位以及获取长期而稳定的利润。

试图打败芝加哥期货交易所

2002年7月，短短两年之后，芝加哥期货交易所和欧洲期货交易所宣布它们将于2004年提前终止战略合作。至于理由，两家交易所认为合作协议没有弹性，不利于后续的产品研发。这个理由或许只是借口。双方在产品上市规则、技术授权费等领域产生分歧，难以达成一致意见，这些分歧甚至进入公众视野。至于真实原因，或许是两家交易所的战略意图相差太远，以至于两年之后无法再继续推进合作。随后，芝加哥期货交易所禁止欧洲期货交易所挂牌以美元计价的金融期货产品，而欧洲期货交易所也禁止芝加哥期货交易所继续挂牌以欧元计价的金融期货产品。尽管结束合作，但欧洲期货交易所仍然为芝加哥期货交易所提供电子化交易的技术服务。

然而短短半年之后，情况急转直下。2003年1月，芝加哥期货交易所宣布放弃与欧洲期货交易所合作开发的电子化交易平台，转而使用泛欧交易所和伦敦国际金融期货交易所的电子化交易平台。这个公告发出之后，欧洲期货交易所首席执行官费尔沙在几小时之内回应称："将于2003年底与芝加哥期货交易所终止合作。之后，将在美国设立新的期货交易所。"这家新的期货交易所将与芝加哥双雄，即芝加哥期货交易所和芝加哥商业交易所直接竞争，竞争领域不仅包括国债期货，还包括股指期货、个股期货等各类金融衍生品。《经济学人》发出警告，如果欧洲期货交易所部分赢得这场竞争，将导致芝加哥放弃持续上百年的会员制交易所结构，甚至促使芝加哥双雄合并，而场内喊价交易也将进入历史博物馆。《经济学人》一语成谶。

这次竞争的初始状态与法兰克福和伦敦之间的德国国债期货流动性之争非常相似。芝加哥期货交易所也是采用场内喊价交易的会员制交易所，并且拥有流动性最好的美国国债期货市场。欧洲期货交易所采用电子化交易，试图攫取美国国债期货的流动性。当时的市场并不看好芝加哥期货交易所的未来，担心芝加哥期货交易所会步伦敦证券交易所后尘，被法兰克福打败。但与10年之前那场流动性之争不同的是，芝加哥期货交易所已经充分认识到电子化交易的优势，从一开始就准备与泛欧交易所合作，采用伦敦新的电子化交易平台，也采用与欧洲期货交易所类似的战略合作模式。"人不会在同一个地方摔倒两次。"芝加哥期货交易所需要避免10年之前伦敦证券交易所犯的错误，伦敦证券交易所也正好借这次机会报当年的一箭之仇。

欧洲期货交易所的策略是尽快解决两个难题：第一个难题是，依据美国《商品期货市场现代化法案》，尽快向美国商品期货交易委员会申请交易所牌照；第二个难题是，与芝加哥期货交易所结算公司探讨清算领域的合作，配合电子交易系统向会员提供美国国债期货等衍生品的清算。欧洲期货交易所需要与时间赛跑，只要能足够快地在美国建立电子化交易、清算和结算系统，其就可能赢得这场史诗级的竞争。

出人意料的是，欧洲期货交易所快速地解决了第二个问题。芝加哥期货交易所结算公司是芝加哥期货交易所的长期合作伙伴。结算公司与交易所一样也采取会员制结构，主要决策由会员大会决定，并不受芝加哥期货交易所控制。结算公司参考法兰克福和伦敦之间的国债期货流动性之争，认为欧洲期货交易所的获胜概率很大，并且其会员也一直在寻找一个更快捷、更便宜的交易和清算渠道。结算公司欢迎外来竞争者，其选择与欧洲期货交易所合作。这将芝加哥期货交易所逼入墙角，其需要寻找一个新的清算所。而此前历史上，芝加哥期货交易所和芝加哥商业交易所一直无法在清算领域达成合作。芝加哥期货交易所结算公司曾3次试图为两家交易所建立共同的清算设施，但都失败了。芝加哥双雄似乎是一生的宿敌，无法达成清算等领域的战略合作。一时之间，芝加哥期货交易所难以找到清算机构，陷入困境。

2003年9月16日，欧洲期货交易所宣布建立美国分公司，名字叫 Eurex US，将挂牌与芝加哥期货交易所一样的美国国债期货合约。这个公告让芝加哥期货交易所坐立不安，似乎在劫难逃。

危急时刻，芝加哥期货交易所和芝加哥商业交易所这对上百年的"冤家"抛弃前嫌，开始精诚合作。这让德国人始料不及。芝加哥双雄发挥它们长期在华盛顿积累的游说能力，尽量往欧洲期货交易所身上泼脏水，以延长美国商品期货交易委员会批准其交易所牌照的时间。它们仔细查看欧洲期货交易所的申请资料，针对每一个疑点提出问题，而每个问题都需要回答，这样可以延长申请流程，放慢审批速度。芝加哥双雄甚至还指使政客以国家安全之名诋毁欧洲期货交易所，称德国人在美国建立的交易所将影响美国的国家安全和国家利益。当然，这个指责也不是完全错。

德国人在华盛顿没有很强的影响力，他们选择用法律的手段捍卫自己的利益，将芝加哥双雄告上法庭，指责它们垄断市场，滥用市场影响力。这场法律诉讼自然没有快速取得结果，而是陷入持久的拉锯战。双方都不可能胜诉。实际上直到法兰克福与芝加哥的这场流动性之争分出胜负，这些法律诉讼都还没有结果。

芝加哥双雄的阻击战奏效了。美国商品期货交易委员会认为欧洲期货交易所不适合60天的快速申请通道，需要仔细审核。直到一年半之后，芝加哥双雄完成各项准备工作，美国商品期货交易委员会才最终批准德国人的交易所牌照申请。芝加哥双雄利用赢得的时间将美国国债期货合约转移到泛欧交易所的电子化交易平台，也包括芝加哥商业交易所的欧洲美元期货合约。2004年1月2日，芝加哥商业交易所清算所为芝加哥期货交易所的产品提供清算和结算服务。两个交易所的清算合作为双方会员节约了大量的保证金，成为针对欧洲期货交易所的竞争利器。芝加哥双雄也转变成一个电子化交易平台，准备好与欧洲期货交易所硬碰硬地竞争。一个月之后，即2月4日，欧洲期货交易所的美国子公司获得牌照，2月8日正式开业。

短兵相接的最有效武器就是价格。德国人拿到牌照那一天，芝加哥期货交易所宣布将交易费用下调70%，至0.3美元/张合约，与欧洲期货交易所的交易费用水平持平。2004年初，芝加哥期货交易所60%的金融期货交易量转移到电子化交易平台。2月8日，欧洲期货交易所的美国子公司正式运营，第一天交易量达到15 000张合约。此后，交易量却一直停留在这个低水平。2004年6月22日，欧洲期货交易所采用老方法，宣布取消美国国债期货合约的交易费，试图通过价格战扭转败局。此举让欧洲期货交易所的交易量从日均2 768张合约上涨到日均23 922张合约，增长幅度达700%以上，但其仍然仅占很小的市场份额，而同时期的芝加哥期货交易所日均交易量达到200万张合约（见图15-1）。此后，欧洲期货交易所采用其他激励措施，也推出新产品，包括外汇期货产品，但都没有成功。

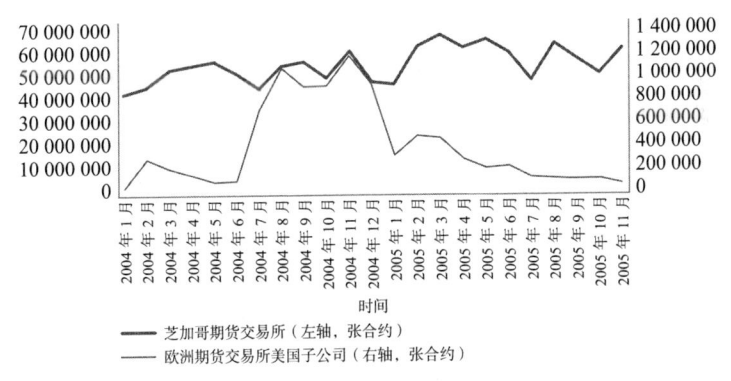

图15-1 芝加哥期货交易所和欧洲期货交易所美国子公司的交易量对比 [①]

约一年之后，德国人准备放弃美国子公司，将 Eurex US 70%的股份以2 320万美元的价格出售给一家机构投资者曼氏金融集团（Man Financial Group）。新股东承诺将继续注资3 500万美元。2008年7月，Eurex US 被重新命名为 USFE（U.S. Futures Exchange），但日均交易量仅为117张合约，主要来自以美元计价的印度股指期货。欧洲期货交易所第一次进军美国市场的尝试以失败告终。

---

① 数据来源：美国期货业协会。

间接促成芝加哥双雄的合并

芝加哥期货交易所由爱尔兰的谷物贸易商建立,而芝加哥商业交易所由交易黄油和鸡蛋的犹太贸易商建立。两个交易所拥有不同的文化基因。俗话说"一山不容二虎"。美国中部城市芝加哥突然出现两家世界级的期货交易所,两者在20世纪七八十年代相继创新和发展了外汇期货、国债期货和股指期货市场,奠定了现代金融期货市场的基础。但芝加哥双雄难以和平相处,一直处于激烈竞争的状态,直到欧洲期货交易所企图打入美国市场才打破原来的平衡。

2003年4月16日,芝加哥期货交易所和芝加哥商业交易所签订清算协议,由后者的清算所为前者的美国国债期货合约提供清算服务。2004年1月2日,清算合作正式启动,芝加哥双雄共同挫败了欧洲期货交易所攫取美国国债期货市场流动性的计划。这次清算合作为两个交易所进一步的股权合作或者并购打下良好基础。

2006年8月,芝加哥期货交易所主席查理·凯里打电话给芝加哥商业交易所主席特里·达菲,讨论继续清算合作事宜,其间凯里提出探讨两家交易所合并事宜。基于长达3年的紧密合作,双方管理层多次讨论之后得出一个并购方案。2006年10月17日,两家交易所公布并购协议,包括芝加哥商业交易所股东将获得新公司69%的股份,而芝加哥期货交易所股东获得31%,价值约80亿美元。执行董事会中,有20位成员来自芝加哥商业交易所,9位来自芝加哥期货交易所。两家交易所会员的权利保持不变。并购协议还需要监管机构和股东大会的批准。合并之后,新的交易所集团将超过欧洲期货交易所,成为全球最大的金融期货交易所。

这个并购也不是一帆风顺的。2007年3月15日,洲际交易所(ICE)主动向芝加哥期货交易所发出收购要约,其报价比芝加哥商业交易所的报价高10亿美元。此外，洲际交易所还可以引入纽约期货交易所的清算所，为芝加哥期货交易所提供清算服务。洲际交易所精心选择公布要约方案的时间，因为一个月之后芝加哥期货交易所和芝加哥商业交易所的股东将对并购协议进行表决。

面对突然杀出的第三者，芝加哥商业交易所快速行动，一周之后邀请芝加哥期货交易所的股东召开临时股东大会。会上，芝加哥商业交易所管理层分析洲际交易所的并购要约，认为从财务、战略和经营层面，这份并购要约没有竞争力。但是，芝加哥商业交易所和芝加哥期货交易所还是修改了并购协议，芝加哥商业交易所给予芝加哥期货交易所股东更多的额外利益，包括一次性获得每股9.14美元的现金，每股芝加哥期货交易所股票转换0.375股新公司股票，而不是此前的0.35股。这份修改之后的并购协议得到芝加哥期货交易所最大的两个股东的支持。2017年7月9日，这份新的并购协议获得了两家交易所股东大会的支持，新的芝加哥商业交易所集团成为全球最大的期货交易所。

在德国人的搅局之下，芝加哥双雄结束了长达百年的竞争和恩怨，完成了全球期货交易所行业历史上的知名并购。也是在德国人的竞争之下，美国期货市场快速朝着电子化方向推进，芝加哥期货交易所大幅降低交易手续费，与芝加哥商业交易所的清算合作也使保证金大幅降低，为会员提高了资金利用效率。尽管欧洲期货交易所没有在美国市场获得成功，但它像一条鲇鱼，直接推动美国金融期货市场更健康地发展。

欧美形成五大交易所集团

经过30年持续并购，欧洲和美国形成五大交易所集团，分别是洲际交易所集团、纳斯达克OMX交易所集团、芝加哥商业交易所集团、德意志交易所集团和伦敦证券交易所集团。其中，芝加哥商业交易所集团聚焦于各类衍生品业务，伦敦证券交易所集团主要开展股票、债券等现货市场业务，其他交易所集团都横跨现货和衍生品业务。

交易所并购的历史回顾

全球交易所行业的并购可以分成两个阶段。

第一个阶段主要指 2000 年之前各国国内的交易所并购。德国最早成立公司制交易所，也最早完成国内交易所整合。1989 年，德意志衍生品交易所有限责任公司成立；1990 年，法兰克福证券交易所股份有限公司成立；1992 年，法兰克福证券交易所股份有限公司更名为德意志交易所股份有限公司，并且德国各银行将德意志衍生品交易所和德意志结算股份有限公司纳入新的交易所，形成德国最大的交易所集团[①]。德国的交易所改革严格意义上来说并不是并购，因为德意志衍生品交易所、法兰克福证券交易所以及德意志结算股份有限公司都有共同的股东，即德国的各个银行。这些股东促使各交易所完成整合，快速形成一家代表德国的交易所集团。这个过程出奇得顺利，与德国历史上各交易所的公共利益导向紧密相关。1992 年之前的交易所并购非常罕见[②]，毕竟会员制交易所没有太大动力并购。

继德国之后，荷兰、奥地利、法国、比利时和瑞典等国也相继完成国内交易所的整合。或许德国模式起了催化作用，德国周边各欧洲国家最先完成整合。这个过程多数伴随着交易所的公司制改革，并且整合多数发生在期货交易所和证券交易所之间。1999 年，中国香港、

[①] 当时德国还存在其他的区域交易所，如慕尼黑、斯图加特、汉堡和科隆等地的交易所，但是这些交易所所占的交易份额非常小。

[②] 其他并购案例包括 1869 年纽约证券交易所与公开交易所（Open Board）合并成立新的纽约证券交易所，以及 1979 年纽约可可交易所与纽约咖啡糖交易所合并成立纽约咖啡糖可可交易所，参考 Gorham and Singh（2009）。

新加坡的期货交易所和股票交易所也跟随这个潮流分别合并成香港交易所和新加坡交易所。美国却是一个特例。美国境内交易所众多，但交易所之间的并购活动明显滞后于欧洲。

第二个阶段主要指2000年之后交易所之间的跨境并购。由于德意志交易所率先完成整合，因此德意志交易所也率先开启跨境并购。1997年，德意志衍生品交易所与瑞士期权和金融期货交易所合并，成立欧洲期货交易所。尽管这是两个国家之间的交易所合并，但德国和瑞士都属于德语区，共同的文化和语言或许降低了并购难度。不过，1998年德意志交易所试图并购伦敦证券交易所，属于纯粹的跨境并购。这个举动引起法国人的恐慌，也意外促使法国、荷兰和比利时的交易所达成并购协议，于2000年成立泛欧交易所。泛欧交易所的成立拉开了新世纪交易所之间的跨境并购序幕。

2005—2007年，交易所之间的并购活动最活跃。各个主要交易所围绕伦敦证券交易所纵横捭阖，展开一系列并购谈判。结果，伦敦证券交易所仍然保持独立，而其他大型交易所各自找到了合作伙伴：纽约证券交易所与泛欧交易所合并，纳斯达克交易所与OMX交易所合并，德意志交易所并购了美国国际证券交易所，而芝加哥双雄，即芝加哥期货交易所和芝加哥商业交易所，也在这个时期宣布合并。2012年，洲际交易所集团并购纽约泛欧交易所集团之后，欧美交易所之间的大型并购暂时告一段落（见表15-1）。

表15-1 近30年欧美交易所的主要并购案例

年份	主要并购方	其他并购方	合并之后的交易所
1992	法兰克福证券交易所	德意志衍生品交易所	德意志交易所
1994	纽约商品交易所	纽约金属交易所	纽约商品交易所
1996	维也纳交易所	奥地利期货期权交易所	维也纳交易所
1997	阿姆斯特丹证券交易所	欧洲期权交易所	阿姆斯特丹交易所

(续表)

年份	主要并购方	其他并购方	合并之后的交易所
1997	法国证券交易所	巴黎期权交易所、法国国际期货交易所	巴黎交易所
1997	德意志衍生品交易所	瑞士期权和金融期货交易所	欧洲期货交易所
1997	纽约棉花交易所	纽约咖啡糖可可交易所	纽约期货交易所
1997	布鲁塞尔证券交易所	比利时期货期权交易所	布鲁塞尔交易所
1999	OM交易所	斯德哥尔摩证券交易所	OM交易所
1999	新加坡证券交易所	新加坡国际货币交易所	新加坡交易所
2000	香港联合交易所	香港期货交易所	香港交易所
2000	巴黎交易所	阿姆斯特丹交易所、布鲁塞尔交易所	泛欧交易所
2001	约翰内斯堡证券交易所	南非期货交易所	约翰内斯堡证券交易所
2003	OM交易所	赫尔辛基交易所	OMX交易所
2005	纽约证券交易所	Archipelago	纽约证券交易所
2005	OMX交易所	哥本哈根证券交易所	OMX交易所集团
2006	纽约证券交易所	泛欧交易所	纽约泛欧交易所
2006	OMX交易所集团	冰岛证券交易所	OMX交易所集团
2006	洲际交易所	纽约期货交易所	洲际交易所集团
2007	芝加哥商业交易所	芝加哥期货交易所	芝加哥商业交易所集团
2007	纳斯达克交易所	费城交易所、波士顿交易所	纳斯达克交易所
2007	纳斯达克交易所	OMX交易所集团	纳斯达克OMX交易所集团
2007	伦敦证券交易所	意大利交易所	伦敦证券交易所集团
2007	德意志交易所集团	美国国际证券交易所	德意志交易所集团
2007	洲际交易所集团	加拿大温尼伯商品交易所	洲际交易所集团
2008	芝加哥商业交易所集团	纽约商品交易所	芝加哥商业交易所集团
2008	巴西圣保罗交易所	巴西商品期货交易所	巴西交易所
2009	伦敦证券交易所集团	Turquoise	伦敦证券交易所集团
2012	香港交易所	伦敦金属交易所	香港交易所
2012	洲际交易所集团	纽约泛欧交易所	洲际交易所集团
2014	洲际交易所集团	新加坡商品交易所	洲际交易所集团
2016	纳斯达克OMX交易所集团	美国国际证券交易所	纳斯达克OMX交易所集团

第三条金融之路

争相并购伦敦证券交易所

伦敦证券交易所历史悠久，股票市场规模位居欧洲第一，不过，股票等现货业务的盈利能力显著弱于衍生品业务，使得伦敦证券交易所多次成为各家大型交易所的并购目标。

2000年，德意志交易所第二次试图并购伦敦证券交易所。经过几轮私下谈判，双方还没有正式公告并购意向时，伦敦证券交易所疏忽之中将一份内部文件透露给英国媒体。2000年5月1日，《华尔街日报》头版透露合并信息，称两家交易所可能下周宣布合并，以建立一个横跨欧洲的资本市场。该媒体甚至宣称，此后投资者将以行业为投资的主要指标，而不是国别。此时，德意志交易所管理层刚刚批准通过并购计划，伦敦证券交易所管理层也将投票表决，预计能顺利通过。然后，伦敦证券交易所的股东大会计划于9月投票表决。

伦敦证券交易所股东大会召开之前3周，并购计划引来第三者。瑞典OMX交易所集团向伦敦证券交易所提供一份并购要约，被伦敦证券交易所管理层拒绝。但是，OMX交易所集团锲而不舍，通过资本市场发起一项总价达11.9亿美元的恶意收购。面对OMX交易所集团的攻击，伦敦证券交易所不得不暂时中断与德意志交易所的并购谈判，而集中精力应对恶意收购。在这个过程之中，伦敦证券交易所部分会员认为德意志交易所的报价低于伦敦证券交易所的真实市场价值，并且诸多协同效应还需要计划和计算。2000年11月，伦敦证券交易所成功应对OMX交易所集团的恶意收购，但与德意志交易所的并购谈判也同时胎死腹中。

2002年，纳斯达克交易所参与对伦敦证券交易所的并购。这是历史上第一次跨大西洋的交易所并购谈判。伦敦证券交易所不愿意受美国证券交易委员会的监管，故这次并购的主要阻力来自监管机构之间的跨境协调。核心问题是，如果纳斯达克交易所和伦敦证券交易所成功合并，那么新交易所的伦敦部分是否可以不受美国证券交易委员会的监管？遗憾的是，此时美国和英国的证券监管机构无法就此达成一致意见。这次并购谈判也只能无疾而终。

2004年，德意志交易所锲而不舍地第三次试图并购伦敦证券交易所。当年12月，德意志交易所向伦敦证券交易所发出26亿美元的收购要约，但被拒绝，不过双方仍然保持谈判。2005年5月，在美国股东特别是对冲基金的推动下，德意志交易所第一任首席执行官维尔纳·塞弗特为接连失败的并购引咎辞职，雷托·弗朗西奥尼接任。

2006年3月，纳斯达克交易所卷土重来，向伦敦证券交易所提出42亿美元的收购要约，再次被拒绝。这次纳斯达克交易所改变策略，从公开市场购买伦敦证券交易所的股票。当年11月，它从伦敦证券交易所大股东[1]手中购买3 540万股股票，此后继续从其他渠道购买伦敦证券交易所股票，直到持有伦敦证券交易所约29%的股份，成为无可争议的大股东。

伦敦证券交易所多次拒绝其他交易所的并购要约，自己却秘密与意大利交易所[2]保持并购谈判。总部位于米兰的意大利交易所首席执行官马西莫·卡普阿诺，与德意志交易所首席执行官塞弗特一样都曾是麦肯锡的合伙人，也与塞弗特一样想创建一个横跨欧洲的资本市场。意大利交易所同时与伦敦证券交易所、德意志交易所和泛欧交易所保持谈判，试图建立一个横跨欧洲的交易所集团，同时阻止出现一个横跨大西洋的交易所集团。同一时期，德意志交易所与泛欧交易所也进行着并购谈判。这真是一系列混乱的并购谈判。欧洲前四大证券

---

[1] 这里的伦敦证券交易所大股东指的是 Threadneedle Asset Management。

[2] 意大利交易所即 Borsa Italiana。

交易所和美国两家证券交易所都在彼此探讨并购合作。

但是，2006年泛欧交易所最终选择与纽约证券交易所合并。2007年1月，意大利交易所管理层批准与伦敦证券交易所的合并计划。伦敦证券交易所持有新集团78%的股份，而意大利持有22%。由于纳斯达克交易所已经是伦敦证券交易所的大股东，因此这次并购协议需要纳斯达克交易所的支持。经过几次讨论，纳斯达克交易所表示同意。这次并购几乎获得伦敦和米兰两家交易所股东100%的支持。2007年5月，纳斯达克交易所选择与北欧OMX交易所集团合并，组成新的交易所集团。

德意志交易所在这场多边并购谈判之中一无所获。据称，德国人一直想取得新交易所的控制权，因此难以与其他交易所合并。另一个原因或许与德意志交易所独特的公司治理和交易所监管框架有关。由于德意志交易所存在运营商，因此其首席执行官并不能由股东大会选出，而是需要得到交易所监管机构的认可。一旦德意志交易所控制了其他国家的交易所，也就意味着其他国家的交易所管理层将间接受到德国监管机构的制约，这一点使得德国交易所的并购谈判更难。

2016年，市场再次传出伦敦证券交易所被并购的消息。德意志交易所、芝加哥商业交易所集团和洲际交易所都向伦敦证券交易所抛出并购的橄榄枝，德意志交易所最终胜出。当年3月，两家交易所宣布即将合并的消息，伦敦证券交易所的1股股票将兑换0.4421股新交易所的股票，而德意志交易所1股股票兑换1股新交易所股票。7月，并购协议获得伦敦证券交易所绝大多数股东投票支持。然而，德国政府和监管机构反对将新交易所集团的总部迁往伦敦，但总部留在法兰克福又不被英国接受。两家几百年的老牌交易所都不愿意就此做出让步。德意志交易所首席执行官卡斯滕·肯格特甚至被德国媒体指责为卖国贼。之后，肯格特因被控进行内幕交易而黯然辞职。这场并购也没有

第三部分　从欧洲到全球

了下文。

从 1998 年到 2016 年，德意志交易所 4 次试图并购伦敦证券交易所，可谓是屡败屡战，锲而不舍。其间，德意志交易所 3 位首席执行官①，其中两位由于并购伦敦证券交易所的举动直接或间接离职。为什么伦敦证券交易所对德意志交易所拥有如此强烈的吸引力？德意志交易所集团的衍生品业务很长时期居于全球领先地位，直到芝加哥双雄合并。但是，其股票和债券市场等现货业务落后于伦敦和巴黎。法兰克福证券交易所的上市公司数量甚至近百年来持续下降。近 50 年来，德国政府、监管机构以及交易所在各个时期都采取不同措施，试图振兴资本市场，然而没有取得显著效果。缺乏一个强大的资本市场似乎是德国各界隐隐的痛点。既然难以振兴自己的资本市场，那并购一个强大的股票交易所成为唯一的选项。伦敦证券交易所自然是最理想的标的，不仅因为伦敦证券交易所历史悠久、规模巨大和产品众多，还因为两个交易所正好互补，伦敦证券交易所也一直遗憾没有建设一个富有流动性的金融期货市场。在如此背景之下，两家交易所"眉来眼去" 20 年，但并购之路异常艰难，也包括下一次并购尝试。

五大交易所集团

成立于 2000 年的洲际交易所是这轮并购的大赢家。洲际交易所不仅购入众多老牌欧洲交易所，还一度成为市值前三的全球性交易所。相对于拥有两三百年历史的老牌交易所，这是一家非常年轻的交易所。2000 年，4 家投资银行和 3 家大型能源企业在亚特兰大成立洲际交易所，业务聚焦于场外能源市场。按照美国新的《期货法》，场

---

① 此处不算现任德意志交易所首席执行官西奥多·韦默。

外能源市场较少受到美国商品期货交易委员会监管，因为市场主要参与者都是专业的机构投资者。洲际交易所采用电子化交易，一直在全球期货市场上攻城拔寨，不断通过并购壮大市场规模（见图15-2）。2001年，洲际交易所收购伦敦国际石油交易所，后者成为洲际交易所集团旗下的欧洲分部（ICE Europe）；2006年并购纽约期货交易所，将其改名为美国分部（ICE Futures US）；2007年，收购温尼伯商品交易所（Winnipeg Commodity Exchange），将其改成加拿大分部（ICE Futures Canada）；原来的场外能源业务改名为场外分部（ICE OTC）。

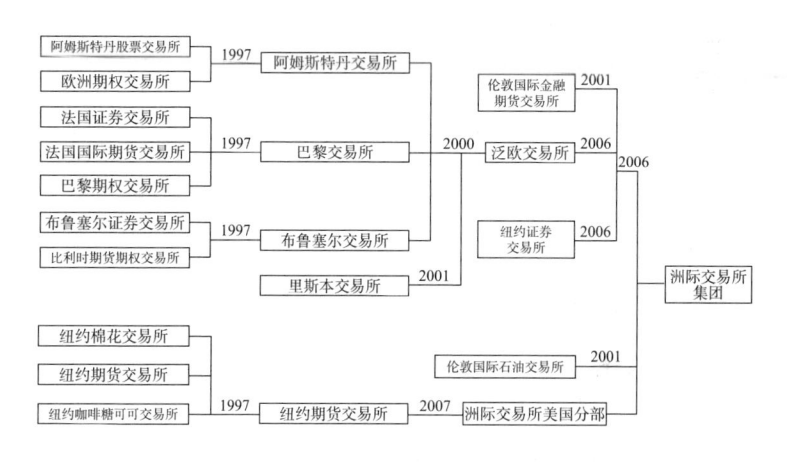

图15-2 洲际交易所集团的并购之路

2006年，洲际交易所欧洲分部上市WTI（西得州中质）原油期货合约，与纽约商品交易所形成直接竞争。当时，纽约商品交易所也开展电子化交易，但为了维护场内交易池会员的利益，电子化交易仅仅用于盘后，与20世纪90年代初的伦敦国际金融期货交易所相似。一场电子化交易与场内交易的流动性之争不可避免，也与20世纪90年代伦敦和法兰克福10年期德国国债期货之争非常类似。纽约商品交易所的结局似乎已经注定，它面对洲际交易所的攻击无能为力，仅仅数月就丧失了 30% 的市场份额。正当纽约商品交易所陷入绝望之时，芝加哥商业交易所以白衣骑士的形象出现，建议将纽约商品交易所的 WTI 原油期货合约移到芝加哥商业交易所的电子化交易平台 GLOBEX，双方签订技术授权费用协议。为了赢得这场流动性之争，纽约商品交易所别无选择，只能签订协议并将交易迁入 GLOBEX。此后，洲际交易所难以进一步扩大市场份额，纽约商品交易所保住了原油期货市场，也结下两年之后并入芝加哥商业交易所集团的姻缘。

2012 年 12 月 20 日，洲际交易所集团通过现金加股票方式收购纽约泛欧交易所集团。仅仅成立 12 年的洲际交易所并购当时全球最大的股票交易所——纽约证券交易所。洲际交易所集团借助衍生品电子化交易以及激进的并购策略而迅猛发展，并购纽约泛欧交易所集团之后成为跨现货、期货，集交易、清算和结算，以及涵盖商品期货、金融期货和场外衍生品业务等的综合性交易所集团。这次并购也让洲际交易所集团拥有了欧洲的老牌金融期货交易所——伦敦国际金融期货交易所。

芝加哥商业交易所集团旗下包含 4 家期货交易所，除了芝加哥双雄，还包括两家纽约的期货交易所。1994 年，纽约商品交易所和纽约金属交易所达成并购。这是两家会员制交易所之间的并购。非营利性和由会员所有的特性，使得会员制交易所之间难以达成并购。纽约商品交易所和纽约金属交易所经历长达 7 年的漫长谈判以及反复决策才达成并购。2006 年，面对洲际交易所的直接竞争，纽约商品交易所失去招架之力，借助于芝加哥商业交易所的 GLOBEX 电子化交易平台才保住原油期货市场的流动性。芝加哥商业交易所也一直期望进入能源行业，补充现有的产品线。基于两者在电子化交易领域的合约，2008年，纽约商品交易所并入芝加哥商业交易所集团。此前一年，芝加哥期货交易所已经基于清算领域的合作而并入芝加哥商业交易所集团。

20世纪90年代初，北欧交易所之间也开始合并。欧洲第一个电子化期货交易所OM交易所增长迅速，盈利能力强，逐渐并购斯德哥尔摩、赫尔辛基、哥本哈根交易所，以及冰岛和3个波罗的海国家的交易所，形成OMX交易所集团。该集团与德意志交易所集团一样，多次尝试并购伦敦证券交易所，但都没有成功。

2006年，受到纳斯达克交易所逐步增持伦敦证券交易所股份的刺激，纽约证券交易所与泛欧交易所达成合并，产生了当时全球最大的交易所集团。纳斯达克交易所又受到刺激，在并购伦敦证券交易所失败之后，转而并购北欧的OMX交易所集团，由此诞生纳斯达克OMX交易所集团。2016年，德意志交易所集团出售了其9年前购买的美国国际证券交易所，后来后者又被纳斯达克OMX交易所集团并购，这是欧美交易所集团之间的最近一次并购。

交易所之间的战略合作

并购或者合并是最紧密的交易所合作模式。除了并购，交易所还可以采取协议战略合作、共同设立合资公司和股权合作等模式。一般而言，战略合作使两个交易所仍能保持独立性，但两个交易所在重要的业务领域，如交易、结算和清算等制定共同的目标以及建立具体的合作机制。相对于合并，战略同盟的合作模式较松散。一旦合作进展不顺利，合作双方可以选择退出合作模式而不至于对交易所业务造成显著影响。战略同盟不仅可以通过协议确定，还可以通过设立合资公司或者进行股权合作的模式确定。

历史上，成功的战略同盟往往促成并购。德意志衍生品交易所成立之初，采用瑞士期权和金融期货交易所的电子交易系统。这相当于两个交易所拥有相同的交易和结算系统。8年之后，两个交易所设立合资公司，即欧洲期货交易所，并以合资公司参与全球衍生品市场的竞争。2012年，德意志交易所收购了瑞士持有的欧洲期货交易所股份，使其成为德意志交易所的全资子公司。2003年，芝加哥商业交易所与芝加哥期货交易所的清算合作也促成两家交易所4年之后的合并。相似地，纽约商品交易所与芝加哥商业交易所的战略合作也促使前者并入芝加哥商业交易所集团。

相反，不成功的战略合作也往往导致两家交易所成为直接竞争者。1993年，德意志衍生品交易所和法国国际期货交易所达成共同建设电子化交易平台的战略合作意向，但由于法国会员的反对而不能实施。最终两家交易所在多个领域开展直接竞争，法国落败之后逐步失去流动性充足的金融期货市场，而沦为全球衍生品市场中的旁观者。1999年，欧洲期货交易所与芝加哥期货交易所设立合资企业，深化双方的战略合作。但仅仅3年之后，双方又分道扬镳，直接导致双方在美国国债期货市场开展直接竞争。

战略合作还存在其他特点，比如一般发生在跨境交易所之间。对于同一个国家的两家交易所，它们往往采取合并模式，而较少采用战略合作。战略合作多用于不同国家或者不同文化之间，双方不是特别熟悉，而战略合作可以使双方保持各自的独立性，合作弹性较大，风险也较可控。此外，战略合作多存在于期货交易所之间。近30年期货交易所面临更加激烈的全球竞争，这促使期货交易所更积极地探索不同的合作模式。

合资公司作为更紧密的战略合作模式比较少见。在欧美交易所之中，仅有3个合资公司的例子，且都由德意志交易所发起，其中两个分别是1997年与瑞士期权和金融期货交易所的合资公司以及1999年与芝加哥期货交易所的合资公司。这两次合作一次成功一次失败。由于案例较少，我们无法得出普遍规律。2015年，德意志交易所与上海证券交易所、中国金融期货交易所合资设立中欧国际交易所，建设中国相关以及人民币相关的离岸金融工具交易平台。

沪深港通、债券通以及互联互通存托凭证业务是中国各交易所创新的境内外交易所之间战略合作模式。沪深港通和债券通属于连接两个交易所的交易通道，为对方市场的会员和投资者提供更丰富的金融产品。同时，这两个模式都建立合资企业，组成合作项目的联合执行团队，深化战略合作。2021年，沪深股通的成交额为27.6万亿元，债券通交易总额达6.4万亿元。这两个战略合作模式巩固和提升了香港的国际金融中心地位，也为A股市场引入国际机构投资者，推动更高水平的对外开放。互联互通存托凭证业务支持境内外交易所的上市公司在对方市场挂牌存托凭证，属于产品挂牌上市的双向合作模式。截至2022年8月，已有5家中国上市公司在伦敦证券交易所成功发行和挂牌全球存托凭证（GDR），4家中国上市公司在瑞士发行和挂牌全球存托凭证，但是来自欧洲蓝筹上市公司的中国存托凭证（CDR）挂牌还有待继续推进。

历史的终结？

成立于1585年的法兰克福证券交易所经历了不同历史阶段，最终于1992年成为德意志交易所集团的成员。随后的交易所并购没有改变集团旗下各个交易所的法律特性，包括"一体两面"的组织结构和融合公法私法特性的法律框架。不断的并购只是把更多的交易所纳入德意志交易所集团之中。量的增长没有带来交易所性质的改变。

德意志交易所的演化终结了吗？基于 400 多年的路径依赖和历史积淀，德国人创造了独一无二的交易所结构。目前，我们无法预测这个结构将如何演变，也难以排除继续演变的可能性。我们无法想象德意志交易所采取英美模式的场景，而英美模式的交易所或许也很难采纳德国交易所的设计。两个类型的交易所模式都经历了 200~400 年的发展演变。不过，新的技术革命以更快的速度冲击着当前的社会。区块链和数字货币是否能成为下一场颠覆交易所行业的技术革命？我们拭目以待。

经过一系列并购，欧美形成五大交易所集团。这五大集团之间是否还将继续并购？在现有的技术环境之下，继续合并的可能性偏小。伦敦证券交易所集团业务仍然集中于现货领域，盈利潜力不强，可能成为其他交易所集团的并购目标，但伦敦证券交易所悠久的历史以及其骄傲的心态使得交易所之间的并购面临众多变数。另外，交易所是一个国家基础性的金融设施，所涉及的法律合规和监管协调远较其他并购复杂。2006 年纽约证券交易所和泛欧交易所的合并成本高达 4.42 亿美元，直接导致并购之后的新交易所净亏损高达 7.33 亿美元。[①] 高额的合并成本，以及监管机构的反垄断审查都给交易所集团之间的继续并购设置了重重障碍。大型交易所集团开始进入新兴市场经济体，这成为行业发展的新趋势。它们通过产品合作或者股权合作开拓新的市场。

---

① 参考吴林祥《ICE 鲸吞 NYSE 交易所并购风云再起》，此为深圳证券交易所综合研究所的研究报告。

第十六章

金融演进的逻辑

早在100多年前阿尔弗雷特·马歇尔就提出"经济学家的麦加在经济生物学",熊彼特也认为"处理资本主义问题如同处理一个进化过程"。金融市场和金融机构的发展也类似。越来越多的金融现象难以用传统理论解释。生物进化和自然选择开始被用于金融领域的研究。金融机构类似于生物,其产生、发展和消亡等也适用于物竞天择、适者生存的达尔文进化规律。金融演进是一个动态过程,而非静止状态下的均衡优化问题。甚至如同生物进化一样,有些金融机构的演化还会出现退化现象,而有些金融产品某个时期无法在德意志地区存在,只有在该地区的环境合适之后才迅速发展。

演化经济学的方法可以用于探讨德国金融机构、金融制度乃至金融监管的起源、发展和演变过程。在现代,交易所是金融市场的重要基础设施;在中世纪晚期,交易所等同于金融市场,是金融机构的摇篮,也是金融制度的试验田。400多年来,金融机构和金融制度的演变与交易所的发展息息相关。只要把握交易所发展演变的规律,我们就可以管窥金融机构和金融制度演变的逻辑。我们以法兰克福证券交易所或者德意志交易所的发展历史为主线,探讨交易所相关的金融机构和金融制度的演变。

德意志金融之路介于英美自由金融模式和计划经济之下管制金融模式之间，可以称之为第三条金融之路。德意志金融之路的演进过程显示出与英美模式迥然不同的特点。德意志模式从诞生之日起就存在市场和监管之间的紧密互动，英美模式则尽量避免被监管；德意志模式兼顾公共利益和私人利益，英美模式则以追求私人利益为主，不顾及公共利益；在德意志模式之中，竞争和合作往往难以区分，而英美模式之下的市场机构自由竞争，团结合作的情况非常少见。经过几百年的发展，两种模式存在融合趋势。英美模式在1929年金融危机之后建立了专门的金融监管机构，并颁布资本市场相关法律，像德意志模式一样以公共利益为导向监管资本市场；现代的德意志模式也在日益激烈的竞争之中与英美模式趋同，参与市场自由竞争，以便更好地生存和发展。

到目前为止，金融历史研究相对忽视德国的贡献。实际上，德意志模式对全球金融市场的贡献颇为显著，并且已经融入市场发展本身。按照本书的研究，德意志模式做出了3个重要贡献：一是19世纪末德国衍生品市场的集中清算模式被引入法国、英国，进而在美国发展成中央对手方清算；二是1934年美国借鉴德意志的金融监管模式，成立证券交易委员会，并颁布相关的资本市场法律；三是电子化的德意志衍生品交易所具备更强的竞争力，逐步主导欧洲金融衍生品市场，并推动美国金融期货市场快速变革。

尽管德国不是主要金融产品的创新地和发源地，而仅仅是模仿者，但德国经常成为金融制度或者基础设施建设的领先者。比如：1666年法兰克福交易所公布第一部交易所规则；19世纪初，法兰克福诞生一批实力雄冠欧洲的私人银行；1869年，柏林诞生全球第一家衍生品集中清算机构；1896年，德国颁布《交易所法》，它是主要资本主义国家之中最早的系统性资本市场法律；1990年，法兰克福证券交易所率先完成公司制改革。其中原因，都与德意志金融之路的独特性有关。

交易所演进的4个阶段

法兰克福证券交易所的诞生和发展自然与其所处的环境的变化有关。现在，德意志交易所将1585年作为法兰克福交易所诞生的年份。在严格意义上，那一年的市场组织并不符合交易所的定义。市场交易仍然以集市的形式进行，甚至初期没有固定的交易时间和地点。主要交易的金融产品是汇票，而汇票并不是可替代的金融产品，也不是严格意义上标准化的证券产品。但1585年法兰克福产生了统一的钱币兑换价格，被称为官方价格表，这是交易所的明显特征，也是法兰克福交易所为市场提供的第一个公共产品。从这个意义上，16世纪末的法兰克福集市已经成为交易所。

历史上，法兰克福证券交易所出现过4次制度突变（见表16-1），类似于生物进化史上的基因突变。以这4次突变为时间节点，法兰克福证券交易所的演进历史可以分成4个阶段（见表16-2）。第一次突变发生在1585年，一群商人向法兰克福市政府建议编制并公布钱币兑换价格表，为市场提供统一的结算价格。为此，法兰克福市政府颁布了第一份涉及交易所的法令，这成为法兰克福交易所诞生的标志。第二次突变发生在1808年，法兰克福商会成为交易所的运营主体。法兰克福交易所强化了公共利益导向的特征，而这个时期英国伦敦出现封闭式会员制交易所，从此德国和英国的交易所走上了不同的演化道路。第三次突变发生在1896年，那一年德国颁布《交易所法》，奠定了现代资本市场的制度框架基础。按照这部法律，交易所明确成为公法之下的市场组织，交易所的设立需经州政府批准。此前，"交易所"更多是地理代称，即商人交易汇票和证券的地方；此后，交易所才成为一个公法特性的法律主体。第四次突变发生在1989年，德国为了应对来自英国的竞争压力，演化出集公法和私法特性于一体的交易所组织结构，并于1993年率先整合法兰克福证券交易所、德意志衍生品交易所和德意志结算股份有限公司，成立了一家综合性交易所集团，即德意志交易所。

表16-1 法兰克福证券交易所的4次制度突变

	1585—1808年	1808—1896年	1896—1989年	1989年之后
固定时间	不完全固定	是	是	是
固定地点	不完全固定	是	是	是
定期举行	是	是	是	是
特定市场参与者	是	是	是	是
可替代产品	否	是	是	是
官方价格表	存在	存在	存在	存在
交易模式	经纪人撮合	经纪人撮合	经纪人撮合	电子化撮合
结算模式	双边结算	集中清算	集中清算	中央对手方
监管机构	市政府	市政府	州政府	州政府和金融监管局
制度突变	编制钱币兑换价格表	产生交易所运营商	颁布《交易所法》	形成"一体两面"结构

表16-2 法兰克福集市到现代交易所的演进之路

	1585—1808年	1808—1896年	1896—1989年	1989年之后
交易所性质	商人聚会	市场组织	公法交易所	"一体两面"交易所
法律特性	商人代表处运营的协会组织	商会运营的市场组织	商会运营的公法交易所	股份有限公司运营的公法交易所
所有者	/	/	/	银行是交易所运营商的股东

(续表)

	1585—1808 年	1808—1896 年	1896—1989 年	1989 年之后
营利性	否	否	否	交易所运营商是营利性的
主要产品	汇票	汇票、债券、股票、衍生品	债券、股票、衍生品	债券、股票、衍生品
主要参与者	大商人	大商人、私人银行、富裕个人	私人银行、股份银行、富裕个人	银行、非银行金融机构、专业投资者

1585—1808 年：商人代表处运营的集市聚会

交易所是高度发达的市场组织形式。最早的交易所由集市演化而来。当特定的人群在固定的地点、固定的时间举行集市聚会，并交易可以替代的商品时，这个集市就具备了交易所的特性。集市向交易所的演化是一个缓慢的过程。14 世纪中叶法国香槟集市衰落之后，布鲁日集市逐渐成为欧洲北部的主要集市。布鲁日出现商人定期在固定地点举行的聚会，人们在此交易汇票等金融产品。这种集市也是交易所的雏形。16 世纪，德意志地区各商贸城市也出现固定的集市，如纽伦堡、汉堡、奥格斯堡和法兰克福等地，以供商人定期交易汇票。

法兰克福证券交易所以 1585 年作为交易所成立的时间。这一年，市政府颁布了第一份涉及交易所的法令。这一年，法兰克福回应大商人的建议而发布钱币兑换价格表，以作为集市商品贸易的官方价格表，使集市具备交易所性质。当时，德意志地区存在 300 多个领地和王国，因此法兰克福集市上的交易货币种类繁多。钱币种类繁多、钱币磨损和贬值都使钱币之间的兑换关系非常复杂。随着汇票交易规模越来越大，大商人协商确定统一的钱币兑换价格，并请求市政府将该兑换价格确定为官方价格，从而强制所有参与集市交易的大商人都采用这个官方价格结算。最终，法兰克福市政府同意商人的建议，法兰克福集市产生官方价格表。这是法兰克福集市演化成交易所的标志。尽管此时汇票作为交易所的金融产品并不具备完全的可替代性，不等同于现代意义上的标准产品，但是官方价格表是市场高度发达的标志，也是法兰克福交易所为市场提供的第一个公共产品。

法兰克福集市演化成交易所，主要是为了解决当时钱币种类繁多带来的兑换困难。16世纪，大商人的主要业务仍然是大宗商品贸易，而汇票是商品贸易的结算手段。汇票涉及两种钱币，商人需要就钱币兑换价格讨价还价，这增加了贸易的复杂度。因此，商人需要制定官方价格表，统一钱币兑换价格，以降低交易成本。类似于生物进化史上的基因突变，法兰克福集市进化出官方价格表以适应环境的变化，成为交易所的起源。另一个环境变化是荷兰独立战争。在动乱之中，安特卫普商人纷纷逃离，部分商人到达法兰克福，带来金融业务和交易经验，直接促使法兰克福交易所成立。法兰克福早期私人银行家约翰·波德克就是16世纪末从安特卫普来到法兰克福的商人。

这个时期的交易所还不是一个组织机构，更像是一个类似集市的市场。交易所没有固定地点，天气晴朗或者下雨时商人往往会选择不同的集会地点。"交易所"这个词本身就是地点的代称。直到1694年法兰克福商人租下布兰费斯庭院，交易所才有固定的办公地点。而交易所成为一个正式的法律主体需要等到19世纪末第一部《交易所法》的公布。

法兰克福交易所诞生之初就带有维护公共利益的基因。为了便利各类钱币的兑换，大商人团体制定统一的钱币兑换价格表。同时，大商人团体向市政府申请，强制所有市场参与者使用这个价格表，监管机构颁布法令批准该官方价格表，这标志着法兰克福证券交易所的诞生。交易所与监管机构之间紧密联系是法兰克福交易所早期的显著特性，即交易所诞生之初并不是大商人自发成立的组织，而是得到市政府某种意义上承认或批准而成立的市场组织。尽管市政府批准的对象是官方价格表，而不是发布官方价格表的组织机构，即大商人团体或"交易所"。市政府还授权大商人团体（后期的商人代表处）管理官方价格表。大商人团体成为德国历史上第一个交易所运营商。

早期欧洲各地区的交易所都有着类似的特性，即维护公共利益和得到市政府或市议会的支持。1560年，纽伦堡市政府公布纽伦堡交易所的第一份市场交易规则。纽伦堡市政府还为商人提供公平秤和钱币兑换服务。当年，市政府批准将摇铃作为纽伦堡交易所开市和闭市的标志。1592年，阿姆斯特丹市政府通过一项法律，规定市场开始和结束的时间以及交易的行为规范，同时，与纽伦堡一样，这项法律将摇铃作为开市的标志。摇铃传统也被法兰克福继承。直到现代，法兰克福证券交易所的每次IPO都以摇铃庆祝。1565年，英国人学习安特卫普交易所，在英国女王的支持下建立皇家交易所。皇家交易所也拥有公共利益导向和受政府监管的特性。英国产生会员制交易所是200年之后的事。

诞生之初的交易所带着明显的集市烙印。1585年成立的法兰克福交易所由大商人团体管理运营。大商人也是法兰克福集市的主要参与者。汇票是早期交易所的主要金融产品，也是大商人的支付手段。汇票结算方式由早期集市发展而来。早在14世纪中叶香槟集市时期，商人就发展出环形清算技术，即商人找到其他商人组成一个个交易环，相互之间轧差对冲头寸，直到整个市场出清。这种清算模式也用于早期衍生品的清算和结算，最早记录于阿姆斯特丹交易所。在19世纪下半叶集中清算模式诞生之前，全球各交易所都采用环形清算或双边结算模式。

环形清算使大商人之间既竞争又合作，成为法兰克福交易所400多年演变过程中的另一个重要特征。环形清算可以大幅降低大商人所需携带的钱币数量。可以想象，一旦某位大商人被排斥参与环形清算，那么他必须使用钱币支付和收取款项。当时的环境将使这位大商人无法再从事商贸活动。环形清算迫使大商人紧密合作，德意志金融之路出现竞争和合作有机结合的特点。由大商人演化而来的私人银行家也继承了这种合作倾向，这使他们更容易在金融制度和基础设施建设上达成共识。

1808—1896 年：商会管理的交易所雏形

19世纪初，拿破仑横扫欧洲，改变了法兰克福证券交易所的演化轨迹，就像环境变化带来生物的基因突变一样。1808年，拿破仑扶持的法兰克福大公国设立法兰克福商会，并让商会监管交易所的运营。按照法兰克福商会的规定，商会是交易所的监管机构，实际上商会更像交易所的运营主体，负责交易所的开市、收盘和信息公告。商会是一个半官方机构，以维护公共利益为主要目标。法兰克福交易所的运营商从原先的商人代表处，即一个私人俱乐部性质的组织，演化成一个政府设立的半官方机构。法兰克福向着公法交易所迈出重要的一步，也进一步从制度上强化了公共利益导向的特点。

这个时期，交易所逐渐演变成一个法律主体，可以理解为金融市场的代称。1817年，法兰克福颁布关于法兰克福商会的规定，第一次将"交易所"这个概念纳入法律。只是，这时的"交易所"仍然是地理代称，指代"交易所现场"，即商人聚会的场所。不过，"法兰克福交易所"或者"法兰克福人的交易所"已经出现在一些文献之中。直到1843年，交易所才作为一个组织机构写入法兰克福的《交易所规则》。1851年，法兰克福经纪人委员会以交易所名义发布官方价格表，标志着交易所作为一个法律意义上的机构登上历史舞台，但明确的法律界定需要等到1896年《交易所法》的出台。这个时期的交易所已经基本具备现代的交易所雏形，债券已成为交易所的主要金融产品。

19世纪初，德国和英国的交易所走上不同的演化道路，逐渐形成两种模式。德国引入半官方性质的交易所运营商，从而形成交易所运营商和交易所相分离的"二元结构"，并且两者都是为了维护公共利益，而非满足部分商人或经纪人的私人利益。法兰克福交易所逐渐成为一个法律主体，代替此前的商人聚会或者聚会地点的代称，而交易所运营商由法兰克福商会担任。商会是一个代表当地商人利益的公法组织，其目的是促进当地商贸的发展和繁荣。商会自然不能限制特定商人进入交易所，也就是说，法兰克福交易所不是一家封闭式的会员制交易所，而是具有公法性质的开放式金融市场。

与德国相反，英国经过近百年自由竞争逐渐演化出一家会员制交易所。在17世纪末的英国，一群经纪人离开皇家交易所，在街边或者咖啡馆从事债券等的经纪业务。经过近百年的发展，1773年，这些经纪人联合起来使用"伦敦证券交易所"的旗号开展业务。1802年，经纪人正式成立伦敦证券交易所。这是全球历史上第一家会员制交易所，经纪人既是交易所股东，也是交易所会员和交易所实际控制者。他们限制其他商人进入交易所，将证券经纪和交易的权力据为己有。或者说，经纪人受到私人利益或者自身盈利的驱动而成立伦敦证券交易所。交易所是他们赚钱的工具，他们不希望受到英国政府的监管，而称交易所为一个自律组织。美国的交易所模式继承自英国，与英国模式大同小异。

经纪人演进之路的区别也凸显了英美模式和德意志模式的区别。经纪人基于营利的目的，经常反对甚至试图推翻各项关于市场公平和透明的规定。甚至在法兰克福，经纪人的诉求也经常得到执行，比如法兰克福曾经限制外来经纪人，以及限制经纪人的数量，以满足现有经纪人的诉求。但这些决策在法兰克福历史上仅仅是小插曲。法兰克福的经纪人一直在市政府和商会的影响甚至控制之下。基于公共利益导向的特点，法兰克福交易所没有像伦敦证券交易所一样被经纪人控制，反而于19世纪下半叶建立经纪人委员会，将经纪人置于监管之下。法兰克福还取消了经纪人的证券经纪垄断权，向其他商人开放经纪人职业以及规定最高经纪佣金等。这些制度的目的都是维护市场公平公正。而伦敦证券交易所一直在经纪人（会员）的控制之下。一旦政府或议会出现不利于交易所的言论，交易所管理层或经纪人就会游说政府官员和议会议员，从而阻止对交易所不利的政策出台。1986年伦敦金融大爆炸之前，伦敦证券交易所一直保持着所谓的"自律监管"，避免政府和议会的直接干预。

那么，为什么德国和英国的交易所会演化出不同的模式？17世纪末，英国光荣革命使得大批阿姆斯特丹金融人士跟随荷兰执政威廉三世来到伦敦。这批人随后离开皇家交易所，开始专门从事债券和股票交易。1694年，英国的股份有限公司数量达到53家。得益于英国早期证券市场的发展，这些经纪人可以从证券经纪业务中持续获得利润。早期股票交易经常被社会歧视，这促使这些经纪人结成更加紧密的团体，维护自己的利益，并逐步演化出封闭式的会员制交易所。反观德意志地区，直到18世纪中叶，法兰克福等地都没有发展出债券和股票市场，没有私人利益可以追逐，经纪人或大商人自然也没有动机成立会员制交易所。或者说，落后的金融环境使得德意志地区仍然保持传统的公共利益导向的交易所。另外，法兰克福交易所起源于集市，继承了集市相关的诸多制度，比如受到市政府监管，服务于地方商贸繁荣等。这些制度防止法兰克福交易所演变成一个追逐私人利益的机构。19世纪之后，股票和债券业务快速发展，但传统的力量如此强大，即使存在私人利益驱动，经纪人或私人银行也难以撼动公法下的交易所结构。实际上，19世纪上半叶，法兰克福私人银行家曾成立以夜盘交易为目的的与交易所类似的市场，可是这个市场最终没有发展成独立的交易所，而是融入了法兰克福证券交易所。

这个时期的德意志金融之路继续强化了公共利益导向的特征。法兰克福商会作为一个半官方的机构代替私人性质的商人代表处，成为交易所的运营主体。法兰克福商会自然追求地区商贸繁荣等公共利益。此外，公允价格一直是法兰克福交易所维护市场公平的重要手段。在多个时期，随着交易所主要金融产品的演变，公允价格的编制和公布也不断演变。1585年，法兰克福市政府授权大商人团体制定和公布钱币兑换价格表；1625年，法兰克福市政府授权宣誓经纪人编制和公布官方汇票价格表；1851年，法兰克福经纪人委员会以交易所的名义公布官方价格表，这个时期的主要金融产品已经是债券了。基于官方价格表，法兰克福发展出证券挂牌、市场板块等现代股票市场的基本制度。

1896—1989年：商会运营的公法交易所

1896年，德国颁布第一部《交易所法》。这是资本市场领域最早的一部系统性法律。德国议会制定这部法律的背景是德意志统一之后经历的一轮严重股灾以及之后的资本市场大讨论。这时衍生品的投机交易被称为"赌场"或"屠宰场"，交易所被比喻为国民经济体系之中的一株毒树，"整个民族被这株毒树扩散出的致命毒叶子覆盖"。然而，德国制定《交易所法》的直接导火索是社会对衍生品市场的指责，尤其是德国农民协会指责交易所的期货市场推高或压低农产品价格。19世纪末，农民协会仍然拥有强大的政治影响力，其推动了德国议会对资本市场和交易所的立法，以限制投机，甚至禁止部分衍生品交易。

这部《交易所法》将交易所定义为"由政府批准的商人、经纪人等人群的定期聚会，其目的是更方便地促进商贸业务"。这个定义延续了德意志传统，即交易所是服务于公共利益的市场组织。当然，交易所也可以被描述为一个市场。[①] 这个市场存在的目的是交易可替代的商品和证券产品。交易所需要满足以下 3 个条件，即定期聚会、可替代的产品交易和促进商贸目的。另外，一个城市设立交易所需要获得政府批准，也就是商人或经纪人不能自由设立交易所。

这部法律凸显了交易所的德国模式和英国模式的显著差别。除了前面提到的差异，即德国的交易所服务于公共利益，而英国的交易所由会员所有、为会员服务之外，这部法律明确规定了德国的交易所成立需要得到政府批准，还明确了交易所和交易所运营商的区别。英国的交易所就像一般企业一样由私人创立，无须经过政府特殊的批准程序。在多个时期，伦敦曾成立伦敦金属交易所（1877 年）、联合糖市场（1888 年）、伦敦咖啡市场（1888 年）和伦敦谷物期货市场（1929 年）[②] 等不同类型的交易所。这些交易所由各行业的商人和经纪人自发创立，类似于伦敦证券交易所，是受到私人利益驱动的创业过程。但德国的交易所并不由私人利益驱动而成立。在一般情况下，德国的一个城市只存在一个交易所。交易所的公法性质使得同一个城市没有存在更多的交易所的必要。即使一个城市存在不同类型的交易市场，可以被称为不同的交易所，但是同一个城市的交易所往往由同一个商会运营，也在同一个地方开展业务，就像同一家交易所的不同交

---

① 参考 Bremer（1969），第 55 至 56 页。
② 参考 Imo（1988），第 60 页。

易柜台。比如法兰克福证券交易所和法兰克福农产品交易所是两个交易所，但它们的交易都在同一幢大厦中进行，也同样由法兰克福商会运营，证券和农产品交易只是在不同的交易柜台办理。19世纪上半叶，债券和股票衍生品交易兴起之后，德国的衍生品与现货交易在同一个交易所进行。而英国以及后来的美国往往受到私人利益驱动而设立独立的衍生品交易所。

除了对德国的交易所组织结构和监管框架做出规定，这部《交易所法》也在诸多领域奠定了现代资本市场的法律制度基础，比如规定证券发行和上市许可的程序，明确上市公司招股说明书的编制义务和所承担的责任，明确上市公司具有披露信息的义务，惩罚市场操纵的行为，规定交易所必须公开披露证券价格信息，等等。英国和美国的会员制交易所很长时期都缺乏相应的监管，市场操纵横行，交易所管理层"想做什么就可以做什么"[1]。直到1929年金融危机之后，美国才于1934年设立证券交易委员会，并借鉴德国经验而颁布相应的《证券交易法》。由于德国的证券交易都集中在交易所，因此德国的第一部资本市场法律针对的是交易所。而美国的证券交易更分散，存在于多个交易场所，甚至包括场外柜台市场，因此美国的第一部资本市场法律针对的是证券交易而不是交易场所。

为什么德国能在短短半个世纪成为全球第二的工业国？德国如何调动金融资源以支持快速发展的工业化？德国债券市场和股票市场的发展可以提供部分解释。19世纪上半叶，德意志仍然是落后的农业地区，英国工业革命的春风还没有吹到德意志的土地。但是，法兰克福债券市场发展之后，德意志地区诞生了一批私人银行。这些私人银

---

[1] 参考约翰·S.戈登（著）、祁斌（译）的《伟大的博弈》，该书于2005年由中信出版社出版。

行之间紧密联系，形成一张横跨整个德意志地区的金融之网。经济学家李斯特呼吁德意志地区组成关税同盟，日益形成一个统一的德意志市场。铁路股票的高额分红和不断上涨的股价引爆了德意志地区股票市场，而私人银行纷纷组建股份制银行，参与股票发行和交易，为工业企业募集所需的资金。如果说债券市场多数服务于主权国家，那么股票市场为铁路建设、矿山开采、新兴工业募集资金，则快速推进了德意志地区的工业革命。德国工业革命所需的融资不依赖政府，当然政府也没有多余资金；不依赖间接融资，因为商业银行的存贷款业务直到19世纪末才起步，远远落后于英国；只能依赖股票市场，该市场募集社会闲散资金，参与如火如荼的工业革命。债券市场和股票市场经过百年发展，已经具备坚实的基础，可以为德国工业革命提供必要的融资。

1896年是德国衍生品市场由盛转衰的转折点。19世纪下半叶，法兰克福和柏林已经具备流动性充足的债券和股票衍生品市场，包括期货和期权产品。股票期货合约已经标准化，包括固定的合约价值、到期日以及交易所发布的最终结算价。衍生品交易还实行集中清算。柏林结算银行在柏林交易所内设立中央结算处，记录买卖双方的头寸和盈亏，为买卖双方提供集中清算。柏林的股票期货实行公开喊价交易，并且与股票现货一样都在柏林交易所进行。这个时期的衍生品交易规模已经大幅超过现货市场，甚至是现货交易规模的3倍。19世纪末，德国衍生品市场日均交易额曾达到德国GDP的4%。即使按照现代的标准，这也是一个流动性充足的衍生品市场。柏林诞生了全球最早的衍生品清算机构，使得柏林的金融衍生品市场规模超过伦敦和纽约，尽管其现货市场规模仍然小于这两个当时的全球金融中心。当时，伦敦金融市场以记名股票为主，而记名股票的转让程序异常复杂，使股票远期难以交割实物股票。① 但是，1896 年，德国颁布《交易所法》，禁止农产品以及工业股票的衍生品交易，还要求衍生品交易的参与者必须到交易所登记注册。一系列限制衍生品交易的措施使德国衍生品市场发展步入下坡路，直到百年之后德意志衍生品交易所成立。

1989 年之后："一体两面"的交易所组织结构

第一次和第二次世界大战切断了德国金融市场的发展之路。尽管经历了德意志第二帝国、魏玛共和国、纳粹德国和联邦德国 4 个政治时期，但直到 20 世纪 80 年代后期德国的交易所组织结构和法律框架基本没有发生变化。20 世纪 80 年代，起源于美国的金融自由化和英国的金融大爆炸，宣告了全球金融环境的巨大变化。电子化交易和金融自由化使全球交易所像企业一样面临外部竞争压力。法兰克福证券交易所在这次环境变化之中迎来一轮疾风骤雨式的改革。

1989 年德意志衍生品交易所成立之前，阿姆斯特丹、伦敦和巴黎相继成立期货或期权交易所，并且取得巨大成功。伦敦拟推出德国国债期货的消息强烈刺激了德国金融界。另外，金融自由化引发了各金融中心之间的直接竞争。20 世纪 80 年代，德国仍然存在四大区域性金融中心：法兰克福、慕尼黑、杜塞尔多夫/科隆以及汉堡。面对来自伦敦的竞争压力，德意志联邦银行积极推动法兰克福金融中心建设，拟将德国的金融资源集中到法兰克福，使其参与国际竞争。这是德国版本的顶层设计。德国监管机构和金融机构紧密合作，短短 3 年之内，完成一系列难度极大的改革，包括组建德意志衍生品交易所，

---

① 参考 Imo（1988），第 46 至 47 页，伦敦证券交易所的金融衍生品集中在期权。

整合德国各结算公司来组建德意志结算股份有限公司，修改法律以支持电子化交易以及放松衍生品交易的限制，完成法兰克福证券交易所的公司制改革，最终整合德意志衍生品交易所、德意志结算股份有限公司和法兰克福证券交易所，成立德意志交易所。

德意志衍生品交易所由德国5家大型银行推动，联合德国其他各小型银行而成立。德意志衍生品交易所的设立成为德国版金融大爆炸的标志，因为它开创了一个全新的金融时代。这是德国第一个由股份有限公司运营的交易所，是第一个以百年之前颁布的《交易所法》所规定程序设立的新交易所，也是德国第一个完全电子化的交易所。德意志衍生品交易所的股东几乎涵盖德国所有的主要银行，也代表其得到整个德国金融界的支持。德国的交易所完成了从传统到现代的华丽蜕变。德意志衍生品交易所没有辜负德国社会的期待，先后赢得德国国债期货流动性之争、欧元区代表性的股指期货定价权之争，10年之内打败伦敦和巴黎，成为欧洲衍生品市场的领头羊。德意志衍生品交易所胜利的秘诀除了电子化交易，还在于其特殊的交易所组织结构能够集中整个德国的金融资源。德国金融界总能在面临外来威胁时团结一致，竞争与合作的有机结合一直是德意志金融之路的特点和优势。从17世纪大商人之间的环形清算，交易所的官方汇票价格表，19世纪的私人银行联合组建股份制银行，到20世纪的德意志衍生品交易所和德意志交易所，德国金融界在每个历史时期都表现出很强的团结倾向。1997年，德国与瑞士合资成立欧洲期货交易所。这个交易所代替德意志衍生品交易所，继续撰写衍生品行业的辉煌。

法兰克福证券交易所的公司制改革也独树一帜。德国"交易所运营商+交易所"的独特二元结构使德国不需要改变交易所的公法性质，只需设立新的股份制交易所运营商，然后新老交易所运营商签署协议完成交接，即可完成交易所的公司制改革。1990年，法兰克福证券交易所的运营商完成公司制改革。它是全球最早完成公司制改革的证券交易所，比部分文献所提到的斯德哥尔摩证券交易所还早3年。1992年，德意志交易所股份有限公司成立，成为法兰克福证券交易所的运营商（见图16-1）。此后，法兰克福证券交易所、德意志衍生品交易所以及德意志结算股份有限公司组成德意志交易所集团。这是全球第一家整合现货业务、衍生品业务、结算和托管业务的交易所集团。尽管金融产品创新和机构创新落后于英国和美国，但德国再次在金融基础设施和制度创新领域走在全球前列。

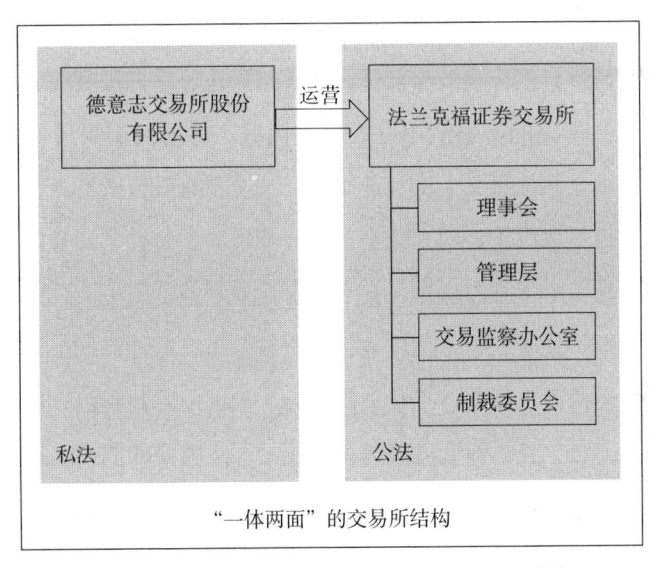

图 16-1 德国"一体两面"的交易所组织结构

为什么德国的交易所可以顺利且快速地完成电子化和公司制改革，而其他国家的交易所如此艰难？伦敦国际金融期货交易所早就引入了电子化盘后交易，但花费近10年时间才引入完全的电子化交易，这是被德意志衍生品交易所打败之后的故事。芝加哥商业交易所也类似。GLOBEX 电子平台刚开始仅用于盘后交易，芝加哥商业交易所花费数年时间才逐步引入全流程电子化交易。德国交易所似乎都没有经历这种"半电子化交易"的时期，原因在于德国的交易所不是会员制，也不由会员拥有，会员或者经纪人无法决定交易所的战略决策。而伦敦和芝加哥的交易所都是会员制交易所，会员基于他们原来的利益，本能地抗拒新的电子化变革。故而，伦敦和芝加哥的交易所只能逐步引入电子化交易，试图让会员接受这种更新、更有效的交易方式，耗时一般几年甚至 10 年之久。

交易所的公司制改革也非常类似。会员制交易所的公司化首先要协调各会员的利益，确保多数人在这次改革之中受益。会员数量众多的老牌交易所自然决策效率低下，决策结果也经常被推翻或者出现反复。但是，德国的交易所不存在这些问题。德国的交易所依据公法设立，并不是私法意义上的商业机构，甚至没有股权所有者，其战略决策自然也不取决于经纪人或会员。改革之前，商会是交易所的运营商。商会是一个半官方机构，自身没有商业利益。历史上，商会的主要职责是维护公共利益，促进地区商贸繁荣。在这种情况下，只要新的交易所运营商也能服务于法兰克福乃至德国的公共利益，促进金融市场发展，法兰克福商会就可以移交交易所运营商的职责。这个过程不涉及各方利益博弈，但需要它们与监管机构达成一致意见。如此，一旦达成共识，德国交易所的公司制改革自然就会容易、快捷。

1993 年之前，欧洲出现 23 家衍生品交易所，最终德意志衍生品交易所或欧洲期货交易所在竞争之中胜出，原因何在？德意志衍生品交易所"一体两面"的交易所组织结构发挥了重要作用。这种组织结构让德意志衍生品交易所可以团结几乎全德国的金融资源，以支持衍生品市场发展。特别是在 10 年期德国国债期货的流动性之争中，德国的商业银行对德意志衍生品交易所的无私支持使后者挺过最初的 7 年艰难时光，其流动性没有全部流向伦敦，而是一直保持约 25% 的市场份额。随着更多的交易会员加入，以及电子化交易的成本更低和效率更高，德意志衍生品交易所才实现翻盘。德国特殊的交易所组织结构内部的冲突较少，也让德意志衍生品交易所可以快速选择电子化交易。随着欧元诞生临近，欧盟逐步放开各国的金融市场准入，电子化交易逐步发挥更强的竞争力。德意志衍生品交易所吸引了更多境外会员参与电子化金融期货市场，逐渐成为欧洲衍生品市场的领头羊。

交易所演进的环境因素

贾雷德·戴蒙德从环境方面分析了美洲大陆不敌欧亚大陆的原因[①]。德国采取公共利益导向的开放式交易所模式，而英国采取私人利益导向的会员制交易所模式，它们都受到环境的影响。纵观法兰克福证券交易所 400 多年的演化历史，政治因素、地理因素、技术革新、竞争环境和监管互动是影响交易所演化的主要环境因素。

首先是政治因素。法兰克福交易所的诞生自然得益于集市的发展。而法兰克福集市很大程度上受到政治因素的推动。历史上，神圣罗马帝国皇帝多次减免法兰克福集市的税收，使法兰克福取得相对于周边城市的竞争优势，并逐步发展出区域性大型集市。法兰克福作为神圣罗马帝国皇帝的加冕地点，定期吸引着一批国王和领主。由于拥有特殊的政治地位，法兰克福很长时间内都是自由城市，逐步发展出对工商业发展较友好的城市治理环境。并且，法兰克福没有国王，城市政府的治理模式更能为工商业创造稳定的商贸环境。

---

① 参考贾雷德·戴蒙德的《枪炮、病菌与钢铁》，该书于 2022 年由中信出版社出版。

德意志地区长期没有政治中枢，这对法兰克福交易所产生了深远影响。神圣罗马帝国实际上是一个松散的政治联盟。法兰克福位于德意志地区中部，受到各个王国的青睐而成为债券发行和融资场所。可以说，法兰克福是全球第一个离岸金融中心。阿姆斯特丹、伦敦、柏林等金融中心都为本国融资，而德意志统一之前的法兰克福为其他国家提供金融投资和融资服务。法兰克福金融中心的崛起也得益于德意志地区的政治分裂局面，因为所有的德意志王国都乐意在中立而没有政治野心的法兰克福融资。等到德意志统一之后，首都柏林快速代替法兰克福成为新的金融中心。另外，拿破仑战争以及德意志统一之后的资本大讨论也都对交易所演化产生了深远影响。

联邦德国成立之后，法兰克福重新崛起成为德国金融中心，这直接得益于政治决定。这一次却是运气站在了法兰克福这一边。法兰克福是美国驻德国占领军的总部，美军决定将未来的德国中央银行落户法兰克福，吸引德国3家商业银行总部陆续搬到法兰克福，这成为法兰克福重新崛起的基础。对于这次政治决策，法兰克福没有积极争取却被幸运之神眷顾。

其次是地理因素。法兰克福集市能持续几百年稳定发展，自然不完全是政治力量推动的结果。法兰克福处于德意志地区中部，与周边主要商贸中心的距离都差不多，并且它位于德意志南部和北部的主要商贸路线上。在这种环境之中，法兰克福逐步发展成德意志地区的一个区域商贸中心。17世纪，地中海贸易向大西洋贸易转移之后，意大利北部以及德意志南部地区的商贸中心衰落，而德意志中部的法兰克福受到的影响较小，这使得法兰克福没有像南部的纽伦堡和奥格斯堡一样衰落，而是持续保持增长直到18世纪下半叶债券市场兴起。

这种地理优势自然也与德意志地区分裂的局面有关。英国和法国很早之前就实现了中央集权，伦敦和巴黎成为当之无愧的商贸中心、金融中心，其他城市不管地理位置如何优越都难以与首都竞争。只有在德意志地区这种松散的政治联盟内，法兰克福的地理位置才能发挥优势。另外，地理因素只在近代使用马车的时代发挥了显著作用。如今，现代交通工具如此发达，整个地球都像一个村子，地理因素的影响已经相对减弱。

再次是技术革新。19世纪中叶，电报的发明促使交易所之间产生了有限的竞争，各个国家分别诞生了主要的交易所，集聚着该国大部分的流动性。比如，19世纪末柏林交易所占全德国交易所交易份额的约80%以上。对交易所行业产生深远影响的是20世纪80年代兴起的电子化交易。电子化交易使投资者之间不再存在距离障碍，境外会员和境外机构投资者也可以快速接入电子化交易平台，参与其他国家的资本市场包括期货市场。但是每次技术革新产生之初，市场前景并不明朗。比如，当电子化交易刚刚被引入金融市场时，市场上的反对声音居多，支持声音偏少。只有极少数富有远见的领导者才坚定地支持电子化交易，并且最终成为这场变革中的赢家。

对于德国，电子化交易使得德意志衍生品交易所拥有一次弯道超车的机会。德国选择电子化交易存在运气成分。临近的瑞士提供了一个成功的电子化金融期货市场的案例。基于这个案例，德意志银行才说服其他银行，新生的衍生品交易所应该采取电子化交易，而不是传统的场内喊价交易。行业上升时期，不管是电子化交易还是场内喊价交易，都快速发展；但行业进入整合时期，电子化交易逐步发挥竞争力，淘汰场内喊价交易。那些难以适应重大环境变化的交易所逐步退出市场，或者陆续被并购而失去独立性。进入21世纪，通信技术和电子化交易开创了交易所的全球竞争局面，各国交易所掀起跨境并购的热潮。

至于文化和宗教对交易所演化的影响，一般难以量化。这里不做讨论。阿姆斯特丹、伦敦、法兰克福以及后来的纽约都以新教为主，也间接说明在新教环境之中金融市场发展的机会更大。

在历史长河之中，各种环境因素对交易所演化的影响存在差异。政治因素的影响一直非常显著，贯穿各个历史时期。并且，政治因素往往会改变交易所演化的方向，属于一种根本性的力量。法兰克福证券交易所演化历史上的4次突变都与政治环境改变有关。第一次，1585年，法兰克福市政府确认官方价格表，标志着交易所的诞生；第二次，1808年，法兰克福商会成为交易所的运营主体，9年之后市政府颁布法兰克福商会规则，确认商会是交易所监管机构和运营商；第三次，1896年，德国颁布《交易所法》，明确交易所的公法性质，并提出系统性的资本市场法律框架；第四次，20世纪80年代末，德国各银行与监管机构一起推动法兰克福金融中心建设，同时为应对金融自由化和电子化交易推动了交易所改革。当然，这4次突变中，除了政治因素的直接影响，商人或银行与监管机构的互动也是间接影响因素。地理因素的影响随着通信和交通技术的发展而越来越弱。不过，历史上，地理因素是法兰克福集市持续发展的重要力量。法兰克福这个德意志内陆小镇发展成德国乃至全球金融中心一直是一件让人不可思议的事情，需要众多因素的配合。21世纪之后，技术革新对金融演变的影响力越来越强，甚至超过政治因素。

下一次技术变革已经来临了吗？2021年1月，总部位于旧金山的加密货币交易所CoinBase通过直接上市的方式在纳斯达克证券交易所挂牌交易。2022年7月29日，据彭博社报道，美国证券交易委员会主席加里·盖斯勒要求工作人员密切关注数字资产交易所，使加密货币交易所可以"像证券交易所一样受到监管"。盖斯勒还表示，市场监管机构的官员在研究将某些代币注册为证券的方法。盖斯勒认为，没有理由仅仅因为使用了不同的技术就以不同的方式对待加密货币市场。当前，市场已经出现区块链技术创建的交易所，来为全球投资者提供各类数字化金融产品。这类交易所是否能像20世纪90年代的电子化交易一样颠覆交易所行业，我们拭目以待。

金融机构的演进

金融机构的演进与交易所相关。交易所作为早期金融市场的代名词，为金融机构的业务发展提供了平台。18世纪和19世纪，德意志地区开放式的公法特性交易所允许所有商人参与交易。同时期，英国逐渐形成封闭式会员制交易所，会员逐渐垄断证券经纪权力，限制其他商人参与金融市场的证券经纪等业务。德意志地区和英国不同的交易所模式最终导致了金融机构形成和演变的区别。

从钱币兑换到汇票交易

钱币兑换是法兰克福集市最早的金融交易。法兰克福最早的金融机构也自然是从事钱币兑换的银行。1402年，法兰克福诞生了一家公共银行，来为集市商人提供钱币兑换服务。这是世界银行历史上最早的公共银行之一。在第一家公共银行的赚钱效应驱动之下，新的银行围绕着法兰克福集市陆续成立，包括一家联合银行和两家私人银行，都提供钱币兑换服务。但是，这个时期钱币兑换规模不大，并且银行仅在春季和秋季集市期间开展钱币兑换业务，市场难以支持4家银行的持续经营，特别是在战乱频频打断集市和银行业务的情况下。在这种环境下，法兰克福的早期兑换银行逐渐消亡，就像生物进化史上无法适应环境的物种。此后，钱币兑换业务逐渐被迁入法兰克福的犹太商人主导。

17世纪，法兰克福的汇票交易逐渐活跃。集市上开始出现一些商人，他们不仅自己参与汇票交易，还为其他商人提供汇票交易和异地汇兑服务。这些商人将汇票当作一项业务经营，即同时从事商贸活动和金融业务。这类商人一般被称为商人银行家。商人银行可以被称为法兰克福的第一代私人银行。商人银行不仅由商人演变而来，其业务仍然与商业贸易相关，只是金融业务已经占据较大的份额。商人银行家被称为"可以获得欧洲各贸易城市汇票的商人"，其他商人也可以通过他们将钱款汇往欧洲其他贸易城市。汇票可以作为投资、融资和汇款的工具。商人银行最初的金融业务就是通过汇票帮助客户投融资和异地汇款。

法兰克福公认的第一位成功的商人银行家是约翰·波德克。16世纪末，其他商人都以大宗商品贸易为主，但波德克主要从事汇票交易、集市贷款以及欧洲各个城市之间的套利交易，即现代意义上的金融业务。得益于汇票套利交易的丰厚利润，约翰·波德克成为法兰克福商界的第一个百万富翁。但是约翰·波德克的业务模式并不能简单复制，他需要建立横跨整个欧洲的商业网络，才能开展跨境套利。或许是早期的汇票交易规模不大，其他商人很少像约翰·波德克一样仅仅从事金融业务就能获得持续而丰厚的利润。

欧洲各个城市的早期私人银行都与各自所处的环境有关。意大利北部的私人银行起源于钱币兑换，甚至银行（Bank）一词也来源于意大利，指兑换钱币的经纪人所坐的长凳；法兰克福私人银行却起源于汇票交易，也称商人银行；英国最早的私人银行则由金匠演化而来，也称金匠银行。中世纪晚期，欧洲各个城市的集市相互之间存在紧密的业务联系，不仅因为大宗商品通过各个商贸城市销售，还因为汇票交易连接了欧洲各个商贸城市。18 世纪，法兰克福与 11 个欧洲商贸城市保持着经常性的商贸和汇票往来，法兰克福与这些城市之间的汇票价格体现在经纪人的汇票价格表中。商人银行基于这些跨欧洲的商贸网络开展汇票交易业务。商人银行的业务范围很广，并不像钱币兑换银行或金匠银行一样仅仅从事本地业务。在这种环境之下，经济发展水平相对落后的德意志地区培养了一批国际业务经验丰富的商人银行。商人银行与实体经济和商贸活动紧密结合，不仅是德意志地区商人银行的特征，也是后期法兰克福发展成金融中心的基础。

18 世纪，德意志拥有地区影响力的集市包括奥格斯堡、布雷斯劳、法兰克福、汉堡、莱比锡、纽伦堡和维也纳等地的集市。商人银行逐步在这些集市产生和发展，形成一个横跨德意志地区的金融中介群体。诚然，这个时期商人银行的实力还不出众，与其他商人的盈利能力的区别并不明显。随着新的金融创新产品进入法兰克福，商人银行的特征被第二代私人银行继承，后者成为法兰克福金融市场发展的强力推动者。

19 世纪私人银行的批量诞生

18 世纪下半叶，债券被引入法兰克福，部分商人或商人银行逐渐放弃传统的商贸活动，演化成专门从事金融业务的私人银行，其中最出名的包括贝特曼兄弟银行、梅茨勒银行和罗斯柴尔德兄弟银行。债券市场为私人银行家带来债券发行、债券交易以及后续的还本付息等一系列业务。榜样的力量是无穷的，贝特曼兄弟银行快速崛起，促使一批商人在利润驱使之下放弃商品贸易而专门从事金融业务，成为私人银行家。这些私人银行家成为法兰克福金融中心的坚实基础。公法性质的交易所使得个别强大的私人银行无法垄断业务,从而促成了私人银行家百花齐放的局面,这成为半个世纪之后德意志地区股份制银行崛起的前奏。贝特曼兄弟银行和罗斯柴尔德兄弟银行相继成为欧洲金融市场中的主导性力量,是当时欧洲最强大的投资银行。在中央银行缺位或者还不强大的时代,这些强大的私人银行往往主宰着各国利率。

有意思的是,落后的金融环境却催生了强大的投资银行,原因何在?英国和德意志地区的证券发行模式存在很大差别。直到19世纪,英国的股票和债券发行仍然由发行人自己处理。或许是由于存在几百年的传统,这种情况很难改变。比如,当英格兰银行发行债券时,其会通过广告或传单邀请各投资人到英格兰银行办公室认购债券。由于投资者都集中在伦敦,英格兰银行不需要借助投资银行就可以成功发行债券,因此自然也没有必要让出一部分利润,以至于英国长期缺乏债券发行等一级市场业务,而伦敦证券交易所的二级市场交易非常活跃。伦敦证券交易所被经纪人和交易员垄断,是一个几乎封闭的组织,投资银行很难成为交易所的会员。在这种环境之下,英国难以诞生实力强大的投资银行,而银行业务只能以存贷款为主。19世纪下半叶巴林银行依靠美国债券发行业务而崛起。反观德意志地区,投资者分散在各个王国和领地,并且发行人不具备发行经验和专业的债券发行知识。私人银行成为这项业务的推动者,它们依靠此前贸易活动中积累的投资者资源,以及与各王国的联系,获得债券发行业务。另外,债券从德意志地区的集市贷款演化而来,从刚开始类似于贷款的包销模式演化成分担风险的承销模式。可以说,德意志地区分割的政治版图和复杂的地理环境,促使德意志地区诞生了一批实力强大的金融中介机构,即私人银行。私人银行的主要业务,如债券发行和交易,与200年前的汇票业务存在诸多相似之处,而债券市场的私人银行也由汇票市场的商人银行演变而来。债券发行人包括奥地利、普鲁士、巴伐利亚、萨克森等德意志王国。尽管法兰克福不是一个实力强大的政治实体,但是法兰克福依靠为这些德意志王国发行债券,逐渐发展成德意志地区的金融中心,与此同时法兰克福也诞生了一批实力强大的私人银行。作为对比,美国的债券公开发行相比德意志地区晚了约100年。直到南北战争爆发之后的1865年,私人银行家杰伊·库克才为美国政府财政部发行国债。[①]

债券市场的快速发展使法兰克福获得德意志地区的金融中心地位。不过,股票市场却是另一个版本的故事。19世纪上半叶法兰克福股票市场发展缓慢,半个世纪之后将金融中心地位拱手让给柏林。多数文献将其原因归结为法兰克福私人银行的保守态度,以及法兰克福沉浸在债券市场的成功之中无法自拔,而错失了快速发展的股票市场。实际情况或许并非如此,法兰克福更多受到环境因素的制约而难以发展股票市场。当时,债券是不记名证券,而股票采取记名证券的形式发行,即投资者购买股票需要到法兰克福完成过户手续。二级市场交易也一样。不记名股票直到德意志统一之后才逐步被引入市场。正是这个原因,德意志地区各个王国都能到法兰克福发行债券,德意志地区乃至欧洲其他地区的投资者也可以认购债券。但股票非常依赖本地市场的发行人和投资者。法兰克福仅仅是一个自由城市,自然没有大量的发行人,本地投资者数量也难以与柏林或伦敦相比。在股票市场发展中,法兰克福具备天然劣势。铁路股票兴起之后,普鲁士政府经过短暂的疑惑和犹豫,开始鼓励私人设立铁路股份有限公司和发行股

---

① 参考约翰·S. 戈登所著的《伟大的博弈》,第107页。

票，建设以柏林为中心的铁路网。柏林股票市场也在这种环境之中快速发展，再加上柏林数量众多的股份制银行和投资者，19世纪下半叶柏林迅速取代法兰克福成为德意志地区新的金融中心。德意志统一之后，柏林作为首都，金融实力进一步增强，成为与伦敦齐名的欧洲金融中心。

德国和英国的银行演化模式也有很大差别。德意志地区私人银行诞生于债券市场和股票市场，依靠证券发行和证券交易获得持续利润，即德意志地区银行于诞生之初是投资银行。直到19世纪末，德意志地区的银行才逐渐吸收存款，开始开展存贷款业务，逐渐演化成全能型银行。而英国私人银行起源于金匠银行。金匠银行发行的收据逐渐被市场认可之后，英国诞生了发行纸币的私人银行。这些私人银行通过纸币发行获得存款，然后贷款给工业企业以获得存贷款利差。同时，英国的私人银行很长一段时间内受到英格兰银行的打压，不能设立股份制银行，并且由于资本金薄弱，容易受到经济周期影响而破产。1825年之前，英国几乎每隔10年就爆发一次银行业危机，这与当时的英国银行业结构有关。伦敦证券交易所是一个封闭式会员制交易所，私人银行难以参与，自然也无法从证券交易中获利。故而，19世纪中叶之前的英国私人银行基本是存贷款银行。

德国为什么没有出现发行纸币的私人银行呢？一方面，德意志地区的民众普遍难以接受纸币，而偏爱将金币和银币作为支付手段；另一方面，德意志各王国将发钞权视为主权，而这项权力仅仅授予中央银行，比如普鲁士皇家银行和法兰克福银行。

从私人银行到股份制银行

德意志地区最初的股份制银行是拥有发钞特权的中央银行。奥地利国家银行和拜仁抵押汇票银行先后成为股份制银行，并在法兰克福挂牌交易。这是德意志地区最早的两家股份制中央银行。1846年，普鲁士皇家银行转变成股份制的普鲁士银行，这也是一家中央银行。1848年，短暂上台的柏林自由派政府批准成立第一家私营性质的股份制银行——沙夫豪森银行。此后，普鲁士和德意志其他地区陆续出现私营的股份制银行。

德意志地区股份制银行的成立可以分成两个阶段。1848—1870年，股份制银行需要以公共利益为导向，政府才会批准成立该类型银行；1870年德意志统一前夕，德国取消了股份有限公司的批准程序。

公共利益导向是德意志金融之路的传统特点，也是德意志模式与英美模式的基本区别之一。早期股份制银行的组建和设立也体现了这个特点。比如，柏林结算银行由柏林各私人银行合作设立，于1850年改制成股份制银行。柏林结算银行并不是一家普通的商业银行，其主要目的是服务于柏林各个私人银行，提供汇票抵押、结算等相关金融服务，还曾经被授予发行纸币的特权。柏林结算银行最先创新衍生品交易的集中清算模式，从而显著地促进了柏林衍生品市场的发展。柏林贴现银行和柏林贸易银行也被包装成公共利益导向的金融服务机构，旨在促进当地手工业和工业企业的发展。正是由于这种服务于宏观经济的设定，这两家银行也得到了普鲁士政府的支持，成为股份制银行，可以发行股票以进行融资，从而迅速壮大资本金规模。1854年，法兰克福银行的成立也遵循了德意志金融之路的理念，即公共利益导向。19世纪末，法兰克福私人银行提议建立一家股份制的发行纸币的银行。但是，各私人银行和法兰克福市政府无法就这家银行的功能和业务范围达成一致。由于受到附近达姆施塔特的竞争威胁，法兰克福才最终决定建设一家股份制银行。这一方面是为了提升法兰克福金融市场的支付便利性，另一方面是为了对抗德意志其他地区股份制银行带来的竞争压力。1870年，德意志统一前夕，德意志地区各私人银行团结起来，共同推动设立德意志银行。银行创始人向德国政府提交了可行性研究报告，从德国宏观经济发展的角度阐述了成立德意志银行的必要性："德意志需要一家自己的银行，以支持德意志企业的业务扩张。"

1870年，德国取消股份有限公司的审批程序之后，各股份有限公司和股份制银行纷纷成立。经历疯狂的3年牛市之后，德国股市崩盘，引发了德国历史上唯一一次起源于柏林的金融危机。在这次危机之中，接近80%的股份制银行破产清算，特别是1870年放松管制之后成立的新银行大量倒闭。此后，德国放弃金融自由化政策，进入一个资本大讨论时代。经过20多年的研究和讨论，德国推出第一部系统性的资本市场法律《交易所法》。这部法律客观上加速了德国银行业的整合，德国各地区私人银行数量不断减少，而股份制银行逐步合并成规模更大的银行集团。

德意志模式下股份制银行的成立和演变与英美模式区别甚大。首先，银行创始人团体不同。德意志地区的股份制银行都由当地的私人银行牵头成立。德意志地区私人银行的多样性造就了股份制银行的多样性。私人银行将其所积累的经验和知识带到股份制银行，使得股份制银行像规模更大的私人银行。联邦德国成立之后的三大银行之中，德意志银行起源于柏林，德累斯顿银行诞生于德累斯顿，而德意志商业银行最初在汉堡设立。英国各股份制银行的创始人复杂得多，从商人、私人银行家、经纪人到工业企业等。究其原因，或许英国的商业银行可以申请发行纸币的权力，而一旦获得纸币发行权，其运营相对没有很高的技术要求，以至于各个团体都可以参与其中。德意志地区的发行纸币的特权由中央银行垄断，股份制银行的主要业务与私人银行一样，也是证券发行和证券交易。开展这类业务需要长期的客户关系和专业的金融知识。除私人银行之外，其他商人群体难以参与。

其次，银行主要业务不同。德意志地区的私人银行从投资银行业务起步，如证券发行、证券交易、股权投资等。尽管私人银行也通过汇票提供商业融资等服务，但投资银行业务贡献了大部分利润。德意志地区的股份制银行继承了私人银行的主要业务。存贷款业务直到德意志统一之后才缓慢发展。德意志地区的私人银行从投资银行业务起步，逐步演变成涵盖商业银行业务的全能型银行。但英国的私人银行通过发行纸币募集资金，并且业务以存贷款和汇票融资为主，即典型的商业银行业务。英国的投资银行多数并非产生于本土市场，而是参与美国、法国乃至远东的债券市场。比如，巴林银行通过参与美国铁路债券发行，为法国政府发行债券等，逐渐成为实力强大的投资银行；汇丰银行的经营重点是东方，业务包括汇票、外汇交易、债券发行等。在英国本土金融市场中，伦敦证券交易所垄断了证券经纪业务，其他金融机构或商人群体必须依赖经纪人获得投资者客户群体，而经纪人又不能从事证券经纪之外的业务，这些使得英国金融市场的证券发行业务被分解成几块，难以孕育一批实力强大的投资银行。正是这个原因，导致英国的投资银行必须依赖境外业务发展壮大。

最后，银行之间的合作竞争关系不同。在英国模式中，各银行之间的竞争是主旋律。甚至在1825年之前，英格兰银行还使用特权限制其他银行发展更多的合伙人或者申请成为股份制银行。在德意志模式之中，各私人银行之间自然也存在竞争，但也存在诸多合作场景。比如，私人银行合作成立规模更大的股份制银行，德意志银行、德意志商业银行、法兰克福银行等都由众多私人银行联合成立。私人银行往往合作，共同投资某个工业企业或者铁路企业。股权投资存在一定风险，因此私人银行倾向于通过合作分担风险。德意志地区私人银行的合作倾向或许可以从其历史演变之中寻找原因。自16世纪以来，德意志各地区集市的商人一起参与汇票清算。如果被排斥在汇票清算之外，商人就无法继续从事商贸活动。这种紧密的合作关系被私人银行继承，毕竟私人银行由集市时代的商人演变而来，甚至成为私人银行之后主要业务仍是汇票交易和清算。

为什么法兰克福成为金融中心？

法兰克福成为金融中心的历史可以分成3个阶段。11—19世纪上半叶，法兰克福集市逐渐演进成交易所，并且发展出欧洲知名的债券市场，成为德意志地区的金融中心；19世纪中叶到第二次世界大战，柏林依靠股票市场而逐渐崛起，成为德意志统一之后的金融中心，法兰克福在这个时期相对衰落而屈居于区域金融中心；第二次世界大战之后，联邦德国成立，法兰克福成为德国中央银行以及大型商业银行的总部所在地，并在与杜塞尔多夫、汉堡等城市的竞争之中胜出，成为德国新的金融中心。

按照这3个历史阶段，法兰克福为何成为德国金融中心可以分解为3个小问题。

第一，为什么法兰克福集市能发展成德意志地区领先的交易所？政治支持是法兰克福集市持续发展的主要推动力。11—14世纪，神圣罗马帝国皇帝给予法兰克福一系列的关税和贸易特权，使法兰克福发展出整个德意志地区有影响力的集市。在这个过程之中，法兰克福逐渐演化出一种贵族和市民共同管理城市的治理模式，该模式成为持续推动本地商业发展的政治力量。15世纪，法兰克福集市经历了从手工业品集市到大宗商品集市的转型，发展成横跨欧洲的大宗商品交易中心。欧洲各地的大商人带来汇票、钱币等早期金融产品，这成为金融市场和交易所起源的重要基础。在这个过程之中，法兰克福位于德意志地区中部的地理优势也发挥了作用，各地商人汇聚到法兰克福开展金融交易比较方便。欧洲各个地区的大商人带来了各类钱币。钱币和汇票成为早期法兰克福金融市场的主要金融交易产品，而商人统一钱币兑换价格的努力最终促成法兰克福交易所的诞生。其间，来自荷兰地区的大商人带来丰富的金融交易经验，成为早期交易所诞生和发展的重要推动力量。政治支持、地理优势、城市治理和对外来商人的开明态度，使法兰克福交易所逐渐演变成德意志地区领先的交易所。

第二，为什么19世纪上半叶法兰克福能发展出一个媲美伦敦的债券市场？经历几个世纪的发展，法兰克福金融市场形成了大量的资本供给。18世纪下半叶，德意志地区各王国的财政赤字越来越严重，而各王国之间的竞争却越来越激烈。在这种环境之中，法兰克福商人借鉴阿姆斯特丹的债券发行技术，帮助各德意志王国发行债券以进行融资，逐步促成债券市场。债券发行和交易又促使法兰克福商人纷纷转变成私人银行家。私人银行家进一步拓展了业务，推动债券市场继续发展。特别是拿破仑战争之后，法兰克福为被战争摧残的各德意志王国发行债券，发展出仅次于伦敦的国际债券市场。各德意志王国倾向于在法兰克福发行债券融资，与法兰克福特殊的政治地位有关。法兰克福是一个自由城市，不属于任何德意志王国。这个类似离岸市场的特性使法兰克福受到奥地利、普鲁士等德意志王国的青睐。

第三，为什么第二次世界大战后法兰克福能重新夺回德国金融中心地位？这个结果更多是运气所致。汉堡曾积极争取成为第二次世界大战之后德意志诸州银行（未来的德国中央银行）的总部所在地，但美国驻德占领军决定将法兰克福作为德国未来中央银行的总部所在地。这个决定或许与美军驻德总部位于法兰克福有关。中央银行迁入法兰克福之后，德国其他大型商业银行总部也陆续迁入。这些银行是法兰克福证券交易所的重要参与者，这使得法兰克福成为德国证券交易所工作委员会、交易所专家委员会等机构的所在地，以协调德国各交易所的发展。20 世纪 80 年代，德国推进金融中心建设，以应对国际竞争。德国各界自然支持法兰克福，因为只有法兰克福才能成为与伦敦相竞争的德国金融中心。之后，德意志衍生品交易所在法兰克福成立。德意志交易所整合了德意志衍生品交易所、法兰克福证券交易所以及德意志结算股份有限公司，自然也将其总部设在法兰克福。[①]自此，法兰克福成为德国无可争议的金融中心。

金融监管的演进

历经 400 多年风雨的法兰克福证券交易所是现存的最古老的交易所之一。德意志的金融监管之路也走过了 400 多个春秋。与英国模式尽量避免被监管不一样，德意志金融之路从起源之初就主动拥抱监管。交易所和金融机构演进的 400 多年也是金融监管不断完善和演化的 400 多年。16 世纪末至 1896 年，德意志各城市的议会或政府监管当地交易所；1896 年，根据德国《交易所法》，州政府代替市政府，成为交易所的监管机构，同时德国议会制定相关资本市场法律约束金融交易行为；1995 年，德国学习其他西方国家，成立联邦证券交易监管局，与州政府分享金融监管权；2002 年，德国证券、银行和保

---

① 现在，德意志交易所已经将办公地点搬到法兰克福附近的小镇埃施博恩，老交易所仍旧位于法兰克福市中心。

险监管机构合并成联邦金融监管局。

金融监管历史的 3 个阶段

20世纪80年代金融自由化之前，德国各交易所就是金融市场的代称，因为所有的金融活动都集中在交易所进行。交易所是一个公法特性的机构，也是一个开放式金融市场，不排斥任何有能力的商人或投资者参与。交易所由地区商会运营，而商会的主要目的是促进当地商贸繁荣和维护金融市场稳定，即商会具有明显的公共利益导向。

1585年至德意志统一，法兰克福市政府是交易所的监管机构，批准《交易所规则》等法律法规，也是法兰克福商会、市财政局以及其他市场参与者群体的最终纠纷解决机构。其间，1808年成立的法兰克福商会也分享部分监管权。按照市政府颁布的法兰克福商会相关规定，与交易所相关的汇票交易规则、商品交易规则或者经纪人规则，以及宣誓经纪人授权规则等的制定，必须听取商会的评估意见。尽管商会没有权力批准或者否决这些交易所规则，但专业的评估意见可以在很大程度上影响市政府的最终意见。

1896年德国颁布《交易所法》，正式确定全德国范围内的交易所监管框架，州政府获得对辖区内交易所的监管权力，包括审批交易所的设立以及批准交易所规则等。对于法兰克福证券交易所，其除了监管主体从市政府变成州政府，监管内容和职责并没有太多变化。按照《交易所法》，州政府委派证券专员入驻交易所，维护金融市场的公平和稳定。证券专员逐渐演变成现代德国各交易所的相关机构，如交易监察办公室。

直到1995年，德国才成立联邦证券交易监管局作为证券交易的监管机构。联邦证券交易监管局位于莱茵河畔的法兰克福，依据

《证券交易法》等法律行使监管职责。这个机构直接向联邦财政部汇报，负责监管德国证券和衍生品市场，主要职责是投资者保护、打击市场操纵以及维护市场公平公正。2002年5月，联邦证券交易监管局与其他两个金融监管局，即信贷监管局（BAKred）和保险监管局（BAV）合并，共同组成联邦金融监管局，联邦金融监管局成为德国唯一一个全方位的金融监管机构。当前，联邦金融监管局标榜自己是市场中性，不承担市场发展的任务，致力于维护市场的公开、公平和透明。

金融衍生品监管的演进

自从19世纪中叶，衍生品交易在德意志各个金融中心越来越活跃之后，关于衍生品监管的争论一直贯穿德国衍生品市场的发展史。[①]并且争论双方的主要观点没有太大变化。支持者认为衍生品为市场参与者提供风险管理工具，有助于资本配置和国民经济发展；而反对者认为衍生品加剧了市场波动，助长投机氛围，不利于国民经济稳定发展。

德意志统一之前，法兰克福和汉堡等地不干预衍生品市场的发展，普鲁士却从国家利益出发经常限制衍生品交易。1836年1月19日，普鲁士政府出台规定，限制西班牙国债的远期交易。而普鲁士出台衍生品交易禁令的理由是由西班牙提供的。[②]当年西班牙任意降低债务规模或者赖账，使德国个人投资者损失惨重。普鲁士出于保护投

---

① Walter（2009）将此称为"古老的关于衍生品市场功能的争论"。每隔五六十年，金融危机会再次唤醒类似的争论。而对衍生品市场的支持几乎每次都失败，但过一段时间，等市场平稳发展之后，政府又会取消衍生品交易的禁令。

② 参考Gömmel（1992），第139页。

资者的目的禁止这类投机性非常强的交易方式。但是，禁止西班牙债券的远期交易并没有起到作用，投机者转移到其他国家如荷兰的国债投机，终于促使普鲁士也禁止其他外国国债的远期交易。1840年5月13日，这个禁令扩展到所有境外债券的衍生品交易。19世纪30年代，德意志各地区出现铁路股票，其快速成为衍生品交易的标的。柏林的铁路股票上市数量最多，交易也最活跃，自然是股票衍生品交易的重点。普鲁士政府进而于1844年5月24日禁止没有完全付清的铁路股票开展衍生品交易。

德意志地区第一次关于衍生品市场功能的讨论发端于英国1825年的金融危机。那是英国继1720年"南海泡沫"之后最严重的一次金融危机。这次危机的新特点包括诸多股份有限公司的建立以及活跃的股票衍生品交易。英国近70家银行和众多私人企业破产，并且危机传导到法国和荷兰。柏林和莱比锡的一两家银行在这次金融危机之中倒闭，但总体而言，德意志地区所受的影响有限。鉴于德意志地区已经存在较活跃的衍生品交易，1825年的英国金融危机促使德意志地区思考衍生品市场的功能。

德意志地区特别是普鲁士王国政府认为，衍生品交易是英国金融危机爆发的元凶。[①] 衍生品交易被认为等同于欺骗，不创造价值，而只有实体经济之中的商贸活动才创造实际价值。交易所集聚的资本不应该被用于带有赌博或者欺骗性质的衍生品交易。政府支持股票市场发展，主要目的是募集资本并有目的地发展农业和工业。资本投资于主权债券也有助于改善政府的财务状况。按照当时德意志诸多地区官员的观点，凡是不能支持实体经济发展的资本都不应被鼓励。这就是

---

① 参考 Gömmel（1992），第138页。

德国版本的金融服务实体经济理念。

然而,柏林的衍生品交易禁令没有取得太大效果,因为投资者可以去其他金融中心和交易所完成交易,以至于1860年普鲁士又取消了衍生品交易禁令。

德意志统一之后,一系列事件推动德国各界深入探讨衍生品市场的作用和危害。尽管专业学者和金融机构坚持认为不能限制衍生品交易,但农民协会和相关的政治势力认定衍生品交易是农产品价格大幅波动的元凶。他们时而指责衍生品推高小麦价格,时而指责衍生品压低小麦价格,认定不管小麦价格如何变化,衍生品市场都难辞其咎。19世纪末,农民仍然是德国主要的就业人口,其政治影响力较大。农民相关的利益团体推动德国制定和颁布第一部《交易所法》,其中衍生品交易禁令是主要内容。

1897年1月,德国第一部《交易所法》正式生效。这部法律奠定了资本市场基础性的监管框架,但也限制了德国衍生品市场的发展。这部法律禁止矿山、工厂相关的股票衍生品交易,也禁止谷物相关的农产品衍生品交易。对于其他仍被允许进行的衍生品交易,买卖双方必须在交易所登记处登记,然后双方签订的衍生品合约才能获得法律认可。这些限制措施以及整个德国社会对衍生品的负面态度,使衍生品交易越来越不活跃。1900年,德国各个州的交易所陆续停止了衍生品交易。柏林交易所也被迫终止了谷物等相关的衍生品交易。[1]

然而,衍生品交易禁令并没有使投机性交易完全消失,与此同时,衍生品交易对国民经济的促进作用也被各界认知,终于促使德国于1908年更新《交易所法》,取消衍生品交易双方需要到交易所登记

---

[1] 参考 Imo(1988),第86至87页。

的规定，也取消了矿山、工厂等股票的衍生品交易禁令。尽管修订后的法律仍然禁止谷物相关的衍生品交易，但是只要交易双方确实基于套期保值，并以最终交割谷物为目的完成交易，在德国仍然是被允许的。20世纪初，德国各个交易所的股票衍生品交易逐渐恢复。这个时期，柏林交易所的衍生品交易标的包括88只股票，法兰克福包括35只股票，而汉堡有37只股票。但是，德国的商品衍生品交易没能恢复元气，德国的投资者更依赖纽约、伦敦和芝加哥的商品衍生品市场。

第一次世界大战爆发之后，德国的衍生品交易重新关闭，直到20世纪20年代中期。1925年3月21日，德国通过一项法规，原则上重新允许交易所开展衍生品交易，但是要求衍生品合约的标的必须有一定的交易量。这个法规颁布之时，魏玛共和国已经推出货币改革，以解决当时的超级通货膨胀问题。尽管当时德国还不确定通胀问题是否能顺利解决，但衍生品市场被率先放开。1925年德国重新允许衍生品交易的原因是多样的。[①]首先，德国认识到难以彻底禁止衍生品交易，与其让市场参与者在不受监管的场外市场交易，还不如为他们提供一个受监管的交易所市场。其次，国际资本流动逐渐活跃，而境外投资者需要避险工具，因此才更愿意进入德国资本市场，这也是德国吸引境外资本的一个配套措施。

1928年10月，柏林交易所挂牌与79只股票相关的衍生品合约。1929年，全球性金融危机爆发之后，衍生品交易再次受到影响。1931年7月25日，魏玛共和国政府发布紧急规则，限制衍生品交易。当时世界经济正处于金融危机之中，德国政府倾向于认为金融衍生品加剧了银行业危机，是德国金融体系的不稳定因素。[②]尽管该规则没有

---

① 参考Henning（1992），第243页。
② 参考Walter（2009），第113页。

完全禁止衍生品交易，但此后数十年衍生品交易基本处于停滞状态。

第二次世界大战结束，德国各个金融中心的股票市场重新开盘时，仅允许现货市场交易，而对衍生品交易一直没有明确规定。[①]联邦德国成立之后，商品衍生品交易首先开启，而股票衍生品交易经历了不少波折。1954年，汉堡开始交易糖类相关的衍生品，1956年又开始交易咖啡相关的衍生品。1956年，不来梅的棉花衍生品市场开业。但是，德国的商品衍生品再也无法形成一个富有流动性的市场，在纽约、伦敦和芝加哥的竞争压力之下举步维艰，最终于20世纪70年代陆续终止交易。

股票衍生品交易的重启也经历了曲折的过程。1956年5月，德国投资者被允许投资境外的金融衍生品市场。与19世纪类似，衍生品合约还存在法律层面的不确定性，投资者尽量依据市场惯例解决分歧。为了在德国金融市场引入衍生品合约，1957年德国各个交易所组成一个委员会，研究与衍生品交易相关的法律问题和市场组织问题。同时，委员会制定了衍生品市场的交易规则。但是，这次衍生品市场建设的尝试并没有成功。1964年，德国各个交易所又组建了一个研究委员会，致力于研究衍生品交易的可行性。1966年底，该研究委员会向德国各个交易所汇报了研究成果。但是大家还是没有达成统一意见，也自然无法启动衍生品交易。

在这个时期，德国重新建设金融衍生品市场的困难不仅仅限于法律层面的不确定性，以及作为标的的股票缺乏流动性，还在于当时的银行缺乏衍生品交易相关的专业人员。自从1931年德国限制衍生品交易以来，整整一代人没有再接触过衍生品。衍生品交易变成仅仅存

---

① 参考 Rudolph（1992），第315页。

在于书本上的知识，熟悉衍生品交易实务的专业人员十分缺乏。

1969年5月，专家委员会建议德国交易所首先引入股票期权交易。1970年7月1日，德国各交易所建立股票期权市场，标的为38只股票。德国首先推出股票期权而不是股票期货的原因是"期权交易的风险有限，投资者仅承担期权的权利金损失风险"。这一年，迈伦·斯科尔斯提出布莱克-斯科尔斯期权定价公式。但是，现代学者阅读约100年之前的衍生品定价文献，发现德国人早在1908年就提出了与布莱克-斯科尔斯期权定价公式非常类似的定价方法，说明当时德国金融市场的期权定价方法已经非常接近现代的方法，期权交易也非常活跃。联邦德国重新上市股票期权产品之后，交易量一直很低。1970—1981年，股票期权的交易量仅占同时期股票交易量的1.35%。或许是因为德国人尊重传统，这次联邦德国重新上市的股票期权采取约100年之前的交易方法，其主要特点包括流动性分散于德国8个交易所，依赖经纪人撮合，实行场内喊价交易，衍生品和股票在同一个交易所交易以及合约缺乏标准化。

联邦德国存在8个交易所。20世纪70年代，法兰克福和杜塞尔多夫交易所居于领先地位，但并没有与其他区域交易所拉开显著的差距。德国交易所的整合还有较长的路要走，直到20世纪90年代证券交易电子化之后才基本解决。在股票期权重新上市之际，自然也不能只在某个交易所上市，而是所有的交易所"雨露均沾"。这种做法不可避免地将流动性分散到各个交易所，但在当时的环境之下，人们找不到更好的解决方法。

股票期权的交易与约100年之前一样依赖经纪人撮合。另外，这个时期发行上市的期权实际上是权证。发行人创设期权之后，留给二级市场交易，而发行人在期权到期行权时才能平掉头寸。在二级市场交易之中，交易所并没有设计专门的做市商，而是依赖经纪人撮合期权买方和卖方。更离谱的是，期权市场没有中央对手方，期权买方如果行权，必须去找期权卖方，两两协商行权事宜。让市场更加复杂的是，期权合约没有标准化，期权买卖双方可以选择或商定任何一个交割日期以及行权价格。如此设计的市场甚至不如约100年前的德国金融衍生品市场。

期权合约的估值也存在诸多问题。据一份针对13 000张期权合约的调研报告，约80%的期权合约都存在严重的定价错误。似乎德国人已经将祖辈的衍生品交易和定价技巧都遗忘了。

这个时期的股票期权市场无疑是失败的，甚至被媒体批评为"业余者的杰作"，"集齐了失败的衍生品市场的所有要素"。现代学者似乎忘却了这段失败的德国股票期权市场历史，特别是由于被20年之后欧洲期货交易所的辉煌和光芒掩盖，这段灰暗的历史更没有人提了。但是，这段历史对德意志衍生品交易所的成功起了铺垫作用。经历近20年的期权市场试验，德国人终于明白如何建设一个成功的金融衍生品市场，并且将其付诸实施。

关于德国金融期权市场起步艰难的原因，法律层面和制度层面的因素更值得关注。20世纪七八十年代，德国法律不允许衍生品合约的交易者从事价差交易。衍生品合约签订之后，交易者只能在市场找到交易对手方平仓或者持有到期行权。由于没有中央对手方，交易双方必须承担对方的违约风险，以至于衍生品交易难以找到对手方。德国法律以最终交割或者行权作为衍生品合约交易的目的，极大地限制了衍生品市场发挥风险管理功能。德国法律也将衍生品交易视为与赌博类似的活动，衍生品交易者向另一方索赔或者提起诉讼时经常遭遇困难。此外，个人无法参与衍生品交易。解决这些制度层面的障碍需要修改相应法律，这样才能为德国衍生品市场发展开辟出一条道路。

中央对手方的缺失也是重要原因。德国股票期权市场仍旧采用约100年前的交易机制，通过经纪人居中撮合，没有中央对手方。于是，德国股票期权市场无法形成一个富有流动性的二级市场。19世纪末，德国率先发展出衍生品的集中清算机制。不久之后，英国伦敦农产品清算所和美国芝加哥期货交易所发展出中央对手方清算技术。之后约100年，德国期权市场却由于衍生品交易禁令而停止了发展。直到1970年德国股票期权市场重启之时，也没有引入中央对手方清算制度。

德国股票期权市场尽管发展得不顺利，却像排雷行动，使德国人把可能影响衍生品市场发展的负面因素都排查清楚，为德意志衍生品交易所的成功创造了条件。

20世纪80年代末期，外部竞争压力促使德国审视金融衍生品市场的功能。为了捍卫金融定价权，德意志联邦银行终于旗帜鲜明地支持法兰克福金融中心建设，应对来自伦敦的竞争压力，并推动德国快速修改《交易所法》，允许电子化交易，消除不利于衍生品市场的法律法规，并集中德国的金融力量建立德意志衍生品交易所，与英国和法国展开竞争。

德国金融监管的独特之处

长期以来，德国各交易所一直分别由各城市或州政府监管。金融市场没有一个统一的专业监管机构，直到1995年德国成立专业的证券监管机构。与英美相比较，德国拥有相当久远的金融监管历史，甚至可以说金融监管伴随着交易所的诞生而产生，伴随着交易所的发展而演变。在现代，德国金融监管体制的独特性体现在如下方面。

首先，德国的州政府对交易所实施主体监管，而联邦金融监管局对金融市场的参与者实施行为监管。州政府的监管职责来源于几百年的历史传统。英美等发达国家都没有这个传统。在现代，州政府依然对法兰克福证券交易所主席乃至德意志交易所的首席执行官拥有任命权。也是由于这个原因，尽管美国机构投资者是德意志交易所的主要股东，但是德意志交易所的历任首席执行官仍然是德国人。

其次，德国监管框架和法律体系不区分现货和衍生品业务。《交易所法》和《证券交易法》都同时涉及证券现货市场和期货市场。现货和衍生品交易也同时在一家交易所进行。20世纪80年代之前，德国并没有独立的衍生品交易所。德意志衍生品交易所在特殊历史背景之下设立，但并没有长期独立运营，很快并入德意志交易所集团。而美国证券交易委员会和期货交易委员会分别监管证券市场和期货市场。在英美模式下，证券交易所和期货交易所各自独立创设和发展。只是近20年，全球交易所行业整合之后，英美等国才产生集合现货和期货的交易所集团。

最后，交易所与德国监管机构的配合非常紧密。历史上，交易所的交易规则一直由市政府批准。按照1896年的《交易所法》，州政府可以委派证券专员入驻交易所，以配合州政府对交易所实施现场监管。在现代，德国交易所的行政机关，包括理事会、管理层、交易监察办公室以及制裁委员会负责人的任命都需要州政府同意。并且，管理层、交易监察办公室和制裁委员会成员都由交易所运营商发放工资，也与交易所运营商一起办公，相当于常驻在交易所内部。这些行政人员直接向监管机构汇报，而不受交易所运营商首席执行官的管理。或者说，德国的交易所、交易所运营商和监管机构合作紧密，按照法律分享监管权力。与德国不一样，英美的交易所与监管机构是被监管和监管关系。

第三条金融之路

《伟大的博弈》讲述了在一个自由市场中，不管博弈过程如何肮脏、卑鄙，长期而言，那只"看不见的手"将发挥作用，将资源配置到所需要的地方，并创造一个伟大的金融帝国。本书讲述了另一个版本的金融博弈：在这个自由市场之中，存在一个公共利益导向的监管机构，博弈者出于共同的利益，不仅相互竞争也相互合作，监管机构则对市场危机做出反应，不断调整金融监管政策。这个博弈的过程更加平稳，危机不会频繁发生，并且博弈结果往往是出现领先的制度创新或基础设施创新。

德意志金融之路的3个特点

德意志金融之路讲述了一个公共利益导向的监管机构以及一群存在合作倾向的博弈者之间互动的故事。与英美自由金融模式相比较，德意志金融之路具有3个明显的特征。这些特征伴随着德意志金融演变的整个过程。

首先，市场监管紧密互动。在德意志金融历史上，每一次制度出台或者规则修订都是市场机构和监管机构互动或合作的结果。1585年的官方钱币兑换价格表由大商人提议，法兰克福市政府认可，然后政府颁布法令规定所有商人必须使用官方价格表的价格进行结算。1652年法兰克福市政府按照商人的建议成立专门的委员会，研究汇票交易规则。14年之后，法兰克福颁布第一部交易所规则。官方汇票价格表和官方债券价格表与官方钱币兑换价格表一样都由商人提出，市政府研究之后确定。特别是官方债券价格表的博弈，涉及经纪人的利益，

19世纪中叶法兰克福最终设立了公法性质的经纪人委员会，将经纪人纳入监管，此后经纪人无法再轻易地修改法律法规。1873年德国股灾之后，德国社会、金融市场和政府开展一场资本市场大讨论，总结德意志统一之后实行的金融自由化政策以及探讨交易所改革的必要性。1891年，德国政府决定成立证券交易委员会，调查研究证券交易和交易所相关法律事务，起草《交易所法》。德国版本的证券交易委员会比美国早约40年，资本市场相关法律也早约40年。或许美国的证券交易委员会和《证券交易法》某种程度上参考了德国的经验。经历两次世界大战之后，德国资本市场发展相对落后。但到20世纪80年代末，德国面对来自英国的竞争压力，市场机构与监管机构再次紧密合作，短短3年之内修改《交易所法》，组建德意志衍生品交易所，成立德意志结算股份有限公司，改革法兰克福证券交易所，最后再整合成德意志交易所集团。市场与监管的紧密互动是德意志金融之路400多年的传统和特点。在现代，多数西方国家都采取类似德意志模式的做法，然而20世纪之前的英国和美国金融市场却并非如此。

其次，公私利益相互协调。在英美金融市场上，各机构都追求私人利益。但在德意志金融历史上，却存在公共利益导向的机构，为金融市场发展提供更多的协调渠道和博弈场所。法兰克福市政府作为监管机构，自然追求公共利益，如促进地区商贸繁荣和维护集市有序运行。19世纪初，法兰克福成立商会，商会部分取代原先市政府的经济职能，成为一个公共利益导向的半官方机构。商会运营交易所，也让交易所拥有公共利益导向的特性。经过约100年的金融演进，法兰克福逐渐产生经纪人委员会，以法律形式确定经纪人委员会的职能和责任。如此，伦敦等地的经纪人掌握和控制着交易所，基本不受议会或政府的监管，而法兰克福却将经纪人纳入严格监管之下，使交易所仍然具有开放金融市场的特征。在这个演进过程之中，公共利益导向的商会和其他相似机构发挥了重要作用。19世纪下半叶，德意志地区审批股份制银行时，也往往要求该银行提供有关经济职能等方面的说明。1870年德国放松股份有限公司的审批程序之前，只有那些服务于公共利益的股份制银行可以获得政府批准。在近代，公共利益导向仍然是部分重要金融机构成立的条件，比如德意志衍生品交易所的成立目的之一是夺回德国国债期货定价权。1990年，德国推进法兰克福证券交易所的公司制改革，目的之一是提高交易所的竞争力，以便应对来自伦敦的竞争威胁。这些目标都不是纯粹以金钱衡量的私人利益。

最后，竞争合作有机结合。德意志地区的金融机构存在悠久的合作历史和稳固的合作基础。商人银行脱胎于德意志地区各集市之中的商人，而商人自从中世纪晚期就一起参与汇票交易和清算。当时，集市的汇票采取环形清算技术，这使商人形成相互合作的传统。每年，商人们在各个集市流转，参与各集市的汇票清算，形成横跨整个德意志地区乃至欧洲的业务网络。私人银行起源于商人，由商人银行缓慢演变而来，其继承了前人的合作传统，甚至德意志地区很多商人家族通过联姻等形式结成更紧密的联盟，共同对抗可能的风险。私人银行合作成立股份制银行，其中德意志银行由德意志统一前夕近百家私人银行共同设立。私人银行也一起投资工业企业或铁路公司。德意志地区每家铁路公司背后都站着数量不等的私人银行。私人银行还组建结算银行，处理各地的无现金支付、证券结算以及衍生品集中清算等。20世纪，德国银行业进行了几轮合并，私人银行在金融市场的地位逐渐被股份制银行取代。联邦德国成立之后，德国的股份制银行之间也存在较强的合作倾向，比如1989年德国五大银行共同推动成立德意志衍生品交易所。德意志结算股份有限公司以及德意志银行也都是由德国五大银行牵头，联合德国各中小银行成立。

金融演变的路径依赖

路径依赖是经济金融演化的重要特征，最初由保罗·戴维在研究技术创新时提出。[①] 最知名的例子是罗马战车由两匹马拉动，而马屁股的宽度成为战车的轮距标准，后者又决定了两根铁轨的间距。现代的隧道、火箭助推器等都与铁路运输有关，以至于隧道宽度、火箭助推器宽度等都间接由铁轨间距决定。路径依赖的技术演进说明，现代世界的运输系统设计早在2 000多年前便由两匹马屁股的宽度决定了。

金融产品、金融机构和金融监管的演变都遵循路径依赖。金融演变的路径依赖表现出自我强化的倾向，以及受环境影响而发生的基因突变。金融机构和金融监管在这两种力量的作用之下逐步演变。现代各国金融体系的演变还存在趋同趋势，因为某国金融演变可能改变市场竞争环境，进而影响其他国家金融机构或金融监管的演变。

德意志金融之路的起点与英国不同。以法兰克福作为例子，法兰克福集市之中的商人聚会，特别是钱币、汇票的交易和结算活动逐步演化成交易所雏形。集市最初由神圣罗马帝国皇帝授权举办，带着公益性质。自诞生之初，集市和交易所都意味着"市场"或"商人聚会"，并没有一家独立运营的机构的概念。法兰克福市政府有义务维护集市的有序举办，解决商人们在集市上的纠纷。当集市演变成交易所时，法兰克福市政府也自然是交易所的监管者。商人们遇到问题时，他们也自然寻求市政府的支持或裁决。市政府发布法令认可官方价格表时，同时授权大商人团体编制和发布官方价格表，大商人团体

---

① 参考保罗·戴维所著的《技术选择、创新和经济增长》一书。

成为最初的交易所运营商。这个时期，法兰克福的交易所和交易所运营商就具备相互分离的雏形，但没有明确的规定，也没有清晰的法律界定。

随着时间的推移，法兰克福交易所沿着既定的路径不断演变，与伦敦的差异越来越明显。1808年，法兰克福成立商会，代替大商人团体运营交易所，标志着法兰克福交易所向公法性质的交易所迈出关键一步，这同时强化了交易所与交易所运营商相分离的制度设计。19世纪中叶之前，交易所一直是地理代称或者金融市场的代称，还不是一个法律机构。1851年，法兰克福经纪人委员会以交易所的名义公布官方价格表，标志着交易所作为一个独立机构登上舞台。但这个交易所不是一个私营性质的机构。法兰克福新的《交易所规则》明确了交易所的法律特性，进一步确定了交易所和交易所运营商的"二元结构"。1896年，德国颁布《交易所法》，从法律角度定义了交易所和交易所运营商，确认交易所是服务于公共利益的公法机构，并且需要经过德国政府的批准。

从1585年到1990年，经过400多年的演进，法兰克福集市最终演变成公法特性的法兰克福证券交易所，由法兰克福商会运营。在这个过程之中，交易所的各项特征不断强化，最终以法律的形式明确。与德意志金融之路相反，伦敦证券交易所却不断强化私营特征，成为一家由会员运营、控制和管理的封闭式会员制交易所。两种交易所模式都在各自演变路径上不断强化。

20世纪80年代末，交易所行业的环境发生了百年不遇的变化。电子化交易开始崛起，伦敦金融大爆炸给德国造成显著的竞争压力，各类金融衍生品不断创新。在这种背景之下，德国各交易所面临严峻的竞争威胁。为了提高交易所的市场竞争力，德国引入股份有限公司，让其担任交易所运营商，以代替此前公法性质的交易所运营商，即各地商会。这是法兰克福证券交易所演变过程之中的一次基因突变，也是法兰克福证券交易所应对环境改变而做出的反应。但是，这次改革仍然没有改变交易所的公法特性，以及服务于公共利益的目标设定，只是交易所运营商成为一家以营利为目的的私营商业机构。如此，德国较好地协调了交易所和交易所运营商的目标导向以及法律特征，形成了一个独特的"一体两面"交易所组织结构。

德国的主流金融机构——银行经历了从商人、商人银行到私人银行以及股份制银行的演变。整个过程与交易所密切相关。结合交易所演变的各个阶段，我们也能更好地了解金融机构演变的路径依赖。16世纪，商人是法兰克福集市的主要参与者。随着汇票交易越来越频繁，部分商人开始为其他商人提供汇票交易服务，也即最初的金融业务。这些商人随着时间的推移，逐步将汇票交易、投融资等而不是商品贸易作为主要业务来经营，于是这些商人演变成商人银行。18世纪下半叶，债券被引入法兰克福之后迅速获得德意志各王国的青睐。经纪人、商人银行以及钱币兑换商在债券市场发展之中参与债券发行和债券交易，逐步演变成专门从事这类投资银行业务的私人银行。随着法兰克福快速发展成欧洲重要的债券发行中心，这些私人银行也成为德意志乃至欧洲地区实力强大的投资银行。19世纪下半叶，私人银行无法满足大额融资需求，部分项目也不适合发行股票或债券，于是私人银行纷纷合作成立规模更大的股份制银行，通过股票发行募集资本。股份制银行进一步推动金融市场的发展，也逐渐与德意志地区的私人银行形成竞争，导致后者不断衰落。经过多次整合，德国股份制银行逐渐形成目前的格局，即5家大型银行主导的银行体系。

金融创新和制度创新

需求是创新之母。地中海贸易时期的意大利北部和大西洋贸易时期的荷兰地区金融创新最活跃，因为贸易商需要处理各类风险，生存的压力成为金融创新的原始动力。德意志地区除汉堡之外基本没有面向大洋的良港，金融创新也多数由境外输入，比如汇票来自意大利北部城邦，债券、股票和衍生品都来自荷兰阿姆斯特丹。

德意志地区的债券发行技术借鉴阿姆斯特丹，债券从集市贷款演化而来。尽管集市贷款与债券的性质不一样，但两者存在诸多相似性。一旦法兰克福地区出现大额融资需求，集市贷款的生态环境就成为债券市场发展的土壤。早在16世纪法兰克福就存在集市贷款，集市贷款本身脱胎于汇票。与汇票一样，集市贷款也主要流通于商人之间，用于解决资金的短期融通问题。这类贷款非常标准化，期限基本为半年，比如春季集市融资、秋季集市还款，金额也是1 000古尔登的整数倍。集市贷款与债券类似，可以在市场流通和交易。18世纪下半叶，欧洲列强竞争加剧，德意志各王国陷入财务困境，集市贷款开始演化成债券，以满足各国的融资需求。当时，奥地利等德意志王国产生大额融资需求，传统贷款无法满足，法兰克福私人银行从阿姆斯特丹引入债券发行技术，逐渐发展出债券市场。法兰克福的早期债券也带着明显的集市贷款痕迹。德意志各王国的大额融资需求，是法兰克福发展出债券市场的基础。

法兰克福产生股票的过程也类似。早在中世纪晚期，法兰克福集市时期就存在库克票。库克票是一种权益凭证，拥有分红权，也可以自由流通和交易。在一般情况下，德意志地区的矿产开采企业发行库克票。库克票与股票的最大区别是，其是一种无限责任企业组织的股权凭证。一旦矿产开采需要额外资金，库克票持有者有义务继续注资。长期以来，库克票可以满足这些企业组织的融资需求，也是集市的投资产品，尽管数量较少。但是，库克票是一种无限责任的股权凭证，只能在矿产企业周边流通，并且只有非常熟悉企业的商人和其他个人才会购买，流动性自然也很差。直到银行和铁路的大额融资需求兴起之后，法兰克福才陆续出现股票。相对于无限责任的库克票，有限责任的股票可以将社会闲散资金集中起来，满足大额融资需求。普鲁士曾试图创建类似于东印度公司的海外贸易企业组织，也通过股票发行而融资，但没有像英国和荷兰那样取得成功。

在金融产品创新领域，德意志地区显著落后于英国。但是，落后的德意志地区却产生了更先进的金融基础设施。据相关文献，最早的衍生品清算机构产生于德国柏林，甚至证券结算和托管也最早在德国产生。1869年，柏林成立了一个清算协会，用于清算柏林交易所达成的衍生品合约。这个协会由柏林结算银行运营。柏林结算银行创设了中央结算处，位于柏林交易所交易大厅，为衍生品交易双方提供清算服务。这样，买卖双方从两两协议之中解放出来，双方达成交易之后一起到中央结算处登记。然后，任意一方拟平仓，不必再找原先的交易对手，任何市场参与者都可以与他平仓。中央结算处发挥了集中清算的职能。

集中清算大幅降低了衍生品交易参与者的结算量，但是合约到期后还是需要实物交割，即钱券兑付。每个月两次交割带来的证券结算困扰着衍生品交易参与者。作为一种解决方案，柏林结算银行为衍生品交易参与者保管衍生品合约对应的股票，并出具股票持仓单据。这个持仓单据得到清算协会的认可，可以用于交割。柏林商人希望能参考银行转账方式而降低证券结算的工作量。1882年1月5日，柏林结算银行提供证券账户服务。清算协会会员乃至其他投资者可以在柏林结算银行开设证券账户，用于证券结算，这样现金和证券两端都可以通过账簿记录的方式处理，大幅减少了纸质货币和证券的物理移动，也产生了股票集中托管的雏形。

为什么落后的德意志地区会产生更先进的金融基础设施呢？制度经济学认为，经济制度是经济长期增长的基本动因。制度创新的动力来自市场主体不断寻求降低交易成本的方法的努力。德国交易所依据公法而设立，并且以公共利益为导向，使得交易所参与者之间的协调成本更低，更容易在涉及公共利益的基础设施领域做出创新。1869年成立的柏林清算协会由衍生品交易的市场参与者组成。这些参与者都是衍生品市场的投资者或投机者，不仅包括经纪人，也包括私人银行和专业投资者等。柏林结算银行的股东是柏林众多私人银行。尽管其属于股份制银行，但其职责也包括实现促进柏林金融市场发展等公共目标。柏林交易所、柏林清算协会和柏林结算银行都带有服务于公共利益的特点，三者之间容易就衍生品清算达成一致。具体实施也没有增加额外成本，柏林交易所只需要在公开喊价场地旁边提供一张办公桌，将其作为中央结算处的办公地点，为买卖双方提供清算服务。集中清算反而为柏林结算银行创造了一个商业服务项目。反观英国，交易所内部难以为市场参与者提供清算服务，因为经纪人是伦敦证券交易所的会员，也是交易所拥有者和决策者。经纪人并没有直接动力去提供清算服务，而私人银行或者衍生品交易者之间没有较好的协调机制，也难以创建一种集中清算机制。英国其他市场机构或许参考了德国和法国的做法，把清算服务作为一种盈利模式在伦敦推出，这便是伦敦农产品清算所的诞生过程。

公共利益导向的机构内部协调阻力更小，以至于德国能屡屡在部分金融领域超过英国。20世纪80年代末，相似的事件再次发生。面对外部竞争压力和法兰克福金融中心建设的目标，德国金融界在德国监管机构的引导之下联合起来完成交易所改革、相关法律制定以及成立综合性交易所业务提供商——德意志交易所。这是全球第一个垂直型交易所集团，业务包括现货和衍生品的交易、清算、结算和托管等。德国再次在金融基础设施领域取得领先。德国在短短3年之内完成这一系列的改革。在英国和美国的自由竞争市场之中，这个速度是不可想象的。当然，这次交易所改革也延续了德国交易所的历史传统，如保留原先的交易所公法结构，但是把交易所运营商变成营利性的股份有限公司。至于原因，德国认为依据私法组建的交易所将使政府或者监管机构失去某种特权。[1]

这就是德意志金融之路，一种区别于英美自由金融市场的发展模式。

---

[1] 参考 Hopt 等（1997），第407页。

参考文献

Achterberg, Erich, 1974, *Historischer Rueckblick 1823-1945*, from *Die Deutschen Wertpapiersammelbanken* by Arbeitsgemeinschaft Deutscher Kassenvereine, Fritz Knapp VERLAG, Frankfurt am Main.

Aliber, Robert Z. and Kindleberger, Charles P., 2015, *Manias, panics, and crashes, a history of financial crises*, seventh edition, Palgrave Macmillan.

Baehring, Bernd, 1985, *Börse Zeiten, Frankfurt in vier Jahrhunderten zwischen Antwerpen, Wien, New York und Berlin*, Frankfurter Wertpapierbörse.

Baltzer, Markus, 2007, *Der Berliner Kapitalmarkt nach der Reichsgründung 1871: Gründerzeit, internationale Finanzmarktintegration und der Einfluss der Makroökonomie*, Lit Verlag, Berlin.

Baskin, Jonathan Barron and Miranti, Paul J., 1997, *A History of Corporate Finance*, Cambridge University Press.

Bayerische Hypotheken-Wechsel Bank, 1960, *125 Jahre Bayerische Hypotheken-Wechsel Bank*, Münich.

Berliner WertpapierBörse, 1985, *Berliner Börse 1685-1985*, Franz Spiller, Berlin.

Berliner Handelsgesellschaft, 1956, *Die Berliner Handels-Gesellschaft in einem Jahrhundert Deutscher Wirtschaft 1856-1956*, Berlin.

Bessler, Wolfgang and Book, Thomas, 2002, *Elektronischer Handel versus Präsenzhandel: Eine Untersuchung des Wettbewerbs von TerminBörsen am Beispiel des DM-Bund-Futures*, working paper, (1-24).

Bethmann Bank Hg., 2012, *Menschen, Ideen, Veränderungen*, F.A.Z.-Institute für Management-, Market-, und Medieninformationen GmbH, Frankfurt am Main.

Bethmann, Johann Philipp Freiherr von, 1873, *Bankiers sind auch Menschen: 225 Jahre Bankhaus Gebrüder Bethmann*, Societäts-Verlag.

Biggeleben, Christof, 2006, *Das "Bollwerk des Bürgertums": Die Berliner Kaufmannschaft 1870-1920*, Verlag C. H. Beck, München.

Book, Thomas, 2001, *Elektronischer Börsenhandel und globale Märkte: Eine ökonomische Analyse der Veränderungen an Terminbörsen*, Deutscher Universitätsverlag, Wiesbaden.

Born, Karl Erich, 1977, *Geld und Banken im 10. und 20. Jahrehundert*, Alfred Kröner Verlag, Stuttgart.

Bothe, Friedrich, 1911, *Aus Frankfurts Sage und Geschichte*, Verlag von Moriz Diesterweg.

Bowie, Karen, Die Rothschilds, 1994, *Die Eisenbahn und die städtebauliche Entwicklung von Paris im 19 Jahrhundert*, from *Die Rothschilds Beiträge zur Geschichte einer europäischen Familie*, edited by George Heuberger, Jan Thorbecke Verlag, Frankfurt am Main.

Bremer, Heinz, 1969, *Grundzünge des deutschen und ausländischen Börsenrechts*, Springer Verlag, Berlin, Heidelberg, New York.

Caleb, Raphael and Koch, Adolf, 1923, *Wie liest man einen Kurszettel*, Muthsche Verlagsbuchhandlung, Stuttgart.

Cameron, Rondo, 1963, *Banking in the Early Stages of Industrialization a Preliminary Survey*, Scandinavian Economic History Review, 11:2, 117-134.

Cantillony, Estelle and Yin, Pai-Ling, 2008, *Competition between Exchanges: Lessons from the Battle of the Bund*, working paper.

Cassis, Youssef, 2006, *Capitals of Capital: A History of International Financial Centres 1780-2005*, Cambridge University Press.

Chancellor, Edward, 1999, *Devil Take the Hindmost: A History of Financial Speculation*, Farrar, Straus and Ciroux, New York.

Deutsche Bank, 2008, *Deutsche Bank in China*, Piper Verlag, Munich.

Deutsche Bundesbank, 2020, *Special Exhibit-The German Economic Crisis of 1618 to 1623: the Kipper and Wipper period*, (bundesbank.de) https://www.bundesbank.de/resource/blob/616858/c9f00b1c6b274b002a213de7bb02b964/mL/the-german-economic-crisis-of-1618-to-1623-data.pdf.

Deutsche Börse, 2010, *1585–2010 Die Deutsche Börse Feiert Jubiläum-Eine Chronologie Effizienter Märkte*. https://www01.deutsche-Börse.com/dbg/dispatch/de/kir/dbg_nav/about_us/10_Deutsche_Börse_Group/50_Company_History.

Deutsche Bundesbank Frankfurt am Main, 1967, *Deutsche Taler*, Institut Giesecke & Devrient GmbH, München.

Diamond, Jared, 1997, *Guns, Germs, and Steel: the Fate of Human Societies*, W. W. Norton & Company, New York, London.

Dietz, Alexander, 1910a, *Frankfurter Handelsgeschichte*, Dritter Band, Verlag von Hermann Minjon, Frankfurt a.M.

Dietz, Alexander, 1910b, *Frankfurter Handelsgeschichte*, Erster Band, Verlag von Hermann Minjon, Frankfurt a.M.

Eberle, Gustav, 1974, *Die Weiterentwicklung des Deutschen Effektengirowesens nach dem Zusammenbruch 1945*, from *Die Deutschen Wertpapiersammelbanken* by Arbeitsgemeinschaft Deutscher Kassenvereine, Fritz Knapp VERLAG, Frankfurt.

Eckert, Christian, 1918, *Rothschilds Taschenbuch für Kaufleute ein Lehr und Nachschlagebuch der gesamten Handelswissenschaften in allgemein-verständlicher Darstellung*, Verlag für Handelswissenschaft, Leipzig.

Ehrenberg, Richard, 1883, *Die Fondsspekulation und die Gestzgebung*, Verlag von Julius Springer.

Ehrenberg, Richard, 1885, *Makler, Hosteliers und Börse in Bruegge vom 13. bis zum 16 Jahrhundert*, Deutsche Handelsrecht, Neue Folge, 15 Bd., S. 403 ff, Stuttgart.

Ehrenberg, Richard, 1896, *Zeitalter der Fugger, Band II, Die Weltbörsen und Finanzkrisen des 16. Jahrhunderts*, Verlag von Gustav Fischer, Jena.

Ehrenberg, Richard and translated by Lucas, H.M., 1928, *Capital and Finance in the Age of the Renaissance, a Study of the Fuggers and their Connections*, Jonathan Cape, London.

Ellger, Reinhard and Kalss, Susanne, 1997, *Börsen-und Kapitalmarketrecht des Vereinigten Koenigreichs*, from *Börsenreform: eine Oekonomische rechtsvergleichende und rechtspolitische Untersuchung*, Schaeffer-Poeschel Verlag, Stuttgart.

Elster, Ludwig/Weber, Adolf/Wieser, Friedrich, 1924, *Handwörterbuch der Staatswissenschaften*, zweiter Band, Verlag von Gustav Fischer, Jena.

Engel, Ernst, 1875, *Die erwerbsthätigen juristischen Personen im preussischen Staate, insbesondere die Actiengesellschaften*, Zeitschrift des Königlich Preussischen Statistischen

Bureaus, 15:449-536.

Erhard, Ludwig, 1964, *Franz Oppenheimer, dem Lehrer und Freund*, from *Gedanken aus fünf Jahrzehnten, Reden und Schriften*, hrsg.v. Karl Hohmann, Düsseldorf, 1988, S. 858-864.

Evers, James, 2017, *Aufstieg und Fall der "Königlich Preußischen Asiatischen Compagnie in Emden nach Canton und China",* Grin Verlag.

Fiedler, Teja, 2021, *1873 - wie ein Börsencrash die Gründerzeit beendet*, Das Capital on 13. Mai 2021, https://www.capital.de/wirtschaft-politik/die-grossen-wirtschafts-krisen-wie-ein-Börsencrash-die-gruenderzeit-beendet-47791/5.

Gazette du Grand-Duché de Francfort, *Journal de Francfort politique et littéraire*, Francfort: Bureau d'Expédition du Journal, 1794-1810; 1814-1834, 32. Download: http://publikationen.ub.uni-frankfurt.de/frontdoor/index/index/year/ 2009/docId/11473.

Glagau, Otto, 1882, *Der Börsen-und Gruendungs-Schwindel in Berlin*, Nachdruck.

Goetzmann, William N., 2016, *Money Changes Everything: How Finance Made Civilization Possible*, Princeton University Press, Princeton and Oxford.

Gömmel, Rainer, 1992, *Entstehung und Entwicklung der EffenktenBörse im 19. Jahrhundert bis 1914*, from *Deutsche Börsengeschichte*, Fritz Knapp Verlag, Frankfurt am Main.

Göppert, Heinrich, 1914, *Über das Börsentermingeschaeft in Wertpapieren*, Verlag von Julius Springer, Berlin.

Gorham, Michael and Singh, Nidhi, 2009, *Electronic Exchanges: The Global Transformation from Pits to Bits*, Elsevier.

Guinnane, Timothy W., 2001, *Delegated Monitors, Large and Small: The Development of Germany's Banking System, 1800-1914*, Center Discussion Paper, No. 835, Yale University, Economic Growth Center, New Haven, CT.

Hafner, Wolfgang and Zimmermann, Heinz（Hrsg.）, 2009, *Vinzenz Bronzin's Option Pricing Model. Exposition and Appraisal*, Berlin.

Handelskammer zur Frankfurt am Main., 1908, *Geschichte der Handelskammer zu Frankfurt a.M. (1707-1908)*, Beiträge zur Frankfurter Handelsgeschichte, Verlag von Joseph Bär & Co., Frankfurt am Main.

Hein, Dieter, 2008, *Vom Finanzplatz zur Industriestadt: Frankfurt 1871-1914*. In: "Der Flor der hiesigen Handlung" — 200 Jahre Industrie- und Handelskammer Frankfurt am Main, edited by Plumpe, Werner and Rebentisch, Dieter, Societäts-Verlag, Frankfurt am Main.

Hennessy, Elizabeth, 2001, *Coffee House to Cyber Market: 200 Years of the London Stock*

Exchange, Ebury Press.

Henning, Friedrich-Wilhelm, 1992, *Börsenkrisen und Börsengesetzgebung von 1914 bis 1945 in Deutschland*, from *Deutsche Börsengeschichte*, Fritz Knapp Verlag, Frankfurt am Main.

Heuberger, Georg, 1994a, *Die Rothschilds Beitraege zur Geschichte einer europaeischen Familie*, Band 2, Jan Thorbecke Verlag, Frankfurt am Main.

Heuberger, Georg, 1994b, *Die Rothschilds Eine europäische Familie*, Jan Thorbecke Verlag, Frankfurt am Main.

Hock, Otto, 1927, *Das Maklerwesen an der WertpapierBörse zu Frankfurt am Main.*, Inaugural-Dissertation zur Erlangung der Doktorwuerde der Wirtschafts-und Sozialwissenschaftlichen Fakultät der Universitaet Frankfurt am Main.

Holtfrerich, Carl-Ludwig, 1999, *Frankfurt as a Financial Centre, from Medieval Trade Fair to European Banking Centre*, Verlag C.H. Beck, Münich.

Hopt, Klaus J. /Rudolph, Bernd /Baum Harald, 1997, *Börsenreform: eine Oekonomische rechtsvergleichende und rechtspolitische Untersuchung*, Schaeffer-Poeschel Verlag, Stuttgart.

Imo, Christian, 1988, *Börsentermin-und Börsenoptionsgeschaefte,* Band I, Gabler Verlag, Wiesbaden.

Jacks, D., 2007, *Populists Versus Theorists: Futures Markets and the Volatility of Prices*, Explorations in Economic History, Elsevier, 44: 2, 342-362.

Jaskulla, Ekkehard M.,1995, *Die Einführung derivative Finanzinstrumente on den deutschen Wertpapierbörsen als Regelungsproblem*, Peter Lang Europäischer Verlag der Wissenschaft.

Jordan, Jim, 2017, *The Queen's Merchant—The Life and Times of Sir Thomas Gresham*, Lulu.com. https://books.google.de/books?id=UrcQDgAAQBAJ&pg=PT21&lpg=PT21&dq=william+dansell+merchant&source=bl&ots=gsXHm3XY58&sig=ACfU3U2AB37vF0ekf72r--r_NHCrOhDJYw&hl=en&sa=X&ved=2ahUKEwj5tJGO67zuAhWS-aQKHXpbA4oQ6AEwEHoECBEQAg#v=onepage&q&f=false.

Lehmann-Hansemeyer, Sibylle and Wahl, Fabian, 2021, *The German Bank–Growth Nexus Revisited: Savings Banks and Economic Growth in Prussia*, Economic History Review, 74: 1, 204–222.

Lotz, Walther, 1888, *Geschichte der Deutschen Notenbanken bis zum Jahre 1857*, Inaugural-Dissertation bei der Kaiser-Wilhelms-Universität Strassburg, Dunder & Humblot,

~d ihre Einwanderer: 700 Jahre Migrationsgeschichte in Frank-
.ag. https://books.google.de/books?id=ENRwAgAAQBAJ&p
  ...dq=kupferspekulation+Frankfurt&source=bl&ots=x4rZOqvDOE
   .J09xkoYljILoc6W1_-CotzgYmA32A&hl=en&sa=X&ved=2ahUKEwi41
    .rHuAhWN2BQKHVKMBV0Q6AEwEnoECAYQAg#v=onepage&q&f=false.

.mold, Karl Heinrich, 1992, *Der Übergang zu Fonds-und Wechselbörsen vom ausgehenden 17. Jahrhundert bis zum ausgehenden 18. Jahrhundert*, from *Deutsche Börsengeschichte*, Fritz Knapp Verlag, Frankfurt am Main.

Kiehling, Hartmut, 1991, *Kursstürze am Aktienmarket*, Deutsche Taschenbuch Verlag.

Kindleberger, Charles P., 1984, *A Financial History of Western Europe*, George Allen & Unwin, London.

Klarmann, Norbert G., 1978, *Unternehmerische Gestaltungsmöglichkeiten des Privatbankiers im 19. Jahrhundert* (dargestellt am Beispiel des Hauses Erlanger Söhne). In: Bankherren und Bankiers, edited by Hofmann, Hanns Hubert, P. 27-43, C.A. Starke Verlag.

Kleeberg, John M., 1988, *The Disconto-Gesellschaft and German Industrialization: A Critical Examination of the Career of a German Universal Bank 1851-1914*, Oxford University Research Archive.

Klein, Ernst, 1982, *Deutsche Bankengeschichte Band 1: von den Anfängern bis zum Ende des alten Reuches (1806)*, Fritz Knapp Verlag, Frankfurt am Main.

Koch, Rainer, 1991, *Brücke zwischen den Völkern — zur Geschichte der Frankfurter Messe*, Band III, Union Druckrei und Verlag, Frankfurt am Main.

Kocka, Jürgen, 1975, *Unternehmer in der deutschen Industrialisierung*, Kleine Vandenhoeck-Reihe, No. 1412, ISBN 3-525-33381-1, Vandenhoeck & Ruprecht, Göttingen.

König, Sonja, 2021, *Von China nach Ostfriesland, Das de Pottere-Porzellan in der Ostfriesischen Landschaft und die Königlich Preußisch-Asiatische Handlungs-Compagnie von Embden auf China*.

Kriesewetter, Hubert, 1989, *Industrielle Revolution in Deutschland 1815-1914*, Suhrkamp Verlag, Frankfurt am Main.

Kuhlen, Heinrich, 1938, *Die Wandlung in der Rechtsnatur des Kuxes*, Inaugural Dissertation Universitaet Koeln, Dissertation Drukerei Heinr. & J. Lecht.

Lesser, Ludwig, 1844, *Zur Geschichte der Berliner Börse und des Eisenbahnaktien-Handels*,

Verlag von Carl J. Klemann.

Mella, Frank, 2018, *Wie der DAX Entstand*. Download from https://www.frank-mella.de/wp-content/uploads/2018/12/Wie-der-DAX-entstand-Stand-2018.2.pdf.

Merkt, Hanno, 1997, *Zur Entwicklung des deutschen Börsenrechts von den Anfängen bis zum Zweiten Finanzmarktförderungsgesetz*. In: Hopt, J. Klaus / Rudolph, Bernd / Baum, Harald（eds）Börsenreform Eine ökonomische, rechtsvergleichende und rechtspolitische Untersuchung, P.17-142, Schaffer Poeschel Verlag, Stuttgart.

Meseure, Sonja Anna, 1987, *Die Architektur der Antwerpener Börse und der europäische Börsenbau im 19. Jahrhundert*, S.A. Messure and scaneg Verlag, München.

Meyer, Oscar, 1907, *Die Börse Giftbaum oder nationales Wirtschaftsinstrument? Eine Eröterung zur Börsenreform*, Berlin-Schöneberg Buchverlag, Berlin.

Meyer, Winrich, 2001, *Die deutschen Kapitalmärkte im Konzept einer Globalen Entwicklung im 19.Jahrhundert mit einem Bezug zur Gegenwart*, Inaugural-Dissertation zur Erlangung der Doktorwürde der Philosophischen Fakultäten der Albert-Ludwigs-Universität zu Freiburg.

Miehe, Martin, 2000, *Die brandenburg-preußischen Ostindienkompanien und ihr Scheitern*, Grin Verlag.

Mitchell, Brian, 1992, *International Historical Statistics Europe 1750-1988*, Palgrave Macmillan.

Morgan, E. Victor and Thomas, W.A., 1969, *The London Stock Exchange its History and Functions*, St. Martin's Press, New York.

Mueller-Jabusch, Maximillianm, 1940, *Fünfzig Jahre Deutsche-Asiatische Bank 1890-1939*, Berlin.

Ohmeis, Stefan, 2007, *Einblicke: Geschichee und Geschichten über das Bankhaus Metzler und die Familie von Metzler in Frankfurt am Main*, B. Metzler seel. Sohn & Co., Frankfurt am Main.

Oppenheimer, Franz, 1938, *Das Kapital Kritik der Politischen Ökonomie*, A.W. Sijthoff's Uitgeversmij N.V., Leiden.

Petram, Lodewijk, 2014, *The World's First Stock Exchange*, translated by Lynne Richards, Columbia Business School.

Pinner, Felix, 1937, *Die Grossen Weltkrisen*, Max Niehans Verlag, Zurich and Leipzig.

Pirrong, Craig, 2005, *Bund for Glory or It's a Long Way to Tip a Market*, Houston 2005,

(1-55).

Plumpe, Wener, 2009, *Lehren aus dem Gründerkrach*, Spiegel Geschichte, 2009（4）.

Plumpe, Wener and Rebentisch, Dieter, 2008, *Der Flor der hiesigen Handlung — 200 Jahre Industrie- und Handelskammer Frankfurt am Main*, Societäts Verlag, Frankfurt am Main.

Pohl, Manfred, 1986, *Hamburger Bankengeschichte*, v. Hase und Koehler Verlag, Mainz.

Remien, Oliver, 1997, *Niederlendisches Börsenrecht und Amesterdamer Börse*. In: Hopt, Klaus J. / Rudolph, Bernd / Baum, Harald（eds）Börsebreform eine Ökonomische, rechtsvergleichende und rechtspolitische Untersuchung, P.1092-1165, Schaeffer-Poeschel Verlag, Stuttgart.

Richter, Katrin, 2020, *Die Medien der Börse eine Wissensgeschichte der Berliner Börse von 1860 bis 1933*, Lukas Verlag.

Riesser, Jacob, 1912, *Die Deutschen Großbanken und ihre Konzentration im Zusammenhang mit der Entwicklung der Gesamtwirtschaft in Deutschland*, Verlag von Gustav Fischer, Jena.

Roberds, William and Velde, François R., 2014, *The Descent of Central Banks (1400–1815)*. In: Of the Uses of Central Banks: Lessons from History, at Norges Bank 2014 conference, working paper of Federal Reserve Banks of Atlanta and Chicago.

Rudolph, Bernd, 1992, *Effekten-und Wertpapierbörsen, Finanztermin-und Devisenbörsen seit 1945*, from *Deutsche Börsengeschichte*, Fritz Knapp Verlag, Frankfurt am Main.

Samuel, Ludwig, 1924, *Die Effktenspekulation im 17. Und 18. Jahrhundert: Ein Beitrag zur Börsengeschichte*, Industrieverlag Spaeth & Linde, Berlin.

Schiebe, August und Brentano, Heinrich, 1877, *Die Lehre von den Wechselbriefen mit Berücksichtigung der historischen Entwickelung und der ausländischen Gesetzgebung*, JM. Gebhartd's Verlag, Leipzig.

Schmidt, Hartmut, 2011, *Die Entstehung der Deutschen Terminbörse und der Deutsche Börse AG,* Stand: 28.04.2011.

Schnorr, Tanja, 2000, *Deutsche Erfahrungen als Beitrag zum Statut der Europäischen Aktien-gesellschaft 1991*, Inaugural-Dissertation at Bayerischen Julius-Maximilians-Universität Würzburg.

Schubert, Werner, 2017, *Vom Konzessions- zum Normativsystem Materialien zur Aktienre-chtsnovelle 1870*, Walter de Gruyter, Berlin.

Schulte, Arnd Axel, 1995, *Die Regulierung der deutschen Effektenbörsen: eine Analyse staatlicher Massnahmen im deutschen Börsenwesen seit der Waehrungsreform*, Europäscher Verlag der Wissenschaften Frankfurt am Main.

Schumpeter, Joseph A., 1954, *History of Economic Analysis*, Routledge, London.

Seidenzahl, Fritz, 1970, *100 Jahre Deutsche Bank 1870-1970*, Hans Henning van Dorp, Duesseldorf.

Seikel, Daniel, 2013, *Der Kampf um öffentlich-rechtliche Banken: Wie die Europäische Kommission Liberalisierung durchsetzt*, Schriften aus dem Max-Planck-Institut für Gesellschaftsforschung Köln, No. 77, Campus Verlag, Frankfurt am Main.

Skrodzki, Bernhard/ Bellach, Hannelore/ Mann, Bodo and Thiele Herbert, 1955, *Berlin – seine Wirtschaft und die Börse im Spiegel der Zeiten*, Adolph Fuerst & Sohn, Berlin.

Smith, B. Mark, 2004, *A History of the Global Stock Market: From Ancient Rome to Silicon Valley*, The University of Chicago Press.

Steinmetz, Greg, 2016, *The Richest Man Who Ever Lived: The Life and Times of Jacob Fugger*, Simon & Schuster.

Swan, J. Edward, 1999, *Building the Global Market: A 4000 Years History of Derivatives*, Kluwer Law International.

Sylla, Richard, 2009, *Comparing the UK and US Financial Systems, 1790-1830*, In: The Origins and Development of Financial Markets and Institutions: from the Seventeenth Century to the Present, edited by Atack, Jeremy and Neal, Larry, Cambridge University Press.

Tanner, Jakob, 2014, *Zwischen Spekulationsblase und Crash: Die Börse als kultureller Ort*, In: Thomas Forrer, Angelika Linke（Hg.）, Wo ist Kultur? Perspektiven der Kulturanalyse, Zürich, S. 95-125.

Teichova, Alice/ Hentenryk, Ginette Kurgan-van/ Ziegler, Dieter, 1997, *Banking, Trade and Industry: Europe, America and Asia from the Thirteenth to the Twentieth Century*, Cambridge University Press.

Till, Hilary, 2015, *Case Studies on the Success or Failure of Futures Contracts*, Journal of Governance and Regulation, 4(3).

Ullmann, Hans-Peter, 2009, *Staat und Schulden: Die Geschichte der öffentlichen Finanzen in Deutschland seit dem 18. Jahrhundert*, Vandenhoeck & Ruprecht.

Ullmann, Hans-Peter, 2011, *Gebr. Bethmann und die Österreich-Anleihe von 1778: Die Inhaberschuldverschreibung revolutioniert den Frankfurter Kapitalmarkt – Neue Technik der öffentlichen Verschuldung*, Börsen-Zeitung Nr. 210, Dienstag, 1. November 2011.

Van Dillen, Johannes Gerard, 1964, *Bloeitijd der Amsterdamse Wisselbank 1687-1781*. In: Johannes Gerard Van Dillen（ed.）Mensen en Achtergronden, Studies uitgegeven ter gelegenheid van de tachtigste jaardag van de schrijver. Groningen: J.B. Wolters.

Veil, Rüdiger, 2011, *Europäisches Kapitalmarktrecht*, Mohr Siebeck.

Vizetelly, Henry, 2013, *Berlin under the New Empire: Its Institutions, Inhabitants, Industry, Monuments, Museums, Social Life, Manners and Amusements*, Cambridge University Press, New York.

Von Rosewitha Schmid, Franz, 1992, *Gold und Gewuerze: der Aufstieg des Kaufmanns im Mittelalter*, ranslated by Jean Favier, Hamburg, Junius.

Wallich, Paul, 1905, *Die Konzentration im Deutschen Bankwesen*. Ein Beitrag zur Geschichte der gegenwaertigen Wirtschaftsorganisation, Stuttgart.

Walter, Lars O, 2009, *Derivatisierung, Computerisierung und Wettbewerb: Die Entwicklung der Deutschen Terminbörse DTB/Eurex zwischen 1990 und 2001 im Kontext der europäischen Terminbörsen*, Gabler Verlag.

Walter, Rolf, 1992, *Geld-und Wechselbörsen vom Spaetmittelalter bis zur Mitte des 17. Jahrhunderts*, from *Deutsche Börsengeschichte*, Fritz Knapp Verlag, Frankfurt am Main.

Weber, Ernst Jürg, 2008, *A Short History of Derivative Security Markets*, The University of Western Australia DISCUSSION PAPER 08.10, 2008.

Weigt, Anja, 2005, *Der Deutsche Kapitalmarkt von dem ersten Weltkrieg-Gründerboom, Gründerkrise und Effizienz des Deutschen Aktienmarktes bis 1914*, Fritz Knapp Verlag, Frankfurt am Main.

Winterweb, Rudolf, 1929, *Die Frankfurter Bank 1854-1929*, Druck und Verlagsanstalt Frankfurt am Main.

Wormser, Otto, 1919, *Die Frankfurter Börse, ihre Besonderheiten und ihre Bedeutung: Ein Beitrag zur Frage der Börsenkonzentration*, Verlag von J.C.B. Mohr, Tuebingen.

Ziegler, Dieter, 2009, *German Private Banks and German Industry*, 1830-1938, in The World of Private Banking, by Youssef Cassis, Philip Cottrell, Iain L. Fraser, Routledge.

Zimmermann, H., 2009, *A Review and Evaluation of Bronzin's Contribution from a Financial Economics Perspective*. In: Hafner, W., Zimmermann, H.（eds）Vinzenz Bronzin's Option Pricing Models. Springer, Berlin, Heidelberg.

板谷敏彦. 2018. 世界金融史：泡沫、战争与股票市场. 王宇新译. 北京：机械工业出版社.

本特·赖登. 2010. 证券交易所的公司化和自我上市 // 拉里·哈里斯. 监管下的交易所：经济增长的强劲助推器. 上海证券交易所译. 北京：中信出版社：221-234.

彼得·诺曼. 2013. 全球风控家——中央对手方清算. 梁伟林译. 北京：中国金融出版社.

查尔斯·金德尔伯格. 2010. 西欧金融史（第二版）. 徐子健，何建雄，朱忠译. 北京：中国金融出版社.

姜建清. 2018. 世界金融百年沧桑记忆 1. 北京：中信出版社.

姜建清. 2020. 世界金融百年沧桑记忆 3. 北京：中信出版社.

瑞·达利欧. 2019. 债务危机：我的应对原则. 赵灿，熊建伟，刘波，等译. 北京：中信出版社.

瑞·达利欧. 2022. 原则：应对变化中的世界秩序. 崔苹苹，刘波，译. 北京：中信出版社.

威廉·法龙. 2011. 市场缔造者：芝加哥期货交易所 150 年. 王学勤译. 北京：中国财政经济出版社.

许廷格，巴特勒. 2013. 四千年通胀史：工资和价格管制为什么失败？. 余翔译. 北京：东方出版社.

约翰·S. 戈登. 2005. 伟大的博弈. 祁斌译. 北京：中信出版社.

张笑宇. 2021. 商贸与文明：现代世界的诞生. 桂林：广西师范大学出版社.

朱小川. 2015. 境外金融清算业的起源、演变与趋势. 金融理论与实践, (7):94-98.

后　记

　　我最先从时任中欧国际交易所联席首席执行官陈晗博士那里听到"德意志金融模式"的说法。2016年3月，我有幸跟随陈晗博士参与中欧国际交易所的工作。这是我时隔11年再次来到德国。不过这次不是求学，而是工作。我们在法兰克福接待国内金融代表团之时，陈晗博士多次提到德意志金融模式，认为中国主要学习和参考英美金融模式，相对忽视德意志金融模式，实际上德意志金融模式对中国的参考价值更大。或许，写作本书的想法在那个时期就已经产生。世纪之初，我曾经在德国留学，能阅读德语书籍，又在境内外交易所都工作过，似乎没有人比我更适合研究这个课题。

　　我们到达法兰克福之后，发现这个城市很小，用半小时即可徒步穿过中心城区。第一个疑问自然而然就是，这么小的城市怎么能崛起成为欧洲的金融中心呢？我们本来以为这是一个简单的问题，可是当我们询问德国资深的银行家、留德华人、教授以及非金融专业人士时，得到的回答五花八门。似乎每个人的看法都不一样。难道这个问题这么难回答吗？我在德国工作期间，这个问题一直萦绕在我脑中。历史上，法兰克福不是政治中心，也不是经济中心，却从一个内陆小镇逆袭成为德意志乃至欧洲的金融中心。这个城市的故事注定非常特别。梳理法兰克福成为国际金融中心的历程，也是我写作本书的另一个初衷。

此后4年，我陆续购买了不少关于德国金融、交易所、私人银行的历史书籍以及相关话题的专著。得益于德国发达的二手书市场，我能够以便宜的价格买到百年之前的书籍。阅读这类书籍，我经常有似曾相识的感觉，似乎德国历史上的诸多事件都曾在中国前30年的资本市场改革之中出现过。比如法兰克福交易所最初成立的目的是"促进地区商贸繁荣，提升居民福祉"；俾斯麦曾表态"交易所必须与国家最高利益保持一致"；德国动员全国金融机构组建德意志银行（1870年）和德意志衍生品交易所（1989年），也不全是商业考虑，而是服务于公共利益。这些特点显然是英美自由金融模式所缺乏的，却与中国非常相似。

但是，中国金融市场建设更多参考英美模式，国情却与英美不同。20世纪90年代初，中国的证券交易所采用会员制，将证券交易所和期货交易所分开设立，也分别就证券和期货立法。然而，公共利益导向的特点又让中国证券交易所和期货交易所都服务于经济发展和金融稳定等宏观目标，有别于英美模式。英美模式的演进以私人利益导向和市场自由博弈为特点。19世纪和20世纪，形形色色的会员制交易所是自由博弈的结果。德国却不一样。法兰克福证券交易所诞生之初就具备公共利益导向的基因。当地政府在交易所发展演变的每个阶段都发挥着重要的作用，以至于19世纪初促成独特的公法制交易所。如果中国参考德意志金融模式，或许金融市场发展轨迹会有所不同。

本书梳理法兰克福证券交易所或德意志交易所的起源和发展，分析德意志模式和英美模式的区别以及各自演变的逻辑，希望为中国金融市场建设提供另一个角度的经验。中国建设中国特色现代资本市场，既不能照搬照抄，也不能故步自封。如果德意志金融模式能够为中国特色现代资本市场建设提供参考和借鉴，那么这本书就真正发挥了价值。

生活总是充满意外。如果没有新冠疫情，或许我还不会这么早动笔撰写德意志交易所400多年的演变历史。2020年初，欧洲爆发新冠疫情，我们被逼在家办公。独处时间更多之后，我终于开始将此前4年积累的点点滴滴编写成文章。刚开始我只计划写几篇文章发表，可是当我写完第一部分"从集市到交易所"的初稿时，我感觉可以系统地整理法兰克福证券交易所或德意志交易所的演变过程。这项工作也很有意义。我越深入研究，越觉得应该把德意志金融模式介绍给中国读者，于是写作本书的积极性也越来越高。

在本书写作过程中，我得到诸多领导和同事的支持。时任中欧国际交易所联席首席执行官陈晗博士为我提供了最初的写作灵感，还询问我是否关注欧洲金融衍生品市场发展的历史。这个问题成为我后续相关研究的起点。执行董事陈志勇一直支持和鼓励我从事此项研究。其他同事，如钱明、陈勃特、刘精雯和郭俊峰等人给我提供了诸多有价值的信息。我的德国同事也给本书写作提供了不少信息，其中中欧国际交易所联席首席执行官尼尔斯·托姆和执行董事伊凯婷让我体会到德国人严谨的工作风格，与他们的讨论有助于加深我对德意志交易所的认识。我还要感谢德意志交易所北京代表处同事的关心和支持，包括中国事务部副主管姒元忠、首席代表朱镜宇和段玉琳。中欧国际交易所和德意志交易所北京代表处紧密合作，一起推动中欧资本市场互联互通。此外，我还需要感谢诸多提供各类信息、观点和支持的领导和同事，没有他们的支持，本书不可能这么快出版。

还有，感谢中信出版集团副总编辑蒋永军、中信出版集团前沿社主编邵玥和策划编辑王佳恋的专业支持，使这本小众而专业的金融历史书能够面世。我此前撰写的书籍都偏学术化，难以吸引一般读者的兴趣。撰写本书时，我尝试讲述一个个金融故事，以增加金融书籍的趣味性，希望更多的读者能关注。感谢中信出版集团的编辑们能认可这种写作风格。

最后，感谢家人的陪伴和鼓励。本书主要内容在法兰克福新冠疫情期间完成。当时，我与父母微信视频聊天时，他们经常询问书籍写作的进展，鞭笞我不断前进；妻子吴玲玲和大儿子朱子俞与我比赛小文章的写作，成为本书写作的最初起点；小儿子朱子欧在法兰克福出生，本书的撰写过程伴随着他的成长。本书大部分内容是我在异国他乡居家隔离时完成的，也寄托着我对家人的思念和爱。

朱钧钧
于上海
2023 年 4 月